C. Faulhaber

CATÁLOGO COLECTIVO DEL PATRIMONIO BIBLIOGRÁFICO ESPAÑOL

DIRECCIÓN

Mercedes Dexeus

DIRECCIÓN TÉCNICA

Pilar Palá

JEFES DE LOS EQUIPOS DE CATALOGACIÓN

Pilar Cuesta
Cruz González
M.ª Dolores Jimeno
M.ª de las Nieves Marín

HAN PARTICIPADO

Ángela Bozzano Ariza
Elena Gómez Pérez
Marta Hernández Less
Alicia Jimeno Olcina
Amalia Mañueco Santurtún
Esther Quintana Docio
Yolanda Ruiz Esteban

DIRECCIÓN GENERAL DEL LIBRO Y BIBLIOTECAS
BIBLIOTECA NACIONAL

CATÁLOGO COLECTIVO
DEL
PATRIMONIO BIBLIOGRÁFICO ESPAÑOL

Siglo XVII

Cap-Cz

ARCO/LIBROS,S.A.

El Catálogo Colectivo del Patrimonio Bibliográfico se elabora por el
Ministerio de Cultura con la colaboración de las Comunidades Autónomas.

CEP de la Biblioteca Nacional (Madrid)

Catálogo Colectivo del Patrimonio Bibliográfico Español. Siglo XVII
/ Biblioteca Nacional. — Madrid : Arco : Dirección General del Libro
y Bibliotecas, 1988. — v. ;   cm.
  Contiene:
  ISBN 84-7635-107-0
  1. Catálogos colectivos — España. 2. Libros raros — S. XVII —
Catálogos colectivos. I. Biblioteca Nacional (Madrid).
  017.11(460):094"16"

© de esta edición:
  Editorial Arco Libros, S.A., 1992
  Juan Bautista de Toledo, 28 - 28002 Madrid
  I.S.B.N.: 84-7635-107-0
  Depósito Legal: M-43.855-1991
  Printed in Spain. Impreso en España por Grafur, S.A., (Madrid)

3791

Ciruelo, Pedro. *Tratado en el qual se reprueuan todas las supersticiones y hechizerias : muy vtil y necessario a todos los buenos christianos zelosos de su saluacion /... compuesto por... Pedro Ciruelo... — Aora nueuamente impresso, despues de tres impressiones / por mandato y orden de... Señor Don Miguel Santos de San Pedro... ; con nueuas adiciones a cada capitulo del Doctor Pedro Antonio Iofreu... — En Barcelona : por Sebastian de Cormellas, 1628.* — [48], 273, [38] p., a-f^4, A-Z^4, Aa-Qq^4 ; 4^0

Texto a dos col.

01-00044038 000

M-BN, 2/16286. — Enc. perg. — M-BN, P/5460. — Enc. perg. — Ex-libris de la biblioteca de Fernando José de Velasco. — M-BN, R/15516. — Enc. perg. — M-BN, R/15579. — Enc. perg. — M-BN, R/15601. — Enc. perg. — M-BN, R/19844. — Enc. perg. — M-RAE, 14-VII-14. — Enc. perg. — M-UC (FD), 12.202. — En recto de h. de guarda ans. mss. del siglo XVIII. — Enc. pasta con super libros dorado. — En port. ex-libris ms.: «Libreria del Collegio maior de Alcala 31». — M-UC (FFil), 25823. — Enc. perg. — Ex-libris ms. de la Casa Profesa de la Compañía de Jesús de Madrid. — M-UC (FFil), Res.1004. — Enc. perg. — Ex-libris de la Condesa del Campo de Alange. — M-UC (FM), 398.3[45 p.]. — Enc. pasta. — Sello de H. Morejón.

Interpretación de las fichas

N.º de orden al que remiten los índices

Encabezamiento

Título

Autores, colaboradores

Mención de edición

Pie de imprenta

Descripción física

Notas a la edición

N.º de registro de la edición en la base de datos

Biblioteca

Signatura topográfica

Características del ejemplar

SIGLAS DE BIBLIOTECAS

M-BN	Biblioteca Nacional
M-BZ	Biblioteca de Don Francisco Zabálburu y Basabe
M-FLG	Fundación Lázaro Galdiano
M-PR	Biblioteca de Palacio Real
M-PR (Far)	Farmacia de Palacio Real
M-RABA	Real Academia de Bellas Artes de San Fernando
M-RAE	Real Academia Española
M-UC (FD)	Universidad Complutense. Facultad de Derecho
M-UC (FF)	Universidad Complutense. Facultad de Farmacia
M-UC (FFil)	Universidad Complutense. Facultad de Filología
M-UC (FM)	Universidad Complutense. Facultad de Medicina
M-UC (FV)	Universidad Complutense. Facultad de Veterinaria
M-UC (Nov)	Universidad Complutense. Biblioteca de Noviciado
ME-RB	Real Monasterio de San Lorenzo de El Escorial

TÉRMINOS ABREVIADOS

act.	actualizado	ed.	edición
adapt.	adaptador	ed.	editor
adic.	adicionador	ed. lit.	editor literario
amp.	ampliada	ejemp.	ejemplar
anagr.	anagrama	enc.	encuadernación
anóm.	anónimo	enc.	encuadernado
anot.	anotador	esc.	escudo
antep.	anteportada	et al.	y otros
ant.	antología	facs.	facsímil
apais.	apaisado	fol. var.	foliación variada
apócr.	apócrifo	Fol.	folio (tamaño)
arr.	arrglador	front.	frontispicio
aum.	aumentada	grab.	grabado
autógr.	autógrafo	gráf.	gráfico
bad.	badana	h.	hoja
bibliogr.	bibliografía	hol.	holandesa
bl.	blanco	i.e.	
calc.	calcografía	il.	ilustración
cap.	capítulo	il.	ilustrador
cart.	cartón	imp.	imprenta
cat.	catálogo	imp.	impresor
coatu.	coautor	incomp.	incompleto
col.	colaborador	inic.	iniciales
col.	color	l. gót.	letra gótica
col. y no.	color y negro	l. rom.	letra romana
col.	columna	ms.	manuscrito
com.	comentarista	mss.	manuscritos
comp.	compilador	map.	mapa
cont.	continuación	m. tipogr.	marca tipográfica
cont.	continuador	mús.	música
corr.	corregido	opús.	opúsculo
cub.	cubierta	orig.	original
ded.	dedicatoria	p.	página
dir.	director	pag. dupl.	paginación duplicada
doc.	documento	pag. var.	paginación variada
dupl.	duplicado	perg.	pergamino

pl.	plancha	sep.	separata
plan.	plano	seud.	seudónimo
pleg.	plegado	seud colect.	seudónimo colectivo
port.	portada	sign.	signatura
port. grab.	portada grabada	s.a.	sin año
precede al tít.	precede al título	s.n.	sin editor
prelim.	preliminares	s.l.	sin lugar
priv.	privilegio	subtít.	subtítulo
pr.	prologuista	tip.	tipografía
publ.	publicado	tít	título
rec.	recopilador	tít. orig.	título original
r.	recto	t.	tomo
r. ad.	recién adquirido	trad.	traductor
ref.	refundidor	V.	véase
reform.	reformada	V.A.	véase además
reimp.	reimpresión	v.	verso
res.	resumen	v.	volumen
retr.	retrato	vol.	volumen (se utiliza al comienzo de una mención y delante de números romanos)
rev.	revisado		
rev.	revisador		
rúst.	rústica		
sel.	selección	xil.	xilografía
sel.	seleccionador		

OBRAS CITADAS DE FORMA ABREVIADA

Barbosa   Machado, Diogo Barbosa. *Biblioteca lusitana historica, critica e cronologica.*—Coimbra : Atlántida, 1965-1967.

Barrera   Barrera y Leirado, Cayetano Alberto de la. *Catálogo bibliográfico y biográfico del Teatro Antiguo Español: desde sus orígenes hasta mediados del siglo XVIII.*—Edición facsímil.—Madrid : Gredos, 1969.

Cotarelo *Comedias*   Cotarelo y Mori, Emilio. *Catálogo descriptivo de la gran Colección de Comedias escogidas que consta de cuarenta y ocho volúmenes, impresos de 1652 a 1704.*—Madrid, 1932 (Tipografía de Archivos).

Cotarelo *Controversias*   Cotarelo y Mori, Emilio. *Bibliografía de las controversias sobre la licitud del teatro en España.*—Madrid, 1904 (Tip. Revista de Archivos, Bibliotecas y Museos).

Escudero   Escudero y Peroso, Francisco. *Tipografía hispalense: anales bibliográficos de la ciudad de Sevilla desde el establecimiento de la imprenta hasta fines del siglo XVIII.*—Madrid, 1894 (Sucesores de Rivadeneyra).

Gil Ayuso   Gil Ayuso, Faustino. *Noticia bibliográfica de textos y disposiciones legales de los Reinos de Castilla impresos en los siglos XVI y XVII.*—Madrid : Biblioteca Nacional, 1935.

Jiménez Catalán *S. XVII*   Jiménez Catalán, Manuel. *Ensayo de una tipografía zaragozana del siglo XVII.*—Zaragoza, 1927 (Tip. La Académica).

Juliá *Guillén de Castro*   Castro, Guillén de. *Obras* / [observaciones preliminares Eduardo Juliá Martínez].—Madrid : Real Academia Española, 1925.

Llordén   Llordén, Andrés (O.S.A.). *La imprenta en Málaga : ensayo para una tipobibliografía malagueña.*—Málaga : Caja de Ahorros Provincial, 1973.

Medina *Lima*   Medina, José Toribio. *La imprenta en Lima : (1584-1824).*—Santiago de Chile, 1904-1907. —4 v.

Medina *México*   Medina, José Toribio. *La imprenta en México : (1539-1821).*—Santiago de Chile, 1908-1911. —8 v.

Medina *Puebla*   Medina, José Toribio. *La imprenta en La Puebla de los Ángeles : (1640-1821).*—Santiago de Chile, 1908 (Imprenta Cervantes).

Moll *Novelas*   Moll, Jaime. «Novelas ejemplares : Madrid 1614 : edición contrahecha sevillana». En: *Anales Cervantinos*, XX (1982), 125-133.

Moll *Olagüe*

Moll, Jaime. «Les éditions de Quevedo dans la dotation Olagüe a la Bibliothéque de la Casa de Velázques». En: *Melanges de la Casa de Velazquez*, XVI (1980), 457-494.

Moll *Problemas*

Moll, Jaime. «Problemas bibliográficos del libro del Siglo de Oro». En: *Boletín de la Real Academia Española*, LIX (1979), 49-107.

Moll *Tercera parte*

Moll, Jaime. «La "Tercera parte de comedias de Lope de Vega y otros auctores", falsificación sevillana». En: *Revista de Archivos, Bibliotecas y Museos*, LXXVII (1974), 619-626.

Palau

Palau y Dulcet, Antonio. *Manual del librero hispanoamericano.* 2.ª ed.—Barcelona : Librería A. Palau, 1948-1987.

Peeters-Fontainas

Peeters-Fontainas, Jean. *Bibliographie des impressions espagnoles des Pays-Bas méridionaux.*—Nieuwkoop, 1965.

Pérez Pastor *Madrid*

Pérez Pastor, Cristóbal. *Bibliografía madrileña o descripción de las obras impresas en Madrid.*—Madrid, 1891-1907 (Tipografía de los Huérfanos).

Pérez Pastor *Medina*

Pérez Pastor, Cristóbal. *La imprenta en Medina del Campo.*—Madrid, 1895 (Sucesores de Rivadeneyra).

Pérez Goyena

Pérez Goyena, Antonio. *Ensayo de una bibliografía navarra : desde la creación de la imprenta en Pamplona hasta el año 1910.* —Pamplona : Institución Príncipe de Viana, 1947-1962.

Profeti *Doce comedias*

Profeti, Maria Grazia. «Doce comedias las mas grandiosas... : una collezione teatrale lusitana». En: *La Bibliofilia*, LXXX (1978), 73-83.

Rhodes *Coloma*

Rhodes, D. E. «The first edition of Carlos Coloma's History of the Spanish Netherlands». En: *Quaerendo*, II (1972), 221-226.

Salvá

Salvá y Mallén, Pedro. *Catálogo de la Biblioteca de Salvá.*—Valencia, 1872 (Imp. de Ferrer de Orga).

Santiago Vela

Santiago Vela, Gregorio. *Ensayo de una biblioteca iberoamericana de la Orden de San Agustín.*—Madrid, 1913-1931.

Simón *BLH*

Simón Díaz, José. *Bibliografía de la literatura hispánica.*—Madrid : Instituto Miguel de Cervantes, 1950-1984.

Toda *Cerdeña*

Toda y Güell, Eduardo. *Bibliografía española de Cerdeña.*—Madrid, 1900 (Tipografía de los Huérfanos).

Uriarte

Uriarte, José Eugenio de. *Catálogo razonado de obras anónimas y seudónimas de autores de la Compañía de Jesús pertenecientes a la antigua asistencia española...*—Madrid, 1904-1916 (Sucesores de Rivadeneyra).

Vergara *Segovia*

Vergara y Martín, Gabriel María. *Ensayo de una colección bibliográfico-biográfica de noticias referentes a la provincia de Segovia.*—Guadalajara, 1903 (Taller Tip. del Colegio de Huérfanos de la Guerra).

Vindel *Escudos*

Vindel, Francisco. *Escudos y marcas de impresores y libreros en España durante los siglos XV a XIX (1485-1850).*—Barcelona : Editorial Orbis, 1942.

Ximeno

Jimeno, Vicente. *Escritores del Reino de Valencia chronologicamente ordenado desde el año MCCXXXVII de la christiana conquista de la misma ciudad hasta el de 1747.*—Valencia : Joseph Estevan Dolz, 1747-1749.

CATÁLOGO

2469

Capilla de San Isidro (Madrid).
Ceremonial de sagradas ceremonias conforme à las Rubricas del Missal y Breviario Romano y autores clásicos que se han de observar en la Real Capilla de señor San Isidro Labrador... de Madrid : en execucion de lo mandado por sus constituciones... : mandado imprimir por los señores de la Real Camara de Castilla... : su fecha en 17 de abril de este año de 1691... — [S.l. : s.n., s.a.]. — 11 h., A-E², F¹ ; Fol.

Port. con orla tip.

01-00044198 000

▶ M-BN, U/8169. — Enc. hol. — Sello de Luis de Usoz.

2470

Capilla de San Isidro (Madrid).
Constituciones de la Real Capilla de [sic] señor San Isidro de Madrid. — Impressas en Madrid : en la Imprenta Imperial, por Ioseph. Fernandez de Buendia, 1679. — [1], 30 h., [1] h. de grab., [ ]², A-P² ; Fol.

Port. con orla tip. y esc. real calc. — Grab. calc., que representa una escena de San Isidro, en [ ]₂.

01-00044197 000

▶ M-BN, 3/12316. — Enc. perg. ▶ M-BN, UC (FFil), 13333. — Enc. perg. — Ex-libris mss.: «librería del Noviciado de la Compañía de Jesús de Madrid», «Diole el Pᵉ Pedro Robinet, Confᵒʳ del rey...».

2471

Capilla de Santiago del Castellar (Jaén). *Fundacion, constitucion y patronazgo de la Yglesia o Capilla de Santiago del Castellar, condado de Santistevan : hecha por... Mendo de Benavides, Obispo que fue de Cartajena... / confirmada y aprouada por... Inocencio... Papa XII a peticion del... Señor D. Francisco Davila y Corella, Conde de Santiesteuan.* — En Napoles : en la Regia Emprenta de Carlos Porfile, 1693. — [4], 128 p., [ ]², A-Z², 2A-2I² ; Fol.

Texto paralelo latín-castellano. — Texto a dos col. — Port. con esc. xil. de Inocencio XII.

01-00008312 000

▶ M-BN, 3/12899. — Enc. perg. ▶ M-BN, 8/35581.

2472

Capilla Real (Madrid). *Illᵐᵒ Señor. La Capilla Real de su Magestad, dize : Que el dia veinte de Noviembre fue avisada... y aviendo cumplido con la orden,... assienta, con la verdad que debe, que* *hallandose en el estado miserable de necesidad, que es notorio, ha pedido, y tenido siēpre licēcia de V. Illma para passar à representarsela à su Mag. de cuya Piedad... se halla favorecida... con Ordenes, y Decretos...* — [S.l. : s.n., s.a.]. — 3, [1] p., A² ; Fol.

Se ha respetado la puntuación original. — En texto se alude al «año proximo pasado de 1683».

01-00044950 000

▶ M-BN, V.E./214-104. ▶ M-BN, V.E./25-88.

2473

Capilla Real (Sevilla). *Señor. El Capellan mayor, y Cabildo de la Santa, y Real Capilla de V.M. de la Ciudad de Sevilla... Dize, que aviendo faltado el Dean, y Cabildo de la Iglesia de aquella Ciudad... es preciso para su remedio... el representar à V.M...* — [S.l. : s.n., s.a.]. — 6 h., A⁶ ; Fol.

En h. 2 v. consta 1681.

01-00044951 000

▶ M-BN, V.E./23-44. — Papel sellado con sello en tinta donde consta el año 1681.

2474

Capitulo *de carta escrita de Madrid a 14 de Iulio de 1631... que el lunes 7 del presente... se prendio fuego...* — [S.l. : s.n., s.a.]. — [4] p. ; Fol.

01-00002962 000

▶ M-BN, V.E./1346-18.

2475

Capítulo *de vna carta del Secretario de las Indias, de la Orden de S. Francisco, escrita a vn religioso... de la misma Orden deste Cōuento de Seuilla, en que le auisa de lo que su Santidad à decretado acerca del misterio de la Inmaculada Concepcion de la Virgen S.N.* — [S.l. : s.n., s.a.]. — [3] p. ; 4⁰

Port. con grab. xil. de la Inmaculada.

01-00044199 000

▶ M-BN, R/12677(14). — Enc. hol.

2476

Capitulos *tocantes a la poblacion de el Reyno de Granada, de la resulta de la visita.* — En Granada : en la Imprenta Real, por Francisco Sanchez..., 1657. — [1], 14 h., [ ]¹, A-G² ; Fol.

Cartas dadas por Felipe II en San Lorenzo, 30 de Septiembre de 1595. — Port. con esc. xil. real.

01-00122479 000

▶ M-BN, V/Cª 1014-32.

2477

Capua, Andrés Francisco de, Príncipe de Rocarromana. *Señor. Don Andres Francisco de Capua Principe de Rocaromana, dize a V. Magestad, como auiendo heredado de sus Nobles antepassados, las glorias que refieren las historias, y por tantos siglos se fueron acaudalando en su casa, desde que con los Reyes Normandos sus deudos se auezindó en el Reyno de Napoles, de ninguna hizo mas aprecio, que de fidelidad, y amor para con sus Reyes...* — [S.l. : s.n., s.a.]. — [16] p., A⁸ ; Fol.

01-00044952 000

▶ M-BN, V.E./44-25.

2478

Capuchinas. *Regla de la gloriosa santa Clara : con las constituciones de las monjas capuchinas... y con las adiciones a los estatutos de dicha Regla : sacadas de las que el... señor don Alonso Coloma, obispo de Barcelona, dió a las monjas capuchinas de la misma ciudad... el año de 1603...* — [Toledo] Impresso... en Madrid, por Luis Sanchez y por su original en Toledo : por Iuan Ruiz de Pereda, 1647. — [10], 356 p., [2] en bl., ¶⁵, A³, B-Z⁸ ; 8⁰

Port. con viñeta xil.

01-00044200 000

▶ M-UC (FFil), 9852.

2479

Capuchinas. *Regla segona del glorios Pare S. Francesch donada a la gloriosa sancta Clara y cōfirmada per lo santissim pare Papa Innocēcio quart : ab las necessarias declaracions, addicions y corrections fetas per... fray Guillem de Casal... y per lo molt Reuerent pare procurador general dels... Caputxins... : per... don Alonso Coloma Bisbe de Barcelona donadas a las... Caputxinas del monastir de sancta Margarida de la mateixa ciutat.* — En Barcelona... : en casa de Ioan Amello, 1604. — 89, [2] h., A-L⁸, M³ ; 8⁰

Port. con grab. xil.

01-00127016 000

▶ M-BN, 3/66686. — Enc. perg.

2480

Capuchinos. *Constituciones de los Frayles Menores Capuchinos de San Francisco : aprobadas y confirmadas por... el Papa Urbano VIII* / traducidas de lengua italiana en castellano. — En Madrid : por Carlos Sanchez, 1644. — [8], 107 p., ¶⁴, A-N⁴, O² ; 4⁰

Port. con esc. xil. de los Capuchinos.

01-00044201 000

▶ M-BN, 3/55267. — Enc. perg. — Exlibris ms. del Real Convento de San Gil de Madrid.

2481

Capuchinos. *Constituciones de los Frayles Menores Capuchinos de San Francisco : aprouadas y confirmadas por... el Papa Vrbano VIII* / traducidas de lengua italiana en castellano. — En Madrid : por Carlos Sanchez, 1644. — [8], 123 p., ¶⁴, A-P⁴, Q² ; 4⁰

Port. con esc. xil. de los Capuchinos.

01-00044202 000

▶ M-BN, 8/23331.

2482

Carabantes, José de (O.F.M. Cap.) (1628-1694). *Platicas dominicales y lecciones doctrinales de las cosas mas essenciales sobre los evangelios de las dominicas de todo el año : para desempeño de parrocos y aprovechamiento de feligreses...* / escritas por el P. Fr. Ioseph de Carabantes... Capuchino... — En Madrid : en la oficina de Melchor Alvarez, 1686. — [32], 651 p., ¶-2¶⁸, A-Z⁸, 2A-2R⁸, 2S⁶ ; 4⁰

En prelim. y p. 1 consta «primera parte». — Antep. — Port. con orla tip.

01-00025231 000

▶ M-BN, 6-i/550. — Enc. perg. — Exlibris ms. de la libreria de los padres Trinitarios descalzos de Madrid.

2483

Carabantes, José de (O.F.M. Cap.) (1628-1694). *Platicas dominicales y lecciones doctrinales de las cosas mas essenciales sobre los evangelios de las dominicas de todo el año : para desempeño de parrocos y aprovechamiento de feligreses* / escritas por el P. Fr. Joseph de Carabantes... Capuchino... — En Madrid : en la oficina de Melchor Alvarez, 1687. — [24], 803 p., ¶⁸, 2¶⁴, A-Z⁸, 2A-2Z⁸, 3A-3D⁸, 3E² ; 4⁰

En antep. consta «parte segunda». — Port. con orla tip.

01-00025232 000

▶ M-BN, 3/10623. — Enc. perg. con hierros dorados.

2484

Carabantes, José de (O.F.M. Cap.) (1628-1694). *Platicas dominicales y lecciones doctrinales de las cosas mas essenciales sobre los Evangelios de las Dominicas de todo el año : para desempeño de parrocos y aprovechamiento de feligreses : tomo primero...* / escritas por el P.Fr. Ioseph de Caravantes... capuchino... — En Madrid : en la oficina de Melchor Alvarez, 1686. — [80], 651 p., ¶-5¶⁸, A-Z⁸, 2A-2R⁸, 2S⁶ ; 4⁰

Sermon en las honras que hizo al venerable padre Fray Joseph de Carabantes... el señor D. Francisco de Sandianes... / predicole el P. Roberto Xavier de la Compañia de Iesus... — En Santiago : por Antonio Frayz, 1694, en 2¶₇-4¶₅. — *Copia de vna carta que D. Diego Gonçalez de Quiroga... escriviò al... Provincial de la Provincia de Andaluzia, dandole cuenta de algunos sucessos de la vida y muerte del... Padre Fray Ioseph de Caravantes...,* en 4¶₆-5¶₅. — Antep. — Port. con orla tip.

01-00025233 000

▶ M-BN, 3/10622. — Enc. perg. con hierros dorados.

2485

Carabantes, José de (O.F.M. Cap.) (1628-1694). *Practica de missiones, remedio de pecadores : sacado de la escritura diuina y de la enseñanza apostolica : aplicado en el exercicio de vna mission...* / escrita y predicada por el P.Fr. Ioseph de Carauantes, Religioso Capuchino... — En Leon : en la imprenta de la viuda de Agustin de Valdiuiesso, 1674. — [30], 597, [23] p., [1] h. de grab., ¶-2¶⁸, A-Z⁸, 2A-2P⁸, 2Q⁶ ; 4⁰

Texto a dos col. — Antep. — Grab. xil., que representa a la Virgen.

01-00025234 000

▶ M-BN, 3/63097. — Enc. perg. ▶ M-BN, 3/69732. — Enc. perg. — Ex-libris ms. del Convento de San Gil el Real de Madrid. — Falto de antep. y 1 h. de prelim.

2486

Carabantes, José de (O.F.M. Cap.) (1628-1694). *Segunda parte del remedio de pecadores : hallado en las escrituras sagradas : aplicado en la segunda mission : dispuesta con veinte y quatro sermones...* / escritos, y predicados por... Ioseph de Carabante, religioso capuchino... — En Madrid : por Andrés Garcia de la Iglesia, 1678. — [24], 822 p., [2] en bl., ¶⁸, 2§⁴, A-Z⁸, 2A-2Z⁸, 3A-3E⁸, 3F⁴ ; 4⁰

Antep. — Texto a dos col. — Grab. xil. en sign. ¶₃.

01-00017463 000

▶ M-UC (FFil), 4223. — Enc. perg. — An. ms.: «Missionis Hibernia Societetis Jesu».

2487

Caracas (Archidiócesis). Sínodo (1687). *Constituciones synodales, del Obispado de Veneçuela, y Santiago de Leon de Caracas : hechas en la Santa Iglesia Cathedral de dicha ciudad de Caracas, en el año del Señor de 1687 por... Diego de Baños, y Sotomayor, Obispo del dicho Obispado... y aprobadas por... Carlos Segundo año de 1698.* — Impressas en Madrid : en la Imprenta del Reyno, de Don Lucas Antonio de Bedmar, y Narvaez..., [s.a.]. — [16], 474 p., [1] h. de grab., [ ]², ✱-3✱², A-Z², 2A-2Z², 3A-3Z², 4A-4Z², 5A-5Z², 6A-6C², 6D¹ ; Fol.

Port. con orla tip. — Grab. calc.: «Marcus Orozco Presbᵣ. et sculpᵗ. Mᵗⁱ. 1698».

01-00044203 000

▶ M-BN, 2/17644. — Enc. pasta. — H. de grab. recortada. ▶ M-BN, 3/13262. — Enc. perg.

2488

Caracciolo, Giuseppe Maria (C.R.). *Teatro de la humildad : discurso y sermon compuesto, y predicado en lengua italiana, en alabança de S. Antonio de Padua* / por el Padre D. Iusepe Maria Caracholo... del Orden de Clerigos Reglares... ; traducido en castellano. — En Napoles : por Lazaro Scoriggio, 1632. — [4], 38 p., [ ]^2, A-D^4, E^3 ; 4^0

Port. con grab. xil.

01-00044954 000

▶ M-BN, V.E./167-15. — Defectos de enc., p. 5-8 después de p. 16.

2489

Caraffa, Carlo Maria (-1695). *Camino seguro del cielo ò modo de bien viuir : conforme al methodo de San Bernardo...* / de Carlos Maria Carafa... ; traducido en el ydioma español por... Fray Alonso Manrique de la Orden de S. Domingo. — En Palermo : por Carlos Adam, 1691. — [14], 341, [23] p., A^{10}, B-Z^8, 2A^3 ; 8^0

Antep.

01-00044204 000

▶ M-BN, 3/56503. — Enc. perg.

2490

Caraffa, Carlo Maria (-1695). *El embaxador político christiano* / obra de Carlos Maria Carafa de la Espina... ; traducida en español del M.R.P.... Fray Alonso Manrique de la Orden de Santo Domingo. — En Palermo : por Thomas Romolo..., 1691. — [10], 300, [18] p., A^3, §^{3}, B-Z^4, 2A-2R^4, 2S^2 ; 4^0

01-00044205 000

▶ M-BN, 3/30954. — Enc. pasta deteriorada.

2491

Caraffa, Carlo Maria (-1695). *Instruccion christiana de principes, y reyes: sacada de la Escritura diuina* / por Carlos Maria Carafa... — Dos veces impressa en el ydioma toscano, y esta tercera en Español. — Palermo: por Thomas Romolo..., 1688. — [20], 392, [4] p., [15] h. de grab., [ ]^4, †^{6}, A-Z^4, 2A-2Z^4, 3A-3B^4, 3C^6 ; 4^0

Antep. — Port. fileteada. — Grabs. calc.: «Iac. Blondeau sculp».

01-00044206 000

▶ M-BN, 2/66765. — Enc. pasta. — Sello de Pascual de Gayangos. — Falto de 1 h. grab. ▶ M-BN, 3/38564. — Enc. pasta con hierros dorados, deteriorada. — Falto de 12 h. de grab. ▶ M-BN, R/6545. — Enc. perg. — Falto de 12 h. de grab. ▶ M-FLG, Inv. 551. — Enc. piel roja con hierros dorados. — Falto de antep. ▶ M-PR, III-3347. — Enc. pasta con hierros dorados. — Falto de 12 h. de grab.

2492

Carambola, Bachiller. *Discurso astronomico, y pronostico general desde el año de 1683 hasta la fin del mundo : al meridiano de Madrid, en elevacion de quarenta grados, cinquenta mas, ò menos* / descrivele el Bachiller Carambola... — Vendese en Madrid : [s.n.], 1683. — [16] p., A^8 ; 8^0

Port. con grab. xil.

01-00044955 000

▶ M-BN, V.E./75-20.

2493

Carambola, Bachiller. *Discurso astronomico, y pronostico general, desde el año de 1683 hasta la fin del mundo : al meridiano de Madrid, en elevacion de quarenta grados, cinquenta mas, o menos* / descrivele el Bachiller Carambola... — [S.l. : s.n., s.a.]. — 22 p., A-B^4, C^3 ; 4^0

Port. con orla tip.

01-00044956 000

▶ M-BN, V.E./100-40. — An. ms.: adquirido por donación el 12 de Enero de 1884.

2494

Caramuel Lobkowitz, Juan (O.Cist.) (1606-1682). *Architectura civil recta y obliqua : considerada y dibuxada en el templo de Ierusalem... : promovida a suma perfeccion en el templo y palacio de S. Lorenço cerca del Escurial [sic]... / por don Iuan Caramuel, monje cisterciense... — En Vegeven : en la Emprenta Obispal por Camillo Corrado, 1678. — [24], [2] en bl., 24, 58, [2] en bl., 71, [45], 68 p., [2] h. de grab.; [4], 88, 77, [11], 109, [9], [2] en bl.; [8] p. [10] h. de grab., III, III-XLVIII h. de grab., [60] h. de grab., XLI h. de grab., [ ]^1, ✳-2✳^{4}, A^4, A-C^4, A-G^4, H^2, A-I^4, a-d^4, e^6, A-H^4, I^2, [ ]^2, A-L^4, A-L^4, M^2, A-P^4, Q^2, [ ]^4 : il. ; Fol.

Obra en 3 t. con port. y pág. propias. — Existen ejemplares con grabado calcográfico en verso de portada. — Texto a dos col. — Front. calc. arquitectónico. — Grabs. calc.: «Caesar de Laurentiis fecit, Bugattus sculp.» y «Simon Durellus sculp». — Retrato de Don Juan José de Austria: «Jo. Franc.^{us} Bugattus sculp». Retrato del autor: «Io. Franc.^{us} Bugattus Mediolanes sculp. 1679». — Ilustraciones xil. — *Catalogo de los libros que tiene impressos o esta actualmente imprimiendo... Iuan Caramuel*: A$_{1-3}$. *Tablas mathematicas con que todas las cuentas arithmeticas y geometricas se facilitan:* a-d^4, e^6.

01-00017465 000

▶ M-BN, 6-i/916. — Enc. perg. — Contiene únicamente el t. II, falto de las 10 últimas p. ▶ M-BN, 8/19726. — Enc. perg. — Contiene únicamente el t. I. — No lleva

grab. en el verso de port. ▶ M-BN, ER./4821-23. — Enc. perg. — Falto de los tratados VIII y IX del t. II y del grab. retr. del autor. — No lleva grab. en el verso de port. ▶ M-BN, R/24887. — Enc. hol. — Superlibris de Salvá y ex-libris de Heredia. — Falto del grab. retr. del autor. — Una h. de grab. suelta. ▶ ME-RB, M-8-I-20-2, M-8-I-21, M-8-I-22. — Enc. piel en 3 v. ▶ M-FLG, Inv. 4996-97. — Enc. pasta. — Port. restaurada. — Falto de hojas sin paginar del comienzo de los 3 tomos, y del retr. de Juan José de Austria. ▶ M-FLG, Inv. 4998-5000. — Enc. pasta. — Falto de [6], y 24 p. de la 1.ª secuencia. ▶ M-RABA, B-1621. — Enc. hol. — Falto de las h. de grab. y del front. — Defectos de encuadernación. ▶ M-UC (FFil), 12566. — Enc. pasta. — Contiene únicamente el t. I, falto de parte de prelim., las 24 primeras p. y del grab. retr. del autor.

2495

Caramuel Lobkowitz, Juan (O.Cist.) (1606-1682). *Declaracion mystica de las armas de España, invictamente belicosa /* por... Juan de Caramuel y lobkowitz... monje de nuestro P.S. Bernardo. — En Bruselas : en casa de lucas de Meerbeque, 1636. — [6], 237, [2] p., [13] h. de grab., [ ]^1, ✳^{2}, A-V^6 ; Fol.

Precede al tit. en caracteres griegos: «Espano-Sthema». — Colofón. — Marca de imp. en port. y colofón. — Port. grab. calc. — Grabs. calc., escudos heráldicos.

01-00044207 000

▶ M-BN, R/31752. — Enc. perg. — Falto de 1 h. de grab. — Restaurado a partir de p. 193. ▶ M-BN, R/34096. — Enc. perg.

2496

Caramuel Lobkowitz, Juan (O.Cist.) (1606-1682). *Respuesta al manifiesto del Reyno de Portugal /* por D. Iuan Caramuel Lobkouuitz... de la Orden de Cister... — En Anberes : en la oficina plantiniana de Balthasar Moreto, 1642. — [16], 198, [2] p., [1] h. pleg., ✳-2✳⁴, A-Z⁴, 2A-2B⁴ ; 4⁰

El texto del «Manifiesto», p. 9-36, en portugués. — Colofón. — Marca tip. en port. dentro de un grab. calc.:.: «I.C.I.». — Hoja pleg., cuadro genealógico del reino de Portugal.

01-00044208 000

▶ M-BN, 2/58874(1). — Nota ms. de Gayangos. — Enc. piel. — Sello de Pascual de Gayangos y ex-libris ms: «Collegii Paris Societ. Jesu». ▶ M-BN, 3/48267. — Enc. perg. ▶ M-BN, R/19498. — Enc. perg. ▶ ME-RB, 20-V-3. — Enc. piel. ▶ M-FLG, Inv. 10.666. — Enc. perg. ▶ M-RAE, 20-IV-36. — Enc. hol. ▶ M-UC (FFil), 33827. — Enc. perg. ▶ M-UC (FFil), 33940. — Enc. cart.

2497

Caramuel Lobkowitz, Juan (O.Cist.) (1606-1682). *Respuesta al manifiesto del reyno de Portugal* / dala... D. Iuan Caramuel..., y en ella haze euidente demonstracion del derecho del Rey D. Philippe el Prudente, primero... en Portugal y segundo en Castilla, y prueba... que el duque de Bergança no tiene ninguno a la Corona. — Inpressa... tercera vez. — En Santangel de la Fratta : en la Enprenta Obispal, 1665. — [34], 207 p., [2] h. pleg., [ ]⁴, ✳-3✳⁴, 4✳¹, A-Z⁴, 2A-2C⁴ ; 4⁰

El texto del «Manifiesto», p. 11-51, en portugués. — Antep. — Port. y prelim. con viñetas xil. — Hojas pleg., árboles genealógicos.

01-00044209 000

▶ M-BN, 2/61482. — Enc. piel, con hierros dorados, deteriorada. — Sello de Pascual de Gayangos. ▶ M-BN, 2/63623. — Enc. perg. — Ex-libris ms. de Manuel de Silba. — Falto de port., 24 p. de prelim. y de las h. pleg. ▶ M-BN, 3/8384. — Enc. pasta. — Ex-libris ms. de la Librería del Carmen Calzado de Madrid. ▶ M-BN, P./3774. — Enc. perg. — Ex-libris ms. de J.G. de Peñal-

ver. — Falto de última h. de prelim. ▶ M-BN, R/15191. — Enc. perg. — Ex-libris de don Fernando José de Velasco. — Falto de última h. de prelim. ▶ M-PR, I.C.61. — Enc. pasta.

2498

Carballido y Losada, Diego de. *Al Exᵐᵒ Señor D. Luis Enriquez de Guzman, Conde de Alua de Aliste, y de Villaflor...* / D. Diego de Carballido y Losada... — [S.l. : s.n., s.a.]. — [2], 30 h., [ ]², A-G⁴, H² ; 4⁰

Dedicatoria fechada en Madrid, 1653.

01-00044210 000

▶ M-BN, 3/60438. — Enc. perg. ▶ ME-RB, 105-VI-7(7). — Enc. perg.

2499

Carbonell, Jerónimo José. *Titulos, y exercicios literarios de Don Geronimo Ioseph Carbonel, Colegial de San Ildefonso, y Opositor à Cathedras de Leyes de la Vniversidad de Salamanca.* — [S.l. : s.n., s.a.]. — [4] p. ; 4⁰

Texto fechado en Salamanca, 1696.

01-00044957 000

▶ M-BN, V.E./22-9. — Firma ms. del notario Diego García de Paredes.

2500

Carbonell, Vicente. *Celebre centuria que consagró la ilustre, y real villa de Alcoy a honor y culto del soberano Sacramēto del Altar... en el año 1668* / escriuela Vicente Carbonel... ; añadense las historias de S. George y sucesos de los terremotos. — En Valencia : por Iuan Lorenço Cabrera..., 1672. — [28], 1-224, [2], 225-265, [5] p., ¶₁, [ ]¹, ¶₂₋₄, [ ]¹, 2¶-3¶⁴, A-Z⁴, 2A-2E⁴, [ ]¹, 2F-2K⁴, 2L³ ; 4⁰

Pie de imp. en colofón. — Antep. — Port. grab. calc.: «F.O.F.».

01-00044211 000

▶ M-BN, 3/33452. — Enc. perg. ▶ M-BN, 3/60599. — Enc. pasta.

2501

Cárcel, Martín de la (O.P.). *Exposicion sobre el psalmo XLIIII que comiença eructauit cor meum* / del maestro F. Martin de la Carcel de la Orden de Predicadores... — En Barcelona : en casa de Ioan Amello..., 1605. — [16], 698 [i.e. 704], [54] p., ¶⁸, A-Z⁸, 2A-2X⁸, ¶-3¶⁸, [ ]³ ; 8⁰

Impresor en colofón. — Errores de pag.: repetidas p. 142-143 y 623-626. — Port. con viñeta xil.

01-00044212 000

▶ M-UC (FFil), 4948. — Enc. perg. — Ex-libris ms. de la Casa profesa de la Compañía de Jesús de Madrid.

2502

Cárdenas, Juan de (S.I.) (1612-1684). *Breve relacion de la muerte, vida y virtudes del venerable cavallero D. Miguel Mañara Vicentelo de Leca...* / escriviola el P. Iuan de Cardenas de la Compañia de Iesus... ; va añadido al fin el testamento y protestacion de la fè del siervo de Dios. — En Sevilla : por Thomas Lopez de Haro..., 1679. — [16], 192 p., [1] h. de grab., §-2§⁴, [ ]¹, A-Z⁴, 2A⁴ ; 4⁰

Fecha de la licencia de la Orden y de una carta (p. 192): 1680. — Port. a dos tintas. — Grab. calc.: «Lucas de Valdes Fa. en Sevilla A. 1678», retrato de Miguel Mañara, en [ ]₁.

01-00044213 000

▶ M-BN, 3/36105. — Enc. perg ▶ M-BN, 7/14952. — Enc. perg. — Sello: «B. de U.» ▶ M-BN, P/6653. — Enc. perg. — Ex-libris ms. de la libreria de los Trinitarios Descalzos de Madrid ▶ M-BN, R/30883. — Enc. perg. — Ex-libris de Jose María de Asensio y Toledo y ms. de Melchor José de Heria y Quiñones.

2503

Cárdenas, Juan de (S.I.) (1612-1684). *R.P. Joannis de Cardenas... e Societate Jesu Crisis Theologica siue Disputationes selectae ex morali theologia : in quibus pro votis... Joannis Caramuelis & propter calumnias cuisdam neotherici, plurimae opiniones partim apologeticè, partim criticè ad examen vocantur... : pars tertia.* — Hispali : typis & sumptibus Thomae Lopez de Haro, 1680. — [22], 635 p., §-2§⁴, 3§², 4§¹, A-Z⁴, 2A-2Z⁴, 3A-3Z⁴, 4A-4K⁴, 4L² ; Fol.

Port. a dos tintas y esc. xil. de la Compañía de Jesús. — Texto a dos col. — Viñeta xil. en §₃.

01-00044217 000

▶ M-BN, 5/25772. — Enc. perg. — Ex-libris grab. calc. con esc. de la «Biblioteca del duque de Medinaceli y Santisteban»: «J. Mª Florit, Stern Gr. Paris» ▶ M-UC (FD), 16193. — Enc. perg. — Ex-libris de la Biblioteca del Colegio de Santa Catalina Mártir de los Verdes de la Universidad de Alcalá ▶ M-UC (FD), 16209. — Enc. perg. — Ex-libris ms.: «Es del Colegio de Malaga».

2504

Cárdenas, Juan de (S.I.) (1612-1684). *Crisis theologica : in qua plures selectae difficultates ex morali theologia ad Lydium veritatis lapidem reuocantur ex regula morum posita a SS. D. N. Innocentio XI... in Diplomate damnante sexaginta quinque propositiones* / exposita a R.P. Ioanne de Cardenas... è Societate Iesu... ; opus posthumum... — Hispali : typis Thomae Lopez de Haro , 1687. — [52], 762 p., [2] en bl., [ ]¹, ¶-6¶⁴, 7¶¹, A-Z⁴, 2A-2Z⁴, 3A-3Z⁴, 4A-4Z⁴, 5A-5B⁴, 5C⁶ ; Fol.

Port. con esc. xil. de la Compañia de Jesús. — Texto a dos col.

01-00044214 000

▶ M-BN, 3/56177. — Enc. perg ▶ M-BN, 3/63599. — Enc. perg. — Ex-libris ms.: «Este libro dio a la Congᵒⁿ el Pᵉ Dⁿ Jacinto

franº Carrion...» ▶ M-BN, P/1928. — Enc.
perg ▶ M-UC (FD), 5625. — Enc. perg. —
Ex-libris ms.: «Libreria del Colegio Mayor»
▶ M-UC (FD), 8803. — Enc. perg. — Ex-
libris del Colegio de Santa Catalina de los
Verdes de la Universidad de Alcalá.

2505

**Cárdenas, Juan de (S.I.) (1612-
1684).** *Geminum sidus mariani diadema-
tis siue Duplex disputatio de infinita dig-
nitate Matris Dei, atque de eius Gratia
habituali infinita simpliciter* / authore
R.P. Ioanne de Cardenas, Societatis
Iesu. — Hispali : apud Ioannem de
Ossuna, 1660. — [16], 126, [6] h.,
¶-4¶⁴, A-Z⁴, 2A-2K⁴ ; 4⁰

Port. con grab. calc.

01-00044215 000

▶ M-BN, 3/67381. — Enc. perg ▶ ME-
RB, 48-V-61(1). — Enc. piel ▶ M-UC
(FFil), 67. — Enc. perg. — Ex-libris ms. de
la librería del Colegio Imperial de la Compañía de Jesús de Madrid.

2506

**Cárdenas, Juan de (S.I.) (1612-
1684).** *Historia de la vida y virtudes de la
venerable virgen Damiana de las Llagas* /
escrita por el P. Iuan de Cardenas,
de la Compañia de Jesús... — En
Sevilla : en casa de Juan Cabeças,
1675. — [30], [2] en bl., 727, [8] p.,
[1] h. de grab., ¶-2¶⁸, A-Z⁸, 2A-2Z⁸;
4⁰

Colofón. — Port. con orla tip. —
Grab. calc.: «Richard. Collin sculpsit Antverpiae», retrato de la bio-
grafiada.

01-00044216 000

▶ M-BN, 3/70467. — Enc. perg. — Ex-
libris ms.: «de la libreria de los Hermanos
Novicios». — Deteriorado y recortado, afectando al texto. — Falto de la h. de grab
▶ M-BN, 3/7328. — Enc. perg. — Ex-libris
ms.: «Dⁿ. Jose de Carrion y Zayas». — Falto
de la h. de grab ▶ M-UC (FFil), 7369. —
Enc. perg. — Ex-libris ms.: «de la libreria de
Casa profesa JC. Mᵈ».

2507

Cárdenas, Lorenza de. *Defensorio
contra las calumnias que alguna gente ig-
norante, no bien intencionada... han puesto contra el obrar de Doña Lorenza de
Cardenas : porque no ha querido, ni quiere
desistir de la accion criminal que la com-
pete contra Don Lorenço de Cardenas, a
quien llaman Conde de Villalonso... : re-
ducido a vna copia de vn memorial que
diço à la Reyna...* — [S.l. : s.n., s.a.].
— [1], 13 h., [ ]¹, A-D², E¹, F-G² ;
Fol.

01-00122259 000

▶ M-BN, V/Cª 7-35.

2508

Cárdenas, Miguel de (O.C.). *Sermon en las honras del... maestro fray Nicolas Baptista...* / predicole el... P.M.
Fr. Miguel de Cardenas... — En
Madrid : por Francisco Nieto, 1663.
— [8], 16 h., a-b⁴, A-D⁴ ; 4⁰

Port. con orla tip. y esc. xil. de la
Orden del Carmen.

01-00044218 000

▶ M-BN, 2/17221(1). — Enc. perg. —
Sello de Pascual de Gayangos ▶ M-BN,
V.E./152-27 ▶ M-UC (FD), 8933(16). —
Enc. perg.

2509

**Cárdenas Saavedra Manrique,
Juan de.** *Don Iuan de Cardenas Saavedra Manrique, señor de las villas de Mo-
reda, y Poçoblanco, en el Reyno de Granada, y señor de la Torre de Quadros, y otros
dos Mayorazgos en este de la ciudad de Sevilla... dize, que por la notoriedad de su
sangre, y serbicios de sus passados, y la
renta que oy goça de sus mayorazgos...
V.M. à de ser servido de hazer merced a su
casa...* — [S.l. : s.n., s.a.]. — [3] p. ;
Fol.

01-00044960 000

▶ M-BN, V.E./218-9.

2510
Cárdenas y Angulo, Pedro de (-1645). *Vida, y muerte de Francisco de Sancta Anna Hermano mayor de los Ermitaños de la Albayda en la Sierra de Cordoua* / ordenada por Don Pedro de Cardenas, y Angulo... — En Cordoua : por Saluador de Cea Tesa, 1621. — [4], 40 h., [ ]⁴, A-E⁸ ; 4⁰

Port. con orla tip. — *Carta del P.M. Fray Antonio Cordero del Orden de S. Domingo*, h. 39-40.

01-00044959 000

▶ M-BN, 2/71288. — Enc. perg. — Exlibris ms.: «P.ᶜ Vegas» ▶ M-BN, V.E./55-54.

2511
Cárdenas y Angulo, Pedro Jacinto de. *Advertencias, o precetos del torear con rejon, lanza, espada, y iaculos : la obligacion en que se ponen, i como se ha de salir della en las ocasiones que se pueden ofrecer* / por don Pedro Iacinto de Cardenas i Angulo... ; sacale a luz don Gregorio de Tapia i Salcedo... — En Madrid : por Diego Diaz de la Carrera, 1651. — [8], 48 p., a⁴, A-C⁸ ; 8⁰

01-00044219 000

▶ M-BN, R/11203. — Enc. perg. con hierros. — Sello de Pascual de Gayangos ▶ M-BN, R/4709. — Enc. perg. — Falto de port.

2512
Cárdenas y Recalde, Diego de (1602-1659). *En la ciudad de Seuilla a diez y nueue dias del mes de diziembre de mil y seiscientos y quarenta y dos años... Diego de Cardenas y Recalde, Cõde de la Puebla del Maestre, Marques de Vacáres... a quien por Su Magestad y señores de su Real Consejo de Castilla està cometido el reducir y tassar los precios y soldadas que hã de ganar en esta dicha ciudad y su tierra los oficiales, trabajadores, cocheros y lacayos, y demas personas que abaxo*

iràn declaradas, mandò q̃ todos... guarden y cumplan los aranzeles y precios siguientes... — [S.l. : s.n., s.a.]. — [6] p., A³; Fol.

01-00044220 000

▶ M-BN, V.E./208-45.

2513
Cardillo de Villalpando, Gaspar (1527-1581). *Summa summularum* / autore Gasparo Cardillo Villalpandeo... — Matriti : apud Ludouicum Sanchez, 1608. — [4], 240 h., ¶⁴, A-Z⁸, 2A-2G⁸ ; 8⁰

Port. con esc. xil. de la Compañía de Jesús.

01-00044221 000

▶ M-BN, 2/57494. — Enc. perg. — Falto de h. 1-8, 25 y 240 ▶ M-PR, Pas.Arm.1-53. — Enc. pasta con hierros dorados. — Contiene únicamente hasta la h. 144 ▶ M-UC (FD), 12864. — Enc. perg.

2514
Cardillo de Villalpando, Gaspar (1527-1581). *Traducion a las Sumulas del Doctor Villalpando : en la qual se declara al fin de cada capitulo lo que en el se contiene...* / reduzida a vn claro estilo por el licenciado Murcia de la Llana... — En Madrid : por Luis Sanchez, 1615. — [8], 264 [i.e. 248] h., †⁸, A-Z⁸, 2A-2H⁸ ; 8⁰

Texto original en latín y trad. y com. en español. — Error de fol., de h. 140 [i.e. 240] pasa a 257.

01-00044222 000

▶ M-BN, 3/4187. — Enc. perg ▶ M-BN, 3/57764. — Enc. perg ▶ M-UC (FFil), 518. — Enc. hol.

2515
Cardillo de Villalpando, Gaspar (1527-1581). *Traducion a las Sumulas del dotor Villalpando : en la qual se declara al fin de cada capitulo lo q̃ en el se con-*

tiene... / reduzida a vn claro estilo por el licēciado Murcia de la Llana... — En Madrid : por Luys Sanchez, 1615. — [8], 264 [i.e. 248] h., [ ]^8, A-Z^8, 2A-2H^8 ; 8^0

Texto original en latín y trad. y com. en español. — Es emisión de la ed. de Madrid, 1615, con cambio de dedicatoria y prelim., fechados en 1616. — Error de fol., de h. 140 [i.e. 240] pasa a 257. — Port. con esc. xil. heráldico.

01-00044223 000

▶ M-BN, 2/37531. — Enc. perg.

2516

Cardona, José de (-1702). *Sermon en las exequias que el muy ilustre cabildo de Valencia hizo en su santa metropolitana iglesia, à la memoria del... padre dotor Domingo Sarrio..., presbitero de la Congregacion del Oratorio /* dixole... D. Iosef de Cardona..., assistiendo el... duque de Ciudad Real, principe de Esquilache,... y la... Ciudad de Valencia ; sacanle a luz los... canonigos y cabildo de dicha... iglesia... — En Valencia : por Frācisco Mestre..., 1677. — [16], 100 p., [1] h. de grab., ¶-2¶^{4}, A-M^4, N^2 ; 4^0

Grab. calc.: «Chrisostomus Martinez f.», retrato de Domingo Sarrió.

01-00044224 000

▶ M-BN, 2/10723. — Enc. perg. con hierros dorados ▶ M-BN, 3/60944. — Enc. hol. — Port. deteriorada ▶ M-BN, 8/33115. — Ex-libris ms. de fray Gregorio Ruiz de Montserrat ▶ M-BN, V.E./14-29. — Falto de la h. de grab.

2517

Cardona, Tomás de. *Excelentissimo señor, Llegò a mis manos vn discurso del Doctor Lorenço Brandō, en razō del creci-miēto de la plata y reformaciō de la mone-*da de cobre, en que afirma, y niega vnos mismos puntos, sin resoluer cosa cierta... / [Tomas de Cardona]. — [S.l. : s.n., s.a.]. — 14 h., A-C^4, D^2 ; 4^0

El nombre del autor consta en el texto, fechado en Madrid, 1622.

01-00044225 000

▶ M-BN, V.E./13-29. — An. ms.: Memorial sobre el crecimiento de la plata y monedas de cobre, y firma ms. del autor al final del texto. — Recortado, afectando al texto.

2518

Cardona, Tomás de. *Señor. Tomas de Cardona desseoso del Seruicio de V.M. y del bien publico, y restauracion destos Reynos... presento ante V.M. el año passado de 1615 la proposicion siguiente...* — [S.l. : s.n., s.a.]. — 48 h., A-Z^2, 2A^2; Fol.

Se ha respetado la puntuación original. — En h. 2 consta 1619. — *Segunda parte de dudas, y objecciones, opuestas á la proposicion de Tomas de Cardona, con su resolucion* : h. 16-48.

01-00044226 000

▶ M-BN, V.E./203-44. — An. ms. en h. de guarda: «Informacion en derecho de Tomas de Cardona sobre la proposicion que a hecho del justo precio que deue tener en España la plata y oro que se trae de las Indias por las costas forzosas que se recrecen en su transportacion».

2519

Cardona, Tomás de. *Señor. Tomas de Cardona vezino de Seuilla, sindico general de la Orden de S. Francisco : Dize que de los papeles originales que ha dado a la junta, haze resumta y sumario dellos, para con mas breuedad informar de su sustancia al Real pecho de V.M. Cerca de la pretension que tiene, de que mande que el metal de la plata tenga de valor 19. reales mas por cada marco, q̄ es el coste de porte, derechos y auerias de armadas, q̄ tiene* *desde las minas de las Indias a estos Reynos, y que respectiuamente se le dè el mismo crecimiẽto a el metal del oro...* — [S.l. : s.n., s.a.]. — 4 h., A^4 ; Fol.

Se ha respetado la puntuación original.

01-00044227 000

▶ M-BN, V.E./184-43.

2520
Cardona y Borja, Antonio de, Marqués de Castellnou (1623-1694). *Lo mejor es lo mejor, fiesta que se escriviò para celebrar el dia del nombre de la Reina madre... Mariana de Austria y se representò... en... palacio, dia... veinte y dos de diziembre de mil seiscientos y ochenta y dos /* escriviola con loa y saynetes D. Antonio de Cardona y Borja, marques de Castelnovo... — [S.l. : s.n., s.a.]. — [14], 69 p., A-K^4, L^2 ; 4^0

Texto a dos col. — Port. con orla tip.

01-00044228 000

▶ M-BN, T/10745. — Enc. perg. — Sello de Agustín Durán, adquirido por el gobierno en 1863.

2521
Cardoso, Ambrosio. *Resois feitas pello doutor Ambrosio Cardoso... na causa da Imposição dos vinhos que tras como Almoxarife della.* — Impresso en Madrid... : [s.n., s.a.]. — 18 h., A-D^4, E^2 ; 4^0

Licencia (h. 18), fechada en 1620. — Port. con esc. xil. del autor.

01-00025007 000

▶ M-BN, V.E./1336-3. — Enc. hol.

2522
Cardoso, Isaac. *De febre syncopali : tractatio noviter discussa, vtiliter disputata : controversijs, observationibus, historijs referta... /* Ferdinando Cardoso authore... — Matriti : ex typograp-

hia Didaci Diaz de la Carrera, 1639. — [3], 40 h., [1] h. de grab., [ ]^4, A-K^4 ; 4^0

Port. con esc. calc. del Conde Duque de Olivares.

01-00044961 000

▶ M-BN, V.E./22-22 ▶ M-UC (FM), 61692c21g. — . Enc. perg. — Falto de la h. grab.

2523
Cardoso, Isaac. *Discurso sobre el monte Vesuvio, insigne por sus ruinas, famoso por la muerte de Plinio : del prodigioso incendio del año passado de 1631 i de sus causas naturales, i el origen verdadero de los terremotos, vientos, i tempestades... /* por el Doctor Fernando Cardoso. — En Madrid : por Francisco Martinez, 1632. — 17, [1] h., A-D^4, E^2 ; 4^0

01-00044962 000

▶ M-BN, 3/9197. — Enc. perg. — Exlibris ms. de la Librería del Colegio Mayor de Cuenca ▶ M-BN, V.E./15-17.

2524
Cardoso, Isaac. *Las excelencias [y calunias] de los hebreos /* por el doctor Yshac Cardoso. — Impresso en Amsterdam : en casa de David de Castro Tartas, 1679. — [8], 1-331, [2], 333-431 p., ✳✳ ✳^{4}, A-Z^4, 2A-2S^4, 2T$_{1-2}$, [ ]^1, 2T$_{3-4}$, 2V-2Z^4, 3A-3H^4 ; 4^0

Texto a dos col. — Port. con viñeta xil.

01-00044229 000

▶ M-BN, 2/69157. — Enc. cart ▶ M-BN, 3/63436. — Enc. pasta ▶ M-BN, R/11306. — Enc. perg. en cart. — Sello de Pascual de Gayangos ▶ M-PR, IX-8352. — Enc. pasta. — Falto de port., una h. de prelim. y la antep.

2525
Cardoso, Isaac. *Oracion Funebre en la muerte de Lope de Vega... /* el Dotor

Fernando Cardoso... ofrece. — En Madrid : por la viuda de Iuan Gonçalez, 1635. — 28 h., [1] h. de grab., A-C^8, D^4 ; 8^0

Grab. xil.: esc. del Duque de Sessa.

01-00044963 000

▶ M-BN, V.E./75-39.

2526

Cardoso, Isaac. *Toda la medicina ilustrada, y defendida en conclusiones selectas... / presidelas el Dotor Fernando Cardoso... ; defiendelas el licenciado Manuel Alfonso de la Peña... ; ora el primer dia en lengua vulgar el Doctor Fernando Cardoso sobre el principado del Coraçon humano.* — [S.l. : s.n., s.a.]. — [16] p., A-B^4 ; 4^0

Texto en latín.

01-00044964 000

▶ M-BN, V.E./45-65.

2527

Cardoso, Isaac. *Vtilidades del agua i de la nieue, del beuer frio i caliente... /* el dotor Fernando Cardoso... — En Madrid : por la viuda de Alōso Martin,1637. — [7], 108 h., [1] h. de grab., ¶^{8}, A-N^8, O^4 ; 8^0

Port. con esc. calc. heráldico del Conde Duque de Olivares.

01-00044965 000

▶ M-BN, R/34484. — Enc. perg ▶ M-BN, R/5555. — Enc. pasta ▶ M-RAE, 17-XI-46. — Enc. perg. — Ex-libris del Conde de Mansilla ▶ M-UC (FM), 6132/3RC21f. — Enc. perg. — Ex-libris: «Biblioteca historica de H. Morejon adquirida en 1876». — Falto de port. y h. de grab. ▶ M-UC (FM), 6132/Rc21f. — Enc. cart. — Falto de port., h. de grab., y primeras pag. de prelim.

2528

Cardoso de Acuña, Francisco. *Relacion cierta y verdadera de la presa que* *las galeras del gran duque de Florencia, juntamente con la patrona de Sicilia, y su esquadra han hecho de un nauio de cossarios, turcos, moros y renegados q̄ andauan robando en la costa de Cataluña : en 9 de abril de 1626 /* compuesto por Francisco Cardoso de Acuña... — Impresso en Madrid : en casa de Bernardino de Guzman, [s.a.]. — [4] p. ; Fol.

Hay diferentes estados de esta ed. — Port. con grab. xil.

01-00044230 000

▶ M-BN, Mss./2358. — Enc. pasta. — Forma parte de un vol. facticio, h. 150-151 mss ▶ M-BN, V/C^a 224-133. — Sello de Pascual de Gayangos ▶ M-BN, V/C^a 224-14. — Sello de Pascual de Gayangos.

2529

Cardoso de Acuña, Francisco. *Relacion verdadera de la presa que las Galeras del gran Duque de Florencia, juntamente con la patrona de Sicilia, y su esquadra, han hecho de muchos cossarios, turcos, moros, y renegados, que andauan robādo en la costa de Cataluña en 9 de abril de 1626 : y assi mismo se dà cuenta de como el Rey don Felipe Quarto... hizo el Iueues Santo el Lauatorio de los pobres en la ciudad de Barcelona.* — Impresso... Valladolid : en la imprenta de la viuda de Cordoua, 1626. — [4] p., A^2 ; Fol.

Autor tomado de otras ed. — Esc. xil. imperial precediendo al texto.

01-00122260 000

▶ M-BN, Mss/2358. — Enc. pasta. — Forma parte de un vol. facticio: h. 152-153.

2530

Cardoso de Valdés, Pedro. *Sermón primero del misterio de la Concepcion de Nuestra Señora /* predicole... Don Pedro Cardoso de Valdes... — [S.l. : s.n., s.a.]. — 19 p., A-B^4, C^2 ; 4^0

01-00122261 000

▸ M-BN, 2/50715 (6). — Enc. perg. — Sello de Pascual Gayangos.

2531

Carducho, Luis. *Como se deuen medir las iurisdiciones, y demas tierras, sus dificultades, y con que instrumentos...* / por Luis Carducho... — En Madrid : en la Imprenta del Reyno, 1634. — [1], 12 h., [ ]^1, A-C^4 ; 4^0

01-00044966 000

▸ M-BN, R/10818 (2). — Enc. piel con hierros dorados. — Super-libris de don Pedro de Aragón ▸ M-BN, V.E./45-106. — An. ms.: Adquirido por donacion en 12 de Enero de 1884.

2532

Carducho, Vicente. *Dialogos de la pintura : su defensa, origen, essēcia, definicion, modos y diferencias...* / por Vincencio Carducho... ; siguēse a los Dialogos, Informaciones y pareceres en fabor del Arte escritas por varones insignes en todas letras. — En Madrid : impresso... por Frco. Martinez, 1633 (1634). — [9], 229, [12] h., [1] h. de grab., [ ]^1, ¶-2¶^{4}, A-E^4, F^5, G-Z^4, 2A-2Z^4, 3A-3M^4 : il. ; 4^0

El lugar y segunda fecha constan en colofón. — La h. 24 está en bl. — Port. grab. calc. arquitectonica: «Frco. Ferz. f.». — La h. de grab. calc., después de h. 229, y las il. corresponden a otras 8 h. de grab. calc. incluídas en pag., todas alegóricas, firmadas por «Fco. Ferz. f.» y por «Frco. Lopz. f.». — *Memorial informatorio por los pintores... sobre la exempcion del Arte de la pintura*, h. 164-229.

01-00044231 000

▸ M-BN, 3/52851(1). — Enc. perg. — Port. deteriorada y manipulada. — Falto de 2 h. de prelim. y de h. 164 a 229 sustituidas por un «Memorial informatorio...» de una ed. de Madrid, 1629 ▸ M-BN, 3/71067(1).

— Enc. perg. — Port. con texto recortado. — Falto de h. 47, 72 y a partir de la h. 162 sustituídas por un «Memorial informatorio...» de una ed. de Madrid, 1629. — La h. 229 está al final ▸ M-BN, 3/71230. — Enc. perg. — Ex-libris ms.: D.A. Mosti. — Falto de h. 25, 64 y 130 y de h. 62 y 63 sustituidas mss. — Repite la h. 9 ▸ M-BN, ER./1066. — Enc. perg. — Sello del Gabinete de H^a Natural, bibl. Izquierdo. — Faltan las 3 últimas h ▸ M-BN, ER./1067. — Enc. piel con hierros y cortes dorados. — Falto de 1 h. de prelim., la h. 1, sustituida por otra ms., h. 162 a 229 y 5 últimas h. — Restaurado. — Incluye una carta ms. firmada por Pascual de Gayangos ▸ M-BN, ER./4914. — Enc. perg. — Ex-libris ms. de la libreria de San Cayetano de Madrid. — Falto de las h. 25, 46 y 30 ▸ M-BN, R/1329. — Enc. perg. — Ex-libris ms. del Convento de Descalzos de Madrid. — Falto de 1 h. de prelim., h. 62, 63, 84 y 85 ▸ M-BN, R/15229. — Enc. perg. — Falto de las h. 70 y 71 ▸ M-BN, R/2360(1). — Enc. pasta. — Falto de las h. 163 a 229 sustituidas por un «Memorial informatorio...» de una ed. de Madrid, 1629. — Defecto de enc., la h. 229 después de la 162 ▸ M-BN, R/25363. — Enc. piel con hierros dorados. — Falto de 5 h. de prelim., de h. 4, 25, 35, 36, 46, 64, 83, 84, 85, 107, 130, 163 y de las [12] últimas sin numerar ▸ M-BN, R/31488. — Enc. cart. — Falto de port., 3 h. de prelim., h. 46, 64, 83 y 163; las h. 161 y a partir de 226 sustituidas por otras mss ▸ M-BN, R/31640. — Enc. piel con hierros dorados ▸ M-BN, R/7754. — Enc. pasta ▸ M-BN, R/8587(1). — Enc. piel roja con hierros. — Ex-libris de Cayetano Alberto de la Barrera. — Falto de las h. 161 a 229, sustituídas por unen «Memorial informatorio...» de una ed. de Madrid, 1629 ▸ M-FLG, Inv. 6719. — Enc. pasta con hierros dorados. — Falto de las h. 46, 65, 107 y 130 ▸ M-FLG, Inv. 8250-8249. — Enc. hol y enc. piel con hierros dorados. — Falto de port., sustituida por otra ms., y de las h. 25, 36, 46, 83, 107, 130 y 163 y de las 64-65, 124-127 y 136 sustituidas por ms. El Memorial lleva una fotocopia de la portada correspondiente a la obra, y está falto de las ultimas [4] h ▸ M-PR, VII-1889. — Enc. pasta. — Defectos de encuadernación ▸ M-UC (FFil), 11715. — Enc. piel ▸ M-UC (FFil), 27046. — Enc. piel. — Ex-libris ms. de la librería del Colegio Imperial de la Compañía de Jesús.

2533
Cariñena e Ipenza, Juan Bautista.
Veritatis probatio et verum, pondus panis, pro pastillis viperinis : secundum Gal. mentem I de Antidotis octavo / per Doctorem Ioannem Baptistam Cariñena, & Ypenza... — [S.l. : s.n., s.a.]. — [4], 40 p., [ ]², A-E⁴ ; 4⁰
Port. con orla tip.
01-00044967 000
▶ M-BN, V.E./4-14.

2534
Carlos I, Rey de Gran Bretaña.
Respuesta del principe de Inglaterra a la carta de su Santidad dada en San Pedro a 20 de abril de 1623 y a dos de su Magestad... — [S.l. : s.n., s.a.]. — [4] p. ; Fol.
Pérez Pastor, Madrid 2021.
01-00044232 000
▶ M-BN, V/Cª 1016-18.

2535
Carlos II, Rey de España. *Copia de clausulas del Testamento que otorgò el Rey nuestro señor Don Carlos Segundo (que estè en gloria) tocantes à la formacion de la Iunta de Govierno, en dos de Octubre de mil y setecientos.* — [S.l. : s.n., s.a.]. — [3] p. ; Fol.
Traslado de dichas cláusulas, dado en Madrid, 2 de noviembre de 1700 y certificación de la copia fechada el 3 de noviembre de 1700.
01-00122262 000
▶ M-BN, V/Cª 250-110. — Sello de Pascual Gayangos.

2536
Carlos II, Rey de España. *Copia de clausulas del testamento que otorgò el Rey nuestro Señor Don Carlos Segundo (que està en la gloria) tocantes à la succession de todos sus Reynos, y Señorios, en dos de*

Octubre de mil y setecientos. — [S.l. : s.n., s.a.]. — [4] p. ; Fol.
Traslado fechado el 3 de noviembre de 1700.
01-00122263 000
▶ M-BN, V/Cª 51-17. — Sello de Pascual de Gayangos.

2537
Carlos II, Rey de España. *Copia de las clausulas de el testamento, que otorgò el Rey nuestro Señor Don Carlos Segundo (que està en Gloria) tocantes à la succession de todos sus Reynos, y Señorios, en 2 de Octubre de 1700.* — En Barcelona : por Rafael Figuerò, 1700. — [7] p. ; 4⁰
Traslado de dichas cláusulas, fechado el 2 de noviembre de 1700 y certificación de la copia fechada el 3 de noviembre de 1700. — El pie de imp. consta en colofón.
01-00122264 000
▶ M-BN, V.E./117-26.

2538
Carlos II, Rey de España. *Copia de el testamento cerrado, que en dos de Octubre de mil y setecientos y del codicilo, que en cinco del mismo mes, y año hizo la Magestad de el Señor Rey Don Carlos Segundo (que esta en gloria) debaxo de cuya disposicion fallecio en primero de Noviembre siguiente : y tambien copia del papel que cita el testamento.* — [S.l. : s.n., s.a.]. — 8 h., A-D² ; Fol.
01-00094349 000
▶ M-BN, V/Cª 7-23. — Restaurado.

2539
Carlos II, Rey de España. *Copia del testamento cerrado, que en dos de Octubre de mil y setecientos, y del codicilo, que en cinco del mismo mes, y año hizo la Magestad del Señor Rey D. Carlos II (que*

esta en gloria) debaxo de cuya disposicion falleciò en primero de Noviembre siguiente : y tambien copia del papel que cita el testamento. — Madrid : por Iuan Garcia Infançon..., 1700. — 27, [4] p., A-D^4 ; 4^0

Hay diferentes estados de esta ed. — El nombre del impresor consta en colofón. — Port. con orla tip.

01-00094553 000

▶ M-BN, V.E./117-24 ▶ M-BN, V.E./126-69.

2540
Carlos de la Concepción (O.R.S.A.). *Oracion panegirica, y evangelica en aplauso del Angel entre los Doctores, y Doctor entre los Angeles Santo Thomas de Aquino... : ideada en los resplandores de la luz, el segundo dia de los quatro que en annual solemne culto, consagra à su Angelico Maestro, la... Academia de Theologos, Medicos, y Filosofos de la Insigne Vniversidad de Barcelona, en el Real Convento de Santa Catalina Martyr... /* dixola el M.R.P. Fr. Carlos de la Concepcion... ; sacala a luz... Pasqual Torravadella... — En Barcelona : en la imprenta de Vicente Surià..., 1689. — [8], 44 p., ¶^{4}, A-B^8, C^6 ; 4^0

Port. con orla tip.

01-00044968 000

▶ M-BN, V.E./71-7.

2541
Carlos de la Concepción (O.R.S.A.). *Sermon en las honras de la venerable H. Gabriela de Iesus, mantelata professa de los Recoletos Descalços de N.G.P... S. Agustin /* predicole el P. Fr. Carlos de la Concepcion... de la misma Orden... — [Alcalá] : en la Imprenta de Francisco Garcia Fernandez, Impressor de la Vniversi-

dad de Alcalà, 1696. — [18], 30 p., A-F^4 ; 4^0

Port. con orla tip.

01-00044969 000

▶ M-BN, R/24129(10). — Enc. perg. — Sello de Pascual de Gayangos.

2542
Carlos de la Concepción (O.R.S.A.). *El sol en los elementos, la sal de la sabiduria... Santo Thomas de Aquino... : aplaudido, en aclamacion panegirica, y evangelica en el dia tercero de los quatro que en... annual Culto le consagran sus... discipulos de la insigne vniversidad de Barcelona este año de 1690, en el Real Convento de Santa Catalina Martyr... /* por el M.R.P. Fr. Carlos de la Concepcion... de... Descalços del Gran Padre... San Agustin ; que saca a luz el Reverendo Francisco Puyol... — En Barcelona : en la imprenta de Vicente Surià..., 1690. — [8], 56 p., [ ]^4, A-G^4 ; 4^0

Port. con orla tip.

01-00044970 000

▶ M-BN, V.E./73-26.

2543
Carmelitas. *Regla de Alberto, patriarca de Ierusalen, para los religiosos y religiosas de la Madre de Dios y Virgen Maria del Monte Carmelo y confirmada por Innocencio IV año de 1248 . [Constituciones y Decretos para conservar la vida Regular... del Convento de la Encarnacion de Monjas de N. Señora del Carmen... de Avila /* mandadas sacar a luz y de nueuo imprimir por... Martin de Bonilla, Obispo de la dicha ciudad...]. — [En Salamanca : por Ioseph Gomez de los Cubos..., 1662]. — 68 p., A-G^4, I^4, K^2 ; 4^0

El pie de imp. consta en la port. propia de las «Constituciones y decretos...» en p. 15. — Esc. xil. de los carmelitas, en p. 68.

01-00017485 000

▶ M-BN, V.E./1-2.

2544

Carmelitas. *Regla, y modo de vivir, que han de guardar los hermanos, y hermanas de la Tercera Orden de Nuestra Señora del Carmen : segun la Bula de... Nicolao Quinto dada en Roma, año de mil y quatrocientos y dos, y la de... Sixto Quarto... dada en Roma, año de mil y quatrocientos y setenta y seis... confirmada... el año passado de mil y seyscientos y cinquenta.* — [S.l. : s.n. , s.a.]. — [4] p. ; Fol.

Grab. xil. en cabecera.

01-00044971 000

▶ M-BN, V.E./216-53.

2545

Carmelitas. *Señor. El Orden humilde de la Madre de Dios del Carmen se origina, y desciende con sucession hereditaria del Santo Profeta Elias, que con Divina inspiracion, en el Monte Carmelo instituyò el Estado Monastico, quanto a su ser essencial, y substancial...* — [S.l. : s.n., s.a.]. — [4] p. ; Fol.

Se ha respetado la puntuación original. — En el texto se alude al presente año de 1695.

01-00044972 000

▶ M-BN, V.E./210-136.

2546

Carmelitas. Capítulo (1642. Valladolid). *Pacta, et conditiones pro conservatione reunionis vtriusque Provinciè Castellae, Ordinis B.M.V. de Monte Carmelo... de consensu totius Gremij Capituli Provincialis Vallis-Oleti, mense maij ann 1642 celebrati : adiectis etiam, et ad latus notatis declarationibus, am-* *pliationibus... à diversis Capitulis Provincialibus, pro meliori Provinciè regimine stabilitis /* et in lucem edita iussu... Fr. Petri de Frutos (eiusdem) Provincialis...— [S.l. : s.n., s.a.]. — [2], 28 p., [2] en bl., A-D^4 ; 4^0

Parte del texto en español. — En p. 28 consta 1680. — Port. con orla tip.

01-00044233 000

▶ M-BN, 2/37161(2). — Enc. perg.

2547

Carmelitas Descalzas. [Caeremoniale. Español] *Ceremonial de las religiosas Carmelitas Descalzas del Convento de Nuestra Señora de la Natividad y S. Ioseph que la baronesa Doña Beatriz de Silveira fundò en la calle de Alcalà desta villa.* — En Madrid : por Domingo Garcia Morràs, 1662. — [3], 122, [5] h., [1] h. de grab., R^4, A-P^8, Q^7 ; 8^0

Port. con orla tip. y con esc. xil. de la Orden de Carmelitas Descalzas. — Grab. calc.: «P.V.F.f. 1662», retrato de Santa Teresa de Jesús, en R$_2$.

01-00044234 000

▶ M-BN, 2/13136. — Enc. perg. — Falto de h. de grab ▶ M-BN, 3/12227. — Enc. perg.

2548

Carmelitas Descalzas. [Caeremoniale. Español] *Ceremonial de las religiosas Descalzas de Nuestra Señora del Carmen : conforme al Missal y Breviario reformados y segun las ceremonias y costumbres antiguas de su religion.* — Impresso en Madrid : en la oficina de Bernardo de Villa-Diego, 1692. — [16], 234, [14] p., ¶^{8}, A-P^8, Q^4 ; 8^0

Port. con orla tip. y esc. xil. de la orden de Carmelitas Descalzas.

01-00044235 000

▶ M-BN, 2/13128. — Enc. cart. — Ex-libris ms.: Este ceremonial es de la superiora... este le acabó la Madre Paula ya siendo superiora.

2549

Carmelitas Descalzas. [Processionale. Español] *Manual o processionario de las religiosas descalzas de la Orden de Nuestra Señora la Virgen Maria del Monte Carmelo : segun el Missal y Ceremonial Romano reformado.* — En Vcles : por Domingo de la Iglesia, 1623. — [10], 236 p., [ ]¹, ✠⁴, A-O⁸, P⁶ ; 4⁰

Texto en español y latín. — Port. con esc. xil. de los Carmelitas.

01-00044236 000

▶ M-BN, R/36759. — Enc. piel con hierros dorados y broches.

2550

Carmelitas Descalzos. [Breviarium] *Manuale Diuinorum Officiorum Ordinis Fratrum Discalceatorum Beatae Mariae de Monte-Carmeli, iuxta Missale, [et] Caeremoniale Romanum : iussu Clementis VIII... nouissime recognita.* — Salmanticae : ex Typographia Antoniae Ramirez viduae, 1616. — [12], 204 p., ¶⁶, A-M⁸, N⁶ ; 4⁰

En licencias consta como autor: «Fray Eliseo de San Ildefonso». — Port. con esc. xil. de los Carmelitas.

01-00035067 000

▶ M-BN, 2/13441. — Enc. cart. — Ex-libris ms. de los Carmelitas Descalzos de Valladolid. — Ejemp. con banderillas ▶ M-BN, 3/14401. — Enc. piel. — Ejemp. con banderillas y 2 h. de erratas pegadas ▶ M-BN, 3/16643. — Enc. cart. — Ex-libris ms. de Tomás Moreno, 1763, 1789. — Ejemp. con banderillas.

2551

Carmelitas Descalzos. [Caeremoniale. Español] *Ceremonial y ordínario*

de los religiosos Descalzos de Nuestra Señora del Carmen : conforme el Missal y Breuiario reformados y segun las ceremonias y costumbres antiguas de su religion...* — En Madrid : por Francisco Martinez, 1634. — [16], 199, [1] en bl., [16] h., [1] h. de grab., ¶-2¶⁸, A-Z⁸, 2A-2D⁸ ; 8⁰

Port. con esc. xil. de la Virgen del Carmen. — Grab. calc.: «Adriaem boon fecit», retrato de Santa Teresa de Jesús.

01-00044238 000

▶ M-BN, 3/14286. — Enc. cart. — Numerosas páginas del texto llevan trozos superpuestos con texto de otras ed.

2552

Carmelitas Descalzos. [Caeremoniale. Español] *Ceremonial de los religiosos Descalzos de Nuestra Señora del Carmen : conforme el Missal y Breuiario reformados y segun las ceremonias y costumbres antiguas de su religion...* — En Madrid : por Antonio Gonçalez de Reyes, 1679. — [12], 288, [24] h., ¶⁸, 2¶⁴, A-Z⁸, 2A-2Q⁸ ; 8⁰

Port. con esc. xil. de la Orden de Carmelitas Descalzos.

01-00044237 000

▶ M-BN, 3/14283. — Enc. perg.

2553

Carmelitas Descalzos. *En la Villa de Madrid à primero de Noviembre año de mil seiscientos y ochenta y cinco, estando en el Convento de San Hermenegildo, Carmelitas Delcalços desta Villa, ante mi el Escrivano, y testigos se juntaron el Reverendissimo Padre Prior, y Religiosos del dicho Convento... Y otorgaron, que dàn su poder cumplido, el que de derecho se requiere, y es necessario, al Padre Fray Lorenço de los Angeles... y à los demas, que* *en adelante le subcedieren en el dicho Oficio de Procurador...* — [S.l. : s.n., s.a.]. — [3] p. ; Fol.

Se ha respetado la puntuación original.

01-00044973 000

▶ M-BN, V.E./209-17. — Firma ms. de Gerónimo Rodriguez, escribano del Rey.

2554

Carmelitas Descalzos. *Regla primitiua, y Constituciones de los Religiosos Descalços de la Orden de N. Señora del Monte Carmelo de la Congregación de España : hechas por autoridad Apostolica de... Clemente Papa VIII en el Capitulo General que se celebrò en el Conuento de S. Pedro de Pastrana, año de MDCIIII.* — En Vcles : por Domingo de la Iglesia, 1623. — 152 [i.e. 155], [2] h., 72 p., A⁶, ¶⁵, B-T⁸, ✱², ¶-4¶⁸, 5¶⁴ ; 8⁰

Errores de fol., 4 h. sin numerar entre h. 6 y 8. — Port. con esc. xil. de la Orden del Carmen.

01-00044976 000

▶ M-BN, 3/12022(1). — Enc. perg. — Ex-libris ms. de los Carmelitas Descalzos de Madrid. ▶ M-BN, 3/36213(1). — Enc. cart. ▶ M-BN, 3/66291. — Falto de port. y parte de h. 72 de la 2.ª secuencia. ▶ M-BN, 7/13883. — Enc. perg. — Falto de port.

2555

Carmelitas Descalzos. *Regula primitiua et constitutiones Fratrum Discalceatorum Ordinis B. Mariae de Monte Carmelo Congregationis Hispaniarum : authoritate... Clementis Papae Octaui auctae et recognitae in capitulo generali celebrato in conuentu S. Petri de Pastrana... MDCIIII.* — Matriti : apud Ioannem à Cuesta, 1604. — 120 h., A-P⁸ ; 8⁰

Port. con grab. xil.

01-00035060 000

▶ M-BN, 2/29691. — Enc. perg. — Ex-

libris ms. de los Trinitarios Descalzos. ▶ M-BN, 3/12224. — Enc. perg. — Ex-libris ms.: «del s⁰ desierto de Bolarque».

2556

Carmelitas Descalzos. *Señor. El Provincial, Definitorio, Priores, y la mayor parte de los Maestros de estas Provincias de Castilla, del Orden de Nuestra Señora del Carmen, de Antigua, y Regular Observancia, por el Maestro Fr. Manuel Carrasco... Provincial de dichas Provincias, sujetas à los Dominios de V. Mag. puesto à los Reales pies... Suplica à V. Mag. se sirva de dar su Real Decreto, para que se impida la execucion del Breve... en que se instituyan Provincial...* — [S.l. : s.n., s.a.]. — [2] p. ; Fol.

Se ha respetado la puntuación original.

01-00044974 000

▶ M-BN, V.E./218-51.

2557

Carmelitas Descalzos. *Señor. La Religion de la Madre de Dios del Carmen... representa, que aviendo atendido su Capitulo General, que se celebrò en Roma el año passado de mil seiscientos y noventa y dos, à las relevantes prendas del Maestro Fr. Juan Feyjoo de Villalobos..., y à que siendo el vnico sugeto que V.M. se dignò honrar con su Real recomendacion à su Embaxador, que le sirve en Roma, podria ser de su mayor agrado, concurriò, sin exemplar, à la eleccion de General en su Persona...* — [S.l. : s.n., s.a.]. — 8 h., A-D² ; Fol.

01-00044975 000

▶ M-BN, V.E./214-92.

2558

Carmelitas Descalzos. General (Alonso de Jesús María). *A los Padres Prouinciales, y Priores de las casas de Nouiciados, y Professados, y a los Maes-*

tros de Nouicios, y Professados, de la Orden de Religiosos descalços de Nuestra Señora del Carmen.../ [Fr. Alonso de Iesus Maria General]. — [S.l. : s.n., s.a.]. — [4] p. ; 4^0

El autor consta al final de texto, fechado en Alcalá, 1622.

01-00017486 000

▶ M-BN, V.E./178-177.

2559

Carmelitas Descalzos. General (Esteban de San José). *A los religiosos Descalzos y religiosas de nuestra Señora del Carmen...* / [Fray Esteuan de San Ioseph su General]. — [S.l.. s.n., s.a]. — [4] p. ; Fol.

El autor consta al final del texto, fechado en Madrid, 1632.

01-00035066 000

▶ M-BN, V.E./191-54.

2560

Carmelitas Descalzos. General (Esteban de San José). *F. Esteuan de S. Iosef General de la Orden de Descalzos de N.S. del Carmen a los religiosos y religiosas della...* — En Madrid : por la viuda de Iuan Gonçalez, 1634. — 56 [i.e. 54], [2] en bl., 31 h., A-G^8, A-C^8, D^7 ; 8^0

Error de fol. en la primera secuencia, de h. 50 pasa a h. 43.

01-00035073 000

▶ M-BN, 3/26314. — Enc. perg. — Ex-libris ms. de los Carmelitas Descalzos de Madrid. ▶ M-BN, 3/40883. — Enc. perg. — Ex-libris ms. de los Carmelitas Descalzos de Madrid. — Falto de la Segunda secuencia de fol. ▶ M-BN, 3/71647. — Enc. perg.

2561

Carmelitas Descalzos. General (Juan Bautista). *A los religiosos y religiosas, descalzos, y descalzas de Nuestra Señora del Carmen* / Fray Iuan Bautis-

ta su General.... — En Madrid : por Diego Diaz de la Carrera, 1647. — 152 h., A-Z^4, 2A-2P^4 ; 4^0

El pie de imp. consta en colofón.

01-00044240 000

▶ M-BN, 2/41120. — Enc. perg. — Ex-libris ms. de la librería de los Capuchinos del Prado de Madrid.

2562

Carmelitas Descalzos. Provincial (Andrés de Santa Teresa). *Carta pastoral del P.Fr. Andres de Santa Teresa, Prouincial de los Carmelitas Descalços de Andaluzia en que manifiesta... los dictamenes de su... Capitnlo [sic] Prouincial celebrado en... Granada en 26 de Abril deste presente año de 1681.* — [S.l. : s.n., s.a.]. — 14 p., A^7 ; 4^0

Carta fechada en Sevilla, 1681. — Port. con orla tip. y viñeta xil. de los Carmelitas.

01-00044242 000

▶ M-BN, V.E./108-38.

2563

Carmona, Antonio. *Auto de San Sebastian* / agora nueuamente compuesto por Antonio Carmona... — [Sevilla] Impresso en Salamanca, por Antonia Ramirez, biuda, y por su original en Seuilla : por Bartolome Gomez de Pastrana..., 1617. — [14] p., A^7 ; 4^0

Port. con viñeta xil.

01-00044243 000

▶ M-BN, R/12216. — Enc. piel con hierros dorados. — Sello de Pascual de Gayangos. — La viñeta de port., coloreada.

2564

Carmona, Bartolomé de (O.C.D.). *Funebre obsequio, oracion panegyrica en las honras, que el Acuerdo de la Real Audiencia de la ciudad de Sevilla hizo el dia 28 de Septiembre de 1672 en el Colegio del*

Angel de la Guarda de Carmelitas Descalços, al Señor Don Francisco de Gayoso y Mendoza... / dixola... Fr. Bartolome de Carmona... Difinidor General de la Orden. — En Sevilla : por Iuan Frācisco de Blas..., 1672. — 10 h., A-B⁴, C² ; 4⁰

01-00044977 000

▶ M-BN, V.E./74-28.

2565
Carmona y Moreno, Miguel de.
Summa totius theotogiae [sic] : per assertiones cum earum fundamentis ad omnes & singulas distinctiones quatuor librorum magistri sententiarum... / auctore... Michaele de Carmona Moreno... ; [*Flores Sacrae Scripturae et humanarum scientiarum...*]. — Matriti : ex tipographia Laurentij Garcia de la Iglesia : sumptibus Matthaei de la Bastida..., 1682. — [20], 196 p., [8], 101, [1] h., ¶⁸, 2¶², A-M⁸, N², ¶⁸, A-M⁸, N⁴, O² ; 4⁰

La mayor parte de las h. impresas por una sola cara.

01-00044244 000

▶ M-BN, 3/3344. — Enc. perg. — Ex-libris ms.: «ex Bibliotheca L.D. Andres Gonzalez de Barcia...». — Falto del primer tratado. ▶ M-BN, 3/54859. — Enc. perg. ▶ M-BN, 7/17369. — Enc. perg. — Falto del primer tratado. ▶ M-UC (FD), 10228. — Enc. perg. — Ex-libris mss. «Libreria del Col. Theologico de Alcala», y de Francisco Yvañez Lbo. mro., y «De la libreria del Colegio de Nª Sª de esta Uniuersidad de Alcala de Henares Bʳ. Valle.». — Falto del segundo tratado. ▶ M-UC (FD), 14490. — Enc. perg. — Ex-libris ms.: De la libreria del Colegio de la Inmaculada Concepción de N.S. de esta Universidad de Alcalá de Henares. — Falto del primer tratado.

2566
Carnero, Antonio. *Historia de las guerras ciuiles que ha auido en los estados de Flandes desde el año 1559 hasta el de*

1609 y las causas de la rebelion de dichos estados / recopilada y escrita por... Antonio Carnero... — En Bruselas : en casa de Iuan de Meerbeque, 1625. — [8], 565 [i.e. 528], [6] p., [2] en bl., ✳⁴, A-Z⁶, 2A-2V⁶, 2X¹⁰ ; Fol.

Numerosos errores de pag. — Texto a dos col. — Port. grab. calc.

01-00044245 000

▶ M-BN, 2/60911. — Enc. pasta. — Sello de Pascual de Gayangos. ▶ M-BN, R/6425. — Enc. pasta. ▶ M-BN, U/2195. — Enc. perg. — Sello de D. Luis de Usoz. ▶ M-CE, S1-E7-T3-1265. — Enc. perg. — Falto de port. ▶ M-FLG, Inv. 1847. — Enc. pasta. — Ex-libris de la Biblioteca de don A. Cánovas del Castillo. ▶ M-PR, V/2534. — Enc. perg. — Ex-libris del Conde de Mansilla. ▶ M-UC (FFil), Res. 1097. — Enc. perg. — Ex-libris ms. D. Pedro de la Moza y ex-libris y sello de la Condesa del Campo de Alange. — Falto de p. 388-389 y 394-395.

2567
Carnicer, Antonio. *Ilustrissimo Señor. Don Antonio Carnicer, suplicando dize : Que afiançando en la grandeza de V.S.I. el logro de su pretension, omite (por no ser molesto) la representacion de los muchos servicios de sus progenitores... sirve con vna pica a su costa en el Tercio del Conde de Fuentes... su Magestad fue servido darle suplemento para ser Capitan en qualquiera de sus Exercitos...* — [S.l.: s.n., s.a.]. — [2] p., [2] en bl. ; Fol.

Se ha respetado la puntuación original. — El texto alude a la Guerra de Cataluña.

01-00044978 000

▶ M-BN, V.E./200-56.

2568
Carnicer, Giovanni (-1636).
Breue discurso del Primado de Cerdeña y Corcega en fauor del arçobispo de Caller : en estilo de informacion, para su Mages-

tad Catolica y su S.S.R.C. de Aragon / por... Iuan Carnicer... — En Madrid : por la viuda de Alonso Martin, 1616. — [4], 40 h., A-K⁴ ; 4⁰

Port. con esc. xil.

01-00044246 000

▶ M-BN, 2/55404. — Enc. perg. con hierros dorados.

2569

Caro, Rodrigo (1573-1647). *Antiguedades y principado de la ilustrissima ciudad de Sevilla ; y Chorographia de su convento iuridico, o antigua Chancilleria... /* autor el D. Rodrigo Caro. — En Sevilla : por Andres Grande..., 1634. — [13], 220 h., [ ]¹, ¶⁶, ¶⁶, A-Z⁶, 2A-2N⁶, 2O⁴ : il. ; Fol.

Texto a dos col. — Port. con esc. calc.: «Lieuendal fec.», de D. Gaspar de Guzmán. — Grab. xil. intercalados en el texto.

01-00044247 000

▶ M-BN, 2/63276. — Enc. hol. — Sello de Pascual de Gayangos y ex-libris ms. de D. Alonso Pacheco. ▶ M-BN, B.A./4522. — Enc. pasta. — Ex-libris de la libreria de Domingo y Mompié, Valencia. ▶ M-BN, P/6412. — Enc. perg. — Ex-libris de Fernando José de Velasco. ▶ M-BN, R/14802. — Enc. perg. — Ex-libris ms.: don Juan de Lima. ▶ M-BN, R/16646. — Enc. pasta. — Ex-libris ms.: «yo soi de Antonio Blanco». ▶ M-BN, R/19615. — Enc. piel, en el taller de la BN en 1974. ▶ M-BN, R/19788. — Enc. pasta. — Sello de Pascual de Gayangos. — Port. restaurada. ▶ M-BN, R/30753. — Enc. perg. — Ex-libris de la Biblioteca de D. José Mª de Asensio y Toledo. ▶ M-BN, R/6739. — Enc. perg. — Ex-libris mss.: Francisco Rosselli, y de Antonio Gonzalez Elsa. ▶ M-BN, U/7700. — Enc. perg. — Sello de Usoz. ▶ M-BZ, 12-108. — Enc. perg. — Deteriorado afectando a pie de imprenta. ▶ M-BZ, 12-109. — Enc. pasta. ▶ M-FLG, Inv. 405. — An. ms. «D. Jose Maldonado Davila annotador de Rodrigo Caro». — Enc. perg. ▶ M-PR, VII-1301. — Enc. pasta. ▶ M-RABA, B-1675. — Enc. piel. — Los índices van encuadernados al final. ▶ M-RAE, 13-C-18. — Enc. perg. — Los prelim., excepto

índice, se repiten al finaL. ▶ M-UC (FFil), Res. 903. — Enc. perg. — Ex-libris mss. de: «Dn. Juº Lucas Casteffs», «D. Lazaro diez del Valle y de la Puerta», del Noviciado de la Compañia de Jesus de Madrid y «Bibliothecae domus societatis Jesu». ▶ M-UC (FFil), Res. 904. — Enc. perg.

2570

Caro, Rodrigo (1573-1647). *Santuario de Nuestra Señora de la Consolacion ; y Antiguedad de la villa de Vtrera... /* autor... Rodrigo Caro... — En Ossuna : por Iuan Serrano de Vargas..., 1622. — [8], 26, [2], 40 h., ¶⁸, A-H⁸, I⁴ ; 8⁰

Segunda obra, con port., pag. propia. y tít.: «Relacion de las inscripciones y antiguedad de la villa de Vtrera...». — Colofón. — Al v. de port., grab. xil. a toda plana que representa a la Virgen.

01-00044248 000

▶ M-BN, R/2896. — Enc. perg. — Recortado en parte superior.

2571

Caro de Hojeda, Francisco. *Modo de ordenar el Memento en el sacro Santo sacrificio de la Missa /* compuesto por Francisco Caro de Hojeda... — Impresso en Seuilla : por Diego Perez, 1633. — 55 [i.e. 59] h., [1] en bl., [A]-P⁴ ; 4⁰

Las 4 primeras h. sin fol. — Port. con esc. xil. de la Compañía de Jesús. Jesús.

01-00044252 000

▶ M-BN, 3/55758. — Enc. perg. — Ex-libris ms.: «De la Casa de Provacion de la Compª de Jesus de Sevilla». — Deteriorado afectando al texto.

2572

Caro de Mallén, Ana. *Contexto de las reales fiestas que se hizieron en el Palacio del Buen Retiro a la coronacion de Rey de romanos, y entrada en Madrid de* *la Señora Princesa de Cariñan : en tres discursos* / por D. Ana Caro de Mallen. — En Madrid : en la Imprenta del Reyno , 1637. — [3], 39 [i.e. 42] h., A-E^8, F^4, G^1 ; 4^0

Errores de fol., repetidas h. 16 (entre 12 y 13) 30 y 34.

01-00044981 000

▶ M-BN, V.E./63-5.

2573

Caro de Mallén, Ana. *Loa sacramẽtal que se represento en el carro de Antonio de Prado, en las fiestas del Corpus de Seuilla este año de 1639... : dixose en quatro lenguas* / compuesta por doña Ana Caro... — Impressa en Seuilla : por Iuan Gomez de Blas, [s.a.]. — [4] p., A^2 ; 4^0

Texto en portugués, a dos col. — El lugar e impresor constan en colofón.

01-00044253 000

▶ M-BN, T/697. — Enc. hol.

2574

Caro de Montenegro, Mateo (O.P.). *A los MM. RR. PP. MM. Priores, Rectores, Supriores [sic], y Presidentes de nuestros Conventos ; y à las MM. Prioras... y à los demàs Religiosos, y Religiosas de nuestra Provincia de España, Orden de Predicadores* / el Maestro Fray Matheo Caro de Montenegro, Provincial de la misma Provincia... — [S.l. : s.n., s.a.]. — 2 h., A^2 ; Fol.

Se ha respetado la puntuación original. — Texto en español y latín, fechado en Madrid el 22 de Septiembre de 1698. — Esc. xil. de los Dominicos en cabecera.

01-00044979 000

▶ M-BN, V.E./215-62. — Firma ms. del autor y sello de placa menor del Provincial. — Ex-libris ms.: Para el convento de Jesús

María de Valverde, este remite del convento de la Madre de Dios de Alcalá.

2575

Caro de Montenegro, Mateo (O.P.). *A los MM. RR. PP. MM. Priores, Rectores, Supriores [sic] y Presidentes de nuestros Conventos, y à los demàs Religiosos de nuestra Provincia de España, Orden de Predicadores* / el Maestro Fray Matheo Caro de Montenegro, Provincial de la misma Provincia... — [S.l. : s.n., s.a.]. — 10 h., [A]-E^2 ; Fol.

Se ha respetado la puntuación original. — Texto en español y latín, fechado en Madrid el 22 de septiembre de 1698. — Esc. xil. de los Dominicos en cabecera.

01-00044980 000

▶ M-BN, V.E./215-80. — Firma ms. del autor y sello de placa menor del Provincial.

2576

Caro de Torres, Francisco. *Historia de las Ordenes Militares de Santiago, Calatraua y Alcantara : desde su fũdaciõ hasta el Rey Don Filipe Segundo...* / ordenada por... Frãcisco Caro de Torres... — En Madrid : por Iuan Gonçalez (y a su costa), 1629. —[16], 252 h., ¶^{8}, ¶^{8}, A-Z^8, 2A-2G^8, 2H-2I^6 ; Fol.

«y a su costa» consta en colofón. — Texto a dos col. — Port. grab. calc. arquitectónica: «Alardo de Popma fecit Matriti». — *Vida del sieruo de Dios Pedro Alfonso, prior del Conuento de Vcles...* / compuesta en latín por... Martin de Ayala... y *Compendio de la vida de la... infanta doña Sancha Alfonso* / sacado del memorial... que para su canonizacion hizo don Fernando Pizarro y Orellana..., h. 228-246.

01-00044254 000

▶ M-BN, 2/57542. — Enc. perg. en cart. — Sello de Pascual de Gayangos. ▶ M-BN, 2/9843. — Enc. perg. — Port. guillotinada en la parte inferior. — Falto de h. [2]. ▶ M-BN, P/6780. — Enc. perg. — Port. grab. deteriorada. — Defectos de enc. en prelim. ▶ M-BN, R/14803. — Enc. pasta. — Sello del Gabinete de Hist. Natural de Madrid-Biblioteca Izquierdo. ▶ M-BN, U/6290. — Enc. cart. deteriorada. — Sello de D. Luis de Usoz. ▶ M-BZ, 27-144. — Enc. perg. ▶ M-FLG, Inv. 7683. — Enc. pasta con hierros dorados. ▶ M-PR, V-1869. — Enc. pasta. — Sello de Gregorio Mayans y Siscar. ▶ M-RAE, 13-D-8. — Enc. hol. — Falto de h. 247-252. ▶ ME-RB, 75-IX-13. — Enc. perg.

2577

Caro de Torres, Francisco. *Relacion de los seruicios que hizo a su Magestad del Rey Don Felipe Segundo y Tercero, don Alonso de Sotomayor... en los estados de Flandes y en las prouincias de Chile y Tierrafirme... / por...* Francisco Caro de Torres. — Impresso en Madrid : por la viuda de Cosme Delgado..., 1620. — [8], 88 h., [ ]^4, ¶^{4}, A-Y^4 ; 4^0

Existen al menos dos ed. con igual pie de imp.; entre otras diferencias: consta en ésta «que auiēdose visto por los señores del vn libro», línea 4 de la Tasa y «nil, Capitan Choruca, Vrban de Melille, y o-», en h. 72 v. penúltima lín. — Colofón. — Port. con esc. xil. heráldico, repetido en ¶$_4$ v.

01-00044256 000

▶ M-BN, U/3793. — Enc. perg. — Ex-libris ms. de: «Jouble» y sello de D. Luis de Usoz.

2578

Caro de Torres, Francisco. *Relacion de los seruicios que hizo a su Magestad del Rey Don Felipe Segundo y Tercero, don Alonso de Sotomayor... en los*

estados de Flandes y en las provincias de Chile y Tierra firme... / por... Francisco Caro de Torres. — Impresso en Madrid : por la viuda de Cosme Delgado..., 1620. — [8], 88 h., [ ]^4, ¶^{4}, A-Y^4 ; 4^0

Existen al menos dos ed. con igual pie de imp.; entre otras diferencias consta en ésta «uiendose visto por los señores del vn libro inti-», línea 4 de la Tasa y «lanil, Capitan Choruca, Urban de Melille, y otros» en h. 72 v. penúltima lín. — Colofón. — Port. con esc. xil. heráldico, repetido en ¶$_4$ v.

01-00044255 000

▶ M-BN, 2/55855. — Enc. perg. — Sello de Pascual de Gayangos. — Falto de parte de prelim. ▶ M-BN, 7/19727. — Enc. pasta. ▶ M-BN, P/4701.

2579

Caro del Arco y Loaisa, Juan (T.O.R.). *Historia del sagrado monte de la Oliva, y su milagrosa imagen : donde se trata quien la traxo desde Ierusalen à aquel monte... y los sucesos que se originaron de su venida... /* compuesto por... Iuan Caro del Arco y Loaysa... profeso en la tercera Orden de N.P.S. Francisco... — En Alcalà : en casa de Francisco Garcia Fernandez..., y à su costa..., 1676. — [14], 220, [12] p., [1] h. de grab., ¶^{8}, A-N^8, O-Q^4 ; 4^0

Hay estados de esta ed. con port. sin orla tip. — Texto a dos col. — Antep. — Port. con orla tip. — Esc. xil., de D. Andrés de Torres Pacheco, en ¶$_4$. — Grab. xil. de «N.S. de la Oliva».

01-00044249 000

▶ M-BN, 2/59448. — Enc. perg. — Falto de antep. ▶ M-BN, 3/63636. — Enc. perg. ▶ M-BN, 8/37942. — Enc. perg. — Sello de la Biblioteca de los Capuchinos de Madrid.

2580

Caro y Cejudo, Jerónimo Martín (1630-1712). *Explicacion del libro quarto y quinto del Arte Nueuo de Gramatica de Antonio de Nebrija : contiene tambien la explicacion de la construccion figurada, relatiuos, Kalendas, primeras, medias y vltimas sylauas, figuras poeticas, versos y al fin muchas frases... de los autores latinos* / compuesto por... Geronimo Martin Caro y Cejudo... — En Madrid : por Iulian de Paredes, a costa del dicho impressor..., 1667. — [12], 196 h., ¶^{4}, ¶^{8}, A-Z^8, 2A^8, 2B^4 ; 8^0

Esc. xil. de la Marquesa de Santa Cruz, en el v. de port.

01-00044250 000

▶ M-BN, 2/8996. — Enc. perg.

2581

Caro y Cejudo, Jerónimo Martín (1630-1712). *Refranes y modos de hablar castellanos con latinos que les corresponden : juntamente con la glossa y explicacion de los que tienen necessidad de ella : con dos tablas al fin...* / compuesto por... Geronimo Martin Caro y Cejudo... — En Madrid : por Iulian Izquierdo..., 1675. — [24], 417, [79] p., ¶^{4}, 2¶^{8}, A-Z^8, 2A-2H^8 ; 4^0

Port. con orla tip. — Esc. heráldico xil. en sign. ¶$_2$.

01-00044251 000

▶ M-BN, 2/64792. — Enc. hol. — Sellos de Pascual de Gayangos y «Ex bibliotheca capuccinorum Patientae Xpi Matrit.». ▶ M-BN, 3/52369. — Enc. perg. — Ex-libris ms.: «Oliden C.R.». ▶ M-BN, 3/70891. — Enc. perg. ▶ M-BN, 3/71404. — Enc. perg. — Ex-libris ms.: «Cerdá». ▶ M-BN, 8/19873. — Enc. perg. — Ex-libris ms. de Juan Garcia Sevillano, vicario de S. Miguel. ▶ M-BN, R/30623. — Enc. piel. — Ex-libris ms. de Juan Gomez de Gonante y ex-libris de Jose Mª de Asensio y Toledo. ▶ M-PR, Pas. Arm. 1-175. — Enc. pasta con hierros

dorados. — Sello: «S.D.S.Y.D.A.». ▶ M-UC (FFil), 25543. — Enc. pasta. — Superlibris de la biblioteca del Conde de Osuna. ▶ M-UC (Nov), 263. — Enc. perg.

2582

Carocci, Orazio (S.I.). *Arte de la lengua mexicana con la declaración de los adverbios della...* / por el padre Horacio Carochi... de la Compañia de Iesus... — En Mexico : por Juan Ruiz, 1645. — [6], 132 h., ✱^{6}, A-Z^4, 2A-2K^4 ; 4^0

Port. con esc. xil. de la Compañía de Jesús. — Esc. xil. episcopal en ✱$_5$.

01-00025022 000

▶ M-BN, R/38201. — An. ms.: «Ded. Colegio de J. Pablo de la Compª. de Jesus de Mexico». — Enc. pasta.

2583

Carpegna, Gaspare di, Cardenal (1625-1714). *Muy Ilustre, y Rev.^{mo} Monseñor, como Hermano. El continuo cuidado, y paternal solicitud de nuestro Santissimo Padre, y Señor, en provecho de la Christiandad, causandole mucho desvelo los grādes peligros, y la extrema necessidad, que padece la Iglesia Vniversal en los tiempos presentes... y no hallando mejor medio, que es el recurrir con las oraciones del Pueblo Christiano, y a vna verdadera penitencia... para lo qual ha dispuesto, que todos los Sacerdotes... con la celebracion... de la Missa... les concede su Beatitud Indulgencia plenaria...* / [Gaspar Carden. Carpeña..]. — [S.l. : s.n., s.a.]. — [2] p., [2] en bl. ; Fol.

Se ha respetado la puntuación original. — Autor tomado de fin de texto, fechado en Roma el 2 de diciembre de 1690.

01-00044958 000

▶ M-BN, V.E./220-50.

2584

Carpio, Francisco. *De executoribus et commissariis testamentariis libri quatuor* / authore... Francisco Carpio... ; cum triplici indice... — Vrsaone : excudebat Ludovicus Estupiñan : authoris impensis, 1638. — [16], 348 h., $*^2$, $\P^4$, $\S^4$, $\P^6$, A-Z^6, 2A-2Z^6, 3A-3M^6 ; Fol.

Texto a dos col.

01-00044257 000

▶ M-BN, 2/8362. — Enc. perg. — Ex-libris ms. de los Carmelitas Descalzos de Madrid. ▶ M-BN, 3/71316. — Enc. perg. — Ex-libris ms. de don Francisco de Azfona y calc. de Fernando José de Velasco. ▶ M-BN, 8/16432. — Enc. perg. — Sello de la Biblioteca de Uclés. ▶ M-UC (FD), 7210. — Enc. perg. deteriorada. — Ex-libris ms. de la Librería del colegio mayor de Alcalá.

2585

Carranza, Alonso. *A Felipe IV... y a sus supremos Conseios de Iusticia y Estado, Rogacion en detestacion de los grandes abusos en los traxes y adornos nueuamente introducidos en España* / autor Alonso Carranza... — En Madrid : en la imprenta de Maria de Quiñones : a costa de Pedro Coello..., 1636. — [4], 56 h., [ ]^4, A-O^4 ; 4^0

Antep. con tít.: Discurso contra malos trages y adornos lasciuos.

01-00044258 000

▶ M-BN, 8/31247. — Ex-libris ms. de la librería de Santa Bárbara de Madrid. ▶ M-BN, R/15290(1). — Enc. perg. — Recortado. ▶ M-BN, R/4108. — An. ms. en antep.: «Nobil Don Joanni de Xauregui: proestantissimo, ingenio & erudite viro: amico vero fidissimo; ter aeternùm colendo. Alphonsus Carranza». — Enc. perg. — Ex-libris de Fernando José de Velasco. ▶ M-BN, R/4566. — Enc. perg. con hierros dorados. ▶ M-BN, R/8171(1). — Enc. perg. — Ex-libris ms. de Castillo. — Defecto de enc. en 1er cuadernillo. ▶ M-RAE, 17-VI-28. — Enc. perg. ▶ M-UC (FFil), 1442. — Enc.

perg. — Sello y ex-libris del Colegio Imperial de la Compañía de Jesús de Madrid.

2586

Carranza, Alonso. *A la Marquesa de Villanueua del Fresno le fue sacado su hijo don Iuan Gaspar Portocarrero, niño de quinze meses a los pechos del ama, de pedimiento del Conde de Altamira su abuelo, con ocasion de auerse aora la susodicha casado con el Marques de Celada, y juntamente fue entregado el dicho don Iuan al dicho Conde de Altamira, en cuyo poder esta al presente.* — [S.l. : s.n., s.a.]. — 4 h., A^4 ; Fol.

Autor tomado del Catálogo de la BN de Madrid.

01-00044982 000

▶ M-BN, V.E./64-76. — Autógrafo de Alonso Carranza al final del texto.

2587

Carranza, Alonso. *El aiustamiẽto i proporcion de las monedas de oro, plata i cobre i la reduccion destos metales a su debida estimacion, son regalia singular del Rei de España i de las Indias...* / Alonso Carranza lo prueba... en este discurso. — En Madrid : por Francisco Martinez , 1629. — [16], 387, [20] p., $\P^8$, A^4, B-O^8, P^4, Q-Z^8, 2A^8, 2B-2C^{10} ; Fol.

Colofón. — Port. con esc. xil. real.

01-00044259 000

▶ M-BN, P/2764. — Enc. perg. — Ex-libris ms. de J.L. de Peñalver. ▶ M-BN, P/2913. — Enc. perg. con hierros dorados. ▶ M-BN, P/3718. — Enc. perg. ▶ M-BN, P/7417. — Enc. hol. — Sello de Luis de Usoz. ▶ M-BN, R/17066. — Enc. peg. — Sello de la Biblioteca Izquierdo. Gabinete de Historia Natural de Madrid. — Falto de prelim. y 8 primeras p. ▶ M-BN, R/34515. — Enc. perg. ▶ M-BN, R/34521. — Enc. perg. ▶ M-BN, U/1424. — Enc. perg. — Sello de Usoz. ▶ M-FLG, Inv. 4272. — Enc. perg. — Ex-libris ms.: «Liber Bibliotheca D. Ferdinandi

Antonii Gª Davila et Carrillo». ▶ M-PR, III-3786. — Enc. pasta. ▶ M-PR, IX-3498. — Enc. pasta. ▶ M-RAE, 6-A-25. — Enc. perg. ▶ M-UC (Nov), 602. — Enc. perg.

2588

Carranza, Alonso. *Alphonsi a Caranza hispani Diatriba super primore temporum doctrina, in libris Pat. Dionys. Petavij, novissime prostantibus, contenta...* — Madridii : ex typographia Francisci Martinez, 1628. — 68 p., a-e^6, f^4 ; Fol.

01-00044260 000

▶ M-BN, 3/33612(2). — Enc. perg. ▶ M-BN, 3/70776(2). — Enc. perg. ▶ M-BN, 7/11844(2). — Enc. perg. ▶ M-BN, P/68(2). — Enc. perg. ▶ ME-RB, 65-IX-5. — Enc. perg. deteriorada. ▶ M-UC (FD), 7854(2). — Enc. perg. ▶ M-UC (FM), 618.2c22a(2). — Enc. perg. — Hay dos ejemp. con igual sign. topográfica.

2589

Carranza, Alonso. *Alphonsus a Carranza i.c. hispan. annos communes, seu civiles antiquos aegyptiorum... a novissima ClaudI SalmacI impostura vindicat.* — MadridI : in officina Francisci Martinez, 1630. — [1], 5 h., A^2, ¶^{4} ; Fol.

Port. con esc. xil.

01-00044261 000

▶ M-BN, 7/11844(3). — Enc. perg. ▶ M-UC (FM), 618.2c22a(3). — Enc. perg.

2590

Carranza, Alonso. *Disputatio de vera humani partus naturalis et legitimi designatione Alphonsi a Carranza... : in qua de hominis conceptu, animatione, efformatione, gestationis tempore, editione, deque partus naturalis limitibus... agitur... : cum triplici indice...* — Madridii : auctoris impensis : ex typographia Francisci Martinez, 1628. — [62], 684, [68] p., [1] h. de grab.,

✳$_1$, ¶^{4}, ✳$_{2-4}$, 2✳-5✳^{6}, A-Z^8, 2A-2Z^8, 3A^8 ; Fol.

Colofón. — Texto a dos col. — Front. calc.: «Don Iuan de Iauregui inuentor Matriti... 1628. P. Perrete f», en ¶$_1$. — Grab. calc.: «P Perrete f.», retrato del autor, en ¶$_4$.

01-00044262 000

▶ M-BN, 3/33612(1). — Enc. perg. — Defectos de enc. en cuaderno 5✳. ▶ M-BN, 3/70776(1). — Enc. perg. — Ex-libris ms. de los Trinitarios Calzados de Madrid. ▶ M-BN, 7/11844(1). — Enc. perg. — Ex-libris ms. de Juan Bautista Vélez. — Falto de la h. de grab. ▶ M-BN, P/68(1). — Enc. perg. ▶ M-UC (FD), 7854(1). — Enc. perg. ▶ M-UC (FM), 618.2c22a(1). — Enc. perg. ▶ M-UC (FM), 618.2c22a(1). — Enc. perg. — Ex-libris la Librería del doctor Chinchilla. — Falto de p. 465-80.

2591

Carranza, Alonso. *Doctori Petro a Carranza armante lucentiae opulentissimae ciuitatis primori moderatori & in causis fidei Sanctae Inquisitionis consultori, amico vero Alphonsus a Carranza, germanus, salutem ex animo semper dico...* — [S.l. : s.n., s.a.]. — [8] p., A^4 ; Fol.

El texto alude a 1630.

01-00044263 000

▶ M-BN, 7/11844(4). — Enc. perg. ▶ M-UC (FM), 618.2c22a(4). — Enc. perg.

2592

Carranza, Alonso. *En cõformidad del Acuerdo de v.ms. de veynte y quatro dias del mes de Enero passado deste año, juntamẽte con el señor Licẽciado Alonso de Carrança Abogado de la Real Audiencia desta ciudad auemos visto la proposicion que en el Cabildo de diez y siete del mismo mes hizo el jurado Francisco Bermudez de Santiso acerca de la obseruacion, y cumplimiento de las Ordenãças Reales que en fauor del dicho Cabildo cõcedio... Carlos*

Quinto... — [S.l. : s.n., s.a.]. — [4] p.; Fol.

Por el texto, firmado por Alonso Carranza, se deduce ca. 1615.

01-00044264 000

▶ M-BN, V/Cª 250-35. — Sello de Pascual de Gayangos.

2593

Carranza, Alonso. *Memorial que dio a su Magestad Fray Iuan de Solana religioso de san Francisco, por mandado del Padre Fr. Diego de Barrasa su Prouincial, en nombre de las Religiones, con esta informacion en derecho* / por el licenciado Alonso de Carrança Abogado desta Corte ; en satisfacion para no ser reiterado el examen de las Religiosas, que ya lo estan en este Arçobispado de Toledo. — [S.l. : s.n., s.a]. — 28 h., A-G⁴ ; 4⁰

Por el texto se deduce posterior a 1620.

01-00044265 000

▶ M-BN, V.E/18-30.

2594

Carranza, Alonso. *Las mugeres que exercen el Arte de Comadres... siendo Nobles, y de Ilustre nacimiento, no perjudican con este exercicio su nobleza...* / [Alonso Carrança]. — [S.l. : s.n., s.a.]. — [3] p. ; 4⁰

El nombre del autor consta al final del texto.

01-00044983 000

▶ M-BN, V.E./60-10.

2595

Carranza, Alonso. *Señor. A la Prematica del Rey don Felipe III nuestro señor, padre de V. Magestad, del año de 1611. y su declaratoria, poco despues promulgada, en las quales (reuocando la A de... 1600. q̄ permitia a todas las personas de qualquier estado traer libremente coches de camino, o de rua, cō solos dos cauallos) se prohiben generalmente los coches, y se manda que no se traygan sin licencia, dando modos, y limitaciones en su vso...* — [S.l. : s.n., s.a.]. — 4 h., A-B² ; Fol.

Se ha respetado la puntuación original.

01-00044266 000

▶ M-BN, V.E./28-12.

2596

Carranza, Alonso. *Señor. Los Prelados de las Ordenes, dizē, que el Doctor D. Aluaro de Villegas, Gouernador deste Arçobispado de Toledo, ha dado vn mandamiento, para que los Religiosos ya aprouados para oyr de confession, vengan à ser de nueuo examinados...* — [S.l. : s.n., s.a.]. — [1], 18 h., [ ]¹, A-I² ; Fol.

Memorial, firmado por «Alonso Carrança». — En h. 13 consta: «año passado de 1620».

01-00044984 000

▶ M-BN, V.E./44-7. — Recortado. — Paginación ms. de 68-86.

2597

Carranza, Alonso. *Tractatus nouuos, & accurantissimus De partu naturali et legitimo, Alphonsi a Carranza... vbi controuersiae iuridicae, philologicae, philosophicae, medicae discutiuntur, ad fori vsum & praxim de partus Conceptione... ; item eiusdem Alphonsi a Carranza Diatriba super prima temporum doctrina, aduersus Dionysium Petatuium... ; cum triplici indice...* — Madridi : auctoris impensis : ex typographia Francisci Martinez, 1629 (1628). — [56], 684, [68], 68 p., ¶⁴, 2✱⁶, 3✱-5✱⁶, A-Z⁸, 2A-2Z⁸, 3A⁸, a-e⁶, f⁴ ; Fol.

Es emisión de la ed. de 1628 («Disputatio de vera humani partus...») con cambio de port. y parte de prelim. — Segunda obra con port. propia, 1628.

01-00002959 000

▶ M-BN, R/39128. — Enc. perg.

2598

Carranza, Jerónimo de. *Compendio de la Filosofia y destreza de las armas de Geronimo de Carranza* / por don Luis Pacheco de Naruaez... — En Madrid : por Luis Sanchez, 1612. — [16], 190 [i.e. 186], [14] h., ¶-2¶^{4}, A-Z^4, 2A^4, †^{4} : il. ; 4^0

Error en pag., en las dos últimas p. — Port. con esc. xil. herádico de Francisco de Rojas y Sandoval. — Ilustraciones xil.

01-00044267 000

▶ M-BN, R/12323. — Enc. piel con hierros. — Sello de Pascual de Gayangos. ▶ M-BN, R/3141. — Enc. piel con hierros dorados. ▶ M-BN, R/9679. — Enc. pasta. — Restaurada la p. 101.

2599

Carrasco, Francisco (O.P.). *Dubia quae praecipue disceptari solent in sacra theologia scholastica iuxta communiorem thomistarum doctrinam : pars haec ordine secunda, editione prima, continens dubia praecipua de voluntate Dei...* / per... Franciscum Carrasco, Ordinis Praedicatorum... — Vallis-Oleti : ex typographia Philipi Francisci Marquez..., 1689. — [24], 703, [16] p., ¶^{4}, 4X^4, 3¶^{4}, A-Z^4, 2A-2Z^4, 3A-3Z^4, 4A-4X^4 ; 4^0

Pie de imp. en colofón. — Port. con orla tip. — Esc. calc.: «Marquez fec. Vallad. 1689», del obispo de Mondoñedo, en ¶$_2$.

01-00044269 000

▶ M-BN, 2/46944. — Enc. perg. ▶ M-BN, 6-i/1986(I). — Enc. perg. ▶ M-UC (FD), 3567. — Enc. perg. — Ex-libris ms. de la Libreria del Colegio Mayor de Alcalá. ▶ M-UC (FD), 5497. — Enc. perg. — Ex-libris mss. de Iuan de Villalobos, librero mayor del Colegio Teólogo de la Universidad de Alcalá, y del Colegio de la Concepción de Alcalá.

2600

Carrasco, Francisco (O.P.). *Dubia quae praecipue disceptari solent in sacra theologia scholastica iuxta communiorem thomistarum doctrinam : pars haec ordine prima, editione secunda continens praecipua dubia de prooemialibus theologiae, de visione Dei, de scientia Dei...* / per... Franciscum Carrasco... Ordinis Praedicatorum... — Vallis-Oleti : apud Antonij Rodriguez de Figueroa..., [s.a.]. — [24], 789, [11] p., ¶-3¶^{4}, A-Z^4, 2A-2Z^4, 3A-3Z^4, 4A-4Z^4, 5A-5H^4 ; 4^0

Tasa fechada en 1692. — Port. con orla tip.

01-00044268 000

▶ M-BN, 2/46943. — Enc. perg. ▶ M-BN, R/38498. — Enc. perg. ▶ M-UC (FD), 3566. — Enc. perg. — Ex-libris ms. de la Librería del Colegio Mayor. ▶ M-UC (FD), 5496. — Enc. perg. — Ex-libris mss. de Juan de Villalobos Librero mayor del Colegio teólogo de la Universidad de Alcalá y del Colegio de la Concepción de Alcalá.

2601

Carrasco, Francisco (O.P.). *Dubia quae praecipue disceptari solent in sacra theologia scholastica, iuxta communiorem thomistarum doctrinam : tertia pars continens praecipua dubia de iustitia Dei, de praedestinatione, de Trinitate & de angelis* / per... Franciscum Carrasco... Ordinis Praedicatorum... — Vallis-Oleti : apud Antonium Rodriguez de Figueroa..., [s.a.]. — [32], 708,

[20] p., ¶-4¶⁴, A-Z⁴, 2A-2Z⁴, 3A-3Z⁴, 4A-4Y⁴ ; 4⁰

Tasa fechada en 1693. — Esc. xil., en ¶₂, de D. Manuel Arias Porres. — Port. con orla tip.

01-00044270 000

▶ M-BN, 2/46945. — Enc. perg. — Ex-libris de la Librería de Santo Tomás de Madrid. — Falto del cuadernillo 4Y⁴. ▶ M-BN, 6-i/1986(II). — Enc. perg. ▶ M-UC (FD), 3568. — Enc. perg. — Ex-libris ms. de la Librería del Colegio Mayor de Alcalá. ▶ M-UC (FD), 5498. — Enc. perg. — Ex-libris mss. de Juan de Villalobos, librero mayor del Colegio teológico de la Universidad de Alcalá, y de la librería del colegio de la Concepción de Alcalá.

2602

Carrasco, Francisco (O.P.). *Dubia quae praecipue disceptari solent in sacra theologia scholastica iuxta communiorem thomistarum doctrinam : quarta pars, continens praecipua dubia de fine, de beatitudine, de bonitate, & malitia morali ác de peccatis* / per... fr. Franciscum Carrasco... ordinis praedicatorum... — Vallis-Oleti : apud Antonium Rodriguez á Figueroa..., 1695. — [32], 808, [12] p., ¶-4¶⁴, A-Z⁴, 2A-2Z⁴, 3A-3Z⁴, 4A-4Z⁴, 5A-5K⁴, 5L² ; 4⁰

Port. con orla tip. — Esc. xil. del obispo de Astorga, en sign. ¶₂.

01-00044271 000

▶ M-BN, 2/46946. — Enc. perg. ▶ M-UC (FD), 3569. — Enc. perg. — Ex-libris ms. de la Librería del Colegio Mayor. ▶ M-UC (FD), 5499. — Enc. perg. — Ex-libris mss. de Juan de Villalobos, Librero mayor del Colegio Teólogo de la Universidad de Alcalá, y del Colegio de la Concepción de Alcalá.

2603

Carrasco, Francisco (O.P.). *Dubia quae praecipue disceptari solent in sacra theologia scolastica iuxta communiorem thomistarum doctrinam : quinta pars, continens dubia praecipua de de [sic] virtutibus, de dono timoris, de gratia, de iustificatione & de merito* / per... fr. Franciscum Carrasco... Ordinis praedicatorum... — Vallis-Oleti : apud Antonium Rodriguez à Figueroa..., 1696. — [24], 497, [9] p., [2] en bl., ¶-3¶⁴, A-Z⁴, 2A-2Z⁴, 3A-3R⁴, 3S² ; 4⁰

Port. con orla tip.

01-00044272 000

▶ M-BN, 2/46947. — Enc. perg. ▶ ME-RB, 75-VII-11. — Enc. piel. ▶ M-UC (FD), 3570. — Enc. perg. — Ex-libris ms. de la Librería del Colegio Mayor. ▶ M-UC (FD), 5500. — Enc. perg. — Ex-libris mss. de Juan de Villalobos, Librero mayor del Colegio Teólogo de la Universidad de Alcalá, y de la Librería del Colegio de la Concepción de Alcalá.

2604

Carrasco, Francisco (O.P.). *Manual de escrupulosos, y de los confessores que los gouiernan : en que se trata de los escrupulos, y sus remedios mysticos, y morales en comun, y en particular atēdiendo al origen, y atendiēdo à la materia comun à todo estado, y propia del estado religioso* / compuesto por... fr. Francisco Carrasco, del Orden de Predicadores... — En Valladolid : por Felipe Francisco Marquez..., [s.a.]. — [24], 658 [i.e. 628], [12] p., ¶-3¶⁴, A-Z⁴, 2A-Z⁴, 3A-Z⁴, 4A-4I⁴, 4K², 4L⁴, 4M² ; 4⁰

Tasa fechada en 1687. — Port. con orla tip. — Error de pag., de p. 168 pasa a 199.

01-00044273 000

▶ M-BN, 3/62792. — Enc. perg. ▶ M-BN, 8/14273. — Enc. perg. — Sello de la biblioteca de Uclés. ▶ ME-RB, 10-II-2. — Enc. perg.

2605

Carrasco Bueno, Juan. *Mistico espacio de la novissima postrimeria...* / [su

autor Don Juan Carrasco Bueno].
— En Cadiz : en casa de Christoval de Requena, 1697. — [28] p., A-C^4, D^2 ; 4^0

El nombre del autor consta en prelim. — Port. y texto con orla tip.

01-00044985 000

▶ M-BN, V.E./132-6.

2606

Carrasco del Saz, Francisco. *Doctoris Francisci Carasco del Saz... Opera omnibus iurium scientiae studiosis vtilissima... / ab auctoris filio doctore don Ioseph Carrasco del Saz... collecta... ; cum indice rerum ac verborum totis his operibus memorabilium locupletissimo.* — Madriti : per Iulianum de Paredes, 1648. — [26], 290, [40] p., [2] en bl.; [4], 74, [10] p., [2] en bl.; [6], 58, [8] p., [2] en bl., [ ]^1, ¶^{12}, A-Z^6, 2A-2D^6, 2E^6, ✻A-✻G^6, H^4, A-E^6, F^4 ; Fol.

Hay ejemplares con dos hojas más en prelim., poesías laudatorias al autor. — Texto a dos col. — Port. grab. calc. alegórica, con el retrato del autor y del Conde de Castrillo, a quien se dedica la obra. — Contiene : *Interpretatio ad aliquas leges recopilationis regnu castellae Tractatus de casibus curiae* / Francisco Carrasco del Saz. *Opus posthumi no men sibi vendicans, et Valde utile de nobilibus non torquendis, neque carceri mancipandis* / cura et expensis... don Ioseph Carrasco del Saz...

01-00044276 000

▶ M-BN, 3/33609. — Enc. perg. ▶ M-BN, 3/77180. — Enc. perg. ▶ M-BN, 8/34832. — Enc. perg. — Ex-libris ms. de la Librería del Carmen Calzado de Madrid. ▶ M-UC (FD), 7645. — Enc. perg.

2607

Carrasco del Saz, Francisco. *Interpretatio ad aliquas leges recopilationis regni Castellae... / a... Francisco Carrasco del Saz...* — Hispali : apud Hieronymun a Contreras : expensis autoris, 1620. — [7], 198, [26] h., ¶$_1$, [ ]^1, ¶$_{2-6}$, A-Z^6, 2A-2K^6, a-c^6, d^8 ; Fol.

Colofón con orla tip. — Texto a dos col.

01-00044277 000

▶ M-BN, 2/71172. — Enc. perg. — Ex-libris de D. Fernando José de Velasco. — Deteriorado, afectando a las últimas p. ▶ M-UC (FD), 11486. — Enc. perg. ▶ M-UC (FFil), 30552. — Enc. perg. — Ex-libris de la Libreria del Colegio de la Compañía de Jesús, otro ms. de Agustín de Hierro y sello de la Compañía de Jesús.

2608

Carrasco del Saz, Francisco. *Tractatus de casibus Curiae* / auctore Francisco Carrasco del Saz... — Matriti : apud Ioannem Gonçalez, 1630. — [8], 64 h., ¶^{8}, A-K^6, L^4 ; Fol.

Texto a dos col.

01-00044278 000

▶ M-BN, 2/20054. — Enc. perg. — Ex-libris de Fernando José de Velasco. — Falto de h. 62 y 63. ▶ M-UC (FD), 7639. — Enc. perg. — Ex-libris ms. del Colegio Mayor de Alcalá. — Falto de h. 62-63.

2609

Carrasco del Saz y Saavedra, Diego José. *Discursos morales sobre las dos historias Sagradas de Josue y de David : en doze sermones* / predicados por... D. Diego Ioseph Carrasco del Saz y Saavedra... — En Madrid : por Iulian de Paredes, 1696. — [16], 432, [64] p., ¶^{8}, A-Z^8, 2A-2H^8; 4^0

Texto a dos col. — Port. con orla tip.

01-00044274 000

▶ M-BN, 3/54136. — Enc. perg. ▶ M-BN, 7/16306. — Enc. perg. — Ex-libris ms. de Fr. Francisco Sanchez. ▶ M-BN, 8/18244. — Enc. perg. — Ex-libris ms. de la librería del Convento de San Bernardino de Madrid. ▶ M-UC (FFil), 4417. — Enc. perg. — Ex-libris ms. «Es de la libreria... de Jesús, de Lima». — Falto de 8 p. de prelim.

2610

Carrasco del Saz y Saavedra, Diego José. *Sermones varios* / compuestos y predicados en el reyno del Peru, por... Diego Ioseph Carrasco de Saavedra... — En Madrid : en la Imprenta Real, por Iuan Sierra de la Cerda : a costa del autor, 1680. — [40], 450, [42] p., $\P$-$2\P^8$, $3\P^4$, A-Z^8, 2A-2G^8, 2H^6 ; 4^0

Colofón. — Editor precede al pie de imp. — Texto a dos col. — Port. con orla tip. y viñeta xil.

01-00044275 000

▶ M-BN, 3/55528. — Enc. perg. ▶ M-UC (FFil), 4534. — Enc. perg.

2611

Carreño Miranda, Juan. *Señor. Iuan Carreño Miranda, natural del Concejo de Carreño, del Principado de Asturias de Ouiedo, y vezino desta Villa. Dize : que para atajar algunas falsedades de escrituras, testimonios, fees, libranças, letras, cartas de pago, y de casamientos, certificaciones, probanças, informaciones, notificaciones, comprobaciones, y otros papeles, e instrumētos Ecclesiasticos y seglares... en cada juridicion superior e inferior... sin q̄ falte ninguna destos Reynos, conuiene que se nōbren los Escriuanos del registro v de comprobacion necessarios, que serà vno, v dos, v quatro de cada vna...* — [S.l. : s.n., s.a.]. — [8] p. ; Fol.

Se ha respetado la puntuación original. — Texto fechado en Madrid 1623.

01-00044987 000

▶ M-BN, V.E./214-89.

2612

Carreño Miranda, Juan. *Señor. Iuan Carreño Miranda, natural y Vezino del Cōsejo de Carreño, en el Principado de Asturias de Ouiedo, dize, Que con voluntad, y deseo de seruir a Dios nuestro Señor y a V. Magestad, deseo so [sic] del bien publico, y de su restauracion... le parece... que haga vn Consejo perpetuo, o junta general, donde se reuean y acrysolen todos los negocios que se ofrecieren, sacando para el de todos los demas Consejos vn Consejero : y por los Perlados [sic] y Eclesiasticos otro : y por el Reyno, a vno de los Procuradores de Cortes...* — [S.l. : s.n., s.a.]. — 8 h., A^8 ; Fol.

Se ha respetado la puntuación original. — Texto fechado en Madrid 1623.

01-00044986 000

▶ M-BN, V.E./214-90.

2613

Carreño Miranda, Juan. *Señor. Iuan Carreño Miranda, vezino y natural del Concejo de Carreño, del Principado de Asturias de Ouiedo. Digo, que para que cesse el sacar la plata y oro labrado, y por labrar, joyas y otras cosas de estima y precios destos Reynos de Castilla, y de los demas de España...* — [S.l. : s.n., s.a.]. — 17 h., A-H^2, I^1 ; Fol.

Se ha respetado la puntuación original. — Memorial dirigido a Felipe IV.

01-00044988 000

▶ M-BN, V.E./44-2. — Firma ms. del autor al final del texto.

2614

Carreras Ramírez y Orta, Juan Agustín (1639-1711). *Practica de curas y missioneros, que contiene varios sermo-*

nes, doctrinas, letras y dialogos : parte segunda, tomo tercero... / el doctor don Juan Agustin Ramirez y Orta... — Impresso en Valencia : en la imprenta en casa de la viuda Mazé..., 1688. — [34], 176 p., §^{8}, ¶$_{2-4}$, ¶^{6}, A-Y^4 ; 4^0

En prelim. consta la fecha 1689. — Port. con orla tip.

01-00044284 000

▶ M-BN, 5/37480(1). — Enc. perg. ▶ M-BN, 6-i/2271(1). — Enc. perg.

2615

Carreras Ramírez y Orta, Juan Agustín (1639-1711). *Practica de curas y missioneros, que contiene varios sermones, doctrinas, letras y dialogos : parte tercera, tomo IV...* / el doct. D. Juan Agustin Ramirez y Orta... — Impresso en Barcelona : en la imprenta de Martin Gelabert..., 1688. — [32], 516, [20] p., §-2§^{8}, A-Z^8, 2A-2K^8, 2L^4 ; 4^0

Port. con orla tip.

01-00044285 000

▶ M-BN, 6-i/2676. — Enc. perg. — Ex-libris ms. de la Librería de Capuchinos de San Antonio de Madrid. ▶ M-BN, 6-i/977. — Enc. perg.

2616

Carreras Ramírez y Orta, Juan Agustín (1639-1711). *Practica de curas y missioneros, que contiene varios sermones, doctrinas, letras, y dialogos : parte segunda...* / el Dotor Don Iuan Agustin Ramirez y Orta... ; tomo segundo... — En Valencia : por Feliciano Blasco..., 1689. — 28, 521 p., ★^{4}, ¶-2¶^{4}, ¶^{2}, A-Z^4, 2A-2Z^4, 3A-3O^4, 3P^5, 3Q^4, A-C^4 ; 4^0

Port. con orla tip.

01-00044282 000

▶ M-BN, 6-i/1526. — Enc. perg. ▶ M-BN, 6-i/2677. — Enc. perg.

2617

Carreras Ramírez y Orta, Juan Agustín (1639-1711). *Practica de curas y missioneros, que contiene varios sermones, doctrinas, letras y dialogos : parte segunda de la obra...* / el dotor Iuan Agustin Ramirez... ; parte segunda del segundo tomo... — En Valencia : por Feliciano Blasco..., 1689. — [2], 140, p., [ ]^2, A-S^4, P^4 ; 4^0

Port. con orla tip.

01-00044283 000

▶ M-BN, 5/37480(2). — Enc. perg. ▶ M-BN, 6-i/2271(2). — Enc. perg.

2618

Carreras Ramírez y Orta, Juan Agustín (1639-1711). *Practica de curas, y missioneros, que contiene varios sermones y doctrinas : parte primera, tomo primero...* / el Dr. D. Iuan Agustin Ramirez, y Orta... — Impresso en Barcelona : por Ioseph Llopis, 1690. — [64], 452 [12] p., [a]-h^4, A-Z^4, 2A-2Z^4, 3A-3M^4 ; 4^0

Antep. — Port. con viñeta xil.

01-00044280 000

▶ M-BN, 3/11398. — Enc. perg.

2619

Carreras Ramírez y Orta, Juan Agustín (1639-1711). *Practica de curas, y missioneros, que contiene varios sermones y doctrinas : tomo ultimo de la primera parte...* / el Dr. D. Iuan Agustin Ramirez, y Orta... — Impresso en Barcelona : por Ioseph Llopis, 1690. — [40], p. 453-866, [14], §-4§^{4}, 5§^{6}, 3M-3Z^4, 4A-4Z^4, 5A-5S^4 ; 4^0

Port. con viñeta xil.

01-00044281 000

▶ M-BN, 3/11399. — Enc. perg.

2620

Carrero, Francisco (O.P.). *Relacion del martyrio del B.P. Fr. Pedro Vazquez* de la Orden de Santo Domingo... / ordenada por el P.F. Francisco Carrero, religioso de la misma Orden... — En Manila : en el collegio de Santo Thomas, por Thomas Pinpin, 1625. — [32] p., [ ]², A-C⁴, D² ; 4⁰

Port. con esc. xil. de los Dominicos.

01-00044286 000

▶ M-BN, R/33121. — Enc. perg.

2621

Carrillo, Alonso. *Relacion verdadera, de todo lo que agora nueuamente ha passado sobre el cerco qne [sic] los moros de África pusieron con vn poderoso exercito, sobre la fuerte plaça de Mamora y el valeroso coraçon con que los españoles acudieron...* /compuesto por Alonso Carrillo... — En Barcelona : en casa de Esteuan Liberos, 1621. — [4] p., A² ; 4⁰

Pie de imp. en colofón. — Texto a dos col.

01-00044290 000

▶ M-BN, R/11717. — Enc. cart. — Sello de Pascual de Gayangos.

2622

Carrillo, Alonso (jurista). *Epitome de la vida de Soroz Iuana de la Cruz, religiosa de la Orden Tercera de Penitencia de S. Francisco...* / escriuiole... Alonso Carrillo... — Impresso en Zaragoza : por Bernardo Nogues, 1663. — [2], 48 h., [ ]², A-M⁴ ; 4⁰

01-00044287 000

▶ M-BN, 3/9026. — Enc. perg.

2623

Carrillo, Alonso (jurista). *Fue elegido el Padre Fr. Manuel Gonçalez por Comissario Visitador de la Prouincia de Santa Fè, del nueuo Reyno de Granada, y diço principio al exercicio de su comission*

en 20 de Março del año de 1654... / [Lic. Don Alonso Carrillo]. — [S.l. : s.n., s.a.]. — 20 [i.e. 22] h., A-L² ; Fol.

El nombre del autor consta en fin de texto, fechado en Madrid, 1658. — Error de fol., de h. 21 pasa a 20.

01-00044989 000

▶ M-BN, V.E./218-28.

2624

Carrillo, Alonso (jurista). *Iuan Montero de Roscas, y Andres Esmit, pintores pretenden no se les debe apremiar a que aceten el nombramiento de Mayordomos de la Cofradia de nuestra Señora de los Dolores...* / [Alonso Carrillo]. — En Madrid : [s.n.], 1668. — 15, [1] h., [A]-H² ; Fol.

Precede al tít.: «Picturae professoris, si modo ingenui sunt...». — El nombre del autor consta en fin de texto. — Port. con orla tip.

01-00044990 000

▶ M-BN, V.E./208-27. ▶ M-BN, V.E./ 25-38.

2625

Carrillo, Alonso (jurista). *Noticia de las resoluciones que han tomado la santidad de Alexandro VII... y su congregacion de los cardenales... y Felipe IV, rey de las Españas... en los negocios de D.F. Bernardino de Cardenas, obispo del Paraguay, en las Indias Occidentales* / escrita por el licenciado D. Alonso Carrillo... — En Madrid : [s.n.], 1660. — 30 h., A-P² ; Fol.

01-00044288 000

▶ M-BN, R/33796. — Enc. tela.

2626

Carrillo, Alonso (jurista). *Origen de la dignidad de Grande de Castilla...* / por don Alonso Carrillo... — En Ma-

drid : en la Imprenta Real, 1657. —
[4], 52 h., [ ]⁴, A-Z², 2A-2C² ; Fol.
Antep.

01-00044289 000

▶ M-BN, 3/62704(1). — Enc. piel con
hierros dorados. — Ex-libris ms. del Colegio
de París de los Jesuítas. — Falto de p. 51 y
52. ▶ M-BN, R/31315(2). — Enc. piel granate con hierros dorados. ▶ M-PR, VII-
289(2). — Enc. pasta. ▶ M-PR, XIV-
1863(2). — Enc. pasta. ▶ M-RAE,
5-A-88(1). — Enc. perg. — Falto de antep.
▶ M-UC (FFil), 31.900. — Enc. perg. con
hierros dorados. — Ex-libris ms. de la Compañía de Jesus de la Miguera... — Falto de
antep. — Deteriorado faltando el ángulo superior derecho. ▶ ME-RB, 97-VI-18 (2). —
Enc. piel con cortes dorados. — Defectos de
enc. en prelim.

2627

Carrillo, Alonso (jurista). *Señor, la
ciudad de Badajoz, y villa de Caceres...,
por si, y por los Ciudades de Truxillo,
Plasencia, Merida, y villa de Alcantara...
y en nombre de las demàs Ciudades y Villas, y otros particulares dueños de las
Dehesas en que pastan los ganados de la
Cabaña Real... Dizen que con noticia de
que el Honrado Concejo de la Mesta ha
ganado Decreto para que los arrendamientos de la yervas que pastan los ganados de
la Cabaña Real... se ayan de pagar y satisfacer segun el precio que tuvieron en el
año 1633 y que esto se entienda desde primero deste año de 1680 en adelante...* /
[Lic. D. Alonso Carrillo]. — [S.l. :
s.n., s.a.]. — 18 [i.e. 17] h., A-B²,
C¹, D-I² ; Fol.

El nombre del autor consta al fin
del texto. — Error de fol.: de h. 7
pasa a 9.

01-00044991 000

▶ M-BN, V/Cª 51-27. — Enc. cart. —
Sello de Pascual de Gayangos. ▶ M-BN,
V.E./134-60.

2628

Carrillo, Fernando. *Señor. Cumpliendo lo que V. M. me manda por la
orden inclusa, he de satisfazer a los dos
papeles, q̃ se ha seruido V.M. mandarme
remitir, que son la consulta del Consejo de
Estado, y otro del padre Confessor, a que
se remite la cōsulta...* — [S.l. : s.n.,
s.a.]. — 19 h., A-I², K¹ ; Fol.

El nombre de autor consta al fin
del texto, fechado en 1616. — Esc.
xil. de la Compañía de Jesús en cabecera de texto.

01-00044291 000

▶ M-BN, V.E./44-71. — Firma autógrafa
al fin del texto.

2629

Carrillo, Fernando Alfonso. *Proposicion que la ciudad de Mexico hizo en
su consistorio en 28 de setiembre a la junta
general... para informar... del desague de
esta ciudad...* / dispuesto por D. Fernando Carrillo... — México : En la
imprenta de Frācisco Salbago,
1630. — 7 h., A-B², C³ ; 4⁰ mayor
mqlla.

Pie de imp. en colofón.

01-00044293 000

▶ M-PR, II-3286(1). — Enc. pasta.

2630

Carrillo, Francisca María. *Carta de
doña Francisca Maria Carillo, hija de los
ilustres señores D. Alonso Carrillo
Laso... y de Doña Luisa Manuel de Guzman, a su confessor.* — [S.l. : s.n., s.a.].
— [8] p., ¶⁴ ; 4⁰

01-00044292 000

▶ M-BN, 2/50630(3). — Enc. perg. ▶ M-
BN, R/12309(2). — Enc. perg.

2631

Carrillo, Francisco. *Noticias del
gouierno de la Real Hazienda de Castilla,
en lo antiguo, y moderno* / por Francisco
Carrillo... — [S.l. : s.n., s.a.]. — 25
h., A-L², M³ ; Fol.

Texto fechado en Madrid, 1669.

01-00044992 000

▶ M-BN, V.E./26-40.

2632

Carrillo, Francisco. *Noticias del gouierno de la Real hazienda de Castilla en lo antiguo, y moderno* / por Francisco Carrillo... — [S.l. : s.n., s.a.]. — 30 h., A-P^2 ; Fol.

Texto fechado en Madrid 1670.

01-00044993 000

▶ M-BN, V.E./217-20.

2633

Carrillo, Juan (O.F.M.) (-1616). *La historia de Santa Isabel Infanta de Aragon y reyna de Portugal que escriuio el P.F. Iuan Carrillo de la Orden de S. Francisco...; refierese, a parte, la solemnidad con que... Urbano VIII canonizó la gloriosa Reyna a XXV de Mayo deste año M.DC.XXV..* — Çaragoça : por Iuan de Lanaja y Quartanet..., 1625. — [16], 158 p., †^{8}, A-I^8, K^7 ; 4^0

Colofón. — Port. con esc. xil. y orla tip. — Esc. xil. heráldico, al v. de †$_8$. — *Relación de la solemnidad con que... Urbano VIII canonizó la gloriosa Isabel...*, p. 109.

01-00044294 000

▶ M-PR, VIII-10875. — Enc. perg.

2634

Carrillo, Juan (O.F.M.) (-1616). *Historia y vida de Santa Isabel reyna de Portugal y infanta de Aragon* / por... Fr. Iuan Carrillo, de la Orden de San Frācisco... ; sacada a luz por... Fr. Pedro de Silos... — En Zaragoça : por Iuan de la Naja y Quartanet..., 1617. — [8], 116 p., †^{4}, A-O^4, P^2 ; 4^0

Colofón. — Port. con orla tip. y grab. xil.

01-00044295 000

▶ M-BN, R/14194. — Enc. perg. ▶ M-UC (FFil), 9073. — Enc. perg. — Ex-libris mss. de la Librería de los Hermanos Novicios de la Compañía de Jesús de Madrid, y «De la cassa Deprovecion de Madrid».

2635

Carrillo, Juan (O.F.M.) (-1616). *Primera parte de la Historia de la Tercera Orden de nuestro Seraphico P.S. Francisco... : va al fin desta primera parte la historia del milagroso aparecimiento de la imagen de nuestra Señora del Monte Santo, y la fundacion del... Monasterio de Monjas de la Tercera Orden... en el Reyno de Aragon, en las Vaylias de Cantauieja* / sacada a luz por fray Iuan Carrillo, frayle menor de la Regular Obseruancia... — En Çaragoça : por Lucas Sauhez [sic] , 1610. — [30], 609 [i.e. 611], [12] p., †^{4}, ¶^{2}, 2†^{8}, [ ]^1, A-Z^8, 2A-2Q^8 ; 4^0

Existen ejemplares con privilegio para Castilla. — Port. con esc. xil. de los franciscanos. — Error de pag. en la última p.

01-00044296 000

▶ M-BN, 6-i/4700. — Enc. perg. — Falto de ¶^{2}. ▶ M-BN, R/20614. — Enc. perg. — Falto de ¶^{2} y de la fe de erratas ([ ]^1). ▶ M-PR, III-1234. — Enc. pasta con hierros dorados.

2636

Carrillo, Juan (O.F.M.) (-1616). *Relacion historica de la Real fundacion del Monasterio de las Descalças de S. Clara de... Madrid... de las vidas de la princesa de Portugal... Iuana de Austria su fundadora y... de la emperatriz Maria... : con vn breue tratado de ciento y quinze... Santos de la... casa de Austria...* / por fray Iuan Carrillo de la Orden de S. Francisco... — En Madrid : por Luis Sanchez..., 1616. — [8],

320, [2] h., ¶-2¶⁴, A-Z⁸, 2A-2R⁸, 2S² ; 4⁰

Hay estados de esta ed. con esc. calc. en port. — Colofón. — Port. con esc. xil. real.

01-00044298 000

▸ M-BN, 2/64187. — Enc. hol. — Sello de Pascual de Gayangos. ▸ M-BN, 3/19632. — Enc. perg. — Ex-libris ms. del Convento de Carmelitas descalzos de S. Hermenegildo de Madrid. ▸ M-BN, P/696. — Enc. perg. deteriorada. ▸ M-FLG, Inv. 5794. — Enc. pasta con hierros dorados. ▸ M-PR, VI-1585. — Enc. pasta.

2637

Carrillo, Juan (O.F.M.) (- 1616). *Segunda parte Historia de los santos y personas en virtud y santidad illustres dela Tercera Orden del glorioso Padre San Francisco* / sacada a luz, por Fray Iuan Carrillo, frayle menor de la Regular Obseruancia... — En Çaragoça : por Iuan de Lanaja y Quartanet..., 1613. — [24], 452, 88 p., †⁴, ✱⁸, A-Z⁸; 2A-2E⁸, 2F², A-E⁸, F⁴ ; 4⁰

Port. con esc. xil. — Grab. xil. en ✱₈, representando a San Francisco. — *Breve tratado, de la muy pia y santa deuocion de los pasos que andubo Christo N.R. con la Santa Cruz...*, p. 1-54 ; *Arte breue de seruir a Dios*, p. 55-75 ; *Apuntamientos para los hermanos de la Tercera Orden de... San Francisco*, p. 76-88.

01-00044297 000

▸ M-BN, R/20615. — Enc. perg.

2638

Carrillo, Juan (O.F.M.) (- 1616). *Vida y prodigios de la venerable Madre Sor Iuana de la Cruz del Orden Tercera de N.P.S. Francisco...* / escrita por... Fr. Juan Carrillo... religioso de dicha orden... — Impresso en la Puebla de los Angeles : por Diego Fernandez deL eon [sic] mercader de li-

bros..., [s.a.] — [+6], 64 h., +¶⁶, A-E⁸, F-G⁴, H-I⁸ ; 8⁰

Datos tomados de Medina, Puebla de los Angeles, 86. — Licencia fechada en 1684.

01-00044299 000

▸ M-BN, 3/11284. — Enc. perg. deteriorada. — Falto de port. y 1 h. de prelim.

2639

Carrillo, Martín (1561-1630). *Annales y memorias cronologicas : contienen las cossas mas notables assi ecclesiasticas como seculares succedidas en el mũdo señaladamente en España desde su principio y poblacion hasta el año M.DC.XX... / por... D. Martin Carrillo, Abbad de Montaragon.* — Impresso en Huesca : por Pedro Bluson, en la imprẽta de la Viuda de Iuan Perez Valdiuielso..., 1622. — [10], 452 h., ✱⁴, ¶⁶, A-Z⁶, 2A-2Z⁶, 3A-3Z⁶, 4A-4F⁶, 4G² ; Fol.

Pie de imp. en colofón. — Grab. xil. en h. 432 v. — Port. grab. calc.: «Ioan Schorquens fecit. Madrid».

01-00044301 000

▸ M-BN, 2/70942. — Enc. perg. ▸ M-BN, 8/21776. — Enc. perg. deteriorada. — Deteriorada h. última, afectando a colofón. ▸ M-BN, R/20884. — Enc. perg. — Falto de 1 h. de prelim. ▸ ME-RB, 72-IX-6. — Enc. perg. — Falto de h. 193, sustituída por h. ms. — Lleva varias h. ms. intercaladas. ▸ M-FLG, Inv. 8412. — Enc. piel.

2640

Carrillo, Martín (1561-1630). *Anales cronologicos del mundo* / del abad de Monte-Aragon... don Martín Carrillo. — Añadese en esta segunda impression... adiciones... mas se añaden los años 1621 hasta 1630... las quales tenia el autor para imprimir... — En Zaragoça : en el Hospital Real y General de Nuestra Señora de Gracia : a costa de Pedro Escuer..., 1634. — [14], 525, [1] h., [ ]², ¶⁸, 2¶⁴, A-Z⁶, 2A²-Z⁶, 3A⁶, 3B⁴, 3C-3Z⁶, 4A-4P⁶, 4Q², 4R-4T⁶, 4V⁴ ; Fol.

Colofón. — Marca de ed. en port. — Texto fileteado con apostillas marginales. — Front. calc.: «Ioan Schorquens fecit Madrid».

01-00044302 000

▶ M-BN, 2/59332. — Enc. hol. — Sello de Pascual de Gayangos. ▶ M-BN, 3/55934. — Enc. perg. con hierros dorados. — Falto de front. ▶ M-BN, 8/13718. — Enc. perg. ▶ M-FLG, Inv. 2219. — Enc. pasta. — Falto de front. y de 1 h. de prelim. ▶ M-FLG, Inv. 8077. — Enc. pasta. — Falto de front. y de 1 h. de prelim. ▶ M-PR, VII-1425. — Enc. pasta. — Sello de Gregorio Mayans y Siscar. ▶ M-RAE, 9-II-16. — Enc. perg. en cart. — Falto de front., prelim. y h. final de texto. — Restauradas port. y algunas h. ▶ M-UC (FFil), 28553. — Enc. perg. — Sello y ex-libris ms. del Colegio Imperial de la Compañía de Jesús. — Falto de front. y 1 h. de prelim. ▶ M-UC (FFil), Res. 483. — Enc. piel. — Ex-libris de la Condesa del Campo de Alange. — Restaurada la port. tip.

2641
Carrillo, Martín (1561-1630). *Copia iurisfirmae abbatis Montis Aragonum.* — [S.l. : s.n., s.a.]. — 12 h., [1] en bl., A⁸, B⁶ ; 4⁰

Texto fechado en 1617. — Esc. xil. heráldico.

01-00044303 000

▶ M-PR, III-6498(10). — Enc. pasta.

2642
Carrillo, Martín (1561-1630). *Elogios de mugeres insignes del Viejo Testamento...* / por... don Martin Carrillo abbad de Montaragon. — En Huesca : por Pedro Bluson, 1627. — [7], 255, [1] h., [ ]¹, †⁴, ✱², A-Z⁸, 2A-2I⁸ ; 4⁰

Pie de imp. en colofón. — Esc. xil., en 2I₈ v. — Port. grab. calc.: «Jus Schorquiens faciebat», que representa a siete ilustres mujeres.

01-00044304 000

▶ M-BN, 2/15257. — Enc. perg. — Ex-libris de D. Fernando José de Velasco. ▶ M-BN, 2/49035. — Enc. perg. ▶ M-BN, 3/73287. — Enc. perg. — Deteriorado afectando a enc. y prelim. — Falto de port. ▶ M-BN, R/35056. — Enc. pasta. — Ex-libris de D. Cayetano Alberto de la Barrera. ▶ M-PR, VII-1987. — Enc. pasta. ▶ M-UC (FFil), Res. 1026. — Enc. perg. — Ex-libris de la Condesa del Campo de Alange.

2643
Carrillo, Martín (1561-1630). *Explicacion de la bula de los difuntos : en la qual se trata de las penas y lugar del purgatorio y como pueden ser ayudadas las animas de los difuntos...* / por el doctor Martin Carrillo... — En Çaragoça : por Iuan Perez de Valdiuielso, 1601 (1600). — [24], 268, [10], [2] en bl., [16] p., ¶⁸, 2¶⁴, A-Z⁴, 2A-2K⁴, 2L⁸, 2M-2N⁴ ; 4⁰

Colofón. — Port. con grab. xil. y otro a final de texto.

01-00044305 000

▶ M-BN, R/26250. — Enc. perg. en cart. ▶ M-BN, R/26281. — Enc. perg. — Ex-libris ms.: «de Don Vᵗᵉ Jalayero». ▶ M-UC (FFil), 15734. — Enc. perg. — Sello y ex-libris ms. de la Libreria del Colegio Imperial de la Compañía de Jesus de Madrid. — Falto de 8 p. de prelim.

2644
Carrillo, Martín (1561-1630). *Explicacion de la bula de los difuntos : en la qual se trata de las penas y lugares del purgatorio y como puedan ser ayudadas las animas de los difuntos...* / por el doctor Martin Carrillo... — Va en esta segunda impression corregida y emendada y añadida... vna Apologia / por el mismo autor. — En Alca-

la de Henares : en casa de Iuan Gracian..., 1615. — [16], 148, [12] h. ;
[7], 29 h., †-2†^{8}, A-V^8 ; A-D^8, E^4 ;
4^0

Colofón en sign. V$_8$. — *Apología de
la bula de los difuntos,* con port, pag. y
sign. propias. — Ports. con viñetas
xil.

01-00044306 000

▶ M-BN, 2/23200. — Enc. perg. — Ex-
libris ms. de la librería de Don Fernando de
Henao Monjaraz. ▶ M-BN, 3/33214. —
Enc. perg. — Falto de port., prelim. y de h. 8
a 29 de la segunda obra. ▶ M-BN, 7/16687.
— Enc. perg. — Ex-libris ms. de las Descalzas Carmelitas de Madrid. ▶ M-UC (FFil),
25710. — Enc. perg. — Ex-libris ms. de la
librería de la aprobación de Madrid.

2645

Carrillo, Martín (1561-1630). *Historia del glorioso san Valero, obispo de...
Çaragoça : con los martyrios de san Vicente, santa Engracia, san Lamberto, y los
innumerables martyres... de Çaragoça ;
con un Catalogo de todos los prelados,
obispos, arçobispos y abades del reyno
de Aragon... / por el dotor Martin Carrillo...* electo abad de Montera-
gon. — En Zaragoça : por Iuan de
Lanaja y Quartanet... : a costa de
Iuan de Bonilla..., 1615. — [16],
16, 426, [14] p., ¶, A^8, A-Z^8,
2A-2D^8, 2E^4 ; 4^0

Colofón. — Port. con esc. xil. —
Catálogo... en p. 189 y sigs. — «Advertencias y respuestas a las obiecciones que se han hecho a la Historia de San Valero, por el mismo
autor», p. 1-16.

01-00044307 000

▶ M-BN, 2/46393. — Enc. perg. — Sello
de Pascual de Gayangos. — Ex-libris:
«...Hieronyoni de Palazín & Pallou...».
▶ M-BN, 2/66101. — Enc. perg. — Ex-libris
de don Fernando José de Velasco. — Falto
de la secuencia de 16 p. ▶ M-BN, 2/70081.

— Enc. perg. en cart. con hierros dorados.
▶ M-PR, 19-VII-21. — Enc. perg. ▶ M-
PR, VII-1986. — Enc. pasta. — Ex-libris de
Gregorio Mayans y Siscar. ▶ M-PR, XIV-
1311. — Enc. pasta con hierros. — Ex-libris
«P.F.C» y «Proprieté des trois». — Falto de
2 h. de prelim. ▶ M-UC (FFil), 35586. —
Enc. perg. ▶ M-UC (FFil), 35818. — Enc.
pasta, deteriorada por insectos. ▶ M-UC
(FFil), 7423. — Enc. perg. — Sello y ex-
libris ms. de la Librería del Colegio Imperial
de la Compañía de Madrid.

2646

Carrillo, Martín (1561-1630). *Iti-
nerarium ordinandorum : in quo quae ad
institutionem sacrorum ordinum pertinere
videntur... ex diuersis Sacrae Scripturae
voluminibus, sacrorum canonum ac conciliorum... accommodatum / a... Martino
Carrillo...* — Nunc in hac vltima ae-
ditione / ab eodem authore recognitum & multis in locis locupleta-
tum... — En Çaragoça : apud
Angelum Tauanum, 1601. — [16],
330, [18] p., †^{8}, a-t^8, V-X^8, Y^6 ; 8^0

El lugar de imp. consta en colofón. — Port. con grab. xil. — *Repetitio seu Commentarium resolutorium Canonis fur autem 14 q. 6 De furto
notabili...,* p. 293.

01-00044308 000

▶ M-BN, 2/49521. — Enc. perg.

2647

Carrillo, Martín (1561-1630). *Iti-
nerarium ordinandorum : tam ordinandis
quam ordinatis apprimè necessarium, ex
diuersis Sacrae Scripturae voluminibus,
sacrorum canonum ac conciliorum... accommodatum / a... Martino Carrillo...*
— In hac quarta ęditione ab eodem
authore recognitum & auctum. —
En Çaragoça : apud Ioannem a Lanaja & Quartanet... : a costa de
Iuan de Bonilla, 1614. — [14], 326,
[26] p., [1] h. de grab., †^{8}, A-Y^8 ; 8^0

El lugar de imp. consta en colofón. — Port. con grab. xil. de la Virgen y el Niño. — Grab. xil. representando a San Antonio. — *Sectio XI de furto seu Commentarium resolutorium Canonis fur autem 14 quaest. 6 De furto notabili...*, en p. 291 con port. propia.

01-00044309 000

▶ M-BN, 3/57536(1). — Enc. perg. ▶ M-BN, 7/11970. — Enc. perg. — Ex-libris ms. del Real Convento de San Gil de Madrid. ▶ M-BN, 8/35880. — Enc. perg.

2648

Carrillo, Martín (1561-1630). *Memorial de confessores : en el qual se refieren exemplos y lugares de la Sagrada Scriptura y de Doctores contra qualesquiere vicios y pecados y remedios contra ellos /* por el doctor Martín Carrillo... — En esta vltima impression por el mesmo autor añadido... — En Barcelona : en casa Sebastian de Cormellas, 1602. — [12], 284 h., ¶^{8}, 2¶^{4}, A-Z^8, 2A-2M^8, 2N^4 ; 8^0

Port. con esc. xil. arzobispal.

01-00044310 000

▶ M-BN, 2/6211. — Enc. pasta. — Port. restaurada. — Falto de la última h. ▶ M-BN, 3/72030. — Enc. perg. — Ex-libris ms.: «Carmen Calz^{do} de Madrid». — Defectos de encuadernación entre cuadernos de prelim. ▶ M-BN, P/1300. — Enc. perg.

2649

Carrillo, Martín (1561-1630). *Memorial de confessores : en el qual se refieren exemplos y lugares de la Sagrada Escritura y Doctores Santos contra qualesquiere vicios y pecados y remedios contra ellos : con vn Tratado de ayudar a bien morir /* compuesto por el doctor D. Martin Carrillo... abbad de... Montaragon. — En esta impressiõ corregido y añadido / por el mismo autor... — En Çaragoça : por Iuan de Larumbe : a costa de Pedro Fe-

rriz, 1622. — [8], 192 [i.e. 292], [4] h., ¶^{8}, A-Z^8, 2A-2O^8 ; 8^0

Colofón. — Error de fol. en última h. — Port. con esc. xil.

01-00044311 000

▶ M-BN, 3/56369. — Enc. perg. ▶ M-UC (FFil), 1438. — Enc. perg. — Ex-libris ms. de la Casa profesa de la Compañía de Jesus de Madrid.

2650

Carrillo, Martín (1561-1630). *Practica de curas : en la qual se dan documentos a los confessores y curas de almas para administrar los Santos Sacramentos a sus subditos y cumplir deuidamente con sus obligaciones en conformidad del Ritual Romano de... Paulo V... /* mandada publicar por... Fr. Pedro Gonçalez de Mendoza... ; ordenada por... Martin Carrillo... — En Huesca : por Pedro Bluson..., 1624. — [8], 188 h., ¶^{8}, A-Z^8, 2A^4 ; 4^0

Hay diferentes estados de esta ed. — Colofón con marca tip. — Port. a dos tintas con orla tip. y grab. xil. — Grab. calc. en sign. ¶$_8$v.

01-00044312 000

▶ M-BN, 3/40986. — Enc. perg. — Ex-libris ms. de la Librería del Carmen Calzado de Madrid. — Hoja correspondiente a ¶$_8$ rota. ▶ M-BN, 3/58543. — Enc. perg. — Ex-libris ms. de don Manuel de Madrigal. ▶ M-FLG, Inv. 6913. — Enc. perg. ▶ M-PR, IX-6740. — Enc. pasta. — Sello de Gregorio Mayans y Siscar.

2651

Carrillo, Martín (1561-1630). *Relacion al rey Don Philipe nuestro señor del nombre, sitio, planta, conquistas, christiandad fertilidad, ciudades, lugares y gouierno del reyno de Sardería /* por... Martin Carrillo... Visitador general y real del dicho reyno en... 1611. — Impressa en Barcelona : en casa de

Sebastian Matheuad, 1612. — 86, [2] p., A-L^4 ; 4^0

Port. con orla tip. y esc. xil.

01-00044313 000

▶ M-BN, 2/19283. — Enc. pasta. ▶ M-BN, 2/52211. — Enc. pasta, deteriorada. — Ex-libris ms. de Miguel Guerrero. ▶ M-BN, 2/58657. — Enc. piel. — Sello de Pascual de Gayangos. ▶ M-BN, 2/58931. — Enc. perg. con hierros dorados. — Sello de Pascual de Gayangos. ▶ M-BN, 3/37086. — Enc. perg. con hierros dorados. ▶ M-BN, U/2823. — Enc. perg. — Sello de Luis de Usoz. — Deteriorado, afectando al texto. ▶ M-BN, V.E./ 157-7. — An. ms.: «1876. Febrero 22. E. por la Secretaría». — Falto de port., sustituida por otra fotocopiada. ▶ M-PR, VII-1986. — Enc. pasta. ▶ M-PR, VIII-11187. — Enc. pasta con hierros. ▶ M-UC (FFil), Res.847. — Enc. perg. — Ex-libris de la Condesa del Campo de Alange.

2652

Carrillo de Bedoya, Bernardino.
Fiestas que la muy noble... ciudad de Burgos... celebro al culto que a su instancia la Yglesia dio al Santo Rey D. Fernando... / escritas por el Capitan Don Bernardino Carrillo de Bedoya... — En Burgos : por Nicolas de Sedano, 1671. — [38] p., [ ]^4, A-C^4, D^3 ; 4^0

01-00044315 000

▶ M-PR, III-6546. — Enc. pasta.

2653

Carrillo de Córdoba, Francisco (-1685). *Certamen historico por la patria del esclarecido proto martir español San Laurencio : a donde responde Cordoba a diferentes escritos de hijos celebres de las insignes Coronas de Aragon y Valencia... /* don Francisco Carrillo de Cordoba. — Impresso en Cordoba : [s.n.], 1673. — [26], 224, [6] p., [ ]^4, A-Z^4, 2A-2F^4, 2G^5, ✳^{3} ; Fol.

Fecha de la tasa, privilegio y fe de erratas: 1676. — Texto a dos col. — Port. con orla tip.

01-00044316 000

▶ M-BN, 2/70695. — Enc. perg. deteriorada. — Ex-libris de D. Fernando José de Velasco. ▶ M-BN, 3/32198. — Enc. perg. ▶ M-UC (FD), 3735. — Enc. perg. — Deteriorado con manchas de humedad.

2654

Carrillo Laso de Guzmán, Alonso.
Epitome del origen y descendencia de de [sic] los Carrillos : desde que vinieron a España... hasta los reyes don Felipe III y IIII / por don Alonso Carrillo Laso de Guzman... — En Lisboa : por Antonio Aluarez, 1639. — XIV, [1], 108 h. : il. †-3†^{4}, 4†^{2}, [ ]^1, A-Z^4, 2A-2D^4 ; 4^0

Port. y texto fileteado. — Grab. xil. heráldico, h. II.

01-00044317 000

▶ M-BN, 2/50630(1). — Enc. perg. — Ex-libris ms. de Martín Jose de Loayssa. ▶ M-BN, R/12309(1). — An. ms. en h. de guarda sobre los problemas de la ed. del libro. — Enc. perg. — Sello de Pascual de Gayangos.

2655

Carrillo Laso de Guzmán, Alonso.
Memorial y manifiesto de los fundamentos que tengo en apoyo de escreuir la descendencia de mi casa, y otras, de la de Pinto y Carazona, para satisfazer al mundo de la calumnia que me ha puesto la parte contraria / [Alonso Carrillo de Guzman]. — [S.l. : s.n., s.a.]. — [8] p., §^{4} ; 4^0

El nombre del autor consta en fin de texto, por el que se deduce posterior a 1640.

01-00044318 000

▶ M-BN, 2/50630(2). — Enc. perg. ▶ M-BN, R/12309(3). — Enc. perg.

2656

Carrillo Lasso, Alonso (1582-1647). *Caualleriza de Cardoua /* autor don Alonso Carrillo Lasso... — En

Cordoua : por Saluador de Cea, 1625. — [4], 28 p., [ ]², A-C⁴, D² ; 4⁰

Port. con esc. calc. heráldico.

01-00044319 000

▶ M-PR, I.B.102. — Enc. pasta con hierros. — Ex-libris «S.D.S.I.D.A.».

2657
Carrillo Lasso, Alonso (1582-1647). *De las antiguas minas de España* / autor don Alonso Carrillo Lasso... — En Cordoua : por Saluador de Cea, 1624. — [4], 54, [2] p., [ ]², A-G⁴ ; 4⁰

Port. con esc. calc. real.

01-00044320 000

▶ M-BN, R/4564. — Enc. hol. — Ex-libris de D. Cayetano Alberto de la Barrera. ▶ M-BN, R/4571. — Enc. perg. ▶ M-PR, I.B.101. — Enc. pasta.

2658
Carrillo Lasso, Alonso (1582-1647). *Importancia de las leyes* / autor Don Alonso Carrillo Lasso... — En Cordoua : por Salvador de Cea, 1626. — 56 p., A-G⁴ ; 4⁰

Port. con esc. calc. del Infante Cardenal.

01-00044994 000

▶ M-BN, 2/32398(3). — Enc. perg. ▶ M-BN, 3/3771(3). — An. ms.: «No se halló en el índice expurgado». — Enc. pasta con hierros dorados.

2659
Carrillo Lasso, Alonso (1582-1647). *Soberania del Reyno de España* / autor Don Alonso Carrillo Lasso... — En Cordoua : por Salvador de Cea, 1626. — [4], 59, [1] p., [ ]², A-G⁴, H² ; 4⁰

Port. con esc. calc. del Infante Cardenal.

01-00044995 000

▶ M-BN, 2/32398(1). — Enc. perg. —

Falto de port., sustituída por ms. ▶ M-BN, 3/3771(1). — An. ms.: «No se halló en el índice expurgado». — Enc. pasta con hierros dorados.

2660
Carrillo Lasso, Alonso (1582-1647). *Virtudes reales* / autor Don Alonso Carrillo Lasso... — En Cordoua : por Salvador de Cea, 1626. — 31, [1] p., A-D⁴ ; 4⁰

Port. con esc. calc. del Infante Cardenal.

01-00044996 000

▶ M-BN, 2/32398(2). — Enc. perg. ▶ M-BN, 3/3771(2). — An. ms.: «No se halló en el índice expurgado». — Enc. pasta con hierros dorados.

2661
Carrillo y Contreras, Pedro. *Certamen litterarium duplici lucta initum in Complutensi sciendiarum... circo pro obtinenda licentiae laurea in sacro iure pontificio, prima lucta publica incolumem reddidit text. in cap. aquam XX de consecrat. dist. III. pridie idus Martij ; secunda extemporanea, Tex. in cap. cum secundum ult. de secund. nupt. in Sacello S. Ildeph. XVII. Kalend. Aprilis Ann. MDCLXV /* athleta Lic. D. Petro Carrillo et Contreras... — Compluti : ex typographia Andrea Fernandez de Castro, [s.a.]. — [8], 93 [i.e. 36] p., ¶⁴, A-B⁴, C², D-E⁴

Censura y licencia fechadas en 1665. — Port. a dos tintas. — Error en la numeración de la última p.

01-00044314 000

▶ M-UC (FD), 5725. — Enc. perg.

2662
Carrillo y Sotomayor, Luis (1585-1611). *Obras de don Luys Carrillo y Sotomayor...* — En Madrid : por Iuan

de la Cuesta, 1611. — [24], 272 h., ¶-3¶⁸, A-Z⁸, 2A-2L⁸ ; 4⁰

Editado por Alonso Carrillo Lasso, (prelim.). — Hay estados de esta ed. con error de fol. en última h.: 264 en vez de 272. — Colofón.

01-00044321 000

▶ M-BN, R/14233. — Enc. pasta, deteriorada. ▶ M-BN, R/155. — Enc. hol. — Sello de Agustín Durán. ▶ M-BN, R/16682. — Enc. perg. — Ex-libris ms. de la librería del Carmen de Madrid. — Falto de 4 h. de prelim. y de colofón. ▶ M-BN, R/19829. — Enc. pasta, deteriorada. — Sello de Pascual de Gayangos. ▶ M-BN, R/3513. — Enc. perg. ▶ M-BN, R/4529. — Enc. pasta. ▶ M-BN, R/4864. — Enc. pasta. ▶ M-BN, R/6132. — Enc. perg. — Ex-libris de Fernando José de Velasco. ▶ M-BN, R/9084. — Enc. hol. — Sello de Agustín Durán. ▶ M-BN, U/906. — Enc. perg. — Sello de D. Luis de Usoz, y ex-libris ms. de José Cecilio Coello y Borja. ▶ M-FLG, Inv. 8089. — Enc. perg. — Ex-libris ms. de Julio Cejador. ▶ M-PR, VIII-15631. — Ex-libris del Conde de Mansilla grab. calc.: «Espinosa f.». ▶ M-PR, VIII-592. — Enc. pasta. ▶ M-UC (FD), 13683. — Enc. perg. — Ex-libris ms. del Colegio Mayor de Alcalá.

2663

Carrillo y Sotomayor, Luis (1585-1611). *Obras de don Luys Carrillo y Sotomayor...* — [Segunda impression]. — En Madrid : por Luyz Sanchez, 1613. — [25], 239 h., [1] en bl., [ ]¹, *-3*⁸, A-Z⁸, 2A-2G⁸ ; 4⁰

Editado por Alonso Carrillo Lasso, (prelim.). — Datos de edición constan en 3*₃. — La fecha consta en colofón. — Port. grab. calc.: «P. Perret fe: 1613».

01-00044322 000

▶ M-BN, 3/35623. — Enc. perg. ▶ M-BN, 7/12332. — Enc. piel con hierros, deteriorada. ▶ M-BN, P/3658. — Enc. piel con hierros deteriorada. — Ex-libris ms. de fray Martín de los Reyes. ▶ M-BN, R/27397. — Enc. perg. ▶ M-BN, R/5014. — Enc. piel. — Ex-libris de Cayetano Alberto de la Barrera

y otro ms.: es del uso de Fr. Nicolas del Pilar, Carmelita descalzo. ▶ M-BN, R/6136. — An. ms. «Hay otra edicion mas añadida en... 1611- por Juan de la Cuesta». — Enc. perg. ▶ M-BN, U/398. — Enc. piel con hierros. — Sello de D. Luis de Usoz y ex-libris ms. de la librería de N.P.S. Francisco de Valladolid. ▶ M-FLG, Inv.539. — Enc. hol. con puntas. ▶ M-PR, I.D.211. ▶ M-RAE, 17-VI-32. — Enc. hol. ▶ M-RAE, 27-A-53. — Enc. perg. ▶ M-UC (FFil), 28175. — Enc. perg. — Sello de la Real Academia Latina. ▶ M-UC (Nov), 150. — Enc. pasta con hierros. — Ex-libris ms. de la libreria del Colegio de la Compañia de Jesús de Alcalá.

2664

Carrión, Agustín de (O.F.M.). *Sermon predicado por el Padre Fray Agustin de Carrion, Guardian de el Real Conuento de N.P.S. Francisco de Ciudad Real en la celebre octaua que el grauissimo Conuento de N.P.S. Domingo de dicha ciudad consagro a la beatificacion de S. Rosa de S. Maria de su Tercera Orden...* — [S.l. : s.n., s.a.]. — [4], 16 h., ¶⁴, A-D⁴ ; 4⁰

Prelim. fechados en 1669. — Port. con orla tip.

01-00044997 000

▶ M-BN, V.E./81-22.

2665

Carrión, Agustín de (O.F.M.). *Varios Sermones de festiuidades de nuestra señora y santos* / compuesto por... Fr. Agustin de Carrion... de la Orden de San Francisco... ; tomo primero. — En Madrid : por Melchor Sanchez : a costa de Mateo de la Bastida..., 1659. — [16], 488, [72] p., ¶⁸, A-Z⁸, 2A-2M⁸ ; 4⁰

Texto a dos col.

01-00044323 000

▶ M-BN, 5/2407. — Enc. perg. ▶ M-BN, 6-i/536. — Enc. perg.

2666

Carroza, Francisco. *La Troya* / poema de D. Franc° Carroza...—

En Zaragoça : en la imprenta de la Vniuersidad, [s.a.]. — [2], 38 p., A-E^4 ; 4^0

Port. con orla tip.

01-00044998 000

▶ M-BN, V.E./154-18.

2667

Carsi, Juan José. *Quaesita moralia* / a Ioanne Iosepho Carsi... elaborata, novis rationibus firmata & non vulgari responsione resoluta in centurias redacta... ; centuria prima. — Valentiae : typis Benedicti Macè... : sumptibus Matthaei Regil..., 1665. — [20], 558, [52] p., [2] en bl., ¶^{4}, 2¶^{6}, A-Z^8, 2A-2P^8, 2a^2 ; 4^0

Texto a dos col. — Antep. — Port. con viñeta xil. que representa a la Virgen.

01-00044324 000

▶ M-BN, 6-i/6707. — Enc. perg. ▶ M-UC (FD), 10575. — Enc. perg. — Ex-libris ms. de la libreria del Colegio de Málaga. ▶ M-UC (FFil), 13. — Enc. perg. — Ex-libris ms.: «Higueras costo 309...».

2668

Carsi, Juan José. *Quaesita moralia* / a Ioanne Iosepho Carsi... elaborata, novis rationibus firmata & non vulgari responsione resoluta in centurias redacta... ; centuria secunda. — Valentiae : typis Hieronymi Vilagrasa... : a costa de Geronimo Sanchiz..., 1670. — [16], 832 [i.e. 812], [52] p., ✳^{8}, A-D^8, E-Z^4, 2A-2Z^4, 3A-3Z^4, 4A-4Z^4, 5A-5G^4, 5I-5N^4 ; 4^0

Errores de pag.: de p. 112 pasa a 123 y de p. 322 a 353. — Texto a dos col. — Antep. — Port. con viñeta xil. que representa a la Virgen.

01-00044325 000

▶ M-BN, 6-i/6707. — Enc. perg. — Defectos de encuadernación en el cuaderno Y^4.

▶ M-UC (FD), 10576. — Enc. perg. — Ex-libris ms. del Colegio de Málaga. ▶ M-UC (FFil), 1440. — Enc. perg. — Ex-libris ms.: «... Higueras costo 304».

2669

Carsi, Juan José. *Quaesita moralia* / a Ioanne Iosepho Carsi... elaborata, novis rationibus firmata & non vulgari responsione resoluta in centurias redacta... ; centuria tertia. — Valentiae : typis Hieronymi Vilagrasa... y a su costa : y se venden en casa de la viuda de Geronimo Sanchiz..., 1670. — [22], 2 en bl., 814, [50] p., [ ]^4, ¶-2¶^{9}, A-Z^4, 2A-2Z^4, 3A-3Z^4, 4A-4Z^4, 5A-5Q^4 ; 4^0

Prelim. fechados en 1672. — Texto a dos col. — Antep. — Port. con viñeta xil. que representa a la Virgen.

01-00044326 000

▶ M-BN, 6-i/6707. — Enc. perg. ▶ M-UC (FD), 10577. — Enc. perg. — Ex-libris ms. del Colegio de Málaga. ▶ M-UC (FFil), 1441. — Enc. perg.

2670

Carta, Leonardo. *Vida y admirable dotrina del V.D.S.P.F. Juan Duns Escoto* / obra posthuma del M.R.P.F. Leonardo Carta... — [En Caller? : en la emprenta del D. don Antonio Galcerin, por Onofrio Martin, 1657?]. — [30], 250 [i.e. 248] p., [ ]^{15}, A-Z^4, 2A-2H^4 ; 4^0

Datos tomados de Toda, Cerdeña, 118. — Error de pag., de p. 64 pasa a 67.

01-00044344 000

▶ M-BN, 3/7522. — Enc. perg. — Ex-libris ms. de don Francisco de Ansaldo. — Falto de port.

2671

Carta *arribada ab vna faluga, es ques dona noticia certa de la victoria que la nos-*

tra armada ha tingut, cōtra dels Castellans deuant de Cadiz Diuendres a 4 de Setembre any 1643. — En Barcelona : en casa de Iaume Mateuat..., 1643. — [4] p. ; 4⁰

Port. con grab. xil.

01-00044327 000

▶ M-BN, V.E./169-64.

2672

Carta *de aviso de Bruselas de 27 de Iunio deste presente año de las vitorias que ha alcançado el... infante cardenal don Fernando en los Estados de Flandes contra los hereges Olandeses, y las vitorias que ha tenido Don Tomas contra el Frances, hasta meterse dentro de su reyno.* — En Barcelona : por Sebastian y Iayme Matevad..., 1638. — [7] p. ; 4⁰

Port. con esc. xil. real.

01-00044328 000

▶ M-BN, R/12212(1). — Enc. perg. — Sello de Pascual de Gayangos.

2673

Carta *de executoria de hidalguia e infançonia de los Datochas o Atochas de la villa de Garde en el valle de Roncal en el Reyno de Nauarra.* — En Pamplona : por Martin de Labayen, 1633. — [1], 9 h., [1] en bl., [ ]¹, A-E² ; Fol.

Port. con orla tip. — Grab. xil. heráldico en [ ]₁ v.

01-00044329 000

▶ M-BN, R/3872. — Al final del texto an. ms. dando fe del documento. — Enc. perg.

2674

Carta *de la ciudad de Orihuela al... Marques de Castel-Rodrigo y Almonacir, & c. Virrey y Capitan General del Reyno de Valencia.* — [S.l. : s.n., s.a.]. — [4] p. ; Fol.

Texto fechado en 1691.

01-00014539 000

▶ M-BN, V.E./25-58. ▶ M-BN, V.E./69-25.

2675

Carta de libramiento, 1664-09-24.

Al prior, monjes; y conuento del Monesterio de Sā Lorenço el Real, de la Orden de San Gerónimo, cerca de la Villa del Escorial, trezequētos y treinta y ocho mil trecientos y treinta y nueue marauedis, por los mismos que se deuen, y ha dexado de cobrar algunos años de diferentes juros, que tiene en la finca que huuiere quedado desembaraçada en las salinas de Atiença y Espartinas... — [S.l. : s.n., s.a.]. —[16] p., [4] en bl., [ ]¹, A⁸, [ ]¹ ; Fol.

Carta de libramiento, ratificada el 2 de marzo de 1665.

01-00034032 000

▶ ME-RB, 130-VI-2(36).

2676

Carta *de los sucessos, que ha tenido Cerdeña con los Holādeses por los fines del año passado de 641 : dase cuenta de la prision del General Amburqui Holādes, y de quatro baxeles cargados de diuersas mercaderias, que ivan para el Reyno de Francia.* — En Madrid : por Catalina de Barrio y Angulo, 1642. — [2] p. ; Fol.

El pie de imp. consta en colofón. — Esc. xil. real en cabecera.

01-00046000 000

▶ M-BN, V.E./177-44.

2677

Carta de Privilegio, 1668-09-20.

Este es vn traslado bien, y fielmente sacado de vna carta de priuilegio, y confirmacion de su Magestad... su tenor de la qual es este que se sigue. Sepan quantos esta carta de priuilegio, y confirmacion vieren, como Nos Don Carlos Segundo... y la Reyna D. Mariana de Austria... Vimos una nuestra cedula... para que solamente se escriua de nueuo el pliego... que fueren menester para la cabeça, y pie de los priuilegios, que de nos se confirman... — [S.l.: s.n., s.a.]. — 9 h., [1] en bl., A-E² ; Fol.

Se ha respetado la puntuación original.

01-00034031 000

▶ ME-RB, 130-VI-2(25).

2678
Carta de recudimiento, 1658-04-17.
Don Felipe, por la gracia de Dios, Rey de Castilla, de Leon... A vos don Geronimo de Sanvitores de la Portilla... y a otras qualesquier mis justicias, Ministros, y personas a quiē en qualquier manera tocare el cūplimiēto de lo en esta mi carta de recudimiēto cōtenido..., Bien sabeis, que à Francisco Mayoral se dieron en arrendamiento las sisas del vino del casco desta dicha Villa... — [S.l. : s.n., s.a.]. — 11, [1] h., A¹² ; Fol.

Traslado dado en Madrid el mismo año.

01-00094662 000

▶ M-BN, V.E./195-49. — Lleva ms. fecha del traslado: 24 de octubre, y firma del escribano.

2679
Carta de recudimiento, 1664-09-13.
Don Felipe, por la gracia de Dios, Rey de Castilla, de Leon, de Aragon... Mi Assistente, Corregidores, gouernadores, Alcaldes mayores, y ordinarios, y otras qualesquier mis Iusticias, y Iuezes, Administradores generales, y particulares de los seruicios de millones de todas las Ciudades, Villas, y Lugares destos mis Reynos... à quien en qualquier manera tocare el cumplimiento de lo en esta mi carta de

recudimiento contenido... — [S.l. : s.n., s.a.]. — 5, [1] h., A⁶ ; Fol.

Traslado dado en Madrid el 15 de septiembre del mismo año.

01-00094334 000

▶ M-BN, V.E./196-33. — Deteriorado afectando al texto.

2680
Carta de recudimiento, 1683-10-02.
Don Carlos, por la gracia de Dios, Rey de Castilla, de Leon... A vos Don Julian de Cañas Ramirez y Silva, de mi Consejo de Hazienda, en el Tribunal de Oydores, mi Administrador general de los servicios de Millones de la Ciudad de Sevilla, y su Reynado, y à otras qualesquier mis justicias, Juezes, y Ministros a quien en qualquier manera tocare el cumplimiento de lo en esta mi carta de Recudimiento contenido... — [S.l. : s.n., s.a.]. — [8] p., A⁴; Fol.

Se ha respetado la puntuación original.

01-00094677 000

▶ M-BN, V.E./216-18.

2681
Carta de recudimiento, 1699-03-06.
Don Carlos, por la gracia de Dios, Rey de Castilla, de Leon, de Aragon... Assistente, Corregidores..., Oficiales, y Hombres buenos de la... Ciudad de Sevilla, y demàs Ciudades, Villas, y Lugares de su Arçobispado, y Obispado de Cadiz, Ciudades de Malaga, y Xerez de la Frontera, Almeria, Murcia... y à qualesquier Almojarifes, Mercaderes, Tratantes... y Administradores de la renta del Almojarifazgo mayor de Sevilla... y à otras qualesquier personas... à quien lo contenido en esta mi Carta de Recudimiento tocare en qualquier manera... ò su traslado... — [S.l. : s.n., s.a.]. — 6 h., A⁶ ; Fol.

Se ha respetado la puntuación

original. — Traslado fechado en Madrid, 14 de Marzo de 1699.

01-00094335 000

▶ M-BN, V.E./192-95. — Firma ms. del escribano Francisco Gutierrez de Arce.

2682

Carta *de vn academico de la Vniversidad de Salamanca, escrita à vn Cavallero de la Corte, refiriendo los progressos de la Mission, que en aquella Ciudad ha hecho... Fray Pedro de Salazar, obispo de Salamanca con el... Padre Thyrso Gonçalez, Doctor Théologo de la Compañia de Iesus, y Cathedratico de Prima de la Vniversidad de Salamanca, este año de 1682.* — [S.l. : s.n., s.a.]. — 27 p., A-C^4, D^2 ; 4^0

01-00046002 000

▶ M-BN, V.E./107-18.

2683

Carta *de vn Cathedratico de la Vniuersidad de Alcalà à vn Cavallero desta Corte amigo suyo, refiriendole la Historia de las Santissimas Formas, que ha noventa años conserva Dios incorruptas en el Colegio de la Compañia de Iesvs desta Insigue Vniuersidad : donde assimismo refiere las Fiestas que se han hecho para colocarlas en la nueva, y sumptuosa Capilla, donde se han trasladado.* — En Madrid : [s.n.], 1687. — [4] p. ; Fol.

Lugar y fecha constan en colofón.

01-00046003 000

▶ M-BN, V.E./24-66.

2684

Carta *de vn cauallero del campo de Salsas que escriue a vn amigo suyo desta ciudad donde le da cuenta del recebimiento que han hecho al conseller en cap de la ciudad de Barcelona y su viaje, Luis Iuan de Caldes.* — En Barcelona : en casa Se-

bastian y Iayme Mathevad..., 1640. — [4] p., A^2 ; 4^0

Marca de Jerónimo Margarit, Vindel, 454, en port.

01-00044331 000

▶ M-BN, R/12212(44). — Enc. perg.

2685

Carta *de vn cavallero de la Rioja, escrita à vn amigo suyo de esta Corte, en que le dà noticia individual de las honras, que se ha dignado la Reyna nuestra señora... hazer à la Ciudad de Naxera, y su comarca, en la estancia de 19 dias que logrò la fortuna de su Real presencia, y de nuestro muy querido y amado Principe.* — [S.l. : s.n., s.a.]. — 7 p., A^4 ; 4^0

01-00122265 000

▶ M-BN, V/C^a 121-18. — Sello de Pascual de Gayangos.

2686

Carta *de vn cavallero de Zaragoza escrita a vn amigo en la Corte, avisandole del prodigioso toque de la nueva campana de Velilla en el reyno de Aragon a catorze del mes de Enero del presente año de 1663: donde se refieren los toques de la campana antigua del mismo lugar.* — [S.l. : s.n., s.a.]. — [4] p. ; 4^0

01-00044330 000

▶ M-BN, V/C^a 56-151. — Sello de Pascual de Gayangos.

2687

Carta *de vn Cortesano, a vno de los señores Obispos destos Reynos.* — [S.l. : s.n., s.a.]. — [4] p. ; Fol.

Texto fechado en Madrid 1623.

01-00122266 000

▶ M-BN, V/C^a 224-28. — Sello de Pascual de Gayangos. ▶ M-BN, V.E./141-10.

2688

Carta *de vn Cortesano de Roma, para vn correspondiente suyo, en que le dà cuen-*

ta de la entrada en la Compañia de Iesus, dc [sic] el Principe Casimiro, hermano del Rey de Polonia. — [S.l. : s.n., s.a.]. — [4] p. ; Fol.

Texto fechado en Roma, 1643. — *Breue de su Santidad, para el Rey Ladislao de Polonia* : p. [4], texto paralelo latín-español.

01-00046006 000

▸ M-BN, V/Cª 248-24. — Sello de Pascual de Gayangos.

2689

Segunda **Carta** *de vn cortezano de Madrid... Recebi la de v.m. de 12 del corriente... Su Magestad anda muy desgustado, y tanto que no quiere ver comedias, porque lacasa de Bargança le hizo aborrecer todo lo que son representaciones...* — [S.l. : s.n., s.a.]. — [3] p., A^2 ; 4^0

01-00046005 000

▸ M-BN, V.E./43-52.

2690

Carta *de vn personaje ilustre y muy fidedigno escrita de Alcalà la Real à otro desta Corte en 12 de Iulio 1679 : tocante al prodigio que se publicò auerse visto en Granada à 26 de Iunio y à otros que afirma se han visto despues en Malaga y Antequera...* — [Madrid] : en la imprenta de Bernardo de Villa-Diego... [s.a.]. — H. 173-174, 2L^2 ; 4^0

El impresor consta en colofón. — Bernardo de Villa-Diego, imprimió en Madrid de 1663 a 1693.

01-00053991 000

▸ M-PR, III/6527(4). — Enc. pasta con hierros dorados.

2691

Carta *de vn recienvenido à la Corte, que viò las dos Embaxadas Alemana, y Francesa; y sin admirarse de ninguna, ni por lo sinçero ni por lo falso, sin olvidar la Francesa, escrive lo ostentoso de la Alema-*

na, à sus compadres Perico y Marica. — [S.l. : s.n., s.a.]. — [12] p., A^6 ; 4^0

Texto con orla tip.

01-00122267 000

▸ M-BN, V.E./106-27. ▸ M-BN, V.E./89-33.

2692

Carta *de vn sargento portuguez al marquez de Caracena sobre la perdida de su Exercito...* — [S.l. : s.n., s.a.]. — [4] p., †^{2} ; 4^0

Se refiere a la batalla de Montesclaros, 1665.

01-00122268 000

▸ M-BN, V/Cª 121-59. — Sello de Pascual de Gayangos. ▸ M-BN, V.E./188-44. — Sello de Pascual de Gayangos.

2693

Carta *de vno de los rehenes, que embio el Principado de Cathaluña al Rey Christianissimo, en que refiere à vn amigo suyo de Barcelona, persona de Puesto, el cortès agasajo que les han hecho los Franceses.* — [S.l. : s.n., s.a.]. — [7] p., A^4 ; 4^0

Texto fechado en Pasanà, 1640.

01-00046019 000

▸ M-BN, V.E./166-51. ▸ M-BN, V.E./35-106.

2694

Carta *del fracaso de Valladolid, escrita à vn gran señor destos Reynos...* — [Valladolid] : vendese en casa de Francisco Ruyz de Valdivieso, [s.a.]. — [4] p., A^2 ; Fol.

El editor consta en colofón. — Carta fechada en 1636.

01-00044332 000

▸ M-BN, V/Cª 1014-99.

2695

Carta *del Ventero de la Fuen-Fria, al de la Venta de Santa Catalina.* — [S.l. : s.n., s.a.]. — [4] p. ; Fol.

Texto fechado en Fuen-fria, 1692.

01-00122269 000

▶ M-BN, V.E./206-13.

2696

Carta *embiada de la corte, a vna perso-na principal desta Ciudad, donde se da cuenta de vna insigne vitoria que los Nauios de su Magestad han tenido contra 26 Nauios de Olandezes en el estrecho de Gibraltar.* — En Barcelona : por Sebastian Matevad, [s.a.]. — [4] p., A^2 ; 4^0

El lugar e impresor constan en colofón. — En p. [1] consta 1621.

01-00046010 000

▶ M-BN, V.E./53-5. — Sello de Pascual de Gayangos.

2697

Carta *embiada de Napoles a la corte de su Magestad en que se da auiso de los grā-des terremotos, vracanes y temblores que ha auido en la Pulla... /* traduzida de lengua italiana en española por Antonio Rodriguez. — En Cuenca : por Domingo de la Iglesia, 1628. — [8] p., A^4 ; 4^0

Port. con grab. xil.

01-00044333 000

▶ M-BN, R/8176. — Enc. piel con hierros.

2698

Carta *embiada desde Milan à vn cauallero desta ciudad donde le haze relacion de la vitoria y toma del castillo de Pomal, presidio de franceses por... D. Francisco de Melo à 4 de octubre año 1638.* — En Barcelona : en casa Sebastian y Iayme Matevad, 1638. — [6] p., [2] en bl. ; 4^0

Port. con grab. xil.

01-00044334 000

▶ M-BN, R/12212(22). — Enc. perg.

2699

*[***Carta*** en que se aduierte lo mucho que se ofende à N. Señor con las galas, afeites y escotados que vsan las mugeres.]* — [S.l. : s.n., s.a.]. — [3] h. ; Fol.

01-00044335 000

▶ M-BN, R/13027(16). — Enc. cart. — Ex-libris de Pascual de Gayangos.

2700

Carta *en que se refiere muy por extenso lo que sucedió el dia quatro de Julio deste año de 1693 al Rey de Mequinez Muley Ismael sobre Oràn, aviendola sitiado con veinte mil cavallos y dadole dos assaltos siendo Virrey y Capitan General deste Reyno el... Duque de Canzano : publicada en Madrid el martes 28 de Julio de 1693.* — En Madrid : por Sebastian de Armendariz, librero... : en la imprenta de Antonio Romàn, [1693]. — 8 p., A^4 ; 4^0

Lugar, editor e impresor constan en colofón.

01-00122270 000

▶ M-BN, V.E./111-11. ▶ M-BN, V.E./119-43.

2701

Carta *en que vn Religioso de la Compañia de Iesus dà noticia a vn amigo suyo de la conuersion de las tierras del Palatinado a la Fè Catolica. [Copia de vna carta del Padre Gaspar Indrum, escrita de Lusemburgo, a 29 de Enero de 1628 al reuerendo Padre Danthimo... Parte de otra carta escrita en Hecdelberga a 10 de Hebrero de 1628 por otro Padre de la Compañia, acerca de lo mismo. Paragrafo de otra carta, escrita en Vvormacia a 30 de Hebrero de 1628 por otro Religioso de la Compañia /* estas cartas, y relacion embiò el Padre Enrique Silisdonio,... al Padre Iuan Norton... de la Compañia de Iesus..., en Latin, y se ha traduzido en Español...]. — En

Madrid : por Iuan Gonçalez, [s.a.]. — [4] p. ; Fol.

Lugar e impresor constan en colofón, el impresor documentado entre 1623 y 1634.

01-00046020 000

▶ M-BN, V.E./204-9.

2702

Carta *enuiada de Portugal en Barcelona, à vn caualler de dita Ciutat : fentli relacio de tot lo que a succehit al Embaxador de Cataluña desdel dia que arribà a la ciutat de Lisboa fins lo dia present.* — En Barcelona : en casa de Gabriel Nogues, 1641. — [6] p., [2] en bl., A⁴ ; 4⁰

El pie de imp. consta en colofón.

01-00046011 000

▶ M-BN, V/Cᵃ 170-10. — Sello de Pascual de Gayangos. ▶ M-BN, V/C.ᵃ 170-19. — Sello de Pascual de Gayangos. ▶ M-BN, V.E./165-21.

2703

Carta, *Enuiò el señor Arçobispo Presidente del Consejo, al Reyno vn papel con copia de vn orden de su Magestad, que refiere que con ocasion de auer propuesto el Reyno los daños grandes que se siguen de la diuersidad de los impuestos sobre el vino...* — [S.l. : s.n., s.a.]. — [2] p. ; Fol.

Se ha respetado la puntuación original. — Texto fechado en Madrid, 21 Octubre, 1639.

01-00094339 000

▶ M-BN, V.E./47-72.

2704

Carta *escrita a su magestad cesarea de la triunfante vitoria que ha tenido el mariscal del campo el señor Conde Picolomini contra el exercito frances sobre la villa de Thionuille a 7 de iunio 1639.* — [Barcelona] Impressa en Genoua y agora en Barcelona : en casa Sebastian y Iayme Matevad, 1639. — [7] p. ; 4⁰

Port. con grab. xil.

01-00044336 000

▶ M-BN, R/12212(39). — Enc. perg.

2705

Carta *escrita de la ciudad de Stalhan, en Suecia, de veinte de Iunio de mil seiscientos y cinquenta y quatro : en que declara la coronacion del rey de Suecia y renunciacion que ha hecho la Reyna en el Conde Palatino.* — En Madrid : por Gregorio Rodriguez, 1654. — [4] p. ; Fol.

01-00046012 000

▶ M-BN, V/Cᵃ 226-99. — Sello de Pascual de Gayangos. ▶ M-BN, V.E./177-107. — Deteriorada la 2.ᵃ h.

2706

Carta *escrita de la Corte de Francia à 24 de Iunio 1679 en que viene relacion de la magnifica y pomposissima entrada que hizo en Paris el... marques de los Balbases...* — [S.l. : s.n., s.a.]. — H. 151-154, 2G⁴ ; 4⁰

01-00046013 000

▶ M-PR, III/6527(7). — Enc. pasta con hierros dorados.

2707

Carta *escrita del campo imperial sobre la ciudad de Eperies, En la Vngria Superior, à 20 de Setiembre de 1684 : en que se refiere la memorable, e importantissima vitoria, alcanzada por las mesmas Cesareas Armas, del Exercito del Rebelde Emerico Tekeli traducida de la Lengua Alemana; publicada el Martes 7 de Noviembre 1684.* — [Madrid] : por Sebastiã de Armendariz..., 1684. — H. 341-344, 3O⁴ ; 4⁰

El nombre del impresor consta en colofón.

01-00122271 000
▸ M-BN, V.E./149-131.

2708
Carta *escrita desde Nauarra y puerto de S. Sebastian à Çaragoça, dando auiso de lo que ha sucedido de nueuo acerca del exercito frances, que està en Fuenterabia.* — En Barcelona : en casa Sebastian y Iayme Matevat, 1638. — [8] p., A^4 ; 4^0

Grab. xil. en port. y en A_4 v.
01-00044337 000
▸ M-BN, R/12212(5). — Enc. perg.

2709
Carta *expostulatoria que imbia vn religioso del Orden de N. Señora del Carmen alos [sic] señores Arçobispos y Obispos de n̄ra España : en la qual les suplica... pidan a su Santidad la determinaciō de la... deuocion de la... Concepciō de la Reyna de los Angeles Maria concebida sin mancha de pecado original.* — Impressa... en Malaga : por Iuan Rene, 1616. — [8] p. ; 4^0

El pie de imp. consta en colofón.
01-00046015 000
▸ M-BN, R/12677(10). — Enc. hol. — Sello de Pascual de Gayangos. ▸ M-BN, V.E./53-115.

2710
Carta *hecha en Monterey a siete de agosto donde se da noticia del saco y quema de dies y seys lugares : tambien se da noticia de los estragos que han hecho en ellos, executados por los valerosos portugueses.* — [Barcelona] : en casa de Iayme Mateuat, 1641. — [6] p. ; 4^0

Port. con grab. xil.
01-00044338 000
▸ M-BN, V.E./1336-4. — Sello de Pascual de Gayangos. ▸ M-BN, V.E./1336-5. — Sello de Pascual de Gayangos.

2711
Carta *molt verdadera de com lo nostre Rey Cristianiss... nos enuia vn gran socorro de la part de Ponent, y es de 79 velas, las quals se ajuntaran ab la armada..., y... Vaxells Olandesos han agafat 7..., y lo fill del... Mariscal de Brezè ve per General de la dita Armada, tambe se dona noticia de la Sentencia... que lo Rey de Portugal ha donat als que auian ordenat la traycio contra de ell.* — Estampat en Barcelona : en casa de Iaume Mathevat, 1641. — [4] p. ; 4^0

Port. con grab. xil.
01-00122272 000
▸ M-BN, V.E./1378-21.

2712
Carta *nueua, y copia de muchas, de la verdad de lo sucedido, en la vatalla que tuuo nuestro exercito con el de Francia, escritas de Fuente Rabia, y Madrid, a muchas personas desta Ciudad : contiene todo lo que passo desde el principio hasta el fin, de vna, y otra parte de entrambos exercitos.* — En Valladolid : por Gregorio de Bedoya, y se vende en su casa..., 1638. — [4] p., A^2 ; Fol.

El pie de imp. consta en colofón. — Grab. xil. real en p. [1].
01-00046021 000
▸ M-BN, V.E./177-69.

2713
Carta *para vn ministro de su Magestad, colegial que fue del Arçobispo en Salamanca* / escriuiela vn aficionado suyo. — [S.l. : s.n., s.a.]. — [6] p., [2] en bl., A^4 ; 4^0

En el texto consta 1626.
01-00044339 000
▸ M-PR, III-6501(6^0). — An. ms.: Salamanca febrero último de 1626. — Enc. pasta.

2714

Carta *que escriuio al Cuzco vn castellano viejo, dando quenta de lo vario que estàn en España los Dones postizos, y los vsos de perendengues, arandelas, cabelleras postiças, y otras muchas cosas.* — Impresso en Malaga : por Pedro Castera, 1671. — [4] p., ¶² ; 4⁰

El pie de imp. consta en colofón. — Texto a dos col.

01-00046016 000

▶ M-BN, V.E./114-15.

2715

Carta *que escriuio vn Religioso de la Prouincia de Castilla à otro Religioso amigo suyo de la Prouincia de Andaluzia de la Orden de N. Señora de la Merced..., dandole quenta del estado en que està el pleito que el R.P.M. Fr. Geronimo de Valderas... trae con el R.P.M. Fray Iaime de Castellar..., originado de la Renunciacion que el Reuerendissimo P.M. Fr. Alonso de Sotomayor Generalissimo de toda la dicha Orden hizo en manos del Illustrissimo Señor Nuncio de España.* — [S.l. : s.n., s.a.]. — 11 h., A-D², E³ ; Fol.

El texto alude a 1657.

01-00046024 000

▶ M-BN, V.E./199-40. ▶ M-BN, V.E./200-36.

2716

Carta *que escrivio vn Medico Christiano, que estava curando en Antiberi, à vn Cardenal de Roma, sobre la bebida del Cahuè, ò Cafè.* — [S.l. : s.n. ; s.a.]. — 4 p. ; Fol.

01-00046017 000

▶ M-BN, V.E./218-53.

2717

Carta *que ha enuiada la vila de Perpinya a Cathalunya ahont va contant totas sas desdichas...* — En Barcelona : en la estampa de Iaume Romeu..., 1641. — [6] p., [2] en bl., A⁴ ; 4⁰

Texto a dos col. — Port. con grab. xil.

01-00044340 000

▶ M-BN, R/3603. — Enc. hol. ▶ M-FLG, Inv. 8144. — Enc. pasta con hierros dorados.

2718

Carta *que los conseieros y Embaxadores de los electores, principes y estados del sacro Romano Imperio iuntos en Cortes en la ciudad de Ratisbona escrivieron al... rey de Polonia Juan III &c... : dada a la estampa en Madrid... 21 de iunio... 1689.* — En Madrid : en la imprenta de Antonio Roman : por Sebastian de Armendariz..., 1689. — 12 p., A⁶ ; 4⁰

El pie de imp. consta en colofón.

01-00044342 000

▶ M-PR, III/6527(1). — Enc. pasta con hierros dorados.

2719

Carta *que los Consejeros y Embaxadores de los Electores, Principes y Estados del Sacro Romano Imperio, juntos en Cortes en la ciudad de Ratisbona, escrivieron al... Rey de Polonia Juan III &c.... : dada à la estampa en Madrid... 21 de Iunio... 1689.* — [Barcelona] : vendese en casa de Ioseph Llopis..., [1689]. — [8] p., A⁴ ; 4⁰

El editor consta en colofón. — *Carta con que vn Ministro principal de la Dieta de Ratisbona acompañò la copia impressa de la antecedente... remitiendola à vn amigo suyo.*

01-00044341 000

▶ M-BN, 2/64989(10). — Enc. perg. — Sello de Pascual de Gayangos.

2720

Carta *que vn Cortesano curioso hallandose fuera de Madrid escriue à vn amigo* *suyo censurando la respuesta que el señor de la Garena diò à la estampa al Discurso filosofico, medico e historial que escriuiò el Doctor don Andrès Gamez cerca del agua de la vida y otras materias.* — [S.l. : s.n., s.a.]. — 15 p., A^8 ; 4^0

Texto fechado en Caramanchel (Alicante), en 1683.

01-00020660 000

▶ M-BZ, 73-289(2). — Enc. perg.

2721

Carta *que vn devoto de la Immaculada Concepcion de nuestra Señora escrivio a vn hijo suyo : en que se contienen ajustadas consideraciones alegoricas, sobre algunos lugares de la Sagrada Escritura, que prueuan su devocion.* — Impressa en Iaen : por Francisco Perez de Castilla, 1653. — 6 h. ; Fol.

Port. con orla tip. y grab. xil. de la Inmaculada Concepción.

01-00046018 000

▶ M-BN, V.E./183-18.

2722

Carta *que vn Religioso Mercenario, escribe desde Valladolid a otro de la misma Orden, residente en Madrid... R.P. en este Convento padecemos los religiosos bastante turbación... con... auerse resuelto en Claustro pleno desta Vniversidad; que en adelante ningun Religioso de la Orden, sea admitido para graduarse en ella...* — [S.l. : s.n., s.a.]. — [4] p. ; Fol.

01-00046025 000

▶ M-BN, V.E./199-37. ▶ M-BN, V.E./ 220-20.

2723

Carta Real, 1389-11-09. *Sepan quantos esta carta vieren, como yo don Pedro por la gracia de Dios, Rey de Castilla, de Toledo, de Leō... Porque fallè que Toledo fue, e es, cabeça del Imperio de Es-*

paña... e fue, e es poblada de caualleros fijos dalgo... e non les dieron pendon, nin sello... e non ouieron pendon si non el de los Reyes onde yo vengo, ni han si non el mio... e por esto yo toue por bien de fablar en las Cortes q̃... fise aqui en Valladolid primeramẽte por Toledo : e desto mandè dar a los de Toledo esta mi carta... en las cortes de Valladolid nueue dias de Nouiembre, era de mil y trezientos e ochenta e nueue años... — [S.l. : s.n., s.a.]. — [3] p., Fol.

Se ha respetado la puntuación original.

01-00094311 000

▶ M-BN, V.E./50-49. — An. ms.: carta dada por D. Pedro de Castilla.

2724

Carta Real, 1602-03-22. *Don Felipe por la gracia de Dios Rey de Castilla, de Leon, de Aragō, de las dos Sicilias, de Ierusalen... A bos los Concejos... de Lepe y Ayamonte, que son en el Andalucia donde comiença la raya de Portugal hasta la ciudad de Vadajoz... y otras personas... a quien lo en esta mi carta contenido toca y atañe tocar... y a otras qualesquier personas que haueys recibido y cobrado... este presente año de mil y seiscientos y dos, la renta de los diezmos de todas las mercadurias mantenimientos y otras cosas q̃ cualesquier mercaderes... an sacado... para el Reyno de Portugal...* — [S.l. : s.n., s.a.]. — [102] p., A-Z², 2A², 2B³ ; Fol.

Se ha respetado la puntuación original.

01-00011792 000

▶ M-PR, III-6483(26). — Enc. pasta azul con hierros dorados.

2725

Carta Real, 1603-08-28. *Este es vn traslado bien y fielmente sacado, de vna*

Real carta prouision de su Magestad fir-
mada de su Real mano, y refrendada de
Iuan Ruyz de Velasco... para la exempciō
de que han de gozar los cogedores del vino y
azeyte. — [S.l. : s.n., s.a.]. — [2] p.,
[2] en bl., A² ; Fol.

01-00011892 000

▶ M-BN, V.E./197-47. ▶ M-RAE, 13-C-
31(43). — Enc. perg.

2726
Carta Real, 1603-08-28. *Este es vn*
traslado, bien y fielmente sacado, de vna
real carta y prouision de su Magestad, fir-
mada de su real mano y refrendada por
Iuan Ruyz de Velasco... para la exemp-
cion de que han de gozar los cogedores del
vino y azeite. — [S.l. : s.n., s.a.]. —
[2] p., A ; Fol.

01-00011602 000

▶ M-PR, III-6483(12). — Enc. pasta con
hierros dorados.

2727
Carta Real, 1608-11-22. *Este es vn*
traslado bien y fielmente sacado... de vna
Real carta y prouision de su Magestad...
refrendada de Tomas de Angulo su Secre-
tario, firmada de los de su Consejo de Ca-
mara, para la orden y forma que se ha de
tener en los puertos, en la salida y entrada
de vino y azeite, para la paga del seruicio
de los diez y siete millones y medio. —
[S.l. : s.n., s.a.]. — [4] p. ; Fol.

01-00011907 000

▶ M-BN, 3/12893(11). — Enc. perg.
▶ M-BN, 3/25591(19). — Enc. perg. ▶ M-
RAE, 40-II-43(24). — Enc. hol.

2728
Carta Real, 1609-06-07. *Copia de*
las Cartas de su Magestad de el Rey nues-
tro señor, y de el Reyno junto en Cortes,
para la ciudad de Salamanca, en cuyo
ayuntamiento se leyeron en quinze de Iunio

de 1609 sobre la forma y assiento de la
paga del seruicio de los diez y siete millo-
nes y medio y desempeño, que el Reyno ha
otorgado. — [S.l. : s.n., s.a.]. — 16 p.,
A⁸ ; Fol.

La carta del Rey está fechada en
San Lorenzo, 7 de Junio, 1609. La
del Reino, fechada en Madrid, 8 de
junio de 1609.

01-00094345 000

▶ M-BN, V.E./204-4.

2729
Carta Real, 1610-02-09. *Traslado de*
la Carta Real que el Rey... embio a su se-
ñoria... del Obispo de Cordoua para la
instruccion y modo que se ha de tener en el
examen de los Christianos nueuos deste
obispado de Cordoua : Publicase en esta
Ciudad Viernes a doze de Febrero de
MDCX... — En Cordoua : [s.n.],
1610. — [4] p., [ ]² ; Fol.

Port. con esc.

01-00011914 000

▶ M-RAE, 13-C-42(2). — Enc. perg.

2730
Carta Real, 1612-05-20. *Carta real*
sobre lo tocant al reparo dels danys de la
ciutat de Valencia, y reformacio y reduccio
dels salaris dels oficials della. — En Valencia : per Ioan Batiste Marçal...,
1643.—[1], 11 h., [ ]¹, A¹⁰, [ ]¹; Fol.

Texto en castellano. — Port. con
orla tip. y esc. xil. del Reino de Valencia.

01-00122473 000

▶ M-BN, V.E./50-75.

2731
Carta Real, 1622-01-28. *Carta real*
del Rey nostre Senyor Don Phelip Tercer,
y dos decrets, ab los quals sa Magestat
mana, que tots sos ministres facen inuenta-
ris de tots sos bens. — En Valencia : en

casa de Pere Patricio Mey..., 1622. — 4 h., A^4 ; Fol.

Texto en castellano. — Port. con esc. xil. real.

01-00094566 000

▶ M-BN, V.E./192-55.

2732

Carta Real, 1627-03-13. *Don Felipe por la gracia de Dios Rey de Castilla... Muy Reuerendo en Christo Padre Cardenal Espinola Arçobispo de Granada, de mi Consejo, mi muy caro y muy amado amigo, y a los Arçobispos que despues de vos fueren de la dicha Iglesia, sabed que el Dean y Cabildo della sede vacāte me escriuieron a veinte y dos de Setiembre passado, que auiēdo vacado vno de los Beneficios de la ciudad de Almuñecar...* — [S.l.: s.n., s.a.]. — [2] p. ; Fol.

01-00094732 000

▶ M-BN, V.E./212-17.

2733

Carta Real, 1629-08-14. *Don Felipe por la gracia de Dios Rey de Castilla, de Leon, de Aragon... Mis Corregidores, Gouernadores, Alcaldes mayores y ordinarios..., ansi de las ciudades, villas, y lugares, y puertos a donde se adeudan y cobran los derechos pertenecientes a las mis rentas de diezmos de la mar, y puertos secos de Castilla como de las demas ciudades, y villas y lugares destos mis Reynos y Señorios... Sabed, que entre las condiciones...* — [S.l. : s.n., s.a.]. — [4] p., A^2 ; Fol.

Se ha respetado la puntuación original. — Traslado fechado en Madrid, 15 de Agosto, 1631.

01-00094330 000

▶ M-BN, V.E./197-13. — Firma ms. del escribano del Rey «Domingo Roldan».

2734

Carta Real, 1632-09-16. *Don Felipe por la gracia de Dios, Rey de Castilla, de Leon, de Aragon... Mis Corregidores, Gouernadores, Alcaldes mayores, y Ordinarios de todas las ciudades, villas y lugares destos mis Reynos, y Señorios... ante quien esta mi carta, o su traslado signado... Sabed, que entre las condiciones con que está arrendada la renta de los Puertos Secos de Castilla para los ocho años, que començarō en primero de Enero del passado de mil y seiscientos y treinta y vno, ay vna del tenor siguiente. Otrosi es mi merced, que los dichos Alcaldes de las sacas seau tenudos [sic] de dar cuenta a los dichos arrendadores sobre juramento que sobre ello fagan...* — [S. l. : s.n., s.a.]. — [3] p. ; Fol.

Se ha respetado la puntuación original. — Traslado fechado en Madrid, 21 de septiembre de 1632.

01-00094331 000

▶ M-BN, V.E./196-49. — Firma ms. del escribano del Rey, Domingo Roldán.

2735

Carta Real, 1632-11-25. *Carta del Rey nuestro señor para las Anteiglesias de Vizcaya...* — [S.l. : s.n., s.a.]. — 2 h., A^2 ; Fol.

Respuesta fechada en Vizcaya, 13 de Enero de 1633.

01-00122480 000

▶ M-BN, V/C^a 250-69. — Sello de Pascual de Gayangos.

2736

Carta Real, 1632-11-26. *Don Felipe por la gracia de Dios, Rey de Castilla, de Leon, de Aragon... Mis Corregidores, gouernadores, Alcaldes mayores, y ordinarios de todas las ciudades. villas y lugares destos mis Reynos, y Señorios... Sabed, que entre las condiciones con que está arrendada la renta de puertos secos de Castilla, para los ocho años que començaron* en primero de Enero del passado de mil y seiscientos y treinta y vno, ay vna del tenor siguiente. Y porque se ha visto por experencia [sic]... — [S.l. : s.n., s.a.]. — [2] p. ; Fol.

Se ha respetado la puntuación original. — Traslado fechado en Madrid, 1 de diciembre, 1632.

01-00094332 000

▸ M-BN, V.E./196-56. — Firma ms. del escribano del Rey, Juan Gómez Hidalgo. — Deteriorado, afectando al texto.

2737

Carta Real, 1634-02-20. *Don Felipe por la gracia de Dios Rey de Castilla, de Leō, de Aragon... Mis Corregidores, Gouernadores, Alcaldes mayores, y ordinarios... Sabed, que entre las condiciones con que està arrendada la renta de los Puertos secos de Castilla para los ocho años, que començaron en primero de Enero del passado de mil y seiscientos y treinta y vno, ay las del tenor siguiente...* — [S.l.: s.n., s.a.]. — [3] p. ; Fol.

Traslado fechado en Madrid, 21 de febrero, 1634.

01-00094333 000

▸ M-BN, V.E./196-25.

2738

Carta Real, 1634-07-02. *Don Felipe, Por la gracia de Dios, Rey de Castilla, de Leon... Por quanto aviendo yo acordado de criar vn Oficio de Escrivano mayor de cartas de pago de todas las rentas Reales, que se pagan en mi Corte...* — [S.l. : s.n., s.a.]. — 6 h., A^7 ; Fol.

Traslado, fechado el doce de Octubre, 1672.

01-00002724 000

▸ M-BN, V.E./50-24. — Deteriorada h. 6 afectando al texto.

2739

Carta Real, 1638-03-08. *Don Felipe por la gracia de Dios Rey de Castilla, de*

Leon, de Aragō..., Mis Corregidores, Gouernadores, Alcaldes mayores, y ordinarios, y otros juezes, y justicias, assi a las de los puertos secos de en tre [sic] Castilla, Aragon, Valencia, y Nauarra, donde se adeuda y cobra... a cada vno y qualquier de vos... Sabed, que entre las condiciones con que tiene a su cargo la dicha renta Duarte Coronel Enriquez, ay vna... que todas las mercaderias... que se passaren de vn Reino a otro, el dicho recaudador pueda lleuar... el diezmo del valor de las tales mercaderias... y en que no ay prohibicion que se puedan sacar... en las que son vedadas, si... se diere licencia... y... paguen... al... recaudador el diezmo...* — [S.l. : s.n., s.a.]. — [3] p., A^2 ; Fol.

Se ha respetado la puntuación original.

01-00094518 000

▸ M-BN, V.E./196-57. — An. ms.: Para no dar licencia de vedadas, ni dezmeras sin pagar. — Traslado ms. de la Carta: «Concuerda con el original queantemi [sic] escribio Baltazar de Parruche...», fechado en Madrid, 1 de octubre de 1639.

2740

Carta Real, 1638-11-20. *Don Phelipe, por la gracia de Dios, Rey de Castilla, de Leon, de Aragon... Por quanto auiendoseme propuesto por mi Consejo Real de las Indias, y junta de Guerra dellas, lo que conuenia a mi seruicio, y a la defensa de las costas del mar del Norte, seno Mexicano, Islas de Barlouento, y a la Conseruacion de las Flotas, Contratacion, y Comercio entre mis vassallos, se formasse vna Armada de bastante numero de baxeles, que ordinariamente corriesse aquellas mares...* — [S.l. : s.n., s.a.]. — 17 h., [1] en bl., A-I^2 ; Fol.

Se ha respetado la puntuación original.

01-00094508 000

▸ M-BN, V.E./195-24.

2741

Carta Real, 1644-02-04. *El Rey.*
Conceio Iusticia Regidores Caualleros
Escuderos officiales, y hombres buenos de
la muy noble Ciudad de Valladolid siendo
la obligacion de defender mis Reynos tan
grāde... è mandado disponer los hasiētos
de las prouisiones deste año... — [S.l. :
s.n., s.a.]. — [3] p. ; Fol.
Se ha respetado la puntuación
original. — *Los daños, que han co-*
mençado a padecer estos Reynos, con las
imbassiones de reueldes de Portugal, y
guerra de Cataluña... Madrid, y Febrero
seys de 1644, por mandado del Consejo...,
p. [2-3].

01-00122472 000

▶ M-BN, V.E./208-32.

2742

Carta Real, 1644-04-13. *Yo la*
Reina. Conceio, Iusticia, Regidores,
Caualleros, Escuderos, oficiales y hom-
bres buenos de la muy noble Ciudad de Va-
lladolid, quando el Rey mi señor partio a
la frontera de Aragon se propuso quedauan
fixas... las prouisiones de dinero... para
los exercitos... despues se ha reconocido...
q̄ vienen a faltar tres millones... — [S.l. :
s.n., s.a.]. — [4] p. ; Fol.
Se ha respetado la puntuación
original. — *El Rey nuestro señor desea*
tanto el aliuio destos Reynos y se halla con
tan gran sentimiento de lo que estan graua-
dos...: en Madrid à 14 de Abril de
1644, Por mandado del Consejo...,
p. [2]. *En las cartas de la Reyna nuestra*
señora, y del Cōsejo verà V.S. la causa de
proponer nueuo seruicio y obligacion de
concederle...: Madrid de Abril de
1644, Don Iuan Chumacero y Carrillo, p. [3-4].

01-00122470 000

▶ M-BN, V.E./209-83.

2743

Carta Real, 1645-07-26. *Copia de*
vna carta de su Magestad, que Dios guar-
de, y otras dos, vna del Consejo, y otra del
Señor Presidente, que se imbiaron à la
Ciudad de Salamanca, Cabeça de Extre-
madura, sobre el seruicio de tres Millones
de ducados, que su Magestad pide se le
conceda, para la campaña del año que
vendrá de mil y seiscientos y quarenta y
seis, de que toca à la dicha Ciudad, su par-
tido, y Prouincia, setenta y dos quentos de
marauedis. — [S.l. : s.n., s.a.]. — [2]
p., [2] en bl. ; Fol.

01-00094346 000

▶ M-BN, V.E./220-36.

2744

Carta Real, 1646-04-15. *El Rey.*
Concejo Iusticia, Regidors, Caualleros,
Escuderos, oficiales, y hombres buenos de
la muy noble Ciudad de Salamanca. El
Reyno junto en las Cortes que se estan cele-
brando... a ofrecido seruirme con vn millon
quatrocientos y setenta mil ducados en
plata... — [S.l. : s.n., s.a.]. — [6] p.,
[2] en bl. ; Fol.
Se ha respetado la puntuación
original.

01-00094347 000

▶ M-BN, V.E./209-27.

2745

Carta Real, 1656-04-01. *Don Felipe*
por la gracia de Dios Rey de Castilla, de
Leon, de Aragon... A vos los mis Tesore-
ros, Recetores, Recaudadores, y otras qua-
lesquier persona... a quiē tocare el cūpli-
miento de lo en esta mi carta cōtenido.
Sabed q̄ el Convēto de San Lorenço el Real
del Escurial... tiene por seis contas de pri-
vilegio ochoquētos, ciēto y setenta y siete
mil noueciētos y treinta y seis marauedis de
juros... — [S.l. : s.n., s.a.]. — [2] p.,
[2] en bl. ; Fol.

Se ha respetado la puntuación original.

01-00034030 000

▶ ME-RB, 130-VI-2(38).

2746
Carta Real, 1657-05-30. *Al egregio Conde de Montoro mi Lugartiniente, y capitan general en mi Reyno de Mallarca [sic].* — [S.l. : s.n., s.a.]. — [1] h. ; Pliego

01-00122471 000

▶ M-BN, R/24032(14). — Enc. hol. — Pliego recortado por abajo.

2747
Carta Real, 1663-04-18. *Don Felipe, por la gracia de Dios, Rey de Castilla, de Leon, de Aragon, de las dos Sicilias... Mis assistentes, Corregidores, Governadores, Alcaldes... y a los Administradores, Estanqueros, Tenderos... y otras personas que huvieredes administrado, adeudado, y cobrado, y estuvieredes administrando, adeudando, y cobrando de renta del Estanco de Tabaco de mis Reynos de la Corona de Castilla, y Leon desde primero de Abril de este presente año de mil seiscientos y sesenta y tres en adelante... y qualquier de vos a quien en qualquier manera toca, ò tocare el cumplimiento de lo en esta mi carta contenido, ò su traslado, firmado...* — [S.l. : s.n., s.a.]. — 9 h., A¹, B-E² ; Fol.
Se ha respetado la puntuación original. — Traslado fechado en Madrid, a 20 Abril de 1663.

01-00011822 000

▶ M-BN, V.E./210-58. — Lleva firma ms. del Escribano Mayor de Rentas de Millones, Francisco Gómez.

2748
Carta Real, 1669-07-12. *Don Carlos Segundo, por la gracia de Dios, Rey de Castilla, de Leon, de Aragon, de las dos Sicilias... Y la Reyna Doña Mariana de Austria su madre, como su Tutora, Curadora, y Gouernadora de los dichos sus Reynos, y Señorios. Por quanto el Reyno junto en Cortes, en las que se celebraron el año de mil y seiscientos y quarenta y dos, entre los seruicios, que ofrecio al Rey mi Señor... fue vno de cincuenta mil ducados de plata, y sesenta mil en vellon, para ayuda a la compra que entonces se hazia de cauallos para los Exercitos de España...* — [S.l. : s.n., s.a.]. — 8 h., A-D² ; Fol.
Se ha respetado la puntuación original.

01-00094587 000

▶ M-BN, V.E./197-59.

2749
Carta Real, 1673-12-08. *La Reyna Gouernadora, Conceio, Iusticia, Ventiquatros, Caualleros, Iurados, Escuderos, Oficiales y Hōbres Buēnos de la... Ciudad de Granada. Reconociendo la falta de medios q̄ al presente ay para las assistēcias q̄ son necessarias en Flandes, Armada Real, Catalunia, Presidios y Fronteras de España y otras partes... auemos resuelto que se pida en el Reyno vn donatiuo de vn millon de ducados...* — [S.l. : s.n., s.a.]. — [2] p., [2] en bl. ; Fol.
Se ha respetado la puntuación original.

01-00122308 000

▶ M-BN, V.E./209-23.

2750
Carta Real, 1677-09-28. *Don Carlos por la gracia de Dios Rey de Castilla... sepades que por nos se ha resuelto que todos los Franceses que se hallan en los puertos de estos nuestros Reynos... salgan luego de ellos, y se retiren veinte leguas la tierra adentro y q̄ en la misma forma salgan desta nuestra Corte, y doze leguas en con-*

*torno y... que en ninguna Ciudad, Villa, ò
lugar adonde conforme a la resolucion referida pueden residir, tengan trato, ni comercio alguno...* — [S.l. : s.n., s.a.]. —
[2] p., [2] en bl. ; Fol.

01-00122808 000
▶ M-BN, R/23917(7). — Enc. pasta.

2751
Carta Real, 1678-04-22. *Don Carlos
por la gracia de Dios, Rey de Castilla...
sepades, que teniendo noticia del frequente
abuso que ay en los juramentos, y blasfemias...* — [S.l. : s.n., s.a.]. — [6] h.,
[2] en bl., A^4 ; Fol.

01-00122811 000
▶ M-BN, R/23917(8). — Enc. pasta. —
Recortado.

2752
Carta real, 1678-06-14. *Don Carlos
por la gracia de Dios Rey de Castilla... A
todos los Corregidores.. sepades q̄ conviniendo a nuestro servicio aumentar la poblacion destos nuestros Reinos, y en particular las Provincias de Castilla la Vieja,
y Nueva... (Al fin) Para que los Corregidores de Burgos, Vizcaya, Leon, Principado de Asturias, y Reino de Galicia, executen lo que se manda.* — [S.l. : s.n.,
s.a.]. — [2] p., [2] en bl. ; Fol.

01-00122812 000
▶ M-BN, R/23917(9). — Enc. pasta.

2753
Carta real, 1678-06-14. *Don Carlos
por la gracia de Dios, Rey de Castilla...
A todos los Corregidores... Sepades que
conviniendo a nuestro servicio aumentar la
población de essas Provincias... (Al fin)
Para que los Corregidores de las Ciudades, Villas y Lugares de Castilla la Vieja,
y nueva, informen de los lugares que en
ellas ay despoblados, y de los poblados,
que se hallan con falta de gente...* — [S.l.:

s.n., s.a.]. — [2] p., [2] en bl., Fol.

01-00122810 000
▶ M-BN, R/23917(10). — Enc. pasta.

2754
Carta Real, 1679-05-09. *Don Carlos, por la gracia de Dios Rey de Castilla... Bien sabeis, que en veinte y nueve
dias del mes de Mayo del año passado de
mil y seiscientos y sesenta y nueve se diò, y
librò vna nuestra cedula, que se remitiò à
las Cabeças de Partido...* — [S.l. : s.n.,
s.a.]. — 3 h., [1] en bl., A^4 ; Fol.

01-00122809 000
▶ M-BN, R/23917(11). — Enc. pasta.

2755
Carta Real, 1680-02-23. *Don Carlos, por la gracia de Dios, Rey de Castilla... Sepades ha llegado à nuestra noticia,
que en los mesones, y ventas de essos distri-
tos se vende la cevada à excessivos precios...* — [S.l. : s.n., s.a.]. — [2] p. ;
Fol.

01-00122813 000
▶ M-BN, R/23917(13). — Enc. pasta. —
Recortado, afectando al texto.

2756
Carta Real, 1680-04-00. *Don Carlos, por la gracia de Dios, rey de Castilla,
de Leon, de Aragon... Sabed, que el Presidente, y los de mi Consejo de Hazienda...
proveyeron vn auto en nueve deste presente
mes, y año, que es del tenor siguiente. En
la villa de Madrid à nueve dias del mes de
abril de mil seiscientos y ochenta años: los
señores Governador, y del Consejo, y Contaduria mayor de Hazienda... dixeron,
que por la Prematica que se promulgò... en
diez de Febrero... se mandò por Ley general, que toda la moneda de vellon... con
valor de ocho maravedis... se baxe à la
quarta parte de su valor...* — [S.l. : s.n.,
s.a.]. — 3 h., A^3 ; Fol.

Se ha respetado la puntuación original.

01-00011643 000

▶ M-PR, III-96(7). — Enc. pasta con hierros.

2757
Carta Real, 1684-06-07. *Real carta en que la Magestat del Rey Nostre Senyor Carlos II (que deu guarde) ha manifestat, el donarse per ben servit de la resolució pressa per los Illustres Iurats, Racional, y Sindich, e Insigne Consell General, en 29 de Maig 1684 de servir à sa Magestat en vn Terç de 500 Infants, pagats per cinch mesos, pera el Socorro de la plaça de Girona, y defensa del Principat de Cataluña...* — [S.l. : s.n., s.a.]. — 4 p. ; Fol.
Texto en castellano.

01-00094509 000

▶ M-BN, V.E./218-26.

2758
Carta *tercera que vino a vn cauallero desta Ciudad, auisandole como la Ciudad de Breda està ya por el Rey nuestro señor, y de los conciertos que se hizieron antes de darse : y como el Marques de Espinola entrò dentro de la Ciudad, y tomò la possession della en nombre del Rey don Felipe... : y tambien se auisa de algunos ordinarios de Flādes, y como los nuestros tuuon [sic] vna gran refriega con los Franceses estādo sobre Genoua...* — Impresso... en Valladolid : por la viuda de Francisco Fernandez de Cordoua, [s.a.]. — [4] p., A² ; Fol.
Del texto y datos de impresión se deduce publicado en 1626.

01-00046026 000

▶ M-BN, V.E./204-10.

2759
Carta *vinguda de Paris, de vn ben aficionat a esta Prouincia de Catalunya, a vn amich seu, : donantli raho de todas las cosas particulars de Paris, y Catalunya...* — En Barcelona : en casa de Iaume Matevat, 1643. — [6] p. ; 4⁰
Grab. xil. en port. que representa a un caballero.

01-00046027 000

▶ M-BN, V.E./170-7. — An. mɜ. en por.: Entregado por Secretaria en 10 Dic. 1879.
▶ M-BN, V.E./35-1.

2760
Carta *y relacion verdadera del nacimiento, vida y muerte de don Rodrigo Calderon : en que se declaran los títulos, officios y rentas que tenia, y las sentencias que contra el se dieron...* — Lisboa : impresso por Geraldo da Vinha, 1621. — [4] p. ; Fol.
El pie de imp. consta en colofón.

01-00044343 000

▶ M-BN, V/Cª 224-26. — Sello de Pascual de Gayangos.

2761
Cartagena, Bartolomé. *Expositio titulorum Iuris canonici : in qua omnes eiusdem Iuris Rubricae & Rubricarum termini, per quasdam vtiles observationes elucidantur /* authore... Bartholomaeo Cartagena... — Salmanticae : excudebat Andreas Renaut, 1602. — [16], 527, [80] p., ¶⁸, A-Z⁸, 2A-2P⁸; 8⁰
Colofón. — Port. con esc. calc.

01-00044345 000

▶ M-BN, 2/56183. — Enc. perg. — Exlibris de D. Fernando José de Velasco. — Deteriorado.

2762
Cartagena, Juan de (O.F.M.) (-1617). *Dos tratados de la sagrada antiguedad del Orden de la Bienuenturada Virgen Maria del Monte Carmelo... /* compuestos en latin por... fr. Iuan

de Cartagena, del Orden de los Menores ; y traduzidos en castellano
por... fr. Geronimo Pancoruo, predicador del Orden de N. Señora del
Carmen... — [Sevilla] : lo imprimio
en Sevilla Iuan Serrano de Vargas y
Vreña : vendese en el Cōuento de
N.S. del Carmē, 1623. — [12], 111,
[1] h., ¶^{4}, 2¶^{8}, A-O^8 ; 8^0
Colofón.

01-00044346 000

▶ M-BN, 3/14081. — Enc. perg.

2763

Cartel *de desafio, y protestacion caua-*
lleresca de Don Quixote de la Mancha,
Caballero de la triste figura, en defension
de sus castellanos. — Em Lisboa... : na
Officina de Domingos Lopes Rosa :
acusta de Lourenço de Queirós liu-
reiro do estado de Bragança...,
1642. — [8] p., A^4 ; 4^0
La fecha, corresponde a la tasa,
en port. — Port. con orla tip. y grab.
xil. de una escena de «El Quijote».

01-00044348 000

▶ M-BN, Cerv./C^a 11-14. — Sello de Pas-
cual de Gayangos. — Falto de port. ▶ M-
BN, Cerv./C^a 1-38. — Sello de Pascual de
Gayangos.

2764

Cartes, Bernardo de (O. Cist.).
Primacia excelsa, triunfos y glorias del
arcangel milagroso S. Miguel : que a la
solemnidad annua en la Santa Iglesia
Magistral de S. Iusto y Pastor en la Vni-
versidad de Alcalà repite el muy ilustre
señor D. Ioseph Beno de Rey... y predi-
co... Fr. Bernardo de Cartes... — En
Alcalà : en casa de Francisco Garcia
Fernandez..., 1680. — [4], 10 h., A-
C^4, D^2 ; 4^0
Port. con orla tip.

01-00046028 000

▶ M-BN, V/C^a 280-15. — Sello de Pascual de Gayangos. ▶ M-BN, V.E./136-7.

2765

Cartes, Bernardo de (O. Cist.). *Re-*
lectio politica de tyrannide, ad nobilitatem
ad lib. 6 cap. I Politicorum Aristotelis... /
Fr. Bernardo de Cartes et Valdivie-
so, Cisterciensis Ordinis Mona-
cho... — Compluti : apud Franciscum Garcia Fernandez, 1681. —
[4], 28 p., [ ]^2, A-C^4, D^2 : 4^0
Port. con orla tip. y esc. xil. real.

01-00046029 000

▶ M-BN, V.E./14-20.

2766

Cartilla *y doctrina christiana para en-*
señar a los niños. — Impressa en
Pamplona : por Mathias Mares,
1603. — [16] p., A^8 ; 8^0
Port. con viñeta xil.

01-00044349 000

▶ M-BN, R/36831. — Enc. piel con hierros dorados.

2767

Cartilla *y doctrina espiritual para la*
crianza y educacion de los nouicios que to-
maren el habito en la Orden de... San
Francisco : en la qual breuemente se les
enseña lo que deuen hazer, conforme à...
San Buenaventura, y à lo que se vsa... en
esta santa prouincia de Santiago / reuista
y mandada imprimir por... fray
Luis de Miranda... — En Salamanca : por Susaña Muñoz viuda, 1652.
— 124 [i.e. 128] p., A-H^8 ; 8^0
Errores de pag., repetidas las p.
44-47.

01-00044350 000

▶ M-BN, 3/26277. — Enc. perg. ▶ M-
BN, 3/56827. — Enc. perg.

2768

Cartujos. *Estatuos de la Orden de la*
Cartuja, tocantes à lo que deben guardar

los frayles legos y los donados. — En Madrid : [s.n.], 1673. — 54 h., [1] h. de grab., A-N^4, O^2 ; 4^0

Port. con orla tip. y grab. xil. de la Inmaculada. — Grab. calc.: «P. Villafranca sculp. Matriti, 1662», representa San Bruno.

01-00035071 000

▶ M-BN, R/22492. — Enc. perg. — Falto de la h. de grab. ▶ M-BN, R/30993. — Enc. perg. — La h. de grab. entre sign. A$_1$ y A$_2$.

2769

Cartujos. *Tercera parte de la nueva coleccion de los Estatutos del Sagrado Orden de la Cartuxa, en la qual se contienen las cosas pertenecientes à los Hermanos Legos, Conversos y Donados...* — En Zaragoça : por Pascual Bueno..., 1691. — [16], 190 p., [2] en bl., ✳^{8}, A-M^8 ; 8^0

Versión castellana de la impresión latina hecha en Roma, 1688, en la Oficina de la Reverenda Cámara Apostólica, según la aprobación. — Port. con orla tip.

01-00035070 000

▶ M-BN, R/22988. — Enc. perg.

2770

Cartujos. [Psalterium] *Incipii Liber Psalterii : in quo ponuntur Psalmi, Hymni, & Cantica, quae secundum Cartusiense institutū in diuinis laudibus cantari solent* / cura & sumptibus Cartusiae de Couis praelo traditus... — Hispali : ex officina Didaci Perez à Stupiniani : cura & sumptibus Monachorum Domus Carthusiae de Couis, 1629. — [444] p., [1] h. de grab., A^8, B^6, C-Z^4, 2A-2Z^4, 3A-3H^4 : il., mús. ; Fol. marca mayor

El pie de imp. consta en colofón. — Port. y texto a dos tintas. — Grab. calc.: «Ioannes Mendus fecit Hispali», con vistas de Sevilla y escenas religiosas. — Numerosas p. con música grab.

01-00044351 000

▶ M-BN, R/37332. — Enc. piel, sobre tabla, con hierros dorados y remates metalicos. — Falto de port. — La h. de grab. está recortada y pegada sobre otra. — Lleva dos h. mss.: «Cantica in Ssmae Virg. M. Compassione».

2771

Carvajal, Diego de. *Relacion del caso, o casos notables, que han socedido [sic] en la ciudad de Milan estos tres meses proximos passados : cuentase en que forma, sin corrupcion de Ayres inuentarom diabolicos ministros inimigos de Dios y de la Catholica Corona de España... empestar, y contaminar toda la tierra, de que son muertos cerca de ochenta mil personas, y despoblada la Ciudad de Pauia... : en cartas de Milan de 26 de agosto de 1630* / [Diego de Carbajal]. — Em Lisboà : por Mattheus Pinheiro & vendese em sua casa..., 1630. — [3] p. ; Fol.

El autor consta al final de texto. — Pie de imp. en colofón.

01-00046030 000

▶ M-BN, V.E./180-20. — An. ms. «e. 1873. Enero 7».

2772

Carvajal, Juan de. *Vtilidades de la nieue : deducidas de la buena Medicina...* / por el Doctor Iuan de Caruajal... — En Seuilla : por Simon Faxardo, 1622. — [16] p., A^8 ; 4^0

Port. con esc. xil.

01-00046031 000

▶ M-BN, R/26581. — Enc. piel con hierros dorados. ▶ M-BN, V.E./22-29.

2773

Carvajal Sandoval, Alonso de. *Carta que escriuio Alonso de Caruaial*

Sandoual, a su hijo F. Nuño de Collazos, Religioso de la Orden de S. Agustin, escrita despues de la muerte de ocho hijos, y de auer tomado habito cinco que le quedaran en las Religiones de san Agustin, santo Domingo, y san Francisco : aconsejale, para que en el estado que ha escogido, viua religiosa, christiana, y prudentemente... — Impresso en Valladolid : por Geronimo Morillo..., 1623. — [4], 22 p., [ ]², A-B⁴, C³ ; 4⁰

01-00044356 000

▶ M-BN, V.E./15-1. ▶ M-BN, V.E./20-21. — Falto de port. y prelim.

2774

Carvajal y Pacheco, Martín de.
Afectos de vn pecador, hablando con vn Santo Christo... / escritos por Don Martin de Carvajal y Pacheco... — Impressos en Granada : por Baltasar de Bolibar..., 1663. — [8] p. ; 4⁰
Port. con grab. xil. y orla tip. — Texto con orla tip.

01-00044353 000

▶ M-BN, V.E./153-38.

2775

Carvajal y Robles, Rodrigo de.
Fiestas que celebro la Ciudad de los Reyes del Piru, al nacimiento del Serenissimo Principe Don Baltasar Carlos de Austria nuestro señor... / por el Capitan D. Rodrigo de Caruajal y Robles... — Impresso en Lima : a costa de la ciudad: por Geronymo de Contreras, 1632. — [5], 1-66, [1], 67-88 h., [ ]⁵, A-H⁸, I₁₋₂, [ ]¹, I₃₋₈, K-L⁸ ; 4⁰
Port. con esc. xil.

01-00046032 000

▶ M-BN, V.E./92-7.

2776

Carvajal y Robles, Rodrigo de.
Poema heroyco del assalto y conquista de Antequera... / por Don Rodrigo de Caruajal y Robles... — Impresso en la Ciudad de los Reyes [Lima] : por Geronymo de Contreras, 1627. — [22], 318 h., [ ]⁶, ¶-2¶⁸, A-Z⁸, 2A-2Q⁸, 2R⁵ ; 8⁰
Colofón.

01-00044354 000

▶ M-BN, R/3776. — Enc. pasta. — Deteriorado y colofón incompleto.

2777

Carvajal y Saavedra, Mariana de.
Nauidades de Madrid y noches entretenidas : en ocho nouelas / compuesto por Doña Mariana de Caruajal y Saauedra... — En Madrid : por Domingo Garcia Morràs : a costa de Gregorio Rodriguez..., 1663. — [7], 192 h., [ ]¹, §⁴, 2§², A-Z⁸, 2A⁸ ; 4⁰
Texto a dos col. — Antep. — Port. con grab. xil.

01-00044355 000

▶ M-BN, R/12284. — Enc. hol. — Sello de Pascual de Gayangos y ex-libris ms. de Dionis e Isidro Planes. — Falto de antep. ▶ M-BN, R/15217. — Enc. pasta. — Ex-libris de la Biblioteca de los Caros de Valencia. ▶ M-BN, R/4932. — Enc. hol. — Falto de antep. ▶ M-BN, R/4972. — Enc. perg. — Ex-libris ms. de Juan Isidro Faxardo. — Falto de antep. ▶ M-PR, I.C.183. — Enc. pasta. — Recortado, afectando a fecha de port.

2778

Carvalho, Antonio Moniz de. *Francia interessada con Portugal, en la separacion de Castilla : con noticias de los intereses comunes de los Principes, y Estados de Europa...* / ofrece... y consagra con deuido culto, Antonio Monis de Carvallo... — En Barcelona : en la Emprenta administrada por Sebastian de Cormellas Mercader, Y a su costa, 1644. — 64 p., A-D⁸ ; 4⁰

Texto a dos col.

01-00034011 000

▶ M-UC (FFil), 14029. — Enc. perg.

2779

Carvalho, Manuel Coelho de. *La verdad punida y la lisonja premiada : comedia famosa... /* por Manuel Coelho del Carvalho... — Lisboa : en la officina de Henrique Valente de Oliueira, 1658. — [4], 56 p., [ ]², A-B⁸, C ; 4⁰

Texto a dos col.

01-00044070 000

▶ M-BN, T/4509. — Enc. hol.

2780

Carvallo, Luis Alfonso de (S.I.) (1571-1635). *Antiguedades y cosas memorables del principado de Asturias /* por el padre Luis Alfonso de Carvallo, de la Compañia de Jesus ; obra postuma... — En Madrid : por Julian de Paredes... y a su costa, 1695. — [48], 470, [30] p., ¶-4¶⁶, A-Z⁶, 2A-2S⁶, 2T⁴ ; Fol.

Texto a dos col. — Port. a dos tintas con orla tip. y esc. xil. arzobispal.

01-00044357 000

▶ M-BN, 2/70468. — Enc. cart. — Sello de Pascual de Gayangos. ▶ M-BN, 3/6084. — Enc. pasta. — Deteriorado, afectando a port. y última h. del índice. ▶ M-BN, P/2730. — Enc. perg. — Ex-libris ms. de la librería de S. Agustin de Sevilla. — Falto de port., 13 h. de prelim., 9 h. del índice final y p. 333 y 334. — Defectos de encuadernación, 10 h. de prelim. enc. al final de la obra. ▶ M-BZ, 11-104. — Enc. cart. — Falto de port. y 6 p. de prelim. ▶ M-UC (FFil), Res.891. — Enc. perg. — Ex-libris y sello de la Condesa del Campo de Alange.

2781

Carvallo, Luis Alfonso de (S.I.) (1571-1635). *Cisne de Apolo : de las ex-celencias y dignidad y todo lo que al Arte Poetica y versificatoria pertenece... /* por Luys Alfonso de Caruallo... — En Medina del Campo : por Iuan Godinez de Millis : a costa de Pedro Ossete, y Antonio Cuello , 1602. — [15], [1] en bl., 214 h., ¶-2¶⁸, A-Z⁸, 2A-2C⁸, 2D⁶ ; 8⁰

Hay diferentes estados de esta ed. — Marca de imp. en port., en alguna sustituída por adorno xilográfico.

01-00044358 000

▶ M-BN, 2/52065. — Enc. perg. — Deteriorado. — Falto de port. y 1 h. de prelim. ▶ M-BN, R/13436. — Enc. piel. — Sello de Pascual de Gayangos, y ms. autógrafo del mismo: «Lisboa. 8/52. Gayangos». — Falto de 1 h. de prelim. ▶ M-BN, R/13988. — An. ms.: «No está en el exp. [urgatorio] 1640 ni en el de 1707». — Enc. perg. — Ex-libris de Fernando José de Velasco, y ms. del Colegio de la Compañía de Jesús de Bilbao. ▶ M-BN, R/1499. — Enc. perg. con hierros dorados. ▶ M-BN, R/1900. — Enc. cart. — Ex-libris ms. de la librería de la Compañía de Jesús. — Deteriorado. — Falto a partir de p. 120. ▶ M-BN, R/3310. — Enc. perg. — Deteriorado. ▶ M-BN, R/3826. — Enc. piel. — Deteriorado. ▶ M-BN, R/8301. — Enc. perg. ▶ ME-RB, 42-II-94. — Enc. pasta. — Falto de port. ▶ M-PR, IX-5135. — Ex-libris del Conde de Mansilla. ▶ M-RAE, 12-XI-47. — Enc. pasta. ▶ M-RAE, 37-X-10. — Enc. hol. — Port. deteriorada afectando al pie de imp. ▶ M-RAE, 7-A-213. — Enc. perg.

2782

Casa de Contratación (Sevilla). [Ordenanzas, etc.] *Ordenanzas reales para la casa de la Contratación de Seuilla y para otras cosas de las Indias y de la nauegacion y contratacion dellas.* — En Valladolid : por los herederos de Iuan Iñiguez de Lequerica, 1604. — [1], 84 [i.e. 86] h., A-C⁸, D¹⁰, E-G⁸, H-L⁶, M⁴ ; Fol.

Errores de pag. a partir de h. 28. — Port. con esc. xil. real.

01-00122688 000

▸ M-PR, VIII/1499(3). — Enc. pasta.

2783

Casa de Contratación (Sevilla). [Ordenanzas, etc.] *Ordenanzas reales para la Casa de la Contratacion de Sevilla y para otras cosas de las Indias y de la navegacion y contratacion dellas.* — En Sevilla : por Francisco de Lyra, 1647. — 86, 24 h., A-X⁴, Y², a-f⁴ ; Fol.
Port. con esc. xil.

01-00122689 000

▸ M-PR, VIII/15602(1). — Enc. pasta.

2784

Casa y Cofradía de Ganaderos (Zaragoza). [Ordenanzas, 1661] *Ordinaciones de la Casa y Cofadria [sic] de Ganaderos de la ciudad de Çaragoça...* — En Çaragoça : en la imprenta de Miguel de Luna... (por Agustin Verges), 1661. — [16], 108, [12] p., [ ]², b-d², A-Z², 2A-2D², ¶², 2¶², 3¶² ; Fol.
Colofón. — Port. con orla tip. y esc. xil. de la casa de Ganaderos de Zaragoza.

01-00120823 000

▸ M-PR, III/289(2). — Enc. pasta.

2785

Casanate, Luis de. *Consiliorum siue Responsorum Ludouici de Casanate... volumen primum...* — Caesaraugustae : apud Carolium de Lauayen & Ioannem à Larumbe (apud Angelum Tauannum), 1606. — [60], 914 p., †⁸, a-c⁶, d⁴, A-Z⁶, 2A-2Z⁶, 3A-3Z⁶, 4A-4G⁶, 4H¹ ; Fol.
Colofón. — Port. con esc. xil. heráldico, de Luis Abarca de Bolea. — Texto a dos col.

01-00030376 000

▸ M-BN, 6-i/1260. — Enc. perg. ▸ M-UC (FD), 5675. — Enc. perg. — Ex-libris ms.: «Dᵒʳ Alaica. Libreria del Colegio Mayor».

2786

Casanate, Luis de. *Consiliorum siue responsorum volumen secundum.* — [Caesaraugustae? : s.n., 1610?]. — + 156 p., A-N⁶ ; Fol.
Datos tomados de Jiménez Catalán, 97. — Texto a dos col.

01-00030377 000

▸ M-UC (FD), 5676. — Enc. perg. — Falto de port. y prelim.

2787

Casanova, José de (1613-1692). *Primera parte del Arte de escrivir todas formas de letras* / escrito y tallado por... Ioseph de Casanova... — En Madrid : por Diego Díaz de la Carrera : vendelo el autor..., 1650. — [6], 58 h., [1] h. de grab., ¶⁶, A-G⁴ : il. ; Fol.
Port. con orla tip. y esc. calc. real. — 30 h. de grab. calc., h. 20-37 y 44-55. — Grab. calc.: «Pedro de Villafranca Invent. y Esculp. en Madrid 1649», retrato del autor.

01-00030378 000

▸ M-BN, 8/25893. — Falto de la h. de grab. 52. ▸ M-BN, R/16125. — Enc. perg. sobre cart. — Deteriorado, afectado por la humedad. — Falto de h. de grab. 32 y h. 58 de texto (sustituída por texto ms.). ▸ M-BN, R/16144. — Enc. hol. — Ex-libris de la Libreria del licenciado D. Cayetano Alberto de la Barrera. — Falto de h. de grab. 45 y 48. ▸ M-BN, R/16150. — Enc. perg. — Ex-libris calc. de Fernando José de Velasco. — Deteriorado. — Falto de h. de grab. 24. ▸ M-BN, U-777. — Ans. mss. de Usoz, relativas a la biografía del autor. — Enc. piel. — Sello de Usoz. ▸ M-BN, U-8108. — Enc. perg. — Sello de Usoz. ▸ M-BZ, 2-107. — Enc. perg. — Deteriorado. — Falto de 9 h.

de grab. ▶ M-UC (FFil), 10048. — Enc. perg. — Falto de h. de grab. 24, 51 y 52.

2788

Casanova, Juan de. *Lunario y pronostico general del año del Señor M.D.C.LXIII : compuesto para diuersas partes del mundo y en particular para la ciudad de Valencia, reynos de Aragon, Cataluña, Nauarra y Castilla... / por Iuan de Casanoua.* — En Valencia : por Geronimo Vilagrasa..., 1662. — [12] p., A^6 ; 4^0

Port. con orla tip. y grab. xil.

01-00030379 000

▶ M-BN, R/37382. — Enc. pasta.

2789

Casas, Bartolomé de las (O.P.) (1474-1566). *Las obras del obispo D. Fray Bartolome de las Casas, o Casaus, obispo que fue de la ciudad Real de Chiapa en las Indias, de la Orden de Santo Domingo...* — [Barcelona] Impresso en Seuilla, en casa Sebastian de Trugillo, año 1552 y agora nueuamente en Barcelona : en casa de Antonio Lacaualleria, 1646. — [2], 214 h., [ ]^2, A-Z^8, 2A-2C^8, 2D^6 ; 4^0

Anteps. con orla tip. y esc. xil. en la primera. — Contiene: *Breuissima relacion de la destruycion de las Indias Occidentales por los Castellanos ; Treynta proposiciones pertenecientes al derecho que la Iglesia y los Principes Christianos tienen contra los Infieles... ; Una disputa entre dicho Obispo y el Doctor Gines de Sepulueda, sobre que el Doctor contenia que las conquistas contra los indios eran licitas, y el Obispo... injustas è iniquas ; Un tratado que escriuio por mandado del Consejo Real de las Indias... ; Remedios que refirió por mandado del Emperador al ayuntamiento de Prelados que mando juntar en Valladolid el año 1542...*

01-00030388 000

▶ M-BN, R/14186. — Enc. perg. — Sello del Archivo Histórico Nacional. ▶ M-BN, R/1768. — Enc. perg. — Falto de port. y la h. de prelim. ▶ M-BN, R/6613. — Enc. perg. — Falto de port. y la h. de prelim. ▶ M-BN, R/6645. — Enc. piel, con hierros dorados. — Falto de port. y la h. de prelim. ▶ M-BN, U/10600. — Enc. pasta. — Sello de D. Luis de Usoz. — Falto de port. y la h. de prelim. ▶ M-BN, U/5546. — Enc. perg. — Sello de D. Luis de Usoz. — Falto de port. y la h. de prelim. — Lleva 1 h. de grab. calc.: «Yo Van Kessel Pictor Regis delin» esc. heráldico, encuadernada delante de 1.ª antep. ▶ M-BZ, 22-46. — Enc. pasta. — Falto de port. y h. de prelim.

2790

Casas, Bartolomé de las (O.P.) (1474-1566). *Conquista dell' Indie occidentali / di... Fra Bartolomeo dalle Case ò Casaus... Vescouo di Chiapa ; radotta in italiano per opera di Marco Ginammi...* — In Venetia : presso Marco Ginammi, 1644. — 184 p., A^4, b-c^8, D-M^8 ; 4^0

Texto paralelo en italiano y español. — Existe emisión con pie de imp.: In Venetia: presso Marco Gianammi, 1645. — Marca de imp. en port. — Texto a dos col.

01-00030380 000

▶ M-BN, R/6567(4). — Enc. perg.

2791

Casas, Bartolomé de las (O.P.) (1474-1566). *Conquista dell' Indie Occidentali / di... Fra Bartolomeo della Case, o Casaus... Vescouo di Chiapa ; tradotta in italiano per opera di Marco Ginammi...* — In Venetia : presso Marco Ginammi, 1645. — 184 p., A^4, b-c^8, D-M^8 ; 4^0

Texto paralelo en italiano y español. — Existe emisión con pie de imp.: In Venetia: presso Marco Ginammi, 1644. — Marca de imp. en port. — Texto a dos col.

01-00030381 000

▶ M-BN, R/36678. — Enc. piel, con hierros dorados. — Sello de la «Biblioteca de D. Pascual de Gayangos». ▶ M-BN, R/4567(4). — Enc. pasta.

2792

Casas, Bartolomé de las (O.P.) (1474-1566). *Istoria o breuissima relatione della distruttione dell' Indie Occidentali* / di... Don Bartolomeo dalle Case, o Casaus,... Vescouo di Chiapa... ; conforme al suo vero originale spagnuolo già stampato in Siviglia con la traduttione in italiano di Francesco Bersabita... — In Venetia : presso Marco Ginammi, 1626. — [16], 154, [2] p., ✠⁸, A-S⁴, T⁶ ; 4⁰

Texto paralelo en italiano y español. — Francesco Bersabita es seud. de Giacomo Castellani. — Marca de imp. en port. — Texto a dos col.

01-00030383 000

▶ M-BN, R/6125. — Enc. perg. — Exlibris ms. de Don Antonio Zupide.

2793

Casas, Bartolomé de las (O.P.) (1474-1566). *Istoria ó breuissima relatione della distruttione dell' Indie Occidentali* / di... Don Bartolomeo dalle Case ó Casaus... dell' Ordine de' Predicatori [et] Vescouo di Chiapa... ; conforme al suo vero originale spagnuolo già stampato in Siuiglia tradotta in italiano dall'... sig. Giacomo Castellani già sotto nome di Francesco Bersabita... — In Venetia : presso Marco Ginammi, 1630. — [16], 150, [2] p., †⁸, A-I⁸, K⁴ ; 4⁰

Texto paralelo en italiano y español. — Marca de imp. en port. — Texto a dos col.

01-00030382 000

▶ M-BN, R/36921. — Enc. piel. — Sello de Pascual de Gayangos. ▶ M-BN, R/37475. — Enc. hol. — Sellos de: Foreign Office Library y Sold by H. M. Stationery Office. ▶ M-BN, R/6549. — Enc. piel con hierros dorados.

2794

Casas, Bartolomé de las (O.P.) (1474-1566). *Istoria o Breuissima relatione della distruttione dell' Indie Occidentali* / di... Don Bartolomeo dalle Case, ò Casaus... dell' Ordine de' Predicatori [et] Vescouo di Chiapa ; conforme al suo vero originale spagnolo già stampato in Siuiglia tradotta in italiano dall'... sig. Giacomo Castellani già sotto nome di Francesco Bersabita... — In Venetia : presso Marco Ginammi, 1643. — [8], 150, [2] p., ¶⁴, A-I⁸, K⁴ ; 4⁰

Texto paralelo en italiano y español. — Marca de imp. en port. — Texto a dos col.

01-00030384 000

▶ M-BN, R/36026. — Enc. piel con hierros dorados. — Sello de Pascual de Gayangos. ▶ M-BN, R/4567(1). — Enc. pasta. ▶ M-BN, R/6567(1). — Enc. perg.

2795

Casas, Bartolomé de las (O.P.) (1474-1566). *Il suplicce schiauo Indiano* / di... D. Bartolomeo dalle Case o Casaus... dell' Ordine de' Predicatori & Vescouo di Chiapa... ; conforme al suo vero Originale Spagnuolo già stampato in Siuiglia tradotto in italiano per opera di Marco Ginammi. — In Venetia : appresso Marco Ginammi, 1636. — 118, [2] p., A-G⁸, H⁴ ; 4⁰

Texto paralelo en italiano y español. — Marca de imp. en port. — Texto a dos col.

01-00030386 000

▶ M-BN, 2/33069. — Enc. cart. ▶ M-BN, R/36676. — Enc. piel con hierros dorados. — Sello de Pascual de Gayangos. ▶ M-BN, R/4567(2). — Enc. pasta.

2796

Casas, Cristóbal de las (-1576).
Vocabulario de las dos lenguas toscana y castellana / de Christoual de las Casas; ... en dos partes ; et accresciuto di nouo da Camillo Camilli di molti vocaboli... ; con vna introduccion para leer y pronunciar bien entrambas lenguas. — In Venetia : appresso Matthio Valentino, 1608. — [56], 482 [i.e. 492] p., a-c^8, d^4, A-Z^8, 2A-2G^8, 2H^6 ; 8^0

Marca de imp. en port. — Errores de pag., de p. 564 pasa a p. 455. — Texto a dos col.

01-00030389 000

▶ M-BN, U/1183. — Enc. hol. — Sello de Luis de Usoz. — Falto de p. finales.

2797

Casas, Cristóbal de las (-1576).
Vocabulario de las dos lenguas toscana y castellana / de Christoual de las Casas; ... en dos partes ; et accresciuto di nouo da Camillo Camilli di molti vocaboli... ; con vna introducion para leer y pronunciar bien entrambas lenguas. — In Venetia : Appress[o] Marc'Antonio Zaltieri, 1613. — [48], 483 [i.e. 496] p., a^4, b-c^8, d^4, A-Z^8, 2A-2H^8 ; 8^0

Marca de imp. en port. — Error de pag. — Texto a dos col.

01-00030390 000

▶ M-BN, 2/29495. — Enc. piel con hierros dorados. — Ex-libris ms. de José de Luna y Gonzalo. ▶ M-BN, 8/42173. — Enc. perg. deteriorada. — Port. deteriorada afectando a tit. — Falto de las 4 últimas p.

2798

Casas, Cristóbal de las (-1576).
Vocabulario de las dos lenguas toscana y castellana / de Christoval de las Casas; ... en dos partes ; et accresciuto di nuouo da Camillo Camilli di molti vocaboli... ; con vna introducion para leer y pronunciar bien entrambas lenguas. — Nuouamente corretto & ristampato. — En Venetia : vendese en casa de Juan Antonio Juliani, 1618. — [48], 438 [i.e. 422] p., [2] en bl., a-c^8, A-Z^8, 2A-2C^8, 2D^4 ; 8^0

Colofón. — Marca tip. en port. — Error de pag., de p. 243 a 260. — Texto a dos col.

01-00030391 000

▶ M-BN, 2/63186. — Enc. perg. — Ex-libris ms. de fray Juan del Pino. ▶ M-BN, 3/45538. — Enc. hol.

2799

Casas, Cristóbal de las (-1576).
Vocabulario de las dos lenguas toscana y castellana / de Christoval de las Casas; ... en dos partes ; et accresciuto di nuouo da Camillo Camilli di molti vocaboli... ; con vna introducion para leer y pronunciar bien entrambas lenguas. — Nuouamente corretto & ristampato. — En Venetia : vendese en casa de Pedro Miloco, 1622. — [48], 438 [i.e. 422] p., [2] en bl., a-c^8, A-Z^8, 2A-2C^8, 2D^4 ; 8^0

Colofón. — Marca tip. en port. — Error de pag., de p. 240 pasa a 257. — Texto a dos col.

01-00030392 000

▶ M-BN, 3/45719. — Enc. perg. ▶ M-BZ, 47-86. — Enc. perg. — Falto de p. 193-194 y 433-434.

2800

Casas, Jerónimo Francisco de.
Descripcion del vistoso iuego de cañas que

celebro el primero dia de los tres de fiestas reales la... ciudad de Granada, sabado 6 de iulio de 1658 al feliz nacimiento del... principe don Felipe Quinto Prospero... / por... D. Geronimo Francisco de Casas... — Impresso en Granada : en la Imprenta Real, por Baltasar de Bolibar..., 1658. — [8] p., ¶⁴ ; 4⁰

Texto a dos col.

01-00030393 000

▶ M-BN, R/31591. — Enc. piel con hierros dorados.

2801

Casas Alés, Blas de las. *A la Inmaculada Concepcion de la Virgen Sātissima Maria Madre de Dios, y Señora nuestra, concebida sin mancha de pecado original : lleua al fin vn Soneto al Santissimo Sacramento, y a la Limpissima Concepcion /* compuesto todo por Blas de las Casas Ales... — Impresso... en Granada : en casa de Antonio Rene, 1615. — [8] p., A⁴ ; 4⁰

Texto a dos col. — Port. con grab. xil.

01-00046033 000

▶ M-BN, V.E./58-70.

2802

Cascales, Francisco (-1642). *Al buen genio encomienda sus Discursos historicos de la mui noble i mui leal ciudad de Murcia... Frᶜᵒ Cascales.* — Inpreso en Murcia : por Luys Beros, 1621. — [9], 458 [i.e. 444], [6] h., [18] h. de grab., [ ]¹, ✠⁸, A-H², I-Z⁸, 2A-2Z⁸, 3A-3K⁸, 3L⁶, 3M-3P⁸, 3Q-3R⁶; Fol.

Hay diferentes estados de esta ed. — El impresor consta en colofón. Tasa y fe de erratas fechadas en 1622. — Errores de fol., de h. 406 pasa a h. 421. — Texto a dos col. — Port. grab. calc. arquitectónica.

01-00030394 000

▶ M-BN, 11-85. — Enc. hol. — Port. restaurada. — Falto de h. de grab. ▶ M-BN, 2/18088. — Enc. piel. — Falto de todas las h. de grab. ▶ M-BN, 3/40541. — Enc. piel, deteriorada. — Recortados algunos esc. de las h. de grab. — Port. restaurada. — Falto de las h. 108 y 109. — Repetidas las h. 100 y 101. ▶ M-FLG, Inv. 6433. — Enc. perg. ▶ M-RABA, B-3094. — Enc. perg. — Port., h. de grab. y h. finales deterioradas. — Falto de 12 h. de grab. ▶ M-UC (FFil), Res. 893. — Enc. perg. — Falto de 12 h. de grab.

2803

Cascales, Francisco (-1642). *Cartas philologicas : es a saber de letras humanas, varia erudicion, explicaciones de lugares, lecciones curiosas... i muchas sentencias exquisitas /* auctor... Francisco Cascales. — En Murcia : por Luis Veròs, 1634. — [6], 156 h., §⁶, A-I⁸, L-V⁸, X⁴ ; 4⁰

Port. con orla tip. y esc. xil.

01-00030395 000

▶ M-BN, 3/69793. — Enc. pasta. — Ex-libris de Cayetano Alberto de la Barrera. ▶ M-BN, P/5705. — Enc. perg. — Ex-libris ms. de Diego Panilly Spinossa. — Port. deteriorada. ▶ M-BN, R/12682. — Enc. pasta. — Sello de Pascual de Gayangos y ex-libris ms.: «Ad usum, in domo Divae Mariae Leticiae, Didaci Martelli». ▶ M-BN, R/25707. — Ans. mss.: «No está en expurgatorio de 1707, ni en 1640 Valladolid». ▶ M-BN, R/2680. — Enc. hol. — Falto de h. 104 y 105. ▶ M-BN, R/3507. — Enc. pasta. ▶ M-BN, U/629. — Enc. cart. ▶ M-BZ, 34-57. — Enc. perg. ▶ M-PR, I.C.47. — Enc. pasta. — Ex-libris ms. de Don Andres de Abaurre. ▶ M-UC (FFil), 29076. — Enc. perg. — Ex-libris ms.: «Domingo Monso Cabero».

2804

Cascales, Francisco (-1642). *Florilegium Artis versificatoriae /* Francisco Cascalio auctore. — Valentiae: apud Syluestrem Sparsam, 1640. — [16] h., A-B⁸ ; 8⁰

El pie de imp. consta en colofón.:

— Port. con esc. xil.

01-00030396 000

▸ M-BN, R/2823. — Enc. piel.

2805

Cascales, Francisco (-1642).
Tablas poeticas / del licenciado Francisco Cascales... — En Murcia : por Luis Beros, 1617. — [30], [2] en bl., 448 p., ¶-2¶^{8}, A-Z^8, 2A-2E^8 ; 8^0

Marca de imp. en port. que utilizó Agustin Martinez, impresor de Orihuela, Vindel, 441. — Grab. xil. en 2¶$_7$v.

01-00030397 000

▸ M-BN, 2/40528. — Enc. pasta. — Sello de Pascual de Gayangos y ex-libris ms.: «Dio este libro de limosna al Convento de Torretorçillo Miguel Fran^{co} Argumanes». — Falto de port., 1 h. de prelim. y de las p. 211-212. ▸ M-BN, R/21061. — Enc. hol. — Ex-libris de D. Cayetano Alberto de la Barrera. — Añadidas dos h. de grab. iguales, retrato del autor, a buril: «Ant^s. Carnicero del^t.» y «Moreno Tejada Sc^t». ▸ M-BN, R/27961. — Enc. perg. — Ex-libris de D. Fernando José de Velasco. ▸ M-BN, R/4605. — Enc. perg. ▸ M-BN, R/7000. — Enc. perg. ▸ M-BN, R/7884. — Enc. pasta. — Ex-libris ms. de Don Phelipe de Navarra. — Falto de 2 h. de prelim. y de las primeras 28 p. del texto. ▸ M-BN, R/8751. — Enc. perg. — Ex-libris ms. del doctor Soler. ▸ M-PR, III-3196. — Enc. pasta. ▸ M-UC (FFil), 20384. — Enc. perg. — Ex-libris ms. del Colegio de la Compañia de Jesús.

2806

Casellas, Esteban. *Confirmacion juridica y eficaz del Manifiesto impresso por la autoridad, y jurisdiccion Regia, y Pontificia, plenissima, omnimoda y privativa, que tiene la Dignidad del Maestre-Escuelas de Lerida sobre el comun de su Vniversidad, y Escuelas, y singulares personas della que en respuesta al papel que apoya las perturbaciones, y atentada jurisdiccion del Rector, buelve à manifestar el Doctor Estevan Casellas...* — [S.l.

s.n., s.a.]. — 39 h., [1] en bl., A-V^2; Fol.

En h. 37 consta 1686.

01-00030398 000

▸ M-BN, V.E./65-34.

2807

Casellas, Esteban. *Discursos astrologicos historico y del cometa aparecido cerca de los 13 de Março de 1668* / compuestos por Estevan Casellas... — En Barcelona : en casa de Antonio Lacavalleria : vendese en casa de Iuan Selma librero, 1668. — [8] p., A^4 ; 4^0

El pie de imp. consta en colofón.

01-00002721 000

▸ M-BN, V.E./1378-23. — Enc. cart.

2808

Casellas, Esteban. *Discursos astrologicos, historico, y del cometa aparecido en XIII del mes de Marzo 1668* / compuesto por Estevan Casellas... — En Valencia : por Francisco Cipres..., 1668. — [8] p., §^{4} ; 4^0

01-00030399 000

▸ M-BN, V.E./17-11.

2809

Casellas, Esteban. *Doze frutos de la muy antigua y ilustre casa de Bournonville* / [participalo a luz publica... Estevan Caselles...]. — En Barcelona : por Rafael Figuero..., 1680. — [14], [2] en bl., 688, [2] p., [2] h. de grab., §^{8}, A-C^2, D^3, E-L^2, M^4, O-P^2, Q^6, S-Z^2, 2A-2Z^4, 3A-3Z^4, 4A-4Z^4, 5A-5D^4, 5E^6 : il. ; Fol.

El nombre del autor consta al comienzo de texto. — Port. con esc. calc.: «Bonauentura Fornaguera», de la casa Bournonville. — Hoja de grab. calc.: «Bonaventura Fornaguera ex. 1679», retrato del duque de Bournonville, y la segunda esc.

de la casa Bournonville. — Grab. calc. intercalados en el texto.

01-00030400 000

▶ M-BN, 3/15303. — Enc. pasta. — Falto de p. 69-70. ▶ M-BN, 3/72086. — Enc. perg. — Ex-libris de Fernando José de Velasco. ▶ ME-RB, 64-IX-15(1). — Enc. perg. ▶ M-UC (FFil), 31654. — Enc. perg.

2810
Casellas, Esteban. *Physi-astrologico iuyzio del segundo cometa que apareciò este año de 1665 a los 30 de Março* / por Esteuan Casellas... — En Barcelona: en casa de Matevat..., 1665. — [8] p., A⁴ ; 4⁰

Port. con viñeta xil.

01-00030401 000

▶ M-BN, 2/31668. — Enc. hol.

2811
Casiano, Juan (ca. 1618). *Breue discurso a cerca del cometa visto en el mez de Nouiembre deste año de 1618 y sus significaciones* / compuesto por... Iuan Casiano... — En Lisboa : por Pedro Craesbeeck, 1618. — [16] p., A⁸ ; 8⁰

01-00122273 000

▶ M-BN, Mss/2349. — Enc. pasta. — Forma parte de un vol. facticio foliado ms.: h. 257-264.

2812
Caso *sucedido en la Vniuersidad de Salamanca... A Doze del mes de Março deste presente año de 1657...* — [S.l. : s.n., s.a.]. — [4] p. ; 4⁰

01-00046034 000

▶ M-BN, V.E./63-69.

2813
El **Caso** *y pareceres de cinquenta teologos, doctores y maestros en Sāta Teologia y lectores della y dos alegaciones de derecho del licenciado Pelaez de Mieres y del licenciado Gonçalo de Berrio, sobre el des-* *pacho del Abito de Alcantara que tiene cedula de merced don Pedro de Granada Venegas...* — [S.l. : s.n., s.a.]. — 72 [i.e. 73] h., [1] en bl., A-S⁴, T² ; 4⁰

En el texto consta 1607. — Error de fol.: repetida la última p.

01-00030403 000

▶ M-BN, 3/40154. — Enc. perg.

2814
Casos *notables, sucedidos en las costas de la ciudad de Lima, en las Indias, y como el armada Olandesa procuraua coger el armadilla nuestra, que baxa con la plata de ordinario a Cartagena, y se passò dexandolos burlados, desde el mes de Iunio deste año pasado de 1624...* — En Madrid : por Inan [sic] Gonçalez : vendese en casa de Alonso de Paredes..., 1625. —[4] p. ; Fol.

El pie de imp. consta en colofón.

01-00122274 000

▶ M-BN, Mss./2355. — Enc. pasta. — Forma parte de un vol. facticio foliado ms.: h. 219-220.

2815
Cassianus, Johannes (ca.370-ca.435). *Obras de Iuan Casiano* / traducidas por el R.P.D. Miguel Vicente de las Cuevas... ; puplicadas [sic] por el R.P.D. Diego de Villarroya... — En Zaragoça : por Iuan de Ybar, 1661. — [48], 720 [i.e. 696], [16] p., [1] h. de grab., †-6†⁴, A-Z⁴, 2A-2Z⁴, 3A-3Z⁴, 4A-4V⁴ ; 4⁰

Hay diferentes estados de esta ed. — Errores de pag., de p. 539 a 560 y de p. 564 a 569. — Texto a dos col. — Port. con orla tip. — Grab. calc.: «F.P. Jansen f.».

01-00030402 000

▶ M-BN, 2/36944. — Enc. perg. ▶ M-BN, 2/39114. — Enc. perg. — Ex-libris ms. «Soy de Fr. Pablo Hortiz». ▶ M-BN, 3/

19419. — Enc. perg. ▶ M-BN, 3/52989. —
Enc. perg. — Falto de p. 3 a 5.

2816

Cassina, Carlo. *Ad excellentissimum
D.D. Aloysium Mendez de Haro Comi-
tem Ducem Oliuaris, Caroli Cassinae
mediolanensis : ab foelicem cathalauno-
rum reductionem et arcis casalensis expug-
nationem, acclamatio et plausus.* — [S.l.:
s.n., s.a.]. — 16 h., A-D^4 : il. ; 4^0
Precede al tit.: Vivat rex. —
Grab. calc.: «Gregorio forstman f.»,
a toda plana en h. 2.

01-00046035 000

▶ M-BN, V.E./22-77.

2817

Castan, Nicolás Francisco. *Memorial al Rey N. Señor, por la Iglesia
Mayor Colegial Insigne de Santa Maria
de Calatayud, assistida de la Ciudad, Comunidad, y Clero... de su partido sobre la
justificacion del Real Decreto que ha obtenido de su Magestad... para su ereccion en
Cathedral : respondiendo al Memorial del
Obispo, Cathedral, y ciudad de Tarazona, que suplican su revocacion* / escrito
por el doctor Nicolas Francisco y
Castan... — [S.l. : s.n., s.a.]. — [2],
107 p., [ ]^1, A-Z^2, 2a-2d^2 ; Fol.
Consta 1688, en p. 66. — Port.
con orla tip. — Apostillas marginales.

01-00046036 000

▶ M-BN, V.E./220-5.

2818

Castany, Mariano. *Señor. El Doctor, y Paborde Mariano Castany, Syndico
de la Isla de Ibiza. Dize : Que aviendo
comunicado, de orden de V. Mag. dia 9 del
corriente Mes de Enero vn Real Decreto,
que dispone, que à la Sal de Ibiza se ponga
el precio fixo de quatro reales de à ocho por*

*Modin, y que destos perciba la Real Ha-
zienda dos de Derechos... reconociendo,
que esta resolucion es en perjuizio de los
Naturales... y contra los Reales Privilegios, que gozan sobre la Sal...* — [S.l. :
s.n., s.a.]. — 8 p., A-B^2 ; Fol.
Se ha respetado la puntuación
original. — Del texto se deduce posterior a 1662.

01-00046037 000

▶ M-BN, V.E./25-63.

2819

Castañeda, Antonio de (O.P.). *Oracion panegirica a la solemne fiesta del
triunfo naual de Maria Santissima y su
Rosario, colocacion de su soberana imagen
en su nueua Capilla, que erigio y celebrò la
deuocion del Capitan Manuel de la Chica
Naruaez en el conuento de Predicadores de
la villa de San Miguel de Ybarra, haziendo el oficio N.M.R.P. Fr. Juan Freile
Ministro Prouincial de la Seraphica
Orden en la Prouincia de Quito año de
1679...* / R.P. Fr. Antonio de Castañeda... del Conuento de Predicadores... — Impresso en Lima : por
Luys de Lyra, 1680. — [4], 11 h.,
A-B^4, C-D^2, E^3 ; 4^0

01-00030404 000

▶ M-BN, R/14209(6). — Enc. pasta.

2820

Castañeda, Francisco de (O.S.A.).
*Tratados sobre los Euangelios de las Do-
minicas y fiestas de santos del Aduiento y
Pascua : primera parte* / por fray Fran-
cisco de Castañeda... de la orden de
nuestro Padre San Agustin... — En
Madrid : por la Viuda de Alonso
Martin, 1614. — [8], 352 h., ¶^{8}, A-
Z^8, 2A-2X^8 ; 4^0
Port. con viñeta xil.

01-00030405 000

▶ M-BN, 6-i/166. — An. ms.: «expurgados... del ano de 1640 en 13 de julio Barth. Brabo». — Enc. perg. — Tachadas algunas partes del texto. ▶ M-PR, III-5351. — Enc. pasta con hierros dorados. — Falto de port. y 1 h. de prelim. ▶ M-UC (FFil), 4538. — An. ms.: «Esta expurgado según el expurgatorio del año de 1632». — Enc. perg. — Exlibris ms. de la Libreria del Noviciado.

2821

Castañeda, Francisco de (O.S.A.). *[Segundo tomo de las Dominicas, desde la primera de Pentecostes hasta la veynte y quatro /* Francisco de Castañeda]. — [S.l. : s.n., s.a.]. — 728, [64] p., A-Z⁸, 2A-2Z⁸, 3A-3C⁸, 3D⁴ ; 4⁰

Segunda parte de la obra «Tratados sobre los Evangelios de las Dominicas y fiestas del Adviento y Pascua». — Tit. y autor constan en índice.

01-00030406 000

▶ M-PR, III-5352. — Enc. pasta con hierros dorados. — Falto de port.

2822

Castañiza, Juan de. *Descripcion de la iunta, en que el muy noble y muy leal Señorio de Vizcaia eligio por Patron, y Protector suio al Glorioso Patriarca San Ignacio de Loyola, y de las vistosas fiestas con que celebrò la eleccion... : cancion real dividida en tres cantos /* ofrecela... Iuan de Castañiza... — En Bilbao : por Nicolas de Sedano..., 1682. — [6], 94 p., [ ]⁴, A-L⁴, M² ; 4⁰

01-00030407 000

▶ M-BN, R/3719. — Enc. perg. — Exlibris ms. de D. Francisco Perea Porras.

2823

Castejón, Agustín de (S.I.) (1665-1741). *Panegyrico funebre dicho en las honras que al Santo Cardenal D. Fr Francisco Ximenez de Cisneros... hizo su mayor colegio de San Ildephonso de la ciudad de Alcala, año de 1698 /* por el P.M. Agustin de Castejon de la Compañia de Iesus... — En Alcala : en la Officina de Francisco Garcia Fernandez..., [s.a.]. — [10], 34 p., A-E⁴, F² ; 4⁰

Port. con orla tip.

01-00030408 000

▶ M-BN, R/30989(1). — Enc. perg. — Ex-libris: «D. Juan de Grimarest y Villasis Aguado y Aguado Sevilla. MCMIIIJ» y exlibris de la Biblioteca de Juan M. Sanchez 50. ▶ M-UC (Nov), 624(9). — Enc. perg. — Ex-libris ms. de Juan Santander, año 1744 y Sello de la Biblioteca Complutense Ildefonsina. — Defecto de encuadernación en el cuadernillo F.

2824

Castejón, Gil de. *D. Aegidij de Casteion... Alphabetum, iuridicum, canonicum, ciuile, theoricum, practicum, morale, atque politicum... : tomus primus...* — Matriti : ex typographia regia, apud Ioannem Infançon, 1678. — [20], 728 p., [ ]⁶, 2¶⁴, A-Z⁶, 2A-2Z⁶, 3A-3O⁶, 3P⁴ ; Fol.

Texto a dos col. — Antep. — Port. a dos tintas. — Grab. calc. en p. [3] representando a N.S. de los Milagros.

01-00030409 000

▶ M-BN, 2/44251. — Enc. perg. — Falto de antep. ▶ M-BN, 2/67863. — Enc. perg. — Ex-libris de D. Fernando José de Velasco.

2825

Castejón, Gil de. *D. Aegidij de Castejon... Alphabetum iuridicum, canonicum, civile, theoricum, practicum, morale atque politicum : tomus secundus...* — Matriti : ex typografía regia, apud Ioannem Garcia Infançon, 1678. — [16], 691 p., ¶⁸, A-Z⁶, 2A-2Z⁶, 3A-3L⁶, 3M⁴ ; Fol.

Texto a dos col. — Antep. — Port. a dos tintas. — Grab. calc. en

p. [3] representando a N.S. de los Milagros.

01-00030410 000

▶ M-BN, 2/44252. — Enc. perg. ▶ M-BN, 2/67864. — Enc. perg. — Ex-libris de D. Fernando José de Velasco. ▶ M-BN, 6-i/1913. — Enc. perg. ▶ M-BN, 8/4429. — Enc. perg. — Ex-Libris ms. de la librería de los Padres Trinitarios Descalzos de Madrid.

2826

Castejón y Fonseca, Diego de (1580-1655). *Discursos breues de los tres caminos de la oracion mental : que facilitan el vso deste tan alto, como necessario exercicio, a los que... se han consagrado a èl, en la Congregacion de Amor Diuino, y Caridad... /* discurridos por Don Diego de Castejon, y Fonseca Obispo de Taraçona... — Impresso en Zaragoça : por Iuan Nogues, 1651. — [26], 648 p., [ ]^4, †^{4}, 2†^{5}, A-Z^4, 2A-2Z^4, 3A-3Q^8, 3R^{12} ; 4^0

Constituciones de la Congregación de la Caridad y Amor Divino..., p. 627-648.

01-00030411 000

▶ M-BN, 2/11453. — Enc. perg. con hierros. ▶ M-BN, 8/35450. — Enc. perg. ▶ M-UC (FFil), 2878. — Enc. perg. — Ex-libris ms. del padre Aguado de la Compañía de Jesús.

2827

Castejón y Fonseca, Diego de (1580-1655). *Primacia de la Santa Iglesia de Toledo, su origen, sus medras, sus progressos... : defendida contra las impugnaciones de Braga... /* D. Diego de Castejon i Fonseca, Obispo de Lugo... — En Madrid : por Diego Diaz de la Carrera : a costa de Pedro Coello..., 1645. — [12] p., 39 h., [2] en bl., [10], 537, [16] p., a^6, A-V^2, A-Z^6, 2A-2Y^6, 2Z^4, a^8 ; Fol.

Primera y Segunda parte. — Texto con apostillas marginales.

01-00030412 000

▶ M-BN, 2/49832. — Enc. perg. — Ejem. enc. con el índice correspondiente al tomo segundo. ▶ M-BN, 3/11535. — Enc. pasta. ▶ ME-RB, 71-IX-31(1). — Enc. perg. ▶ M-FLG, Inv. 2664. — Enc. perg. — Ejem. enc. con el indice correspondiente al segundo tomo. ▶ M-UC (FD), 11267. — Enc. perg. — Ex-libris ms. del Colegio Mayor de Alcalá. — El índice va encuadernado delante de la dedicatoria. ▶ M-UC (FFil), 41. — Enc. perg. — Ex-libris ms. de la libreria del Colegio Imperial de la Compañia de Jesus y sello de la misma. — Deteriorado, afectando a las cuatro últimas hs. y al texto. — El índice va encuadernado delante de la dedicatoria.

2828

Castejón y Fonseca, Diego de (1580-1655). *Primacia de la Santa Iglesia de Toledo, su origen, sus medras, sus progressos... : defendida contra las impugnaciones de Braga : tercera parte... /* D. Diego de Castejon y Fonseca, Obispo de Lugo... — En Madrid : por Diego Diaz de la Carrera : a costa de Pedro Coello..., 1645. — [2], p. 539-1409 [i.e. 1406], [18] p., [ ]^1, 3A-3Z^6, 4A-4Z^6, 5A-5Z^6, 6A-6B^6, 6C^8, b^6, c^3 ; Fol.

Hay estados de esta ed. en que que consta solo el editor. — Errores de pag., de p. 1186 pasa a 1189 y de 1286 a 1289. — Texto con apostillas marginales.

01-00030413 000

▶ M-BN, 2/49833. — Enc. cart. — Falto de las h. de índice. ▶ M-BN, 3/11536. — Enc. pasta. ▶ ME-RB, 71-IX-31(2). — Enc. perg. ▶ M-UC (FD), 11268. — Enc. perg. — Ex-libris ms. del Colegio Mayor de Alcalá.

2829

Castel, Antonio (O.F.M.) (1655-1713). *Athenaeum minoriticum, novum et vetus, scholarum subtilis, seraphicae et nominalis, nonnulas exambiens quaestio-*

nes... / authore P. Fr. Antonio Castel, Ordinis Minorum Regularis Observantiae... — Caesar-Augustae : apud Dominicum Gascon..., 1697. — [20], 408, [8] p., §-2§⁴, 3§², A-Z⁴, 2A-2Z⁴, 3A-3F⁴ ; 4⁰

Port. con orla tip.

01-00030414 000

▶ M-BN, 3/10461. — Enc. perg. — Exlibris ms.: «Ad ussum fr. Jos. Antonij Monterde».

2830
Castel, Antonio (O.F.M.) (1655-1713). *R.P.Fr. Antonij Castel e Minorum Ordine Sancti Francisci... Brevis expositio ad quatuor Petri Lombabdi [sic]... Sententiarum... libros... : tomus primus...* — Caesar-Augustae : in officina Dominici Gascon... Didacus de Larumbe, typ. excudebat, 1698. — [28], 348, [2] p., [2] en bl., [a]-c⁴, d², A-Z⁴, 2A-2X⁴ ; 4⁰

Antep. — Port. a dos tintas.

01-00030415 000

▶ M-BN, 3/72719. — Enc. perg. ▶ M-BN, 3/72724. — Enc. perg. ▶ M-UC (FD), 10317. — Enc. perg.

2831
Castel, Antonio (O.F.M.) (1655-1713). *R.P.Fr. Antonij Castel, e Minorum Ordine Sancti Francisci... Brevis expositio ad quator Petri Lombardi... sententiarum... libros... : tomus quartus : pars prior...* — Caesar-Augustae : in officina Dominici Gascon... : excudebat Didacus de Larumbe , 1700. — [32], 389, [3] p., [a]-d⁴, A-Z⁴, 2A-2Z⁴, 3A-3C⁴ ; 4⁰

Antep. — Port. a dos tintas.

01-00030416 000

▶ M-BN, 3/72722. — Enc. perg. ▶ M-BN, 3/72726. — Enc. perg. — Ex-libris ms.: «soi del Convento de //Odon...». ▶ M-UC (FD), 10320. — Enc. perg.

2832
Castelblanco, Simón de (O.S.A.). *Trabajos del vicio, afanes del amor vicioso, monstruos de la ingratitud, exemplos para la enmienda, politicas para el acierto: reducidas a la historia de vn sugeto de modernas experiencias* / compuesto por don Rodrigo Correa Castelblanco... — En Madrid : en la imprenta de Lorenzo Garcia de la Iglesia, 1680. — [20], 347, [5] p., ¶⁸, 2¶², A-Y⁸ ; 4⁰

Aunque en port. aparezca como autor Rodrigo Correa Castelblanco, en la dedicatoria y en el prólogo reconoce no ser obra suya. Barbosa, III, p. 712 y Santiago Vela, I, p. 648-651, atribuyen la obra a Simón de Castelblanco. — Port. con orla tip. — Texto a dos col.

01-00030417 000

▶ M-BN, 8/20046. — Enc. pasta. — Falto de port. sustituida por ms. y últimas p. — La p. 346 pegada sobre otra h. lo que impide ver el texto de la p. 347. ▶ M-BN, R/1719. — Enc. pasta. — Ex-libris ms. del hermano Orellana. — Recortado. ▶ M-BN, R/25340. — An. ms.: «este libro lo escrivio el h͞rno Castelblanco, Augustiniano, hermano del q̃. dice no ser obra, que esta obra no es de quien la publica...». — Enc. perg. — Ex-libris ms. de los Agustinos de Alcalá. ▶ M-BN, R/8617. — Enc. perg. — Port. y prelim. deteriorados. ▶ M-BN, R/8621. — Enc. perg. ▶ ME-RB, 36-II-34. — Enc. perg. — Falto de port. y de 4 h. de prelim. ▶ M-PR, IX-8353. — Enc. pasta. — Ex-libris del Conde de Mansilla.

2833
Castelblanco, Simón de (O.S.A.). *Trayciones de la hermosura, y fortunas de don Carlos, trabajos del vicio, exemplos para la enmienda, politicas para el acierto: reducidas a sucessos exemplares* / compuesto por Don Rodrigo Correa Castel-Blanco... — En Madrid : por Lorenço Garcia de la Iglesia : a

costa de Iuan Fernandez..., 1684. —
[10], 347, [5] p., [ ]³, 2¶², A-Y⁸ ; 4⁰

Aunque en port. aparece como
autor Rodrigo Correa Castelblanco,
en la dedicatoria y en el prólogo reconoce no ser obra suya. Barbosa,
III, p. 712 y Santiago Vela, I, p.
648-651, atribuyen la obra a Simón
de Castelblanco. — Es emisión de la
ed. de Madrid: en la imprenta de
Lorenzo Garcia de la Iglesia, 1680,
con tit.: «Trabajos del vicio, afanes
del amor vicioso...». — Port. con
orla tip. — Texto a dos col.

01-00030418 000

▶ M-BN, R/11821. — Enc. pasta. —
Sello de Pascual de Gayangos.

2834
Castelblanco, Simón de (O.S.A.).
*Trayciones de la hermosura, y fortunas de
don Carlos, trabajos del vicio, y afanes del
amor, exemplos para la enmienda, politicas para el acierto : reducidas a la historia
de un sugeto de modernas experiencias, en
sucessos exemplares* / compuesto por
Don Rodrigo Correa Castel-
Blanco... — Segunda impression. —
En Madrid : por Lorenzo Garcia de
la Iglesia, 1684. — [18], 347, [5] p.,
[ ]¹, ¶₃₋₈, 2¶², A-Y⁸ ; 4⁰

Aunque en port. aparece como
autor Rodrigo Correa Castelblanco,
en la dedicatoria y en el prólogo reconoce no ser obra suya. Barbosa,
III, p. 712 y Santiago Vela, I, p.
648-651, atribuyen la obra a Simón
de Castelblanco. — Es emisión de la
ed. de Madrid: en la imprenta de
Lorenzo Garcia de la Iglesia: a costa
de Iuan Fernandez..., 1680 con tit.:
«Trabajos del vicio, afanes del amor
vicioso...». — Texto a dos col.

01-00030419 000

▶ M-BN, R/3071. — Enc. perg. — Sello
de Agustín Durán. — Port. recortada.

2835
Castelblanco, Simón de (O.S.A.).
*Virtudes y milagros en vida y muerte del
B.P. Fr. Iuan de Sahagun, de la orden de
N.P.S. Agustin...* / por el padre fray
Simon de Castelblanco... de la
orden de N.P. S. Agustin. — En
Madrid : en la Imprenta Real, 1669.
— [16], 502, [6] p., ¶⁸, A-Z⁸, 2A-
2H⁸, 2I⁶ ; 4⁰

01-00030420 000

▶ M-BN, P/802. — Enc. perg. deteriora-
da. ▶ M-UC (FFil), 7420. — Enc. perg. —
Sello de la librería del Colegio Imperial de la
Compañía de Jesus y ex-libris ms.

2836
Casteli, José. *Señor. El Doctor Don
Ioseph Casteli, Canonigo de la Santa
Iglesia Protometropolitana de la Ciudad
de Mecina, Capellan de Honor de V. Ma-
gestad por el Reyno de Sicilia, y Vicario
General que fue del Archimadrita de dicha
Ciudad, dize : Que por el año passado de
1676 por muerte de Don Fray Vicente
Massia, Obispo de Patti en dicho Reyno
le presentò V. Magestad à dicho Obispa-
do...* — [S.l. : s.n., s.a.]. — 4 h., A⁴ ;
Fol.

Se ha respetado la puntuación
original. — En h. 2 consta 1680.

01-00046038 000

▶ M-BN, V.E./25-2.

2837
**Castell Ros y Medrano, Diego (-
1717).** *Oracion panegyrica a la sagrada
profession de la señora Sor Antonia de la
Cerda, religiosa en el Convento de San
Bernardo de Alcalà...* / dixola el Dr. D.
Diego Castell Ros de Medrano... —
En Alcalá : en la imprenta de Francisco Garcia Fernandez..., [s.a.]. —
[8], 36 p., [1] h. de grab., A-E⁴, F² ;
4⁰

Dedicatoria y licencia fechadas en 1683. — Port. con orla tip. — Grab. calc.: «Laureano f.», esc. heráldico de Dña. Catalina de Aragón y Cardona, duquesa de Segorbe, etc.

01-00122275 000

▶ M-BN, 2/36112(12). — Enc. perg.
▶ M-BN, 3/61847(7). — Enc. perg.

2838

Castell Ros y Medrano, Diego (-1717). *Tractatus de arbitrio humano lapso a necessitate libero, a Deo per gratiam praevenientem ad consensum salutarem excitato et adiuto... / aucthore... D. Didacus Castell Ros et Medrano... ; tomus I.* — [Compluti] : in Officina Complutensi, 1690. — [20], 518, [10] p., ¶⁴, 2¶⁶, A-C⁸, E-F⁴, G-Z⁸, 2A-2L⁸. ; 4⁰

Port. con orla tip.

01-00030421 000

▶ M-BN, 3/61092. — Enc. terciopelo.
▶ M-BN, 3/63103. — Enc. perg. ▶ M-UC (FD), 14679. — Enc. perg. — Ex-libris mss. de la libreria del colegio theologo de la Universidad de Alcala, y de la librería del Colegio de la Concepción de Alcalá.

2839

Castell Ros y Medrano, Diego (-1717). *Tractatus de arbitrio humano lapso pars secunda seu Disputatio unica, de concordia libertatis a necessitate consensus salutaris, cum gratia, quae praevenit adiuvando distincta ab ea, quae praeveniendo excitat... / authore Dre. D. Didaco Castell Ros, et Medrano...* — Compluti : apud Franciscum Garcia Fernandez..., 1697. — [8], 660, [4] p., ¶⁴, A-Z⁸, 2A-2S⁸, 2T⁴ ; 4⁰

Port. con orla tip.

01-00030422 000

▶ M-BN, 3/61093. — Enc. piel con hie-

rros y cantos dorados. ▶ M-BN, 3/63104. — Enc. perg. ▶ M-UC (FD), 14680. — Enc. perg. — Ex-libris ms. de la librería del colegio theologo de Alcalá y ex-libris del Colegio de la Concepcion de Alcala. — Deteriorado por la humedad. ▶ M-UC (FFil), 22156. — Enc. perg.

2840

Castellá Ferrer, Mauro. *Historia del apostol de Iesus Christo Sanctiago Zebedeo patron y capitan general de las Españas* / dedicasela don Mauro Castellà Ferrer. — En Madrid : en la oficina de Alonso Martin de Balboa : a costa del autor..., 1610. — [20], 486 [i.e. 484], [28] h., [ ]⁶, ¶-2¶⁶, A-Z⁶, 2A-2Z⁶, 3A-3Z⁶, 4A-4M⁶, ¶-4¶⁶, 5¶⁴ : il. ; Fol.

El pie de imp. consta en h. [2] de prelim. — Errores de pag. a partir de la h. 214. — Port. con grab. calc.: «Diego de Astor fecit», firma que se repite en las il. grab.

01-00046039 000

▶ M-BN, P/69. — Enc. perg. deteriorada. — Falto de 2 h. de prelim. ▶ M-BN, R/19382. — Enc. perg. — Ex-libris ms. de la Librería de los Clérigos Regulares de San Cayetano de Madrid. — Falto de h. 344 (grab. calc.). ▶ M-BN, R/19386. — Enc. perg. — Falto de las h. 458 y 461. ▶ M-BN, R/19982. — Enc. perg. — Falto de 1 h. de grab. calc. (sign. A₂). ▶ ME-RB, 57-IX-4. — Enc. piel con cortes dorados. ▶ M-FLG, Inv. 8464. — Enc. perg. — Ex-libris ms. «Es del coubento de Carmelitas Descalzos de Toledo, con descomunion de N.S.S. P. Urbano octavo para q. no le saquen de la libreria ni hurtado ni prestado». — Falto de las h. 174 a 179. ▶ M-PR, X-370. — Enc. pasta con hierros dorados. — Ex-libris «P.F.C.» y «Proprieté des Trois». ▶ M-UC (FFil), 10701. — Enc. perg.

2841

Castellot, Miguel Jerónimo de (1603-1659). *Por los racioneros de la santa iglesia metropolitana de Çaragoça,* *informacion en derecho in processu iuris-firmae procuratoris fiscalis : sobre su reuocacion* / [Miguel Geronymo de Castellot]. — [S.l. : s.n., s.a.]. — 92 p., A-Z² ; Fol.

El nombre del autor consta al fin del texto por el que se deduce posterior a 1635.

01-00030423 000

▶ M-BN, R/36629. — Enc. perg.

2842

Castelví, Diego de (O.S.A.). *Sermon de S. Augustin N.P. Luz, y Doctor de la Iglesia : predicado en la solenne fiesta q̄ el Insigne Conuento de S. Pedro de las Dueñas... de Salamanca, celebrò el Domingo de su infra Octaua deste Año de 621* / por el Padre Fr. Diego de Castelvi... — En Salamanca : en casa de Antonio Vazquez, 621 [i.e. 1621]. — 31 p., A-D⁴ ; 4⁰

Año tomado de colofón. — Port. con esc. calc.

01-00030424 000

▶ M-BN, V/Cᵃ 280-27. — Sello de Pascual de Gayangos.

2843

Castelví, Francisco de (O. de M.) (1626-1695). *Sermon para convertir he-rexes : hombres que tienen la fe de Christo y no creen todos sus articulos...* / por... Fray Francisco de Castelvì, del Orden de Nuestra Señora de la Merced... — En Madrid : en la imprenta de Bernardo de Villa-Diego, 1690. — [8], 62 p., ¶⁴, A-G⁴, H³ ; 4⁰

Port. con esc. xil. de los Mercedarios.

01-00030425 000

▶ M-BN, R/19818(1). — Enc. perg.

2844

Castelví, Francisco de (O. de M.) (1626-1695). *Sermon para convertir ju-*

dios : hombres que esperan a Christo y no creen ha venido al mundo... / por... fray Francisco de Castelvi, del Orden de Nuestra Señora de la Merced... — En Madrid : en la imprenta de Diego Martinez Abad, 1694. — [6], 96 p., A-M⁴, N³ ; 4⁰

Port. con esc. xil. de los Mercedarios.

01-00030426 000

▶ M-BN, R/19818(2). — Enc. perg.

2845

Castelví, Francisco de (O. de M.) (1626-1695). *Sermon para convertir moros, hombres que tienen la ley de Mahoma...* / por... Fray Francisco de Castelvì, del Orden de Nuestra Señora de la Merced, Redempcion de Cautivos. — En Madrid : en la Imprenta de Diego Martinez Abad, 1694. — [8], 100 p., [2] en bl., [ ]¹, A-N⁴, O² ; 4⁰

Port. con esc. xil.

01-00030427 000

▶ M-BN, R/5211. — Enc. perg.

2846

Castelví, Jorge de. *Señor. Don Jorge de Castelvi, Cavallero del Orden de Alcantara, del Consejo de V.M. en el Supremo de Aragon, y Capellan Mayor del Real Convento de las Descalças Reales. Dize, que en setenta y ocho años que tiene de edad, los sesenta y ocho ha que sirve à la Corona de V.M. pues desde los diez de su niñez empeçò de Page del señor Rey Don Felipe Quarto...* — [S.l. : s.n., s.a.]. — [4] p. ; Fol.

Se ha respetado la puntuación original. — Memorial dirigido a Carlos II.

01-00046040 000

▶ M-BN, V.E./192-106.

2847
Castelví, Jorge de. *Señora. Don Iorge de Castelui, Cauallero del Orden de Alcantara, del Consejo de Aragon, y Capellā mayor del Conuento de las Descalças Reales desta Corte, postrado a los Reales pies de V. Mag. dize : Que las calumnias con que los enemigos suyos, y de su familia hā pretendido obscurecer la prueba de los complices en la muerte aleuosa de Don Agustin de Castelui...* — [S.l. : s.n., s.a.]. — 6 h., A^6 ; Fol.
Se ha respetado la puntuación original. — Memorial dirigido a la regente doña María Ana de Austria (1665-1675).

01-00046041 000

▶ M-BN, V.E./142-50.

2848
Castilla. [Acuerdos del Reino, 1617-09-23] *Acuerdo de veinte y tres de Setiembre de mil y seiscientos y diez y siete.* — [S.l. : s.n., s.a.]. — 7 p., A^4 ; Fol.
En p. 1, esc. xil. de Castilla.

01-00011673 000

▶ M-BN, V.E./201-6. — Al final traslado ms. de Julio 1684.

2849
Castilla. [Acuerdos del Reino, 1617-09-23] *Los acuerdos que el Reyno hizo en las Cortes que se propusieron en nueue de Febrero de mil y seiscientos y diezisiete, en que siruio a su Magestad con dieziocho millones, que para su paga se continuan las sisas del vino, vinagre, azeite, y carnes desde primero de Otubre del año de mil y seiscientos y diezinueue en adelante... para que... se pueda pagar el dicho seruicio... se han promulgado leyes, y dado cedulas...* — [S.l. : s.n., s.a.]. — 50 [i.e. 52] h., A-B^4, C^{12}, D^4, E^8, G-H^{10} ; Fol.

Recoge los acuerdos de 23 de Septiembre de 1617 y de 6 de Abril de 1618. — Errores de pag., de h. 20 retrocede a h. 19.

01-00011672 000

▶ M-BN, V.E./190-55.

2850
Castilla. [Acuerdos del Reino, 1634-09-28] *Acuerdo que el Reyno hizo en veinte y ocho de Setiembre de mil y seiscientos y treinta y quatro años, suplicando a Su Magestad cesse la imposicion del medio dozauo y eligiendo en su lugar medios menos dañosos y de menor administracion.* — [S.l. : s.n., s.a.]. — [1] h. ; Fol.

01-00011666 000

▶ M-BN, V.E./40-99(1).

2851
Castilla. [Acuerdos del Reino, 1635-01-29] *En 17 de Septiembre del año passado de 1634 mādò su Magestad embiar al Reyno vna orden, en que se refiere por menor las regalias que pertenecen a su Magestad, de todo genero, y lo que se dexa de cobrar dellas, y el estado en que todo se halla... Madrid 29 de Enero de 1635...* — [S.l. : s.n., s.a.]. — [6] p., A^3 ; Fol.

01-00011667 000

▶ M-BN, V.E./192-81.

2852
Castilla. [Acuerdos del Reino, 1638] *Acuerdo que el Reyno hizo, eligiendo por medio cargar vn marauedi en cada açumbre de vino sisada, para pagar a su Magestad los trecientos y cinquenta mil ducados que deue de los ducientos mil ducados de censo, y de los ciento y cinquenta mil de presupuesto de la sal...* — [S.l. : s.n., s.a.]. — [2] p., [2] en bl. ; Fol.

01-00008863 000

▶ M-CE, AB-T3-16(11). — Enc. perg.

2853

Castilla. [Acuerdos del Reino, 1639-10-13] *Acuerdo que el Reyno hizo en treze de Otubre de mil y seiscientos y treinta y nueue años reduziendo la arroba del vino a onze azumbres y media, las ocho para el dueño del vino y las tres y media para el suplimiento de los impuestos.* — [S.l. : s.n., s.a.]. — [4] p. ; Fol.

01-00011668 000

▶ M-BN, V.E./41-25.

2854

Castilla. [Acuerdos del Reino, 1655-11-17] *En la villa de Madrid à siete dias del mes de Diziembre de mil y seisciētos y cinquēta y cinco años, estādo el Reyno junto en Cortes en el Palacio del Rey... y hallandose presentes el Ilustrissimo señor D. Diego de Riaño y Gamboa, Presidēte del Cōsejo...* — [S.l. : s.n., s.a.]. — 4 h., A^4 ; Fol.

Se ha respetado la puntuación original. — Traslado, fechado el 22 de Diciembre de 1655.

01-00011669 000

▶ M-BN, V.E./218-101.

2855

Castilla. [Acuerdos del Reino, 1656-10-10] *En la Villa de Madrid à diez de octubre de mil y seiscientos y cinquenta y seis años, estando el Reyno junto en Cortes en el Palacio del Rey nuestro Señor...* — [S.l. : s.n., s.a.]. — 5 h., [1] en bl., A^6 ; Fol.

01-00122676 000

▶ M-RAE, 13-A-30(10). — Enc. perg.

2856

Castilla. [Acuerdos del Reino, 1658-03-27] *Acuerdo que el Reyno hizo en veinte y siete de marzo de mil y seiscien-*

tos y cinquenta y ocho, dando consentimiento para que la Comission de Millones passasse de donde estava y se agregasse y vniesse con el Consejo de Hazienda... — [S.l. : s.n., s.a.]. — 7 p., A^4 ; Fol.

Port. con esc. xil. real.

01-00011670 000

▶ M-BN, V.E./39-35.

2857

Castilla. [Acuerdos del Reino, 1663-07-02] *Acuerdo e instruccion que el Reyno hizo en dos de Iulio de mil seiscientos y sesenta y tres, declarando la cantidad que ha de pagar cada vno de los Oficios que tienen titulo de su Magestad... para la exaccion de los ducientos mil escudos de vellon por vna vez... por acuerdos de veinte y de veinte y ocho de Iunio de este año...* — [S.l. : s.n., s.a.]. — 6 [i.e. 5] h., A^6 ; Fol.

01-00011676 000

▶ M-BN, V.E./134-11.

2858

Castilla. [Acuerdos del Reino] *Acuerdo en que el Reyno señala la cantidad con que ha de seruir a su Magestad.* — [S.l. : s.n., s.a.]. — 3 h., A^2, B^1 ; Fol.

01-00011657 000

▶ M-PR, III-6462(1). — Enc. pasta.

2859

Castilla. [Acuerdos del Reino] *Acuerdo que el Reyno hizo para pagar a su Magestad lo que se le deue atrassados de lo corrido de los dos millones fijos, y de los dos millones y medio.* — [S.l. : s.n., s.a.]. — [1] h. ; Fol.

01-00002725 000

▶ M-CE, AB-T3-16(12). — Enc. perg.

2860

Castilla. [Acuerdos del Reino] *Los acuerdos que el Reyno hizo, para que se*

continuen las sisas del vino, vinagre, azeyte, y carnes, para la paga del servicio de
las diez y siete millones y medio, y forma
que se ha de guardar en vsar dellas. Y las
condiciones que su Magestad concedio,
para que con mas aliuio se pueda pagar...
— [S.l. : s.n., s.a.]. — [6], 22 h., A-
D⁶, E⁴ ; Fol.

Se ha respetado la puntuación
original. — Posterior a 1608 (h. 8),
Pérez Pastor, II, 1026 lo incluye en
1609.

01-00011663 000

▶ M-BN, 3/12893(3). — Enc. perg. ▶ M-
BN, 3/25591(8). — Enc. perg. ▶ M-BN,
V.E./207-70. ▶ M-RAE, 40-II-43(4). —
Enc. hol.

2861

Castilla. [Acuerdos del Reino] *En
la primera accion destas Cortes, à que as-
sistio su Magestad, autorizandola con su
Real presencia con su Real haziēda, el
aprieto en que le auia puesto la variedad de
los sucessos... se acudiria à lo que tocasse à
su seruicio... — [S.l. : s.n., s.a.]. — 17
h., [1] en bl., A-I² ; Fol.*
Texto posterior a 1619.

01-00011671 000

▶ M-BN, V.E./47-76.

2862

Castilla. [Acuerdos del Reino]
*Acuerdo que el Reyno hizo de servir a su
Magestad con doze millones pagados en
seis años, dos en cada vno, mas o menos
tiempo que fuere menester... — [S.l. :
s.n., s.a.]. — 30, [2] h., A-P², +² ;
Fol.*
En el texto se alude a un breve de
Urbano VIII (1623-1644).

01-00122675 000

▶ M-RAE, 13-A-30(9). — Enc. perg.

2863

Castilla. [Acuerdos del Reino]
*Acuerdo que el Reino hizo de seruir a su
Magestad con doze millones, pagados en
seis años, dos en cada vno, mas o menos el
tiempo que fuere menester. — [S.l. : s.n.,
s.a.]. — 30 h. A-E⁶ ; Fol.*
El texto alude a Acuerdos de 28
de Septiembre 1624, Gil Ayuso,
838, lo incluye en 1625.

01-00011675 000

▶ M-BN, V.E./39-29. — Falto de la h. 21.

2864

Castilla. [Acuerdos del Reino]
*Acuerdo en que el Reyno señala la canti-
dad con que ha de seruir a su Magestad.
— [S.l. : s.n., s.a.]. — 8 [i.e. 6]+ h.,
A-C²+ ; Fol.*
Existen al menos dos ed., h. 1, última línea: «de nuestra sagrada Religion...». — Del texto se deduce
posterior a 1624 (h. 2). — *Acuerdos
de los medios que el Reyno ha elegido para
la paga del seruicio de su Magestad*, h. 4.

01-00011664 000

▶ M-BN, V.E./39-25. — Falto por el
final.

2865

Castilla. [Acuerdos del Reino]
*Acuerdo en que el Reyno señala la canti-
dad con que ha de seruir a su Magestad.
— [S.l. : s.n., s.a.]. — 31 [i.e. 30] h.,
A-L², M-N⁴ ; Fol.*
Existen al menos dos ed., h. 1, última línea: «da Religion y dilactiō
della...». — Del texto se deduce posterior a 1624 (h. 2). Gil Ayuso, n.
999, lo atribuye a 1634. — Error de
fol., de h. 28 pasa a 30. — *Acuerdos de
los medios que el Reyno ha elegido para la
paga del seruicio de su Magestad*, h. 4.

01-00011665 000

▶ M-BN, V.E./44-41.

2866

Castilla. [Acuerdos del Reino] *Lo que contiene este Quaderno: Carta para las Ciudades y Villas de voto en Cortes..., Acuerdo que el Reyno hizo de seruir a su Magestad con doze millones... [et al].* — [S.l. : s.n., s.a.]. — [6], 25 h., [ ]^1, A^5, A-E^2, F^3, G^1, H-L^2, M^3 ; Fol.

El primer documento fechado en Madrid, 1625 (en h. [6]v.).

01-00011674 000

▶ M-BN, V.E./204-25. — An. ms.: en 28 de Julio 1625 se trató de los millones, en Consejo y no se acabó de votar... — Deteriorado, afectando al texto de h. 24. ▶ M-BN, V.E./218-63. — Falto de las h. que preceden a la h. 2. ▶ M-PR, III-6462(25). — Falto de la segunda secuencia de A.

2867

Castilla. [Acuerdos del Reino] *De todo lo que precediendo licencia de su Magestad en el discurso destas Cortes se ha ofrecido, de que dar cuenta a V.S. lo hemos hecho ; y agora de que el señor Cardenal de Trejo, Presidente del Consejo, en nombre de su Magestad propuso al Reyno el estado de la Real Hazienda, y las precisas y urgentes necesidades, en que su Magestad se halla, para acudir a la defensa de la Santa Fe Catolica... y que por estar tan de proximo cumplir la prorrogacion del seruicio de los diez y ocho millones...* — [S.l. : s.n., s.a.]. — [20] p., [ ]^1, A^9 ; Fol.

Texto fechado en 1628.

01-00011661 000

▶ M-PR, III-6464(11). — Enc. pasta.

2868

Castilla. [Acuerdos del Reino] *Despues de auer otorgado el Reyno el contrato de doze millones, cō que ofrecio servir à su Magestad, para pagarlos en seys años, dos en cada vno, que saliesen del procedido del vno por ciento de todo lo que se vendiere en estos Reynos, y de la imposi-*cion que se cargò en el papel, anclaje, y dos reales en cada hanega de sal. — [S.l. : s.n., s.a.]. — [2] p., b^2 ; Fol.

Texto fechado en Madrid, 1628.

01-00011660 000

▶ M-PR, III-6463(11). — Enc. pasta.

2869

Castilla. [Acuerdos del Reino] *Papeles en razon de el encabeçamiento de el vno por ciento que de nuevo acordo el reyno por voto consultivo.* — [S.l. : s.n., s.a.]. — [10] p., [ ]^1, d-e^2 ; Fol.

01-00011859 000

▶ M-PR, III-6463(11). — Enc. pasta.

2870

Castilla. [Capítulos de reformación, 1623-02-10] *Capitulos de reformacion, que V. Magestad se sirue de mandar guardar por esta ley, para el gouierno del Reyno.* — En Madrid : por Tomas Iunti... : Vendense... en casa de Antonio Rodriguez Librero, 1623. — [1], 21, [2] h., [ ]^1 A^{22}, [ ]^1 ; Fol.

Port. con esc. xil. real.

01-00094564 000

▶ M-BN, V.E./198-9.

2871

Castilla. [Capítulos de reformación, 1623-02-10] *Capitulos de reformacion, que su Magestad se sirue de mandar guardar por esta ley, para el gouierno del Reyno.* — En Madrid : por Tomas Iunti... : Vendense... en casa de Antonio Rodriguez Mercader de libros, 1623. — [1], 22, [1] h., [ ]^1, A^{22}, [1] ; Fol.

Port. con exc. xil. real. — Hoja 5v., reclamo: «exces».

01-00094563 000

▶ M-BN, V.E./37-55. ▶ M-BN, V.E./37-56. ▶ M-BN, V.E./40-55.

2872

Castilla. [Capítulos de reformación, 1623-02-10] *Capitulos de reformacion, que su Magestad se sirue de mandar guardar por esta ley, para el gouierno del Reyno.* — En Madrid : por Tomas Iunti... : Vendense... en casa de Antonio Rodriguez... Mercader de libros, 1623. — [1], 22, [1] h., []¹, A²² []¹ ; Fol.

Port. con esc. xil. real. — Hoja 5 v, reclamo: «excessi-».

01-00094560 000

▶ M-BN, V.E./203-25. ▶ ME-RB, 4-V-8 (28). — Enc. hol.

2873

Castilla. [Capítulos de reformación, 1623-02-10] *Capitulos de reformacion, que su Magestad se sirue de mandar guardar por esta ley, para el gouierno del Reyno.* — En Madrid : por Tomas Iunti... : Vendense... en casa de Antonio Rodriguez Librero, 1623. — [1], 22, [1] h., [ ]¹, A²² [ ]¹ ; Fol.

Port. con esc. xil. real.

01-00094561 000

▶ M-BN, V.E./42-89.

2874

Castilla. [Capítulos de reformación, 1623-02-10] *Capitulos de reformacion que su magestad se sirue de mandar guardar por esta ley, para el gouierno del Reyno.* — En Madrid : por Tomas Iunti... : vendese... en casa de Antonio Rodriguez, Mercader de libros, 1623. — 29, [2] p., A¹⁶ ; Fol

Port. con esc. xil. real.

01-00002685 000

▶ M-BN, R/14371-28. — Enc. cart. — Sello de Pascual de Gayangos. ▶ M-UC (Nov), 582(5). — Enc. perg.

2875 (*Cancelado*)

2876

Castilla. [Carta, 1634-10-07] *Copia de dos cartas. Vna del Reyno, junto en Cortes y otra de su Comission de administracion de millones, escritas a la ciudad de Granada.* — [S.l. : s.n., s.a.]. — [1] h. ; Fol.

Carta del Reino fechada en Madrid, 7 de Octubre, 1634, y Carta Comisión de Millones dada en Madrid, 9 de Octubre, 1634.

01-00011789 000

▶ M-BN, V.E./40-99(2).

2877

Castilla. *Las condiciones que el Reyno puso en el seruicio de los diez y ocho millones, y su Magestad se siruio de conceder, para aliuio y beneficio de los lugares del son las que se siguen.* — [S.l. : s.n., s.a.]. — 6 h., A⁶ ; Fol.

Existen al menos dos ed. con iguales datos. H. 6 v., última línea: «si, y en su nombre...» — En h. 5 consta 1601.

01-00035081 000

▶ M-BN, 3/25591(3). — Enc. perg. ▶ M-PR, III.6483(23). — Enc. pasta azul con hierros dorados.

2878

Castilla. *Las condiciones que el Reyno puso en el seruicio de los diez y ocho millones, y su Magestad se siruio de conceder, para aliuio y beneficio de los lugares del, son las que se siguen.* — [S.l. : s.n., s.a.]. — 6 h., A⁶ ; Fol.

Existen al menos dos ed. con iguales datos. H. 6 v., última línea: «por si en su nombre...» — En h. 5 consta 1601.

01-00094499 000

▶ M-BN, V.E./31-41. ▶ M-PR, III-6483(4). — Enc. pasta con hierros dorados. ▶ M-RAE, 13-C-31(44). — Enc. perg.

2879

Castilla. *Condiciones que se innouan, o alteran de las del contrato del año de mil y seyscientos y vno.* — [S.l. : s.n., s.a.]. — 3 h., [1] en bl., A⁴ ; Fol.

En h. 3 consta 1603.

01-00094503 000

▶ M-BN, 3/25591(4). — Enc. perg. ▶ M-BN, V.E./190-51. ▶ M-BN, V.E./196-51. ▶ M-PR, III-6483(8). — Enc. pasta con hierros dorados.

2880

Castilla. *Las condiciones, forma, y orden, que demas de lo dispuesto en las cedulas de su Magestad, despachos generales del seruicio de los diez y siete millones y medio, en lo que no fuere cōtrario a ellas, han de guardar las Ciudades, villas, y lugares destos Reynos, en la administraciō de las sisas, impuestas para el repartimiē̄to de los millones q̄ se hā de dar a su Magestad en cada vn año, para la paga de los dichos diez y siete y medio...* — [S.l. : s.n., s.a.]. — 4 h., A⁴ ; Fol.

Se ha respetado la puntuación original. — Traslado. — Gil Ayuso, 656, lo atribuye a 1611.

01-00094504 000

▶ M-BN, 3/12893(25). ▶ M-BN, V.E./208-56. ▶ M-RAE, 40-II-43(5). — Enc. hol.

2881

Castilla. *Las condiciones, forma, y orden que de mas de lo dispuesto en las cedulas de su Magestad, despachos generales del seruicio de los dezisiete millones y medio, en lo que no fuere contrario a ellas, an de guardar las ciudades, villas, y lugares destos Reynos, en la administracion de las sisas; impuestas para el repartimiē̄to de los dos millones que se an de dar a su Magestad en cada vn año, para la paga de los dichos dezisiete y medio...* — [S.l. : s.n., s.a.]. — [6] p., [2] en bl., A⁴ ; Fol.

Se ha respetado la puntuación original. — Traslado. — Gil Ayuso, 1009, lo atribuye a 1634.

01-00094507 000

▶ M-BN, V.E./39-4.

2882

Castilla. *Copia de la Carta que el Reyno escriuio a esta ciudad, la qual es como se sigue. En conformidad de lo que el Reyno por carta de catorze de Março escriuio y cōsultó a V.S. proponiendole, y representandole los dos medios que en el se auian conferido y dispuesto de los que auian parecido tener menos inconueniē̄tes y ser mas a proposito para hazer a su Magestad el cumplimiento del seruicio que le tiene hecho de los diez y ocho millones...* — [S.l. : s.n., s.a.]. — [3] p.

Se ha respetado la puntuación original. — Carta fechada en Valladolid, 3 de Octubre de 1603.

01-00035079 000

▶ M-BN, V.E./209-25. ▶ M-PR, III-6483(5). — Enc. pasta azul con hierros dorados.

2883

Castilla. *Copia de la carta que el Reyno escruio ā esta ciudad, y es como sigue.* — [S.l. : s.n., s.a.]. — 2 h., A² ; Fol.

Texto fechado en Madrid, Febrero de 1601.

01-00030717 000

▶ M-PR, III-6483(25). — Enc. pasta azul con hierros dorados.

2884

Castilla. [Ley, 1671-12-04] *Ley y prematica en que su Magestad manda que los descendientes de Antona [sic] Garcia, Enrique de Salamanca, y otras personas à quienes se concedieron diferentes priuilegios, solo sean francos, y exemptos de los tributos que estauan impuestos al tiempo* *de su concession y limita y modifica dichos priuilegios.* — En Madrid : por Francisco Nieto, 1672. — 4, [1] h., A^5 ; Fol.

Port. con esc. xil. real.

01-00011735 000

▶ M-BN, R/23879(17). — Enc. perg.

2885
Castilla. [Leyes de Toro, 1505]
Leyes de Toro : quaderno de las leyes de Toro y nueuas decisiones, hechas y ordenadas en la ciudad de Toro sobre las dudas de derecho... Con vn modo de passar / del Doctor Espino... — En Salamanca : en casa de Diego de Cussio, 1605. — 40 p., A-B^8, C^4 ; 4^0

Port. con esc. xil. real. — *Modo de passar*, p. 34-38 ; *Modo de ver un processo*, p. 39-40.

01-00035063 000

▶ M-BN, 3/62593(8). — Enc. perg.

2886
Castilla. [Leyes de Toro, 1505]
Leyes de Toro : quaderno de las leyes de Toro y nueuas decisiones hechas y ordenadas en la ciudad de Toro sobre las dudas de derecho. Con vn modo de passar / del doctor Espino... — En Salamanca : en casa de Diego de Cussio : a costa de Martin Perez, vendese en su casa..., 1605. — 40 p., A-B^8, C^4 ; 4^0

Port. con esc. xil. real. — *Modo de passar*, p. 34-38 ; *Modo de ver vn processo*, p. 39-40.

01-00122680 000

▶ M-UC (FD), 6492. — Enc. perg.

2887
Castilla. [Leyes, etc.] *Capitulos generales de las Cortes del año de mil y quinientos y nouenta y dos, fenecidas en el de nouenta y ocho: y publicadas en el de seyscientos y quatro.* — En Valladolid :

por Luys Sanchez : vendense en casa de Francisco de Robles Librero., 1604. — [3], 37 h., [1] en bl., [ ]^3, A-H^4, I^6 ; Fol.

Se ha respetado la puntuación original. — Hay diferentes estados de esta ed. — Port. con esc. xil. de armas reales.

01-00094513 000

▶ M-BN, V/C^a 1014-47. ▶ M-BN, V.E./31-17(2). — Falto de port. y las dos primeras h. sustituídas por las de otra ed. con fol. numerada 106-108. ▶ M-BN, V.E./39-62. ▶ M-RAE, 13-C-31(36). — Enc. perg.

2888
Castilla. [Leyes, etc.] *Capitulos generales de las Cortes del año de mil y quinientos y nouenta y dos: fenecidas en el de nouenta y ocho: y publicadas en el de seyscientos y quatro.* — En Valladolid : por Luis Sanchez : vendese en casa de Francisco de Robles librero.., 1604. — H. 106-108, [2] en bl., 109-145, 2E^4-2N^4, 2O^5 ; Fol.

Se ha respetado la puntuación original. — Port. con esc. xil. real.

01-00094512 000

▶ M-BN, V.E./42-59. ▶ M-RAE, 40-III-23(9). ▶ M-RAE, 40-III-34(8). — Falto de una h. del cuaderno E^4. ▶ M-RAE, 40-III-3(8). — Enc. perg.

2889
Castilla. [Leyes, etc.] *Capitulos generales de las Cortes del año de mil y seyscientos y dos, fenecidas en el de seyscientos y quatro, y publicadas en el de seyscientos y diez.* — En Madrid : por Iuan de la Cuesta : vendese en casa de Francisco de Robles..., 1610. — 8 h., A^8 ; Fol

Port. con esc. xil. real.

01-00002728 000

▶ M-BN, 2/693(2). — Enc. perg. ▶ M-BN, R/18702(2). — Enc. perg. con hierros dorados. ▶ M-BN, R/24243(2). — Enc. perg. ▶ M-BN, R/31763(6). — Enc. pasta. — Ex-libris ms. del Licenciado Joseph Balthasar Romero Ortiz. ▶ M-BN, V/Cª 1014-49. ▶ M-UC (FFil), 30483. — Enc. perg.

2890

Castilla. [Leyes, etc.] *Capitulos generales de las Cortes del año de mil y seyscientos y dos, fenecidas en el de seyscientos y quatro, y publicadas en el de seyscientos y diez.* — En Madrid : por Iuan de la Cuesta : vendese en casa de Francisco de Robles..., 1610. — 20 h., A²⁰ ; Fol.

Port. con esc. xil. real.

01-00011888 000

▶ M-BN, 7/14555(4). — Enc. perg. ▶ M-BN, V.E./1256/9. — Falto de h. 18 y 19. ▶ M-PR, IN-4275(2). — Enc. piel con super-libros. ▶ M-UC (FFil), 20141. — Enc. cart. — Forma parte de un vol. facticio. ▶ M UC (FFil), 30532(4). — Ans. mss. marginales. — Enc. perg.

2891

Castilla. [Leyes, etc.] *Capitulos generales de las Cortes celebradas en la villa de Madrid, en los años de seiscientos y siete, onze, y quinze, Prematicas, y Cedulas Reales, publicadas en la dicha villa à veinte y dos dias del mes de Agosto de mil y seiscientos y diez y nueue años.* — En Madrid : por Iuan de la Cuesta : vendese en casa de Francisco de Robles..., 1619. — [4], 134 p., [2] en bl., ¶², A-H⁸, I⁴ ; Fol.

Hay otra ed. con igual pie de imp. — Capítulos y dos Premáticas, con port. propia. — Port. con esc. xil. real.

01-00094514 000

▶ M-BN, 2/32106. — Enc. piel. — Ex-libris ms. de la Librería de San Jerónimo y sello de Pascual de Gayangos. ▶ M-BN, R/31763(23). — Enc. pasta. ▶ M-BN, V.E./38-22. — Falto de las dos primeras h. ▶ M-

BN, V.E./38-23. — Contiene únicamente «Capítulos... de seiscientos y onze», p. 33-54. ▶ M-BN, V.E./38-29. — Entre p. 60 [i.e. 80] y p. 81, incluye 3 h. con sign. A₃₋₅ ajenas. ▶ M-BN, V.E./42-87. — Contiene únicamente «Capítulos... de seiscientos y siete», p. 1-31. ▶ M-RAE, 13-C-42(37-53). — Enc. perg. — Falto de p. 119 a 122. — Errores de enc.: las p. 81-134 preceden a p. 1, y tiene duplicadas la port. y prelim.

2892

Castilla. [Leyes, etc.] *Capitulos generales de las Cortes celebradas en la villa de Madrid en los años de seiscientos y siete, onze, y quinze, Prematicas, y Cedulas reales, publicadas en la dicha villa, â veinte y dos dias del mes de Agosto de mil seiscientos y diez y nueue años.* — En Madrid : por Iuan de la Cuesta : vendense en casa de Francisco de Robles..., 1619. — [4], 134 p., [2] en bl., ¶², A-H⁸, I⁴ ; Fol.

Hay otra ed. con igual pie de imp. — Capítulos y dos Premáticas, con port. propia. — Port. con esc. xil. real.

01-00094515 000

▶ M-BN, 3/23363. — Enc. perg. ▶ M-UC (FD), 10531. — Enc. perg. ▶ M-UC (FFil), 30483(19). — Enc. perg.

2893

Castilla. [Leyes, etc. de Minas] *Nueuas leyes y ordenanzas hechas por su Magestad del Rey don Filipe nuestro señor : cerca de la forma que se ha de tener en estos Reynos en el descubrimiento, labor y beneficio de las minas de oro, plata, açogue y otros metales...: que con orden y mandato de la Real junta de Minas... y a espensa de don Iuan de Oñate, Adelantado del Nueuo Mexico, hizo imprimir Andres de Carrasquilla, Secretario de dicho Adelantado.* — En Madrid : por Luis Sanchez..., 1625. — [6], 22 h., §⁶, A-C⁶, D⁴ ; Fol.

Texto a dos col. — Port. con esc. xil. real.

01-00035062 000

▶ M-BN, 3/23858. — Enc. perg. ▶ M-BN, V.E./183-41.

2894

Castilla. [Leyes, etc. de Minas]
Leyes cedulas y ordenanzas hechas por los señores reyes don Felipe Segundo, Tercero y Quarto: cerca de la forma que se ha de tener en estos Reinos en el descubrimiento, labor y beneficio de las minas de oro, plata, açogue, y otros metales... — En Madrid : por la viuda de Alonso Martin, 1630. — 27 h., A-D^6, E^3 ; Fol.

Port. con esc. xil. real.

01-00122679 000

▶ M-BN, V.E./183-40. ▶ M-PR, X-837. — Enc. pasta.

2895

Castilla. *Señor. El Reyno cumpliendo con su obligacion y deseo del mayor seruicio de V.M. aunque ha procurado antes que se promulgase la prematica y subida de los tributos, representan a V.M. los inconuenientes della, no se le ha permitido, y compulso de la instancia que los vasallos de V.M... hazen para que en su nombre suplique a V.M. se sirua... de mandar reueer este negocio... y a esse fin se proponen las razones que los dueños de los juros tienen, para pedir se les guarden sus contratos, sin alterar ni disminuir los reditos que por ellos resultan...* — [S.l. : s.n. s.a.]. — [4] p. ; Fol.

Se ha respetado la puntuación original.

01-00011779 000

▶ M-PR, III-6464(33). — Enc. pasta.

2896

Castilla. Cortes. *Decreto de las Cortes por el qual los Reynos de la Corona de Castilla han recibido a la insigne Doctora y gloriosa virgen santa Teresa de Iesus, Fundadora de la Reformacion de los Carmelitas Descalços, por Patrona y Protectora de los Reynos de España, especialmente cōtra las heregias y enemigos de la Fè.* — Impresso en Seuilla : por Iuan Serrano de Vargas..., 1618. — [4] p. ; Fol.

Texto fechado en Madrid, 30 de Noviembre, 1617. — En p. [1] esc. xil. de los Carmelitas.

01-00002963 000

▶ M-BN, V.E./1328-19. — Enc. hol.

2897

Castilla. Real Audiencia de Galicia. *Ordenanzas de la Real Audiencia del Reyno de Galicia.* — Impressas en la ciudad de la Curuña [sic] : por Antonio Frayz, 1679. — [8], 320 p., ¶-2¶^{2}, A-Z^2, 2A-2Z^2, 3A-3Z^2, 4A-4L^2; Fol.

Texto a dos col. con apostillas marginales, hasta la p. 83. — Port. con orla tip. y esc. xil. — *Quaderno de Cedulas y Provisiones...*, p. 83-216 ; *Visita que hizieron...*, p. 217-320.

01-00122474 000

▶ M-BN, 2/40845. — Enc. perg. — Ex-libris de Fernando José de Velasco. ▶ M-BN, R/16426. — Enc. pasta. ▶ M-BN, R/3353(1). — Enc. hol. — Ex-libris ms. de Julián Lamos Bolaño y Alberto de Gomill y Valle. ▶ M-BN, R/7679. — Enc. perg. ▶ M-PR, III/2191. — Enc. pasta con hierros dorados.

2898

Castilla. Real Audiencia de Sevilla. *Ordenancas de la Real Audiencia de Seuilla.* — Impresso en seuilla [sic] : por Bartolome gomez, 1603. — [10], 461 [i.e. 491], [204] p., [ ]^1, ¶^{4}, A-Z^8, 2A-2G^8, 2H^6, A-M^8, N^6 ; Fol.

Errores de pag., de p. 490 pasa a 461. — *Repertorio de todo lo que contiene esta Recopilacion y de lo demas concerniēte a los oficios de Regente, Oydores, Alcaldes, Fiscal, ministros y oficiales de la Audiencia...*, [204] p.

01-00011841 000

▶ M-BN, 2/24323. — Deterioradas las últimas h. del «Repertorio». ▶ M-BN, 3/16088(1). — Enc. perg. ▶ M-RAE, 40-III-30. — Enc. perg. — Falto de port. y de las p. 357-358 y 363-364. ▶ M-UC (FFil), 11364. — Enc. perg.

2899

Castilla. Real Chancillería de Granada. *Don Felipe por la Gracia de Dios, Rey de Castilla, de Leon, de Aragon de las dos Sicilias... A vos qualesquier nuestros Jueces, y Justicias... que con esta nuestra Carta, ò su traslado signado de Escribano publico... sabed, que en la nuestra Corte, Chancilleria... en nombre del Concejo, Justicia, y Regimiento de la Ciudad de Cordova, se querellò de Don Gutierre Calderon... para que todos sus vezinos, y moradores, no pagassen portazgo...* — [S.l. : s.n., s.a.]. — 19 p., A-E² ; Fol.

Se ha respetado la puntuación original.

01-00012323 000

▶ M-BN, V.E./195-25.

2900

Castilla. Real Chancillería de Granada. *En la ciudad de Granada a treynta dias del mes de Diziembre de mil y seyscientos y quarēta y vn años, el Licenciado don Luys Enriquez del Consejo de su Magestad, su Alcalde mas antiguo en esta Real Chācilleria, y Juez priuatiuo por particular comission de su Magestad para el conocimiēto y castigo de todas las causas de fraudes y falsedad de resello de moneda de vellō en todo el distrito desta Chācilleria...* — [S.l. : s.n., s.a.]. — [4] p. ; Fol.

Se ha respetado la puntuación original.

01-00012325 000

▶ M-BN, V/Cª 1014-66. — An. ms.: «1641 resello de moneda».

2901

Castilla. Real Chancillería de Granada. *Autos de vista, y revista de los señores Presidente y oydores de la Real Chancilleria de la ciudad de Granada en favor de la... Iglesia de señor Santiago, contra los pegujareros y moços de soldada para la paga del Voto que el señor Rey D. Ramiro... y pueblos de España ofrecieron al... Apostol Santiago, Patron de España, en reconocimiento de la merced, y fauor que del recibieron en la vitoria de la batalla de Clavijo.* — Impressa en Granada : en la Imprenta Real de Nicolas Antonio Sanchez..., 1672. — [1], 7 h., [ ]¹, A-C², D¹ ; Fol.

Port. con orla tip. y grab. calc.

01-00012324 000

▶ M-BN, V.E./67-81.

2902

Castilla. Real Chancillería de Granada. *Condiciones con que se arriendan las rentas reales de los Votos del de Señor Santiago... Patron de las Españas, de los Arçobispados de Toledo... y Lugares del distrito de la Real Chancileria [sic] de la Ciudad de Granada, y Audiencia Real de Sevilla, pertenecientes à la Santa Apostolica Iglesia de señor Santiago, que se arriendan por los frutos, y cosechas deste presente año de mil seiscientos y ochenta y dos, y los demas años venideros... Y que los arrendadores que las arrendasen... se someten à la jurisdicion, y justicias desta Ciadad [sic] de Granada como si viviessen, y morassen dentro de las cinco leguas...* — [S.l. : s.n., s.a.]. — [8] p., A-B² ; Fol.

Se ha respetado la puntuación original. — Texto fechado en Granada 1682.

01-00012326 000

▶ M-BN, V.E./67-77. — Al final del texto va la firma ms. de «Martin Alver».

2903

Castilla. Real Chancillería de Granada. *Ordenanças de la Real Audiencia y Chancilleria de Granada.* — Impresso en Granada : por Sebastian de Mena, 1601. — [6], 438, [43] h., [1] en bl., ¶⁶, A-Z⁸, 2A-2Z⁸, 3A-3H⁸, 3I⁶, A-D⁸, E¹² ; Fol.

Colofón. — Port. grab. calc. con esc. real de los Reinos de Castilla.

01-00012318 000

▶ M-BN, 2/16713(1). — Enc. perg. — Ex-libris de D. Fernando José de Velasco. — La 2.ª obra precede a los índices. ▶ M-BN, 3/16082(1). — Enc. perg. — Falto de port. y 1 h. de prelim. ▶ M-BN, 3/33376(1). — Enc. perg. ▶ M-BN, 3/48481(1). — Enc. perg. — Falto de 4 h. de prelim. — La 2.ª obra enc. entre prelim. y texto. ▶ M-BN, R/11679(1). — Enc. pasta. — Sello de Pascual de Gayangos. ▶ M-UC (FFil), 21325. — Enc. perg. fileteado.

2904

Castilla. Real Chancillería de Granada. *Ordenanzas que los muy ilustres, y muy magnificos señores [sic] Granada mandaron guardar, para la buena gouernacion de su Republica : impressas año de 1552: que se han buelto a imprimir por mandado de los señores Presidente, y Oydores de la Real Chancilleria de esta ciudad de Granada: año de 1670: añadiendo otras que no estauan impressas.* — Impressas en Granada : en la Imprenta Real de Francisco de Ochoa..., 1672. — [6], 352, [33] h., ¶⁶, A-Z⁶, 2A-2Z⁶, 3A-3M⁶, 3N⁴, ¶-4¶⁶, 5¶⁸, [ ]¹ ; Fol.

Port. con escs. xils. — Texto a dos col.

01-00023005 000

▶ M-BN, 2/65943. — Enc. perg. — Sello de Pascual de Gayangos. ▶ M-BN, 7/47406. — Enc. perg. ▶ M-BN, R/22312. — Enc. pasta. — Port. deteriorada. ▶ M-RABA, B-3089. — Enc. perg. — Ex-libris de A. Fernández Casanova y ex-libris ms. de Mariano Sánchez Serrano. — Port. deteriorada. — Falto de la última h. de prelim.

2905

Castilla. Real Chancillería de Granada. *Señor A los reales pies de V.M.D.C.O. el Lic. don Diego Ximenez Lobaton, Fiscal de... vuestra Chancilleria de Granada. Esta defensa iuridica, de vuestra mayor regalia, que consiste en el conocimiento de los despojos violentos entre los eclesiasticos ocasionada del que hizo, D. Diego Escolano, Arzobispo della, a los Racioneros... de la possession en que estauan, de la preeminencia de tomar en pie... las velas, ceniza, y palmas...* — En Granada : en la Imprenta Real de Francisco Sanchez..., 1670. — [2], 60 h., [ ]², A-Z², 2A-2G² ; Fol

Se ha respetado la puntuación original. — Texto con apostillas marginales. — Port. con orla tip. — En h. [2], grab. calc.: «D. Antº Serrano fet».

01-00002726 000

▶ M-BN, 3/40738(7). — Enc. perg.

2906

Castilla. Real Chancillería de Valladolid. *Auto. En la ciudad de Valladolid à seys dias del mes de Nouiembre, de mil y seyscientos y diez y ocho años, estando los Señores Presidente y Oydores de la Audiēcia del Rey nuestro Señor en Acuerdo general... Dixeron, que para euitar fraudes de los Procuradores, Receptores, Litigantes, mandauan, è mandaron, que* *aya vn libro donde se tome la razon de todos los negocios principales...* — [S.l. : s.n., s.a.]. — 6 h., A-C² ; Fol.

Se ha respetado la puntuación original. — Auto fechado el 23 de Diciembre de 1621, en h. 2.

01-00094304 000

▶ M-BN, R/28958(8). — Enc. perg. — Ex-libris de D. Fernando José de Velasco.

2907
Castilla. Real Chancillería de Valladolid. *En la ciudad de Valladolid a diez dias del mes de Abril de mil y seyscientos y quarenta y dos años, estādo los señores Presidente, y Oydores de la Chancilleria del Rey nuestro Señor en Acuerdo General: mandaron, que para que las condenaciones, que se aplican a la Camara de su Magestad, y gastos de justicia, en esta Real Audiencia... tengan el cobro, y recaudo, que mandan las leyes del Reyno... se guarde, y cumpla la orden siguiēte.* — [S.l. : s.n., s.a.]. — [4] p. ; Fol.

Se ha respetado la puntuación original.

01-00122475 000

▶ M-BN, V.E./201-80.

2908
Castilla. Real Chancillería de Valladolid. *Estylo de las peticiones que se presentan y proueen en la Real Chancilleria de Valladolid, assi en la Sala de Audiencia publica, como en las salas originales, y en el Acuerdo y de las semanerias y otros despachos ordinarios...* — En Burgos : por Iuan Baptista Varesio, 1605. — [1], 7 h., [ ]¹, A-C², D¹ ; Fol.

Port. con grab. xil. que represente a la Virgen.

01-00094301 000

▶ M-BN, R/28958(2). — Enc. perg. — Ex-libris de D. Fernando José de Velasco.

2909
Castilla. Real Chancillería de Valladolid. *Inuentario, y Matricula de los papeles del Acuerdo desta Real Audiencia, y Chancilleria de Valladolid, libros del, cedulas de su Magestad, consultas de la Audiencia, y autos del Acuerdo, recibimiento de oficiales, cuentas, y obras de la casa Real, preuilegios de la situacion de la Audiencia, y otros papeles, que se hallaron en el Archiuo en 16 de Septiembre de 1620.* — [S.l. : s.n., s.a.]. — 1-15, [1] en bl., 17-25, [1] en bl., 27-32 h., A-Q²; Fol.

Inuentario de los Autos proueydos por el Acuerdo y otros por los señores Presidentes, h. 17-25 ; *Inuentario de los legajos de papeles del Acuerdo, por años, en que estan recibimientos de oficiales, renunciaciones de oficios... y otros papeles tocantes al Acuerdo,* h. 27-32.

01-00094306 000

▶ M-BN, R/28958(10). — Enc. perg. — Ex-libris de la Biblioteca de Fernando José de Velasco.

2910
Castilla, Antonio de. *Cancion real a la sed de Iesus crucificado : breve epilogo de su Passion, y pintura del monte Caluario* / por Antonio de Castilla... — En Madrid : en la Imprenta Real, 1645. — [28] p., A-C⁴, D² ; 4⁰

Port. con grab. xil.

01-00046042 000

▶ M-BN, V.E./155-57. — Lleva al final una h. de grab. de otro ejemp.

2911
Castilla, Antonio de (Natural de Úbeda). *Auto al nacimiento del hijo de Dios : con dos loas al mismo assumpto* / por Don Antonio de Castilla... — En Sevilla : por Iuan Gomez de Blas, 1675. — [16] p., A⁸ ; 4⁰

Texto a dos col.

01-00030428 000

▶ M-BN, T/4448. — Enc. hol.

2912

Castilla, Antonio de (O.F.M.).
Sacra dezima de varias oraciones pane-
gyricas / predicadas por... Fr. Antonio de Castilla, del orden Seraphico... — En Valladolid : por Antonio
Rodriguez de Figueroa..., 1693. —
[36], 166 [i.e.162], [2] en bl., [32]
p., ¶-3¶⁴, ¶², 2¶⁴, A-I⁴, K³, L-N⁴,
O⁷, Q-Z⁴, 2A-2B⁴ ; 4⁰

Errores en pag., de p. 111 pasa a
116. — Port. con orla tip. — Grab.
xil. en ¶₂ y 2B₄.

01-00030429 000

▶ M-BN, 3/67537. — Enc. perg.

2913

Castilla, Diego de. *Señor. Don*
Diego de Castilla, Señor de la Casa de
Castilla, Estado de Gor, y Villa de He-
rrera de Valdecañas : dize, que por el año
passado de 1621 a los pies de V. Magestad
representó, como de varon en varon, por
linea recta desciende del señor Rey Don
Pedro el Iusticiero, y señora Reyna Doña
Iuana de Castro, y su hijo, el Infante Don
Iuan de Castilla... — [S.l. : s.n., s.a.].
— [4] p. ; Fol.

En p. [4] consta 1622.

01-00046043 000

▶ M-BN, V.E./214-8.

2914

Castilla, Gabriel de (S.I.) (1565-
1627). *Sermon de S. Hiscio obispo y*
martyr, vno de los que murieron gloriosa-
mente en este Sancto Monte de Granada :
predicado en la Yglesia Mayor della, a
primero de Março de 1605... / por el
Padre Gabriel de Castilla de la
Compañia de Iesus. — En Granada:

por Sebastian de Mena, 1605. —
[32] p., A-D⁴ ; 4⁰

Port. con esc. xil. de la Compañía
de Jesús.

01-00030430 000

▶ M-BN, V.E./52-1. ▶ M-BN, V.E./58-
51. — An. ms. «1877-Febrero 22. E. por la
Secretaría». — Deteriorado. ▶ M-PR, XIV-
1090. — Enc. pasta con hierros dorados y
super-libris con esc. de la Compañía de
Jesús.

2915

Castilla, Juan de (O.C.). *Discursos*
predicables sobre la salutacion angelica, y
mysterios del Santo Rosario / su autor...
Fr. Juan de Castilla... del Orden de
Nuestra Señora del Carmen... ; sacala a luz... Fr. Francisco Navarro...
— En Sevilla : a costa de Lucas
Martin de Hermosilla, impressor y
mercader de libros, 1698. — [10],
211, [13] h., ¶-2¶⁴, 3¶², A-Z⁴, 2A-
2Z⁴, 3A-3K⁴ ; Fol.

Fe de erratas y tasa fechadas en
1699. — Texto a dos col. — Port.
con orla tip.

01-00046044 000

▶ M-BN, 3/17130. — Enc. perg. — Ex-
libris de los Franciscanos Descalzos de Madrid. ▶ M-BN, 3/63775. — Enc. perg. ▶ M-
BN, 8/36796.

2916

Castilla, Miguel de (S.I.) (1652-
1713). *Sermon de la Immaculada Concep-*
cion de Maria Señora Nuestra predicado
en el celebre, y devotissimo Santuario de la
Soledad, y Dolores de la misma SS. Vir-
gen en la Ciudad de Guadalajara Año de
1693 / por el P. Miguel de Castilla,
professo de la Compañia de Iesus....
— [¿En Mexico : en la Imprenta
nueva de Juan Joseph Guillena Carrascoso..., 1694?]. — [6], 12 h., ¶₃-
₈, A-F² ; 4⁰

Datos tomados de Medina, México, III, 1561. — Texto a dos col.

01-00046046 000

▶ M-BN, V.E./71-19. — Falto de port.

2917

Castillejo, Cristóbal de (-1550).
Dialogo de las condiciones de las mugeres: en el   qual se halla como se han de estimar las nobles, honradas y virtuosas, para huyr y aborrecer de las que no lo son / por Christoual de Castillejo. — En Alcala : en casa de Andres Sanchez de Ezpeleta, 1615. — [2], 66 h., ¶⁴, A-H⁸ ; 8⁰

Port. con grab. xil.

01-00030431 000

▶ M-BN, R/13311(2). — Enc. piel. — Sello de Pascual de Gayangos.

2918

Castillejo, Cristóbal de (-1550).
Dialogo entre la verdad y la lisonja : en el qual se hallarà como se pueden conocer los aduladores y lisonjeros, que se meten en las casas de los Principes y la prudencia que se deue tener para huyr dellos... ; con otro Tratado de la vida de Corte / por Christoual Castillejo. — En Alcalá : en casa de Andres Sanchez de Ezpeleta, 1614. — [4], 44, 88 h., ¶⁸, A-E⁸, A-L⁸ ; 8⁰

01-00030432 000

▶ M-BN, R/13311(1). — Enc. piel. — Sello de Pascual de Gayangos. — Defectos de enc.: h. 1-24 de la 2.ª secuencia y h. 29-44, de la 1.ª secuencia, encuadernadas al fin de la obra. ▶ M-BN, R/5408. — Enc. pasta verde con hierros dorados.

2919

Castillejo, Cristóbal de (-1550).
Historia de los dos leales amadores Piramo y Tisbe : en la qual se declara la grande fuerça que haze el amor, pues pierde su vida por el amado, como por esta obra se

declara / por Christoual de Castillejo. — En Alcala : en casa de Andres Sanchez de Ezpeleta, 1615. — [100] p., ¶², A-F⁸ ; 8⁰

Port. con grab. xil.

01-00030433 000

▶ M-BN, R/13311(3). — Enc. piel. — Sello de Pascual de Gayangos.

2920

Castillo, Andrés del. *La mogiganga del gusto : en seis novelas...* / por don Andres del Ca[sti]llo... — En Zaragoça : por Pedro Lan[aja]..., 1641. — [4], 236 p., A-P⁸ ; 8⁰

Contiene: *El monstruo de Mançanares*, p. 1 ; *Quien bien anda en bien acaba*, p. 48 ; *El estudiante confuso*, p. 82 ; *La muerte del avariento y Guzman de Juan de Dios*, p. 130 ; *Pagar con la misma prenda*, p. 168 ; *La libertada inocente y castigo en el engaño*, p. 201.

01-00030434 000

▶ M-BN, R/18305. — Enc. perg., deteriorada. — Deteriorado, afectando a port. y prelim.

2921

Castillo, Antonio del (O.F.M.) (-1699). *El deuoto peregrino : viage de Tierra Santa* / compuesto por el P. F. Antonio de Castillo... — En Madrid : en la imprenta R¹, 1654. — [24], 436, [4] p., [5] h. de grab. pleg., ¶⁴, 2¶⁸, A-Z⁸, 2A-2D⁸, 2E⁴ : il. ; 4⁰

Port. grab. calc.: «Jo = Fridericus Greuter sculp.». — Grab. calc. tanto las h. pleg. como los grab. intercalados en el texto.

01-00030435 000

▶ M-BN, R/31011. — Enc. piel con hierros. — Algunos grab. deteriorados. — Falto de 1 h. de grab. ▶ M-UC (FFil), 3323. — Enc. perg. — An. ms.: «Expurgado por comision particular del Excelentisimo señor Inquisidor, General y... Ignacio de Zuleta».

2922
Castillo, Antonio del (O.F.M.)
(-1699). *El deuoto peregrino : viage de Tierra Santa* / compuesto por el P. F. Antonio de Castillo... — En Madrid : en la Imprenta Real, 1656. — [24], 511, [16] p., [5] h. de grab. pleg., ¶^{8}, 2¶^{4}, A-Z^8, 2A-2I^8, ¶^{4}, ✳^{4} : il. ; 4^0
Colofón. — Port. grab. calc.: «Pedro de Villafranca Sculptor Regius, ft». — Grabs. calc. intercalados en el texto.

01-00030436 000

▶ M-BN, 2/48322. — Enc. perg. — Deteriorado, afectando a h. de grab. — Falto de 1 h. de grab. (plan. de Jerusalen) y de parte de otra (map. de Tierra Santa). — Expurgado por la Inquisición en p. 225 y 226. ▶ M-BN, 2/68852. — An. ms. de Gayangos indicando que el ejemplar perteneció al geógrafo D. Isidoro Antillon. — Enc. hol. — Ex-libris ms.: de D. Sancho de Antillón, ex-libris de Emmanuel Vicente de Murgutio y sello de Pascual de Gayangos. — Falto de 1 h. de grab. (Map. de Tierra Santa) y de parte de otra (plan. de Jerusalen). ▶ M-BN, 3/77028. — Enc. perg. deteriorada. — Ex-libris ms. de Dª Juana Barragan. — Falto de las 3 primeras h. de grab. — Expurgado en p. 225 y 226. ▶ M-BN, R/5703. — Ans. ms., una del autor donación del libro al convento de Nuestra Sra. de los Angeles de Málaga (tachado) y otra, indicando su expurgo, fechado en 1747. — Enc. perg. — Deteriorado, afectando a h. de grab. — Expurgado en p. 225 y 226. ▶ M-UC (FFil), 29095. — Enc. cart., deteriorada. — Ex-libris ms. de Julio Cejador. — Falto de port., prelim. y de las 3 primeras h. de grab.

2923
Castillo, Antonio del (O.F.M.)
(-1699). *El deuoto peregrino : viage de Tierra Santa* / compuesto por el P. F. Antonio del Castillo... — En Madrid : en la Imprenta Real : a costa de Mateo Fernandez..., 1664. — [16], 493, [11] p., [5] h. de grab.

pleg., §^{4}, 2¶^{4}, A-Z^8, a2A-2H^8, ¶^{4} : il.; 4^0
El editor consta en colofón. — Port. grab. calc.: «Pedro de Villafranca ft.». — Grab. calc. tanto las h. pleg. como los grab. intercalados en el texto.

01-00030437 000

▶ M-BN, U/8374. — Enc. perg.

2924
Castillo, Antonio del (O.F.M.)
(-1699). *El devoto peregrino y viage de Tierra Santa* / compuesto por el R. P. F. Antonio de Castillo... — En Paris : por Antonio Mureto..., 1664. — [16], 683, [5], 43, [12] p., [11] h. de grab. pleg., ¶-2¶^{4}, A-Z^4, 2A-2Z^4, 3A-3Z^4, 4A-4R^4, a-g^4 : il. ; 4^0
Port. a dos tintas. — Grabs. y hojas pleg. calc.

01-00030438 000

▶ M-BN, 2/23679. — Enc. pasta. — Super-libris del Duque de Osuna. — Falto de 3 h. de grab. ▶ M-BN, 3/33184. — Enc. perg. — Ex-libris ms. del convento de los P.P. Capuchinos de Ostende y sello de Pascual de Gayangos. — Falto de 2 h. de grab.

2925
Castillo, Antonio del (O.F.M.)
(-1699). *El devoto peregrino y viage de Tierra Santa* / por... F. Antonio del Castillo... — En Paris : por Antonio Mureto..., 1666. — [16], 516, [4], 28, [10] p., [2] en bl., [11] h. de grab., ¶-2¶^{4}, A-Z^4, 2A-2Z^4, 3A-3T^4, a-e^4 : il. ; Fol.
Port. a dos tintas con grab. calc. — Grab. calc. tanto las h. pleg. como los grab. intercalados en el texto.

01-00030439 000

▶ M-BN, R/5636. — Enc. pasta.

2926
Castillo, Baltasar del (O.F.M.).
Luz, y guia de los ministros evangelicos :

para navegar por el mar proceloso deste mundo hasta llegar al puerto de la salvacion, y gozar eternamente de los thesoro de la gloria, y bienaventuranza / dedicala el P. Fr. Balthasar del Castillo... — En Mexico : por Juan Joseph Guillena, Carrascoso, impressor, y mercader de libros..., 1694. — [5], 11, [5], 3-16 h., §⁵, A-P² ; 4⁰

Texto paralelo en español y azteca. Port. con orla tip.

01-00030440 000

▶ M-BN, R/8601. — Enc. perg. — Exlibris de Heredia.

2927
Castillo, Bautista del. *El verdadero tercero y quarto auiso en verso de lo sucedido presente su Magestad en la ciudad de Barcelona desde a treze hasta a diez y seys del mes de abril* / por Bautista del Castillo... — En Barcelona : en casa de Sebastian Matevad : vendese en casa la viuda Biosca, 1620. — [4] p.; 4⁰

Port. con viñeta xil.

01-00030441 000

▶ M-BN, R/11293. — Enc. cart. — Sello de Pascual de Gayangos.

2928
Castillo, Cristóbal del. *Aqui se contiene tres obras muy curiosas : la primera es vn Romance a la Inmaculada Concepcion..., la segunda es otro Romance en alabança de aquella letra tan celebrada, Todo el mundo en general y de su Autor, la tercera es vna glosa al mismo intento y vnas otauas* / compuesto por Christoual del Castillo... — [Sevilla] Impresso en Murcia por Diego la Torre y por su original en Seuilla : por Matias Clauijo, 1615. — [8] p. ; 4⁰

Port. con viñeta xil. de la Virgen. — Texto a dos col.

01-00030442 000

▶ M-BN, R/12677(1). — Enc. hol. — Sello de Pascual de Gayangos.

2929
Castillo, Diego del. *Bula de oro : oracion panegyrica euangelica en la Beatificacion del inclyto monarca D. Fernando el Santo, Tercero deste nombre, Rey de Castilla, y de Leon, en las fiestas consagradas por la Real Capilla de Granada, el dia del Gran Precursor Baptista del año de 1671* / dixola el Doctor Don Diego del Castillo... — Impressa en Granada : en la Imprenta Real de Francisco de Ochoa..., 1671. — 18 h., A-D⁴, E² ; 4⁰

El pie de imp. consta en colofón. — Port. con orla tip.

01-00046047 000

▶ M-BN, V.E./139-9. — Falto de h. 5-8.

2930
Castillo, Diego del (Salamanca). *Defensa de la venida y predicacion evangelica de Santiago en España...* / por... Diego del Castillo... ; que es traduzido de lo que en latin presento en Roma à... Clemente VIII... el año de mil y seycientos. — Impressa en Çaragoça : por Lorenço de Robles..., 1608. — [12], 175 h., §-3§⁴, A-Z⁴, 2A-2V⁴, 2X³ ; 4⁰

Texto fileteado. — Port. con esc. xil. real.

01-00030443 000

▶ M-BN, 2/69167. — Enc. perg. con hierros dorados. — Defectos de enc. (cuaderno 2§⁴). ▶ M-RAE, 14-VII-44. — Enc. perg. ▶ M-UC (FFil), 9163. — Enc. perg. — Exlibris ms.: «de la libreria del Collegio de Madrid. Duplicado».

2931
Castillo, Diego del (Salamanca). *Defensa de la venida y predicacion evange-*

lica de Santiago en España... / por... Diego del Castillo... ; que es traduzido de lo que en latin presento en Roma a... Clemente VIII... el año de mil y seycientos. — Impressa en Çaragoça : por Lorenço de Robles... : vēdēse en casa de Bartolome Lope..., 1608. — [12], 175 h., §-3§^{4}, A-Z^4, 2A-2V^4, 2X^3 ; 4^0

Texto fileteado. — Port. con esc. xil. real.

01-00030444 000

▶ M-UC (FFil), 9136. — Enc. perg.

2932

Castillo, Francisco del. *Ocios de Don Francisco del Castillo...* — Impresso en Zaragoça : por Pedro Esquer, 1647. — [8], 150 [i.e.148] h., §^{8}, A-S^8, T^4 ; 8^0

Error de fol., de h. 85 pasa a 88.

01-00030449 000

▶ M-BN, 3/71455. — Enc. perg. ▶ M-BN, R/5564. — Enc. perg. — Ex-libris de Cayetano Alberto de la Barrera.

2933

Castillo, Francisco del (O.S.A.). *Migajas caidas de la mesa de los Sanctos y Doctores de la Yglesia : colegidas y aplicadas a todos los euangelios de la Quaresma* / por F. francisco del castillo de la orden de S. Agustin... — [Sevilla] : en San Augustin de Seuilla por fran^{co} de lira, 1614. — [14], 343 [i.e. 339], [5] h., 96 p., ¶^{6}, [ ]^1, A-Z^8, 2A-2Z^8, 2A-2C^8 ; 8^0

Error de fol., de la h. 336 pasa a la 341. — Port. grab. calc.

01-00030445 000

▶ M-RAE, 17-XII-62. — Enc. perg.

2934

Castillo, Francisco del (O.S.A.). *Migaias caydas de la mesa de los santos y*

Doctores de la Iglesia : colegidas y aplicdas a todos los Euangelios de la Quaresma / por Fr. Francisco del Castillo de la orden de S. Agustin... — En Pamplona : por Nicolas de Assiayn y á su costa impresso, 1619. — [10], 280, [1] h., 84 p., [2] en bl., ¶^{12}, A-Z^8, 2A-2Q^8, 2R^{12} ; 8^0

Existe emisión con pie de imp.: En Pamplona : por Nicolas de Assiayn : acosta de Iuā de Bonilla..., 1619. — Port. con grab. xil.

01-00030446 000

▶ M-BN, 2/55479. — Enc. perg.

2935

Castillo, Francisco del (O.S.A.). *Migaias caydas de la mesa de los santos y Doctores de la Iglesia : colegidas y aplicdas a todos los Euangelios de la Quaresma* / por Fr. Francisco del Castillo de la Orden de S. Agustin... — En Pamplona : por Nicolas de Assiayn : acosta de Iuā de Bonilla..., 1619. — [10], 280, [1] h., 84 p., [2] en bl., ¶^{12}, A-Z^8, 2A-2Q^8, 2R^{12} ; 8^0

Existe emisión con pie de imp.: En Pamplona : por Nicolas de Assiayn y á su costa impresso, 1619. — Port. con grab. xil.

01-00030447 000

▶ M-BN, 3/60092. — Enc. perg.

2936

Castillo, Francisco del (O.S.A.). *Migaias caydas de la mesa de los Santos, y Doctores de la Iglesia : colegidas y aplicadas à todos los Euangelios de los Santos* / por Fr. Francisco del Castillo, de la Orden de S. Agustin. — En Pamplona : por Nicolas de Assiayn : acosta de Iuan de Bonilla, 1620. — [8], 347, [3] h., 34 p., ¶^{8}, A-Z^8, 2A-2Y^8, 2Z^7 ; 8^0

01-00030448 000

▶ M-BN, 3/23066. — Enc. hol. — Sello de Pascual de Gayangos.

2937

Castillo, Hernando de (O.P.). *Primera parte de la Historia general de Santo Domingo y de su Orden de Predicadores* / por... fray Hernando de Castillo... — Impresso en Valladolid : por Francisco Fernandez de Cordoua : vendese en casa de Antonio Coello y a su costa, 1612. — [10], 624, [8] p., [ ]¹, a⁴, A-Z⁸, 2A-2Q⁸, 2R⁴ ; Fol.

Tercera, cuarta y quinta partes de Juan López, obispo de Monopoli. — Colofón. — Texto a dos col. — Port. a dos tintas con esc. xil. heráldico de D. Pedro Zamora.

01-00030450 000

▶ M-BN, 3/40740. — Enc. perg. — Sello «Bibliothecae Couventus S. Dominici de Genua».▶ M-BN, 6-i/1403. — Enc. perg. — Ex-libris ms. de la librería de la Victoria de Madrid. — Falta 1 h. de prelim. ▶ M-BN, R/24048. — Enc. pasta. — Ex-libris ms. de la librería de los Capuchinos del Prado de Madrid. — Falto de 2 h. de prelim. — Port. manipulada con banderilla. ▶ M-UC (FFil), 16439. — Enc. piel con hierros sobre perg.

2938

Castillo, Hernando de (O.P.). *Segunda parte de la Historia general de Santo Domingo y de su Orden de Predicadores* / por... fray Hernando de Castillo, de la misma Orden... — Impresso en Valladolid : por Francisco Fernandez de Cordoua : vendese en casa de Antonio Coello y a su costa, 1612. — [4], 184 [i.e.185], [11] h., a⁴, A⁸, B⁹, C-Z⁸, a¹⁰ ; Fol.

Tercera, cuarta y quinta partes de Juan López, Obispo de Monopoli. — Texto a dos col. — Port. a dos

tintas con esc. xil. heráldico de D. Pedro Zamora.

01-00030451 000

▶ M-BN, 3/40740(2). — Enc. perg. — Sello «Bibliothecae Conventus S. Dominici de Genua». ▶ M-BN, 6-i/1403(2). — Enc. perg. ▶ M-BN, R/24048(2). — Enc. pasta. — Falto de port. ▶ M-UC (FFil), 16439(2). — Enc. piel con hierros sobre perg. — Falto de la h. de Tasa, sustituida por 1 h. en bl.

2939

Castillo, Juan de (escribano). *Señor. Iuan de Castillo, escriuano mayor de la Audiēcia del Adelantamiento de Castilla, partido de Burgos. Dize, q̄ por auer veinte y dos años que sirue en el dicho oficio, por titulo y merced de V.M. y auer seruido antes otros oficios en la Audiencia del dicho Adelantamiento... Y por auer sabido, que el Conde de Castrillo ha hecho contrato con la ciudad de Burgos, de que el oficio de Alcalde mayor del dicho Adelantamiento se vna con el de·Corregidor, para que se siruan ambos oficios...* — [S.l. : s.n., s.a.]. — 8 h., A-D² ; Fol.

Se ha respetado la puntuación original. — El texto va dirigido a Felipe IV.

01-00046048 000

▶ M-BN, V.E./218-74. — An. ms.: Este papel es sobre no unirse el oficio de alcalde mayor de la Audiencia Real del Adelantamiento de Castilla, partido de Burgos con el de Corregidor de Burgos.

2940

Castillo, Juan de (médico). *Licenciati Ioannis de Castillo... Tractatus quo continentur summe necessaria tàm de anatome, quàm de vulneribus, & vlceribus, tàm in genere, quám in particulari ac pro locorum differentia, tùm rationibus, tùm authoritatibus grauissimorum virorum illustratus...* — Matriti : apud Dominicum Garcia Morras..., 1683. —

[34], 348 p., §^{5}, 2§^{4}, 2¶-3¶^{4}, A-Z^6, 2A-2F^6 ; Fol.

Texto a dos col. — Port. con orla tip. a dos tintas.

01-00030452 000

▶ M-BN, 2/43980. — Enc. perg. — Sello de Marcos y Francisco Viñals. Madrid. ▶ M-BN, 3/2992. — Enc. perg. — Ex-libris I Miguel. ▶ M-UC (FM), 61600l c26f. — Enc. perg. — Ex-libris de la Biblioteca del Colegio de San Carlos. ▶ M-UC (FM), 61600l c26j. — Enc. perg. — Ex-libris ms. del Bachiller Juan de Manon. — Deteriorado. ▶ M-UC (FM), 616089c26j. — Enc. perg. — Ex-libris de la Biblioteca del Colegio de San Carlos. ▶ M-UC (FM), 617c26j. — Enc. perg. — Ex-libris ms. de la Libreria del Dr. Chinchilla. ▶ M-UC (FM), 617c28j. — Enc. perg. — Ex-libris de la Biblioteca del Colegio de San Carlos y del colegio de la Concepcion. ▶ M-UC (FM), 61c26j. — Enc. perg. — Ex-libris de la Biblioteca Historica de H. Morejón adquirida en 1876.

2941
Castillo, Juan (farmacéutico). *Pharmacopoea : vniuersa medicamenta in officinis pharmaceuticis vsitata complectens, & explicans* / autore Ioanne Castello... — Gadibus : apud Ioannem de Borja, 1622. — [7], 335, [6] h., [ ]^8, A-Z^8, 2A-2S^8, 2T^4, 2V^6 ; 4^0

Colofón. — Port. con esc. xil. heráldico. — En h. 315 v. grab. xil. representando la Anunciación.

01-00030453 000

▶ ME-RB, 25-V-8. — Enc. pasta. — Defectos de enc., las h. de la tabla preceden al texto. ▶ M-UC (FF), 61«16» c27j. — Enc. pasta. — Defectos de enc., las h. con sign. 2V$_{3-4}$ están entre 2T$_2$ y 2T$_3$. ▶ M-UC (FM), 615.11 c26j. — Enc. pasta. — Falta la h. [ ]$_8$.

2942
Castillo, Julián del. *Historia de los reyes godos que vinieron de la Scythia de Europa contra el Imperio romano y a España, con sucession dellos hasta los catoli-*
cos reyes Don Fernando y Doña Isabel / por Iulian del Castillo ; proseguida desde su principio cō adiciones copiosas de todos tiempos hasta el del Catolico dō Filipe IIII... por... Fray Geronimo de Castro y Castillo... — En Madrid : por Luis Sanchez..., 1624. — [24], 492, [36] p., [2] h. de grab., [1] h. de grab. pleg., ¶^{4}, 2¶^{8}, A-Z^8, 2A-2G^8, 2H^6, 2I^8, 2K^6, 2L^4 ; Fol.

Colofón. — Texto a dos col. y con apostillas marginales. — Las [3] h. de grab. calc.

01-00030454 000

▶ M-BN, 2/63046. — Enc. hol. — Sellos de Pascual de Gayangos y del Museo Británico. — Falto de la h. pleg. ▶ M-BN, 3/53091. — Enc. perg. — Falto de una h. de grab., de h. ¶^{4}, de p. 119 a 122 y de la última h. ▶ M-BN, R/14067. — Enc. pasta. — Ex-libris ms. de Argote Cabriñana. — Falto de una h. de grab., de p. 65 y de la «Tabla de los reyes godos». ▶ M-BN, R/14784. — Enc. perg. — Ex-libris: «Ex Bibl^{ca} D. Ferdin, Josephi á Velasco». — Deteriorado, afectando a p. 17 y 341. — Falto de las 3 h. de grab. y de la h. 2L$_4$ que está sustituída por otra ms. — Lleva numerosos retratos de reyes castellanos pegados en las h. ▶ M-BN, R/16454. — Enc. pasta. — Falto de las 3 h. de grab. y de las h. 2¶$_{2-7}$. ▶ M-BN, R/19978. — Enc. pasta. — Sello de Pascual de Gayangos. — Defectos de encuadernación: la h. 2¶$_7$ después de port. ▶ M-BN, R/35172. — Enc. hol. — Falto de las 3 h. de grab. y de las h. ¶$_{2-3}$. ▶ M-BN, R/8505. — Enc. pasta con Super-libris. — Ex-libris de Colegio parisino de la Compañía de Jesús y ms. — Falto de las 3 h. de grab. y del cuaderno 2¶. ▶ M-BN, U/7696. — Enc. perg. — Falto de las 3 h. de grab., de las h. ¶$_2$, ¶$_4$, 2¶$_1$ y de p. 173, 209 a 212 y 221. ▶ M-BZ, 8-133. — Enc. perg. — Falto de p. 141-142, 199-202, y de 2 h. de grab. una de ellas pleg. ▶ M-PR, VII-59. — Enc. pasta. ▶ M-UC (FFil), 30071. — Enc. perg. — Deteriorado, afectando a la port. y hs. finales. — Falto de las últimas h. de la Tabla y de 2 h. de grab. una de ellas pleg. ▶ M-UC (FFil), Res905. — An. ms. «Sres de Tovar me costo 30 reales». — Enc.

perg. — Ex-libris y sello de la Condesa del Campo de Alange. — Falto de las h. de grab.

2943

Castillo, Leonardo del. *Viage del Rey nuestro señor Don Felipe Quarto el Grande, a la frontera de Francia : funciones reales, del desposorio, y entregas de la Serenissima señora Infante de España Doña Maria Teresa de Austria : vistas de sus magestades catolica y christianissima, señora reyna christianissima madre y señor Duque de Anjou : solemne iuramento de la paz, y sucessos de ida y buelta de la jornada : en relacion diaria...* / D. Leonardo del Castillo... — En Madrid : en la Imprenta Real, 1667. — [26], 296, [84] p., [5] h. de grab., [1] h. de grab. pleg., [ ]^1, §-3§^{4}, A-Z^4, 2A-2O^4, A-K^4, L^2 ; 4^0

El pie de imp. consta en colofón. — Front. calc. : «P.V.F. 1667». — Hay estados sin firma ni fecha en front. — Grabs. calc. : «P. a Villafranca sculptor sculptor Regius sculp. M. 1667», retratos de Carlos II, Felipe IV, Ana de Austria, Luis XIV y María Teresa de Austria. — Grab. calc. pleg. «Vnionis dominis super flumen Vidasoa», de 36x48 mm.

01-00030455 000

▶ M-BN, 2/16577. — Enc. perg. — Falto de front. y de las h. de grab. ▶ M-BN, 2/41837. — Enc. perg. — Falto de las h. de grab. ▶ M-BN, 2/55860. — Enc. perg. — Ex-libris ms. de la Librería de los Padres Clérigos Reglares de S. Cayetano de Madrid. — Falto de las h. de grab. ▶ M-BN, R/14867. — Enc. perg. — Falto de una h. de grab. — El front. no va firmado ni fechado. ▶ M-BN, R/15224. — Enc. perg. — Sello de la Biblioteca Izquierdo y ex-libris ms. de la Secretaría de la Presidencia, mandado comprar por Campomanes en 1788. — Falto de la h. de grab. pleg., de h. §$_{2-3}$, 2§$_1$, 2D$_4$ y de las dos últimas h. ▶ M-BN, R/15273. — Enc. perg.,. — Falto de la h. de grab. pleg.

▶ M-BN, R/5189. — Enc. perg. — Ex-libris de la libreria de Cayetano Alberto de la Barrera. — Falto de front. y h. de grab. pleg. ▶ M-BN, R/6536. — Enc. piel verde con hierros dorados, deteriorada. — Falto de la h. de grab. pleg. — El front. no va firmado ni fechado. ▶ M-BN, U/1087. — Enc. piel. — Sello de Luis de Usoz. — Falto de la h. de grab. pleg. ▶ M-BN, U/2720. — Enc. pasta con cantos dorados. — Ex-libris de Garnier y sello de Luis de Usoz. ▶ M-BN, U/6334. — Enc. perg. — Sello de Luis de Usoz. — Falto de la h. de grab. pleg. — El front. no va firmado ni fechado, y está impreso en gran papel. ▶ ME-RB, 28-V-29(2). — Enc. pasta con cortes dorados. ▶ M-FLG, Inv.8146. — Enc. piel con hierros dorados. — Ex-libris de la Biblioteca de don A. Cánovas del Castillo. — Falto de todas las h. de grab. ▶ M-PR, VI-222. — Enc. pasta. — Super-libris y ex-libris ms.: «Collegii Paris Societ Jesu». ▶ M-RABA, B-431. — Enc. perg. — Falto de una h. de grab. ▶ M-RAE, 14-VII-47. — Enc. perg. — Falto de la h. de grab. pleg. ▶ M-UC (FFil), 33838. — Enc. pasta española. — Falto de h. §$_4$, 2§$_1$, de la h. de grab. pleg. y las 3 últimas h. de grab. ▶ M-UC (FFil), 34029. — Enc. perg. — Ex-libris ms. de la librería del Colegio Imperial de la Compañía de Jesús. — Falto de la h. de grab. pleg. y las 3 últimas h. de grab. ▶ M-UC (FFil), Res.799. — Enc. perg. — Ex-libris de la condesa del Campo de Alange.

2944

Castillo, Martín del (O.F.M.). *Arte hebraispano... : dikduk leschon hakkodhesch bilschon sipharadhith = grammatica de la lengua santa en idioma castellano* / por... F. Martin del Castillo... del Orden de N.P.S. Francisco... — En Leon de Francia : a costa de Florian Anisson, mercader de libros en Madrid, 1676. — [24], 336 p., ā-ī^4, A-Z^4, 2A-2T^4 ; 8^0

01-00030456 000

▶ M-BN, 3/76169. — Enc. perg. — Sello de la Biblioteca de los Capuchinos de Madrid. — Recortado, afectando al tit. ▶ M-BN, R/7348. — Enc. perg. ▶ M-BN, R/18837. — Enc. perg. ▶ M-BN, R/18847. —

Enc. perg. — Ex-libris ms. de la Librería de San Cayetano de Madrid. ▶ M-BN, R/18851. — Enc. pasta. ▶ M-BN, R/7375. — Enc. piel. ▶ M-PR, IX-4916. — Enc. pasta. — Falto de las p. 327-330. ▶ M-RAE, 12-IX-60. — Enc. perg. ▶ M-UC (FFil), 11.197. — Enc. piel. — Ex-libris ms. de A.A. Camus. — Port. deteriorada.

2945

Castillo, Martín del (O.F.M.). *Crisis Danielica sive Susanna littera et conceptibus illustrata, a calumnia liberata et a petulantibus vindicata, ad caput XIII Danielis : cum appendice de Maria Virgine Deipara, in illa figurata* / per R.P.F. Martinum del Castillo... Ordinis S. Francisci de Observantia... ; cum quadruplici indice... — Madriti : ex typographia Pauli de Val, 1658. — [30], 684 [i.e. 654], [154] p., a^6, b^4, A-Z^6, 2A-2Z^6, 3A-3J^6 ; Fol.

Error de pag., de p. 520 pasa a 551. — Texto a dos col. — Port. a dos tintas. — Front. calc.: «Pi de Villafranca, sculptor Regius, inuent. et sculp., Matriti 1658».

01-00046049 000

▶ M-BN, 3/32916. — Enc. perg. — Deteriorado, afectando al texto y a front. calc. ▶ M-BN, 8/39897. — Enc. perg. — Ex-libris ms. del Convento de San Diego de Odón. — Deteriorado. ▶ M-UC (FFil), 12797. — Enc. perg. — Ex-libris ms. de la libreria del Colegio de los Verdes de Alcalá. — Falto de port. ▶ M-UC (FFil), 5141. — Falto de h. con sign. 3X$_6$ y cuaderno 3Y.

2946

Castillo, Martín del (O.F.M.). *Grammatikee têes glóossees helleenikees en teê dialectoo iberikeê = Grammatica de la lengua griega en idioma español* / por el R.P.F. Martin del Castillo... del Orden de N.P.S. Francisco... — En Leon de Francia : a costa de Florian Anisson mercader de libros en Madrid, 1678. — [32], 557 p., [2] en bl., ā, ē^8, A-Z^8, 2A-2M^8 ; 8^0

Precede al título transliterado, el mismo en caracteres griegos.

01-00046050 000

▶ M-BN, 2/49479. — Enc. pasta. — Ex-libris «Bibliot. de los Caros. Valencia». ▶ M-BN, 3/28949. — Enc. perg. deteriorado. ▶ M-BN, 3/46625. — Enc. perg. — Ex-libris ms. de Juan Hurtado de Mendoza, 1769. — Falto de p. 501-2 y 521-22. ▶ M-BN, 3/50334. — Enc. perg. ▶ M-BN, 3/71417. — Enc. pasta. ▶ M-BN, 8/28660. — Enc. piel. — Ex-libris ms. del Convento de Agustinos Descalzos de Madrid. ▶ ME-RB, 105-VIII-10. — Enc. perg. — Deteriorado. ▶ M-PR, III-3808. — Enc. pasta con hierros dorados. — Sellos: «P.F.C.» y «Proprieté des Trois». ▶ M-RAE, 22-IX-37. — Enc. hol. — Ex-libris ms. de Vicencio Squarzofigo. ▶ M-RAE, 22-IX-52. — Enc. hol. ▶ M-UC (FFil), 26505. — Enc. perg.

2947

Castillo, Martín del (O.F.M.). *El humano serafin, y vnico llagado : tratado apologetico de como solo el glorioso Patriarca P.N.S. Francisco, entre todos los Santos de la Iglesia, goza, y possee las llagas penetrantes, cruentas, reales, y visibles de nuestro Señor Iesu Christo...* / por el P. Fr. Martin del Castillo... del Orden de nuestro Serafico Padre San Francisco... — [S.l. : s.n.], 1656. — 32 h., A-H^4 ; 4^0

01-00030457 000

▶ M-BN, V.E./10-6.

2948

Castillo, Martín del (O.F.M.). *El humano serafin y vnico llagado : tratado apologetico, de como solo el glorioso Patriarca P.N.S. Francisco, entre todos los Santos de la Iglesia goza y possée las llagas penetrantes, cruentas, reales y visibles de nuestro Señor Jesu Christo...* / por el P. Fray Martin del Castillo... de la Orden de nuestro Serafico Padre

San Francisco... — [S.l. : s.n.], 1680. — [16], 64 p., ā^8, A-D^8 ; 8^0

Prelim. fechados en México; Medina, México, II, 1201 describe esta obra.

01-00030458 000

▶ M-BN, R/5862. — An. ms. «Este pequeño volumen es uno de los mas raros en Mexico porque los dominicos lo persiguieron hasta hacerlo comprender en el índice expurgatorio...». — Enc. hol. — Ex-libris de Heredia. — Deteriorado.

2949

Castillo Ayala, Andrés del. *Certamen de Marte en palestra de Neptuno* / por Don Andres del Castillo Ayala... — [S.l. : s.n., s.a.]. — 12 h., A-C^4 ; 4^0

Dedicatoria fechada en Madrid, 1657.

01-00030462 000

▶ M-BN, V.E./163-24.

2950

Castillo de Bovadilla, Jerónimo. *Politica para Corregidores y Señores de vassallos, en tiempo de paz, y de guerra y para Perlados en lo espiritual, y temporal entre legos, Iuezes de Comission, Regidores, Abogados, y otros Oficiales publicos y de las Iurisdiciones, Preeminencias, Residencias y salarios dellos y de lo tocante a las de Ordenes y Caualleros dellas : primer tomo* / autor el licenciado Castillo de Bouadilla... — Esta añadida, y emendada / por el autor. — En Medina del Campo : por Christoual Lasso, y Francisco Garcia, 1608 (1607). — [224], 1124 [i.e. 1114], [2] p., a-b^6, c^4, A-Q^6, A-Z^6, 2A-2Z^6, 3A-3Z^6, 4A-4Z^6, 5A^6 ; Fol.

Colofón. — Error de pag., de p. 988 pasa a p. 999. — Texto a dos col. con apostillas marginales. — Port. con esc. xil. real.

01-00030463 000

▶ M-BN, 2/21881. — Enc. pasta con super-libris del Duque de Osuna. — Defectos de encuadernación, las p. 137-140 después de la p. 190 y las p. 163-164 después de p. 160. ▶ M-BN, 2/42488. — Enc. perg. — Ex-libris ms. del Convento de Carmelitas descalzos de Madrid. ▶ M-BN, 2/61821. — Enc. piel. — Ex-libris ms. «Bibliothecae Colbertinae» y sello de la Biblioteca Izquierdo. ▶ M-BN, 2/64672. — Enc. perg. — An. ms. expurgado, 1707, Antonio Gómez. — Ex-libris ms. de Jerónimo Flórez Pacheco.

2951

Castillo de Bovadilla, Jerónimo. *Politica para Corregidores y Señores de vassallos, en tiempo de paz y de guerra y para Iuezes eclesiasticos y seglares y de sacas, aduanas y de residencias y sus Oficiales y para Regidores y Abogados y del valor de los corregimientos y Gouiernos realengos y de las ordenes : segundo tomo* / autor el licenciado Castillo de Bouadilla... — Esta añadida y enmendada / por el autor. — En Medina del Campo : por Cristoval Lasso y Francisco Garcia, 1608. — [158], 980 p., []^4, A-M^6, N^4, A-Z^6, 2A-2Z^6, 3A-3Z^6, 4A-4M^6, 4N^4. ; Fol.

Texto a dos col. con apostillas marginales. — Port. con esc. xil. real.

01-00030464 000

▶ M-BN, 2/21882. — Enc. piel con super-libris de la Biblioteca del Duque de Osuna. ▶ M-BN, 2/42489. — Enc. perg. — Falto de port. y dedicatoria. ▶ M-BN, 2/61822. — Enc. piel. — Ex-libris «Bibliothecae Colbertinae» y sello «de Biblioteca Izquierdo». ▶ M-BN, 3/64673. — Enc. perg. — Ex-libris ms. y sello «de Don Ger^{mo} Florez Pacheco».

2952

Castillo de Bovadilla, Jerónimo. *Politica para Corregidores y Señores de vassallos, en tiempo de paz, y de guerra, y para perlados en lo espiritual, y temporal* entre Legos, Iuezes de Comission, Regidores, Abogados, y otros Oficiales publicos y de las Iuridiciones, Preeminencias, Residencias y salarios dellos y de lo tocante a las de Ordenes, y Caualleros dellas : tomo primero / autor... Castillo de Bouadilla... — Està añadida, y emendada por el autor... y en esta vltima impression del año 1624... corregida... — En Barcelona : por Sebastian de Cormellas. Y à su costa, 1624. — [12], 662 [i.e. 962], [86] p., ¶⁶, A-Z⁸, 2A-2Z⁸, 3A-3S⁸, 3T-3V⁶ ; Fol.

Existe emisión con pie de imp.: En Barcelona: por Sebastian Cormellas: a costa de Iuan de Bonilla y Pedro Bono..., 1624. — Error de pag., en la última p. — Texto a dos col. con apostillas marginales. — Port. con esc. xil. real.

01-00030466 000

▶ M-BN, 2/42496. — An. ms.: Expurgados por orden del Santo Oficio conforme al expurgatorio del año de 40 en 9 de Junio de 641. — Enc. perg. ▶ M-BN, 3/59647. — Enc. perg. deteriorada. — Falto de 1 h. de prelim.

2953
Castillo de Bovadilla, Jerónimo.
Politica para corregidores y señores de vassallos en tiempo de paz y de guerra y para perlados en lo espiritual, y temporal entre Legos, Iuezes de Comission, Regidores... : tomo primero / autor... Castillo de Bouadilla... — Esta añadida y emendada por el autor... y en esta vltima impression del año 1624... corregida. — En Barcelona : por Sebastian Cormellas : a costa de Iuan de Bonilla y Pedro Bono..., 1624. — [10], 662 [i.e. 962], [86] p., ¶⁵, A-Z⁸, 2A-2Z⁸, 3A-3S⁸, 3r-3v⁶ ; Fol.

Existe emisión con pie de imp.: En Barcelona: por Sebastian de

Cormellas. Y à su costa, 1624. — Error de pag., en la última p. — Texto a dos col. con apostillas marginales. — Port. con esc. xil. real.

01-00030465 000

▶ M-UC (FFil), 20691. — Enc. perg.

2954
Castillo de Bovadilla, Jerónimo.
Politica para Corregidores y Señores de vasallos, en tiempo de paz, y de guerra, y para Iueces eclesiasticos, y seglares, y de Sacas, Aduanas, y de Residencias, y sus Oficiales y para Regidores y Abogados, y del valor de los Corregimientos, y Gouiernos Realengos, y de las Ordenes : tomo segundo / autor... Castillo de Bouadilla... — Esta añadida y enmendada por el autor... y en esta ultima impression del año 1624... corregida... — En Barcelona : por Sebastian de Cormellas. Y a su costa, 1624. — [4], 830, [66] p., [ ]², A-Z⁸, 2A-2Z⁸, 3A-3K⁸ ; Fol.

Existe emisión con pie de imp.: En Barcelona por Sebastian de Cormellas : a costa de Iuan de Bonilla, y Pedro Bono..., 1624. — Texto a dos col. con apostillas marginales. — Port. con esc. xil. real.

01-00030467 000

▶ M-BN, 5/10379. — Enc. perg. — Falto de 1 h. de prelim. ▶ M-UC (FFil), 21317. — Enc. perg. — Ex-libris ms. de la librería del Colegio Imperial de la Compañia de Jesús de Madrid. — Ejemplar expurgado, 1703.

2955
Castillo de Bovadilla, Jerónimo.
Politica para Corregidores y Señores de vassallos, en tiempo de paz, y de guerra, y para Iueces eclesiasticos, y Seglares, y de Sacas, Aduanas, y de Residencias y sus Oficiales y para Regidores, y Abogados, y del valor de los Corregimientos, y Gouier-

nos Realengos y de las Ordenes : tomo segundo / autor... Castillo de Bouadilla... — Està añadida y emendada por el autor... y en esta vltima impression del año 1624... corregida. — En Barcelona : por Sebastian de Cormellas : a costa de Iuan de Bonilla, y Pedro Bono..., 1624. — [4], 830, [66] p., [ ]^2, A-Z^8, 2A-2Z^8, 3A-3K^8 ; Fol.

Existe emisión con pie de imp.: En Barcelona: por Sebastian de Cormella. Y a su costa, 1624. — Texto a dos col. con apostillas marginales. — Port. con esc. xil. real.

01-00030468 000

▶ M-BN, 2/42497. — Ex-libris ms. de la librería del Carmen Calzado de Madrid.

2956
Castillo de Bovadilla, Jerónimo.
Politica para corregidores y señores de vassallos, en tiempo de paz y de guerra y para iuezes eclesiasticos y seglares y de sacas, aduanas y de residencias y sus oficiales y para regidores y abogados y del valor de los corregimientos y gouiernos realengos y de las ordenes : tomo primero / autor el licenciado Castillo de Bouadilla... — Està añadida y enmendada por el autor y los indices mejorados..., y en esta vltima impression del... 1649... corregida... — En Madrid : en la Imprenta Real : a costa de Gabriel de Leon..., 1649. — [8], 662 [i.e. 962], [86] p., [ ]^4, A-Z^8, 2A-2Z^8, 3A-3S^8, 3T-3V^6 ; Fol.

Marca tip. en port. — Error de pag. en la última p. — Texto a dos col. con apostillas marginales. — Antep. — Port. a dos tintas.

01-00030469 000

▶ M-BN, 3/6562. — Enc. perg. — Ex-libris ms.: licenciado don Francisco Gerardo de Orbea. ▶ M-BN, 5/3879. — An. ms.

«Esta expurgado esta impresion segun el expurgado del año 1707...». — Enc. perg. ▶ M-RAE, 6-A-119. — Enc. perg.

2957
Castillo de Bovadilla, Jerónimo.
Politica para corregidores y señores de vassallos en tiempo de paz y de guerra y para iuezes eclesiasticos y seglares y de sacas, aduanas y de residencias y sus oficiales y para regidores y abogados y del valor de los corregimientos y gouiernos realengos y de las ordenes : tomo segundo / autor el licenciado Castillo de Bouadilla... — Està añadida y enmendada por el autor..., y en esta vltima impression del... 1649... corregida... — En Madrid : en la Imprenta Real: a costa de Gabriel de Leon, mercader de libros..., 1649. — [8], 830, [66] p., [ ]^4, A-Z^8, 2A-2Z^8, 3A-3K^8 ; Fol.

Prelim. legales para los dos tomos. — Marca de ed. en port. — Texto a dos col. con apostillas marginales. — Antep. — Port. a dos tintas.

01-00030470 000

▶ M-BN, 3/6563. — Enc. perg. — Ex-libris ms. del licenciado Francisco Gerardo de Orbea. ▶ M-RAE, 6-A-120. — Enc. perg. — Falto de dos h. de Indices.

2958
Castillo de la Maza, Tomás de.
Carta executoria de Hidalguia, en persona de el Capitan Thomas de Castillo de la Maça, veynte y quatro de la ciudad de Sevilla de notorio Cauallero hijodalgo de sangre, en posessiō y propiedad de solar conocido, de devengar quinientos sueldos, segun fuero de España... — [S.l. : s.n., s.a.]. — [210] p., [2] h. de grab., §^{4}, A-Z^2, 2A-2Z^2, 3A-3B^2, A-B^2, [ ]^1 ; Fol.

En texto consta Sevilla, 1612. — Error en sign.: §2 en lugar de §3. — Port. con orla tip. — Grabs. calc., escudos de las casas de de Castillo y de la Maza respectivamente, preceden a port.

01-00030471 000

▶ M-BN, 2/64516. — Certificaciones mss. firmadas y fechadas en 1614. — Enc. perg. con hierros dorados.

2959

Castillo Mantilla y Cossío, Gabriel de. *Laverintho poetico texido de noticias naturales, historicas y gentilicas, ajustadas a consonantes para el exercicio de la poesia* / por Don Gabriel de Castillo Mantilla y Cossio... — En Madrid : en la oficina de Melchor Alvarez, 1691. — [48], 765, [2] p., [1] h. de grab., ¶-6¶^{4}, A-Z^4, 2A-2Z^4, 3A-3Z^4, 4A-4Z^4, 5A-5D^4 ; 4^0

En colofón consta: M.DCIXC. — Texto con apostillas marginales. — Port. con orla tip. — Grab. calc.

01-00030472 000

▶ M-BN, P/5792. — Enc. perg. — Falto desde p. 729, una parte sustituida ms. ▶ M-UC (FFil), Res500. — Enc. perg. — Ex-libris y sello de la Condesa del Campo de Alange.

2960

Castillo Ochoa, Tomás del. *Tractatus de venenis* / per doctorem Thomam a Castello Ochoa... — Impresso en Granada : por Iuan Renè de Lazcano..., 1645. — [6], 88 h., [ ]^6, A-Z^2, 2A-2X^2 ; 4^0

En h. [ ]$_2$ esc. calc.: «Anna Heyla. me fecit».

01-00030473 000

▶ M-BN, 3/22318. — Enc. piel. — Recortado. — Falto de 2 h. de prelim. con dedicatoria. — Port. y fe de erratas enc. al final del

texto. ▶ M-BN, V.E./1226-11. — Contiene únicamente port. y prelim.

2961

Castillo Pardo, Juan del (O.C.). *Sermon en la fiesta que hizo la Congregacion de las Hermanas Beatas y congregantas de la Coronaciō de N. Señora la Virgē Maria, en el Conuento de el Carmen de la imperial ciudad de Toledo, al celestial triumpho de su patrona... y a su gran madre S. Theresa de Iesus...* / predicole... Fr. Ioan del Castillo Pardo... — Impresso... en Toledo : por Iuan Ruiz de Pereda..., 1635. — [4], 19 h., ¶^{4}, A-D^4, E^3 ; 4^0

01-00030474.000

▶ M-BN, 2/51988(8). — Enc. perg. — Sello de Pascual de Gayangos.

2962

Castillo Solórzano, Alonso de. *Los aliuios de Casandra...* / por don Alonso de Castillo Solorçano. — En Barcelona : en la emprenta de Iayme Romeu... : vendense en la misma emprenta, y en casa de Iuan Çapera..., 1640. — [3], 191 h., [2] en bl., ¶^{8}, B-Z^8, 2A^8, 2B^3 ; 4^0

La primera h. en bl. entre las h. 132 y 133 y la segunda al fin. — Port. con grab. xil. — Contiene: *La confusion de una noche ; A vn engaño, otro mayor ; Los afectos que haze amor ; Amor con amor se paga ; En el delicto al remedio ; El Mayorazgo figura.*

01-00030475 000

▶ M-BN, R/13243. — Enc. piel con hierros. — Ex-libris ms.: «Gayangos. Bruselas. 1843. 20 fr» y sello del mismo. — Falto de h. 78 a 85 y en su lugar se repiten las h. 54 a 61. ▶ M-BN, R/13887. — Enc. pasta. — Ex-libris ms. de Pascual Gayangos. ▶ M-BN, R/4215. — Enc. perg. — Sello de W.B. Chorley. ▶ M-BN, R/4245. — Enc. piel. ▶ M-BN, R/5522. — Lleva 2 h. mss. en francés con datos sobre el autor. — Enc. hol. — Sello de E.T. Simon. ▶ M-BN, R/5552. — Enc. pasta. — Port. recortada. ▶ M-FLG, Inv.366. — Enc. pasta con hierros dorados.

2963

Castillo Solórzano, Alonso de. *Los aliuios de Casandra...* / por don Alonso de Castillo Solorçano. — En Barcelona : en la emprenta de Iayme Romeu... : y à su costa y de Iuan Çapera..., 1641. — [3], 191 h., [2] en bl., ¶^{8}, B-Z^8, 2A^8, 2B^4 ; 8^0

Es emisión de la ed. de Barcelona: en la emprenta de Iayme Romeu...: vendese en la misma emprenta y en casa de Iuan Çapera..., 1640, a la que se ha cambiado port., prelim. y h. 1 de texto. — La primera h. en bl. entre las h. 132 y la 133 y la segunda al fin. — Port. con esc. xil. — Contiene : *La confusion de vna noche ; A vn engaño, otro mayor ; Los afectos que haze amor ; Amor con amor se paga ; En el delicto el remedio ; El Mayorazgo figura.*

01-00030476 000

▶ M-BN, R/1416. — Enc. hol. — Sello de Agustín Durán.

2964

Castillo Solórzano, Alonso de. *Los amantes andaluzes : historia entretenida, prosas y versos* / por Don Alonso de Castillo Solorçano. — En Barcelona: en casa Sebastian de Cormellas..., 1633. — [2], 221 h., A-Z^8, 2A-2D^8, 2E^7 ; 8^0

Marca tip. en port.

01-00030477 000

▶ M-BN, R/11997. — Enc. piel. — Sello de Pascual de Gayangos. ▶ M-BN, R/5441. — Enc. piel. ▶ M-BN, R/984. — Enc. pasta.

2965

Castillo Solórzano, Alonso de. *Auenturas del bachiller Trapaza, quinta*

essencia de embusteros, y maestro de embelecadores... / por Don Alonso de Castillo Solorzano. — En Çaragoça : por Pedro Verges : acosta de Pedro Alfay..., 1637. — [5], 157, [1] h., [1] en bl., A-U^8, X^4 ; 8^0

01-00030478 000

▶ M-BN, R/4652. — Enc. hol.

2966

Castillo Solórzano, Alonso de. *Donayres del Parnaso* / por Don Alonso de Castillo Solorçano... — En Madrid : por Diego Flamenco, 1624. — [8], 132 h., ¶^{8}, A-Q^8, R^4 ; 8^0

Colofón. — Port. con esc. xil.

01-00030479 000

▶ M-BN, R/11147. — Enc. piel con hierros dorados. — Sello de Pascual de Gayangos. ▶ M-BN, R/13003(1). — Enc. piel con hierros dorados. — Sello de Pascual de Gayangos. ▶ M-BN, R/2813. — Enc. pasta. — Falto de las 2 h. finales. ▶ M-RAE, 7-A-234. — Enc. pasta. ▶ M-UC (FFil), Res441. — Enc. piel. — Ex-libris de la Condesa del Campo de Alange.

2967

Castillo Solórzano, Alonso de. *Donayres del Parnaso* / por Don Alonso de Castillo Solorçano... — En Madrid : por Diego Flamenco, 1624. — [8], 118 [i.e.128] h., ¶^{8}, A-Q^8 ; 8^0

Ed. contrahecha a partir de otra con el mismo pie de imp. pero con 132 h. y con esc. xil. en port. — Colofón. — Error de fol. en la última h.

01-00030480 000

▶ M-BN, R/1208. — Enc. hol. — Sello de Agustín Durán. — Falto de port. ▶ M-BN, R/1881. — Enc. hol. ▶ M-FLG, Inv. 360. — Enc. pasta con hierros dorados.

2968

Castillo Solórzano, Alonso de. *Donayres del Parnaso : segunda parte...* /

por Don Alonso de Castillo Solorçano... — En Madrid : por Diego Flamenco : a costa de Lucas Ramirez..., 1625. — [6], 120 h., ¶⁶, A-P⁸ :
il. ; 8⁰
     Marca tip. en port. — Esc. xil. en
h. 4 v. — Ilustraciones xil.
                              01-00030481 000
     ▶ M-BN, R/13003(2). — Enc. piel con
hierros dorados. — Sello de Pascual de Gayangos. ▶ M-BN, R/2814. — Enc. pasta.

2969
Castillo Solórzano, Alonso de.
Epitome de la vida y hechos del inclito rey
don Pedro de Aragon, tercero de este nom-
bre, cognominado el Grande... / compuesto por Don Alonso de Castillo
Solorzano... — En Zaragoça : por
Diego Dormer, 1639. — [8], 224 p.,
†⁴, A-O⁸ ; 8⁰
     Port. con esc. xil.
                              01-00030482 000
     ▶ M-BN, 2/62774. — Enc. perg. — Sello
de Pascual de Gayangos. ▶ M-BN, 2/64288.
— Enc. hol. ▶ M-FLG, Inv.369. — Enc.
pasta con hierros dorados. ▶ M-RAE, 32-B-8.
— Enc. perg.

2970
Castillo Solórzano, Alonso de.
Fiestas del Iardin : que contienen tres co-
medias y quatro nouelas... / por Don
Alonso de Castillo Solorzano... —
En Valencia : por Siluestre Espar-
sa... : a costa de Felipe Pincinali...,
1634. — [8], 559 p., ¶⁴, A-Z⁸, 2A-
2M⁸ ; 8⁰
     Colofón. — Marca de ed. en port.
— Contiene: *Los encantos de Bretaña ;*
La buelta del Ruyseñor ; La fantasma de
Valencia ; La injusta ley derogada ; El
marques del Zigarral ; Los hermanos pa-
recidos ; La criança bien lograda.
                              01-00030483 000
     ▶ M-BN, R/11140. — Enc. piel. — Sello

de Pascual de Gayangos. ▶ M-BN, R/7001.
— Enc. pasta. ▶ M-FLG, Inv.362. — Enc.
pasta con hierros dorados.

2971
Castillo Solórzano, Alonso de. *La*
garduña de Seuilla y anzuelo de las bol-
sas... / por don Alonso de Castillo
Solorçano. — En Madrid : en la Imprenta del Reyno : a costa de Domingo Sanz de Herran..., 1642. —
[8], 192 h., †⁸, A-Z⁸, 2A⁸ ; 8⁰
                              01-00030485 000
     ▶ M-BN, R/12421. — An. ms.: «Tengo la
edición de Barcᵃ 1644 Sebastᵃ Cormellas».
— Enc. hol. — Sello y ex-libris ms. de Pascual de Gayangos. ▶ M-BN, R/4292. —
Enc. perg. ▶ M-BN, R/4663. — Enc. hol.
▶ M-BN, R/8274. — Enc. pasta. — Falto
del cuaderno A⁸.

2972
Castillo Solórzano, Alonso de. *La*
garduña de Seuilla y ançuelo de las bolsas /
por don Alonso de Castillo Solorça-
no. — En Barcelona : en la emprenta administrada por Sebastian de
Cormellas... y a su costa, 1644. —
192 h., A-Z⁸, 2A⁸ ; 8⁰
     Marca tip. en port.
                              01-00030484 000
     ▶ M-BN, R/13302. — Enc. piel. — Sello
de Pascual de Gayangos. — Deteriorado. —
Falto de port. y de p. 144 a 146 y 151. ▶ M-
BN, R/13895. — Enc. perg. — Falto de p. 9.
▶ M-BN, R/1538. — Enc. pasta. ▶ M-FLG,
Inv.367. — Enc. pasta con hierros dorados.

2973
Castillo Solórzano, Alonso de. *Las*
harpias en Madrid, y coche de las estafas /
por don Alonso de Castillo Solorçano... — En Barcelona : por Sebastian de Cormellas... Y a su costa,
1631. — [3], 116 h., A-O⁸, P⁷ ; 8⁰
     Marca tip. en port.

01-00030486 000

▶ M-BN, R/13226(2). — Enc. piel con hierros. ▶ M-BN, R/277. — Enc. pasta con hierros dorados. ▶ M-BN, R/7835. — Enc. pasta. ▶ M-FLG, Inv.363. — Enc. pasta con hierros dorados.

2974

Castillo Solórzano, Alonso de. *Las harpias en Madrid, y coche de las estafas* / por don Alonso de Castillo Solorça-no... — En Barcelona : por Sebastian de Cormellas... Y a su costa, 1633. — [3], 112 h., A-O⁸, P³ ; 8⁰

01-00030487 000

▶ M-BN, R/10520. — Enc. pasta con super-libris. — Sello de Pascual de Gayangos. ▶ M-BN, R/13968. — Enc. perg.

2975

Castillo Solórzano, Alonso de. *Historia de Marco Antonio, y Cleopatra, vltima reyna de Egipto...* / por don Alonso de Castillo Solorzano. — En Çaragoça : por Pedro Verges, 1639. — [10], 150 p., A-K⁸ ; 8⁰
Port. con esc. xil.

01-00030488 000

▶ M-BN, 2/16691. — Enc. perg. — Enc. pasta con hierros dorados. ▶ M-BN, R/13245. — Enc. perg. — Ex-libris de Pascual de Gayangos. ▶ M-BN, R/19310. — Enc. perg. ▶ M-BN, R/5559. — Enc. pasta. ▶ M-FLG, Inv.10897.

2976

Castillo Solórzano, Alonso de. *Huerta de Valencia : prosas y versos en las academias della...* / por don Alonso de Castillo Solorzano... — En Valencia: por Miguel Sorolla... y a su costa, 1629. — [20], 286 [i.e. 282], [104] p., †⁷, A-S⁸, a-f⁸, g⁴ ; 8⁰
Colofón. — Errores de pag., de p. 82 pasa a 87. — Esc. xil. en p. [6]. — Port. con esc. xil. de Valencia. — *Comedia del agrauio satisfecho*, [104] p.

01-00030489 000

▶ M-BN, R/10716. — Enc. perg. — Ex-libris ms. «comprado a Sanchez en Madrid 1⁰ de marzo de 1869, Pascual de Gayangos» y sello de Pascual de Gayangos. ▶ M-BN, R/1859. — Enc. piel con hierros dorados. — Ex-libris de D. Cayetano Alberto de la Barrera. ▶ M-BN, R/5556. — Enc. cart. — Falto de 1 h. de prelim.

2977

Castillo Solórzano, Alonso de. *Iornadas alegres...* / por don Alonso de Castillo Solorçano... — En Madrid : por Iuan Gonçalez... : a costa de Alonso Perez..., 1626. — [8], 224 h., ¶⁸, A-Z⁸, 2A-2E⁸ ; 8⁰
Port. con esc. xil. heráldico.

01-00030490 000

▶ M-BN, R/12412. — Enc. pasta con hierros dorados. — Sello de Pascual de Gayangos. ▶ M-BN, R/279. — Enc. perg. ▶ M-BN, R/7002. — Enc. piel.

2978

Castillo Solórzano, Alonso de. *Lisardo enamorado...* / por don Alonso de Castillo Solorzano. — En Valencia : por Iuan Chrysostomo Garriz... : acosta de Filipe Pincinali..., 1629. — [12], 358 [i.e. 356] p., ¶⁶, A-Y⁸, Z² ; 8⁰
Colofón. — Error de pag., de p. 232 pasa a 235. — Port. con esc. xil.

01-00030491 000

▶ M-BN, R/31096. — Enc. perg. — Ex-libris de «J.S.» y sello «D.G.A.».

2979

Castillo Solórzano, Alonso de. *La niña de los embustes Teresa de Mançanares, natural de Madrid* / por don Alonso de Castillo Solorzano... — En Barcelona : por Geronymo Margarit : a costa de Iuan Sapera..., 1632. — [4], 118 [i.e. 128], [3] h., A-Q⁸, R⁷ ; 8⁰

Error de fol. a partir de h. 124. —
Port. con viñeta xil.

01-00030492 000

▶ M-BN, R/13227. — Enc. perg. — Sello
de Pascual de Gayangos. ▶ M-BN, R/1830.
— Enc. piel con cantos dorados. — Ex-libris
ms. autógrafo de Gayangos, Londres, 3 de
Mayo de 1840. — Defectos de encuadernación en h. 63 y 65. ▶ M-BN, R/6993. — Enc.
piel con hierros dorados. ▶ M-BN, U/10769.
— Enc. pasta. — Sello de Luis de Usoz,
1875. — Deteriorado, afectando a la mitad
inferior de la port. ▶ M-FLG, Inv.364. —
Enc. pasta con hierros dorados.

2980

Castillo Solórzano, Alonso de. *Noches de plazer : en que contiene doze nouelas... / por don Alonso de Castillo Solorçano...* — En Barcelona : por
Sebastian de Cormellas... Y à su
costa, 1631. — [8], 210 h., A-Z⁸,
2A-2D⁸, 2E² ; 8⁰

Marca tip. en port. — Contiene:
*Las dos dichas sin pensar ; La cautela sin
efeto ; La ingratitud y el castigo ; El inobediente ; Atreuimiento, y ventura ; El
bien hazer no se pierde ; El pronostico
cumplido ; La fuerça castigada ; El celo-
so hasta la muerte ; El ingrato Federico ;
El honor recuperado ; El premio de la virtud.*

01-00030493 000

▶ M-BN, R/13226(1). — Enc. piel con
hierros. — Sello de Pascual de Gayangos.

2981

Castillo Solórzano, Alonso de. *Patron de Alzira el glorioso martir San Bernardo, de la Orden del Cistel [sic]... / por
Don Alonso de Castillo Solorzano.*
— En Zaragoza : por Pedro Verges,
1636. — [14], 196 [i.e.210] p., A-O⁸;
8⁰

Errores de pag., de p. 130 retrocede a p. 117. — Port. con esc. xil.
eclesiástico.

01-00122276 000

▶ M-BN, R/14315(2). — An. ms. por la
que se comunica que se celebra fiesta de este
santo el 23 de julio. — Enc. perg. — Ex-
libris ms. de D. Fernando Moscoso.

2982

Castillo Solórzano, Alonso de. *La
quinta de Laura : que contiene seis nouelas, adornadas de diferentes versos / por
Don Alonso Castillo Solorzano.* —
En Çaragoça : en el Real Hospital
de nuestra Señora de Gracia : a
costa de Matias de Lizan..., 1649.
— [2] en bl., [14], 219 p., ✱⁸, A-
N⁸, O⁶ ; 8⁰

Contiene: *La ingratitud castigada ;
La inclinacion española ; El desden buelto en fauor ; No ai mal que no venga por
bien ; Lanzes de amor y fortuna ; El
duende de Çaragoça.*

01-00030494 000

▶ M-BN, R/11516. — Enc. pasta. —
Sello de Pascual de Gayangos.

2983

Castillo Solórzano, Alonso de. *Sagrario de Valencia : en quien se incluyen
las vidas de los illustres santos hijos suyos
y del Reyno... / por don Alonso del
Castillo Solorçano.* — En Valencia :
por Siluestre Esparsa... : a costa de
Iuan Sanzonio..., 1635. — [4], 159
h., [ ]⁴, A-T⁸, V⁷ ; 8⁰

Colofón. — Marca de ed. en port.

01-00030495 000

▶ M-BN, 2/62773. — Enc. perg. — Sellos
de J. Alba y de Pascual de Gayangos. ▶ M-
BN, R/1206. — Enc. hol. con puntas. —
Sello de Agustín Durán. ▶ M-BN, R/18559.
— Enc. perg.

2984

Castillo Solórzano, Alonso de.
*Sala de recreacion... / por don Alonso
de Castillo Solorzano.* — En Zara-

goça : por los herederos de Pedro Lanaja y Lamarca... : a costa de Iusepe Alfay..., 1649. — [8], 352 p., ¶⁴, A-Y⁸ ; 8⁰

Contiene: *La dicha merecida ; El disfrazado ; Mas puede amor que la sangre ; Escarmiento de atrevidos ; Las pruebas en la mujer ; La torre de Floribella.*

01-00030496 000

▶ M-BN, R/10177. — Enc. piel con hierros. — Sello de Pascual de Gayangos. ▶ M-BN, R/3263. — Enc. pasta. — Sello de Agustín Durán. ▶ M-BN, R/7778. — Enc. perg. — Deteriorado, afectando a port. y a texto. ▶ M-FLG, Inv.368. — Enc. pasta con hierros dorados.

2985
Castillo Solórzano, Alonso de. *Tardes entretenidas...* / por don Alonso de Castillo Solorçano. — En Madrid : por la viuda de Alonso Martin: a costa de Alonso Perez..., 1625. — [8], 254 h., ¶⁸, A-Z⁸, 2A-2H⁸, 2I⁶ : il. ; 8⁰

Colofón. — Port. con esc. xil. — Ilustraciones xil. — Contiene: *El amor en la vengança ; La fantasma de Valencia ; El Protheo de Madrid ; El Socorro en el peligro ; El culto graduado ; Engañar con la verdad.*

01-00030497 000

▶ M-BN, R/7842. — Enc. piel con hierros. ▶ M-FLG, Inv.361. — Enc. pasta con hierros dorados.

2986
Castillo Solórzano, Alonso de. *Tiempo de regozijo y carnestolendas de Madrid...* / por don Alonso de Castillo Solorçano. — En Madrid : por Luis Sanchez : a costa de Alonso Perez..., 1627. — [8], 170 h., §⁸, A-X⁸, Y² ; 8⁰

Colofón. — Port. con esc. xil.

01-00030498 000

▶ M-BN, R/13365. — Enc. piel. — Sello de Pascual de Gayangos. — El cuaderno de sign. G lleva el v. de las h. en bl. e impreso en otra hoja. ▶ M-BN, R/6958. — Enc. pasta. ▶ M-FLG, Inv.370. — Enc. pasta con hierros dorados. ▶ M-FLG, Inv.371. — Enc. pasta con hierros dorados. — Deteriorado. ▶ M-PR, III-2218. — Enc. pasta. — Falto de port.

2987
Castillo Sotomayor, Juan del. *El argumento deste papel es mostrar y fundar breuemente, que el Tribunal y Consejo de los Señores Oydores de Hazienda y Contaduria mayor de su Magestad, tienen en algunos y ciertos casos jurisdicion priuatiuamente, y conocimiento entero de todos los pleitos y negocios que en ellos ocurren, sin dependencia alguna de otro Tribunal, y como los demas Consejos Supremos* / [el Doctor Don Iuan del Castillo Sotomayor]. — [S.l. : s.n., s.a.]. — 9 h., A-D², E¹ ; Fol.

El nombre del autor consta en fin de texto.

01-00030499 000

▶ M-BN, V.E./209-78.

2988
Castillo Sotomayor, Juan del. *De tertiis debitis catholicis, et invictissimis regibus Hispaniae, ex fructibus et rebus omnibus quae Decimantur...* / authore D.D. Ioanne del Casstillo Sotomayor... — Matriti : ex Tipographia Regni : a costa de Alonso Perez..., 1634. — [6], 16, 360, [30] h., §⁴, ✱², 2✱-3✱⁸, A-Z⁸, 2A-2Y⁸, a-c⁸, d⁶ ; Fol.

Texto a dos col. — Port. con esc. xil. real.

01-00030500 000

▶ M-BN, 6-i/808. — Enc. perg. ▶ ME-RB, 29-IV-7. — Enc. piel con hierros dorados. ▶ M-UC (FFil), 21505. — Enc. perg.

2989

Castillo Sotomayor, Juan del. *Quotidianarum controuersiarum iuris liber primus... : in quo vsusfructus singularis et vtilis tractatus continetur...* / authore D. Ioanne del Castillo Sotomayor... — Compluti : ex officina Ioannis Gratiani apud viduam :·a costa de Diego Guillen..., 1603. — [16], 366 [i.e. 364], [48] h., †⁴, 2¶⁶, 3¶⁶, A-Z⁸, 2A-2Y⁸, 2Z⁴, a-f⁸ ; Fol.

Errores de fol., de h. 351 pasa a 354. — Texto a dos col. — Port. con esc. xil. de Juan de Acuña (a quien se dedica la obra).

01-00030501 000

▶ M-BN, R/35302. — Enc. perg. — Exlibris ms. de Francisco de Morató. ▶ ME-RB, 29-IV-1. — Enc. piel con cortes dorados.

2990

Castillo Sotomayor, Juan del. *Quotidianarum controuersiarum iuris liber secundus...* / authore doctore D. Ioanne del Castillo Sotomayor... — Compluti : apud Iustum Sanchez Crespo, 1605. — [10], 268, [30] h., ¶⁸, 2¶², A-Z⁸, 2A-2K⁸, 2L⁴, a-c⁸, d⁶ ; Fol.

Colofón. — Texto a dos col. — Port. con esc. xil. de don Alvaro de Benavides (a quien se dedica la obra).

01-00030502 000

▶ M-BN, R/35303. — Enc. perg. — Exlibris ms. de Ablitas. ▶ ME-RB, 24-IV-2. — Enc. piel con cortes dorados.

2991

Castillo Sotomayor, Juan del. *Quotidianarum controuersiarum iuris libert tertius : qui etiam diuersas, utilissimas tamen atque usui forensi & practico admodum neccessarias nec hactenus sic dilucidè ex-*

planatas quaestiones... / authore... D. Joanne del Castillo Sotomayor... — Madriti : apud Alphōsum Martin de Balboa : expensis Alphonsi Perez bybliopolae, 1611. — [15], 440, [32] h., [1] h. de grab., [ ]⁴, a⁸, 2a⁴, A-Z⁸, 2A-2Z⁸, 3A-3I⁸, ¶-4¶⁸ ; Fol.

Texto a dos col. — Port. a dos tintas con esc. xil. cardenalicio. — La h. de grab. xil. es un esc. real.

01-00034038 000

▶ ME-RB, 29-IV-3. — Enc. piel con cortes dorados.

2992

Castillo Sotomayor, Juan del. *Quotidianarum controversiarum iuris liber quartus...* / authore... Ioanne del Castillo Sotomayor... — Granatae : ex typographia Francisci Heilan, et Petri de la Cuesta, 1619. — [21], 654, [45] h., [1] en bl., [1] h. de grab., ¶⁴, a⁸, b¹⁰, A-Z⁸, 2A-2Z⁸, 3A-3Z⁸, 4A-4M⁸, 4N⁶, a-e⁸, f⁶ : il. ; Fol.

Texto a dos col. — Port. con esc. calc. eclesiástico: «F. Heylan facieb. Gra^ae.». — Esc. xil. real en h. de grab.

01-00122588 000

▶ ME-RB, 29-IV-4. — Enc. piel con cortes dorados.

2993

Castillo Sotomayor, Juan del. *Quotidianarum controuersarum iuris liber quintus... : pars secunda et tomus quintus* / authore D.D. Ioanne del Castillo Sotomayor... — Granatae : ex Typographia Martini Ferdinandez (Zambrano), 1627. — [49] h., [1] en bl., 629, [1] h., ¶⁶, a-e⁸, f⁴, A-Z⁸, 2A-2Z⁸, 3A-3Z⁸, 4A-4I⁸, 4K⁶

Colofón. — Texto a dos col. — Port. con esc. calc. heráldico.

01-00034039 000

▸ ME-RB, 29-IV-5. — Enc. piel con cortes dorados.

2994
Castillo Sotomayor, Juan del. *Quotidianarum controverssarum iuris liber quintus... : pars secunda et tomus sextus /* authore D.D. Ioanne del Castillo Sotomayor... — Granatae : ex Typographia Martini Ferdinandez, 1627. — [2], 489,[i.e.486], [54] h., [ ]^2, A-Z^8, 2A-2Z^8, 3A-3O^8, 3P^6, a-f^8, g^6 ; Fol.
Error de fol. en última h. — Texto a dos col. — Port. con esc. calc. cardenalicio.

01-00034037 000

▸ ME-RB, 29-IV-6. — Enc. piel con cortes dorados.

2995
Castillo Sotomayor, Juan del (C.S.B.). *Aclamacion panegyrica y gratulatoria al misterio incomprehensible de la Encarnacion del Verbo, en la Nave Real de Maria Santissima y al Arribo felicissimo de la Reyna nuestra Señora Doña Mariana de Neoburg, el mismo dia de la Encarnacion, en el Puerto dichosissimo de el Ferrol... : predicado en el Real Convento de las Señoras Descalças de esta Corte, el dia tres de Abril de este presente año /* por... Juan de el Castillo Sotomayor, de el Orden de San Basilio... — En Madrid : por Lorenzo Garcia, 1690. — [6], 10 h., ¶^{4}, ¶^{2}, A-B^4, C^2 ; 4^0
Port. con orla tip.

01-00046051 000

▸ M-BN, V.E./114-52.

2996
Castillo y Aguilera, Isidro del. *Señor, don Isidro del Castillo y Aguilera,* digo que el año de 643 di algunos memoriales a V. Magestad que contenian algunos puntos importantes al Real seruicio, y en vno dellos auia una proposiciõ y forma de hazer leuas de soldados, y tener tercios fixos...* — [S.l. : s.n., s.a.]. — 12 h., A-C^4 ; 4^0
Texto fechado en Madrid 1650.

01-00030459 000

▸ M-BN, V/C^a 56-190. — Ex-libris de Pascual de Gayanyos.

2997
Castillo y Artiga, Diego del (1605-1670). *Fiesta real y deuocion... de Filipo IV rey de las Españas... a la Purissima Concepcion de Maria Madre de Dios... /* predico en ella... Diego del Castillo y Artiga... — En Madrid : por Diego Diaz de la Carrera, 1647. — [6], 16 [i.e.17] h., [1] en bl., ¶^{4}, ✳^{4}, B-E^4 ; 4^0
Error de fol.: la h. 14 está repetida.

01-00030460 000

▸ M-UC (Nov), 639(19). — Enc. perg.

2998
Castillo y Artiga, Diego del (1605-1670). *Panegyrico que al blason mas ilustre de Nauarra... nueuo apostol del Oriente San Francisco Xavier, predico en el Colegio de la Compañia de Iesus... de Auila... don Diego del Castillo y Artiga... : en 2 de Diciembre del año 1640...* — En Madrid : por Diego Diaz de la Carrera, 1641. — [3], 1 + h., A^4

01-00030461 000

▸ M-BN, V.E./1226-19. — Contiene únicamente port., prelim. y h. 1.

2999
Castorena y Ursúa, Juan Ignacio de (1668-1733). *La planta de la Concepcion, descalza de culpa, vestida de gracia,*

adornada de gloria : panegyrico, que en el dia sabado, septimo de su Triunfo, y de la Octaua, que annualmente celebran sus Magestades Catholicas en el Convento Observantissimo de Señoras Descalças Reales predico el Doctor Don Juan Ignacio de Castorena y Ursua... — Impresso en Madrid : [s.n.], 1700. — [12], 28 [i.e. 32] p., [ ]^4, 2¶^{2}, A-D^4 ; 4^0

Error de pag., de p. 31 pasa a p. 28.

01-00046052 000

▶ M-BN, V.E./3-19. — Falto de p. 3-6.

3000

Castrillo, Diego del. *Memorial o discurso iuridico historico y politico por don Martin Carrillo y Aldrete, arzobispo... de Granada... sobre la preeminencia que los Arçobispos de aquella ciudad... tienen, de que detras dellos dos criados suyos lleuen silla en la festiuidad del Corpus... / escrito por...* Diego del Castrillo... — [S.l. : s.n., s.a.]. — [1], h. 1-46+, []^1, A-Z^2 ; Fol.

Por el texto se deduce posterior a 1649.

01-00030504 000

▶ M-UC (Nov), 540(4). — Enc. pasta. — Falto de las 2 últimas h.

3001

Castrillo, García de Avellaneda y Haro, Conde de. *Copia de vn villete que escriuio el... señor Conde de Castrillo, Presidente del Consejo de Indias, al Doctor don Sebastian de Sandoual y Guzman, Procurador de la villa Imperial de Potosi, cuya respuesta se pone despues.* — [S.l. : s.n., s.a.]. — 4 h., A^4 ; Fol.

Texto fechado en Madrid 1635.

01-00030503 000

▶ M-BN, R/36166. — Enc. piel con hierros dorados.

3002

Castrillo, García de Avellaneda y Haro, Conde de. *Señor. El Conde de Castrillo dize, que ha seruido al Rey nuestro señor don Felipe Tercero, padre de V. Magestad, y a V. Magestad... por espacio de diez y siete años continuos...* — [S.l. : s.n., s.a.]. — 8 h., A-D^2 ; Fol.

Grab. xil. de la Inmaculada, en cabecera de texto.

01-00046053 000

▶ M-BN, V.E./198-93.

3003

Castrillo, Hernando (S.I.) (1585-1667). *Historia y magia natural o ciencia de filosofia ocvulta : con nuevas noticias de los mas profundos mysterios, y secretos del vniverso visible... / por el padre Hernando Castrillo de la Compañia de Jesus...* — En Madrid : por Juan Garcia Infanzon : a costa de Joseph Bazcones..., 1692. — [16], 342, [16] p., [2] en bl., ¶^{8}, A-Y^8, Z^4 ; 4^0

Existe emisión con pie de imp.: En Madrid : por Juan Garcia Infanzon : acosta de Francisco Sazedon..., 1692. — Texto a dos col. — Antep. — Port. con orla tip.

01-00030505 000

▶ M-BN, 3/50089. — Enc. perg. ▶ M-PR, X-413. — Enc. pasta. — Ex-libris del Conde de Mansilla. ▶ M-UC (FFil), 24976. — Enc. perg.

3004

Castrillo, Hernando (S.I.) (1585-1667). *Magia natural, o Ciencia de filosofia ocvulta : con nueuas noticias de los mas profundos misterios y secretos del uniuerso visible / por el P. Hernando Castrillo, de la Compañia de Iesus... ; primera parte, donde se trata de los secretos que pertenecen a las partes de la Tierra.* — Impresso en Trigueros : por Diego Perez Estupiñan, 1649. — [19], [1] h. en bl., 224 h., §-5§⁴, A-Z⁴, 2A-2Z⁴, 3A-3K⁴ ; 4⁰

Port. con viñeta xil.

01-00030506 000

▶ M-BN, R/4987. — Enc. perg. — Falto de h. 12. — Ex-libris de D.A. Mosti. ▶ M-RAE, 14-VIII-55. — Enc. hol. — Port. deteriorada. ▶ M-UC (FM), 133C26h. — Enc. perg. — Ex-libris de la «Biblioteca-Colegio de San Carlos». — Falto de las h. finales.

3005
Castro, Agustín de (S.I.) (1589-1671). *Oracion funebre, que se dixo en las honras del Illust^{mo} señor Doctor D. Agustin Barbosa, Obispo de Vgento... : celebradas por la... Congregacion de indignos Esclauos del Santissimo Sacramento, fundada por el Benerable Cauallero de Gracia, en su Iglesia, con toda solemnidad de Missa Pontifical, musica, y aparato funebre, por auer sido Congregante, y Padre mayor della* / por... Agustin de Castro, de la Compañia de Iesus... ; sacada à luz por... Francisco Barbosa, Religioso de la Orden de la Santissima Trinidad... — En Madrid : por Iulian de Paredes, 1650. — [4], 9 h., ¶⁴, A-B⁴, C¹ ; 4⁰

01-00030507 000

▶ M-BN, V.E./152-34.

3006
Castro, Agustín de (S.I.) (1589-1671). *Sermon que predico el padre Agustin de Castro de la Compañia de Iesus en las exequias que el colegio imperial desta Corte hizo a la... infanta Soror Margarita de la Cruz...* — En Madrid : en la Imprenta del Reyno, 1633. — [32] p., A-D⁴ ; 4⁰

Texto y port. con orla tip. — En port. esc. xil. real.

01-00030508 000

▶ M-UC (FFil), Foll Aut 1-8.

3007
Castro, Antonio de. *Allegationes canonicae cum suis decissionibus* / auctore... Antonio de Castro... — Nunc vero in lucens aeditis et noviter auctis / per don Ioannem de Castro Gallego... — Matriti : ex Officina Bernardi de Villa-Diego..., 1689. — [16], 448 [i.e. 450], [30] p., ✳-2✳⁴, A-Z⁸, 2A-2B⁸, 2C-2F⁶, 2G-2K⁴ ; Fol.

Errores de pag.: repetidas p. 447 y 448. — Texto a dos col.

01-00030509 000

▶ M-BN, 3/36270. — An. ms.: «no se halla en el índice expurgatorio.» — Enc. pasta con hierros dorados. ▶ M-BN, 7/13120. — Enc. perg. — Sello de la Biblioteca de Uclés y ex-libris ms. de Villalouo. ▶ ME-RB, M-27-I-37. — Enc. perg. ▶ M-UC (FD), 5628.

3008
Castro, Antonio de. *Discurso iuridico, en que se refiere, el origen, y iustificacion de la concesion de los seruicios de millones, y se funda la obligacion, que todos tienen de contribuir en ellos, assi eclesiasticos como seglares, la potestad, y autoridad que tiene su Magestad, para ordenar, y mandar todo lo que le parece conueniente para la buena administracion, beneficio, y cobraça desta renta, sin que por esto se ofenda la inmunidad Eclesiastica y que los Iuezes Eclesiasticos, no tienē jurisdiciõ, ni causa para impedirlo...* / escriuelo el licenciado... don Antonio de Castro... — [S.l. : s.n., s.a.]. — 48 [i.e. 47] h., A-C², D¹, E-Z², 2A² ; Fol.

Error de fol., de h. 7 pasa a 9.

01-00030511 000

▶ M-BN, V.E./204-76.

3009

Castro, Antonio de. *Copia de vna carta que escribiò... Antonio de Castro, à vn Cavallero amigo suyo, de la Ciudad de Valēcia, remitiendole el papel adjunto.* — [S.l. : s.n., s.a.]. — 20 p., A-E² ; Fol.

Carta fechada en Valladolid, 1680. — *Respuesta al escandaloso papel Theologico, y Canonista, que en defensa del Duque de Veraguas se escriviò, sobre la execucion del garrote que mandò dar en la persona de Fray Iuan Facundo Ribera, Religioso professo de la Orden del Patriarca grande San Agustin...*, p. 3-20.

01-00046054 000

▶ M-BN, V.E./219-28.

3010

Castro, Antonio de (O.S.A.). *El sermon, que de orden del Rey Nuestro Señor Felipe IIII... a las honras de los soldados, que murieron en la batalla de Lerida predico... Fr. Antonio de Castro... del Orden de N.P.S. Agustin...* — [S.l. : s.n.], 1644. — [3], 10, [1] h., [ ]³, A-B⁴, C³ ; 4⁰

01-00046055 000

▶ M-BN, V.E./151-7.

3011

Castro, Antonio de (S.I.) (1621-1684). *Aduiento con los sermones de sus quatro dominicas y las fiestas de su tiempo hasta los reyes /* por el padre Antonio de Castro, de la Compañia de Iesus... — En Burgos : por Iuan de Viar : vendese en casa de Santiago Martin..., 1681. — [24], 450, [30] p., ¶⁸, ()⁴, A-Z⁸, 2A-2G⁸ ; 4⁰

Texto a dos col. con apostillas marginales. — Antep. — Port. con viñeta xil. y orla tip.

01-00030510 000

▶ M-BN, 2/57804. — Enc. perg. ▶ M-BN, 3/54900. — Enc. perg. ▶ M-UC (FFil),

4285. — Enc. perg. — Falto de h. con sign. 2G₈.

3012

Castro, Antonio de (S.I.) (1621-1684). *Fisonomia de la virtud y del vicio al natural, sin colores ni artificios : primera parte /* escriuela el padre Antonio de Castro de la Compañia de Iesus... ; con quatro indices... — En Valladolid : por Ioseph de Rueda..., 1676. — [68], 392 [i.e. 388], [40] p., §⁴-8§⁴, 9§², A-Z⁸, 2A⁸, 2B², 2C-2D⁸, 2E⁴ ; 4⁰

Error de pag., de p. 293 pasa a 298. — Port. con orla tip. y anagrama xil. de la Compañía de Jesús. — Esc. xil. del obispo de Córdoba en §₂.

01-00030512 000

▶ M-BN, 3/52687. — Enc. perg. ▶ M-BN, 5/9308. — Enc. piel con hierros dorados. — Ex-libris ms. de la librería del Carmen Calzado de Madrid. ▶ M-BN, 8/3070. — Enc. perg. — Ex-libris ms. del Real Convento de San Gil de Madrid. — Port. deteriorada. ▶ ME-RB, 107-V-3. — Enc. perg. — Deteriorado y no consultable. ▶ M-UC (FFil), 1475. — Enc. perg. — Ex-libris ms.: «Es del uso de M. Andres Gonsalez de Valencia».

3013

Castro, Antonio de (S.I.) (1621-1684). *Fisonomia de la virtud y del vicio al natural sin colores ni artificios : segunda parte /* escriuela el padre Antonio de Castro de la Compañia de Iesus... ; con quatro indices... — En Burgos : por Iuan Antonio de Arriete y Leçea..., 1678. — [56], 373 [i.e. 372], [36] p., [1] h. de grab., [ ]², ¶-2¶⁴, 3¶², ¶-2¶⁸, A⁴, B-Q⁸, R⁴, S-Z⁸, 2A⁸, 2B², ✱-3✱⁴, 4✱⁶ ; 4⁰

Error de pag., de p. 172 pasa a 175 y repetida p. 357. — Port. con orla tip. y anagrama xil. de la Compañía de Jesús. — La h. de grab. calc.: «Arriete Ft».

01-00030513 000

▶ M-BN, 3/52688. — Enc. perg. ▶ M-UC (FFil), 4290. — Enc. perg. — Ex-libris ms.: «H⁰ˢ Andres Sales en Valª».

3014
Castro, Bartolomé de (1592-1640). *Razonamiento a Vrbano VIII P.M. cuando en nombre de Filipo IV Rei Catolicó el Excelẽtissimo S. Don Fernando Afan de Ribera, Duq̄ de Alcala... le dio la Obediẽcia : tenido en la sala Regia del Vaticano en 29 de Iulio de 1625* / por Don Bartolome de Castro... ; traduzido en Sevilla [M. Alonso de la Serna]. — [Sevilla] : impresso... por Matias Clavijo, 1625. — 20 p., A¹⁰ ; 4⁰

El nombre del traductor consta en dedicatoria. — Port. con esc. xil.

01-00046056 000

▶ M-BN, V.E./151-9.

3015
Castro, Cristóbal de (S.I.) (1551-1615). *Historia Deiparae Virginis Mariae : ad veritatem collecta et veterum patrum testimonijs cõmprobata, accurateq̄[ue] discussa* / per Patrem Christophorum de Castro, è Societate Iesu... — Compluti : ex officina Ioannis Gratiani, apud viduam, 1605. — [24], 620 p., ¶⁴, 2¶⁸, A-Z⁸, 2A-2P⁸, 2Q⁶ : il. ; 4⁰

Colofón. — Port. con grab. xil. — Grabs. xil., en p. 42 y 600, representando, el árbol genealógico de la Virgen y la Anunciación. — *Catalogus auctorum, quorum testimoniis praesatam Deiparae historiam comprobamus*, p. 559-591.

01-00030514 000

▶ M-BN, 3/11004. — Enc. perg. ▶ M-BN, 3/61864. — Enc. perg. — Ex-libris mss. del Convento de S. Hermenegildo de Madrid, y de los Descalzos Carmelitas de Madrid, 1623. ▶ M-BN, 3/64545. — Enc. perg. ▶ M-BN, P/828. — Enc. perg. — Ex-libris ms. del Convento de San Gil de Madrid. ▶ M-UC (FD), 11328. — Ex-libris ms. de la librería del Colegio Teológico de Alcalá. ▶ M-UC (FD), 9312. — Enc. perg. ▶ M-UC (FFil), 8226. — Enc. perg. — Ex-libris ms. de la casa de Probación de la Compañía de Jesús de Madrid. — Port. y primera h. de prelim. deterioradas.

3016
Castro, Diego de. *Coloquio en defensa y alabança de la limpia Concepcion de la Madre de Dios... : lleua al cabo las Coplas que dizen, atengome a la opinion de los niños de Seuilla : y vn Soneto del Cauallero de Gracia : con otras chançonetas...* / compuesto todo por Diego de Castro... — [Seuilla] Impresso... en Granada por Martin Fernandez y por su original en Seuilla : por Francisco de Lyra, 1616. — [8] p. ; 4⁰

Texto a dos col. — Port. con grab. xil. de la Virgen.

01-00030515 000

▶ M-BN, R/12677(25). — Enc. hol. — Sello de Pascual de Gayangos.

3017
Castro, Francisco de (O.H.). *Miraculosa vida y santas obras del beato patriarca Iuan de Dios Lusitano, fundador de la Sagrada Religion que cura enfermos* / compuesta por... Francisco de Castro. — Aora nuevamente añadida y enmendada / por vn religioso de la misma Orden. — En Burgos : en casa de Ioseph de Mena, 1621. — [6], 103, [1] h., []⁶, A-Z⁴, 2A-2C⁴ ; 4⁰

Port. con grab. calc.

01-00030516 000

▶ M-BN, R/35226. — Enc. perg.

3018
Castro, Francisco de (S.I.) (ca. 1567-1631). *P. Francisci de Castro... ex*

Societate Iesu De Arte Rhetorica dialogi quatuor. — Cordubae : apud Fran. de Cea, 1611. — [18], 255, [40] p., [ ]¹, ✠⁸, A-S⁸, T⁴ ; 8⁰

Port. grab. calc.: «Fran. Heylan sculp.».

01-00030517 000

▶ M-BN, 2/55498. — Enc. perg. — Ex-libris de Fernando José de Velasco. ▶ M-UC (FFil), 19395. — Enc. perg.

3019
Castro, Francisco de (S.I.) (ca. 1567-1631). *Patris Francisci de Castro... e Societate Iesu... De Arte Rhetorica dialogi quatuor.* — Hispali : in typographia Frācisci de Lyra, 1625. — [18], 247, [44] p., [ ]¹, ¶⁸, A-S⁸, T² ; 8⁰

01-00030518 000

▶ M-BN, 2/34960. — Enc. perg.

3020
Castro, Francisco de (S.I.) (ca. 1567-1631). *Patris Francisci de Castro granatensis, ex Societate Iesu, De syllabarum quantitate deque versificandi ratione liber.* — In hac vltima editione ab autore auctus et correctus. — Hispali : apud Franciscum de Lyra Barreto..., 1627. — 33, [1] h., A-D⁸, E² ; 8⁰

Advertencias para el que quiere ser poeta, h. 21.

01-00030519 000

▶ M-BN, 3/46215. — Enc. perg. — Falto de h. con sign. E₂. ▶ M-BN, R/18565(5). — Enc. cart.

3021
Castro, Francisco de (S.I.) (ca. 1567-1631). *Reformacion christiana, assi del pecador como del virtuoso* / por el Padre Francisco de Castro de la Compañia de Iesus... — Impresso

en Seuilla : por Iuan Gomez Blas, 1641. — [6], 654 [i.e. 618], [8] p., A-X⁸, 2A-2S⁸, ¶⁴ ; 8⁰

Error de pag., de p. 185 pasa a 222. — Port. con esc. xil. de la Compañía de Jesús.

01-00030521 000

▶ M-BN, 3/56320. — Enc. perg.

3022
Castro, Francisco de (S.I.) (ca. 1567-1631). *Reformacion christiana, assi de el pecador como de el virtuoso* / escrita por el Padre Francisco de Castro de la Compañia de Iesus... — En Madrid : por Melchor Sanchez : a costa de Gabriel de Leon..., [s.a.]. — [8], 110 [i.e. 320] h., ¶⁸, A-Z⁸, 2A-2R⁸ ; 8⁰

Tasa fechada en 1656. — Errores de fol., se repiten las h. 215 a 224 y error en la última h. — Port. con esc. xil.

01-00030520 000

▶ M-BN, 8/32459. — Enc. perg. — Ex-libris ms. de la Librería de los Hermanos Novicios. — Port. deteriorada afectando al año.

3023
Castro, Guillén de (1569-1631). *Primera parte de las Comedias de don Guillen de Castro...* — En Valencia : en la impresion de Felipe Mey..., 1618. — [562] p., A-C⁸, A-C⁸, A-B⁸, C⁷, A⁸, B¹², A-B⁸, C¹⁰, A-B⁸, C⁶, A-C⁸, A-B⁸, C⁹, A-B⁸, C¹⁰, A-B⁸, C⁶, A-C⁸, A-B⁸, C¹⁰ ; 4⁰

Datos tomados de E. Juliá Martínez: «Obras de Guillén de Castro...», T. I. — Marca tip. en portadilla de «La humildad soberuia» y al fin de la Primera Jornada de «Don Quixote...». — Texto a dos col. — Las portadillas de cada comedia con orla tip. y grab. xil. — Contiene: *Don Quixote de la Mancha* ; *Comedia del curioso impertinente* ; *Comedia del perfecto cauallero* ; *Comedia del Conde Alarcos* ; *La humildad soberuia* ; *Las mocedades del Cid : comedia primera; Las mocedades del Cid : comedia segunda* ; *El desengaño dichoso* ; *Comedia del conde de Irlos* ; *Comedia de los mal casados de Valencia* ; *Comedia del nacimiento de Montesinos* ; *Comedia de Progne y Filomena.*

01-00030542 000

▶ M-BN, R/14698. — Enc. hol. — Sello de la Librería de D. Agustín Durán. — Falto de port. y prelim. ▶ M-BN, R/18042. — Enc. piel con hierros dorados. — Ex-libris de Cayetano Alberto de la Barrera. — Contiene únicamente las comedias: Nacimiento de Montesinos, El Conde Alarcos (con alguna variante en portadilla) y Comedia del Conde de Irlos. — Forma parte de una vol. facticio de «Comedias de Don Guillen de Castro y Bellvis. Coleccion espezial formada por D.C.A. de la B. i L. Tomo I. Madrid 1861»; y las otras comedias son del siglo XVIII. ▶ M-BN, R/9522(1). — Enc. pasta. — Sello de «Pascual de Gayangos». — Falto de port., prelim. y de la comedia de «Don Quixote de la Mancha».

3024
Castro, Guillén de (1569-1631).
Segunda parte de las Comedias de don Guillen de Castro... — En Valencia : por Miguel Sorolla... vendense en la misma emprenta, 1625. — [8], 556 [i.e. 562] p., [ ]^4, A-E^8, F^{10}, G-H^8, I^7, K-L^8, M^4, N-O^8, P^6, Q-X^8, Y^4, Z^8, 2A^8, 2B^4, 2C-2D^8, 2E^6, 2F-2K^8, 2L^6, 2M-2N^8, 2O^{10} ; 4^0

Marca tip. en p. [8], Vindel, 462. — Errores de pag., de p. 538 pasa a 533. — Texto a dos col. — Port. con viñeta xil. — Contiene: *Comedia del engañarse engañando* ; *Comedia del mejor esposo* ; *Comedia de los enemigos hermanos* ; *Comedia de Quanto se estima el honor* ; *Comedia de El narciso en su opinion* ; *Comedia de la verdad averiguada, y engañoso casamiento* ; *Comedia de la iusticia en la piedad* ; *Comedia de el pretender con pobreza* ; *Comedia de la fuerza de la costumbre* ; *Comedia de el vicio en los estremos* ; *Comedia de la fuerça de la Sangre* ; *Comedia de Dido y Eneas.*

01-00030543 000

▶ M-BN, R/14699. — Enc. hol. — Ex-libris ms. «De la casa de Castro en Huesca ciudad de Aragon», sello de la libreria de D. Agustín Durán y ex-libris ms. «Bb. de Durán». — Port. restaurada, sin verse parte del tít. ▶ M-BN, U/6740. — Enc. pasta. — Sello de Luis de Usoz. — Lleva repetido el cuadernillo Y^4, y entre p. 146 y 147 lleva [1] h., port. de otra comedia. ▶ M-PR, VIII-1120. — Enc. pasta.

3025
Castro, José de (O.F.M.). *Viaje de America a Roma* / que hizo y escrivio... fray Joseph de Castro... de nuestro Padre San Francisco de Zacatecas... — [S.l. : s.n., s.a.]. — [190] p., ¶^{4}, A-Y^4, Z^3 ; 8^0

Medina, México, III, 1469, describe una ed. con los siguientes datos: «Impresso en Europa; y por su original reimpresso en México por Francisco Rodriguez Lupercio, 1690».

01-00030524 000

▶ M-BN, R/7025. — Enc. perg.

3026
Castro, José de (O.F.M.). *Viaje de America a Roma* / que hizo y escriuio... fray Joseph de Castro... de nuestro Padre San Francisco de Zacatecas... — [S.l. : s.n., s.a.]. — [190] p., ¶^{4}, A-L^8, M^3 ; 8^0

Medina, México, III, 1469, describe una ed. con los siguientes datos: «Impresso en Europa; y por su original reimpresso en Mexico por Francisco Rodriguez Lupercio, 1690».

01-00030523 000

▶ M-BN, 3/36959. — Enc. perg.

3027

Castro, Juan de. *Historia de las virtudes i propiedades del tabaco, i de los modos de tomarle para las partes intrinsecas i de aplicarle a las extrinsecas* / compuesta por Iuan de Castro... — En Cordoua : por Saluador de Cea Tesa, 1620. — [8], 72 h., ¶^{8}, A-I^8 ; 8^0

Colofón. — Port. con orla tip.

01-00030546 000

▶ M-BN, R/3799. — Enc. perg. — Exlibris de Fernando José de Velasco. — Port. deteriorada.

3028

Castro, Juan de (O.P.). *Declaracion de los generos de ropas que entran en vna tonelada, pesados y medidos, para regular los menos volumosos por los mas volumosos...* / [fray Iuan de Castro]. — [S.l.: s.n., s.a.]. — 4 h., A^4 ; Fol.

El nombre del autor consta en fin de texto. — En h. 4 v. consta 1669.

01-00030525 000

▶ M-BN, R/37833(6). — Enc. perg.

3029

Castro, Juan de (O.P.). *Discurso politico del maestro fray Iuan de Castro, del Orden de Predicadores, sobre los medios que ha dado para remedio del Reyno.* — [S.l. : s.n., s.a.]. — 4 h., A^4 ; Fol.

Simón Díaz, VII, 7330, describe una ed. con fecha probable 1669.

01-00030526 000

▶ M-BN, R/37833(8). — Enc. perg.

3030

Castro, Juan de (O.P.). *Medio para sanar la Monarquia de España, que està*

en las vltimas boqueadas, en que se descubre la destruicion que causa el comercio de la Europa para la America. — [S.l. : s.n., s.a.]. — [14] p., A^7 ; Fol.

01-00030527 000

▶ M-BN, R/37833(3). — Enc. perg.

3031

Castro, Juan de (O.P.). *Para el entero conocimiento de la causa, que destruye, y acaba... la Monarquia de España... y para la possibilidad, y facilidad del remedio a tātos daños... que en mi memorial, y copia de efectos tento propuesto, pongo a la letra los instrumentos siguientes...* / [Fray Iuan de Castro]. — [S.l. : s.n., s.a.]. — 5, [1] h., A^6 ; Fol.

El autor consta en fin del texto, por el que se deduce posterior a la muerte de Felipe IV. — Port. con esc. xil. real.

01-00030528 000

▶ M-BN, R/13027(6). — Enc. cart. — Sello de Pascual de Gayangos. ▶ M-BN, R/ 37833(2). — Enc. perg. ▶ M-BN, V.E./198-56(2).

3032

Castro, Juan de (O.P.). *Quinto papel: medio general para sanar, conseruar, y aumentar la Monarquia* / [Fray Iuan de Castro]. — [S.l. : s.n., s.a.]. — 9 h., [1] en bl., A^{10} ; Fol.

El autor consta en fin de texto. — En h. 9 v. consta «Este año de 1669».

01-00046057 000

▶ M-BN, R/37833(7). — Enc. perg. ▶ M-BN, V.E./192-10.

3033

Castro, Juan de (O.P.). *Sabido el comercio que la Europa tiene en las Indias de quenta de los estrangeros, es razon que tengamos noticia del retorno que se saca de las Indias... y de su valor en las Indias, en*

España y en los reynos estraños, para que conozcamos su cuidado y nuestra flogedad y descuido / [Fray Juan de Castro]. — [S.l. : s.n., s.a.]. — 6 h., A⁶ ; Fol.

Autor deducido del texto, h. 5. — En h. 6 v. consta 1669.

01-00030529 000

▸ M-BN, R/37833(4). — Enc. perg.

3034

Castro, Juan de (O.P.). *Señor. El Maestro Fray Iuan de Castro, de la Orden de Predicadores, dize : Que desde el año de 1662 ha seruido à V. Magestad. Lo primero, restaurando la renta de esclauos, que estuuo perdida mas de treinta años... Lo quinto, vino à esta Corte por Octubre del año passado de 1679 à dar quẽta de vn Fraude que se cometia, y se està cometiendo sobre la dicha renta.* — [S.l. : s.n., s.a.]. — 4 h., A⁴ ; Fol.

Se ha respetado la puntuación original.

01-00046058 000

▸ M-BN, V.E./27-34(1).

3035

Castro, Juan de (O.P.). *Señor. El Maestro Fray Iuan de Castro, del Orden de Predicadores, dize : Que auiendo seruido à V. Mag. con tan buena fortuna, que el Real auer ha percebido por su industria mas de tres millones de pesos, y està todavia percibiendo 225 [mil] pesos en cada vn año de la renta de Negros esclauos para Indias...* — [S.l. : s.n., s.a.]. — 4 h., A⁴ ; Fol.

Se ha respetado la puntuación original. — En A₄ consta «...de este año de mil seiscientos y ochenta...».

01-00046061 000

▸ M-BN, V.E./27-34(2).

3036

Castro, Juan de (O.P.). *Señor. El Maestro Fray Iuan de Castro, del Orden*

de Predicadores, dize : Que ha seruido à V. Magestad desde el año de 1622. Lo primero, restaurò la rẽta de Esclauos, y ha percebido V. Magestad della mas de tres millones de pesos ; y assimesmo percebirà V. Magestad à la venida de los Galeones, que se esperan este año de 682 otros... — [S.l. : s.n., s.a.]. — 7 p., A⁴ ; Fol.

Se ha respetado la puntuación original.

01-00046060 000

▸ M-BN, V.E./27-34(3).

3037

Castro, Juan de (O.P.). *Señor. El Maestro Fray Iuan de Castro, Religioso de la Orden de Santo Domingo, dize : Que por el año de 1678 hallandose en la Ciudad de Cadiz, le solicitaron D. Baltasar Coymans, y Pedro Bambelle de Nacion Olandeses, para la disposicion de vn Assiento, que se auia de hazer para comerciar à Indias, haziendole grãdes ofertas... y auian de ser Españoles los que le auian de hazer ; y reconociendo... que se trataua de adulterar el comercio...* — [S.l. : s.n., s.a.]. — 8 h., A-D² ; Fol.

Se ha respetado la puntuación original. — En el texto consta 1680.

01-00046062 000

▸ M-BN, V.E./27-34(4).

3038

Castro, Juan de (O.P.). *Señora, El Maestro Fr. Iuan de Castro, del Orden de Predicadores, dize, que es publico, y notorio el estado en que se halla la Monarquía, y los conocidos riesgos en que està, y por esta razon deuen todos los vassallos, como partes deste todo, aplicar lo que cada vno pudiere...* — [S.l. : s.n., s.a.]. — [2] p.; Fol.

Texto dirigido a Mariana de Austria (regencia de 1665 a 1675).

01-00030530 000
▶ M-BN, R/37833(1). — Enc. perg.
▶ M-BN, V.E./198-56(1).

3039

Castro, Juan de (O.P.). *Señora, El Maestro Fray Iuan de Castro, de el Orden de Predicadores, dize Que en primero de Iunio del año passado de 1668 se diò à V.M. de parte de el suplicante vn Memorial, en que ofreciò diferentes seruicios, los quales... representò en la Iunta de medios, en tres papeles...* — [S.l. : s.n., s.a.]. — 10 h., A-E² ; Fol.

01-00046059 000
▶ M-BN, R/37833(5). — Enc. perg.
▶ M-BN, V.E./200-25.

3040

Castro, Juan de (O.S.B.) (- 1711). *El glorioso thaumaturgo español redemptor de cautiuos S^{to} Domingo de Sylos, hijo del patriarca San Benito... : su vida, virtudes y milagros : noticia del Real Monasterio de Sylos y sus prioratos /* por... Fr. Iuan de Castro... abad... de Sylos y San Martin de Madrid... — En Madrid : por Melchor Alvarez, 1688. — [24], 422, [10] p., [1] h. de grab., ¶-3¶⁴, A-Z⁴, 2A-2Z⁴, 3A-3H⁴; ⁺⁰

Port. con orla tip. — Grab. calc.: «Gregorio Fosman sculp.», representa a Santo Domingo de Silos.

01-00030531 000
▶ M-BN, 2/46321. — Enc. piel con hierros dorados. — Sello de Pascual de Gayangos. ▶ M-BN, 2/69390. — Enc. perg. — Falto de la h. de grab. ▶ M-BN, 3/6850. — Enc. perg. — Ex-libris ms. de los Carmelitas Descalzos de San Hermenegildo de Madrid. ▶ M-BN, P/1532. — Enc. perg. ▶ M-FLG, Inv.6677. — Enc. pasta con hierros dorados. — Falto de la h. de grab. ▶ M-UC (FFil), 34825. — Enc. perg. — Falto de la h. de grab.

3041

Castro, Manuel de. *Contentible romanzon formidable, despreciables versotes estupendos, ridiculos coplones bufoniferos a dos acaecimientos desiguales en vn mismo dia... el vno, averle nacido vn nieto à cierta persona, otro, aver resucitado... vna abuela à otra à cierta persona, que le mataron alevosamente, por principos [sic] del año de 88 /* que escrive, canta, y dedica... Manuel de Castro... — [S.l. : s.n., s.a.]. — [8] p., A⁴ ; 4⁰

01-00030532 000
▶ M-BN, V.E./119-24.

3042

Castro, Melchor de. *Historia de la Virgen Maria... y de sus excelencias : colegida... de lo que los Santos Padres escriuieron y repartida en dos libros /* por el maestro Melchor de Castro ; con el martyrio de la Samaritana... — En Alcala : en casa de Iusto Sanchez Crespo..., 1607. — [28], [2] en bl., 624., [62] p., [1] h. de grab., ¶-2¶⁸, A-Z⁸, 2A-2Q⁸, a-c⁸, d⁷ ; 8⁰

Según Uriarte, III, 4073, es una trad. libre con adiciones y supresiones, de la obra del jesuita Cristóbal de Castro... En la p. 577 empieza la historia de Santa Fotina, la Samaritana... arreglada y traducida también, no del original griego sino de la versión latina de un anónimo. — Colofón. — Texto con apostillas marginales. — Port. con viñeta xil. y grab. xil. — En p. 138 grab. xil. a toda plana. — La h. de grab. xil. representa a la Virgen María y se repite en la p. 130.

01-00030533 000
▶ M-BN, 3/26556. — Enc. perg. ▶ M-BN, P/2534. — Enc. perg. — Falto de p. 129 a 132. ▶ M-UC (FFil), 3889. — Enc. perg. — Ex-libris ms. y sello de la libreria del colegio Imperial de la Compañía de Jesús.

3043

Castro, Pedro de. *Causas eficientes y accidentales del fluxo y refluxo del mar y de sus notables diferencias con la diuersidad de corrientes... del orbe aquatil : explicanse... muchos discursos que hizo don Francisco de Seyxas y Lobera en su Teatro Naual y se dà solucion à sus dificultades...* / su autor... don Pedro de Castro. — En Madrid : en la imprenta de Manuel Ruiz de Murga , 1694. — [24], 276, [8] p., ¶-3¶⁴, A-Z⁴, 2A-2M⁴, 2N² ; 4⁰

Port. con orla tip. — Grabs. xil., en ¶² r. de S. Nicolás y, en 3¶₁ v̄. y 3¶₂ v., relativos al texto.

01-00030534 000

▶ M-BN, 2/29343. — Enc. perg. ▶ M-BN, 3/69959. — Enc. perg. ▶ M-BN, 8/26766. — Enc. perg. ▶ M-RAE, 19-VII-4. — Enc. perg.

3044

Castro, Pedro de. *Señor. Pedro de Castro, digo que considerando la propiedad con que auentajo el cielo a España de riquezas de plata, antiguamente cō la de sus minas, y despues ͵cō los tesoros de las Indias, y que esta se va acabando, tanto por auerla lleuado, y gozado diuersas naciones... como por auerse apurado generalmente todas las minas ricas, y sus metales...* — [S.l. : s.n. , s.a.]. — [4] p. ; Fol.

Se ha respetado la puntuación original.

01-00002956 000

▶ M-BN, R/17270(16). — Enc. perg.

3045

Castro de Canto, Manuel de. *Reglas militares...* / por Manuel de Castro de Canto... — [S.l. : s.n.], 1640. — [2], 17, [8] h., [1] en bl., [ ]², A-B⁸, C¹⁰ ; 8⁰ apais.

Port. con orla tip. y esc. xil. del autor. — La h. 9 impresa sólo por el verso.

01-00030544 000

▶ M-BN, 3/48705 Enc. perg. con hierros dorados. — En la h. 9 r. dibujo ms. del escuadrón redondo.

3046

Castro Egas, Ana de. *Eternidad del rey don Filipe tercero... el Piadoso : discurso de su vida y santas costumbres...* / por doña Ana de Castro Egas. — En Madrid : por la viuda de Alonso Martin, 1629. — [32], 24 h., ¶-4¶⁸, A-C⁸ ; 8⁰

01-00030545 000

▶ M-BN, 2/58580. — Enc. cart. — Ex-libris ms. y sello de Pascual de Gayangos. ▶ M-BN, 2/65482. — Enc. perg. — Ex-libris «D A Mosty». ▶ M-BN, R/8338. — Enc. perg.

3047

Castro Palacios, Bernardo Luis de. *Han desseado algunos saber mi sentir cerca de dos dudas : la primera sobre la celebracion de la Fiesta de San Narcisso... : la segunda duda es sobre la occurrencia del Sabado Santo el año que viene de 1690 con la Annunciacion de N. Señora, como, y con què orden à de ser la Missa* / [D. Bernardo Luis de Castro Palacios]. — [S.l. : s.n., s.a.]. — [4] p., A² ; Fol.

El nombre del autor consta en fin de texto, fechado en 1689.

01-00030547 000

▶ M-BN, R/24032(5). — Enc. hol.

3048

Castro Palao, Fernando de (S.I.) (1581-1633). *Manual del christiano, de varias consideraciones para el exercicio santo de la oracion* / compuesto por el Padre Hernando de Castro... de la Compañia de Iesus... ; diuidese esta

obra en tres partes... — En Valladolid : por la viuda de Iuan Lasso de
las Peñas, 1633. — [24], 488, [14]
p., $\P^8$, $2\P^4$, A-Z^8, 2A-2H^8, 2I^3 ; 4^0
Colofón. — Texto a dos col. —
Port. con esc. xil. de la Compañía de
Jesús.

01-00030522 000

▶ M-BN, 3/58920. — Enc. perg. — Ex-
libris ms. de Fernando de la Bandera Zapata. ▶ M-UC (FFil), 2730. — Enc. perg.

3049

Castro Pecellín y Varona, Juan.
Cadena de oro / compuesta por el Li-
cenciado Iuan de Castro Pecellin y
Varona ; diuidida en quatro buel-
tas. — En Madrid : por Maria de
Quiñones : vendese en casa de Iuan
de Valdès..., 1656. — [8] p. ; 4^0
El pie de imp. consta en colofón.
— Texto a dos col.

01-00046067 000

▶ M-BN, V.E./155-25.

3050

Castro Pecellín y Varona, Juan.
Cadena de oro / compuesta por el li-
cenciado Iuan de Castro Pecelin y
Varona ; diuidida en quatro buel-
tas... — En Madrid : por Maria de
Quiñones : vendese en casa de Iuan
de Valdès..., 1658. — [8] p. ; 4^0
El pie de imp. consta en colofón.

01-00030548 000

▶ M-BN, V.E./1202-21.

3051

Castro Pecellín y Varona, Juan.
Cadena de oro / compuesta por el Licenciado Iuan de Castro, Pecellin, y
Varona ; dividida en quatro buel-
tas. — Impresso en Sevilla : a costa
de la Viuda de Nicolas Rodriguez..., [s.a.]. — [8] p. ; 4^0
El pie de imp. consta en colofón.

— La viuda de Nicolás Rodríguez
ejerce entre 1671 y 1674.

01-00046068 000

▶ M-BN, V.E./139-37.

3052

Castro y Aguila, Tomás de. *Antido-
to y remedio vnico de daños publicos, conseruacion y restauracion de monarchias :
discurso legal y politico* / compuesto
por... Tomas de Castro y Aguila...
— En Antequera : por Vicente
Aluarez de Mariz, 1649. — [12],
138 h., $\P^4$, $\P$-2$\P^4$ A-E^8, F-Z^4, 2A-
2F^4, 2G^2 ; 4^0
Port. con orla tip. — Esc. xil de la
Compañía de Jesús en 2$\P_4$v.

01-00030535 000

▶ M-BN, 2/15691. — An. ms.: «este
autor fue padre de D. Bdo. de Castro». —
Enc. perg. — Falto de 8 h. de prelim. —
Cuadernillo con sign. 2A repetido, estando
el 2^0 de ellos deteriorado. ▶ M-BN, 3/71239.
— Enc. perg. — Ex-libris ms. de la Librería
de Capuchinos del Prado de Madrid. — Deteriorado, afectando a la port. — Falto de 8
h. de prelim. ▶ ME-RB, 28-V-16(2). —
Enc. pasta con cortes dorados.

3053

Castro y Aguila, Tomás de. *Por la
magestad catolica, discurso legal en defensa del derecho y sucession del Reyno de
Portugal* / [Tomas de Castro y Agui-
la]. — En Antequera : por Iuan
Bautista Moreyra, MCDXXXXI
[i.e. 1641]. — 52 h., A-Z^2, 2A-2C^2 ;
Fol.
El nombre del autor consta en fin
de texto. — Port. con grab. calc.:
«Como nuestra Señora vio a xp̄o en
la ✠».

01-00030536 000

▶ M-BN, 3/72292. — Enc. hol.

3054

Castro y Aguila, Tomás de. *Remedios espirituales y temporales para prese-*

ruar la republica de peste y conseguir otros buenos sucessos en paz y guerra : tratado breue / compuesto por el licenciado D. Tomas de Castro y Aguila... — En Antequera... : impresso por Vicente Aluarez de Mariz, 1649. — 8, [2], 9-60 h., A^4, B^6, C-P^4 ; 4^0

Port. con orla tip.

01-00030537 000

▶ M-BN, 8/31175. — Repetida la Censura del R.P. Fr. Silvestre de los Reyes. ▶ M-UC (FM), 616.923C26t. — Enc. perg. — Ex-libris de la Biblioteca del Colegio de San Carlos. — Falto de h. 4.

3055

Castro y Anaya, Pedro de. *Auroras de Diana* / por Don Pedro de Castro y Añaya... — En Madrid : por la viuda de Alonso Martin : a costa de Alonso Perez..., 1634. — [16], 192 h., ¶-2¶^{8}, A-Z^8, 2A^8 ; 8^0

Port. con esc. xil. de D. Jaime Talayero.

01-00030538 000

▶ M-BN, R/15329. — Enc. perg. ▶ M-BN, R/4263(2). — Enc. pasta. — Falto de port. y prelim., sustitüidos por los de la ed. de 1637. ▶ M-BN, U/6865. — Enc. pasta. — Ex-libris de «Ebenezer Palmer bookseller... London...» y sello de Luis de Usoz.

3056

Castro y Anaya, Pedro de. *Auroras de Diana* / por don Pedro de Castro y Anaya... — En Madrid : en la Imprenta del Reyno : a costa de Alonso Perez..., 1637. — [16], 191 [i.e. 192] h., ¶-2¶^{8}, A-Z^8, 2A^8 ; 8^0

Error de fol., repetida la última h. — Port. con esc. xil. de D. Jaime Talayero.

01-00030539 000

▶ M-BN, R/12044. — An. ms.: «Gayangos Madrid, Marzo 5/63». — Enc. piel con hierros dorados. — Sello de Pascual de Gayangos. ▶ M-BN, R/13885. — Enc. perg. ▶ M-BN, R/3248. — Enc. cart. — Sello de A. Duran. ▶ M-BN, R/4263(1). — Enc. pasta. — Contiene únicamente port. y prelim., el texto es de la ed. de 1634. — Port. deteriorada afectando al tít. y fecha (ésta ms.: 1632). ▶ M-BN, R/4656. — Enc. hol. — Ex-libris ms. de la librería del Colegio Imperial de la Compañía de Jesus de Madrid. ▶ M-FLG, Inv. 824. — Enc. piel con hierros dorados y super-libros de la Biblioteca de Salvá.

3057

Castro y Anaya, Pedro de. *Auroras de Diana* / por don Pedro de Castro y Añaya... — En Malaga : por Iuan Serrano de Vargas, 1640. — [16], 192 h., ¶-2¶^{8}, A-Z^8, 2A^8 ; 8^0

01-00030540 000

▶ M-BN, R/11213. — Enc. perg. — Sello de Pascual de Gayangos. ▶ M-FLG, Inv. 132. — Enc. piel con hierros. ▶ M-PR, I.C.268. — Enc. pasta. — Ex-libris del Conde de Mansilla. — Falto de la h. 184, sustituida por 1 h. en bl. y de la última h., sustituida por ms.

3058

Castro y Anaya, Pedro de. *Auroras de Diana* / por don Pedro de Castro y Añaya... — Em Coimbra... : na officina de Manoel Dias..., 1654. — [22], [2] en bl., 339 [i.e. 349] p., [2] en bl., ¶^{8}, 2¶^{4}, A-Y^8 ; 8^0

Error de pag., de la p. 224 retrocede a la 215.

01-00030541 000

▶ M-BN, R/13415. — An. ms. «Lisboa 8/ 52 Gayangos». — Enc. piel con hierros. — Sello de Pascual de Gayangos y ex-libris ms. de Gonzalo Vars. ▶ M-BN, R/1927. — Enc. piel con hierros y cantos dorados y superlibris «Infantado». — Recortado, afectando a fecha de port. ▶ M-FLG, Inv.4668. — Enc. pasta. — Ex-libris de la biblioteca de don Antonio Cánovas del Castillo, y otro de Virira Pinto. ▶ M-RAE, 25-D-9. — Enc. perg.

3059

Castro y Castilla, Juan de. *Relacion que haze Don Iuan de Castro y Castilla, Corregidor de Madrid, al señor Presidente de Castilla, sobre el modo que ha tenido en la disposicion del Donatiuo.* — [S.l. : s.n., s.a.]. — 4 h., A^4 ; Fol.

Texto fechado en Madrid, 1625.

01-00046063 000

▶ M-BN, V.E./200-85.

3060

Castro y de la Torre, Antonio de. *Quaestio Vtrùm Examinatores Synodales in qualificatione oppositorum ad Parrochialem Ecclesiam teneantur non solum dignos, sedetiam magis dignos Dominis Episcopis exprimere?* / [El L^{do} D. Antonio de Castro y de la Torre]. — [S.l.: s.n., s.a.]. — [4] p. ; Fol.

El nombre del autor consta en fin de texto, en español y fechado en Ciudad Rodrigo, 1627. — Viñeta xil. en cabecera de texto.

01-00046064 000

▶ M-BN, V.E./214-52.

3061

Castro y Gallego, Juan de (- 1707). *Señor. Don Juan de Castro y Gallego, Cavallero de la Orden de Alcantara, del Consejo de V. Mag. y Alcalde de Casa, y Corte mas Antiguo, dize : Que en consideracion de onze años, que hà que sirve en este empleo... de no tener mas goze, comission, ni otro emolumento, que el Alcalde mas moderno... Suplicò à V. Mag. que por estos motivos le honrasse con los honores de Castilla...* — [S.l. : s.n., s.a.]. — 5 h., A^5 ; Fol.

Se ha respetado la puntuación original. — Por el texto se deduce posterior a 1683.

01-00046065 000

▶ M-BN, V.E./27-40(2).

3062

Castro y Gallego, Juan de (- 1707). *Señor. El Licenciado Don Iuan de Castro y Gallego, Cavallero de la Orden de Alcantara, del Consejo de V. Magestad, y su Alcalde de Casa y Corte, Iuez de Obras, y Bosques, hijo de Don Antonio de Castro, que murió sirviendo à V. Mag. en los Consejos de Castilla, y Guerra : Dize, que su Magestad... por lo atrasado que estavan las rentas de Millones... Suplica à V.M.... honre al suplicante con la plaça de Oidor del Consejo de Hazienda.* — [S.l. : s.n., s.a]. — 6 h., A^2,B^4 ; Fol.

Se ha respetado la puntuación original. — Por el texto se deduce posterior a 1680.

01-00046066 000

▶ M-BN, V.E./27-40(1).

3063

Castro y Quiñones, Pedro de, Arzobispo de Sevilla (1534-1623). *Copia de vna carta que escribio el Arçobispo de Seuilla dō Pedro de Castro, al Rey nr̄o señor, cōtra el Patronazgo de la Bienauēturada virgē Santa Teresa : con vnas Notas de vn su deuoto.* — [S.l. : s.n., s.a.]. — 5, [1] h., A^6 ; Fol.

En el texto consta 1618.

01-00046069 000

▶ M-BN, V.E./211-43.

3064

Castro y Quiñones, Pedro de, Arzobispo de Sevilla (1534-1623). *Señor. El Presidente de Consejo Real me á escrito por mādado de V.M. cerca de las opiniones en esta Ciudad : si nuestra Señora fue concebida con pecado original, o no. I los excessos que dize à avido en ello :*

i me culpa que passan en mi presencia, sin dar cuenta con tiempo de ello, i castigarlo... / [Arçobispo de Sevilla]. — [S.l.: s.n., s.a.]. — [7] p., A⁴ ; Fol.

Se ha respetado la puntuación original. — Texto fechado en Sevilla, 1615.

01-00030550 000

▶ M-BN, V.E./44-69.

3065
Castro y Quiñones, Pedro de, Arzobispo de Sevilla (1534-1623). *Señor. Oy he recibido vna de V. Magestad de 4 de Agosto, que me la embió el Assistente de Seuilla. Manda V.M. que en la Iglesia de Seuilla, donde yo siruo, y en el Arçobispado, se celebre fiesta a 5 de Octubre, el dia de la muerte de la Beata virgen Teresa de Iesus: y que todos la reciban por Patrona... El Patronazgo no conuiene por muchas razones...* — [S.l. : s.n., s.a.]. — [4] p. ; Fol.

Texto fechado en 1618.

01-00122277 000

▶ M-BN, Mss./20711-5. — An. ms.: «Carta del Arzobispo de Sevilla D. Pedro de Castro al Rey contra el Patronazgo de Santa Teresa».

3066
Castro Zorrilla Marañón, Pedro de. *A la acelerada, y temprana muerte de la Reyna nuestra señora, doña Maria Luisa de Borbon... / de don Pedro de Castro Zorrilla Marañon...* — [S.l. : s.n., s.a.]. — [7] p. ; 4⁰

María Luisa de Orleans murió en 1689. — Texto con orla tip.

01-00094925 000

▶ M-BN, V.E./113-32.

3067
Castro Zorrilla Marañón, Pedro de. *En ocasion de la deseada superior noticia del feliz arribo de la reyna... Doña*

Mariana de Neoburg a estos Reynos consagra... este metrico tendido obsequio Don Pedro de Castro Zorrilla Marañon... — En Madrid : [s.n.], 1690. — [8] p., A⁴ ; 4⁰

Port. y texto con orla tip.

01-00030551 000

▶ M-BN, V/Cª 1045-26.

3068
Catalán de Montsonis, Gaspar (O.P.) (-1652). *Tratado de la explicacion del Pater Noster /* compuesto por... Fray Gaspar Catalan de Monçonis... obispo electo de Lerida ; sacalo a luz... Ana Monica Pimētel Cordova y Velazco, Cōdesa de Oropesa... — En Valencia : por Geronimo Vilagrasa..., 1667. — [16], 288, [8] p., ¶⁴, 2¶⁴, A-Z⁴, 2A-2N⁴, ¶⁴ ; 4⁰

01-00030552 000

▶ M-BN, 3/59078. — Enc. perg. ▶ M-UC (FFil), 2352.

3069
Catalán de Montsonis, Gaspar (O.P.) (-1652). *Tratado de la explicacion del Pater Noster /* compuesto por... Fray Gaspar Catalan de Monçonis... del... convento de predicadores... obispo electo de Lerida; obra posthuma... — Impresso en Valencia : por Geronimo Vilagrasa... : vendese en casa de Geronimo Sanchiz..., 1673. — [16], 288, [8] p., [ ]⁴, 2¶⁴, A-Z⁴, 2A-2N⁴, ¶⁴ ; 4⁰

Texto con apostillas marginales. — Port. con orla tip. y viñeta xil. de Jesús orando.

01-00030553 000

▶ M-UC (FFil), 2517. — Enc. perg. — Ex-libris ms. de la librería del Colegio de la Compañía de Jesús de Villagarcía.

3070
Catalina de Siena, Santa. *Dialogos de S. Catalina de Sena /* traduzidos de

lengua latina en castellana por... Fr.
Lucas Loarte... del Orden de S. Domingo. — En Madrid : por Andres
Garcia de la Iglesia, 1668. — [24],
484, [24] p., ¶^{8}, 2¶^{4}, A-Z^8, 2A-2G^8,
2H^4, 2I^8, 2K^2 ; 4^0

Texto a dos col. — Port. con grab.
calc., retrato de Santa Catalina, y
en ¶$_2$ v. esc. xil. cardenalicio.

01-00030554 000

▶ M-BN, 3/11354. — Enc. perg. ▶ M-
BN, 3/78909. — Enc. hol. — Port. restaurada y sustituido el retrato calc. por un grab.
xil. — Lleva añadida 1 h. de grab. calc. retrato de Sta. Catalina. ▶ M-UC (FD),
4.004. — Enc. perg. ▶ M-UC (FFil),
12.082. — Falto de port. y dedicatoria. ▶ M-
UC (FFil), 14.837. — Enc. perg. — Ex-
libris ms. de la librería del noviciado de la
Compañía de Jesús de Madrid.

3071

Catalina de Siena, Santa. *Ramillete*
de epistolas y oraciones celestiales : para
fecundar todo genero de espiritus / nacido
en... el coraçon de la mystica... y...
santa Cathalina de Sena de la sagrada Orden de Predicadores ; que
mandò traducir a la lengua castellana, de la toscana,... Fr. Francisco
Ximenez de Cisneros... — En Barcelona : a costa de Iuan Cassañes y
Iayme Surià..., 1698 (en la imprenta de Jayme Surià...). — [20], 476,
[28] p., §^{6}, 2§^{4}, A-Z^4, 2A-2Z^4, 3A-
3R^4 ; Fol.

Colofón. — Texto a dos col. —
Antep. — Port. con viñeta xil.

01-00030555 000

▶ M-BN, 3/63057. — Enc. perg. ▶ M-
BN, 8/40298. — Enc. perg.

3072

Catalogo *de algunos varones insignes*
en Santidad de la provincia del Peru de la
Compañia de Iesus : hecho por orden de la

congregacion provincial que se celebro en el
Colegio de S. Pablo de Lima, año de
MDCXXX... — En Sevilla : lo im-
primio Francisco de Lyra Barreto,
1633. — [6], 26 p., [2] en bl., [ ]^1,
A-D^4 ; 4^0

Port. con esc. xil. de la Compañía
de Jesús.

01-00030557 000

▶ M-BN, R/14154. — Enc. perg.

3073

Catalogo *de comedias de los mejores*
ingenios de España. — En Madrid :
[s.n.], 1681. — 40 p., A-E^4 ; 4^0

Barrera lo supone impreso fuera
de España. — Port. con viñeta xil.

01-00030556 000

▶ M-BN, R/35001. — Enc. hol.

3074

Catalonia *iterum ad Lilia perfugiens,*
anno 1641. — Barcinonae : ex praelo
Petri Lacaualerie, 1642. — [4], 22
p., A-C^4, D^1 ; 4^0

01-00030558 000

▶ M-BN, V.E./170-13.

3075

Cataluña. *Apuntaments donats per la*
Iunta del Batallo als molts illustres sen-
yors Deputats del General de Cathaluña,
llegits en la casa de la Deputacio a 12 de
Octubre 1641. — [S.l. : s.n., s.a.]. —
[11] p., A^6 ; 4^0

01-00122677 000

▶ M-BN, V.E./35-82.

3076

Cataluña. *Arbitre. En Aquest Princi-*
pat de Cathalunya y Comtats de Rossello y
Cerdanya, segõs es la comuna opinio, entre
ciutats, viles y llochs, sen troban dos mil
dos centes y sinquanta, ò mes, tots los
quals pagan dret de bolla al General... —

[S.l. : s.n., s.a.]. — [2] p., [2] en bl., A² ; Fol.

01-00046070 000

▶ M-BN, V.E./191-47.

3077
Cataluña. *Copia de cartas, en que el Principado de Cataluña manifiesta su leal sentimiento, y resignacion, en la fatal perdida de nuestro difunto monarca Don Carlos II... en respuesta a las que el Exc^{mo} Señor Conde de Frigiliana, Presidente de el Supremo Consejo de Aragon, y de la Junta del Govierno de la Monarquia, escriviò à dicho Principado, con el aviso de la Muerte de su Magestad y de su vltima disposicion.* — En Madrid : hallàrase... en casa de Antonio de la Fuente, librero..., [s.a.]. — 11, [1] p., A⁶; 4⁰

Lugar y ed. constan en colofón. Cartas fechadas en Noviembre de 1700. — Port. con orla tip.

01-00046071 000

▶ M-BN, V.E./139-68.

3078
Cataluña. *Discurso, y memorial /* hecho por F. Francisco de Copons... [et al.] Embaxadores en la Corte de su Magestad por los Diputados y Oydores del Principado de Cataluña. — En Barcelona : por Esteban Liberos, 1622. — [22] p., [2] en bl., A¹² ; Fol.
Port. con viñeta xil.

01-00046072 000

▶ M-BN, V.E./180-82.

3079
Cataluña. *Discurso, y memorial /* hecho por Fr. Francisco de Copons... [et. al.] Embaxadores en la Corte de su Magestad por los Diputados y Oydores del Principado de

Cataluña. — En Madrid : por la viuda de Fernando Correa de Montenegro, 1622. — [1], 16 h., [ ]¹, A-H² ; Fol.
Port. con viñeta xil.

01-00122278 000

▶ M-BN, V.E./60-46.

3080
Cataluña. *Segundo discurso y memorial /* hecho por Fr. Francisco de Copons... [et al.] Embaxadores en la Corte de su Magestad por los Diputados y Oydores del Principado de Cataluña. — En Barcelona : por Geronymo Margarit, 1622. — [1], 15 h., A¹⁶ ; Fol.
Marca tip. en h. 15 v. — Port. con esc. xil. de Cataluña.

01-00046074 000

▶ M-BN, V.E./180-82 bis. — An. ms.: 1876. Febrero 22. Entregado por la Secretaría.

3081
Cataluña. *Forma del iurament que prestan las personas dels tres estaments, eclesiastich, Militar, y Real del Principat de Cathalunya, y Comtats de Rossello, y Cerdanya en virtud de resolucio presa en los Brassos tinguts a 26 de Setembre 1640.* — [S.l. : s.n., s.a.]. — [1] h. ; Fol.

01-00046073 000

▶ M-BN, V.E./191-46.

3082
Cataluña. [Leyes, etc.] *Repertori, alphabetic, molt copios, y complit de tot lo contengut, y disposat, en lo volum, de les Constitutions, Capitols, y Actes de Cort, en la primera Cort general, celebrada als Cathalans, en Barcelona, en lo Monastir de S. Francesc, per la S.C.R.M. del Rey don Phelip Segon, Rey, de Castella... en lo Any 1599 /* ordenat, per micer

Jaume Coll... — Ab Llicencia, y Priuilegi, en Barcelona : per Esteue Liberos : venense, en casa del mateix Autor..., 1625. — [24] p., A^{12} ; Fol.

Precede al tít.: «Alabat sia, lo Santissim Sagrament, del Altar». — Texto a dos col. — Port. con grab. xil. de la Virgen.

01-00035053 000

▶ M-BN, R.ad.

3083

Cataluña. [Leyes, etc.] *Capitols del General del Principat de Cathalunya Comptats de Rossello y Cerdanya fets en les Corts celebrades en lo Monestir de Sant Francesch de Barcelona per la S.C.R.M. del Rey Don Phelip nostre Senyor, per lo Redres del General y casa de la Deputacio, en lo any 1599.* — Estampats en Barcelona... : de manament dels Senyors Deputats del General de Cathalunya, 1601 (en la estampa de Iaume Cendrat). — [24], 192, [8] p., †^{8}, 2†^{4}, A-M^8, N^4 ; 4^0

Colofón. — Port. con esc. xil. con la cruz central coloreada.

01-00122682 000

▶ M-BN, 2/26970. — Enc. cart. ▶ M-BN, R/34635. — Enc. piel con hierros dorados. — Ex-libris ms.: pertenece al convento de descalzos de S. Agustín de Madrid, fr. Andrés de la Asunción.

3084

Cataluña. [Leyes, etc.] *Contitutions fetes per la S.C.R. Magestat del Rey Don Phelip Segon, Rey de Castella... en la primera Cort, celebra als Cathalans, en la Ciutat de Barcelona en lo Monastir de S. Francesch en lo Any 1599.* — Estampat en Barcelona : en casa de Gabriel Graels y Giraldo Dotil : per ordinatio... y manament dels... senyors de-

putats..., 1603. — [8], LXVII h., ¶^{8}, A-H^8, I^3 ; Fol

El editor consta en colofón. — Marca de imp. en h. XIX y LXVII v. — Port. con esc. xil. de Cataluña. — Capitols y actes de Cort., h. XX-LXVII.

01-00002730 000

▶ M-BN, 2/3299. — Enc. piel con hierros, deteriorada. ▶ M-BN, 3/33600. — Enc. piel con hierros dorados. ▶ M-BN, R/39134(1). — An. mss. varias referentes al texto. ▶ M-PR, III-535. — Enc. pasta con hierros.

3085

Cataluña. [Leyes, etc.] *Capitols dels drets y altres coses del General del Principat de Cathalunya y Comtats de Rossello y Cerdanya fets en Corts generals del any MCLXXXI fins en lo any MDLXIIII inclusiue y dels drets que per practica y altrament se paguen en lo trienni de MDLXXV per manament dels... Senyors Deputats y Oidors de Comptes : corregits e cōprouats ab sos autentichs originals recondits en lo Archiu de la Scriuenia major de la casa de la Deputacio, y estampats ab annotacions y referiments de altres Capitols sobre lo mateis y numeros en los marges y complit repertori...* — Nouament manats imprimir... — En Barcelona: estampats per manament dels Senyors Deputats : en casa de Llorens Deu y Hieronym Margarit, 1620. — [28], 171 h., [1] en bl., ¶-3¶^{8}, 4¶^{4}, A-G^8, H^4, I-Y^8 ; 4^0

Sólo contiene hasta 1553. — Colofón. — Se repite la port. en A^1. — Port. con esc. xil.

01-00122685 000

▶ M-BN, 2/26990. — Enc. perg.

3086

Cataluña. [Leyes, etc.] *Capitols del General del Principat de Cathalunya,*

Comtats de Rossello, y Cerdanya, fets en les Corts celebrades en lo Monastir de Sanct Francesh de Barcelona per la S.C.R.M. del rey don Phelip nostre senyor, per lo Redres del General y casa de la Deputacion en lo any MDXCIX. — Estampats de nou en Barcelona : de manament dels senyors Deputats : per Hierony Margarit, 1621. — [24], 197, [2] p., †^{8}, 2†^{4}, A-M^8, N^4 ; 4^0

Texto en latín p. 139-173. — Marca de imp. en colofón. — Port. con esc. xil.

01-00002729 000

▶ M-BN, R/39024. — Enc. perg.

3087
Cataluña. [Leyes, etc.] *Capitols del general del Principat de Cathalunya, Comtats de Rosello y Cerdanya fets en les Corts celebrades en lo monestir de Sant Francesch de Barcelona, per... Don Phelip nostre Señor, per lo Redres del General y casa de la Deputacio en... MDXCIX.* — Estāpats de nou en Barcelona : de manamēt dels Señors Dcputats : per Hierony Margarit, 1630. — [24], 198, [2] p., †^{8}, 2†^{4}, A-M^8, N^4 ; 4^0

Colofón. — Port. con esc. xil. coloreado.

01-00122681 000

▶ M-BN, 2/27186. — Enc. perg. ▶ M-FLG, Inv. 1003. — Enc. piel con hierros dorados.

3088
Cataluña. [Leyes, etc.] *Constitutions fetes per la S.C.R. Magestat del Rey Don Fhelip Segon... en la primera Cort celebra als cathalans en... Barcelona, en lo monastir de S. Francesch en... 1599.* — Estampat en Barcelona : en casa Gabriel Nogues : per manament dels Senyors diputats, 1635. — [7], LXVIII h., ¶^{7}, A-H^8, I^4 ; Fol.

El editor precede en port. a lugar e impresor. — Colofón en h. XIX v. y LXVIII. — Grab. xil. en port. y h. XIXv. — *Capitols y actes de Cort,* h. XX-LXVIII.

01-00122817 000

▶ M-BN, 2/12986. — Enc. perg. — Deteriorado. ▶ M-BN, R/11322. — Enc. piel con hierros. — Sello de Pascual de Gayangos.

3089
Cataluña. [Leyes, etc.] *Capitols dels drets y altres coses del General del Principat de Cathalunya y Comtats de Rossellò y Cerdanya fets en Corts generals del any MCLXXXI fins en lo any MDLXIII inclusiue, y dels drets que per practica y altrament se paguen en lo trienni de MDLXXV per manament dels... Deputats y Oydors de comptes : corregits y comprouats ab os autentichs originals recondits en lo Archiu de la Scriuania... de la Deputacio, y estampats ab annotacions y referiment de altres Capitols sobre lo mateix, y numeros en los marges y complit repertori.* — Nouament manats imprimir / per los molt illustres senyors Deputats y oydors de Comtes de dit General... — En Barcelona : estampats per manament dels senyors Deputats : en casa Matheuat..., 1671. — [28], 180, [8], 76 h., †-2†^{8}, 3†^{12}, A-G^8, H^4, I-K^8, L^{12}, M-X^8, Y^4, Z^8, ¶^{8}, A-I^8, K^4 ; 4^0

Colofón. — Entre prelim. y comienzo de texto se repite la port., con fecha 1670. — Port. con esc. xil. — *Capitols sobre lo Redres del General de Cathalunya y casa de la Diputatio fets en les Corts celebrades en Montço per la... magestat del rey don Philip... any MDLXXXV,* con port. propia y esc. xil., en ¶$_1$; con adiciones de 1587 desde última h. 63 v.

01-00122684 000

▶ M-BN, R/18498. — Enc. perg.

3090
Cataluña. [Leyes, etc.] *Capitols dels drets y altres coses del General del Principat de Cathalunya y Comptat de Rossellò y Cerdanya fets en Corts generals del any MCLXXXI fins en lo any MDLXIIII inclusive, y dels drets que per practica y altrament se paguen en lo trienni de MDLXXV per manament dels... Deputats y Oydors de comptes : corregits y comprovats ab sos autentichs originals recondits en lo Archiu de la... Deputacio y estampats ab annotacions y referiment de altres Capitols sobre lo mateix y numeros en los marges y complit reportori.* — Novament manats imprimir / per los molt illustris senyors deputats y oydors de Comptes del dit General... — En Barcelona : estampats per manament dels senyors Deputats : en casa Rafel Figueró..., 1685. — [28], 180, [8], 76 h., †-2†^{8}, 3†^{12}, A-G^8, H^4, I-K^8, L^{12}, M-X^8, Y^4, Z^8, ¶^{8}, A-I^8, K^4; 4^0
Colofón. — Port. con esc. xil. — En A$_1$ se repite la port. — *Capitols sobre lo Redres del General de Cathalunya y casa de la Deputacio fets en les Corts celebrades en Montço per la... magestat rey don Philip... any MDLXXXV*, con port. propia y esc. xil., en ¶$_1$; con adiciones de 1587 desde última h. 63 v.

01-00122683 000

▶ M-BN, 2/25174. — Enc. cart.

3091
Cataluña. *Resposta qve fa Catalvña a vna carta qve li ha enuiada la vila de Perpiña, ab la qual plora sas desdichas pateix en recompensa de innumerables seruicis.* — En Barcelona : en casa de Iaume Mateuat..., 1641. — [7] p. ; 4^0
Port. con viñeta xil.

01-00035054 000

▶ M-BN, V.E./1378-20

3092
Cataluña. *Señor, la iusticia de las armas de Cataluña para sacudir el jugo que la oprimia, es tan nototia [sic], como se colige de la acceptacion que el... padre de V. Magestad... hizo... de esta fidelissima Prouincia...* — [S.l. : s.n., s.a.]. — [12] p., A^6 ; Fol.
El texto alude a Barcelona, década de 1640.

01-00007994 000

▶ M-BN, V.E./192-105. — Deteriorado.

3093
Cataluña. *Copia de la carta enuiada als molt illustres señors deputats per don Ioseph de Biure y Margarit enbaxador del Principat de Cataluña a sa Magestat Christianissima.* — [Barcelona] : estampada per Iaume Mathevat, 1641. — [4] p. ; 4^0
Port. con grab. xil.

01-00030561 000

▶ M-BN, V/C^a 170-49. — Sello de Pascual de Gayangos. ▶ M-BN, V.E./166-8.

3094
Cataluña. *Copia de la embaxada a fet don Ioseph Biure y Margarit, Embaxador del Principat de Cathaluña, a sa Magestat Christianissima.* — En Barcelona : en casa de Iaume Mathevat, 1641. — [8] p. ; 4^0
Texto en castellano. — Marca tip. en port. utilizada por Jerónimo Margarit, Vindel, 453.

01-00030562 000

▶ M-BN, V/C^a 84-44. — Sello de Pascual de Gayangos.

3095
Cataluña. Generalidad. *Ab Carta de vuyt del corrent donarē raho à V. Mag. de la conuocacio de Brassos feyem, per tractar medis, pera la reintegracio de la Iusticia, pau, y quietut publica, en major seruey de*

V. Mag. Ab esta la donā, de q̄, de parer de dits Brassos, es partit desta Ciutat lo Deputat Militar a las parts de Gerona, y Empurda, para impedir no entren en Cathalunya los soldats sacrilehs, y excomunicats... / [los Deputats del General de Cathalunya]. — [S.l. : s.n., s.a.]. — [2] p., A¹ ; Fol.

Texto fechado en Barcelona, 18 de Septiembre de 1640.

01-00002964 000

▶ M-BN, V.E./1328-15.

3096

Cataluña. Generalidad. [Capítulos de visita] *Capitols y deliberations resultants de las sententias fetas per los molt illustres Senyors Visitadors del General de Cathalunya, acerca dels carrechs dels Officials de la Squadra de las Galeras de Cathalunya y altras objectes a la present visita : publicadas en lo any MDCXXI.* — En Barcelona : de manament dels Senyors Visitadors : estampadas per Hieronym Margarit, 1621. — [2] en bl., [6], 38, [2] p., ¶⁴, A-B⁸, C⁴ ; 4⁰

Port. con esc. xil.

01-00017519 000

▶ M-BN, 3/12957(2). — Enc. perg. ▶ M-BN, R/39036(2). — Encuadernado con «Capitols resultants de las sententias...». — Enc. perg.

3097

Cataluña. Generalidad. [Capítulos de visita] *Capitols resultants de las sententias fetas per los molt Illustres Senyors Visitadors del General de Cathalunya, acerca dels carrechs dels Officials de la casa de la Deputatio y General de Barcelona y altres publicadas en lo any MDCXXI.* — [Barcelona] : de manament dels Senyors Visitadors en Barcelona : per Hierony Margarit,

1621. — [3], 114 [i.e. 113] h., ¶², A-N⁸, O¹⁰ ; 4⁰

Error de fol., de h. 2 pasa a 4. — Port. con esc. xil.

01-00017518 000

▶ M-BN, 3/12957(1). — Enc. perg. ▶ M-BN, R/39036(1). — Enc. perg.

3098

Cataluña. Generalidad. [Capítulos de visita] *Directori de la visita del General del Principat de Catalunya y Comptats de Rosellò y Cerdanya y Capitols resultants acerca dels carrechs y obligacions dels senyors Diputats, y Oydors, y Oficials de la Casa de la Deputaciò, y General de Catalunya, y altres.* — En Barcelona : per Antoni Lacavalleria..., 1672. — 240 p., A-P⁸ ; 4⁰

Port. con esc. xil.

01-00002679 000

▶ M-BN, 2/26532. — Enc. hol.

3099

Cataluña. Generalidad. [Capítulos de visita] *Directori de la visita del General del Principat de Catalunya y Comptats de Rossellò y Cerdanya y capitols resultans acerca dels carrechs y obligacions dels senyors Diputats, y Oydors, y Oficials de la Casa de la Deputaciò, y General de Catalunya, y altres.* — Van anyadits en esta vltima impressiò las Ciutats, Vilas y Llochs del present Principat y Comptats de Rosellò y Cerdanya distribuits per sas Veguerias... — En Barcelona... : en casa de Rafael Figueró, 1698. — [2] en bl., 320 p. ; 4⁰

Sign. : A-P⁸, Q-Z⁴, 2A-2B⁴. — Port. con esc. xil.

01-00001785 000

▶ M-BN, 2/12496. — Enc. perg. ▶ M-PR, IX/6799. — Enc. pasta. — Sello «Soy del Señor Infante Don Antonio».

3100
Cataluña. Generalidad. *Congratulacion festiva, en que con solemne pompa, y magestuoso luzimiento repitió gracias a la Trinidad Beatissima en celebridad de San Jorge por la mejorada salud de... Carlos Segundo... el muy ilustre, y fidelissimo Consistorio de la Diputacion de Cataluña, dia quatro de Noviembre de 1696... : y oracion panegyrica, que dixo el M.R.P. Fr. Pablo Andres... Provincial de los Minimos de Cataluña.* — Barcelona : impresso por mandamiento de dicho muy ilustre Consistorio en Casa de Rafael Figuerò, [s.a.]. — [10], 26, [4] p., [ ]^1, §^{4}, A-C^4, D^3 ; 4^0

Port. con esc. xil.

01-00030560 000

▶ M-BN, V.E./90-19. — Port. deteriorada afectando el pie de imp.

3101
Cataluña. Generalidad. *Copia de vna carta escrita por los Deputados del General de Cataluña al Rey nuestro Señor* / traduzida de lēgua catalana en castellana. — [S.l. : s.n., s.a.]. — [2] p., [2] en bl., A^2 ; Fol

Texto fechado en Barcelona, 1640.

01-00002680 000

▶ M-BN, 3/20896(6). — Enc. perg.

3102
Cataluña. Generalidad. *Discurso sobre la Real Pragmatica publicada en 4 de Agosto 1659* / hecho por los Deputados y Oidores del General de Cataluña. — [S.l. : s.n., s.a.]. — 19 p., A^4, B^6 ; Fol.

01-00122279 000

▶ M-BN, V.E./39-27.

3103
Cataluña. Generalidad. *Iustificacio en conciencia de auer pres lo Principat de Catalunya las armas, pera resistir als soldats que de present la inuadexen, y als altres que amenassan inuadirla.* — [Barcelona] : per manament dels molt Illustres Senyors Deputats y Oydors de Comtes del General de Cathalunya, estampat en Barcelona per Gabriel Nogues..., 1640. — [2], 22 p., A-F^2 ; Fol.

Precede al tít. «Iesus Maria Ioseph». — Port. con esc. xil.

01-00122815 000

▶ M-BN, 3/20896(5). — Enc. perg.

3104
Cataluña. Generalidad. *Ordinacions y crides fetes per les molt illustres senyors deputats y oydors de Comptes del General del Principat de Cathalunya, y Comtats de Rosello y Cerdanya, de consell y parer dels Magnifichs Assessors, per la bona exactio dels drets del General y Bolla : publicadas en la ciutat de Barcelona à xj. de Octubre MDCXXIII.* — Nouament estampades ab summaris, numeros y repertoris... — En Barcelona : de manament de dits senyors Deputats, per Hierony Margarit, 1623. — [36], 127, [1] p., ¶-2¶^{8}, 3¶^{2}, A-H^8 ; 4^0

Colofón con marca tip. — Port. con esc. xil.

01-00035055 000

▶ M-BN, R/39010

3105
Cataluña. Generalidad. *Proposicio feta per los molt illustres senyors Deputats del General de Cathalunya a la junta de Brassos tinguda a 10 de Setembre 1640.* — [S.l. : s.n., s.a.]. — [30] p., [2] en bl., A-D^4 ; Fol.

Parte del texto en español.

01-00122690 000

▶ M-BN, 3/20896(9). — Enc. perg.

3106
Cataluña. Generalidad. *Señor, Don Iuan Grau y Monfalcō, Agente del Principado de Cataluña y Sindico de la Ciudad de Barcelona, en nombre de los Dipntados [sic] del General del dicho Principado de Cataluña, dize: Que la exorbitancia del agrauio que los Diputados del han padecido ante V.M. y sus ministros, cō nota de poco diligentes, de remisos, de tibios... en la invasion de las armas del frances por Rosellon y Cerdania...* — [S.l. : s.n., s.a.]. — [8] p., A⁴ ; 4⁰

01-00122674 000

▶ M-RAE, 39-X-11(4). — Enc. perg.

3107
Cataluña. Generalidad. *Señor, los deputados y oydores de cuentas del General del Principado de Cataluña dizē que auiēdo los deputados sus antecessores suplicado a V.M. en carta de 24 de Iunio 1679 fuesse V.M. servido mandar reedificar la fortificacion de Puigcerdàn...* — [S.l. : s.n., s.a.]. — [4] p. ; Fol.

01-00002681 000

▶ M-PR, XIV/387(32). — Enc. pasta.

3108
Cataluña. Generalidad. *Señor, los Diputados del General de Cataluña, Condados de Ruissellon y Cerdaña, a quien por Constituciones del Reyno toca el cuydado de su obseruancia, mouidos de las continuas quexas de los Prouinciales, instados por los Braços Eclesiastico, Militar y Real, solicitados por el Cabildo de la Iglesia Ciudad de Barcelona... condolidos de los lastimosos sucessos que por espacio de onze años han afligido a la Prouincia y desconfiados de conseguir de los ministros el reparo de las contrafacciones a sus leyes, practicas, vsos, costumbres y priuilegios...* — [S.l. : s.n., s.a.]. — [4] p. ; Fol.

En texto consta 1640.

01-00002682 000

▶ M-BN, 3/20896(2). — Enc. perg. — Deteriorado, afectando a h. [2]. — Restaurado.

3109
Cataluña. Generalidad. *Señor, los Diputados del General del Principado de Cataluña dizen que muchas y diuersas vezes, por medio de... memoriales y cartas, han deseado enterar a V. Magestad del miserable estado que aquella Prouincia padece, de las vexaciones y violencias militares y visto que V. Magestad no ha sido seruido de tomar resolucion, y que crecen los daños..., buelven de nueuo a hazer recuerdo desta verdad por medio de vn Religioso para que... sea seruido de escucharla benignamēte, apresurando el remedio a las desdichas que se padecen y amenaçan...* — [S.l. : s.n., s.a.]. — [8] p., A⁴ ; Fol

Por el texto se deduce ca. 1640. — Esc. xil. precediendo al texto.

01-00002683 000

▶ M-BN, 3/20896(4). — Enc. perg.

3110
Cataluña. Generalidad. *Suplicacion en forma de memorial dada a la Magestad del Rey Nuestro Señor, por los Embaxadores del General del Principado de Cataluña, acerca de los negocios de su Embaxada.* — [S.l. : s.n., s.a.]. — [4] p. ; Fol.

El memorial va dirigido a Felipe III (1599-1621).

01-00046075 000

▶ M-BN, V.E./64-22.

3111
Cataluña. Junta de Brazos. *Apuntaments fets per los molt illustres senyors deputats per la Germandat, se ha de fer en las Ciutats, Vilas y Llochs de Catalunya, conforme la deliberacio presa en los Brassos, a vint de Noembre mil sis cents qua-*

ranta... — [S.l. : s.n. , s.a.]. — [3] p., A^2 ; Fol.

01-00122678 000

▶ M-BN, V.E./191-88(1).

3112

Cataluña. Junta de Brazos. *Aquesta Prouincia està en perill imminent de perdres, per lo que amanassen los soldats ques troban en Rossello, y en los confins de Cathalunya, y las leuas y preuencions de guerra se fan per tota Espanya, que sēgos la fama, y opinio comuna, son per inuadir aquest Principat, y Cōtats... Perço la junta de Brassos... ha aconsellat als senyors Deputats, enuiassen a sercar a V^s. M^s. y per medi nostre (per qui corren las cosas de hazienda)...* — [S.l. : s.n., s.a.]. — [1] h. ; Fol

Precede al tít. invocación piadosa. — Se ha respetado la puntuación original. — El texto alude a los años de la guerra de Cataluña.

01-00122477 000

▶ M-BN, V.E./215-22.

3113

Cataluña. Junta de Brazos. *Aquesta Prouincia està en perill imminēt de perdres, per lo que amanassan los soldats ques troban en Rossello, yen los confins de Cathalunya, y las leuas, y preuenciōs de guerra se fan per tot Espanya, que segons la fama, y opinio comuna, son per inuadir aquest Principat, y Comptats... Perço la junta de Brassos... ha aconsellat als senyors Deputats notificassen a V.M. com per las personas per qui corren las cosas de hazienda...* — [S.l. :s.n., s.a.]. — [1] h. ; Fol.

Precede al texto invocación piadosa. — Se ha respetado la puntuación original. — El texto alude a los años de la guerra de Cataluña.

01-00122476 000

▶ M-BN, V.E./191-88(2).

3114

Cataluña. Virrey (1650-1652 : Francisco de Orozco, Marqués de Mortara). *Lo Marques de Mortara Virrey, y Capita General. Amats, y faels de la Real Magestat. Es tant entreñable lo amor que lo Rey nostre Señor te a sos vassalls naturals del present Principat de Cathaluña, y Comtats de Rosello, y Cerdaña, que quant podrie recordarse del poch fruyt que han fet fins vuy los Reals perdons, manats publicar per sa Magestat, a fi y efecte de reduir a sa obediencia Real als naturals de dits Principat, y Comtats, y restituirlos a la pau, libertat, y quietut, que gozauen deuall de son Real domini...* — [S.l. : s.n., s.a.]. — [4] p. ; Fol.

Texto en catalán y castellano. — Se ha respetado la puntuación original. — Incluye carta del Rey de 19 de Agosto de 1650. — Texto fechado en 1651.

01-00046076 000

▶ M-BN, V.E./1346-26. ▶ M-BN, V.E./215-23.

3115

Catechismo *que significa forma de instruccion que se enseña en las escuelas y Yglesias reformadas, segun la palabra de Dios : puesto por preguntas y respuestas, sobre los principios de la Doctrina Christiana.* — [S.l.] : Iores van Henghel, 1628. — 134, [1] p., A-H^8, I^4 ; 8^0

Hay ejem. de esta ed. en cuya port. no consta impresor. — Port. con viñeta xil.

01-00030563 000

▶ M-BN, R/10453. — Enc. perg. — Sello de Pascual de Gayangos. — No consta el impresor en port. ▶ M-BN, U/2920. — An. ms.: «9 Jülÿ 1652..., 20 março 1654 pagado por... me, 17 Julio 1654 lo mismo, A Dyonisio Biscarreto». — Enc. perg. — Ex-libris «B.H.P.».

3116

Catechismus *ex decreto sacro-Sancti Concilii Tridentini, iussu Pii V Pontif. Maximi editus : nunc primum in capita sectionesq̄[ue] distinctus, varijsq̄[ue] Patrum, senténtijs [et] auctoritatibus munitus ; accessere duo indices...* — Methymnae Campi : apud Christophorum Lasso & Franciscum Garcia : expensis Ildephonsi Perez, 1604. — [16], 336, [30] h., A-D⁴, A-Z⁸, 2A-2T⁸, A-G⁴, H² ; 4⁰

Marca tip. en port., Pérez Pastor, Medina del Campo, 268. — Texto a dos col.

01-00030564 000

▶ M-BN, 8/16965. — Enc. perg. — Exlibris mss. de la Congregación del Oratorio de San Felipe Neri de Madrid y del Convento de Santa Bárbara.

3117

Catechismvs *ex decreto sacrosancti Concilii Tridentini, iussu Pij V Pont. Max. editus : nunc primùn in capita sectionèsque distinctus, variisque patrum senteniis & auctoritatibus munitus ; accesere duo indices...* — Pompelonea : ex officina Caroli á Labàyen... : a costa de Iuan de Oteyza y Carlos de Labáyen, 1624. — [40], 815, [52] p., [ ]⁴, ¶-2¶⁸, A-Z⁸, 2A-2Z⁸, 3A-3H⁸, 3I² ; 8⁰

Port. a dos tintas con grab. xil.

01-00030565 000

▶ M-BN, 3/70009. — Enc. perg.

3118

Catedral de Ávila. *Señor. El Memorial de incovenientes que la Santa Iglesia de Abila representò à V. Mag. que se seguian de llevar à su cumplimiento la Cedula Real, en que V. Mag. se sirviò mandar, que à D. Ioseph del Zerro no se le embaraçasse llevar en publico el Abito del Santo del Santo [sic] Sepulcro....* — [S.l.: s.n., s.a.]. — 13 h., A-E², F³ ; Fol.

Memorial dirigido a Carlos II (1675-1700).

01-00046077 000

▶ M-BN, V.E./69-15. — An. ms.: preeminencias de los Militares del Santo Sepulcro.

3119

Catedral de Burgo de Osma. *Reglas de el Coro y Cabildo de la Santa Iglesia de Osma...* — En Madrid : por Antonio Gonçalez de Reyes, 1681. — [10], 113, [3] p., [1] h. de grab., ¶⁶, A-O⁴, P² ; 4⁰

Texto fileteado. — Port. con orla tip. — Grab. calc. «Marcus Orozco Presb.ʳ Sculp.ᵗ M.ᵗⁱ 1681, representa a Santo Domingo y a San Pedro, Obispo de Osma».

01-00030573 000

▶ M-BN, 3/31006. — Enc. perg. — Las hojas de guarda son hs. duplicadas de la ed. (23-24). ▶ M-PR, V/284. — Enc. pasta. — Ex-libris del Conde de Mansilla.

3120

Catedral de Cádiz. Cabildo. *Señora, El Dean, y Cabildo de la Santa Iglesia de Cadiz, postrados a los reales pies de V.M. Dizen, Que viendo quan desconsolados se hallā los vezinos desta ciudad con el medio que el Marques de Trocisal (en virtud de Real cedula de V.M.) executa, embargando los rentos [sic] de sus casas, en ordē a cobrar la mitad dellos para los gastos de la Real Armada, medio que no se ha vsado con otras ciudades deste Reyno... recurrimos cō nuestra rendida suplica á la real clemencia, y zelo de V.M...* — [S.l. : s.n., s.a.]. — 11 h., A-E², F¹ : Fol.

Texto dirigido a Dª Mariana de Austria.

01-00030566 000

▶ M-BN, V.E./191-21.

3121
Catedral de Cartagena. Cabildo.
*Ilustris^{mo} Señor. El Cabildo de la Santa
Iglesia de Cartagena, por si, y en nombre
de todo el Estado Eclesiastico, Secular y
Regular desta Diocesi [sic], a quien representa. Dize, que a su noticia ha llegado
q̄ los Administradores de los reales seruicios de millones, y otros impuestos q̄ se
pagan a su Magestad (que Dios guarde)
han inouado de dos dias a esta parte...* —
[S.l. : s.n., s.a.]. — 4 h., A⁴ ; Fol.

                                    01-00046078 000

▶ M-BN, V.E./134-6.

3122
Catedral de Córdoba. *Estatuto de la
Santa Iglesia de Cordoua, en que se dispone, que ninguno que aya sido religioso professo pueda ser proueydo en alguna preben-
da con los motiuos que para ello tuuo...* —
[S.l. : s.n., s.a.]. — [1], [1] en bl., 14
h., [ ]², A-G² ; Fol.
Texto fechado en 1625. — Texto
a dos col. — Grab. calc. en cabecera.

                                    01-00035069 000

▶ M-BN, V.E./1014-77(1).

3123
Catedral de Cuenca. *Regla del coro y
cabildo de la sancta Iglesia Cathedral de
Cuenca.* — Impressa en Cuenca : en
la imprenta de Saluador de Viader,
1641. — [3], 29, 12, 58 h., A-H⁴, A-
C⁴, A-O⁴, P² ; 4⁰
Port. con grab. xil. — *Recopilacion
y advertencias sacadas de las Constituciones y estatutos y costumbres guardadas en
la Pitanceria... desta santa Iglesia de
Cuenca...,* 12 h. ; *Concordia,* 58 h.

                                    01-00127010 000

▶ M-BN, M-802. — Enc. pasta. — Ex-
libris ms. de D. Tomas Francisco de Onis.
— Cabecera de port. recortada, afectando al
tit.

3124
Catedral de Granada. *Las buenas e
loables costumbres y ceremonias que se
guardan en la Santa Iglesia de Granada, y
en el Coro de ella.* — [S.l. : s.n., s.a.].
— 76 h., A-Z², 2A-2P² ; Fol.

                                    01-00127007 000

▶ M-BN, 2/69800(2). — Enc. perg.

3125
Catedral de Granada. *Lo que ofrece
la ciudad de Granada, es cierta forma en
el escoger de las carnes, continuar el dar
algunos despojos de carneros, mudar la
tabla que tiene esta santa Iglesia en la carniceria a parte mas conueniente, y que
nombre la Iglesia pescadero y carnicero con
ciertas condiciones.* — [S.l. : s.n., s.a.].
— [4] p., ¶² ; Fol.

                                    01-00046080 000

▶ M-BN, V.E./206-14.

3126
Catedral de Granada. Cabildo.
*Señor, el Dean y Cabildo de la Santa
Iglesia Metropolitana de la ciudad de
Granada puesto a los reales pies de V. M.
dize que de mas de 100 años a esta parte
ha padecidb [sic] muy lamentables tor-
mentas por los quebrantos de los pleytos
conque le han molestado los posseedores del
Mayorazgo del Salar, que fundò Fernan
Perez del Pulgar...* — [S.l. : s.n., s.a.].
— 7 h., A-C², D¹ ; Fol.
En texto consta 1675.

                                    01-00030567 000

▶ M-BN, V.E./209-90.

3127
Catedral de Huesca. Cabildo. *Señor,
El Cabildo de la Santa Iglesia de Huesca,
reconociendo a V.m. por vnico Patron
suyo, se pone a los reales pies de V.m. para
representar el desconsuelo, con que se
halla, por auer llegado à entender q̄ à nom-*

bre del Clero de nuestra Iglesia, se han acriminado quexas, y se han ponderado à V.m. sinrazones de nuestro gouierno... — [S.l. : s.n., s.a.]. — [1] h., [1] en bl. ; Fol.

Hoja impresa por una sola cara.

01-00046081 000

▶ M-BN, V.E./220-71.

3128

Catedral de Jaén. *Libro de los estatutos, loables vsos y costumbres de la Santa Iglesia de Iaen : recopilados, y sacados de sus verdaderos originales, para su mejor gouierno, año de 1632.* — [S.l. : s.n., s.a.]. — [1], 111, [3] h., A-Z⁴, 2A-2E⁴, ¶³ ; Fol.

Texto fechado en Jaén, 1632. — Grab. xil. en cabecera de texto: «Gregº Perez».

01-00035072 000

▶ M-BN, 2/17161. — Enc. pasta.

3129

Catedral de Málaga. *Ceremonias de la Santa Iglesia cathedral de Malaga /* ordenadas por... Alonso de S. Tomas su... obispo ; recopiladas de los ceremoniales, estatutos, mandatos de visita de su illustrissima, actos capitulares y loables costumbres, con acuerdo y consentimiento de especial diputacion para ello nombrada por los señores Dean y Cabildo de la santa iglesia. — [S.l. : s.n., s.a.]. — [2], 136, [2] p., [ ]¹, A-R⁴, [ ]¹ ; 4⁰

Llordén, I, p. 61, cita una ed. de Málaga: Mateo Lopez Hidalgo, 1686, pero en 8⁰. — Texto con apostillas marginales en lat. — Las Ceremonias comienzan en p. 41.

01-00030568 000

▶ M-BN, 2/19314. — Enc. perg. — Exlibris ms. de Salvador María de Burgos y Reyna. — Rasgadas las h. con sign. K₂ y K₃.

3130

Catedral de Málaga. Cabildo. *Como contador mayor de la Administracion de las Rentas de la Mesa Capitular desta Santa Iglesia Catedral, y de las del Subsidio, y demas gracias concedidas a su Magestad, certifico, que por los libros della, que de presente estàn a mi cargo, consta, que desde el dia 29 de Octubre de 1677 hasta el de la fecha, se han pagado a los librancistas, y sus Poderes-Avientes docientos y sesenta y vn mil, y treinta y nueve reales y quinze maravedis...* — [S.l. : s.n., s.a.]. — [4] p. ; Fol.

Se ha respetado la puntuación original. — Texto fechado en Málaga, 1683.

01-00030569 000

▶ M-BN, V/Cª 247-10(5). — El texto va firmado: Juan de Torres Panyagua.

3131

Catedral de Málaga. Cabildo. *Hallandose los señores dean, y cabildo de la S. Iglesia Catedral de Malaga obligados a dar satisfacion a su Magestad de muy grandes cantidades de las gracias del Subsidio, y Excusado, y Dezima con que las rentas Eclesiasticas contribuyen para las guerras contra infieles, y gastos de las Galeras ; y viendose impossibilitados de cumplir como deben esta obligacion, por el nunca visto atrasamiento que tiene la cobrança de las Rentas Dezimales... la Mesa Capitular en esta ciudad, y su Obispado... ha acordado que a los deudores de Diezmos...* — [S.l. : s.n., s.a.]. — [1] h. ; Fol.

Se ha respetado la puntuación original. — Texto fechado en Málaga, 1682. — Hoja impresa por una sola cara.

01-00030570 000

▶ M-BN, V/Cª 247-10(4).

3132
Catedral de Málaga. Cabildo. *Illmo S.^r El Dean, y Cabildo de la Santa Iglesia Catedral de Malaga dize : Que en los años de setenta y siete, ocho, y nueve, y parte del de ochenta padeciò esta ciudad, y Obispado el cōtagio, que en mucho menor espacio, no solo impide el aliento del comercio, y comunicación, sino que enflaqueze las fuerzas à vna Provincia en sus caudales, labores del campo, y otros tratos por mucho tiēpo, llevando el mayor perjuizio las Rentas Eclesiasticas... Suplica a V.S.I. exonere al Cabildo de lo que debe la Mesa Episcopal, y Fabricas, y que por el resto no se les veje, ni moleste por los librancistas, sino que lo vayan recibiendo como el Cabildo lo fuere pagando...* — [S.l. : s.n., s.a.]. — [4] p. ; Fol.

Se ha respetado la puntuación original. — Por el texto se deduce posterior a 1683.

01-00030571 000

▶ M-BN, V/C^a 247-10(3).

3133
Catedral de Málaga. Cabildo. *Señor. No aviendo Malaga, y su Obispado todavia podido restituirse de los ahogos de la istirilidad, que empezò el año de 77 qual nunca se ha experimentado en la Andalucia... Perdidas las Rentas Eclesiasticas, por no averse podido administrar, arrendar, ni cobrar los diezmos en años de tantas calamidades... Suplica a V. Mag. la Santa Iglesia Catedral de Malaga, sea servido de continuarla en este Obispado... mandando se haga remission de dichas contribuciones...* — [S.l. : s.n., s.a.]. — [7] p., A^4 ; Fol.

Se ha respetado la puntuación original. — El texto alude a la década de 1680.

01-00030572 000

▶ M-BN, V/C^a 247-10(2).

3134
Catedral de Puebla de los Ángeles. Cabildo. *Al Excelentissimo señor don Garcia de Avellaneda i Haro Conde de Castrillo... Presidente en el Real y Supremo de las Indias, El Dean i Cabildo de la Santa Iglesia de la Puebla de los Angeles...* — [S.l. : s.n., s.a.]. — [11], [1] en bl., 206 h., ¶^4, a-b^4, A-Z^4, 2A-2Z^4, 3A-3E^4, 3F^2 ; 4^0

Informes fechados en México y Madrid, 1643 y 1645. — Port. y texto enmarcados.

01-00000401 000

▶ M-BN, 3/39049. — Enc. perg. ▶ M-PR, III-4425. — Enc. cart. — Falto de cuaderno con sign. ¶^4.

3135
Catedral de Santiago de Compostela. *Defensa de la vnica proteccion y Patronazgo de las Españas perteneciēte al glorioso Apostol Santiago el Mayor que su Apostolica Iglesia dio a la Magestad del Rey, nuestro Señor.* — [S.l. : s.n., s.a.]. — 28 h., [A]-O^2 ; Fol.

En texto consta 1643. — Port. con grab. calc., representando a Santiago Apóstol.

01-00046085 000

▶ M-BN, V.E./215-8.

3136
Catedral de Santiago de Compostela. *Ilustrissimo Señor. Aunque el vnico y singular Patronato, que por tantos titu[los] tiene nuestro glorioso Apostol Sātiago, de todos los R[ey]nos de España, ha sido siempre, y está notorio, no ha f[al]tado quien en varios tiēpos, le aya querido perturbar la possesio[n]...* — [S.l. : s.n., s.a.]. — [2] p. ; Fol.

Texto fechado en Santiago, en 1688.

01-00046082 000

▶ M-BN, V.E./220-78. — Firmas ms. de:

Joseph Manuel de Peralta, Joseph Andiano, Jacinto Moscoso y Antonio Martínez de Yanguas. — Recortado, afectando al texto.

3137
Catedral de Sevilla. Cabildo. *Regla del Coro y Cabildo de la S. Iglesia Metropolitana de Seuilla y Memoria de las processiones y manuales que son a cargo de los señores Dean y Cabildo de ella.* — [Sevilla] : por Iuan Gomez de Blas, impressor mayor de los Señores Dean y Cabildo de la S. Iglesia Metropolitana de Seuilla, 1658. — [2], 128, [4] p., [ ]^1, A-Q^4, R^2 ; 4^0

El pie de imp. consta en colofón. — Port. grab. calc.

01-00127009 000

▶ M-BN, 2/13253. — Enc. perg. — Exlibris ms. de D. José Antonio Aleman. ▶ M-BN, 2/46390(9). — Enc. pasta. — Port. deteriorada afectando al pie de imp. ▶ M-BN, 2/63096. — Enc. perg. — Sello de Pascual de Gayangos. ▶ M-BN, M/1200. — Enc. pasta.

3138
Catedral de Sevilla. Cabildo. *Señora. El Dean, y Cabildo de la Santa Iglesia Metropolitana de Seuilla, dize : Que por auer predicado el P. Fr. Ioseph de Velasco, Religioso de la Orden del Carmen, impia, y escandalosamente cōtra el sagrado Misterio de la Inmaculada Concepcion de nuestra Señora...* — [S.l. : s.n., s.a.]. — 4 h., A^4 ; Fol.

Se ha respetado la puntuación original.

01-00046084 000

▶ M-BN, V.E./182-14.

3139
Catedral de Sevilla. Cabildo. *Señora. El Dean, y Cabildo de la Santa Iglesia Metropolitana de Sevilla. Dize, que por aver predicado el P. Fr. Ioseph de Velasco, Religioso de la Orden del Carmen, impia, y escandalosamente contra el sa-*

grado Misterio de la Immaculada Concepcion de nuestra Señora... — [S.l. : s.n., s.a.]. — 4 h., A^4 ; Fol.

Se ha respetado la puntuación original.

01-00046083 000

▶ M-BN, V.E./65-69.

3140
Catedral de Sigüenza. *Estatutos reglas de puntar y govierno de el Coro y Cabildo de la Santa Iglesia Cathedral de Siguenza.* — En Salamanca : por Gregorio Ortiz Gallardo, 1687. — [8], 338 [i.e. 340], [2] p., [ ]^3, A-Z^4, 2A-2V^4 ; 4^0

Colofón. — Error de pag., se repiten las p. 329-330. — Port. con orla tip.

01-00035074 000

▶ M-BN, 3/12114. — Enc. perg.

3141
Catedral de Tarazona. *Señor Exmo. La Santa Iglesia Catedral de Taraçona, dize : Que es seruido V. Ex. mandarle responder a vn Memorial, que la Ciudad de Calatayud, su Comunidad, su Iglesia Colegial, y el Clero vniuersal de sus Parroquias han dado a su Magestad... suplicandole interceda con su Santidad, y dè su Real consentimiento, para que su Iglesia Colegial se erija en Catedral...* — [S.l. : s.n., s.a.]. — 26 p., [2] en bl., A-G^2 ; Fol.

En el texto consta 1655.

01-00046086 000

▶ M-BN, V.E./213-34.

3142
Catedral de Toledo. *Copia de carta que la Santa Iglesia de Toledo Primada de las Españas escriuiò, respondiendo à la de su Santidad, que en forma de Breue la escriuiò, exortando à la paga, y contribucion*

de la Dezima concedida para las assisten-
cias del señor Emperador en la guerra contra el Turco. — [S.l. : s.n., s.a.]. — [3]
p. ; Fol.

Texto en latín, fechado en 1686.

01-00090124 000

▸ M-BN, V.E./184-11.

3143

Catedral de Toledo. *Iuramentum Regiae Capellae Nouorum Regum nuncupa-
tae in Alma Ecclesia Toletana Hispaniarum Primate, Anno Domini 1655. —
[S.l. : s.n., s.a.]. — [3] p. ; Fol.*

Texto con orla tip. — Grab. xil.
en cabecera, representando a la Inmaculada.

01-00090110 000

▸ M-BN, V.E./185-64.

3144

Catedral de Toledo. *Señor. La Santa
Iglesia de Toledo, Metropolitana, Patriarchal, y Primada de las Españas, llega à
los reales pies de V. Mag. con el mayor
rendimiēto que cabe en su veneracion, à
manifestar el desconsuelo en que se halla,
con la noticia de auerse expedido, à instancia del Cardenal Aguirre, vn Breve, en que
su Santidad... deroga el Estatuto de pureza de la dicha Santa Iglesia... — [S.l. :
s.n., s.a.]. — 5 h., [1] en bl., A⁶ ;
Fol.*

Se ha respetado la puntuación
original. — Aguirre fue nombrado
cardenal en 1686.

01-00090111 000

▸ M-BN, V.E./192-86. — An. ms.:
«Sobre derogar el estatuto de pureza de sangre de la Santa Primada Iglesia de Todedo».

3145

Catedral de Toledo. Cabildo. *El
fundamento que el cabildo de la santa
Iglesia de Toledo Primada de las Españas, ha tenido para declarar por vaca la*

Canongia Magistral que posseyò el señor
Doctor Aluaro de Villegas Gouernador
deste Arçobispado por su Alteza, es el siguiente. — [S.l. : s.n., s.a.]. — 3, [1]
h. ; Fol.

01-00090112 000

▸ M-BN, V.E./177-66.

3146

Catedral de Valencia. Cabildo. *El
Cabildo de la Santa Metropolitana Iglesia de Valencia pidio a diferentes Santas
Iglesias, y comunidades, y a Sugetos particulares, se sirviessen de dezir su sentir,
sobre la Disertacion... del derecho de indi-
cir Processiones, y otros actos Eclesiasticos... — [S.l. : s.n., s.a.]. — 1-98, [2]
en bl., 99-152, [2] en bl., [4] p., A-
V², Y-Z², 2A-2Q², 2R⁴ ; Fol.*

Textos fechados en 1680, 1681.

01-00044948 000

▸ M-BN, V.E./50-53.

3147

Catedral de Valladolid. Cabildo.
*El Obispo, y Cabildo de Valladolid, sobre
el arbitrio de las suertes. — [S.l. : s.n.,
s.a.]. — [4] p. ; Fol.*

01-00046087 000

▸ M-BN, V.E./200-73.

3148

Catedral de Valladolid. Cabildo.
*Sepan quantos esta carta de poder vieren
como nos el Deā y Cabildo desta santa
Iglesia Cathedral desta Ciudad de Valladolid, por lo que toca a esta santa Iglesia,
y sus mesas mayor y menor... — [S.l. :
s.n., s.a.]. — [4] p. ; Fol.*

En p. [3] consta 13 de Enero de
1631.

01-00046088 000

▸ M-BN, V.E./196-23.

3149

Catedral de Zaragoza. *Caesaraugus-
tan. Confirmatio Statuti. : Ioannes Iaco-*

bus, &c. ad futuram rei memoriam. Dilectis nobis in Christo, Priori, & Capitulo Ecclesiae Sanctae Mariae Maioris del Pilar nuncupat... — [S.l. : s.n., s.a.]. — [4] p. ; Fol.

Al fin del texto consta 1643.

01-00046089 000

▶ M-BN, V.E./195-74.

3150

Catedral de Zaragoza. *Caesaraugustana Cathedralitatis, facti, Illustrissime, & Reverendissime Domine, cum Prior, & Canonici Regulares Ecclesiae Beate Mariae del Pilar, Caesaraugustae, sese jactarent, velle, & de iure debere praecedere Decanum, & Canonicos Metropolitanae Ecclesiae Sancti Salvatoris, eiusdem civitatis...* — [S.l. : s.n., s.a.]. — [4] p. ; Fol.

En p. [3] consta 1658. — Texto a dos col.

01-00046090 000

▶ M-BN, V.E./196-22.

3151

Catedral de Zaragoza. *Consultase por parte de los muy Ilustres Señores Prior, Canonigos, y Cabildo de la Santa Iglesia Metropolitana de nuestra Señora del Pilar... de Zaragoça. Si segun el hecho que se refiere en el papel del Doctor Iuan Francisco de Dios, hecho en Zaragoça à 20 de Diziembre de 1662. Y el que contiene el del doctor don Miguel Agustin Saluador, firmado en la misma ciudad à 29 de dicho mes y año, es valida la publicacion de las censuras, que se hizo en 28 del mismo mes, por Executor Apostolico, contra... la Santa Iglesia del Saluador de dicha ciudad...* — [S.l. : s.n., s.a.]. — [4] p. ; Fol.

Textos fechados en Madrid, 1663.

01-00046091 000

▶ M-BN, V.E./213-7.

3152

Catedral de Zaragoza. *Señora. La Santa Iglesia Metropolitana, actual, y primera Catedral del Pilar de Zaragoça, dize : Que teniendo a su fauor letras Executoriales de la Rota sobre la Catedralidad de Zaragoça, desde Santiago, y su continuacion hasta el presente, y vn motu propio de su Santidad, en confirmaciō, y declaracion dellas...* — [S.l. : s.n., s.a.]. — 8 h., A-D² ; Fol.

01-00046092 000

▶ M-BN, V.E./210-109.

3153

Catedral de Zaragoza. *Señora. La Santa Iglesia Metropolitana, primera Catedral del Pilar de Zaragoça, dize : Que por auer suplicado a V. Magestad (que Dios guarde) los Diputados del Reyno de Aragon, contra el Breue que esta parte obtuuo de su Santidad en 12 de Março de 1666 con el pretexto de que se opone a la jurisdiciō Real, y a sus fueros...* — [S.l. : s.n., s.a.]. — 2 h., A² ; Fol.

01-00046093 000

▶ M-BN, V/Cª 41-47. — Sello de Pascual de Gayangos.

3154

Catedral de Zaragoza. Cabildo. *Serenissimo Señor, el Cabildo de la Santa Iglesia Metropolitana de Zaragoça dize, que ha llegado a su poder vn papel original del Doctor don Gregorio Xulve, Regente la Real Cancelleria...* — [S.l. : s.n., s.a.]. — [2] p., [2] en bl. ; Fol.

En el textu se alude a Zaragoza, 1666.

01-00030574 000

▶ M-BN, V.E./209-70.

3155

Catholica *querimonia* / Ildefonsus...

Malacensis Artistes. — Malaca :
typis Mathei Hidalgo, 1686. — [2],
8 h., p. 9-92, [ ]^2, A^4, ¶^{4}, B-L^4, M^2;
8^0

01-00002975 000

▶ M-BN, 2/20712. — Enc. perg.

3156
Catholica *Querimonia* / signatum
propia manu auctoris ipsius, Ildephonsi Episci Malacen. — Matriti :
[s.n.], 1686. — [4], 115 p., A-D^{12},
E^{10} ; 12^0

01-00002976 000

▶ M-BN, 2/17367. — Enc. pasta.

3157
Catholica *querimonia.* — Matriti :
[s.n.], 1686. — 154, [6] p., A-F^{12},
G^8 ; 12^0

01-00002974 000

▶ M-BN, 2/40321. — Enc. perg. — Ex-
libris: «Ex Biblioteca Capuccionorum Pa-
tientiae xpi Matrit.». — Falto de [4] p.
▶ M-BN, P/1339. — Enc. perg. — Falto de
[4] p. ▶ M-PR, I.D. 278. — Enc. pasta.
▶ M-UC (FFil), 8866. — Enc. perg.

3158
Catholica *querimonia apologetica de-
cantata.* — Matriti : [s.n.], 1691. —
[4], 182 p., A$_1$, A$_3$-A$_{12}$, B-G^{12}, H^{10} ;
12^0

01-00030575 000

▶ M-BN, 7/13074. — Enc. perg.

3159
Catholica *querimonia quae primo adversus Surien seu Veiore nomine Petrum
iurieum nunc vero etiam adversus eius
Duces & impios sectatores ab authore recognita... iterum in palestram prodit* /
qua Sanctissimum D.N. Innocen-
tium undecimun... Ildefonsus Malacensis Antistes ad eius sanctissi-
mos pedes precatur. — Tertio

Barcinone Typis / data cura D. Vi-
centii Sabater... — [Barcinone :
s.n., s.a.]. — [22], 151 p. ; 12^0
Prelim. fechados en 1687. —
Antep.

01-00030576 000

▶ M-PR, III/2128. — Enc. pasta. —
Sello de Gregorio Mayans y Siscar.

3160
Catholicos *auisos para los principes :
sacados de muy doctos y graues autores...
contra los machiauelistas y semejantes po-
liticos* / [rec. por Nic. Baudouin]. —
En Paris : por Huberto Velut...,
1612. — [4], 55 h., [ ]^4, A-I^6, [ ]^1 ;
12^0
El nombre del recopilador consta
en aprobación.

01-00030577 000

▶ M-BN, 2/50261. — Enc. pasta. — H.
55 cortada a la mitad. — Tal vez incompleto.

3161
Caudí, José. *Luz de Apolo, luzido es-
plendor de la verdad entre sombras de am-
bicion...* / compuesto por el doctor D.
Ioseph Caudi, ò Cauvino... — En
Valencia : en la imprenta de Fran-
cisco Maestre..., 1693. — [6], 32 p.,
[ ]^1, A-D^4, E^2 ; 4^0
Port. con orla tip.

01-00030578 000

▶ M-BN, 3/6866. — An. ms. de Antonio
Álvarez del Corral. — Enc. perg. ▶ M-BN,
V.E./82-22.

3162
**Caudivilla y Perpiñán, Licencia-
do.** *La historia de Thobias : sacada de la
Sagrada Escritura y compuesta en octaua
rima* / por el licenciado Caudibilla y
Perpiñan... — [¿Barcelona : Sebastian Matevad, 1615?]. — H.+13-
202+, C$_{3-8}$, D-Z^8, 2A-2C^8 ; 8^0

Datos tomados de Salvá, I, 532.

01-00030579 000

▶ M-BN, R/7507. — Enc. pasta. — Falto de h. 16-18, 50, 70, 74, 75, 90, 105, 143, 185, además de lo que consta en paginación. — Las hs. de port., prelim. y finales, sustituidas por hs. ms.

3163

Las **Causas** *que se han considerado para el sucesso de la perdida del Patache, se refieren à tres tiempos distintos.* — [S.l. : s.n., s.a.]. — 2 h. ; Fol.

01-00046094 000

▶ M-BN, V.E./208-82. — Deteriorado, afectando al texto en h. 2.

3164

Caussin, Nicolas (S.I.) (1583-1651). *La Corte Santa* / escrita en frances por... Nicolas Causino, de la Compañia de Iesus... ; y traducida en castellano por D. Francisco Antonio Cruzado y Aragon ; primera parte... — En Madrid : por Ioseph Fernandez de Buendia : a costa de Lorenço de Ibarra..., 1664. — [24], 410, [6] p., ¶⁸, ¶⁴, A-Z⁸, 2A-2C⁸ ; 4⁰
Antep. — Port. con esc. xil.

01-00030582 000

▶ M-BN, 2/69132. — Enc. perg. — Exlibris ms. del conuento de carmelitas descalzos de Madrid.

3165

Caussin, Nicolas (S.I.) (1583-1651). *La Corte Santa* / escrita en frances por... Nicolas Causino, de la Compañia de Iesus... ; y traducida en castellano por don Francisco Antonio Cruzado y Aragon ; parte segunda... — En Madrid : por Ioseph Fernandez de Buendia : a costa de Lorenço de Ibarra..., [s.a.]. — [16], 425 [i.e. 439], [3] p., ¶⁸, A-Z⁸, 2A-2D⁸ ; 4⁰

Prelim. fechados en 1665. — Errores de pag., repetidas dos veces la p. 267 y 391-392.

01-00030587 000

▶ M-BN, 5/2181. — Enc. perg.

3166

Caussin, Nicolas (S.I.) (1583-1651). *La Corte Santa* / escrita en frances por... Nicolas Causino, de la Compañia de Iesus... ; y traducida en castellano por don Francisco Antonio Cruzado y Aragon ; parte segunda... — En Madrid : por Ioseph Fernandez de Buendia : acosta de Lorenço de Ibarra..., 1665. — [24], 481, [6] p., ¶⁴, 2✱⁸, A-Z⁸, 2A-2G⁸, 2U⁴ ; 4⁰
Colofón. — Port. con esc. calc. de Guillen de Moncada: «Marcus Orozco delineat. et sculpsit Mti 1665».

01-00030586 000

▶ M-BN, 2/69133. — Enc. perg. — Exlibris ms. de la librería del Carmen Calzado de Madrid y de Baltasar de Berdesoto. ▶ M-UC (FD), 11512. — Enc. perg. ▶ M-UC (FFil), 1261. — Enc. perg. — Sello y exlibris ms. de la Librería del Colegio imperial de la Compañía de Jesús.

3167

Caussin, Nicolas (S.I.) (1583-1651). *La Corte Santa* / escrita en frances por... Nicolas Causino, de la Compañía de Iesus... ; y traducida en castellano por don Francisco Antonio Cruzado y Aragon ; tercera parte... — En Madrid : por Bernardo de Villadiego : a costa de Lorenço de Ibarra..., 1667. — [42], [2] en bl. 440, [8] p., [ ]², b-c⁴, ¶⁴, b⁸, A-Z⁸, 2A-2E⁸ ; 4⁰
Antep. — Port. con esc. xil.

01-00030590 000

▶ M-BN, 2/69134. — Enc. perg. — Defectos de encuadernación en prelim. ▸ M-UC (FFil), 660. — Enc. perg.

3168
Caussin, Nicolas (S.I.) (1583-1651). *La Corte Santa* / escrita en frances por... Nicolas Causino, de la Compañia de Iesus... ; y traducida en castellano por D. Francisco Antonio Cruzado y Aragon ; primera parte... — Segunda impression. — En Madrid : por Ioseph Fernandez de Buendia : a costa de Lorenço de Ibarra..., 1669. — [24], 410, [4] p., ¶⁸, ¶⁴, A-Z⁸, 2A-2B⁸, 2C⁷ ; 4⁰
Antep. — Port. con grab. xil. del marqués de Aytona.
01-00030583 000
▸ M-BN, 5/1161. — Enc. perg. — Ex-libris ms. del Convento Real de san Gil de Madrid, 1707. — Deteriorado. — Falto de las últimas h.

3169
Caussin, Nicolas (S.I.) (1583-1651). *La Corte Santa* / escrita en frances por... Nicolas Causino, de la Compañia de Iesus... ; y traducida en castellano por... Francisco Antonio Cruzado y Aragon ; parte primera. — Tercera impression... — En Madrid : por Ioseph Fernandez de Buendia : a costa de Lorenço de Ibarra..., [posterior a 1669]. — [24], 410, [6] p., ¶⁸, 2¶⁴, A-Z⁸, 2A-2C⁸ ; 4⁰
Fecha deducida del año de publicación de la 2.ª impresión, 1669. — Port. con esc. xil.
01-00030584 000
▸ M-BN, 5/1480. — Enc. perg. — Ex-libris ms. de la Merced Calzada de Madrid.

3170
Caussin, Nicolas (S.I.) (1583-1651). *La Corte Santa* / escrita en frances por... Nicolas Causino, de la Compañia de Iesus... ; y traducida en castellano por Don Pedro Gonçalez de Godoy ; parte quarta... — En Madrid : por Ioseph Fernandez de Buendia : a costa de Lorenço de Ibarra..., 1670. — [16], 386, [2] p., ¶⁸, A-Z⁸, 2A⁸, 2B² : il. ; 4⁰
Existen al menos dos ed. con el mismo pie de imp.; entre otras diferencias: consta en ésta: «/La/ Corte/ Santa./ Quarta Parte.», en suma del priv. (lin. 2) y en colofón: «Año 1670». — Colofón. — Antep. — Port. con esc. xil. — Ilustraciones xil. (retr.).
01-00030593 000
▸ M-BN, 6-i/6319(IV). — Enc. perg. deteriorada.

3171
Caussin, Nicolas (S.I.) (1583-1651). *La Corte Santa* / escrita en frances por... Nicolas Causino, de la Compañia de Iesus... ; y traducida en castellano por Don Pedro Gonçalez de Godoy ; parte quarta... — En Madrid : por Ioseph Fernandez de Buendia : acosta de Lorenço de Ibarra... , 1670. — [16], 386, [2] p., ¶⁸, A-Z⁸, 2A⁸, 2B² : il. ; 4⁰
Existen al menos dos ed. con el mismo pie de imp.; entre otras diferencias: consta en ésta: «La/ Corte Santa,/ Quarta Parte.», en suma del priv., lin. 2 y en colofon: «Año de 1670». — Colofón. — Antep. — Port. con esc. xil. — Ilustraciones xil. (retr.).
01-00030594 000
▸ M-BN, 2/69135. — Enc. perg. ▸ M-BN, 5/5485. — Enc. perg. — Ex-libris ms. del Convento de Odón. ▸ M-UC (FFil), 2880. — Enc. perg.

3172
Caussin, Nicolas (S.I.) (1583-1651). *La Corte Santa,* / escrita en

frances por... Nicolas Causino, de la Compañía de Iesus... ; y traducida en castellano por Don Pedro Gonçalez de Godoy ; quinta parte... — En Madrid : por Ioseph Fernandez de Buendia : a costa dr [sic] Lorenço de Ibarra..., 1670. — [16], 410 p. [i.e. 408], ¶^{8}, A-Z^8, 2A-2B^8, 2C^4 : il.; 4^0

Existen al menos dos ed. con el mismo pie de imp; entre otras diferencias: consta en ésta: en la p. 99 «coraçones»... — Error de pag.: de p. 53 pasa a p. 56. — Antep. — Ilustraciones xil. (retr.).

01-00030598 000

▶ M-BN, 2/69136. — Enc. perg. ▶ M-UC (FD), 11513. — Enc. perg. ▶ M-UC (FFil), 2879. — Enc. perg. — Falto de antep.

3173
Caussin, Nicolas (S.I.) (1583-1651). *La Corte Santa* / escrita en frances por... Nicolas Causino, de la Compañia de Iesus... ; y traducida en casteelano [sic] por D. Pedro Gonçalez de Godoy ; quinta parte... — En Madrid : por Iosep Fernandez de Buendia : a costa de Lorenço de Ibarra..., 1670. — [16], 410 [i.e. 408] p., ¶^{8}, A-Z^8, 2A-2B^8, 2C^4 : il. ; 4^0

Existen al menos dos ed. con el mismo piede imp.; entre otras diferencias: consta en ésta: en la p. 99 «corazones»... — Error de pag. de p. 53 pasa a p. 56. — Antep. — Ilustraciones xil. (retr.).

01-00030597 000

▶ M-BN, 6-i/6319[5]. — Enc. perg.

3174
Caussin, Nicolas (S.I.) (1583-1651). *La Corte Santa* / escrita en fran-

ces por... Nicolas Causino de la Compañia de Iesus... ; y traducida en castellano por don Pedro Gonçalez de Godoy ; sexta parte... — En Madrid : por Ioseph Fernandez de Buendia : a costa de Lorenço de Ibarra..., 1670. — [12], 348 [i.e. 338], [2] p., ¶^{4}, ¶^{2}, A-X^8, Y^2 : il. ; 4^0

Error de pag., de p. 329 pasa a 340. — Ilustraciones xil.

01-00030599 000

▶ M-BN, 2/69137. — Enc. perg. ▶ ME-RB, 89-VII-16. — Enc. piel. ▶ M-UC (FD), 11514. — Enc. perg. — Ex-libris ms. del Colegio de Málaga de Alcalá. ▶ M-UC (FFil), 23006. — Enc. perg.

3175
Caussin, Nicolas (S.I.) (1583-1651). *La Corte Santa* / escrita en frances por... Nicolas Causino de la Compañia de Iesus... ; traducida en castellano por Don Pedro Gonçalez de Godoy ; sexta parte... — Segunda impression... — En Madrid : por Ioseph Fernandez de Buendia : a costa de Lorenço de Ibarra..., 1670. — [12], 348 [i.e. 338], [2] p., ¶^{4}, [ ]^2, A-X^8, Y^2 : il. ; 4^0

Error de pag., de p. 329 pasa a 340. — Ilustraciones xil.

01-00030600 000

▶ M-BN, 6-i/6319(VI). — Enc. perg.

3176
Caussin, Nicolas (S.I.) (1583-1651). *La Corte Santa* / escrita en frances por... Nicolas Causino, de la Compañía de Iesus... ; y traducida en castellano por don Pedro Gonçalez de Godoy ; septima parte... — En Alcala : por Maria Fernandez : a costa de Lorenço de Ibarra..., 1671. — [12], 343 p., ¶^{6}, A-X^8, Y^4 : il. ; 4^0
Ilustraciones xil.

01-00030601 000

▶ M-BN, 2/69138. — Enc. perg. ▶ M-UC (FFil), 9787. — Sin tapas.

3177

Caussin, Nicolas (S.I.) (1583-1651). *La Corte Santa* / escrita en frances por... Nicolas Causino, de la Compañia de Iesus... ; y traducida en castellano por Don Francisco Antonio Cruzado y Aragon ; tercera parte... — Segunda impression. — En Cuenca : por Antonio Nuñez : acosta de Lorenço de Ibarra..., 1671. — [24], 411, [5] p., ¶⁴, ¶⁸, A-Z⁸, 2A-2C⁸ ; 4⁰

01-00030591 000

▶ M-BN, 5/1462. — Enc. perg. ▶ M-BN, 6-i/245. — Enc. perg. deteriorada.

3178

Caussin, Nicolas (S.I.) (1583-1651). *Reyno de Dios : compendio, y medula de toda la Corte Santa : primera parte* / escrito en latin por... Nicolas Causino, de la Compañia de Iesvs...; libro octauo ; traducido en castellano por don Pedro Gonçalez de Godoy... — En Madrid : por Ioseph Fernandez de Buendia : a costa de Lorenço de Ibarra..., 1672. — [14], 346 [i.e 344] p., [1] h. de grab., [ ]⁴, ¶⁴, A-X⁸, Y⁴ ; 4⁰

Error de pag., de p. 291 pasa a 294. — Antep. con esc. xil. y a dos tintas. — Port. a dos tintas. — Grab. calc.

01-00030608 000

▶ M-BN, 3/10415. — Enc. perg. — Ex-libris ms. del convento de Odón, 1722. — Falto de h. de grab. — Enc. perg. ▶ M-BN, 5/1577. — Enc. perg. ▶ M-BN, 6-i/984[I]. — Enc. perg. ▶ M-BN, 8/37080. — Enc. perg. — Ex-libris ms. del Convento de San Gil de Madrid. — Falto de sign. [ ]³. ▶ ME-RB, 27-V-58. — Enc. piel. — Falto de port. y antep, sustituídas por las de la segunda

parte, de prelim y de p. 181 a 188. ▶ M-UC (FFil), 3549. — Enc. perg. — Sello y ex-libris ms. de la Librería del Colegio Imperial de la Compañia de Jesus.

3179

Caussin, Nicolas (S.I.) (1583-1651). *Reyno de Dios : compendio y medula de toda la Corte Santa : segunda parte* / escrito en latin por... Nicolas Causino, de la Compañía de Iesvs...; libro nono ; traducido en castellano por don Pedro Gonçalez de Godoy... — En Madrid : por Ioseph Fernandez de Buendia : a costa de Lorenço de Ibarra..., 1672. — [4], 364 [i.e. 370], [22] p., [ ]², A-Z⁸, 2A⁸, 2B⁴ ; 4⁰

Errores de pag., repetidas las p. 56-59 y 193-194. — Antep. con esc. xil. y a dos tintas. — Port. a dos tintas.

01-00030609 000

▶ M-BN, 3/10416. — Enc. perg. ▶ M-BN, 5/1577. — Enc. perg. — Ex-libris del convento de Odón, 1722. ▶ M-BN, 6-i/984[II]. — Falto de la última h. ▶ ME-RB, 27-V-57. — Enc. piel. — Falto de port. y antep., sustituídas por las de la primera parte. — Lleva encuadernadas 1 h. de dedicatoria y las p. 181 a 188 de la primera parte. ▶ M-UC (FFil), 11861. — Sello y ex-libris ms. de la librería del Colegio Imperial de la Compañía de Jesús.

3180

Caussin, Nicolas (S.I.) (1583-1651). *La Corte Santa* / escrita en frances por... Nicolas Causino, de la Compañia de Iesus... ; y traducida en castellano por don Pedro Gonçalez de Godoy ; parte quarta... — En Madrid : por Ioseph Fernandez de Buendia : acosta de Lorenço de Ibarra... , 1673 (1670). — [16], 386, [2] p., ¶⁸, A-Z⁸, 2A⁸, 2B² : il. ; 4⁰

Port. con esc. xil. — Antep. — Ilustraciones xil.

01-00030595 000

▶ M-BN, 5/3418. — Enc. perg. ▶ M-BN, 5/4384. — Enc. perg.

3181
Caussin, Nicolas (S.I.) (1583-1651). *La Corte Santa* / escrita en frances por... Nicolas Causino, de la Compañia de Iesus... ; y traducida en castellano por don Pedro Gonçalez de Godoy ; septima parte... — En Cuenca : por Antonio Nuñez Enriquez : a costa de Lorenço de Ibarra... vendese en su casa, 1674. — [12], 343 p., ¶⁶, A-X⁸, Y⁴ : il. ; 4⁰
Ilustraciones xil.

01-00030602 000

▶ M-BN, 5/1462. — Enc. perg.

3182
Caussin, Nicolas (S.I.) (1583-1651). *Corte diuina, o Palacio celestial : primero, y segundo tomo, que son diez y onze de la Corte Santa* / escriuiola en lengua latina... Nicolàs Causino, de la Compañia de Iesus... ; y en la española... Esteuan de Aguilar y Zuñiga... — En Madrid : por Ioseph Fernandez de Buendia : a costa de Lorenço de Ibarra..., 1675. — 2 v. ([40], 368; [8], 316 [i.e. 328], 56 p.), ¶-2¶⁸, 3¶⁴, A-Z⁸; [ ]⁴, A-V⁸, X⁴, a-c⁸, d⁴ ; 4⁰
Colofón (en vol. II). — Errores de pag., repetidas las p. 111-112 y mal numerada la última p. de texto (vol. II). — Antep. — Ports. con orla tip. y esc. xil. — El vol. II con port. y pag. propia: «Corte diuina o Palacio Celestial: segundo tomo, que es el onze de la Corte Santa...». — Front. calc. (vol. I). — «*Observaciones antiguas con que se conuence de supersticiosa a la Astrologia Iudiciaria*» : p. 1-34 (vol. II).

01-00030581 000

▶ M-BN, 5/5010. — Enc. perg. ▶ M-UC

(FD), 11515-6. — Enc. perg. — Ex-libris del Colegio de Málaga de Alcalá (vol. II). — Falto de front. calc.

3183
Caussin, Nicolas (S.I.) (1583-1651). *Reyno de Dios : compendio y medula de toda la Corte Santa : primera parte* / escrito en latin por... Nicolas Causino de la Compañia de Iesus...; libro octauo ; traducido en castellano por Don Pedro Gonçalez de Godoy... — En Madrid : por Ioseph Fernandez de Buendia : a costa de la viuda de Lorenço de Ibarra..., 1677. — [14], 346 [i.e. 348] p., [1] h. de grab., [ ]⁴, ¶⁴, A-X⁸, Y⁴ ; 4⁰
Error de pag., de p. 291 pasa a 294. — Antep. con esc. xil. real. — Grab. calc., alegoría de Carlos II.

01-00030610 000

▶ M-BN, 8/3096. — Enc. perg. — Ex-libris ms. de la librería del Carmen Calzado de Madrid.

3184
Caussin, Nicolas (S.I.) (1583-1651). *Reyno de Dios : compendio y medula de toda la Corte Santa : segunda parte* / escrito en latin por... Nicolas Causino de la Compañia de Iesus...; libro nono ; traducido en castellano por D. Pedro Gonçalez de Godoy... — En Madrid : por Ioseph Fernandez de Buendia : acosta de la viuda de Lorenço de Ibarra..., 1677. — [4], 364 [i.e. 370], [22] p., [ ]², A-Z⁸, 2A⁸, 2B⁴ ; 4⁰
Errores de pag., repetidas p. 56 a 59, 193 y 194. — Antep.

01-00030611 000

▶ M-BN, 5/11866. — Enc. perg. ▶ M-BN, 6-i/141. — Enc. perg.

3185
Caussin, Nicolas (S.I.) (1583-1651). *La Corte Santa* / escrita en fran-

ces por... Nicolas Causino de la Compañia de Jesus... ; traducida en castellano por don Francisco Antonio Cruzado y Aragon ; tomo primero que contiene tres tratados... — Va nuevamente esta quarta y vltima impressión con un índice copiosissimo... — Barcelona : por Rafael Figuerò a su costa y vendense en su casa, 1696. — [14], 482, [16] p., [2] en bl., [ ]^1, ¶-2¶^{3}, A-Z^4, 2A-2Z^4, 3A-3Q^4, 3R^2 ; Fol.

Marca tip. en port. — Texto a dos col. — Port. a dos tintas.

01-00030585 000

▶ M-BN, 2/41445. — Enc. hol. Ex-libris ms. Librería de los Trinitarios Calzados de Madrid. — Port. deteriorada afectando a la fecha. ▶ M-BN, 2/41454. — Enc. perg. ▶ M-BN, 8/11127. — Enc. perg. — Ex-libris mss. de la Libreria de N.P.S. Francisco de Madrid, 3 Diciembre de 1718, y de Fr. Juan Francisco de la Barzena. ▶ M-UC (FFil), 13113. — Enc. perg.

3186

Caussin, Nicolas (S.I.) (1583-1651). *La Corte Santa* / escrita en frances por... Nicolas Causino, de la Compañia de Jesus... ; traducida en castellano por don Pedro Gonzalez de Godoy ; tomo segundo que contiene tres tratados... — Va nuevamente esta quarta y ultima impression con un indice copiosissimo... — Barcelona : en la imprenta de Rafael Figuerò..., a su costa y vendense en su misma casa, 1698. — [12], 410, [18] p., ¶^{4}, 2¶^{2}, A-Z^4, 2A-2Z^4, 3A-3G^4, 3H^2 : il. ; Fol.

Marca tip. en port. — Texto a dos col. — Ilustraciones xil.

01-00030588 000

▶ M-BN, 2/41446. — Enc. perg. — Ex-libris ms. de Francisco Carretero y Navalon en la villa de Madrigueras, año de 1766.

▶ M-BN, 2/41455. — Enc. perg. — Ex-libris ms. de la Librería de Capuchinos del Prado. ▶ M-UC (FFil), 16841. — Enc. perg.

3187

Caussin, Nicolas (S.I.) (1583-1651). *La Corte Santa* / escrita en frances por... Nicolas Causino de la Compañia de Jesus... ; traducida en castellano por don Pedro Gonzalez de Godoy ; tomo tercero que contiene tres tratados... — Barcelona : en la imprenta de Rafael Figuerò... a su costa, y vendese en su misma casa, 1698. — [12], 386, [22] p., ¶^{4}, 2¶^{2}, A-Z^4, 2A-2Z^4, 3A-3E^4 ; Fol.

Marca tip. en port. — Texto a dos col.

01-00030592 000

▶ M-BN, 2/41447. — Enc. perg. — Ex-libris ms. de fr. Francisco Carretero y Navalon Madrigueras año de 1766. ▶ M-BN, 2/41456. — Enc. perg. ▶ M-UC (FFil), 9379. — Enc. perg.

3188

Caussin, Nicolas (S.I.) (1583-1651). *La corte divina o Palacio celestial* / escriviola en lengua latina... Nicolas Causino, de la Compañia de Jesus...; tomo quarto que contiene quatro tratados... — Barcelona... : su impressor Rafael Figuerò... a su costa, vendese en su casa..., 1698. — [16], 504, [16] p., ¶-2¶^{4}, A-Z^4, 2A-2Z^4, 3A-3R^4, 3S-3X^2 ; Fol.

El tratado II trad. por Estevan de Aguilar y Zúñiga; el III trad. y aum. por Francisco de la Torre y el IV trad. por Iuan Conde. — Juan Conde es seud. de Pedro de Bivero (Uriarte, Catálogo... de obras anónimas y seudónimas...). — El impresor precede al lugar. — Marca tip. en port. — Texto a dos col.

01-00030596 000

▶ M-BN, 2/41448. — Enc. perg. ▶ M-BN, 2/41457. — Enc. perg. — Ex-libris ms. de la Librería de Capuchinos del Prado.

3189
Caussin, Nicolas (S.I.) (1583-1651). *Dia christiano* / compuesto en frances por el... padre Nicolas Causino de la Compañía de Iesus... ; y traducido en castellano por el padre Luis Belero de la misma compañía... — En Madrid : por Antonio de Zafra..., 1679. — [48], 427 p., ¶-2¶^{12}, A-R^{12}, S^{10} ; 12^0 prol.

01-00030603 000

▶ M-BN, 3/39474. — Enc. perg. — Ex-libris de la Condesa del Campo de Alange.

3190
Caussin, Nicolas (S.I.) (1583-1651). *La iornada del christiano* / compuesta por el P. Nic. Caussin de la Compañía de Iesus ; traduzida en castellano por... Iuan Conde... — En Amberes : Iuan Meursio, 1633. — 261 p., A-Q^8, R^3 ; 16^0

Juan Conde es seud. de Pedro de Bivero (Uriarte, Catálogo de obras anónimas y... seudónimos).

01-00030604 000

▶ M-UC (FFil), 17281. — Enc. perg. — Sello del Colegio Imperial de la Compañía de Jesús. — Portada recortada en su parte superior.

3191
Caussin, Nicolas (S.I.) (1583-1651). *La iornada del buen christiano : para llegar a la corte Santa y corte diuina y reyno de Dios* / por... Nicolas Causino, de la Compañía de Iesus ; traducida en castellano por... Iuan Conde... — En Madrid : por Melchor Sanchez : a costa de Gabriel de Leon..., 1674. — [12], 246, [6] p., ¶^{6}, A-P^8, Q^6 ; 4^0

Marca tipográfica. — Antep. — Esc. xil. en ¶$_3$.

01-00030605 000

▶ M-UC (FFil), 662. — Enc. perg.

3192
Caussin, Nicolas (S.I.) (1583-1651). *La iornada del buen christiano...* / por el padre Nicolas Causino de la Compañía de Iesus ; traducida en castellano por... Iuan Conde... — En Madrid : por Melchor Sanchez : a costa de Gabriel de Leon... vendese en su casa..., 1679. — [12], 246, [6] p., ¶^{6}, A-P^8, Q^6 ; 4^0

Marca de ed. en port. — Antep. — Esc. xil. arzobispal, en ¶$_3$.

01-00030606 000

▶ M-BN, 3/11412. — Enc. perg. — Falto de antep. ▶ M-BN, 3/69752. — Enc. perg.

3193
Caussin, Nicolas (S.I.) (1583-1651). *Padre espiritual, tratado de su gouierno segun el espiritu del glorioso San Francisco de Sales* / sacado de sus obras y enseñanzas por el padre Nicolas Causino de la Compañia de Iesus ; traducido y ampliado por... Francisco de Cubillas Don-Yague ; van añadidas al final unas Reglas para examinar y discernir el interior aprovechamiento de un alma, [por el Padre Fray Tonias de Iesus... de los Descalços carmelitas...] ; con una breve Instruccion de confessores... y unas Maximas espirituales sacadas de las obras del mismo santo, por... Francisco de Cubillas... — En Madrid : en la oficina de Melchor Sanchez : a costa de Gabriel de Leon..., 1678. — [8], 372 [i.e. 374], [10] p., ¶^{4}, A-Z^8, 2A^8 ; 4^0

Francisco Cubillas Don Yague es seud. de Bartolomé de Alcazar. —

Error de pag., repetidas p. 314-315. — Port. con orla tip. — «*Carta de las religiosas de la Visitacion de Santa Maria, del Convento de Leon, donde está el coraçon del glorioso San Francisco de Sales...*» : p. 331-354.

01-00030607 000

▶ M-BN, 2/35915. — Enc. perg. ▶ M-BN, 7/15259. — Enc. perg. ▶ M-BN, R/17596. — Enc. perg. en cart. ▶ M-UC (FFil), 2353. — Enc. perg. — Sello de la Librería del Colegio Imperial de la Compañía de Jesús. ▶ M-UC (FFil), 9323. — Enc. perg. — Ex-libris ms. de la Librería del Colegio de la Compañía de Jesús de Alcalá. Año de 1705.

3194

Caussin, Nicolas (S.I.) (1583-1651). *Simbolos selectos y parabolas historicas* / del P. Nicolas Causino de la Compañía de Iesus ; libro primero y segundo ; tomo XII de sus obras ; traduzido de latin y aumentado con varias obseruaciones por don Francisco de la Torre... — En Madrid : en la Imprenta Real por Iuan Garcia Infançon : a costa de Gabriel de Leon..., 1677. — [40], 432, [8] p., ¶-2¶⁸, 3¶⁴, A-Z⁸, 2A-2D⁸, 2E⁴ ; 4⁰

Marca de ed. en port.

01-00030612 000

▶ M-BN, 2/46535. — Enc. perg. ▶ M-BN, 3/23640. — Enc. perg. ▶ M-BN, 6-i/332. — Enc. perg. — Ex-libris ms. de la librería del Carmen Calzado de Madrid. ▶ M-BN, 6-i/423. — Enc. pasta. ▶ M-BN, P/858. — Enc. perg. ▶ M-UC (FFil), 2355. — Enc. perg.

3195

Cava, Juan de la (O.F.M.). *Sermon predicado a los frayles congregados en el capitulo que celebraron en san Frācisco de Seuilla* / por el padre fray Iuan de la Caua... — En Granada : [s.n.], 1609. — [15] p., A⁸ ; 4⁰

Port. con orla tip.

01-00030613 000

▶ M-BN, V/Cª 110-25. — Sello de Pascual de Gayangos.

3196

Cavallero, Pedro Nolasco. *Prevencion para la hora de la muerte : con la explicacion de las nueve peñas de San Enrique Sufon... y algunas advertencias para ayudar à bien morir* / por... don Pedro Nolasco Cavallero... — En Madrid : por Julian de Paredes, 1687. — [16], 162, [22] p., ¶⁸, A-L⁸, M⁴ ; 4⁰

Port. con orla tip.

01-00030614 000

▶ M-BN, 3/16641. — Enc. perg. — Ex-libris ms. de Bernardo Thobar. ▶ M-BN, 3/53592. — Enc. perg.

3197

Vn **Cavallero** *de la Corte de Madrid escrive à vn religioso Dominico sobre la novedad que se rezela, de que el Rey nuestro Señor Don Phelipe V no confiesse con religiosos de dicha religion.* — [S.l. : s.n., s.a.]. — 6 h., A-C² ; Fol.

Carta fechada en Madrid 10 de Diciembre de 1700. — *Respuesta*, h. 1 v.-6 ; *Catalogo de... dominicos de... Castilla, Aragon y Andalucia que... han servido a los... Reyes Catolicos, en el empleo de sus Confesores de Estado, desde... 1219...*, h. 6 v.

01-00090113 000

▶ M-BN, V.E./31-64.

3198

Cavero, José Nicolás (O. de M.). *Anti-agredistae parisienses expugnati siue Apologeticae dissertationes aduersus quosdam parisienses censuris infectatos complures propositiones, à venerabili matre Maria a Iesu vulgo de Agreda, sua prima parte mysticae Civitatis Dei assertas* / authore... Fr. Iosepho Nicolao Cauero... Regalis Ordinis... de Mer-

cede Redemptionis Captivorum...
— Caesar-Augustae : in Officinâ
Dominici Gascon..., Didacus de Larumbe... excudebat, 1698. — [60],
264, [4] p., [a]-g⁴, h², A-Z⁴, 2A-
2K⁴, 2L² ; 4⁰
Antep. — Port. a dos tintas.

01-00030615 000

▶ M-BN, 2/64791. — Enc. perg. ▶ M-
BN, 2/66761. — Enc. perg. ▶ M-BN, P/
6138. — Enc. perg.

3199
Cavero, José Nicolás (O. de M.).
Oracion funebre predicada en las exe-
quias, que con asistencia de la Vniversidad
celebrô el gravissimo Colegio de S. Vicente
Ferrer del Orden de Santo Domingo de...
Zaragoça por la muerte del Rᵐᵒ P. Maes-
tro Fr. Andrès de Maya y Salaberria... /
dixola... Fr. Ioseph Nicolas Cavero,
del Real Orden de N. S. de la Merced Redencion de Cautivos... ; sacala a luz... Fr. Gregorio Ibañez... —
En Zaragoça : por Manuel Roman,
1692. — [10], 26 p., [ ]¹, ¶¹, A-C⁴,
D¹ ; 4⁰
Port. con orla tip.

01-00046096 000

▶ M-BN, V.E./95-22. — Al final del texto
hay una h. grab. calc. posterior.

3200
Cavero, Sebastián. *Señor. El doctor*
don Sebastian Cavero, Administrador del
Hospital General, Passion, y sus agrega-
dos, pone en la real noticia de V. Mages-
tad los enfermos, niños de la Inclusa, de-
samparados, y personas que se han curado,
recogido, y mantenido en el año passado de
mil seiscientos y noventa y vueve [sic]. —
[S.l. : s.n., s.a.]. — [2] p., [2] en bl. ;
Fol.

01-00046095 000

▶ M-BN, V.E./210-101.

3201
Cayrasco de Figueroa, Bartolomé
(1538-1610). *Templo militante, trium-*
phos de virtudes, festiuidades y vidas de
Santos / compuesto por Bartolome
Cayrasco de Figueroa... — En Valladolid : por Luis Sanchez, 1602. —
[16], 427 [i.e. 421], [5] h., ¶·2¶⁸, A-
V⁸, X², Y-Z⁸, 2A-2Z⁸, 3A-3H⁸ : il. ;
8⁰
Colofón. — Errores de fol., de h.
161 pasa a 168. — Ilustración xil.,
retrato del autor, en 2¶₈ v.

01-00030616 000

▶ M-BN, R/3315. — Enc. pasta valenciana. — Ex-libris de la librería de D. Cayetano
Alberto de la Barrera. — Falto de port. y
una h. de prelim. ▶ M-PR, III-1387. —
Enc. pasta. — Ex-libris del Conde de Mansilla.

3202
Cayrasco de Figueroa, Bartolomé
(1538-1610). *Templô militante, trium-*
phos de virtudes festiuidades y vidas de
Santos... / compuesto por Bartolome
Cayrasco de Figueroa... ; primera y
segunda parte. — En Valladolid :
en casa de Luys Sanchez, 1603. —
[24], 293 p., [2] en bl., [1] h. de
grab.; 376, [6] p., [2] en bl., [ ]⁴,
2¶⁸, A⁴, B-T⁸; 2A-2B⁸, C-L⁸, 2M-
2Z⁸, 3A⁴, ¶⁴ : il. ; 4⁰
El pie de imp. consta en colofón.
— Texto a dos col. — Port. grab.
calc. arquitectónica. — Grab. calc.
a toda plena, de San León Papa, en
2B₅ r.

01-00030617 000

▶ M-BN, 3/19245. — Enc. perg. — Deteriorado afectando a prelim. — Falto de port.
y de h. de grab. ▶ M-BN, R/14890. — Enc.
perg. — Ex-libris ms. del Marqués de Lozo-
ya 27 de febrero de 1731 y sello de Pascual de
Gayangos. — Dibujo ms. en sign. T₈ de la
primera parte. ▶ M-BN, R/15558. — Enc.
perg. ▶ M-BN, R/166. — Enc. cart. — Falto

de la h. de grab. ▶ M-BN, R/2268. — Enc. pasta.

3203
Cayrasco de Figueroa, Bartolomé (1538-1610). *Tercera parte del Templo militante, festiuidades y vidas de santos, declaracion y triunfos de sus virtudes y partes que en ellos resplandecieron* / compuesta por don Bartolome Cayrasco de Figueroa... — En Madrid : por Luis Sanchez..., 1609. — [8], 359, [4] p., ¶⁴, 3A-3Y⁸, 3Z⁴, ¶² ; Fol.

Texto a dos col. — Grab. xil., retrato del autor, en ¶₄ v. — Port. con esc. xil. real.

01-00030620 000

▶ M-BN, 8/12515(1). — Enc. perg. — La tabla enc. a continuación de los prelim. ▶ M-BN, R/15434(2). — Enc. perg. ▶ M-BN, R/15436(1). — Enc. perg. — Falto de p. 359. ▶ M-BN, R/15808. — Enc. perg. — Ex-libris ms. de Alonso Vallejo. — Falto de port. ▶ M-BN, R/19200(2). — Enc. hol. ▶ M-BN, R/23455(1). — Enc. perg. ▶ M-BN, U/9684(1). — Enc. perg. — Sello de Luis de Usoz. — Defectos de encuadernación entre p. 135 y 137. ▶ M-UC (FFil), 932(2). — Enc. perg. — Contiene únicamente a partir de p. 291. ▶ M-UC (FFil), Res. 253(1). — Enc. perg. — Ex-libris de la Condesa del Campo de Alange.

3204
Cayrasco de Figueroa, Bartolomé (1538-1610). *Templo militante, Flos sanctorum y triumphos de sus virtudes...* / por don Bartolome Cayrasco de Figueroa... ; primera y segunda parte... — En Lisboa : por Pedro Crasbeek, 1613 (1612). — [12], 531 p., ¶⁶, A-S⁶, T⁴, V-Z⁶, 2A-2V⁶, 2X⁸, a² : il. ; Fol.

Hay diferentes estados de esta ed. — Texto a dos col. — Port. orlada grab. xil. y con esc. real xil. — Ilustraciones xil. de santos y retrato del autor en ¶₆ v.

01-00030619 000

▶ M-BN, R/15434(1). — Enc. perg. — Port. deteriorada. ▶ M-BN, R/15435. — Enc. perg. — Deteriorado, afectando al texto. — Falto de las 3 últimas p. ▶ M-BN, R/15807. — Enc. perg. ▶ M-BN, R/19200(1). — Enc. hol. — Sello de Pascual de Gayangos. ▶ M-BN, R/30772. — Enc. perg. — Ex-libris mss. de Diego Miran; de Juan Lucas del Pozo, 22 de mayo de 1829; del prior de San Bartolomé de Lupiana, General de San Jerónimo y ex-libris de la Bibl. de José María de Asensio y Toledo. — Deteriorado. ▶ M-BN, U/9683. — Enc. perg. — Sello de Luis de Usoz. — Port. deteriorada. ▶ M-UC (FFil), Res. 252. — Enc. perg. — Ex-libris y sello de la Condesa del Campo de Alange.

3205
Cayrasco de Figueroa, Bartolomé (1538-1610). *Templo militante, Flos santorum [sic] y triumphos de sus virtudes...* / por don Bartolome Cayrasco de Figueroa... ; quarta parte... — Em Lisboa : por Pedro Crasbeeck, 1614. — [8], 289 p., [2] en bl., ¶⁴, 4A-4Z⁶, 5A⁸ : il. ; Fol.

Texto a dos col. — Port. orlada grab. xil., con el esc. xil. del Duque de Lerma. — Ilustraciones xil. de santos y retrato del autor en ¶₄ v.

01-00030622 000

▶ M-BN, 8/12515(2). — Enc. perg. ▶ M-BN, R/15436(2). — Enc. perg. — Deteriorada la última p. ▶ M-BN, R/22925. — Enc. perg. — Ex-libris ms. de la librería del Colegio de Cuenca.

3206
Cayrasco de Figueroa, Bartolomé (1538-1610). *Templo militante, Flos Sanctorum y triumphos de sus virtudes...* / por don Bartolome Cayrasco de Figueroa... ; primera y segunda parte... — Em Lisboa : por Pedro Crasbeeck, 1615 (1612). — [12], 531 p., ¶⁶, A-S⁶, T⁴, V-Z⁶, 2A-2V⁶, 2X⁸, a² : il. ; Fol.

Es emisión de la ed. de Lisboa : por Pedro Crasbeek, 1613. — Texto a dos col. — Port. orlada grab. xil. y con esc. real xil. — Ilustraciones xil. de santos y retrato del autor en ¶6 v.

01-00030618 000

▶ M-BN, 8/2496. — Enc. perg. — Ex-libris de D. Fernando José de Velasco. — Restaurada la port. y las dos primeras h. de prelim. ▶ M-BN, R/15492. — Enc. perg. — Ex-libris ms. de D.A. Mosti. — Falto de port., sustituida por otra de la «quarta parte», y de una h. de prelim. ▶ M-BN, R/19209. — Enc. pasta. — Sello de Pascual de Gayangos. ▶ M-BN, R/23454. — Enc. perg. ▶ M-BN, R/2490(1). — Enc. pasta. — Sello de Agustín Durán. ▶ M-BN, U/8161. — Enc. perg. — Sello de Luis de Usoz.

3207
Cayrasco de Figueroa, Bartolomé (1538-1610). *Templo militante, Flos sanctorum y triumphos de sus virtudes... /* por don Bartolome Cayrasco de Figueroa... ; quarta parte... — Em Lisboa : por Pedro Crasbeeck, 1615. — [8], 289 p., [2] en bl., ¶⁴, 4A-4Z⁶, 5A⁸ : il. ; Fol.

Es emisión de la ed. de Lisboa : por Pedro Crasbeeck, 1614. — Texto a dos col. — Port. orlada grab. xil. y con el esc. xil. del Duque de Lerma. — Ilustraciones xil. de santos y retrato del autor en ¶4 v.

01-00030623 000

▶ M-BN, 8/37895(2). — Enc. perg. ▶ M-BN, R/15434(3). — Enc. perg. — Deteriorada la última h. ▶ M-BN, R/15493(2). — Enc. perg. — Falto de port. ▶ M-BN, R/15809. — Enc. hol. ▶ M-BN, R/19200(3). — Enc. hol. ▶ M-BN, R/19211. — Enc. pasta. — Sello de Pascual de Gayangos. ▶ M-BN, R/22924(2). — Enc. piel. ▶ M-BN, R/23455(2). — Enc. perg. ▶ M-BN, R/2490(3). — Enc. pasta. ▶ M-BN, R/30770(2). — Enc. perg. — Falto de última h. de texto. ▶ M-BN, U/9684(2). — Enc. perg. — Sello de Luis de Usoz. ▶ M-UC (FFil), 932(1). — Enc. perg. — Ejemplar afectado

por la humedad. ▶ M-UC (FFil), Res. 253(2). — Enc. perg. — Ex-libris de la Condesa del Campo de Alange.

3208
Cayrasco de Figueroa, Bartolomé (1538-1610). *Tercera parte del Templo militante, Flo santorum y triumpho de sus virtudes... /* por don Bartolome Cayrasco de Figueroa... — Em Lisboa : por Pedro Crasbeeck, 1618. — [8], 372, [4] p., ¶⁴, 3A-3Y⁸, 3Z¹⁰, 3¶² : il. ; Fol.

Hay diferentes estados de esta ed. — Texto a dos col. — Port. orlada grab. xil. y con esc. real xil. — Ilustraciones xil. y retrato del autor en ¶4v.

01-00030621 000

▶ M-BN, 8/37895(1). — Enc. perg. — Ex-libris ms. de fray Juan Moros. — Repetidas las p. 243-244 y 253-254. ▶ M-BN, R/15493(1). — Enc. perg. — Ex-libris ms. de D.A. Mosti. — Deteriorado, afectando a la port. ▶ M-BN, R/19210. — Enc. piel. — Sello de Pascual de Gayangos. — Defectos de encuadernación en 3¶². ▶ M-BN, R/22924(1). — Enc. piel. ▶ M-BN, R/2490(2). — Enc. pasta. ▶ M-BN, R/30770(1). — Enc. perg. — Ex-libris ms. de Pedro Dionisio de Pedraxas y otro plegado de José Mª de Asensio. — Falto de port. y una h. de prelim.

3209
Cazcarra Manzano de Soler, Bernabé. *Norte de sacerdotes /* compuesto por el lic. Bernabe Cazcarra Manzano de Soler... — En Zaragoza : por Pasqual Bueno..., 1693. — [32], 220 p., ¶-2¶⁸, A-N⁸, O⁶ ; 8⁰

01-00030624 000

▶ M-BN, R/27214. — Enc. perg.

3210
Cea, Diego de. *Copia de vn escrito a la muy noble y muy leal ciudad de Cordoua, por el nueuo arbitrio, que su Magestad, que Dios guarde, manda consultar*

este año de 1646 / [Diego de Cea]. — [S.l. : s.n., s.a.]. — [4] p. ; Fol.

El nombre del autor consta en p. [1].

01-00030625 000

▶ M-BN, V.E./184-37.

3211

Cea, Diego de (O.F.M.). *Sermon del Santissimo Sacramēto del Altar : predicado entre las dos caras de la santa Iglesia de Seuilla, en la... octaua, que hizo... su muy noble Cabildo Eclesiastico... 1620* / por el P.F. Diego de Cea de la Orden de san Francisco... — En Seuilla : lo imprimio Iuan Serrano de Vargas Vreña..., 1620. — [2], 11 [i.e. 12] h., [ ]², A-C⁴ ; 4⁰

Error de fol., hoja 11 sin numerar. — Port. con esc. xil.

01-00002960 000

▶ M-BN, V.E./1252-13.

3212

Ceballos, Blas Antonio de (T.O.R.). *Libro historico y moral sobre el origen y excelencias del nobilissimo arte de leer, escrivir y contar y su enseñança...* / por el maestro Blas Antonio de Zevallos, hermano de la... Orden Tercera de Penitencia de... San Francisco. — En Madrid : por Antonio Gonzalez de Reyes : [en la libreria de Dionisio Martin Toledo...], 1692. — [32], 316, [4] p., ¶-2¶⁸, A-V⁸ ; 8⁰

El nombre del librero consta en p. 316.

01-00030626 000

▶ M-BN, R/1861. — Enc. perg. ▶ M-PR, X-529. — Enc. pasta. — Sello «S.D.S.Y.D.A.».

3213

Ceballos, Blas Antonio de (T.O.R.). *Libro nuevo, Flores sagradas de los yermos de Egypto : vida y milagros del gran padre San Antonio Abad y sus... discipulos : origen de la ilustre religion Antoniana y fundacion del Orden militar de Caualleros de San Antonio en... Etyopia* / escrita aora nuevamente y añadida con... sentencias y exemplos... por el maestro Blas Antonio de... Zevallos, de la... Orden Tercera de Penitencia de... San Francisco... — En Madrid : por Antonio Gonçalez de Reyes, 1686. — [24], 430, [10] p., ¶⁸, 2¶⁴, A-Z⁸, 2A-2D⁸, 2E⁴ ; 4⁰

Texto a dos col. — Antep.

01-00030627 000

▶ M-BN, 3/75941. — Enc. perg. — Exlibris ms. del convento de los Trinitarios Descalzos de Madrid.

3214

Ceballos, Francisco de. *Relacion de las fiestas que la archicofradia de la Santissima Resurrecçion de la naçion española celebro en Roma este año santo de 1675, en su real iglesia de Santiago en nombre del... rey... Carlo Segundo su primer cofrade...* / descrita... por D. Francisco de Zeuallos... — En Roma : en la imprenta de la Reu. Cam. Apostolica, [s.a.]. — [2], 39 p., [1] h. de grab., [ ]², A-E⁴ ; 4⁰

Port. con viñeta xil. — Grab. calc., alegoría de la resurrección.

01-00030628 000

▶ M-BN, 2/26657. — Enc. hol. — Falto de h. de grab. ▶ M-BN, 2/58016. — Enc. perg. — Ex-libris ms. de Toriglion y sello de Pascual de Gayangos.

3215

Ceballos, Jerónimo de. *Arte real para el buen gouierno de los reyes y principes y de sus vassallos : en el qual se refieren las obligaciones de cada vno : con los principales documentos... : con vna tabla de las materias...* / por el licenciado

Geronymo de Zeuallos... — En Toledo : a costa de su autor, 1623 (en casa de Diego Rodriguez). — [8], 190, [16] h., [ ]⁴, a⁴, A-Z⁴, 2A-3Z⁴, 3A-3C⁴, b-c⁴, ¶² ; 4⁰

El impresor consta en colofón. — Port. con esc. xil. real.

01-00030629 000

▶ M-BN, R/1349. — Enc. perg. — Ex-libris ms. de Francisco Pantoja. ▶ M-BN, R/19258. — Enc. perg. — Ex-libris ms. del Lic. Francisco Sánchez Quesada. ▶ M-BN, R/19259. — Enc. perg. ▶ M-BN, R/19271. — Enc. perg. — Ex-libris ms. de Diego González. ▶ M-BN, R/19459. — Enc. perg. con hierros dorados. — Falto de los cuadernillos con sign. 3c y ¶₁. — Deteriorado, afectando a colofón. ▶ M-BN, R/20974. — Enc. pasta. ▶ M-BN, R/27014. — Enc. perg. — Ex-libris ms. de la librería del Spíritu Santo de Pᵉˢ clérigos menores de la villa de Madrid. ▶ M-BN, R/27402. — Enc. perg., en el taller de la BN, año 1974. — Ex-libris ms. de la Librería de Capuchinos del Prado de Madrid. ▶ M-BN, R/27884. — Enc. perg. ▶ M-BN, R/5273. — Enc. pasta. — Ex-libris ms. del Dr. Antonio Blanco, y de Fernando José de Velasco. ▶ M-BN, U/1107. — Enc. pasta. — Ex-libris ms. del Licend. González de Mora, y sello de Usoz. ▶ M-FLG, Inv. 10742. — Enc. pasta con hierros dorados. — Port. restaurada y h. 177 a 184 muy deterioradas. ▶ M-FLG, Inv.616. — Enc. perg. ▶ M-PR, I.C.63. — Enc. pasta. ▶ M-PR, VIII-14811. — Enc. pasta. — Ex-libris del Conde de Mansilla. ▶ M-UC (FFil), 24992. — Enc. perg. — Ex-libris ms. de la librería del Noviciado de la Compañía de Jesús de Madrid. ▶ M-UC (FFil), Res.518. — Enc. perg. — Ex-libris de la condesa del Campo de Alage.

3216
Ceballos, Jerónimo de. *Discurso del Licenciado Geronimo de Ceuallos, Rexidor, y abogado que fue de la ciudad de Toledo... para la Catolica Magestad del Rey Don Felipe IIII nuestro Señor en el qual se proponen las causas para manifestar quan conueniēte sea al seruicio de Dios nuestro Señor, y al prospero estado destos*

Reynos y Republicas Christianas, que se quiten y prohiuan las casas de las publicas Meretrices y Rameras... — [S.l. : s.n., s.a.]. — 6 h., A-C² ; Fol.

Texto fechado en Toledo, 1622.

01-00030632 000

▶ M-BN, V.E./181-67.

3217
Ceballos, Jerónimo de. *Discurso del Licenciado Geronymo de Ceuallos, Regidor de Toledo, y su Comissario para la determinacion de la concession de millones deste año de mil y seiscientos y diez y nueue : adonde disputa si es justa la demanda de su Magestad, y si se le puede negar la contribuciō, estando el Reyno en estrema necessidad, y el Rey nuestro señor en la misma...* — [S.l. : s.n., s.a.]. — 4, [1] h., a², b³ ; Fol.

01-00030631 000

▶ M-BN, V.E./200-67.

3218
Ceballos, Jerónimo de. *Discurso, y parecer del Licenciado Geronimo de Ceuallos, Regidor de Toledo, y Comissario nombrado por la Ciudad, para tratar delos arbitrios conuenientes al bien, y aumento desta Republica, y suplicar a su Magestad la reforme en el antiguo estado de gente, y trato que tenia...* — [S.l. : s.n., s.a.]. — 10 h., A-E² ; Fol.

El texto alude al reinado de Felipe III.

01-00030630 000

▶ M-BN, V.E./200-19.

3219
Ceballos, Jerónimo de. *Speculum aureum opinionum communium contra communes quaestiones practicarum in iure canonico, civili et regio repertarum : tomus quartus* / autore Hieronymo de Zevallos... — Salmanticae : apud

Antoniam Ramirez... : expensis Nicolai Martini del Castillo..., 1613. — [52], 378 [i.e. 380], [44] p., [ ]^2, a-c^8, A-Z^8, 2A-2B^8, 2C^{12} ; Fol.
Colofón. — Texto a dos col. — Port. a dos tintas y con esc. xil. real. — Otra port. con orla tip. y con esc. calc. real. — Esc. xil. heráldico del autor en el v. de la última hoja.

01-00030634 000

▶ M-UC (FFil), 616(2). — Enc. cart. — Ex-libris ms. de la librería del Colegio Imperial de la Compañía de Jesús.

3220
Ceballos, Jerónimo de. *Tractatus de cognitione per viam violentiae in causis ecclesiasticis & inter personas ecclesiasticas duplex...* / à Hieronymo de Ceuallos... — Toleti : auctoris expensis : apud Didacum Rodriguez..., 1618. — [16], [1] en bl., 380 [i.e. 378], [26] h., [1] h. de grab., [ ]^2, ¶^{8}, ()^4, (.)^4, A-Z^8, 2A-2Z^8, 3A^{10}, a-b^8, c^6, d^4; Fol.
En h. 127 comienza con port. propia la «Secunda pars». — Error de fol., de p. 326 pasa a 329. — Texto a dos col. — Port. a dos tintas con esc. xil. real. — Esc. calc. de Fernando de Acevedo, Arzobispo de Burgos, en ¶3. — Grab. calc.: «Petrus Angelus faciebat Tolet», retrato del autor.

01-00030635 000

▶ M-BN, 2/55324. — Enc. perg. con hierros dorados. — Sello de Pascual de Gayangos. — Falto de cuaderno de sign. (.) de prelim. ▶ M-BN, 2/70210. — Enc. perg. con hierros dorados. — Ex-libris de la Biblioteca de Fernando José de Velasco. — Falto de dos h. de prelim. — Impreso en papel Génova. ▶ M-BN, 3/53318. — Enc. perg. ▶ M-BN, 5/9186. — Enc. perg. — Ex-libris ms. del Convento de Carmelitas Descalzos de Madrid. ▶ M-BN, 7/13137. — Enc. perg. deteriorada. — Sello de la Biblioteca de

Uclés y ex-libris ms. del licenciado Achategui. ▶ M-BN, P/256. — Enc. perg. ▶ M-UC (FD), 10744. — Enc. perg. ▶ M-UC (FFil), 21700. — Enc. perg. — Ex-libris ms. de la Librería del Colegio Imperial de la Compañía de Jesús de Madrid y de don Ginés Blázquez. — Falto de una h. de prelim.

3221
Ceballos y Velasco, Tomás de. *Celebris repetitio in propatulo habita apud... Salmanticensis Academiae Coryphaeos pro obtinenda punicea licentiae legum corolla, ex integro titulo C. de spectaculis lib. XI* / a... d. Thoma de Ceuallos & Velasco... — Salmanticae : ex officina Antonij Vazquez, 1626. — [16], 71 p., ¶-2¶^{4}, B-K^4 ; 4^0
Colofón. — Port. con esc. calc. heráldico.

01-00030636 000

▶ M-BN, 3/13172. — Enc. perg. — Ex-libris ms. de don Juan de San Felices. ▶ M-UC (FD), 5972. — Enc. perg. — Ex-libris ms. del Colegio de la Compañía de Jesús de Alcalá año de 1705.

3222
Cedeño, Matías. *Copia de carta escrita de la fidelissima ciudad de Ceuta, à esta insigne de Sevilla, de 16 de Iunio deste presente año de 1674, donde dà quenta del feliz sucesso que el Excelentissimo señor Cõde Marques de Trucifal tuvo contra las Agarenas armas el dia doze de dicho mes...* / [Don Matias Cedeño]. — [S.l. : s.n., s.a.]. — [4] p. ; 4^0
El nombre del autor consta en fin de texto.

01-00030637 000

▶ M-BN, V/C^a 170-76. — Sello de Pascual de Gayangos. ▶ M-BN, V.E./126-24.

3223
Cédula, 1541-06-12. *Cedula para que el Presidente con el Oydor mas antiguo que fuere Ecclesiastico (y no otras justi-*

cias) cumplan la executoria ganada por los Beneficiados deste Arçobispado de Granada, contra el Arçobispo della. — [S.l. : s.n., s.a.]. — [4] p., ¶² ; Fol.

Incluye la cédula, fechada el 4 de septiembre de 1601. — Texto fileteado.

01-00035076 000

▶ M-BN, 2/16713(2). — Enc. perg. — Encuadernada precediendo a los índices de la primera obra. ▶ M-BN, 3/33376(2). — Enc. perg. ▶ M-BN, R/11679(2). — Enc. pasta.

3224
Cédula, 1577-02-21. *El Rey. Nuestro Mayordomo mayor, y Cōtador de la despensa, y raciones de nuestra casa de Castilla, que al presente soys, o fueredes adelante, por parte de los nuestros Monteros de guarda, vezinos y naturales de la villa de Espinosa de los Monteros, se nos ha hecho relacion, que como sabemos, ellos, y sus passados ha que nos siruen a nos, y a los Reyes de Castilla nuestros antecessores...* — [S.l. : s.n., s.a.]. — [3] p. ; Fol.

Se ha respetado la puntuación original. — Traslado fechado en Madrid el 15 de mayo de 1613.

01-00094730 000

▶ M-BN, V.E./195-51.

3225
Cédula, 1588-10-05. *Cedula y Prouision de su Magestad, para que aya Matadero, y Carniceria, para los Señores desta Real Audiencia de Granada, y la orden que se ha de tener.* — Impressa en Granada : en la Imprenta de la Real Chancilleria por Francisco Heylan, [s.a.]. — 8 h. ; Fol., A⁸

Francisco Heylan imprimió en Granada entre 1619 y 1629. — Port. con esc. xil. de los reinos de Castilla.

01-00035075 000

▶ M-BN, 3/48481(3). — Enc. perg.

3226
Cédula, 1601-01-01. *Cedula que su Magestad firmô para guarda y oberuancia de la escritura que el Reyno otorgò del seruicio de los diez y ocho millones, y de los acuerdos y condiciones en ella puestos.* — [S.l. : s.n., s.a.]. — 3 h., A³ ; Fol.

01-00011596 000

▶ M-PR, 6483(21). — Enc. pasta con hierros dorados.

3227
Cédula, 1601-02-09. *Cedula del Rey nuestro Señor, para q̄ las ciudades y villa destos Reynos de Castilla, q̄ tienen voto en Cortes, impongā en ellas, y en las otras ciudades, villas y lugares de sus Prouincias, las sisas de la otaua parte del vino y azeyte, que en ellos se vēdiere, para la paga del Seruicio de los diez y ocho Millones, que estos Reynos otorgaron à su Magestad, para desde primero de Abril de mil seyscientos y vn años.* — [S.l. : s.n., s.a.]. — 8 h., A⁸ ; Fol.

01-00122401 000

▶ M-BN, 3/25591(1). — Enc. perg. ▶ M-BN, V/Cª 154-32. — Sello de Pascual de Gayangos.

3228
Cédula, 1601-02-09. *Este es vn traslado, bien y fielmente sacado, corregido y cōcertado, de vna cedula del Rey nuestro señor... para las ciudades y villa destos Reynos, que tienen voto en Cortes, embiandoles orden, para q̄ en ellas... se imponga el seruicio que el Reyno ha otorgado à su Magestad, en la sisa de la octaua parte del vino y azeyte que se vendiere en estos Reynos para desde primero de Abril deste presente año de mil y seiscientos y vno.* — [S.l. : s.n., s.a.]. — 8 h., A⁸ ; Fol.

01-00094617 000

▶ M-BN, V.E./28-28. — Ms. el día de la cédula. ▶ M-PR, III-6483(22). — Ms. el día de la cédula. ▶ M-RAE, 13-C-31(45). — Ms. el día de la cédula.

3229
Cédula, 1601-11-28. *Cedula del Conseio de las Ordenes, y Capitulo difinitorio dellas, sobre la jurisdicion que hā de tener los Contadores mayores de las tres Ordenes de Santiago, Calatraua, y Alcantara, y sobre q̄ no ayan de pasar por el Consejo de Hazienda las librāças que se despachassen en el dicho Consejo de las Ordenes.* — [S.l. : s.n., s.a.]. — 3, [1] h., R⁴ ; Fol.
Traslado fechado en Madrid el 28 de marzo de 1628.

01-00094576 000

▶ M-BN, V.E./191-62. — An. ms. marginales. ▶ M-BZ, 33-116(78). — Enc. perg.

3230
Cédula, 1602-03-20. *Yo Francisco Fernandez de Valdiuielso Escriuano del Rey nuestro señor, y publico del numero de la ciudad de Burgos... doy fee, que este es vn traslado bien y fielmente sacado, impresso en letra de molde, de vna cedula Real y ordenanças de su Magestad, en razō de las ferias, que su tenor es como se sigue...* — [S.l. : s.n., s.a.]. — [14] p., ¶⁷ ; Fol.

01-00094718 000

▶ M-BN, V.E./195-50.

3231
Cédula, 1603-02-27. *El Rey. Por Quanto auiendo considerado, que de la continuacion de las guerras que hā causado en los Estados baxos, y Prouincias de Flandes, algunos subditos, que como mal aconsejados se desuiaron de la deuida obediencia, lleuando tras si gran parte de los buenos vassallos q̄ estauan en ella...* — [S.l. : s.n., s.a.]. — 4 h., A⁴ ; Fol.

Se ha respetado la puntuación original.

01-00094596 000

▶ M-BN, V.E./50-37. — An. ms. en última h.: «Las personas que su M.ᶜ ha resuelto asistan a la Execucion desta Orden...».

3232
Cédula, 1603-04-04. *Cedula en que se declara y pone el orden que se ha de tener en la distribucion de la hazienda, que procediere de las tres gracias, y que el Consejo de Hazienda alce la mano de todo punto delia, y no se entremeta en lo tocante ni dependiente della en manera alguna.* — [S.l. : s.n., s.a.]. — 4 h., A⁴ ; Fol.

01-00034018 000

▶ ME-RB, 90-VI-16(18). — Enc. perg.

3233
Cédula, 1603-04-28. *Este es vn traslado, bien y fielmente sacado, corregido, y concertado de vna Real carta y prouision de su Magestad... refrendada de Iuan Ruiz de Velasco... para la orden y forma que se ha de tener en los puertos y en la salida y entrada del vino y azeyte, para la paga de las sisas del servicio de los diez y ocho millones...* — [S.l. : s.n., s.a.]. — [3] p., A² ; Fol.

Se ha respetado la puntuación original.

01-00011601 000

▶ M-PR, III-6483(11). — Enc. pasta con hierros dorados.

3234
Cédula, 1603-08-06. *Este es vn traslado bien y fielmente sacado, corregido y concertado con su original, de vna cedula de su Magestad... refrendada de Alonso Nuñez de Valdiuia... para que los sesenta y seysquentos nouecientos y veynte y cinco mil trescientos y veinte y cinco marauedis que estauan consignados en las rentas de los almoxarifazgos mayor y de Indias de*

la ciudad de Seuilla para la paga de las guardas de Castilla, se muden de seruicio de los diez y ocho millones... — [S.l. : s.n., s.a.]. — 2 h., A² ; Fol.

Se ha respetado la puntuación original.

01-00011603 000

▶ M-PR, III-6483(13). — Enc. pasta con hierros dorados.

3235
Cédula, 1603-08-06. *Este es vn traslado, bien y fielmente sacado, corregido, y concertado, de vna cedula del Rey nuestro señor... refrendada de Alonso Nuñez de Valdiuia... para que se consignen y libren en el seruicio de los dies y ocho millones quatrocientos sesenta y dos mil quinientos ducados en cada vn año desde fin de Nouiembre deste de seyscientos y tres en adelante todo el tiempo que durare el dicho seruicio, para la paga del sueldo de la gente de guerra de los presidios y fronteras destos reynos...* — [S.l. : s.n., s.a.]. — 2 h., A² ; Fol.

Se ha respetado la puntuación original.

01-00011605 000

▶ M-PR, III-6483(15). — Enc. pasta con hierros dorados.

3236
Cédula, 1603-08-28. *Este es vn traslado bien y fielmente sacado, corregido y cōcertado con su original, de vna cedula de su Magestad... refrendada de Iuan Ruyz de Velasco... en que conforme a vna condicion del seruicio de los diez y ocho millones, cede en el Reyno el derecho que tiene contra los hombres de negocios y assentistas...* — [S.l. : s.n., s.a.]. — [2] p., A; Fol.

01-00011608 000

▶ M-PR, III-6483(18). — Enc. pasta con hierros dorados.

3237
Cédula, 1603-08-28. *Este es vn traslado bien y fielmente sacado, corregido y cocertado con su original de vna sobrecedula de su Magestad... refrendada por Iuan Ruyz de Velasco... en que manda aplicar treynta mil ducados en lo que procediere del seruicio de los diez y ocho millones en cada uno de los seys que ha corrido... para hazer pagados a los labradores... lo que se les deue de bastimentos, acarretos...* — [S.l. : s.n., s.a.]. — 2 h., A² ; Fol.

Se ha respetado la puntuación original.

01-00011606 000

▶ M-PR, III-6483(16). — Enc. pasta con hierros dorados.

3238
Cédula, 1603-08-28. *Este es vn traslado bien y fielmente sacado corregido y concertado con su original, de vna cedula de su Magestad... refrendada de Iuan Ruyz de Velasco... en que su Magestad acepta la escritura que el Reyno otorgò para el cumplimiento del seruicio de los diez y ocho millones, y aprueua los ensanches y sisas, de que se ha de sacar...* — [S.l. : s.n., s.a.]. — 3 h., A³ ; Fol.

Se ha respetado la puntuación original.

01-00011598 000

▶ M-PR, III-6483(7). — Enc. pasta con hierros dorados.

3239
Cédula, 1603-08-28. *Este es vn traslado bien y fielmente sacado, corregido y concertado de vna real sobrecedula de su Magestad... refrendada de Iuan Ruyz de Velasco... para que el Consejo sentencie en todas instancias los pleytos que en el estan pendientes, tocantes a materia de hazienda de su Magestad, de que se ha dado otra tal*

cedula para los Consejos de Indias, Ordenes, Alcaldes de Corte, Contaduria mayor
de hazienda, Chancillerias de Valladolid,
y Granada y Audiencias de Seuilla, Galizia y Canaria... — [S.l. : s.n., s.a.]. —
2 h., A^2 ; Fol.
Se ha respetado la puntuación
original.

01-00011609 000

▶ M-PR, III-6483(19). — Enc. pasta con
hierros dorados.

3240
Cédula, 1603-08-28. *Este es vn traslado bien y fielmente sacado, corregido y
concertado de vna sobrecedula de su Magestad... refrendada de Iuā Ruyz de Velasco... para q̄ los hombres de armas y artilleros no puedan comer acosta de los
Concejos, ni se tomen bastimentos para las
armadas y exercitos, sin que lo paguen primero...* — [S.l. : s.n., s.a.]. — 2 h., A^2;
Fol.
Se ha respetado la puntuación
original.

01-00011607 000

▶ M-PR, III-6483(17). — Enc. pasta con
hierros.

3241
Cédula, 1603-08-28. *Este es vn traslado, bien y fielmente sacado... de vna cedula del Rey... para la orden, y forma que
han de tener y guardar las ciudades, villas
y lugares destos Reynos, en la administracion de las sisas, y ensanches, para la paga
del seruicio de los diez y ocho millones.* —
[S.l. : s.n., s.a.]. — 6 h., A^6 ; Fol.

01-00094722 000

▶ M-BN, 3/25591(2). — Enc. perg. ▶ M-
BN, V.E./189-31. ▶ M-BN, V.E./190-52.
▶ M-BN, V.E./198-33. ▶ M-PR, III-
6483(10). — Enc. pasta con hierros dorados.
▶ M-RAE, 13-C-31(41). — Enc. perg.

3242
Cédula, 1603-09-18. *Este es vn traslado bien y fielmente sacado, corregido y*

concertado, de vna cedula del Rey nuestro
Señor... refrēdada de Iuan Ruyz de Velasco... en que nombra a los licenciados don
Iuan Ocon, y don Fernando Carrillo, para
que con los del Consejo que assisten en el
de Hazienda, vean las condiciones que los
hombres de negocios pidieren en los arrendamientos de las rentas reales...* — [S.l. :
s.n., s.a.]. — [2] p. ; Fol.
Se ha respetado la puntuación
original.

01-00011610 000

▶ M-PR, III-6483(20). — Enc. pasta con
hierros dorados.

3243
Cédula, 1603-09-18. *Este es vn traslado, bien y fielmēte sacado... de vna cedula del Rey nuestro señor... para las ciudades y villa destos Reynos, que tienen voto
en Cortes embiandoles orden, para que en
ellas... se imponga el cumplimiento del seruicio de los diez y ocho millones, en los
ensanches de la sisa, octaua parte del vino
y azeyte, y sisa del vinagre, y vn marauedi
en cada libra de las carnes, desde primero
de Octubre deste presente año de mil y
seiscientos y tres años.* — [S.l. : s.n.,
s.a.]. — 4 h., A^4 ; Fol.

01-00094719 000

▶ M-BN, V.E./190-53. ▶ M-BN, V.E./
198-34. ▶ M-PR, III-6483(9). — Enc. pasta
con hierros dorados. ▶ M-RAE, 13-C-
31(42). — Enc. perg.

3244 (*Cancelado*)

3245
Cédula, 1603-09-28. *Este es vn traslado bien y fielmente sacado, corregido y
concertado de vna Real cedula... en que su
Magestast [sic] manda que los sesenta y
seysquientos nouecientas y veynte y cinco
mil trescientas y veynte y cinco marauedis,
que por cedula del Consejo de Haziēda se*

consignaron en el seruicio de los diez y ocho millones para el sueldo y paga de las Guardas de Castilla... — [S.l. : s.n., s.a.]. — 2 h., A² ; Fol.

01-00011604 000

▶ M-PR, III-6483(14). — Enc. pasta con hierros dorados.

3246
Cédula, 1604-11-12. *El Rey. Por Quanto para allanar y quitar el impedimento, que en el trato y comercio entre mis Reynos y el de Francia, auian causado algunas ordenes q̄ alla se auian dado, y el placarte del treinta por ciento, que aca se publico, se ha hecho despues el concierto que se sigue...* — [S.l. : s.n., s.a.]. — [8] p., A⁴ ; Fol.
Se ha respetado la puntuación original.

01-00034019 000

▶ ME-RB, 90-VI-16(21). — Enc. perg.

3247
Cédula, 1605-02-20. *El Rey. Por Quanto Conforme à lo que se ha assentado y capitulado con los serenissmos Reyes de Inglaterra y Francia, sobre lo del trato y comercio, ningun subdito de sus Reynos puede traer à los mios ninguna mercaduria de los vassallos desobedientes que residen en las Islas de Holanda y Zelanda...* — [S.l. : s.n., s.a.]. — [2] h. ; Fol.
Se ha respetado la puntuación original. — Hojas impresas por una sola cara.

01-00034020 000

▶ ME-RB, 39-IV-28(37).

3248
Cédula, 1605-08-01. *Este es vn traslado bien y fielmente sacado, por mandado de los Señores Alcaldes desta corte, de vnas cedulas de perdon de su Magestad corregido y concertado con las originales, que su tenor, y de los obedecimientos dizen*

assi. — [S.l. : s.n., s.a.]. — [3] p. ; Fol.

01-00094715 000

▶ M-BN, V.E./190-67. — Fecha del traslado ms.: en Granada a 20 de agosto de 1605.

3249
Cédula, 1606-09-11. *Don Felipe por la gracia de Dios, Rey de Castilla... Por quanto por parte de vos el Duque de Ossuna, y de vuestros acreedores y fiadores, nos fue fecha relacion, que auia doze años que a pedimento de algunos dellos se pusieron en administracion por los del nuestro Consejo, los bienes y rentas del Estado de vos el dicho Duque...* — [S.l. : s.n., s.a.]. — 12 h., A¹² ; Fol.

01-00122317 000

▶ M-BN, V.E./31-10.

3250
Cédula, 1607-06-07. *El Rey. Por Quanto con ocasion de las visitas que he mandado hazer contra algunos ministros mios, por las justas causas que para ello procedieron, resultò dezirse publicamente por algunas personas, notando à don Rodrigo Calderon de mi Camara, que con ocasion de mi seruicio, y de la mano que auia tenido en los papeles y cosas que estan a cargo del Duque de Lerma...* — [S.l. : s.n., s.a.]. — [3] p. ; Fol.
Se ha respetado la puntuación original.

01-00034021 000

▶ ME-RB, 39-IV-28(34).

3251
Cédula, 1607-08-05. *El Rey, por Quanto el Rey mi señor y padre que santa gloria aya, por vna su carta y prouisiō... Dada en San Loren [sic] el Real à veinte y dos de Agosto del año passado de mil y quinientos y ochēta y quatro mando hazer y hizo ciertas ordenanças para lo tocante à las minas y mineros destos Reynos...* —

[S.l. : s.n., s.a.]. — [1] h., [1] en bl. ;
Fol.

01-00094568 000
▶ M-BN, V.E./189-24.

3252
Cédula, 1607-11-21. *Don Felipe,
por la gracia de Dios Rey de Castilla, de
Leon, de Aragon, de las dos Sicilias... Por
quanto el Conde de Fuentes del mi Consejo
de Estado... Gouernador del Estado de
Milan, hizo con el Principe de Val de
Taro, como tutor del señor de Monaco la
capitulacion siguiente...* — [S.l. : s.n.,
s.a.]. — [3] p. ; Fol.

01-00094581 000
▶ M-BN, V.E./31-55.

3253
Cédula, 1608-03-03. *El Rey, Nuestros Corregidores, Assistente, Gouernadores, juezes de residencia, y Alcaldes mayores, y ordinarios, y otros qualesquier
juezes y justicias de qualesquier ciudades,
villas y lugares destos mis Reynos y Señorios de Castilla...* — [S.l. : s.n., s.a.].
— [2] p., [2] en bl.
Traslado fechado el 4 de noviembre de 1620. — Inserta otra cédula,
dada el 18 de julio de 1586.

01-00094712 000
▶ M-BN, V.E./189-34.

3254
Cédula, 1608-11-22. *Este es vn traslado bien y fielmente sacado, corregido y
concertado con su original, de vna cedula
de su Magestad... refrendada de Tomas de
Angulo su Secretario, En que acepta el
seruicio que el Reyno le haze de los diez y
siete millones y medio y censo que funda
sobre si con las cōdiciones que su Magestad tiene concedidas y da licencia y facultad para imponer las sisas.* — [S.l. :
s.n., s.a.]. — [12] p., A⁶ ; Fol.

01-00011895 000
▶ M-BN, 3/12893(2). — Enc. perg. ▶ M-
BN, 3/25591(7). — Enc. perg. ▶ M-BN,
V.E./195-65. ▶ M-RAE, 40-II-43(7). —
Enc. hol.

3255
Cédula, 1608-11-22. *Este es vn traslado bien y fielmente sacado, corregido y
concertado con su original, de vna cedula
de su Magestad... refrendada de Tomas de
Angulo su Secretario, En que manda que
en el Consejo se de por ordinaria prouision, para que las Ciudades y Villa de voto
en Cortes cumplan lo que el Reyno les or-
denare, y que las ciudades, villas y lugares
destos Reynos obedezcan las ordenes de las
ciudades y Villa de voto en Cortes.* —
[S.l. : s.n., s.a.]. — [2] p., [2] en bl. ;
Fol.

01-00011902 000
▶ M-BN, 3/12893(7). — Enc. perg. ▶ M-
BN, 3/25591(12). — Enc. perg. ▶ M-BN,
V.E./190-56. ▶ M-RAE, 40-II-43(16). —
Enc. hol.

3256
Cédula, 1608-11-22. *Este es vn traslado bien y fielmente sacado, corregido y
concertado con su original, de vna Cedula
de su Magestad... refrendada de Tomas de
Angulo su Secretario, En que manda se
consigne al Reyno vn millō cada año para
ir pagando los reditos del censo de los doze
millones, y redimir el principal.* — [S.l. :
s.n., s.a.]. — [6] p., [2] en bl., F⁴ ;
Fol.
Se ha respetado la puntuación
original.

01-00011894 000
▶ M-BN, 3/25591(14). — Enc. perg. —
Falto de las 4 últimas páginas. ▶ M-RAE,
40-II-43(6). — Enc. hol.

3257
Cédula, 1608-11-22. *Este es vn traslado bien y fielmente sacado, corregido y*

concertado con su original, de vna cedula de su Magestad... refrendada de Tomas de Angulo su Secretario, En que manda se consigne al Reyno vn millon cada año, para yr pagando los reditos del censo de los doze millones, y redimir el principal. — [S.l. : s.n., s.a.]. — [6] p., [2] en bl., F⁴ ; Fol.
Se ha respetado la puntuación original.

01-00094709 000

▶ M-BN, V.E./195-66.

3258
Cédula, 1608-11-22. *Este es vn traslado bien y fielmente sacado, corregido y concertado con su original de vna cedula de su Magestad... refrendada de Tomas de Angulo su Secretario, Para que la Audiēcia de Seuilla y Alcaldes della no se entremetan ni conozcan de ningun pleyto de millones.* — [S.l. : s.n., s.a.]. — [6] p., E⁴ ; Fol.

01-00011913 000

▶ M-BN, 3/12893. — Enc. perg. ▶ M-BN, 3/25591(31). — Enc. perg. ▶ M-BN, V.E./190-38. ▶ M-RAE, 40-II-43(30). — Enc. hol.

3259
Cédula, 1608-11-22. *Este es vn traslado bien y fielmente sacado, corregido y concertado con su original de vna cedula de Su Magestad... refrendada de Tomas de Angulo, su Secretario, Para que la Audiē-ͨia del Reyno de Galizia no se entremeta ni conozca de ningun pleyto tocante a millones.* — [S.l. : s.n., s.a.]. — [6] p., [2] en bl., D⁴ ; Fol.

01-00011912 000

▶ M-BN, 3/12893(22). — Enc. perg. ▶ M-BN, 3/25591(30). — Enc. perg. ▶ M-BN, V.E./195-67. ▶ M-RAE, 40-II-43(29). — Enc. hol.

3260
Cédula, 1608-11-22. *Este es vn traslado bien y fielmente sacado, corregido y*

concertado con su original de vna cedula de su Magestad... refrendada de Tomas de Angulo su Secretario, Para que la Chancillería de Granada y Alcaldes della no se entremetan ni conozcan en ningunos pleytos tocantes a millones. — [S.l. : s.n., s.a.]. — [6] p., [2] en bl., C⁴ ; Fol.

01-0001!911 000

▶ M-BN, 3/12893(20). — Enc. perg. ▶ M-BN, 3/25591(29). — Enc. perg. ▶ M-BN, V.E./190-37. — Enc. perg. ▶ M-RAE, 40-II-43(28). — Enc. hol.

3261
Cédula, 1608-11-22. *Este es vn traslado bien y fielmente sacado, corregido y concertado con su original, de vna cedula de su Magestad... refrendada de Tomas de Angulo su Secretario, Para que las justicias y juezes destos Reynos cumplan y guardē las ordenes y despachos del Reyno, tocantes a la administracion del seruicio de millones.* — [S.l. : s.n., s.a.]. — [2] p., [2] en bl. ; Fol.

01-00011903 000

▶ M-BN, 3/12893(8). — Enc. perg. ▶ M-BN, 3/25591(13). — Enc. perg. ▶ M-BN, V.E./190-61. ▶ M-RAE, 40-II-43(19). — Enc. hol.

3262
Cédula, 1608-11-22. *Este es vn traslado bien y fielmente sacado, corregido y concertado con su original, de vna cedula de su Magestad... refrendada de Tomas de Angulo su Secretario, Para que todas las condiciones [sic] del seruicio se guarden desde el día del otorgamiento de la escritura del, aunque no aya començado a correr.* — [S.l. : s.n., s.a.]. — [2] p., [2] en bl. ; Fol.

01-00094328 000

▶ M-BN, 3/12893(4). — Enc. perg. ▶ M-RAE, 40-II-43(13). — Enc. hol.

3263
Cédula, 1608-11-22. *Este es vn traslado bien y fielmente sacado... de vna ce-*

dula de su Magestad... refrendada de Tomas de Angulo su secretario. De la forma en que se ha de hazer la administracion del seruicio de los diez y siete millones y medio y su Magestad da poder y comission al Reyno, y a los Comissarios, y personas que tuuieren la dicha administracion para la vsar y exercer con juridicion. — [S.l. : s.n., s.a.]. — [20] p., A[10] ; Fol.

Se ha respetado la puntuación original.

01-00011896 000
▶ M-BN, 3/12893(10). — Enc. perg.
▶ M-BN, 3/25591(15). — Enc. perg. ▶ M-RAE, 40-II-43(9). — Enc. hol.

3264

Cédula, 1608-11-22. *Este es vn traslado bien y fielmente sacado... de vna cedula de su Magestad... refrendada de Tomas de Angulo su Secretario: para que el Consejo de Hazienda no embie executores, Contadores, ni otras personas a cobrar de los Recetores del seruicio, sino fuere en las cosas y forma contenida en la condicion que desto trata.* — [S.l. : s.n., s.a.]. — [4] p. ; Fol.

Se ha respetado la puntuación original.

01-00011897 000
▶ M-BN, 3/12893(11). — Enc. perg.
▶ M-BN, 3/25591(16). — Enc. perg. ▶ M-BN, 3/25591(17). — Enc. perg. ▶ M-RAE, 40-II-43(10). — Enc. hol.

3265

Cédula, 1608-11-22. *Este es vn traslado bien y fielmente sacado... de vna cedula de su Magestad... refrendada de Tomas de Angulo su Secretario, Para que la Chãcilleria de Valladolid y Alcaldes della no se entremetan ni conozcan en ningunos pleytos tocantes a millones.* — [S.l. : s.n., s.a.]. — [6] p., [2] en bl., B[4] ; Fol.

01-00011910 000
▶ M-BN, 3/25591(27). — Enc. perg.
▶ M-RAE, 40-II-43(27). — Enc. hol.

3266

Cédula, 1608-11-22. *Este es vn traslado bien y fielmente sacado... de vna cedula de su Magestad... refrendada de Tomas de Angulo su Secretario, Para que la plata que viniere de las Indias en las dos flotas primeras y en las de adelante se labre como en ella se dize.* — [S.l. : s.n., s.a.]. — [2] p., [2] en bl. ; Fol.

01-00011906 000
▶ M-BN, 3/12893(15). — Enc. perg.
▶ M-BN, 3/25591(22). — Enc. perg. ▶ M-RAE, 40-II-43(22). — Enc. hol.

3267

Cédula, 1608-11-22. *Este es vn traslado bien y fielmente sacado... de vna cedula de su Magestad... refrendada de Tomas de Angulo su Secretario, Para que las guardas de Castilla, soldados, hombres de armas y artilleros no coman a costa de los concejos por donde passaren, ni reciban dineros a cuẽta de sus pagas, y que no se puedan aloxar si no fuere en lugar de quinientos vezinos y dende arriba los hombres de armas.* — [S.l. : s.n., s.a.]. — [2] p., [2] en bl. ; Fol.

01-00011901 000
▶ M-BN, 3/12893(12). — Enc. perg.
▶ M-BN, 3/25591(20). — Enc. perg. ▶ M-RAE, 40-II-43(15). — Enc. hol.

3268

Cédula, 1608-11-22. *Este es vn traslado bien y fielmente sacado... de vna cedula de su Magestad... refrendada de Tomas de Angulo su Secretario, para que los Alcaldes de la Casa y Corte no se entremetan ni conozcan en ningunos pleytos tocantes a millones.* — [S.l. : s.n., s.a.]. — [6] p., [2] en bl., A[4] ; Fol.

01-00122316 000

▶ M-BN, 3/25591(26). — Enc. perg.

3269
Cédula, 1608-11-22. *Este es vn tras-lado bien y fielmente sacado... de vna ce-dula de su Magestad... refrendada de Tomas de Angulo su secretario, para que por tiempo de veinte años no se pueda la-brar en ninguna casa de las de Moneda destos Reynos, ni en el Ingenio de Segouia moneda de bellon.* — [S.l. : s.n., s.a.]. — [3] p. ; Fol.

01-00094624 000

▶ M-BN, 3/12893(14). — Enc. perg.
▶ M-BN, 3/25591(18). — Enc. perg. ▶ M-BN, V.E./195-34. ▶ M-RAE, 40-II-43(25). — Enc. hol.

3270
Cédula, 1608-11-22. *Este es vn tras-lado bien y fielmente sacado... de vna ce-dula del Rey... refrendada de Tomas de Angulo su secretario, en que manda se pro-sigan y hagan las cuentas entre su Mages-tad y el Reyno de todo lo que ha pagado y pagare del Seruicio de los diez y ocho mi-llones, y para que estando cumplido, y to-mada la cũeta final, se de finiquito al Reyno.* — [S.l. : s.n., s.a.]. — [2] p., [2] en bl. ; Fol.

01-00094623 000

▶ M-BN, 3/12893. — Enc. perg. ▶ M-BN, 3/25591(28). — Enc. perg. ▶ M-BN, V.E./190-57. ▶ M-RAE, 40-II-43(21). — Enc. hol.

3271
Cédula, 1608-11-22. *Este es vn tras-lado bien y fielmente sacado... de vna ce-dula del Rey... refrendada de Tomas de Angulo su Secretario, Para que en el Con-sejo, quando por el Reyno ò otras quales-quier personas pidieren prouision para el cumplimiento de las condiciones del Serui-cio, se dè por ordinaria inserta el tenor de*

la tal condiciõ, como se despachan las otras prouisiones ordinarias. — [S.l. : s.n., s.a.]. — [2] p., [2] en bl. ; Fol.

01-00094622 000

▶ M-BN, 3/12893(6). — Enc. perg. ▶ M-BN, 3/25591(11). — Enc. perg. ▶ M-BN, V.E./190-59. ▶ M-RAE, 40-II-43(20). — Enc. hol.

3272
Cédula, 1608-11-22. *Este es vn tras-lado bien y fielmente sacado... de vna ce-dula del Rey... refrendada de Tomas de Angulo su Secretario, Para que todas las condiciones insertas e incorporadas en la escritura de los diezisiete millones y medio se guarden y cumplan como si fueran leyes incorporadas en la nueua Recopilacion.* — [S.l. : s.n., s.a.]. — [2] p., [2] en bl. ; Fol.

01-00011899 000

▶ M-BN, 3/12893(5). — Enc. perg. ▶ M-BN, 3/25591(10). — Enc. perg. ▶ M-BN, 3/25591(9). — Enc. perg. ▶ M-RAE, 40-II-43(12). — Enc. hol.

3273
Cédula, 1608-11-22. *Este es vn tras-lado bien y fielmente sacado... de vna Real carta y proiuision de su Magestad... re-fendada de Tomas de Angulo y firmada del Presidente y los de su Consejo de Ca-mara, Para la exempcion de que han de gozar los cogedores del vino y azeite.* — [S.l. : s.n., s.a.]. — [3] p. ; Fol.

01-00011898 000

▶ M-BN, 3/12893(16). — Enc. perg. ▶ M-BN, 3/25591(24). — Enc. perg. ▶ M-RAE, 40-II-43(11). — Enc. hol.

3274
Cédula, 1608-11-22. *Este es vn tras-lado... de vna cedula de su Magestad... re-frendada de Tomas de Angulo su Secreta-rio, Para que los Alcaldes de la Casa y Corte no se entremetan ni conozcan de nin-gun pleyto tocante a millones.* — [S.l. :

s.n., s.a.]. — 3 h. [1] en bl., A^4 ; Fol.

01-00094327 000

▶ M-BN, V.E./37-59. ▶ M-RAE, 40-II-43(26). — Enc. hol.

3275
Cédula, 1609. *El Rey. Por Quanto los años passados mandò el Rey mi Señor, que santa gloria aya, que para la defensa, y seguridad destos Reynos se establezca en ellos vna milicia general, y se dio la orden que mas parecio conuenir para este efecto, y porque vna de las cosas que mas dificultaron su establecimiento fue, no guardarse à los soldados que se assentaron en la dicha milicia las exempciones que se les concedieron... conferido de nueuo sobre ello en el mi Consejo pleno de guerra... es mi voluntad concederles... las gracias, preeminencias, y libertades siguientes...* — [S.l. : s.n., s.a.]. — [3] p. ; Fol.

Se ha respetado la puntuación original.

01-00034022 000

▶ ME-RB, 4-V-8(6). — Enc. hol.

3276
Cédula, 1609-01-19. *Don Felipe por la gracia de Dios, Rey de Castilla... Sabed, que auiendo el Rey mi señor que aya gloria, desseado componer las diferencias q̃ auia entre las justicias seglares è las de las tres Ordenes Militares de Santiago, Calatraua y Alcantara, sobre el conocimiẽto de las ciuiles y criminales de los caualleros y personas de ellas...* — [S.l. : s.n., s.a.]. — [4] p., A^2 ; Fol.

01-00122315 000

▶ M-RAE, 13-A-23(50). — Enc. perg.

3277
Cédula, 1609-04-13. *Cedula de su Magestad, que trata à donde se ha de conocer, sobre si ay grado, ò no ay grado de las apelaciones, que se interponen ante los*

Alcaldes mayores del Reyno de Galicia. — [S.l. : s.n., s.a.]. — [3] p. ; Fol.

01-00094302 000

▶ M-BN, R/28958(3). — Enc. perg. — Ex-libris de D. Fernando José de Velasco.

3278
Cédula, 1609-05-03. *El Rey, Por Quanto he sido informado que despues de la buelta con nuestra casa, y Corte a esta villa de Madrid, se han cometido muchos, y muy graues delitos, homicidios, robos, y capeamientos, y otros...* — [S.l. : s.n., s.a.]. — 4 h., A^4 ; Fol.

01-00094734 000

▶ M-BN, V.E./195-33.

3279
Cédula, 1609-05-17. *Lo que se ordena de nueuo para lo que toca al exercicio y jurisdicion de los oficios de Contadores de quentas de los Tribunales que se han assentado en las Indias.* — [S.l. : s.n., s.a.]. — 8 h., A-D^2 ; Fol.

01-00094633 000

▶ M-BN, V.E./218-85.

3280
Cédula, 1609-05-26. *El Rey Marques De Montesclaros, pariente mi Virrey, Gouernador, y Capitan General de las Prouincias del Piru, o a la persona, o personas, a cuyo cargo fuere el gouierno desse Reyno, por vna cedula mia de diferentes capitulos, fecha a veynte y quatro de Nouiembre, del año passado de seyscientos y vno, y dirigida a dō Luys de Velasco, que a la sazon gouernaua essas Prouincias...* — [S.l. : s.n., s.a.]. — 9 h., [1] en bl., A^{10} ; Fol.

Se ha respetado la puntuación original.

01-00094313 000

▶ M-BN, V.E./206-77. ▶ M-BN, V.E./37-58.

3281
Cédula, 1609-08-15. *El Rey. Por Quanto los años passados mando el Rey mi señor, que santa gloria aya, que para la defensa y seguridad destos Reynos se establezca en ellos una milicia general, y se dio la orden q̄ mas parecio conuenir para este efeto...* — [S.l. : s.n., s.a.]. — [4] p., ¶² ; Fol.
Se ha respetado la puntuación original. — Inserta auto fechado en Granada el 26 de Enero de 1634.

01-00094717 000

▸ M-BN, V.E./205-30.

3282
Cédula, 1609-08-15. *El Rey, Por quanto los años passados mandò el Rey mi señor, que santa gloria aya, que para la defensa y seguridad destos Reynos se establezca en ellos una milicia general, y se dio la orden que mas parecio conuenir para este efeto...* — [S.I. : s.n., s.a.]. — [2] p. ; Fol. Fol.
Esc. xil. real en cabecera.

01-00094650 000

▸ M-BN, V.E./195-80. — Fecha del traslado ms.: 15 de Octubre de 1626.

3283
Cédula, 1609-12-09. *Treslado [sic] de la Cedula Real que se publico en la Ciudad de Cordua à diez y siete dias del mes de Enero, En que manda el Rey nuestro Señor que salgan de todos sus Reynos y Señorios, los Christianos nueuos del Reyno de Granada, Murcia, Andaluzia, y Villa de Hornachos.* — Impresso en Cordoua : [s.n.], 1610. — [3] p. ; Fol.
Port. con esc. xil. real.

01-00094536 000

▸ M-BN, V.E./36-4.

3284
Cédula, 1609-12-28. *El Rey. Por Quanto por muy justas, y precissas causas*

que a ello me mouierō del seruicio de Dios nuestro Señor, y mio, biē, y seguridad destos Reynos de España, mādè, que saliessen del de Valēcia todos los Christianos nueuos Moriscos...* — [S.l. : s.n., s.a.]. — [4] p. ; Fol.
Se ha respetado la puntuación original.

01-00094635 000

▸ M-BN, V.E./195-19.

3285
Cédula, 1610-06-23. *El Rey. Por Quanto hemos sido informados, que Cesar Baronio Cardenal que fue de la santa Yglesia de Roma, en el tomo vndecimo de los Anales q̄ dexò escritos y publicados en el capitulo, y parte adonde escriue la vida del Papa Vrbano Segundo...* — [S.l. : s.n., s.a.]. — [4] p. ; Fol.
Se ha respetado la puntuación original.

. 01-00011743 000

▸ ME-RB, 39-IV-28(35). — Enc. piel.
▸ M-PR, III-6464(5). — Enc. pasta.

3286
Cédula, 1610-07-10. *El Rey. Por Quanto auiendo yo mādado expeler todos los Christianos nueuos, moriscos, hombres y mugeres habitātes en los mis Reynos de Valencia, Andaluzia, Granada, Murcia, Cataluña, y Aragon, por las causas y razones contenidas en los vandos que sobre ello mandè publicar...* — [S.l. : s.n., s.a.]. — [6] p., A³ ; Fol.
Se ha respetado la puntuación original.

01-00122314 000

▸ M-BN, V/Cª 226-121. — Sello de Pascual de Gayangos. ▸ ME-RB, 39-IV-28(36). — Enc. piel.

3287
Cédula, 1610-11-22. *Este es un traslado bien y fielmente sacado de vna cedula*

del Rey... refrendada de Tomas de Angulo su Secretario, para que lo que monta el Subsidio y Escusado se gaste en galeras. — [S.l. : s.n., s.a.]. — [2] p., [2] en bl. ; Fol.

01-00011916 000

▶ M-BN, 3/12893(13). — Enc. perg.
▶ M-BN, 3/25591(21). — Enc. perg. ▶ M-RAE, 40-II-43(17). — Enc. hol.

3288
Cédula, 1610-11-22. *Este es vn traslado bien y fielmente sacado... de una cedula del Rey... refrendada de Tomas de Angulo su Secretario, Para que no se tomen ningunos dineros que vinieren de las Indias, de difuntos, y que se escriua a los Virreyes del Piru y Nueuaespaña, que con particular cuydado hagan cumplir en aquellas prouincias los testamentos de difuntos.* — [S.l. : s.n., s.a.]. — [2] p., [2] en bl. ; Fol.

01-00011917 000

▶ M-BN, 3/12893(17). — Enc. perg.
▶ M-BN, 3/25591(25). — Enc. perg. ▶ M-RAE, 40-II-43(18). — Enc. hol.

3289
Cédula, 1610-11-22. *Este es vn traslado bien y fielmente sacado de vna cedula de su Magestad... refrendada de Tomas de Angulo su Secretario, Para que por tiempo de quatro años no se examinen Escriuanos Reales, ni se den Fiat, ni oficio, ni titulo para que en virtud del se puedan examinar.* — [S.l. : s.n., s.a.]. — [2] p., [2] en bl. ; Fol.

01-00011918 000

▶ M-BN, 3/12893(14). — Enc. perg.
▶ M-BN, 3/25591(23). — Enc. perg. ▶ M-RAE, 40-II-43(23). — Enc. hol.

3290
Cédula, 1611-03-06. *Este es vn traslado bien y fielmente sacado de vna cedula*

de su Magestad... refrendada de Tomas de Angulo su Secretario, En que acepta la escritura y cōtrato que el Reyno ha otorgado, sobre pagar por repartimiento los diez y siete millones y medio, con las condiciones que su Magestad le tiene concedidas y le da juridicion en forma. — [S.l. : s.n., s.a.]. — [12] p., A⁶ ; Fol.

01-00011919 000

▶ M-BN, 3/12893(24). — Enc. perg.
▶ M-BN, 3/25591(33). — Enc. perg. ▶ M-BN, V.E./208-62(2). ▶ M-RAE, 40-II-43(14). — Enc. hol.

3291
Cédula, 1611-03-22. *En la ciudad de Seuilla, en treynta dias del mes de Março de mil y seyscientos y onze años, su merced del doctor Lazaro de Ocañas, Teniente mayor de Assistente desta ciudad, y su tierra, que al presente haze oficio de Assitente, por ausencia de su señoria el Marques de Carpio; Dixo, que por quanto su Magestad à sido seruido de mandar despachar por su Consejo de Estado vna Cedula... sobre el expeler los Moriscos que an quedado en esta ciudad...* — En Sevilla : por Alonso Rodriguez : vendese en casa de Antonio de Almenara..., 1611. — [4] p.

Se ha respetado la puntuación original. — El pie de imp. consta en colofón.

01-00011612 000

▶ M-PR, III-6464(24). — Enc. pasta.

3292
Cédula, 1611-10-08. *Esta es vna Cedula Real que se Mando Publicar a cerca de la expulsion de los Moriscos antigos deste Reyno en este mes de nouiembre del año 1611.* — [S.l. : s.n., s.a.]. — [2] p. ; Fol.

Traslado fechado en Murcia el 10 de noviembre de 1611. — Esc. xil. real en cabecera.

01-00094598 000

▶ M-BN, V.E./31-42.

3293
Cédula, 1612-07-27. *El Rey. Por Quanto el Rey mi señor que aya gloria, a instancia y suplicacion de las islas de Canaria, Tenerife, y la Palma, y desseando su cōseruacion y aumento, y que tuuiessen salida los frutos q̄ en ellas se cogen, les dio licēcia y permision, para que los pudiessen auegar a las Indias...* — [S.l. : s.n., s.a.]. — [7] p., A⁴ ; Fol.

Se ha respetado la puntuación original.

01-00094725 000

▶ M-BN, V.E./206-78.

3294
Cédula, 1613-02-08. *Don Phelipe por la gracia de Dios, Rey de Castilla, de Leon, de Aragon... Por quanto por parte de los doze escriuanos del numero de la nuestra Audiencia y Chancilleria, que reside en la ciudad de Valladolid : nos ha sido hecha relacion, que como quiera q̄ los dichos sus oficios siempre han sido y son de su naturaleza renunciables...* — [S.l. : s.n., s.a.]. — [3] p. ; Fol.

Se ha respetado la puntuacion original.

01-00094303 000

▶ M-BN, R/28958(7). — Enc. perg. — Ex-libris de D. Fernando José de Velasco.

3295
Cédula, 1613-03-22. *Este es vn traslado bien y fielmente sacado, corregido y concertado con la cedula original de su Magestad, refrendada de Tomas de Angulo su Secretario... para que en conformidad de lo acordado... en las Cortes, que vltimamente se dissoluieron... se quite la condicion dieziocho del contrato... y que se guarde lo dispuesto por las primeras condi-ciones, que tratan, que las dichas sisas se paguen donde se compran los dichos mantenimientos.* — [S.l. : s.n., s.a.]. — [4] p. ; Fol.

01-00122309 000

▶ M-BN, 3/25591(35). — Enc. perg.

3296
Cédula, 1613-10-20. *Cedula de su Magestad, sobre las competencias entre los consejos de Haziēda y Cruzada.* — [S.l. : s.n., s.a.]. — H. 7-8, [4] h., D⁶ ; Fol.

01-00094735 000

▶ M-BN, V.E./50-19.

3297
Cédula, 1615-11-27. *El Rey. Presidente y los de mi Consejo de Hazienda, y Contaduria mayor della, ya sabeis, que por no llegar al valor las alcaualas de algunos partidos destos Reinos, y lo procedido de mis rentas arrendables dellos algunos años tanto como los juros situados en ellas...* — [S.l. : s.n., s.a.]. — [2] p. ; Fol.

Se ha respetado la puntuación original.

01-00094744 000

▶ M-BN, V.E./197-54. — La fecha de la cédula va corregida ms. 1617.

3298
Cédula, 1616-12-25. *El Rey. Por Quanto por cedula mia fecha a dos de Otubre del año passado de 608, ordenê, y mandê, que ningun estrangero destos mis Reynos pudiesse tratar, ni contratar en las Indias, sino fuesse los q̄ para ello tuuiessen particular licencia y facultad mia...* — [S.l. : s.n., s.a.]. — 4, [1] h., A⁵ ; Fol.

Se ha respetado la puntuación original. — Incluye Cédula del 2 de octubre de 1608.

01-00094603 000

▶ M-BN, V.E./195-11.

3299
Cédula, 1617-05-18. *El Rey. Licenciado Martin Fernandez Portocarrero Presidente de la mi Audiencia y Chancilleria que reside en la ciudad de Granada, y los dos Oydores mas antiguos della, que por mi mandado os juntays a tratar de las cosas de la poblacion y hazienda que me pertenece por causa de la rebelion y leuantamiento de los Moriscos...* — [S.l. : s.n., s.a.]. — [4] p. ; Fol.
Se ha respetado la puntuación original. — Traslado fechado en Granada el 23 de agosto de 1617.

01-00094474 000

▶ M-BN, V.E./50-36.

3300
Cédula, 1617-07-22. *Señor. El Prior, y Conuento de san Lorenço el Real, dize, que auiendo la Magestad del señor Rey don Felipe Tercero... padre de V. Magestad, hecho merced al dicho Conuento del vsofructo [sic] de los sotos de Santisteban, Gozques, Pajares, el Aldeguela, el Piul, y sus anexos, en dotacion de las memorias, y Anniuersarios que en el dicho Conuento se cumplen por dicho señor Rey, y Reyes sucessores... para que por lo que està dispuesto para su guarda, y conseruacion... y despachadose [sic] en orden à la execucion, y cumplimiento de ello cedula Real, firmada del dicho señor Rey... 22 de Iulio del año passado de 1617...* — [S.l. : s.n., s.a.]. — 4 p. ; Fol.
Se ha respetado la puntuación original. — En el Obedecimiento de la real cédula «consta el año pasado de 1649».

01-00034023 000

▶ ME-RB, 130-VI-2(2).

3301
Cédula, 1619-03-19. *Don Iuan Zapata Osorio. Visita que hizo en esta Real Audiencia Don Iuan Zapata Ossorio, Obispo de Zamora, de el Consejo de su Magestad, y Cedula que sobre ello se diò.* — [S.l. : s.n., s.a.]. — [16] p., A⁸ ; Fol.
Se ha respetado la puntuación original.

01-00094708 000

▶ M-BN, V.E./206-34.

3302
Cédula, 1619-06-28. *Cedula de su Magestad, por la qual tiene por bien, y manda, que desde el dia de la fecha de esta cedula se consuma el Batallon, ô Milicia, que se ha introduzido en estos Reynos.* — [S.l. : s.n., s.a.]. — P. 107-109 ; Fol.

01-00094574 000

▶ M-BN, V.E./198-29.

3303
Cédula, 1619-09-29. *Este es traslado bien, y fielmente sacado de vna cedula de su Magestad, firmada de su Real mano, y refrendada de Miguel de Ypenarrieta su Secretario, con ciertas rubricas, y señales, segun por ella parecia, cuyo tenor sacado del original, es el siguiente.* — [S.l. : s.n., s.a.]. — [3] p., A² ; Fol.
Traslado fechado en Almagro el 23 de octubre de 1619.

01-00094723 000

▶ M-BN, V.E./44-35. — Lugar, dia y mes de la fecha del traslado, manuscrita.

3304
Cédula, 1620-03-28. *El Rey. Por Quanto por cedula mia fecha en Madrid a catorze de Diziembre del año passado de mil y seyscientos y seys, en que di lecēcia y facultad para que se pudiessen renunciar en las mis Indias Occidentales los oficios vendibles dellas...* — [S.l. : s.n., s.a.]. — [4] p. ; Fol.
Se ha respetado la puntuación original.

01-00094638 000

▶ M-BN, V.E./195-9.

3305
Cédula, 1620-09-12. *Cedula de doze de septiembre de mil y seiscientos veinte (despachada por la Iunta de obras y bosques) para que de lo que procediere de los derechos de la plata y bellon y de las del señorage de la labor del ingenio de Segouia se paguen los salarios de los oficiales, y los demas necessario para los instrumentos y conseruacion del dicho ingenio y hazese relacion de otra Cedula de veinte y siete de Abril de mil y quinientos y nouenta y ocho, en que se funda el dar esta, y se manda que lo que restare de dichos derechos, estè a distribucion del Consejo de Hazienda para la paga de los juros.* — [S.l. : s.n., s.a.]. — H. 40, [1] h., 2R² ; Fol.

01-00122321 000

▶ M-BZ, 31-116⁽⁷⁴⁾. — Enc. perg.

3306
Cédula, 1620-12-11. *Cedula real acerca de las pagas de las libranças del Colegio Mayor de San Ilifonso [sic] y Uniuersidad de Alcala y de la prouança de los cursos y prouision de las Catedras.* — [S.l. : s.n., s.a.]. — 7 h., [1] en bl., A⁸ ; Fol.

01-00122313 000

▶ M-BN, R/26739(3). — Enc. perg.
▶ M-BN, R/34787(4). — Enc. perg.

3307
Cédula, 1621-09-24. *El Rey. Por Quanto auiēdose ofrecido en el mi Cōsejo de las Indias algunas dudas, en razō de la cantidad de q̄ auia de ser los pleytos, en q̄ se ha de poder suplicar segunda vez con la pena y fiāça de las mil y quiniētas doblas... el Rey mi señor y padre... por cedula suya fecha en treze de Hebrero del año passado de seysciētos y veynte tuuo por biē de declarar la orden q̄ en ello se auia de guardar...* — [S.l. : s.n., s.a.]. — [3] p. ; Fol.

Se ha respetado la puntuación original. — Incluye cédula fechada el 13 de febrero de 1620.

01-00094746 000

▶ M-BN, V.E./190-20.

3308
Cédula, 1621-11-12. *Traslado de la Cedula de su Magestad, de la reformacion de algunas plaças y Oficios del dicho Consejo y Contadurias mayores della, y de Cuentas y orden de los que han de seruir adelante en el despacho de los negocios del dicho Consejo y Tribunales.* — [S.l. : s.n., s.a.]. — H. 21-28, L-O² ; Fol.

01-00011614 000

▶ M-PR, III-3711(11). — Enc. pasta.

3309
Cédula, 1623-04-17. *El Rey. Conde de Priego, Marques de Gelues, Pariente, mi Virrey Gouernador, y Capitan General de la Nueua España, En mi Consejo Real de las Indias, se han visto vuestras cartas de diez y seis de Iunio, y nueue de Nouiembre passado sobre materias generales, que miran a Gouierno, buena Administracion de Iusticia, y Reformacion de costumbres...* — [S.l. : s.n., s.a.]. — [3] p. ; Fol.

Se ha respetado la puntuación original. — Cédula fechada el 17 de abril de 1623, ratificada para su cumplimiento en Méjico, 12 de febrero de 1624.

01-00094355 000

▶ M-BN, V.E./195-14.

3310
Cédula, 1623-07-11. *El Rey. Licenciado don Bartolome Morquecho, Oydor de la nuestra Audiencia, y Chancilleria*

que reside en la ciudad de Granada, Sabed, que a instancia, y suplicacion del Arçobispo Dean, y Cabildo de la Santa Iglesia de Sātiago, administrador, mayordomo, y consiliarios del grā Hospital Real... — [S.l. : s.n., s.a.]. — 4 h., A⁴; Fol.
Se ha respetado la puntuación original. — Incluye Provisión fechada el 18 de Febrero ro de 1615.

01-00094627 000

▶ M-BN, V.E./192-80.

3311
Cédula, 1623-09-19. *El Rey. Por Quanto aviēdo considerado, ser justo q̄ en todas las materias aya limite q̄ las califique por ciertas, para que se tengan por tales desde que son passadas en cosa juzgada...* — [S.l. : s.n., s.a.]. — [4] p. ; Fol.
Se ha respetado la puntuación original.

01-00094714 000

▶ M-BN, V.E./189-23.

3312
Cédula, 1623-11-10. *El Rey. Presidente, y los del mi Cōsejo, Alcaldes de mi casa y Corte, Presidentes de las Audiēcias y Chancillerias que residen, o residieren en qualesquier partes destos mis Reynos y señorios, Corregidores, Assistente...* — [S.l. : s.n., s.a.]. — [3] p. ; Fol.
Se ha respetado la puntuación original.

01-00094750 000

▶ M-BN, V.E./189-21. — An. ms.: Exención de la pragmática de los trajes y vestidos.

3313
Cédula, 1624-12-26. *El Rey. Presidente, y oydores de la nuestra Audiencia, y Chancilleria de la ciudad de Valladolid, y Alcaldes del Crimen della, y Alcaldes ma-*

yores de los nuestros Adelantamientos de Burgos, Campos, y Leon. Sabed, que auiendose tenido noticia en el nuestro Consejo, de los excessos grandes que hazian las personas ricas que tenian trigo... — [S.l.: s.n., s.a.]. — [2] p. ; Fol.
Se ha respetado la puntuación original. — Traslado fechado en Valladolid el 21 de enero de 1625.

01-00094305 000

▶ M-BN, R/28958(9). — Enc. perg. — Ex-libris de D. Fernando Jose de Velasco.

3314
Cédula, 1625-11-18. *El Rey. Conde De Olivares, Duque de San Lucas la mayor, del mi Consejo de Estado, mi Sumiller de Corps, y Cauallerizo mayor, Chanciller mayor de las Indias... he resuelto, que en esta villa de Madrid... y en las demas ciudades y villas destos Reynos... se funden Mōtes de piedad para socorro de los necesitados...* — [S.l. : s.n., s.a.]. — [4] p. ; Fol.
Se ha respetado la puntuación original.

01-00122405 000

▶ M-BN, R/37064(4). — Enc. cart.

3315
Cédula, 1625-12-09. *Cedula para la Iunta Grande de competencias, en que se han de ver las en que no està dada forma por las leyes.* — [S.l. : s.n., s.a.]. — H. 37, [1] h., S² ; Fol.
Incluye dos decretos fechados el 22 y 24 de abril de 1626.

01-00122322 000

▶ M-BN, V.E./50-20.

3316
Cédula, 1625-12-09. *El Rey. Presidente y los de mi Consejo. Sabed que auiendo considerado el graue daño y perjuizio y mucha dilacion, y otros diuersos*

incōuenientes que se han seguido, y siguen a las partes de las cōpetencias de jurisdiccion que ha auido, y ay en los pleytos y causas que se han ofrecido, y ofrecen entre vnos y otros tribunales. He ordenado se continue lo que agora està dispuesto... y en caso de no conformarse... aya una Iunta en la sala donde se haze el Consejo de Estado... — [S.l. : s.n., s.a.]. — [4] p. ; Fol.

Se ha respetado la puntuación original.

01-00122540 000

▶ M-BN, V.E./27-29.

3317
Cédula, 1626-02-07. *Este es vn traslado de vna cedula de su Magestad, refrendada de D. Sebastian de Contreras del Consejo de su Magestad... Por la qual su Magestad inhiba al Gouernador, y Alcaldes mayores del Reyno de Galicia, para las causas tocantes a los doze millones, y venta de quinientos mil ducados de renta con que el Reyno ha seruido a su Magestad, reseruando las apelaciones a Sala de mil y quinientas.* — [S.l. : s.n., s.a.]. — H. 20-21, [ ]¹, L¹ ; Fol.

01-00122406 000

▶ M-BN, V.E./50-21.

3318
Cédula, 1626-02-07. *Este es vn traslado de vna cedula de su Magestad, refrendada de don Sebastian de Contreras del Consejo de su Magestad... Por la qual su Magestad dà comission al Reino y demas personas aqui contenidas, para la administracion del vno por ciento, con inhibicion del Consejo, Audiencias y Chancillerias; con que las apelaciones toquen a la Sala de mil y quinientas.* — [S.l. : s.n., s.a.]. — [12] p., A⁶ ; Fol.

01-00122404 000

▶ M-BN, V.E./195-64.

3319
Cédula, 1626-03-01. *El Rey. Contador mayor, Presidente, y los del mi Consejo de Hazienda, y Contaduria mayor della, bien sabeis el estado en que hallè mi patrimonio Real el año de mil y seiscientos y veinte y vno, q̄ entrè a reynar en estos Reynos, por los grandes gastos...* — [S.l.: s.n., s.a.]. — 4 h., A⁴ ; Fol.

01-00094615 000

▶ M-BN, V.E./190-21.

3320
Cédula, 1626-03-12. *Este es vn traslado de vna cedula de su Magestad, refrendada de don Sebastian de Contreras del Consejo de su Magestad, y su Secretario de la Camara en lo de justicia, que la refrendò por Pedro de Contreras su padre... Por la qual su Magestad aceta la escritura de la prorrogacion del encabeçamiento general, que el Reyno otorgò por ocho años.* — [S.l. : s.n., s.a.]. — [3] p. ; Fol.

01-00094766 000

▶ M-BN, V.E./195-63.

3321
Cédula, 1626-04-16. *Cedula de su Magestad, en que manda, que por el Consejo de Hazienda se hagan las ventas de los 20[mil] vassallos que tiene resuelto se vendan de villas y lugares Realengo y de Veetria, para que su procedido sirua para ayuda al socorro de las necesidades presentes, y que las ventas y priuilegios dellos se despachen por el dicho Consejo, y de la forma que se ha de tener en las contradiciones y oposiciones que huuiere en las ventas y conciertos y manda que solo en el se conozca de todos los pleitos y causas mouidos y que se mouieren tocantes a ellos con inhibicion al Consejo Real, sala de competencia y demas Tribunales.* — [S.l. : s.n., s.a.]. — [8] p., T⁴ ; Fol.

01-00122323 000
▶ M-BZ, 33-116(76). — Enc. perg.

3322
Cédula, 1626-06-17. *El Rey. Por Quanto por parte de los fabricantes de paños de la ciudad de Segouia me fue hecha relacion, que no obstante q̄ por cedula mia de veinte y quatro de Deziembre del año passado de mil y seiscientos y veinte y cinco declarè y estendi las leyes que hablan del tanteo de las lanas, se intentauan muchas [sic] fraudes contra ellas... Y auiendose conferido sobre ellos en mi Iunta de Poblacion, y visto los que... dixo el procurador de la Mesta... tengo por bien mandar...* — [S.l. : s.n., s.a.]. — [2] p. ; Fol.
Se ha respetado la puntuación original. — Traslado de la cédula.
01-00034024 000
▶ ME-RB, 4-V-8(7). — Enc. hol.

3323
Cédula, 1626-08-19. *El Rey. Por quanto por las leyes destos mis Reynos està dispuesto, que todas las vezes que se sentencian las causas que se hazen en rebeldia, no se puedan executar, quanto à las cōdenaciones de bienes, hasta que aya passado vn año despues de dada, y pronunciada la dicha sentencia en rebeldia...* — [S.l. : s.n., s.a.]. — [2] p. ; Fol.
Se ha respetado la puntuación original. — Traslado fechado el 20 de abril de 1674. — Esc. xil. real en cabecera.
01-00094681 000
▶ M-BN, V.E./195-83.

3324
Cédula, 1626-08-29. *Traslado de vna cedula de su Magestad refrendada de Pedro de Contreras del Consejo de su Magestad... Para que el vno por ciento que con*

otros medios se eligio para la paga del seruicio de los doze millones, se cobre del vendedor, no embargante que por condicion estaua dispuesto se cobrasse del comprador, en que ha venido la mayor parte de las Ciudades, y Villa de voto en Cortes. — [S.l. : s.n., s.a.]. — [3] p. ; Fol.
01-00094616 000
▶ M-BN, V.E./190-36.

3325
Cédula, 1626-11-05. *El Rey. Presidente, y los del mi Consejo, Alcaldes de mi Casa y Corte, Presidente y Oydores de las Audiencias y Chancillerias que residen en Valladolid, Granada, Alcaldes del crimē dellas...* — [S.l. : s.n., s.a.]. — [4] p. ; Fol.
Se ha respetado la puntuación original. — Traslado fechado el 12 de abril de 1630. — Esc. xil. real en cabecera.
01-00094691 000
▶ M-BN, V.E./195-32. — Fecha del traslado ms.

3326
Cédula, 1626-11-17. *El Rey. Por quanto en la cedula de la institucion del Almirantazgo, de las naciones Flamenca, y Alemana de la Ciudad de Seuilla, de 4 de Octubre del año passado de 624 ay vn capitulo, que es el 18 della, del tenor siguiente...* — [S.l. : s.n., s.a.]. — [3] p.; Fol.
Se ha respetado la puntuación original. — Traslado fechado en Madrid el 20 de abril de 1674. — Esc. xil. real en cabecera.
01-00094680 000
▶ M-BN, V.E./195-82.

3327
Cédula, 1627-01-23. *El Rey. Oficiales De mi Real hazienda de la ciudad*

de la Trinidad del Puerto de Buenosayres, por parte de Manuel Rodriguez Lamego, a cuyo cargo està por assiento la renta y prouision general de esclauos negros para las Indias... — [S.l. : s.n., s.a.]. — [2] p. ; Fol.

Se ha respetado la puntuación original.

01-00094693 000

▶ M-BN, V.E./190-32(1).

3328

Cédula, 1627-03-07. *El Rey. Por Quanto entre otras condiciones que se pusieron en la cedula q̄ el Rey mi Señor y padre que està en gloria, mandò despachar en catorze de Diziembre del año passado de mil y seyscientos y seys, cerca de la forma que se ha de tener en las renunciaciones de los oficios vendibles de mis Indias Occidētales...* — [S.l. : s.n., s.a.]. — [3] p. ; Fol.

Se ha respetado la puntuación original.

01-00094577 000

▶ M-BN, V.E./195-85.

3329

Cédula, 1627-04-11. *Cedula de su Magestad sobre la forma en que se ha de disponer la negociacion que ha de auer en las casas de Diputacion que su Magestad ha mandado establecer en conformidad de la pregmatica de veinte y siete de Março deste año, y la Instruccion y apuntamientos que se han de obseruar en las dichas Diputaciones.* — Madrid : [s.n.], 1627. — [1], 9 h., [ ]¹, A-D², [ ]¹ ; Fol.

Hay diferentes estados de esta ed. — Port. con esc. xil. real.

01-00094530 000

▶ M-BN, R/18702(9). — Enc. perg. con hierros dorados. ▶ M-BN, V.E./142-4⁽²⁾. — Falto de port. y h. 9, sustituidas por las de

otra cédula. ▶ M-BN, V.E./183-33. ▶ M-BN, V.E./37-78. ▶ M-RAE, 13-A-24(16). — Enc. perg.

3330

Cédula, 1627-04-13. *Cedula de su Magestad en que declara el premio que se ha de lleuar por los truecos de plata y oro, segun la prematica de 27 de Março deste año, y otros puntos para su inteligencia y execucion, y algunos priuilegios que se dan a la Diputacion general, y sus Diputados y ministros.* — En Madrid : [s.n.], 1627. — [1], 3 h., A⁴ ; Fol.

Hay diferentes estados de esta ed. — Port. con esc. xil. real.

01-00094528 000

▶ M-BN, R/14371-29. — Sello de Pascual de Gayangos. ▶ M-BN, R/18702(10). — Enc. perg. con hierros dorados. ▶ M-BN, V.E./142-4(1). — Contiene únicamente port. y h. 3. ▶ M-BN, V.E./198-31. ▶ M-BN, V.E./37-79(1). ▶ M-BN, V.E./37-80. ▶ M-BN, V.E./37-81. . ▶ M-RAE, 13-A-24(17). — Enc. perg.

3331

Cédula, 1627-04-17. *Cedula de su Magestad en que conforme a lo dispuesto por la prematica de veinte y siete de Março deste año dà juridicion y declara lo que pertenece a la Iunta de la Diputacion General que se ha formado.* — En Madrid: [s.n.], 1627. — [7] p., A⁴ ; Fol.

Port. con esc. xil. real.

01-00011615 000

▶ M-BN, R/18702(11). — Enc. perg. con hierros dorados. ▶ M-BN, V.E./198-30. ▶ M-RAE, 13-A-24(18). — Enc. perg.

3332

Cédula, 1627-05-01. *Cedula de su Magestad, en la qual en conformidad de la Prematica de veinte y siete de Março deste año, se dà la forma con que se han de echar las suertes para la reducion de la moneda*

de vellon. — En Madrid : [s.n.], 1627. — [8] p., A^4 ; Fol.
Port. con esc. real.

01-00011618 000

▶ M-BN, R/18702(13). — Enc. perg. con hierros dorados. ▶ M-BN, V.E./37-82. ▶ M-RAE, 13-A-24(19). — Enc. perg.

3333
Cédula, 1627-05-10. *Cedula de su Magestad, en que dà forma a la paga y cobro de los dos por ciēto que se han de re-duzir a la quarta parte de su valor de las rentas y ventas redituales a dinero, confor-me a la Prematica de veinte y siete de Março deste año.* — En Madrid : [s.n.], 1627. — [7] p. ; Fol.
Port. con esc. xil. real.

01-00011619 000

▶ M-BN, R/18702(15). — Enc. perg. con hierros dorados. ▶ M-BN, V.E./37-83. ▶ M-BN, V.E./37-84. ▶ M-PR, V-1694(9). — Enc. pasta con hierros dorados. ▶ M-RAE, 13-A-24(20). — Enc. perg.

3334
Cédula, 1627-05-10. *Cedula de su Magestad, en que declara el termino desde que liga la Prematica de veinte y siete de Março, sobre la reducion del vellon, y dà comission a las Iusticias ordinarias, para su buen cobro y execucion.* — En Madrid: [s.n.], 1627. — [4] p. ; Fol.
Port. con esc. xil. real.

01-00122296 000

▶ M-BN, R/18702(14). — Enc. perg. con hierros dorados.

3335
Cédula, 1627-06-19. *Cedula de su Magestad de 19 de Iunio de 1627 inserta otra de 20 de Diziembre de 1626 que dan forma a la labor del oro en escudos senci-llos, y a la de la plata en reales de a dos y sencillos, y medios reales por tercias par-tes, cuya execucion tenia su Magestad co-*

metida al Consejo de Hazienda, priua-tiuamente por la primera cedula, y por la segunda de 19 de Iunio de 1627 declara y manda, que conozcan acumulatiue, y a prebencion, ansi el Consejo Real, como el de Hazienda... — [S.l. : s.n., s.a.]. — 3, [1] h., A^4 ; Fol.

01-00094738 000

▶ M-BN, V.E./183-30.

3336
Cédula, 1627-06-19. *Cedula de su Magestad de diez y nueve de Iunio de mil y seiscientos y veinte y siete, inserta otra de veinte de diciembre de mil y seiscientos y veinte y seis, que dan forma a la labor del oro en escudos sencillos y a la de plata en reales de a dos y sencillos medios reales por tercias partes, cuya exencion tenia su Ma-gestad cometida al Consejo de Hacienda privativamente...* — [S.l. : s.n., s.a.]. — H. [22]-26, []^1, L^4 ; Fol.

01-00011620 000

▶ M-RAE, 13-A-24(22). — Enc. perg.

3337
Cédula, 1627-07-24. *El Rey. Por quanto se me ha hecho relacion, que del medio de horadar la moneda de vellon, q̄ fue el que se tuuo por mas cōueniente para irla reduziendo a su valor intrinseco, han resultado y se siguen inconuenientes consi-derables...* — [S.l. : s.n., s.a.]. — [3] p. ; Fol.
Se ha respetado la puntuación original.

01-00094733 000

▶ M-BN, V.E./195-10. ▶ M-BN, 37-89(2).

3338
Cédula, 1627-08-01. *Cedula de su Magestad, en que prohibe los trocadores, corredores, y medianeros de trueques de moneda, y comete a la Iunta de Diputacion*

general la tassa de los premios, de que no se ha de poder exceder en los trueques que se hizieren en las Diputaciones, y en las casas que se pusieren por ellas, a quien solamente y con cuya interuencion se permite trocar moneda. *Y Auto de la dicha Iunta, en que pone tassa al trueque de los meses de Agosto y Setiembre deste Año.* — En Madrid : por la viuda de Alonso Martín : vendense a la Torre de Santa Cruz, 1627. — [8] p. ; Fol.

Port. con esc. xil. real.

01-00094539 000

▶ M-BN, V.E./37-85. ▶ M-BN, V.E./38-41.

3339
Cédula, 1627-09-22. *El Rey. Por Quanto por hallarse mi Real hazienda en el estado que se sabe, por los grandes gastos forçosos, è inescusables que se han ofrezido hazerse della, y al presente estan pendientes, superiores a las rentas ordinarias y extraordinarias...* — [S.l. : s.n., s.a.]. — 2, [1] h., [1] en bl., A^4 ; Fol.

Se ha respetado la puntuación original.

01-00094675 000

▶ M-BN, V.E./197-89.

3340
Cédula, 1627-10-16. *Para que el escusado de seiscientos y veinte y siete se socorra, y anticipe por las personas que quisieren y se les haga bueno a ocho por ciento y mas la costa de la traida.* — [S.l. : s.n., s.a.]. — H. 18 ; Fol.

01-00122294 000

▶ M-BZ, 33-116(77). — Enc. perg.

3341
Cédula, 1628-03-21. *Cedula de su Magestad, por la qual da nueua forma al cobro del vno y medio por ciento de las ventas y rentas redituales a dinero, que con-*

forme a la prematica de 27 de Março del año passado de 627 se deue exhibir a la Diputacion general de los medios de la reducion del bellon, reformando la cedula que en esta razon se despachó a 10 de Mayo del dicho año. — En Madrid : [s.n.], 1628. — 4 h., A^4 ; Fol.

Port. con grab. xil. real.

01-00094535 000

▶ M-BN, V.E./37-52. ▶ M-BN, V.E./38-53.

3342
Cédula, 1628-05-16. *El Rey: por quãto por disposiciones de derecho y diuersas prematicas, bandos y cedulas mias y de los Reyes mis antecesores, esta prohibido el comercio de mis vassallos destos Reynos y corona con los rebeldes y enemigos della...* — [S.l. : s.n., s.a.]. — 4 h., A^4 ; Fol.

Se ha respetado la puntuación original.

01-00122320 000

▶ M-RAE, 13-A-24(24). — Enc. perg.

3343
Cédula, 1628-10-04. *El Rey. Conceio, Assistentes, Alcaldes, Alguazil mayores, Veinteiquatros... de Seuilla. Auiendo el Reyno junto en Cortes... considerado el apretado estado de mi Real Hazienda, prozedido de lo que el Emperador, y Reyes mis señores, padre, abuelo, y visabuelo... consumieron en defensa de la Fe... Ha acordado de prorrogarme el seruicio de los diezyocho millones...* — [S.l. : s.n., s.a.]. — [1] h. ; Fol.

Se ha respetado la puntuación original.

01-00011623 000

▶ M-PR, III-6464(9). — Enc. pasta.

3344
Cédula, 1629-04-22. *El Rey. D. Garcia de Avellaneda y Aro, Cauallero de*

la ordē de Calatraua, del mi Cōsejo, y Camara. Ya sabeys el estado en q̄ se hallan las cosas de Italia, cō las guerras presentes, y quan exausto está mi Real Patrimonio. — [S.l. : s.n., s.a.]. — 6 h., A-C²; Fol.

Se ha respetado la puntuación original.

01-00122482 000

▶ M-BN, V.E./209-152. — An. ms.: Merced que da don Garcia de Haro en nombre de su Magestad hizo a la ciudad de Valladolid.

3345
Cédula, 1629-09-17. *El Rey. Ilustre Duque de Alcalá primo, de nuestro Consejo de Estado, nuestro Visorrei, Lugarteniente i Capitan General, por parte del Capitan Hector de la Calle, se me ha presentado un memorial del tenor que se sigue.* — [S.l. : s.n., s.a.]. — [4] p. ; Fol.

Se ha respetado la puntuación original. — Traslado fechado el 28 de septiembre de 1629.

01-00094620 000

▶ M-BN, V.E./142-69.

3346
Cédula, 1629-10-21. *Don Juan de Torres Osorio. Visita que hizo en esta Real Audiencia Don Juan de Torres Osorio, Obispo de Valladolid, del Consejo de su Magestad, y cedula que sobre ello se dio.* — [S.l. : s.n., s.a.]. — [12] p., A⁶ ; Fol.

Se ha respetado la puntuación original. — Texto enmarcado.

01-00094354 000

▶ M-BN, V.E./206-35.

3347
Cédula, 1629-11-07. *Este es vn traslado bien y fielmente sacado de vna cedula y instruccion firmada de su Magestad, y refrendada de don Francisco de Prado,* Cauallero de la Orden de Santiago su Secretario, y señalada de algunos de los señores de la Real Iunta de Minas destos Reynos, que su tenor es como se sigue. — [S.l. : s.n., s.a.]. — [4] p. ; Fol.

01-00094626 000

▶ M-BN, V.E./190-70.

3348
Cédula, 1630-03-21. *El Rey. Mis Corregidores, Assistente, Gouernadores, Alcaldes mayores, y ordinarios, y otros qualesquier Iuezes, y Iusticias de todas las ciudades, villas, y lugares destos mis Reynos de la Corona de Castilla...* — [S.l. : s.n., s.a.]. — 4 h., A⁴ ; Fol.

Se ha respetado la puntuación original. — Traslado fechado en Madrid el 8 de Octubre del mismo año.

01-00094608 000

▶ M-BN, V.E./184-69. — Día y mes del traslado ms.

3349
Cédula, 1631-01-03. *El Rey. Reuerendo en Christo Padre don Miguel Sātos de San Pedro, Obispo de Solsona, electo Arçobispo de Granada, Gouernador de mi Cōsejo, y los demas del, ya sabeis el estado que tenia mi Real Hazienda quando sucedi en estos Reynos...* — [S.l. : s.n., s.a.]. — 4 h., A⁴ ; Fol.

Se ha respetado la puntuación original.

01-00094601 000

▶ M-BN, V.E./41-81(1). ▶ M-BN, V.E./44-61.

3350
Cédula, 1631-03-04. *El Rey. Administradores de las salinas de mis Reynos, ya sabeis, que por cedula de tres de Enero deste año, dirigida al Arçobispo de Granada, Gouernador de mi Consejo, y los demas del, he mandado que no se cobre en*

estos *Reynos el vno por ciento, ni se vse de los otros medios, y arbitrios que se tomaron, para la paga de los doze millones con que el Reyno me siruio...* — [S.l. : s.n., s.a.]. — [4] p. ; Fol.
Se ha respetado la puntuación original.

01-00094745 000

▶ M-BN, V.E./189-32.

3351
Cédula, 1631-06-26. *El Rey. Don Miguel Santos de San Pedro, Arçobispo de Granada, Gouernador de mi Cōsejo, y los demas del, Sabed, que auiendo resuelto por mayor aliuio y conueniencia de mis Reynos, q̄ cessen los millones desde primero de Iulio deste año, y vsar del estanco de la sal, por ser regalia priuatiuamente mia...* — [S.l. : s.n., s.a.]. — [3] p. ; Fol.
Se ha respetado la puntuación original. — Incluye Carta a Don Carlos Guajardo Fajado Corregidor de la Ciudad de Salamanca.

01-00094573 000

▶ M-BN, V.E./195-84.

3352
Cédula, 1631-07-22. *El Rey. Muy Reuerendo en Christo padre Don Miguel Santos de Sā Pedro, Arçobispo de Granada, Gouernador de mi Consejo, y los demas del, a cuyo cargo esta la superintendencia de la administracion de la sal destos mis Reinos...* — [S.l. : s.n., s.a.]. — [4] p. ; Fol.
Se ha respetado la puntuación original.

01-00094741 000

▶ M-BN, V.E./41-84.

3353
Cédula, 1631-08-18. *El Rey. Por quanto el medio que se ha tomado para la*

venta, y mejor administracion de la sal, contenida en la cedula de veinte y dos de Iulio, que he mandado publicar, si se executa como conuiene, escusarà sin duda los repartimientos involuntarios con beneficio, y vtilidad de mis vassallos... — [S.l. : s.n., s.a.]. — [2] p., [2] en bl. ; Fol.
Se ha respetado la puntuación original.

01-00094579 000

▶ M-BN, V.E./189-33.

3354
Cédula, 1631-09-17. *Don Felipe por la gracia de Dios, Rey de Castilla, de Leon..., A vos el Licenciado Francisco de Alarcon del mi Cōsejo, y Iuan Muñoz de Escouar mi Cōtador mas antiguo del Tribunal de mi Contaduria mayor de cuētas...* — [S.l. : s.n., s.a.]. — 6 h., A^6 ; Fol.
Se ha respetado la puntuación original.

01-00094578 000

▶ M-BN, V.E./214-28.

3355
Cédula, 1632-07-13. *Traslado de vna cedula de su Magestad de aceptacion del seruicio que el Reyno ha concedido de quatro millones en cada vno de seis años, y que corran y se impongan las sisas elegidas para su paga, desde primero de Agosto de mil seisciētos y treinta y dos, y para su cumplimiento se darā todas las cedulas que fueren menester.* — [S.l. : s.n., s.a.]. — [7] p., A^4 ; Fol.
Se ha respetado la puntuación original.

01-00094699 000

▶ M-BN, V.E./193-22(1).

3356
Cédula, 1632-07-13. *Traslado de vna Cedula de su Magestad, de aceptacion del seruicio que el Reyno ha concedido de*

quatro millones en cada vno de seys años.
Y que corran y se impongan las sisas eligi-
das para su paga, desde primero de Agosto
de mil seiscientos y treynta y dos. Y para
su cumplimiento se daran todas las cedulas
q̃ fuerẽ menester. — [S.l. :s.n., s.a.]. —
[4] p. ; Fol.
Se ha respetado la puntuación
original.

01-00122287 000

▸ M-BN, V.E./141-44.

3357

Cédula, 1632-07-27. *Traslado de*
vna cedula de su Magestad, en que dà su
feè, y palabra, y queda con obligacion en
conciencia de guardar al Reyno las Condi-
ciones deste Seruicio. — [S.l. : s.n.,
s.a.]. — [2] p. ; Fol.

01-00094625 000

▸ M-BN, V.E./195-70.

3358

Cédula, 1632-08-03. *Traslado de*
vna cedula de su Magestad, en declara-
cion, de que los veinte y quatro millones
con que el Reino ha seruido a su Mages-
tad, es seruicio particular, y no donatiuo.
— [S.l. : s.n., s.a.]. — H. 77 ; Fol.

01-00094700 000

▸ M-BN, V.E./193-22(2).

3359

Cédula, 1632-11-03. *El Rey. Rector,*
Claustro, y Vniuersidad, de la Ciudad de
Valladolid, bien sabeys que auiendo reco-
nocido los grandes daños que en las
Vniuersidades se experimentauan, de que
las Catedras se proueyessen por votos de
Estudiantes... — [S.l. : s.n., s.a.]. —
[4] p. ; Fol.
Se ha respetado la puntuación
original.

01-00094649 000

▸ M-BN, V.E./41-52.

3360

Cédula, 1632-11-03. *El Rey.* Rector,
Claustro y Vniuersidad de la villa de Al-
cala de Henares, bien sabeis... los graues
daños que en las Vniuersidades se experi-
mentauā, de que las Catedras se probeye-
sen por votos de estudiantes sin que el cui-
dado que el Consejo auia puesto huuiesse
aprouechado en grande ofensa de nuestro
Señor... faltando... a la buena elecciõ de
los Maestros... — [S.l. : s.n., s.a.]. —
4 p., A² ; Fol.
Se ha respetado la puntuación
original.

01-00094570 000

▸ M-BN, R/34787(5). — Enc. perg.
▸ M-BN, V.E./26-61.

3361

Cédula, 1632-12-26. *El Rey.* Doctor
don Pedro Marmolejo, Cauallero de la
Orden de Santiago, del mi Consejo, Asses-
sor, y Consejero del de Guerra, Biē sabeis,
que auiendo resuelto con comunicacion de
algunos Prelados, Ministros, y Personas
graues zelosas de mi seruicio, q̃ de todos
los oficios assi de mi prouision.... — [S.l.:
s.n., s.a.]. — [4] p. ; Fol.
Se ha respetado la puntuación
original. — Traslado fechado el 5 de
septiembre de 1636.

01-00094655 000

▸ M-BN, V.E./50-22. — Fecha del traslado ms. ▸ M-BN, V.E./68-54.

3362

Cédula, 1633-03-23. *El Rey. Por*
Quanto en la ley, y prematica que mandè
estoblecer[sic], y se promulgó en esta
Corte en nueue de Febrero del año passado
de mil y seiscientos y treinta y dos, ay una
clausula del tenor siguiente. Y por lo que
deseo dexar libre al comercio de todas las
maneras, ordeno y mando que auiēdo pas-
sado las mercaderias que se traen à estos

Reynos, de los puertos, y aduanas dellos, no se pueda hazer, ni haga causa, denunciacion, ni visita, por ningun Iuez ni Iusticia... — [S.l. : s.n., s.a.]. — [3] p. ; Fol.

Se ha respetado la puntuación original. — Esc. xil. real en cabecera de texto.

01-00094639 000

▶ M-BN, V.E./141-41. ▶ M-BN, V.E./41-41.

3363
Cédula, 1633-05-08. *Preheminencias y calidades que don Pedro Valle de la Cerda del Consejo de su Magestad, Canciller y registrador mayor en el de la santa Cruzada, y su Contador... Administrador general de las Salinas de... Atiença, y Molina de Aragón, Espartinas, Cuenca, y Mancha, se acordò se concediessen a las personas que compraren qualquiera de los Oficios de Notarios, Alguaziles, Fiscales y Depositarios de Cruzada, que se han de vender en todas las ciudades, villas y lugares destos Reynos.* — [S.l. : s.n., s.a.]. — [4] p. ; Fol.

Traslado de la Cédula.

01-00122481 000

▶ M-BN, V.E./208-69.

3364
Cédula, 1633-11-28. *El Rey. Por Quanto por el assiento que mandè tomar con Diego y Alonso Cardoso en veinte y dos de Março del año passado de seiscientos y treinta y dos por tiempo de cinco años, se obligaron a proueer en cada vno dellos duzientos mil ducados de bastimentos...* — [S.l. : s.n., s.a.]. — [15] p., A-O^2 ; Fol.

Se ha respetado la puntuación original.

01-00094742 000

▶ M-BN, V.E./142-29.

3365
Cédula, 1634-03-29. *Traslado de vna cedula de su Magestad, despachada por su Consejo de Camara, en que manda se gnarde [sic], cumpla, y execute el acuerdo que el Reyno tomò, y forma dada sobre leuantar en las Ciudades, y Villa de voto en Cortes, y sus prouincias, 12 [mil] infantes, y conduzirlos a presidios destos Reynos, a cumplimiento de 18 [mil] que en ellos ha de auer.* — [S.l. : s.n., s.a.]. — H. 23-32, E^{10} ; Fol.

01-00094731 000

▶ M-BN, V.E./210-42.

3366
Cédula, 1634-03-29. *Traslado de vna cedula de su Magestad, despachada por su Consejo de Camara, para el cumplimiento de los capitulos veinte y ocho, y veinte y nueue, de la forma que el Reyno ha de guardar en juntar la infanteria para los presidios.* — [S.l. : s.n., s.a.]. — H. 33-34, F^2 ; Fol.

01-00122288 000

▶ M-BN, V.E./210-146.

3367
Cédula, 1634-03-31. *Traslado de vna cedula de su Magestad, despachada por el Consejo de Guerra, en que manda se cumpla y execute el acuerdo que el Reyno tomò, y algunos capitulos de la forma dada a las Ciudades, y Villa de voto en Cortes, y sus Prouincias, sobre leuantar, y conduzir a los presidios destos Reynos doze mil infantes, a cumplimiento a diez y ocho mil que en ellos ha de auer, la obligacion que el Reyno ha de tener a suplir la gente que faltare, y en que casos, y los priuilegios y honores que se conceden a los soldados, y su Magestad las manda guardar.* — [S.l. : s.n., s.a.]. — H. 35-42, G^8 ; Fol.

01-00094767 000

▶ M-BN, V.E./210-144.

3368
Cédula, 1634-03-31. *Traslado de vna Cedula de su Magestad, despachado por su Consejo de Guerra, en que ha sido seruido de declarar, que en el caso de assistir a los presidios la infanteria para defenderlos de las inuasiones de los enemigos, es igual la obligacion de vsar del medio de las suertes, como quando estan inuadidas visiblemente las fronteras y presidios destos Reynos.* — [S.l. : s.n., s.a.]. — H. 43-44, H² ; Fol.

01-00094569 000
▶ M-BN, V.E./210-145.

3369
Cédula, 1634-06-02. *Traslado de vna cedula de su Magestad, aceptando el seruicio de seyscientos mil ducados en cada vn año, y que el Reyno ā hecho, y la escriptura que del otorgò, y da facultad para vsar del medio dozano de bara de medir, y ensanches de millones desde quinze de Iunio de seiscientos y treynta y quatro años.* — [S.l. : s.n., s.a.]. — [3] p. ; Fol.

01-00122289 000
▶ M-BN, V.E./41-7.

3370
Cédula, 1634-06-02. *Traslado de vna Cedula de su Magestad, para que la administracion, cobrança, y paga de los medios eligidos para el seruicio de seyscientos mil ducados, corra por mano del Reyno, y de su comission de la administracion de millones, en conformidad de lo dispuesto en los capitulos de la administraciō del dicho seruicio, insertos en la dicha cedula.* — [S.l. : s.n., s.a.]. — 8 h., B⁸ ; Fol.

01-00122290 000
▶ M-BN, V.E./141-56.

3371
Cédula, 1634-06-02. *Traslado de vna cedula de su Magestad, para que lo q̄*

procediere del seruicio, se gaste en los efectos a que està aplicado, y las sisas y medios eligidos para la paga del seruicio de los seyscientos mil ducados, se administren y paguen por mano del Reyno, y de su comission de Millones. — [S.l. : s.n., s.a.]. — [2] p., [2] en bl. ; Fol.

01-00094724 000
▶ M-BN, V.E./195-23.

3372
Cédula, 1634-06-02. *Traslado de vna cedula de su Magestad, para que lo que procediere de los medios elegidos para la paga del seruicio de los seiscientos mil ducados, sirua despues de pagar los reditos de juros, para afixar el Reyno lo que à salido, y saliere incierto en los dos millones nueuos, de los quatro que corren, y lo que sobrare, quede aplicado para desempeñar los juros.* — [S.l. : s.n., s.a.]. — [2] p., [2] en bl. ; Fol.

01-00094728 000
▶ M-BN, V.E./195-22.

3373
Cédula, 1634-08-09. *Don Felipe por la gracia de Dios, Rey de Castilla, de Leon, de Aragon... Don Pedro Valle de la Cerda del mi Consejo de la Santa Cruzada... Administrador general de las Salinas del partido de Atiença, Sabed que yo mandè dar, y di para los del mi Consejo de la sal una mi cédula...* — [S.l. : s.n., s.a.]. — [3] p. ; Fol.

Se ha respetado la puntuación original.

01-00034025 000
▶ ME-RB, 130-VI-2(37).

3374
Cédula, 1634-10-08. *Traslado de vna cedula de su Magestad, en que aceta el acuerdo que el Reyno hizo, para que cesse*

la imposicion del medio dozano; y se vse, y impongan en su lugar los medios que para su paga ha elegido. — [S.l. : s.n., s.a.]. — [4] p. ; Fol.

Se ha respetado la puntuación original.

01-00122291 000

▶ M-BN, V.E./141-55.

3375

Cédula, 1634-11-06. *Este es vn traslado bien, y fielmente sacado... de vna cedula de su Magestad... y refrendada de Francisco Gomez de Lasprilla su Secretario, para que se vendan, y compongan con su Magestad las jurisdiciones ciuiles, y criminales de las justicias ordinarias de los lugares de Señorio, y los oficios de Receptores de carnes de todos los lugares destos Reynos.* — [S.l. : s.n., s.a.]. — 3 h., A³ ; Fol.

01-00094729 000

▶ M-BN, V.E./189-35.

3376

Cédula, 1635-06-23. *El Rey. Por quanto el Rey Christianissimo, mi hermano, ha mandado embargar todos los bienes y haziendas de mis vassallos, que se hallauan y contratauan en su Reino, con prohibicion de comercio, sin causa alguna...* — [S.l. : s.n., s.a.]. — [4] p. ; Fol.

Se ha respetado la puntuación original.

01-00094671 000

▶ M-BN, V.E./197-80. ▶ M-RAE, 13-A-24(30). — Enc. perg.

3377

Cédula, 1635-06-25. *El Rey. Por quanto el Rei Christianissimo de Francia, despues de muchas hostilidades contra la Fè publica, y de otros expressos quebrantamientos de las paces capituladas y juradas*

con esta Corona, ha hecho ligas defensiuas, y ofensiuas con los Hereges de Alemania y Olandeses,... ha turbado la paz de Europa... — [S.l. : s.n., s.a.]. — [4] p., A² ; Fol.

Se ha respetado la puntuación original.

01-00035082 000

▶ M-BN, V.E./197-81. — Falto de 1.ª Cédula. ▶ M-BN, V.E./1346-27. ▶ M-RAE, 13-A-24(30 bis). — Falto de 1.ª cédula.

3378

Cédula, 1635-06-27. *El Rey. Por Quanto el Rey Christianissimo de Francia, despues de muchas hostilidades contra la Fé publica, y de otros expressos quebrantamientos de las pazes capituladas y juradas con esta Corona...* — [S.l. : s.n., s.a.]. — [2] p. ; Fol.

Se ha respetado la puntuación original.

01-00094594 000

▶ M-BN, V.E./41-10.

3379

Cédula, 1635-08-18. *El Rey. Don Fernando Pizarro Del mi Consejo. Ya sabeis el estado vniuersal de las cosas de fuera destos Reinos, y que auiendo obligado estos años los enemigos de la Fè Catolica, a tan grandes y cõtinuos gastos, que en la defensa de nuestra sagrada Religion, y de mis Reinos he hecho...* — [S.l. : s.n., s.a.]. — [3] p. ; Fol.

Se ha respetado la puntuación original. — Traslado fechado el 6 de febrero de 1636.

01-00094697 000

▶ M-BN, V.E./41-42. — La fecha del traslado ms.

3380

Cédula, 1635-08-18. *El Rey Don Fernando Pizarro Del mi Consejo. Ya sa-*

beis el estado vniuersal de las cosas de fuera destos Reinos, y que auiendo obligado estos años los enemigos de la Fè Catolica, y de mi Corona a tan grandes y continuos gastos, q̃ en la defensa de nuestra sagrada Religion, y de mis Reinos he hecho... — [S.l. : s.n., s.a.]. — [3] p. ; Fol.

Se ha respetado la puntuación original. — Traslado fechado el 6 de febrero de 1636.

01-00094656 000

▶ M-BN, V.E./50-23. — Fecha del traslado ms.

3381

Cédula, 1636-01-14. *En la fortaleza de la Villa de Simancas, a doze dias del mes de Março año de mil seiscientos y treinta y nueue me fue entregada à mi Don Iuan de Ayala, Secretario del Rey... à cuyo cargo estàn las escrituras Reales del Archiuo de la dicha Fortaleza, vna cedula de su Magestad, firmada de su Real mano, y refrendada de don Sebastian de Contreras, de su Consejo, y su Secretario de la Camara, y Estado de Castilla, del tenor siguiente...* — [S.l. : s.n., s.a.]. — 2 h. ; Fol.

Traslado fechado el 31 de mayo de 1639. — Inserta dos cédulas dadas el 5 de febrero de 1512 y el 16 de abril de 1515.

01-00094476 000

▶ M-BN, V.E./195-16.

3382

Cédula, 1636-03-11. *Para que la moneda de vellon resellada, que al presente corre, se recoja, sin que se pueda expender desde el dia de la publicacion desta Cedula, y se lleue a las Casas de Moneda, y en ellas se buelua a resellar, para que adelante valga las pieças que oi valen dos ma-*

rauedis seis, y las de quatro marauedis doze. — En Madrid : por Francisco Martinez : vendese... en casa de Tomas Alfai..., 1636. — [8] p., A⁴ ; Fol.

Se ha respetado la puntuación original. — Existe emisión con pie de imp.: En Madrid: por Francisco Martinez, 1636. — Port. con esc. xil. real.

01-00094554 000

▶ M-BN, V.E./197-50. ▶ M-RAE, 13-A-24(31). — Enc. perg.

3383

Cédula, 1636-03-11. *Para que la moneda de vellon resellada, que al presente corre, se recoja, sin que se pueda expender desde el dia de la publicacion desta cedula, y se lleue a las Casas de Moneda, y en ellas se buelua a resellar, para que adelante valga las pieças que oi valen dos marauedis doze.* — En Madrid : por Francisco Martinez, 1636. — [8] p., A⁴ ; Fol.

Se ha respetado la puntuación original. — Existe emisión con pie de imp.: En Madrid: por Francisco Martinez: vendese... en casa de Tomas de Alfay, 1636. — Port. con esc. xil real.

01-00094556 000

▶ M-BN, V.E./23-17.

3384

Cédula, 1636-03-11. *Para que la moneda de vellon resellada, que al presente corre, se recoja, sin que se pueda expender desde el dia de la publicacion desta cedula, y se lleue a las Casas de Moneda, y en ellas se buelua a resellar. Para que en adelante valga las pieças que oy valen dos marauedis seis, y las de quatro marauedis doze.* — En Madrid : por Maria de Quiñones : vendese... en casa de

Tomas Alfai..., 1636. — [8] p., A^4 ;
Fol.

Se ha .respetado la puntuación
original. — Port. con esc. xil. real.

01-00094523 000

▶ M-BN, V.E./213-22.

3385
Cédula, 1636-09-13. *El Rey. Licenciado Don Geronymo de Fuen-Mayor, Cauallero del Habito de Santiago. Oydor de mi Real Chancilleria de Valladolid, ya saueys el estado vniuersal de las cosas de fuera destos Reynos, y que los emulos de mi Monarchia se han coligado con los mayores, y mas enemigos de ella...* — [S.l. : s.n., s.a.]. — [3] p. ; Fol.

Se ha respetado la puntuación
original. — Traslado fechado en Salamanca el 8 de diciembre del
mismo año.

01-00094610 000

▶ M-BN, V.E./141-80. — La fecha del
traslado está ms.

3386
Cédula, 1637-01-11. *Cedula de su Magestad en que se declara mas en particular la forma en que se ha de obseruar el vso de los pliegos sellados y la aplicacion a las escrituras y despachos de que estaua mandado executar por la Prematica de quinze de Deziembre del año passado de 1636 y Cedula del mismo dia, en que para mayor claridad se sirue su Magestad de interpretar, estender y limitar algunas de las cosas expressadas en los capitulos della...* — En Seuilla : en la Imprenta Real del Sello, 1637. — 6 h., A^6 ; Fol.

Port. con esc. real. 01-00011626 000

▶ M-RAE, 13-A-24(35). — Enc. perg. —
Restaurado.

3387
Cédula, 1637-01-31. *Cedula de su Magestad en que se declara mas en parti-*

cular la forma en que se ha de obseruar el vso de los pliegos sellados, y la aplicacion a las escrituras, y despachos, de que estaua mandado executar por la prematica de quinze de Deziébre del año passado de 1636 y cedula del mismo dia, en que para mayor claridad se sirue su Magestad de interpretar, estender, y limitar algunas de las cosas expressadas en los capitulos della. — En Madrid : por la viuda de Alonso Martin, 1637. — 6 h., A^6 ; Fol.

Port. con esc. xil. real.

01-00094527 000

▶ M-BN, V.E./198-32.

3388
Cédula, 1637-04-07. *Su Magestad manda se guarden las Cedulas despachadas en razon de la forma que se ha de tener en el papel sellado, con las declaraciones en esta Cedula contenidas.* — En Madrid : por Maria de Quiñones, 1637. — [4] p. ; Fol.

Port. con esc. xil.

01-00094558 000

▶ M-BN, V.E./215-32.

3389
Cédula, 1637-05-16. *Cedula en que su Magestad declara por instrumento publico los conocimientos de los pleitos que se hazen por los Procuradores, Abogados, y Agentes, y otras personas, Y manda, que de aqui adelante los libros y conocimientos sueltos que se hizieren, ayan de ser en papel del sello quarto, y para los pleitos fiscales, y pobres de solenidad en papel del sello de oficio, como aqui se manda.* — En Madrid : por Maria de Quiñones, 1637. — [4] p. ; Fol.

Port. con esc. xil. real.

01-00094540 000

▶ M-BN, V.E./42-98.

3390
Cédula, 1638-02-06. *Vuestra Magestad manda, que los trueques de la moneda de vellon à plata, no excedan de veinte y cinco por ciento; y en las casas de Diputaciō à veinte y ocho, en la forma que hasta aquí se ha hecho...* [S.l. : s.n., s.a.]. — [2] p. ; Fol.
Se ha respetado la puntuación original.

01-00094740 000

▶ M-BN, V.E./47-74.

3391
Cédula, 1638-03-22. *Vuestra Magestad manda guardar la lei y Prematica de reformacion promulgada en onze de Febrero de mil y seiscientos y veinte y tres, en la parte que dà el modo y forma con que se han de probar la limpieza y nobleza, y la declara en quanto a los tres actos positiuos, mandando que los pretendientes de los Consejos de Inquisicion y Ordenes, Colegios mayores, y demas comunidades de Estatuto, quando dèn sus genealogias de padres y abuelos, declaren los actos positiuos que tuuieren, y concurriendo los tres que hazen cosa juzgada, no se les haga información de sangre, ni mas de la que fuere menester para probar su existencia, y esta sea por instrumentos y testimonios.* — [S.l. : s.n., s.a.]. — [3] p. ; Fol.

01-00094630 000

▶ M-BN, V.E./191-8. ▶ M-BN, V.E./47-73. ▶ M-RAE, 13-A-24(38).

3392
Cédula, 1638-11-22. *El Rey. Por quanto para cosas de mi seruicio es necessario juntàr algunas cantidades de dinero, que no salga de mi Real Patrimonio, hauiendo parecido que es medio aproposito para esto, el de conceder licencias de entrar en estos Reynos mercaderias prohibidas de*

Francia... — [S.l. : s.n., s.a.]. — [2] p., [2] en bl. ; Fol.
Se ha respetado la puntuación original.

01-00094726 000

▶ M-BN, V.E./142-64. — Fecha del tralado ms.

3393
Cédula, 1639-03-11. *Facultad que su Magestad da a Bartolome Spinola, de sus Consejos de Guerra y Hazienda y Fator general para la venta de ocho mil vassallos...* — [S.l. : s.n., s.a.]. — 27 h., A-N², O¹ ; Fol.

01-00011728 000

▶ M-PR, III-3711(13). — Enc. pasta.

3394
Cédula, 1639-10-21. *Cedula de su Magestad ácetando los acuerdos hechos por el Reyno, en quanto a la reduccion de las medidas del vino.* — [S.l. : s.n., s.a.]. — 2 h. ; Fol.

01-00122292 000

▶ M-BN, V.E./41-28.

3395
Cédula, 1639-10-21. *Cedula de su Magestad, acetando los Acuerdos hechos por el Reyno, en quanto a la reducion de las medidas del vino ; [Cedula de su magestad, para que si pareciere no passar adelante cō el acuerdo que el Reyno tiene hecho sobre la relacion de las medidas, se bueluan a imponer las sisas].* — [S.l. : s.n., s.a.]. — [3] p. ; Fol.

01-00094643 000

▶ M-BN, V.E./141-85.

3396
Cédula, 1639-10-21. *Cedula de su Magestad, en qve da por ningunos qualesquier arrendamientos hechos en la octaua parte del vino, y demas impuestos del, por*

la nueua forma que se ha tomado de reduccion de medidas... — [S.l. : s.n., s.a.].
— [2] p. ; Fol.

01-00094669 000

▶ M-BN, V.E./41-26.

3397
Cédula, 1639-10-21. *Cedula de su
Magestad, para que el Assistente, Corregidores y demas personas en ella contenidas, gozen del salario que se les señala,
por razon de la reduccion de medidas.* —
[S.l. : s.n., s.a.]. — [4] p. ; Fol.

01-00094645 000

▶ M-BN, V.E./41-27.

3398
Cédula, 1639-10-21. *Cedula de su
Magestad, para que los aforos se hagan
como lo disponen los despacho generales, y
leyes de quaderno. Y en las puertas aya
solo un peso, y un libro.* — [S.l. : s.n.,
s.a.]. — [2] p. ; Fol.

01-00094665 000

▶ M-BN, V.E./41-31.

3399
Cédula, 1639-10-21. *Cedula de su
Magestad, para que no se vendan los oficios que tocaren à la administracion de millones, y no passen las ventas que dello
estan pendientes.* — [S.l. : s.n., s.a.].
— [2] p. ; Fol.

01-00094754 000

▶ M-BN, V.E./41-20.

3400
Cédula, 1639-10-21. *Cedula de su
Magestad, para que por los acnerdos [sic]
que el Reyno ha hecho en la reduccion de
medidas del vino no sea visto alterar los
despachos de los seruicios de millones, en
lo que fuere contrario à dichos acuerdos.*
— [S.l. : s.n., s.a.]. — [2] p. ; Fol.

01-00122306 000

▶ M-BN, V.E./41-29.

3401
Cédula, 1639-10-21. *Cedula de su
Magestad, para que por los acuerdos que
el Reyno ha hecho en la reducion de medidas del vino, no sea visto alterar los despachos de los seruicios de millones, en lo que
no fuere contrario à dichos acuerdos ; [Ce-
dula de su Magestad, en que da por ningunos qualesquier arrendamientos hechos en
la octaua parte del vino, y de mas impuestos del, por la nueua forma que se ha tomado de reduccion de medidas ; Instruccion
que las ciudades, y villas de voto en Cortes,
y los Administradores que ay, o huuiere en
algunas dellas han de guardar en disponer,
y embiar al Reyno y a ... Comission de la
administracion de mill...., las relaciones
de valores de los seruici... que el Reyno ha
concedido ; Cedula de su Magestad, para
que no se vendan los oficios que tocaren a
la administracion de millones, y no passen
las ventas que dello estan pendientes ; Cedula de su Magestad, para que el Assistente, Corregidores y demas personas en
ella contenidas gozen del salario q̄ se les
señala, por razō de la reduciō de medi-
das].* — [S.l. : s.n., s.a.]. — [10] p. ;
Fol.

01-00094580 000

▶ M-BN, V.E./141-69.

3402
Cédula, 1639-10-21. *Cedula de su
Magestad, para que ·i pareciere no passar
adelante con el acuerdo que el Reyno tiene
hecho sobre la reduccion de las medidas, se
buelban à imponer las sisas...* — [S.l. :
s.n., s.a.]. — [2] p. ; Fol.

01-00094668 000

▶ M-BN, V.E./41-30.

3403
Cédula, 1640-02-14. *Cedula de informe, sobre en que cantidad, y en que
forma ha de correr de aqui adelante el comercio de las Islas con Nueva-España ;*

[Cedula de informe, sobre el acrecenta-
miento del permisso de las Islas Filipinas,
assi de la plata, como de las mercaderias, y
que no sean comprehendidos los frutos de
las Islas en el permisso de los 250 [mil]
pesos; Cedula de informe, sobre abrir el
comercio entre los Reinos del Pirû, y
Nueua España ; Cedula en que manda su
Magestad oygan en justicia â los vezinos
de la ciudad de Malina [sic], sobre pre-
tender no ser comprehendidos en las conde-
naciones...]. — [S.l. : s.n., s.a.]. —
14 h., A-C^4, D^2 ; 4^0

01-00094567 000

▶ M-BN, V.E./5-20.

3404
Cédula, 1641-02-11. *El Rey. Muy*
Reuerendo en Christo Padre, Don Diego
de Castrejon Obispo y Gouernador de mi
Consejo, y los demas del, el Reyno junto en
las Cortes que se estan celebrando, con
ocasion de la rebelion del Reyno de Portu-
gal... — [S.l. : s.n., s.a.]. — [3] p. ;
Fol.
Se ha respetado la puntuación
original.

01-00094710 000

▶ M-BN, V.E./196-107.

3405
Cédula, 1641-10-22. *Cedula real en*
que su Magestad manda, que las piezas de
moneda de dos y quatro maravedis labra-
das en el ingenio de Segouia, se resellen y
valgan la de dos marauedis seis, y la de
quatro doze marauedis. — En Madrid :
por Diego Diaz de la Carrera : vendese en casa de Pedro Coello...,
1641. — [5], [2] en bl., [1] p. ; Fol.

01-00094557 000

▶ M-BN, V.E./198-21.

3406
Cédula, 1642-06-30. *El Rey. Por*
quanto Antonio de Soria tiene de mi a su

cargo la rēta del estanto del tabaco destos
mis Reynos de la Corona de Castilla, y
Leon por tiempo de ocho años, q̄ empeza-
ron a correr desde primero de Abril del pre-
sente de mil y seisciētos y quarēta y dos...
— [S.l. : s.n., s.a.]. — [3] p. ; Fol.
Se ha respetado la puntuación
original. — Traslado fechado en
Madrid el 10 de febrero de 1647.

01-00094605 000

▶ M-BN, V.E./28-15. — El día del traslado está ms.

3407
Cédula, 1642-07-04. *Cedula de su*
Magestad aceptando la subrogacion de la
extension de la alcauala. — [S.l. : s.n.,
s.a.]. — [4] p. ; Fol.

01-00122307 000

▶ M-BN, V.E./208-34.

3408
Cédula, 1642-12-10. *El Rey. Por*
quanto por parte de la Priora y Monjas del
Conuento de Descalças de Nuestra Señora
de los Reyes, de la Orden de Santo Domin-
go de la Ciudad de Seuilla, se me ha hecho
relacion padecen muchas necessidades, y
particularmēte la tienē de los adornos y
cosas precisas para la celebración del culto
Diuino... — [S.l. : s.n., s.a.]. — H. 4 ;
Fol.
Se ha respetado la puntuación
original.

01-00094753 000

▶ M-BN, V.E./198-16.

3409
Cédula, 1643-01-12. *Cedula Real de*
su Magestad y declaracion de la Premati-
ca de veinte y tres de Diciembre de mil y
seisciētos y quarenta y dos en que su Ma-
gestad manda que el escudo de ley de veinte
y dos quilates, que su dicha prematica se

mandò valiesse quinientos y cincuenta ma-
rauedis, valga de aqui adelante seiscientos
y doze marauedis : y lo demas en dicha
Real Cedula contenido... — En Madrid:
por Maria de Quiñones vendese en
casa de Francisco de Robles...,
1643. — 8 p., A^4 ; Fol.
Port. con esc. de armas reales.

01-00011628 000

▶ M-RAE, 13-A-24(55). — Enc. perg.

3410
Cédula, 1643-05-22. *Cedula Real y*
vando publico, del Rey nuestro señor, en
que se reualida la prohibicion del comercio
con el Reyno rebelde de Portugal, y sus
conquistas, y India Oriental, y se prohibe
de nueuo el vso en estos Reynos, de las mer-
caderias del dicho Reyno rebelde de Portu-
gal, y se mandan registrar las que ay, y se
señala termino para venderlas y consumir-
las, y passado se declaran por perdidas las
que se hallaren en ser y fueren priuatiuas
del. — En Madrid : por Andres de
Parra, 1645. — [8] p., A^4 ; Fol.
Port. con esc. xil.

01-00094545 000

▶ M-BN, V.E./142-38. ▶ M-BN, V.E./
39-14.▶ M-BN, V.E./41-65.▶ M-BN, V.E./
41-67.

3411
Cédula, 1643-10-28. *El Rey. Por*
quanto yo mandè despachar, y se despacha-
ron las cedulas y sobrecedulas del tenor si-
guiente en fauor de la gente de la Artilleria
de España. El Rey. Presidente, y los del
mi Consejo, Alcaldes de mi Casa y
Corte..., a quien lo contenido en esta mi
cedula toca ò tocar pueda en qualquier ma-
nera. Sabed que las Magestades del Em-
perador, y Reyes Don Felipe Segundo, y
Tercero mi señor, que Dios tiene, manda-
ron despachar las cedulas y sobrecedulas
del tenor siguiente... — [S.l. : s.n.,

s.a.]. — [10] p., [2] en bl., A^6 ; Fol.
Se ha respetado la puntuación
original. — Traslado de la Cédula.

01-00094642 000

▶ M-BN, V.E./142-10.

3412
Cédula, 1644-04-12. *El Rey. Por*
quanto auiendo representado la Comission
del Reyno de la administracion de millo-
nes, que procurando con todo desuelo, y
atencion el mayor seruicio mio, y aumento
de los millones, auia reconocido por mas
conueniente el que las sisas dellos esten
arrendadas... — [S.l. : s.n., s.a.]. —
[2] p. ; Fol.
Se ha respetado la puntuación
original.

01-00094751 000

▶ M-BN, V.E./218-84. — An. ms.

3413
Cédula, 1644-05-05. *El Rey: Don*
Iuan Chumazero y Carrillo, Presidente
del mi Consejo, y los demas del, desseando
el mayor aliuio de mis vassallos, y auiendo
tenido diferentes relaciones y noticias de
los graues daños que causan los executores,
y de las molestias que mis vassallos reciben
por difnrentes [sic] ordenes... — [S.l. :
s.n., s.a.]. — 4 h., A^4 ; Fol.
Se ha respetado la puntuación
original.

01-00122293 000

▶ M-RAE, 13-A-24(54).

3414
Cédula, 1644-05-05. *El Rey. Don*
Iuā Chumacero y Carrillo, Presidente del
mi Cōsejo, y los demas dèl, deseādo el
mayor aliuio de mis vassallos, y auiendo
tenido diferentes relaciones, y noticias de
los graues daños q̄ causan los executores, y
de las molestias que mis vassallos reciben,

por diferentes ordenes mias... — [S.l. : s.n., s.a.]. — 4 h., A^4 ; Fol.

Se ha respetado la puntuación original.

01-00094612 000

▶ M-BN, V.E./142-42.

3415
Cédula, 1644-05-05. *El Rey. Don Iuan Chumacero y Carrillo, Presidēte del mi Cōsejo, y los demas del, deseādo el mayor aliuio de mis vasallos, y auiēdo tenido diferētes relaciones, y noticias de los graues daños q̄ causan los executores, y de las molestias que mis vasallos reciben, por diferentes ordenes mias...* — [S.l. : s.n., s.a.]. — 4 h., A^4 ; Fol.

Se ha respetado la puntuación original.

01-00094611 000

▶ M-BN, V.E./41-9. — An. ms.: Metodo que se ha de guardar con los ejecutores que se envían a los pueblos, por cuenta de las justicias y no del vecindario.

3416
Cédula, 1644-09-07. *El Rey. Por quanto auiendoseme representado, que los fraudes que continuamente se hazen en los seruicios de millones son tantos en los mis Reynos de Castilla, y Leon, y tal la frequencia de los delitos que para conseguirlos se cometen...* — [S.l. : s.n., s.a.]. — [2] p. ; Fol.

Se ha respetado la puntuación original.

01-00094629 000

▶ M-BN, V.E./195-15.

3417
Cédula, 1645-05-22. *Cedula Real y vando publico del Rey N.S. en que se rebalida la prohibiciō del comercio con el Reyno rebelde de Portugal, y sus conquistas, y India Oriental, y se prohibe de nueuo el vso en estos Reynos, de las merca-derias del dicho Reyno rebelde de Portugal, y se mandan registrar las que ay, y se señala termino para venderlas, y consumirlas, y passado se declaran por perdidas las que se hallaren en ser, y fueren priuatiuas del.* — En Madrid : por Maria de Quiñones : vendese en casa de Iuan de Valdès..., 1645. — [8] p., A^4 ; Fol.

Port. con esc. xil.

01-00094537 000

▶ M-BN, V.E./142-39.

3418
Cédula, 1646-02-14. *Don Felipe, por la gracia de Dios, Rey de Castilla, de Leon... Por quanto por vna de las condiciones de los seruicios de millones que corrē, quedò reseruado el poderme valer de dos millones de ducados por vna vez, en ventas de oficios à mi disposicion...* — [S.l. : s.n., s.a.]. — 7 [i.e. 4] h., A^4 ; Fol.

Error de fol. en última h.

01-00094572 000

▶ M-BN, V.E./68-30.

3419
Cédula, 1646-08-13. *El Rey. Por quanto por el Prior, y Conuento Real de San Lorenço se me ha representado, que auiendole hecho merced de reseruarle la media anata de sus juros por este presente año de mil y seiscientos y quarenta y seis, para que tuuiesse efecto, auia pedido despacho en la Iunta de juros....* — [S.l. : s.n., s.a.]. — [2] p., [2] en bl. ; Fol.

Se ha respetado la puntuación original.

01-00034026 000

▶ ME-RB, 130-VI-2(38).

3420
Cédula, 1647-01-21. *Cedula Real y vando publico, en que se aumenta la pena*

del delito de lesa Magestad contra los introduzidores de las mercaderias del Reyno de Portugal. — En Madrid : por Andres de Parra, 1647. — [4] p. ; Fol.

Port. con esc. xil. real.

01-00094538 000

▶ M-BN, V.E./142-73. ▶ M-BN, V.E./41-66.

3421

Cédula, 1647-02-25. *Cedula en que su Magestad manda guardar, cumplir y executar la forma en que se ha de tener en la cobrança de las rentas Reales...* — En Madrid : por Gregorio Rodriguez, 1647. — 10 h., A^{10} ; Fol.

Port. con esc. xil. real.

01-00011629 000

▶ M-BN, R/23879. — Enc. perg.

3422

Cédula, 1647-02-25. *Cedula en que su Magestad manda guardar, cumplir, y executar la forma que se ha de tener en la cobrança de las rentas Reales, y la satisfacion que por ello se les ha de dar à las Iusticias, y como se han de despachar executores, y del vso dellos.* — En Madrid : por Gregorio Rodriguez, 1647. — [1], 9 h., [ ]^1, A-C^2, D^3 ; Fol.

Existe emisión con pie de imp.: En Madrid: por Gregorio Rodriguez: a costa de Juan de Valdes... vendese en su casa..., 1647. — Port. con esc. xil. real. — Inserta cédula fechada el 5 de mayo de 1644.

01-00094526 000

▶ M-BN, V.E./41-44.

3423

Cédula, 1647-02-25. *Cedula en que su Magestad manda guardar, cumplir, y executar la forma que se ha de tener en la cobrança de las rentas Reales, y la satisfacion que por ello se les ha de dar à las Iusticias, y como se han de despachar exe-*

cutores, y del vso dellos. — En Madrid : por Gregorio Rodriguez : a costa de Iuan de Valdes... vendese en su casa..., 1647. — [1], 10 [i.c.9] h., [ ]^1, A-C^2, D^3 ; Fol.

Existe emisión con pie de imp.: En Madrid: por Gregorio Rodriguez, 1647. — Error de fol. en la última h. — Port. con esc. xil. real. — Inserta cédula dada el 5 de mayo de 1644.

01-00094524 000

▶ M-BN, V.E./134-15. ▶ M-BN, V.E./41-68(1). — Al final aparece [1] h. que contiene la publicación de otra pragmática. ▶ M-BN, V.E./42-24.

3424

Cédula, 1647-07-17. *Cedula en que su Magestad manda que en la cobrança de las sisas y rētas Reales no aya mas de vna bolsa. Y en la entrada de la vba se cobre el derecho a la puerta, y otras cosas.* — En Madrid : por Catalina de Barrio, 1647. — [8] p. ; Fol.

Se ha respetado la puntuación original. — Port. con esc. xil. real.

01-00122312 000

▶ M-BN, V.E./141-76. ▶ M-BN, V.E./38-42.

3425

Cédula, 1647-09-28. *Cedula, y Bando Real para la obseruancia de algunas cosas tocantes al Contravando de 28 de Setiembre de 1647.* — [S.l. : s.n., s.a.]. — [4] p. ; Fol.

Se ha respetado la puntuación original. — Esc. xil. real en cabecera de texto.

01-00094647 000

▶ M-BN, V.E./39-15.

3426

Cédula, 1648-10-22. *El Rey. Por Quanto aunque se ha procurado con toda* *vigilancia, y cuydado, por todos los cami-nos possibles impedir la entrada de merca-derias de contravando, no se ha podido con-seguir, sin embargo de averse aplicado à este fin los medios necessarios para que abundan estos Reynos de todo genero de ellas...* — [S.l. : s.n., s.a.]. — [2] p. ; Fol.

Se ha respetado la puntuación original. — Traslado fechado el 20 de abril de 1674. — Esc. xil. real en cabecera de texto.

01-00094636 000

▶ M-BN, V.E./196-79.

3427
Cédula, 1649-01-16. *El Rey. Por Quanto las noticias, que cada dia tengo de las preuenciones, que Franceses hazen en Cataluña, y la obligacion de fortificar, y proueer de biueres, las plaças de Tarrago-na, y Lerida, y otras del Reyno de Valen-cia...* — [S.l. : s.n., s.a.]. — [8] p. ; Fol.

Se ha respetado la puntuación original.

01-00094743 000

▶ M-BN, V.E./195-12. ▶ M-BN, V.E./196-61.

3428
Cédula, 1649-02-17. *El Rey. por cuanto los empeños en que mi Real hazien-da se hallaua el año passado de mil y seis-cientos y treinta y falta de medios...* — [S.l. : s.n., s.a.]. — 4 h., A^4 ; Fol.

01-00011630 000

▶ M-BN, R/23879(4). — Enc. perg.

3429
Cédula, 1650-01-21. *El Rey. Por quanto para la conseruacion de la caça, y pesca de mis heredamientos Reales de Aranjuez, Ottos, y Aceca, han estado se-*

ñalados diferentes limites, y puestas penas por cedula de veinte y tres de Iulio del año passado de mil quinientos y setenta y dos... — [S.l. : s.n., s.a.]. — 6 h., A^6 ; Fol.

Se ha respetado la puntuación original. — Esc. xil. real en cabece-ra de texto.

01-00094658 000

▶ M-BN, V.E./23-11.

3430
Cédula, 1650-02-27. *Cedula y Vando Real, publicada por ley, y sobrecartada por el Consejo de Guerra, sobre su cumpli-miento.* — [S.l. : s.n., s.a.]. — 5 h., [1] en bl., A-C^2 ; Fol.

Grab. xil. real en cabecera de texto.

01-00094698 000

▶ M-BN, V.E./142-35. ▶ M-BN, V.E./41-69. ▶ M-BN, V.E./41-70.

3431
Cédula, 1650-04-07. *Cedula del Rey nuestro Señor Felipe Quarto, firmada de su Real mano, por consulta de su Consejo de Guerra, en fauor de los Sindicos de los Conuentos de la Orden de nuestro Padre San Francisco, para que se les guarden sus Priuilegios : ganada por el Padre Fr. Pedro de Frias, Comissario de Corte, y Procurador General de la dicha Orden de San Francisco.* — [S.l. : s.n., s.a.]. — [2] p. ; Fol.

Se ha respetado la puntuación original. — Traslado fechado ms. el 4 de julio de 1660.

01-00094761 000

▶ M-BN, V.E./195-35. — Fecha del tras-lado ms.

3432
Cédula, 1650-07-06. *Su magestad aplica a su real hazienda todas las de Franceses y Portugueses que pertenecieren*

a los ausentes y reueldes y las de los que huuieren muerto sin herederos en estos Reynos, segun se dispone en una instruccion que se ha de executar por los Ministros a quien se comete. — [S.l. : s.n., s.a.]. — [2] h. ; Fol.

01-00011631 000

▶ M-BN, R/23879(6). — Enc. perg.

3433
Cédula, 1651-08-31. *El Rey. Por quanto en diez y siete de Iulio del año passado de mil y seiscientos y quarenta y siete, mandè dar, y di vna mi Cedula, firmada de mi mano, y refrendada de Iuan de Otalora Gueuara, mi Secretario que fue de Camara de Iusticia, cuyo tenor es como se sigue...* — [S.l. : s.n., s.a.]. — [4] p. ; Fol.
Se ha respetado la puntuación original. — Inserta Cédula dada el 17 de julio de 1647.

01-00094614 000

▶ M-BN, V.E./189-25. ▶ M-BN, V.E./195-42. ▶ M-BN, V.E./218-83.

3434
Cédula, 1651-09-26. *El Rey. A Vos la Iusticia, y Comissarios de millones de la Villa de Madrid, y a los Administradores, Fieles, Cogedores, Cosecheros, Tratātes, Taberneros, Portazgueros, Guardas, y otras personas, a quien en qualquier manera tocare el cūplimiēto de lo en esta mi Cedula de Recudimiēto cōtenido, sabed: Que para arrēdar las sisas de los servicios de millones, y quiebras dellos del consumo del vino...* — [S.l. : s.n., s.a.]. — 6 h., A¹, B-C², D¹ ; Fol.
Se ha respetado la puntuación original. — Traslado fechado el 12 de noviembre de 1655.

01-00094475 000

▶ M-BN, V.E./211-21.

3435
Cédula, 1651-12-09. *El Rey. A vos Los Concejos, Assistente, Corregidores, Gouernadores, Alcaldes mayores, y ordinarios, y otras qualesquier mis Iusticias, y Comissarios de millones, y administradores generales dellos, de todas las Ciudades, villas, y lugares de estos mis Reynos y Señorios de la Corona de Castilla, y Leon, cada vno en vuestra jurisdicion, ante quien esta mi cedula de Recudimiēto...* — [S.l. : s.n., s.a.]. — 6 h., A⁶ ; Fol.
Se ha respetado la puntuación original. — Traslado fechado el 23 de junio de 1654.

01-00094716 000

▶ M-BN, V.E./198-5. — El día del traslado está ms. — Deteriorado, afectando a h. 6.

3436
Cédula, 1652-03-25. *Cedula Real, declarando el requisito que han de tener las mercaderias de Castilla que se hallaren dentro de las cinco leguas de la raya de Portugal, para que no se dèn por de contrauando.* — [S.l. : s.n., s.a.]. — [2] p., A¹ ; Fol.
Esc. xil. real en cabecera de texto.

01-00094762 000

▶ M-BN, V.E./195-36.

3437
Cédula, 1652-06-01. *El Rey. Conceio, Iusticia, y Regimiento, Caualleros, Escuderos, Oficiales, y hombres buenos de la mi muy Noble, y muy Leal Ciudad de Granada. Auiendo entendido las preuēciones, y disposiciones hechas por essa Ciudad...* — [S.l. : s.n., s.a.]. — [1] h. ; Fol.
Se ha respetado la puntuación original.

01-00094769 000

▶ M-BN, V.E./206-63.

3438

Cédula, 1652-07-20. *El Rey. Presidente y los de mi Consejo de Hazienda y Cōtaduria mayor della...* — [S.l. : s.n., s.a.]. — 3, [1] h., A^4 ; Fol.

01-00122310 000

▶ M-RAE, 13-A-25(5). — Enc. perg.

3439

Cédula, 1652-08-03. *El Rey. Por quanto en la prematica, y ley, q̄ en veinte y cinco de Iunio passado deste presente año, mande publicar sobre la baxa, y reducción de la moneda de vellon, y en las cedulas, è instrucciones q̄ se han despachado para su execucion, y cumplimiento, se dispone, q̄ el vellon grueso, que ha quedado despues de la baxa...* — [S.l. : s.n., s.a.]. — [4] p. ; Fol.

Se ha respetado la puntuación original. — Esc. xil. real en cabecera de texto.

01-00094640 000

▶ M-BN, V.E./192-38.

3440

Cédula, 1652-08-03. *El Rey. Por quanto en la prematica, y ley, q̄ en veinte y cinco de Iunio, passado deste presente año, mande publicar sobre la baxa, y reducción de la moneda de vellon, y en las cedulas, è instrucciones q̄ se han despachado para su execucion, y cumplimiēto, se dispone, que el vellon gruesso q̄ a quedado despues de la baxa...* — [S.l. : s.n., s.a.]. — [4] p., A^2 ; Fol.

Se ha respetado la puntuación original. — Esc. xil. real en cabecera de texto.

01-00094641 000

▶ M-BN, V.E./37-40.

3441

Cédula, 1652-08-03. *El Rey. Por quanto en la prematica y ley que en veinte y*

cinco de Iunio passado deste presente año mandé puvlicar sobre la baxa y reducciō de la moneda de vellon y en las cedulas è instrucciones que se han despachado para su execucion y cumplimiento... — [S.l. : s.n., s.a.]. — 2 h. ; Fol.

Se ha respetado la puntuación original.

01-00122311 000

▶ M-RAE, 13-A-25(6). — Enc. perg.

3442

Cédula, 1653-06-09. *Don Felipe, por la gracia de Dios, Rey de Castilla... Por quanto por parte de vos Don Fray Pedro de Tapia Obispo de la ciudad de Cordoua... y Don Sebastian Hurtado de Corcuera...* — [S.l. : s.n., s.a.]. — [3] h., [1] en bl., A^4 ; Fol.

Traslado fechado en Córdoba el 14 de junio de 1658. — Se ha respetado la puntuación original.

01-00035080 000

▶ M-RAE, 13-A-25(8). — Enc. perg.

3443

Cédula, 1653-06-16. *El Rey. Por quanto Otauio Centurion, Marques de Monesterio, Comendador de la Zarça, de la Orden, y Caualleria de Alcantara, Mayordomo de la Serenissima Reyna, mi muy cara, y muy amada muger, y de mis Consejos de Guerra, y Hazienda, ya difunto...* — [S.l. : s.n. , s.a.]. — [4] p., A^2 ; Fol.

Se ha respetado la puntuación original.

01-00094609 000

▶ M-BN, V.E./141-45.

3444

Cédula, 1653-08-25. *El Rey. Conceio, Iusticia, Ventiquatros, Caualleros, Iurados, Escuderos, Oficiales, y hōbres buenos de la Nombrada, y Gran Ciudad* *de Granada. Cada dia crecen las ocasiones de gastos y se experimentan los aprietos de mi Real Hazienda...* — [S.l. : s.n., s.a.]. — [3] p. ; Fol.

Se ha respetado la puntuación original. — Incluye dos cartas : Una de Luis Méndez de Haro y otra de Diego de Riaño y Gamboa, fechadas el 23 y 26 de agosto de 1653.

01-00094619 000

▶ M-BN, V.E./206-62.

3445

Cédula, 1654-07-11. *El Rey. Conde de Saluatierra, Pariente, Gentilhombre de mi camara, mi Virrey... ; del Peru, o a la persona, o personas, a cuyo cargo fuese su gouierno : siendo tan preciso assistir a la defensa de las fronteras del Principado de Cataluña, y procurar echar de aquella Prouincia a los Franceses, y ocurrir tambien a otras partes destos mis Reinos..., se ha discurrido en los medios que pueden producir algun caudal para el sustento de mis exercitos, y armadas... y entre esto ha sido el pedir vn donativo general en esta Corte, y en todo el Reyno, que sea voluntario... poniendo limite... de quinientos ducados de plata de contado... me ha parecido ordenaros... que luego que recibais esta mi cedula, pidais el dicho donatiuo...* — [S.l. : s.n., s.a.]. — [2] p.

Se ha respetado la puntuación original.

01-00002965 000

▶ M-BN, V.E./1346-7.

3446

Cédula, 1654-08-10. *El Rey. Por quanto mediante la consulta que me hizo mi Montero mayor, en que me representò las vejaciones, y molestias q̃ los Monteros de mi caza de monteria recibian de las Iusticias de las Villas y Lugares dõde eran vezinos, y residian en sus casas, por no les*

querer guardar las exempciones, inmunidades, y priuilegios... — [S.l. : s.n., s.a.]. — 2, [1] h., [1] en bl., A⁴ ; Fol.

Se ha respetado la puntuación original.

01-00094686 000

▶ M-BN, V.E./192-82.

3447

Cédula, 1654-09-22. *El Rey. Por quanto por una mi Cedula del dia de la fecha de esta, he mandado, que para desde primero de Octubre de este año, se mude la forma de la administracion, y cobrança de las sisas, y impuestos tocantes a millones... Y para la execucion dello... se ha formado, y dispuesto la Instrucion del tenor siguiente. Instruccion que se ha de executar en la administracion, y cobrança de la sisa del azeyte en la nueua forma que se ha elegido...* — [S.l. : s.n., s.a.]. — 4 h., A⁴, Fol.

Se ha respetado la puntuación original.

01-00011632 000

▶ M-PR, III-3711(7). — Enc. pasta.

3448

Cédula, 1655-01-10. *El Rey. Por quanto auiēdose reconocido los muchos, y grādes fraudes que generalmente se han introducido en la paga, y contribucion de las sisas, y impuestos, que el Reyno me tiene concedidos... Visto, y conferido en el mi Consejo... fui seruido mandar hazer, y publicar una ley general, por cedula que mandè despachar en veinte y ocho de Diziembre de mil y seiscientos y cinquenta y quatro...* — [S.l. : s.n., s.a.]. — 3 h., [1] en bl., A⁴ ; Fol.

Se ha respetado la puntuación original. — Inserta Cédula dada el 28 de diciembre de 1654.

01-00094663 000

▶ M-BN, R/14371-36. — Sello de Pascual de Gayangos. ▶ M-BN, V.E./142-22.

3449
Cédula, 1655-01-10. *El Rey. Por quanto auiendose reconocido los muchos, y grandes fraudes que generalmente se han introducido en la paga, y contribucion de las sisas, y impuestos que el Reyno me tiene concedidos... visto, y conferido en el mi Consejo... fuy seruido mandar hazer, y publicar vna ley general, por cedula que mandè despachar en veinte y ocho de Diziembre de mil y seiscientos y cinquenta y quatro...* — [S.l. : s.n., s.a.]. — [5] p., A³ ; Fol.
Se ha respetado la puntuación original. — Inserta Cédula dada el 28 de diciembre de 1654.
01-00094756 000
▶ M-BN, V.E./189-70.

3450
Cédula, 1655-02-20. *El Rey. Por Quanto por mi mandado se arrendaron a Francisco Mayoral las sisas de la octaua parte, y treinta y vn marauedis y medio (y las que llaman del Consejo) del vino que se consume en esta villa de Madrid, y sus arrabales, por tiempo de quatro años, que empeçaron a correr en primero de Octubre del passado de mil y seiscientos y cinquenta vno...* — [S.l. : s.n., s.a.]. — 4 h., A⁴ ; Fol.
Se ha respetado la puntuación original. — Traslado fechado el 12 de noviembre del mismo año.
01-00094644 000
▶ M-BN, V.E./211-20.

3451
Cédula, 1655-03-20. *Comission al Señor Conde de Casarrubios, para los negocios de Presidios. [Comision al Señor D. Fernando de Arce y Davila, que por muerte del señor Conde de Casarrubios sucediò en esta superintendencia].* — [S.l. : s.n., s.a.]. — [4] p. ; Fol.

Traslado de dos Cédulas, dadas el 20 de marzo de 1655 y el 27 de marzo de 1673, fechado en Madrid el 23 de febrero de 1674.
01-00094593 000
▶ M-BN, V.E./190-22.

3452
Cédula, 1655-10-24. *El Rey. Por quanto el Reyno junto en las Cortes, que al presente se estan celebrando, reconociendo los muchos fraudes que se han experimentado en la cobrança, y administracion de las sisas impuestas, para la paga de los dos millones antiguos, y vn millon dozientos y cinquenta mil ducados que se acrecentaron en las Cortes del año de mil y seiscientos y treinta y dos...* — [S.l. : s.n., s.a.]. — 6 h., A⁶ ; Fol.
Se ha respetado la puntuación original.
01-00094648 000
▶ M-BN, V.E./41-63. ▶ M-PR, III-3711 (4). — Enc. pasta.

3453
Cédula, 1655-10-24. *El Rey. Por Quanto por vna mi cedula del dia de la fecha desta he tenido por bien de aprouar, y confirmar el Acuerdo que el Reyno junto en las Cortes que se estan celebrando hizo en veinte y dos de Setiembre deste año, prestando consentimiento, para que lo que importare el impuesto de la octaua parte sobre el vino, y vinagre...* — [S.l. : s.n., s.a.]. — 6 h. ; Fol.
Se ha respetado la puntuación original.
01-00094582 000
▶ M-BN, V.E./141-25. ▶ M-BN, V.E./ 37-68. — Deteriorado, afectando a última h.

3454
Cédula, 1656-07-19. *El Rey. Por Quanto el Reyno junto en las Cortes que se*

estan celebrando por acuerdo de cinco de Iulio deste año, ha ofrecido seruirme con la prorrogacion por seis años mas el seruicio de veinte y quatro millones, nueue millones de plata, dos millones y medio, millon del repartimento de las quiebras, y el impuesto de la passa... — [S.l. : s.n., s.a.]. — [3] p. ; Fol.
Se ha respetado la puntuación original.
01-00094666 000
▶ M-BN, V.E./217-11.

3455
Cédula, 1656-07-20. *El Rey. Auiendose reconocido los continuos fraudes, introducidos en las sisas del vino, y vinagre, azeite, y carnes, executadas por los metedores, y por otras diuersas personas de todos estados, deseando en quanto fuere possible escusar tan grandes, y perjudiciales vsurpaciones, y delitos como se cometian para executarlas...* — [S.l. : s.n., s.a.]. — 3 h., A^3 ; Fol.
Se ha respetado la puntuación original.
01-00094613 000
▶ M-BN, V.E./189-26.

3456
Cédula, 1657-12-14. *El Rey. Mi corregidor de la Ciudad de Granada, Sabed, que auiendose N. Señor seruido de fauorecerme con el feliz parto de la Serenissima Reyna, mi muy cara, y muy amada muger, y el nacimiento dichoso de el Serenissimo Principe Don Felipe mi hijo...* — [S.l. : s.n., s.a.]. — [2] p. ; Fol.
Se ha respetado la puntuación original.
01-00094749 000
▶ M-BN, V.E./206-61.

3457
Cédula, 1658-04-01. *El Rey. Por quanto el Rey mi señor, mi padre (que*

santa gloria aya) por vna su cedula de siete del mes de Otubre, del año de mil y seiscientos y doze, hizo merced al Prior, Frayles y Conuento de San Lorenço el Real, de darles en propiedad, para la dotacion y fundacion de las Capellanias, Aniversarios, y Memorias, que tienen cargo, y obligacion de hazer, y cumplir... conforme la escritura... de Otubre del dicho año, las dehesas del Piul, Gozquez, Santisteuan, y el Aldeguela por la presente mando, que... por ningun caso, color, ni pretexto alguno ningun guarda del sitio de Aranjuez, bosque del Pardo, ni de Prematica, ni otra alguna entre jamas a exercer su oficio, ni cosa tocante a èl en la dichas dehesas del Piul, Gozquez... y sus Anexos. — [S.l. : s.n., s.a.]. — [3] p. ; Fol.
Se ha respetado la puntuación original.
01-00034027 000
▶ ME-RB, 30-VI-2(43).

3458
Cédula, 1658-04-16. *El Rey. Por Quanto auiendose reconocido, que despues que se reformaron, ò limitaron a los soldados de mis Guardas las preeminencias que gozan, se han enflaquecido, y disminuido grandemente las Compañias, assi en el numero de los soldados, como en la calidad de la gente, de que se componian... que tenian, y gozauan hasta el año de seiscientos y veinte y seis.* — [S.l. : s.n., s.a.]. — [4] p. ; Fol.
Se ha respetado la puntuación original. — Traslado fechado el 11 de junio de 1658.
01-00002966 000
▶ M-BN, V.E./1346-4.

3459
Cédula, 1658-04-16. *El Rey. Por quanto auiendose reconocido, que despues que se reformaron, ò limitaron a los Soldados de mis Guardas las preeminencias que*

gozauan se han enflaquecido, y diminuido grandemente las Compañias, assi en el numero de los Soldados, como en la calidad de la gente de q̃ se componian... — [S.l. : s.n., s.a.]. — 2 h. ; Fol.

Se ha respetado la puntuación original. — Traslado fechado en 1662.

01-00094747 000

▶ M-BN, V.E./214-44. — Firma ms. del escribano que hizo el traslado, y el dia y mes del traslado (dos de Julio).

3460
Cédula, 1658-10-30. *El Rey. Por Quanto en la Prematica, que se publicò en esta Corte, en veinte y cinco de Setiembre deste año: se dispuso, que toda la moneda de vellon gruesso, que al presente corre en estos Reinos, se lleuasse à las casas de moneda de ellos, donde se fundiesse, y labrasse de nueuo...* — [S.l. : s.n., s.a.]. — [4] p. ; Fol.

Se ha respetado la puntuación original. — Esc. xil. real en cabecera de texto.

01-00094696 000

▶ M-BN, V.E./142-65. ▶ M-BN, V.E./ 142-66. ▶ M-BN, V.E./142-67.

3461
Cédula, 1658-11-04. *El Rey. Por quanto (como he notorio) o Reyno de Portugal faltou à obediencia, que me devia, no anno de mil e seiscientos e quarenta, por havelo tumultuado alguñs sediciosos, e mal côteníes, em companhia de Dom Ioaō Duque de Bargança...* — [S.l. : s.n., s.a.]. — 2 h. ; Fol.

Se ha respetado la puntuación original.

01-00094599 000

▶ M-BN, V.E./185-70.

3462
Cédula, 1659-04-08. *Cedula que mando despachar la Magestad de D. Phi-*

lipo Quarto, nuestro señor, en razon de la precedencia que tienen, y deven tener los quatro Colegios Mayores de la Universidad de Salamanca. — [S.l. : s.n., s.a.]. — [2] p. ; Fol.

01-00122304 000

▶ M-BN, 3/64512(3). — Enc. antes del índice de la 1.ª obra del volumen.

3463
Cédula, 1659-04-08. *Cedula, que mandó despachar la Magestad de Philipo IIII N. Señor, en razon de la precedencia que tienen, y deuen tener los quatros Colegios Mayores desta Vniuersidad.* — [S.l.: s.n., s.a.]. — [2] p., [2] en bl., A² ; Fol.

01-00094759 000

▶ M-BN, 3/48780(2). — Encuadernada a continuación de la port. de la 1.ª obra del vol. ▶ M-BN, R/23731(2). — Enc. perg. ▶ M-BN, V.E./41-21.

3464
Cédula, 1659-10. *El Rey. Sabed, que por mi Consejo se me ha representado los inconuenientes que se han experimentado, y experimentan, generalmente en los lugares del Reyno con la nueua forma que vltimamente mandè tomar en la cobrança de las sisas del vino, vinagre, y azeyte pertenecientes al seruicio de veinte y quatro millones...* — [S.l. : s.n., s.a.]. — [3] p., A² ; Fol.

Se ha respetado la puntuación original. — Inserta cédula dada el 5 de octubre de 1659.

01-00094755 000

▶ M-BN, V.E./141-13.

3465
Cédula, 1659-10-08. *El Rey. Por quanto por vna mi Cedula del dia de la fecha desta, refrendada del mi infraescrito Secretario, he resuelto, que la forma que*

vltimamente mande tomar por otra de quince de Março passado deste año, sobre la cobrança en los Lugares de saca de la sisa del vino, vinagre, y azeite, perteneciē te al seruicio de veinte y quatro millones... — [S.l. : s.n., s.a.]. — 9 h., A⁹ ; Fol.

Se ha respetado la puntuación original.

01-00094604 000

▶ M-BN, V.E./141-24.

3466
Cédula, 1660-12-13. *El Rey. Por quanatouiendose [sic] prohibido por diferentes cedulas, y ordenanças el comercio, y contratacion de los Reynos, y Prouincias de las Indias a los Estrangeros de estos Reynos, y dadose la forma conueniente con que han de comerciar, y tratar en las Indias los naturales de ellas...* — [S.l. : s.n., s.a.]. — [3] p. ; Fol.

Se ha respetado la puntuación original.

01-00094674 000

▶ M-BN, V.E./192-84.

3467
Cédula, 1661-01-10. *La forma en que se haze en Madrid en el nuevo ingenio del molino la labor de la moneda de plata y vellon ligada y se ha de guardar en los demàs del Reyno.* — [S.l. : s.n., s.a.]. — [4] p., A² ; Fol.

01-00011633 000

▶ M-RAE, 13-A-25(20). — Enc. perg.

3468
Cédula, 1661-01-25. *El Rey. Governador, y los de mi Consejo de Hazienda y Contaduria mayor della; Ya sabeis que aviendose reconocido que los crecidos Derechos que se cobran en las rētas, han sido causa de los fraudes que se cometen... ha parecido el vnico remedio la moderacion de los dichos Derechos y que se comience a* executar en las rentas de los Almojarifazgos mayor, y de Indias de Sevilla... — [S.l. : s.n., s.a.]. — [4] p. ; Fol.

Se ha respetado la puntuación original. — Traslado fechado el 21 de mayo de 1666. — Inserta auto dado el 4 de febrero de 1661.

01-00122305 000

▶ M-BN, V.E./209-24 bis.

3469
Cédula, 1661-08. *El Rey. Por Quanto auiendoseme representado por mi Consejo de Guerra, que hallandose junto el exercito que se preuiere para la recuperacion de Portugal, assi por la parte de la Prouincia de Extremadura, como por la de Galicia, y demas plaças de Ciudad-Rodrigo, Zamora, y la Puebla de Sanabria, y otras de las fronteras de Castilla la Vieja...* — [S.l. : s.n., s.a.]. — [3] p. ; Fol.

Se ha respetado la puntuación original.

01-00094685 000

▶ M-BN, V.E./50-79.

3470
Cédula, 1661-08-13. *El Rey. Por quanto yo soy Patron del Monasterio de Santa Maria la Real de las Huelgas de la Orden de Cistel [sic], que fundò y dotò el Señor Rey Don Alonso el Octauo extramuros de la ciudad de Burgos, y yo, y los señores Reyes de España mis predecesores, desde dicho señor Rey Don Alonso, emos atendido continuadamēte a la conseruacion, y mayor lustre, y autoridad del dicho Monasterio...* — [S.l. : s.n., s.a.]. — 16 h., A¹⁶ ; Fol.

Se ha respetado la puntuación original.

01-00094670 000

▶ M-BN, V.E./195-26.

3471
Cédula, 1661-10. *El Rey. Gouerna-*
dor, y los de mi Consejo de Hazienda, y
Contaduria mayor della, ya sabeis, que en
diez de este presente mes de Octubre,
mandè dar, y di vna mi cedula del tenor si-
guiente... — [S.l. : s.n., s.a.]. — 3 h.,
A³ ; Fol.
Se ha respetado la puntuación
original. — Inserta cédula dada el
10 de octubre de 1661.

01-00094764 000

▶ M-BN, V.E./211-28.

3472
Cédula, 1662-06-10. *El Rey. Por*
quanto aviendose entendido en mi Consejo
de Hacienda en Sala de Millones, que mu-
chos de los Administradores Generales, y
particulares de los servicios de Millones de
las Provincias del Reyno han nombrado, y
nombran diferentes Ministros, y guar-
das... — [S.l. : s.n., s.a.]. — [3] p. ;
Fol.
Se ha respetado la puntuación
original. — Traslado fechado el 14
de junio del mismo año.

01-00094757 000

▶ M-BN, V.E./141-77.

3473
Cédula, 1662-08-14. *El Rey. Gover-*
nador, Y los de mi Consejo de Hazienda, y
Cõtaduria mayor della. Bien sabeis los
grandes, y cõtinuos gastos que de mi Real
patrimonio se han hecho despues que sucedi
en estos Reynos, assi para la defensa de-
llos, como de los otros Estados de mi Coro-
na para poder assistir a tã cõtinuas, y por-
fia das guerras... — [S.l. : s.n., s.a.].
— 4, [1] h., A⁵ ; Fol.
Se ha respetado la puntuación
original. — Traslado fechado el 15
de agosto del mismo año.

01-00094676 000

▶ M-BN, V.E./190-12.

3474
Cédula, 1663-04-15. *Copia de la Ce-*
dula de Su Magestad en que se sirve de
mandar que... Ioseph Gonçalez... y D.
Pedro Valle de la Cerda... vendan los ofi-
cios de Notarios, Alguaziles, Fiscales y
Depositarios de Cruzada, en todas las ciu-
dades, villas y lugares los Reynos de Cas-
tilla y Leon y los de la Corona de Aragon y
Islas, Reyno de Sicilia, y de las Indias y
las Perpetuaciones de las Contadurias de
Cruzada de Indias con las preheminen-
cias, facultades y essempciones que les pa-
reciere. — [S.l. : s.n., s.a.]. — 6, [2]
p., A⁴ ; Fol.

01-00011624 000

▶ M-RAE, 13-A-24(28). — Enc. perg.

3475
Cédula, 1663-10-29. *El Rey. Por*
quanto se ha entendido, que de algun tiem-
po a esta parte se han introducido por los
Puertos destos mis Reynos muchas canti-
dades de cacao fuera de registro, en contra-
vencion de mis Reales ordenes... — [S.l. :
s.n., s.a.]. — [2] p. ; Fol.
Se ha respetado la puntuación
original. — Traslado de la Cédula.
— Esc. xil. real en cabecera.

01-00094637 000

▶ M-BN, V.E./196-78.

3476
Cédula, 1664-07-03. *Media annata*
de mercedes: reglas generales para su ad-
ministracion, benefício y cobrança forma-
das en virtud de ordenes y resoluciones de
su Magestad y expressadas en vna su Real
Cedula de tres de Iulio de 1664. — En
Madrid : Por Ioseph Fernandez de
Buendía, 1664. — [1], 18, [1] en
bl., 19-23, [2] h., [ ]¹, A¹, B-K², L¹,
M-O² ; Fol.
Port. con esc. real.

01-00011635 000

▶ M-RAE, 13-A-25(24). — Enc. perg.

3477
Cédula, 1665. *Don Felipe por la gracia de Dios, Rey de Castilla, de Leon, de Aragon... Sabed, que yo mandè dar, y di para el Gouernador, y los del mi Cōsejo, y Contaduria Mayor de Hazienda, una cedula... que es del tenor siguiēte... Sabed, que el Reyno junto en Cortes... reconociendo, que en el valor del tercero uno por ciento de nueua alcauala de lo vendible... no auia caudal bastante para dar satisfacion en juro de lo que se decia a Factores...* — [S.l. : s.n., s.a.]. — 12 h., A^{12} ; Fol.
Se ha respetado la puntuación original.

01-00011636 000

▶ M-PR, 3711(2). — Enc. pasta.

3478
Cédula, 1666-05-27. *La Reyna Gouernadora. Presidente, y los del Consejo de Hazienda, y Contaduria mayor della. Ya sabeis, que con ocasion de las necessidades, y aprietos de la Real Hazienda, y mirando a la conseruacion del todo del cuerpo de la Monarquia, y á la defensa comun della, y de la causa publica...* — [S.l. : s.n., s.a.]. — 25 h., A^1, B-N^2 ; Fol.
Se ha respetado la puntuación original. — Inserta varias cédulas, fechadas entre 1648-1664 y un auto de 1664.

01-00094707 000

▶ M-BN, V.E./199-2.

3479
Cédula, 1666-11-16. *La Reyna Gouernadora. Don Alonso de Paz Guzman, Cavallero del Orden de Calatrava, a cuyo cargo esta està por mi mandado la administracion de las Rentas de los Almoja-rifazgos de la Ciudad de Sevilla, por quenta, y riesgo, y con intervencion de Francisco Baez Emmente..., Ya sabeis, que yo mandè dar, y di vna mi Cedula...* — [S.l. : s.n., s.a.]. — [4] p. ; Fol.
Se ha respetado la puntuación original. — Traslado fechado el 13 de Abril de 1667.

01-00122303 000

▶ M-BN, V/Cª 209-24.

3480
Cédula, 1667-03-30. *La Reyna gobernadora, don Alonso de Paz Guzman, cavallero del Orden de Calatrava a cuyo cargo esta por mi mandado la administracion de las Rentas de los Almojarifazgos de la ciudad de Sevilla...* — [S.l. : s.n., s.a.]. — [4] p. ; Fol.
Se ha respetado la puntuación original. — Traslado fechado en Sevilla el 13 de abril de 1667.

01-00094466 000

▶ M-BN, V.E./209-24.

3481
Cédula, 1668-02-03. *La Reyna Gobernadora. Conde-Estable de Castilla, Duque de Frias, Primo, Governador, y Capitan General del Reino de Galicia, El Capitan reformado Don Francisco de Vit Irlandes, me ha representado sus servicios, y los de quatro hermanos, que en consideracion dellos os pidió vna de las Compañias que se levantan en esse Reino, para Flandes...* — [S.l. : s.n., s.a.]. — [1] h. ; Fol.
Se ha respetado la puntuación original. — Traslado fechado el 5 de diciembre de 1672.

01-00094727 000

▶ M-BN, V.E./198-12.

3482
Cédula, 1668-04-18. *La Reyna Gouernadora. Por Quanto el Rey mi señor*

(que está en el cielo) deseando el aliuio de sus vassallos, fue seruido de mandar por su Real cedula de diez y seis de Nouiembre del año passado de mil y seiscientos y sesenta y quatro, a las justicias, y Comissarios de Millones de las Prouincias del Reyno... — [S.l. : s.n., s.a.]. — 3, [1] p., A² ; Fol.
Se ha respetado la puntuación original. — Traslado fechado el 12 de mayo del mismo año.
01-00094661 000
▶ M-BN, V.E./197-84. — Día del traslado ms. ▶ M-BN, V.E./50-16.

3483
Cédula, 1668-09-14. *La Reyna Governadora. Conde de Humanes, Pariente, Assistente de la Ciudad de Sevilla, Maestro de Campo General de las Milicias della, y su Tierra, Aunque por auerse ajustado la Paz con las Coronas de Francia, y Portugal, se pudiera creer q̃ se avia concluido con los cuidados de la guerra, cessando en las disposiciones...* — [S.l. : s.n., s.a.]. — [4] p. ; Fol.
Se ha respetado la puntuación original.
01-00094737 000
▶ M-BN, V.E./213-20.

3484
Cédula, 1669-02-23. *La Reyna Governadora. Por quanto el Rey mi Señor... à pedimento del Prior, Frayles, y Convento del Monasterio de San Lorenço el·Real, mandò despachar en veinte y ocho de Mayo del año de mil seiscientos y veinte y dos, la Cedula del tenor siguiente...* — [S.l. : s.n., s.a.]. — [2] p., [2] en bl. ; Fol.
Se ha respetado la puntuación original.
01-00034028 000
▶ ME-RB, 130-VI-2(25).

3485
Cédula, 1669-03-19. *La Reyna gouernadora, Concejo, Iusticia, Veintiquatros, Caualleros, Iurados, Escuderos, Oficiales, y Hombres buenos de la Nombrada, y Gran Ciudad de Granada, desde que Nuestro Señor fue seruido de poner à mi cuydado el gouierno destos Reynos...* — [S.l. : s.n., s.a.]. — [3] p. ; Fol.
Se ha respetado la puntuación original.
01-00094690 000
▶ M-BN, V.E./206-73.

3486
Cédula, 1670-11-24. *Cedula que declara la forma que de aqui adelante se ha de tener en la Prouision de Personas q̃ siruan en la Real Capilla de Granada, en las vozes, y Magisterios de las Capellanias de Musica della, con salarios competentes, y otras cosas, sobre las Missas, y aumento à la Fabrica.* — [S.l. : s.n., s.a.]. — [4] p. ; Fol.
Inserta Cédula dada el 9 de marzo de 1670.
01-00094646 000
▶ M-BN, V.E./38-34.

3487
Cédula, 1671-03-23. *La Reyna Gouernadora. Concejo, Iusticia, Ventiquatros, Caualleros, Iurados, Escuderos, Oficiales, y Hombres Buenos de la Nombrada, y gran Ciudad de Granada. Auiendo su Santidad concedido a mi instancia Breue de Rezo con Rito doble, y Missa, para que el dia en que muriò el Santo Rey D. Fernando el Tercero se celebre en todos los Reynos, y Dominios del Rey D. Carlos... y assimismo vn Decreto, para que este presente año se celebre la fiesta el dia que se eligiere en cada Yglesia, como vno, y otro vereys de las copias de dichos Breue, y*

Decreto que se os remiten con esta... —
[S.l. : s.n., s.a.]. — [4] p. ; Fol.
Se ha respetado la puntuación
original.

01-00094606 000

▶ M-BN, V.E./206-64.

3488
Cédula, 1671-05-12. *La Reina
Gouernadora. Por quanto por cedula mia
de la fecha desta, refrendada del infraes-
cripto Secretario he aprouado la escriptura
que esta Villa de Madrid otorgó en treinta
y uno de Diziembre del año passado de mil
y seiscientos y setenta...* — [S.l. : s.n. ,
s.a.]. — 2 h., A² ; Fol.
Se ha respetado la puntuación
original. — Traslado fechado el 2 de
junio del mismo año.

01-00094632 000

▶ M-BN, V.E./190-23.

3489
Cédula, 1672-06-08. *Cedula real,
dada por la Magestad Catolica de la
Reyna nuestra Señora Governadora... en
que haze al Reuerendissimo Padre Fray
Marcos de Herrera, Prior de su Real
Casa de San Lorenço del Escurial, Supe-
rintendente de la fabrica, para la nueva
reedificacion dèl.* — [S.l. : s.n., s.a.].
— [3] p. ; Fol.
Se ha respetado la puntuación
original.

01-00034029 000

▶ ME-RB, 130-VI-2(41).

3490
Cédula, 1673-02-08. *La Reina Governadora. Por quanto por fallecimiento
de D. Francisco Zapata, Conde de Casarrubios, del Consejo, y Camara de Castilla, à cuyo cargo estava la comission de en-
caminar todos los forçados que se hallaren
en las carceles destos Reinos á las casas se-*
*ñaladas, y de ellas en Colleras à las Gale-
ras de España, conviene nombrar Ministro del grado, y autoridad que se requiere
para esta ocupacion...* — [S.l. : s.n.,
s.a.]. — [3] p. ; Fol.
Se ha respetado la puntuación
original. — Traslado fechado el 23
de febrero de 1674.

01-00094651 000

▶ M-BN, V.E./195-29.

3491
Cédula, 1673-06-15. *Tanto de la Cedula en que su Magestad fue servido de
mandarle al Virrey Conde de Lemus remi-
tiesse la causa que se fulminò en el assiento
de Puno contra el Maestro de Campo Ioseph de Salcedo, lo qual no se pudo conseguir hasta que por su muerte la remitió la
Audiencia de Lima, y llegó al Consejo de
Indias por Noviembre de setenta y quatro
años...* — [S.l. : s.n., s.a.]. — 4 h., A-
B² ; Fol.
Inserta tres cartas del Conde de
Lemos.

01-00094588 000

▶ M-BN, V.E./65-24.

3492
Cédula, 1673-11-13. *La Reyna Governadora, Iusticia, y Regimiento de la
Villa de Madrid, Ya sabeis, que el conde
de Villavmbrosa, Presidente del Consejo... os participò las necessidades vrgentes
de la causa publica, y quan necessario era
el auer de acudir promptamente à las as-
sistencias de dentro, y fuera de España...*
— [S.l. : s.n., s.a.]. — 7 h., [1] en
bl., A-C², [ ]², Fol.
Se ha respetado la puntuación
original. — Traslado fechado el 10
de enero de 1685.

01-00122302 000

▶ M-BN, V.E./209-82. — La fecha del
traslado está ms.

3493
Cédula, 1673-12-08. *La Reyna Gouernadora, Conceio, Iusticia, ventiquatros, Caualleros, Iurados Escuderos, oficiales, y Hōbres Buenos, de la nombrada, y gran Ciudad de Granada, Reconociendo la falta de medios q̄ al presente ay para las assistēcias q̄ son necessarias en Flandes, Armada Real, Catalunia, Presidios, y Fronteras de España...* — [S.l. : s.n., s.a.]. — [2] p., [2] en bl. ; Fol.
Se ha respetado la puntuación original.

01-00094467 000

▶ M-BN, V.E./209-23.

3494
Cédula, 1674-04-11. *La Reyna Governadora. Por Quanto aviendo publicado en Paris el Rey Christianissimo la guerra contra esta Corona el dia veinte de Octubre del año proximo passado, despues de aver hecho repetidas hostilidades con sus tropas en los Payses baxos...* — [S.l. : s.n., s.a.]. — 10 h., A-E^2 ; Fol.
Se ha respetado la puntuación original. — Esc. xil. real en cabecera de texto. — Inserta Pragmática dada el 26 de enero de 1674.

01-00094659 000

▶ M-BN, V.E./197-48. ▶ M-BN, V.E./23-18.

3495
Cédula, 1674-04-17. *Copia de cedula de su Magestad, despachada à siete de Abril de mil seiscientos y setenta y quatro años, despachada al señor Licenciado Don Antonio Insausti, del Consejo de su Majestad, y Oidor de la Real Chancilleria de Granada.* — [S.l. : s.n., s.a.]. — [2] p. ; Fol.

01-00094592 000

▶ M-BN, V.E./67-66.

3496
Cédula, 1674-06-28. *La Reyna Gouernadora. Don Diego de Salvatierra y del Burgo, Cauallero de la Orden de Santiago, Corregidor de la Ciudad de Granada, y Administrador general de millones della, y su Reynado, Sabed, que auiendose propuesto a las Ciudades, y Villa de voto en Cortes, prorogassen por mas tiempo todos los servicios de millones, y condiciones con que el Reyno los tiene concedidos...* — [S.l. : s.n., s.a.]. — 4 h., A^4 ; Fol.
Se ha respetado la puntuación original. — Inserta dos cédulas dadas el 28 de agosto de 1673 y el 5 de septiembre de 1673.

01-00094352 000

▶ M-BN, V.E./210-80.

3497
Cédula, 1674-12-10. *La Reyna governadora. Licenciado D. Pedro Melendez Gōzalez, Alcalde de la Quadra de la nuestra Audiencia, de grados de la Ciudad de Sevilla, que por comission nuestra estais entendiendo en la averiguacion de los oficios...* — [S.l. : s.n., s.a.]. — 4 h., A^4 ; Fol.
Se ha respetado la puntuación original. — Traslado fechado el 20 de diciembre del mismo año.

01-00122301 000

▶ M-BN, V.E./208-20.

3498
Cédula, 1680-03-10. *El Rey: por quanto en la Pragmatica que se promulgò en mi corte el dia diez de febrero proximo passado sobre la baxa de la moneda de molino...* — [S.l. : s.n., s.a.]. — [4] p. ; Fol.
Se ha respetado la puntuación original.

01-00122300 000

▶ M-RAE, 13-A-25(33). — Enc. perg.

3499
Cédula, 1680-05-22. *El Rey. Por quanto por Ley, y Pragmatica del dia de la fecha se manda prohibir el vso de toda la moneda de molino que oy corre en estos Reynos, despues de la baxa promulgada en diez de Febrero deste presente año, con valor de dos maravedis...* — [S.l. : s.n., s.a.]. — 6 h., A^6 ; Fol.
Se ha respetado la puntuación original.

01-00094763 000
▶ M-BN, V.E./39-17. ▶ M-BN, V.E./39-38. ▶ M-RAE, 13-A-25(26). ▶ M-RAE, 13-C-38(7). — Enc. hol.

3500
Cédula, 1680-10-30. *Cedula confirmatoria, que mandò despachar la Magestad de Don Carlos Segundo, Nuestro Señor, en razon de la precedencia que tienen y deven tener los quatro colegios Mayores de la Vniversidad de Salamanca.* — [S.l. : s.n., s.a.]. — [2] p. ; Fol.

01-00122299 000
▶ M-BN, 3/64512(2). — Enc. antes del índice de la 1.ª obra del vol.

3501
Cédula, 1680-11-27. *Cedula Real en que su Magestad manda se observe, y guarde la moderacion de alquileres de casas, y precios de todos generos comerciables &c...* — En Madrid : por Julian de Paredes..., 1680. — [1], 1-2, [1], 3-51 h., A^4, [ ]^2, B-Z^2, 2A-2B^2, [ ]^1 ; Fol.
Existen al menos dos ed. con el mismo pie de imp.: reclamo, h. 5v.: MEMO-. — Port. con esc. xil. real. — *Tassa general de los alquileres de las casas que se alquilan en esta Corte, y precios à que se han de vender las mercaderias, y de las hechuras, salarios, y jornales...*, h. 3-51.

01-00011640 000
▶ M-BN, R/14370-31. — Sello de Pascual de Gayangos. ▶ M-BN, R/23917(14). — Enc. pasta. — Recortado afectando al texto. ▶ M-BN, R/24032(1). — Enc. hol. — Sello de Pascual de Gayangos y ex-libris ms.: «está al uso de los Padres Capuchinos de Segovia». — Falto de h. 51. ▶ M-BN, V.E./38-2. ▶ M-BN, V.E./38-45. ▶ M-BN, V.E./67-52. ▶ M-PR, III-6484(16). — Enc. cart. ▶ M-RAE, 13-C-29(1). — Enc. perg.

3502
Cédula, 1680-11-27. *Cedula Real en que su Magestad manda se observe, y guarde la moderacion de alquileres de casas, y precios de todos generos comerciables &c.* — En Madrid : por Julian de Paredes..., 1680. — [1], 1-2, [1], 3-51 h., [ ]^1, A^2, [ ]^1, B-Z^2, 2A-2B^2, [ ]^1 ; Fol.
Existen al menos dos ed. con el mismo pie de imp.: en h. 5 v. el reclamo es «ME». — Port. con esc. xil. real. — *Tassa general de los alquileres de las casas que se alquilan en esta Corte; precios à que se han de vender las mercaderias: y de las hechuras, salarios y jornales...*, p. 3-51.

01-00011641 000
▶ M-BN, 2/31823. — Enc. perg. ▶ M-BN, R/23879(21). — Enc. perg. ▶ M-BN, V.E./40-83. — Falto de las dos últimas h. ▶ M-RAE, 13-C-38(1). — Enc. hol. — Falto de h. 51.

3503
Cédula, 1680-11-27. *Traslado de la cedula real que su Magestad el Rey... Don Carlos Segundo mandó guardar, en quanto a los precios de medicinas, en veinte y siete dias del mes de Nouiembre de mil y seiscientos y ochenta años, y se publicó en Madrid en catorze de Diciembre de dicho año.* — [S.l. : s.n., s.a.]. — [24] p., 2A^8, 2B^4 ; 4^0

De operationis Pharmaceuticis, a partir de 2B$_2$.

01-00011642 000

▶ M-UC (FM), 58«16»V67e(2). — Enc. perg.

3504
Cédula, 1681-12-16. *Don Carlos, por la gracia de Dios, Rey de Castiella, de Leon... A vos qualesquier nuestros Iuezes, y justicias de todas las Ciudades, Villas, y Lugares destos nuestros Reynos, que con esta nuestra Cedula, ò su traslado autorizado fueredes requirido...* — [S.l. : s.n., s.a.]. — [3] p., A^2 ; Fol.

01-00094607 000

▶ M-BN, V.E./67-98. — Sello real, con fecha de 1682.

3505
Cédula, 1682-12-30. *El Rey. Don Luis Pacheco, Sabed q̃ siendo el mayor cuydado mio solicitar en quanto sea posible el aliuio de mis vasallos, y que sean tratados con la equidad, y justicia que combiene à la buena administracion della, reparando los daños que por varios accidentes, assi del contagio que sea continuado en muchas Ciudades..., que por la injuria del tiempo an padecido, expecialmente en estos vltimos años, recayendo estas mismas causas en grande menoscauo de las Rentas...* — [S.l. : s.n., s.a.]. — 10 p., [2] p. en bl., A-C^2 ; Fol.

Se ha respetado la puntuación original. — Traslado fechado el 4 de marzo de 1683. — Inserta Cédula dada en Madrid el 3 de enero de 1683.

01-00094692 000

▶ M-BN, V.E./208-91. — Fecha del traslado ms.

3506
Cédula, 1683-05-27. *Don Carlos por la gracia de Dios, Rey de Castilla...*

sabed que: à instancia del Rey Felipe Tercero,... — [S.l. : s.n., s.a.]. — 3 h., [1] en bl., A^4 ; Fol.

01-00122298 000

▶ M-RAE, 13-A-25(40). — Enc. perg.

3507
Cédula, 1683-10-28. *Cedula Real, ganada a pedimento de la Vniuersidad de Mareantes, en que declara el Rey... Carlos Segundo... lo que se debe hacer en algunos puntos, y circunstancias, que no estauan prevenidas en la cedula del sorteo de los Nauios que se han de sortear para el buque de las Flotas de Tierra- Firme, y Nueva-España, y licencias sueltas.* — [S.l. : s.n., s.a.]. — 4 h., A^4 ; Fol.

01-00122297 000

▶ M-BN, V.E./208-75.

3508
Cédula, 1683-11-10. *El Rey Conde de Palma, Pariente, Gentil hombre de mi Camara, Capitan General de la Costa del Reyno de Granada. Por parte del Dean, y Cabildo de la Santa Iglesia de Santiago se me ha representado, que por los... Reyes Catolicos... se concedio previlegio à aquella Iglesia, y Hospital Real della, en execucion de otros antiguos dados por el... Rey don Ramiro... para que todo genero de personas... pagassen perpetuamente las Rentas del Voto...* — [S.l. : s.n., s.a.]. — 3 h., A^1, ¶$^{2-3}$; Fol.

Se ha respetado la puntuación original. — Inserta dos cartas, una del Conde de Palma, fechada el 25 de noviembre de 1683, y otra de Miguel Leonardo de Cardona, de 3 de Noviembre de 1684.

01-00094584 000

▶ M-BN, V.E./65-26.

3509
Cédula, 1684-01-30. *El Rey. Por Quanto considerando lo mucho que convenia aumentar el Comercio en estos Reinos, hallandose tan descaecido, que requeria aplicar à su reparo toda atencion, y cuidado, Resolvì poner materia tan importante al de la Iunta que mandè formar à este fin...* — [S.l. : s.n., s.a.]. — [6] p., A³ ; Fol.
Se ha respetado la puntuación original.

01-00094660 000
▶ M-BN, V.E./25-33.

3510
Cédula, 1684-07-14. *Don Carlos por la gracia de Dios, Rey de Castilla y Leon... Don Luis de Salçedo y Arbizu, Cauallero del Orden de Alcantara, del mi Consejo, mi asistente de la Ciudad de Seuilla, Superintendēte General de mis Rentas Reales, y Servicios de Millones della, y su Prouincia: Sabed, que a pedimento dessa dicha Ciudad se diò, y despachò vna mi Cedula...* — [S.l. : s.n., s.a.]. — [4] p. ; Fol.
Se ha respetado la puntuación original. — Inserta Auto dado el 11 de agosto de 1684.

01-00094664 000
▶ M-BN, V.E./216-15.

3511
Cédula, 1684-10-24. *El Rey. Don Ioseph Sanchez Samaniego, Oydor de la mi Audiencia, y Chancilleria, que reside en la Ciudad de Granada, Iuez conservador, y priuatiuo de las Rentas del Voto del glorioso Apostol Santiago, Vnico, y singular Patron, y Tutelar de España, por subdelegacion de D. Alonso Nuñez de Godoy, asimismo Oydor de esta dicha mi Audiencia. Por vuestra consulta de diez y nueue de Septiembre proximo passado de este año,* me aueys hecho relacion, como me hallo noticiado de los Reales Priuilegios condedidos à la Santa Apostolica Iglesia...* — [S.l. : s.n., s.a.]. — [8] p., A⁴ ; Fol.
Se ha respetado la puntuación original. — Traslado fechado el 8 de enero de 1685.

01-00094585 000
▶ M-BN, V.E./65-72.

3512
Cédula, 1684-11-06. *El Rey. Licenciado D. Alonso Nuñez de Godoy, Oydor de la mi Audiencia, y Chancilleria que reside en la Ciudad de Granada, y Iuez protector, y conservador de las Rentas tocantes al Voto de la Santa Iglesia de Santiago, y su Hospital Real, en el distrito de la dicha Ciudad...* — [S.l. : s.n., s.a.]. — [8] p., A⁴ ; Fol.
Se ha respetado la puntuación original. — Traslado de la Cédula dada el 13 de noviembre de 1684.

01-00094752 000
▶ M-BN, V.E./65-70. — Fecha del traslado ms. de 20 de Enero de 1685.

3513
Cédula, 1684-11-13. *El Rey Licenciado Don Alonso Nuñez de Godoy, Oydor de la mi Audiencia, y Chancilleria que reside en la Ciudad de Granada, y Iuez Conservador, y privativo de las Rentas del Voto de la Santa Iglesia de Santiago, en el partido de essa Chancilleria...* — [S.l. : s.n., s.a.]. — 3 h., A³ ; Fol.
Se ha respetado la puntuación original. — Traslado fechado el 2 de enero de 1685.

01-00094748 000
▶ M-BN, V.E./65-71.

3514
Cédula, 1684-12-31. *El Rey. Concejo, Assistente, Alcaldes, Alguazil mayo-*

res, *Ventiquatros Caualleros, Iurados,*
Escuderos, Oficiales y Hombres buenos de
la muy Noble, y muy leal Ciudad de Seui-
lla : yà sabeis, como la mayor parte de las
Ciudades, y Villas de Voto en Cortes, en
continuacion de lo que los Reinos de Casti-
lla y Leon concedieron al Rey mi Padre...
y en atencion al estado y empeño en que se
hallaua mi Real Hazienda, por el año de
mil y seiscientos sesenta y nueve, prorroga-
rō por seis años los servicios de veinte y
quatro millones... — [S.l. : s.n., s.a.].
— [4] p. ; Fol.
Se ha respetado la puntuación
original.

01-00094595 000
▶ M-BN, V.E./216-27.

3515
Cédula, 1686-03-03. *El Rey. Presi-*
dente, y los del nuestro Consejo, Alcaldes
de nuestra Casa, y Corte, nuestro Corregi-
dor desta Villa de Madrid, y vuestros Te-
nientes, Sabed, que aviendose experimen-
tado el perjuicio que se causa al Comercio
de no contenerse cada Gremio en vender los
generos que le tocan... — [S.l. : s.n.,
s.a.]. — [2] p., A_2 ; Fol.
Se ha respetado la puntuación
original.

01-00094654 000
▶ M-BN, V.E./209-119.

3516
Cédula, 1687-03-06. *El Rey. Presi-*
dente, y Oìdores de mi Audiencia de la
Ciudad de S. Francisco, de la Provincia
de Quito, por parte del Presentado Fray
Felipe de Zamora, del Orden de San
Agustin, Procurador General de su Reli-
gion dessa Provincia... — [S.l. : s.n.,
s.a.]. — [3] p. ; Fol.
Se ha respetado la puntuación
original.

01-00094689 000
▶ M-BN, V.E./200-63.

3517
Cédula, 1687-09-19. *Don Carlos Se-*
gundo, por la gracia de Dios, Rey de Cas-
tilla... a vos los que huviereis sido, sois ò
fueredes mis Tesoreros, Receptores, Ar-
queros, Depositarios ò Administradores
del derecho del papel sellado... — [S.l. :
s.n., s.a.]. — 10 h., A^{10} ; Fol.
Sign. A^{10}.

01-00122295 000
▶ M-RAE, 13-A-25(47). — Enc. perg.

3518
Cédula, 1688-02. *El Rey. Governa-*
dor, y los del mi Consejo de Hazienda, y
Contaduria mayor de ella; ya sabeis, que
continuando mis aplicaciones à componer
el mal estado en que se hallan estos Rey-
nos, por su despoblacion, y falta de comer-
cio, y à procurar el aumento de la Real ha-
zienda... — [S.l. : s.n., s.a.]. — [4] p.;
Fol.
Se ha respetado la puntuación
original. — Traslado fechado en febrero de 1688.

01-00094765 000
▶ M-BN, V.E./196-27.

3519
Cédula, 1689-07-08. *El Rey. Por*
quanto el Duque de Cançano, de mi Con-
sejo de Guerra, à cuyo Cargo está el Go-
vierno de las Armas de la Provincia de
Guipuzcoa, en interin; me hà representado:
Que despues de publicada la Guerra con
Francia, le hà instado repetidamente la
Ciudad de San Sebastian, sobre que la
diesse Passaportes, para traer de Francia
los Generos de que necessita... — [S.l. :
s.n., s.a.]. — 11 p., A^6 ; Fol.
Se ha respetado la puntuación
original. — Traslado fechado el 11

de julio del mismo año. — Se incluye cédula y concordia de 1653, en
p. 2 y 4 respectivamente.

01-00094326 000

▸ M-BN, V.E./23-2.

3520
Cédula, 1691-01-09. *El Rey. Por
Quanto en despacho de siete de Junio de
seiscientos y ochenta y nueve años, firmado
de mi mano, y refrendado de mi infrascrip-
to Secretario, expedido con motivo del rom-
pimiento de guerra entre esta Corona, y la
de Francia, mandè hazer represalia, y con-
fiscacion de todos los bienes....* — [S.l. :
s.n., s.a.]. — [4] p. ; Fol.
Se ha respetado la puntuación
original.

01-00094652 000

▸ M-BN, V.E./50-85. — Traslado ms. de
la cédula.

3521
Cédula, 1691-02-05. *El Rey. Consejo, Assistente, Alcaldes, Alguaziles mayores, Veinte y quatros, Cavalleros Jurados, Escuderos, Oficiales, y hombres
buenos de la muy Noble, y muy Leal Ciudad de Sevilla. Ya sabeis, que la mayor
parte de las Ciudades, y Villas de voto en
Cortès...* — [S.l. : s.n., s.a.]. — [3] p.;
Fol.
Se ha respetado la puntuación
original.

01-00094634 000

▸ M-BN, V.E./197-52.

3522
Cédula, 1692-05-24. *Yo Diego Garcia de Paredes, Notario Apostolico, Secretario de la Vniversidad de Salamanca, doy
fee, y testimonio verdadero, como en el
Claustro pleno, que se congregò en ella à
once de Febrero passado de este presente
año de mil seiscientos y noventa y tres, se*

*leyò, y obedeciò vna Cedula Real de su
Magestad, que presentó, y entregò à la
Vniversidad... D. Alonso Murillo Velarde... y es, a la letra sacada de su original,
como se sigue.* — [S.l. : s.n., s.a.]. —
[4] p. ; Fol.
Traslado de la Cédula dada el 24
de mayo de 1692, fechado el 11 de
febrero.

01-00094768 000

▸ M-BN, V.E./23-28.

3523
Cédula, 1692-12-23. *Real Cedula de
su Magestad, que dà Regla para la elcc-
cion [sic] de Prior, y Consules del Consulado de esta Ciudad de Sevilla* / mandada imprimir por don Antonio de
Legorburu, D. Martin de Ollo, y
Don Luis Joseph Rodriguez de Medina, Cavalleros del Orden de Santiago, y Prior, y Consules Actuales
de dicho Consulado. — [S.l. : s.n.],
1696. — 1, 2 h., [1] h. en bl., A^4 ;
Fol.
Port. con esc. xil. real. — Inserta
Cédula dada el 24 de mayo de 1686.

01-00094621 000

▸ M-BN, V.E./205-22.

3524
Cédula, 1693-08-21. *El Rey. Por
quanto se ha reconocido el grave inconve-
niente de que las Milicias de estos Reynos
se hallen tan desechas, à causa del olvido
de restablecerlas por lo passado, y siendo
tan justo como necessario no dexarlo del
todo descaecer, ni olvidar el blason que en
todos tiempos ha tenido la Nacion en las
Armas...* — [S.l. : s.n., s.a.]. — 4 [i.e.
3], [1] h., A^4 ; Fol.
Se ha respetado la puntuación
original.

01-00094736 000

▸ M-BN, V.E./195-30. — An. ms.: sobre
restablecer las milicias.

3525 (*Cancelado*)

3526

Cédula, 1697. *El Rey. Por quanto tengo mandado à mis Virreyes, Presidentes, Audiencias, y Governadores de las Indias, executen, y remitan informes del numero de Conventos de Religiosos, y Religiosas, que estàn fundados en aquellos territorios, de que Religiones son...* — [S.l. : s.n., s.a.]. — [1] h., [1] en bl. ; Fol.

Se ha respetado la puntuación original.

01-00122483 000

‣ M-BN, V.E./208-38.

3527

Cédula, 1697-02-19. *El Rey. Consejo, Assistente, Alcaldes, Alguazil Mayores, Veintiquatros, Cavalleros, Jurados, Escuderos, Oficiales, y Hombres buenos, de... Sevilla, ya sabeis, que por la mayor parte de las Ciudades y Villas, de voto en Cortes..., y con atencion à el estado... en que se halla mi Real Hazienda... prorrogaron las referidas Ciudades, y Villas por seis años los servicios de 24 millones..., los servicios de dos millones y medio..., el servicio de los nueve millones de plata..., he resuelto que se pida... la prorrogacion de los dichos servicios y assi os encargo, que recibiendo esta mi Cedula por el mi Assistente de essa Ciudad...* — [S.l. : s.n., s.a.]. — [4] p., A² ; Fol.

Se ha respetado la puntuación original.

01-00094516 000

‣ M-BN, V.E./196-16. — Ex-libris ms. de Leonardo de Cabrera. ‣ M-BN, V.E./197-62.

3528

Cédula, 1698-09-04. *El Rey. Atendiendo à que la Renta General de el Taba-*

co de el Reyno es la mas principal de mi Real hazienda, y la que promptamente socorre las vrgencias de la causa publica, y à lo que conviene se procuren evitar los fraudes que se cometen contra ella... — [S.l. : s.n., s.a.]. — 6 h., A⁶ ; Fol.

Se ha respetado la puntuación original. — Traslado fechado el 30 de octubre del mismo año. — Se inserta Cédula dada el 3 de mayo de 1684.

01-00094695 000

‣ M-BN, V.E./50-87. — Día y mes del traslado ms.

3529

Cédula, 1698-09-04. *El Rey. Siendo la renta general del Tabaco del Reyno la mas principal de mi Real hazienda, y la que promptamente socorre las vrgencias de la causa publica; atendiendo à esto, y à lo que conviene su conservacion...* — [S.l. : s.n., s.a.]. — 8 h., A⁸ ; Fol.

Se ha respetado la puntuación original. — Traslado fechado el mismo año. — Inserta Cédula dada el 3 de mayo de 1684.

01-00094684 000

‣ M-BN, V.E./50-86. — El dia y mes de la fecha del traslado van ms.: 20 de Octubre.

3530 (*Cancelado*)

3531

Cédulas, 1572-1626. *Cedulas reales que su Magestad manda se guarde lo en ellas contenido, sobre la caça, pesca, y leña Ganadas a pedimento de los sesmeros de la tierra de Madrid, este año de mil y seiscientos y treinta y dos, siendo sesmeros Pedro de Herrera vezino del lugar de Xetafe, y Miguel de Auila vezino del lugar de Vallecas, y Andres Muño vezino de Carauanchel de arriba.* — En Madrid :

por Francisco de Ocampo, 1632. —
34 h., [A]-R^2 ; Fol.
Port. con esc. xil. real.

01-00094532 000

▸ M-BN, V.E./142-37.

3532
Cédulas, 1595-1603. *Este es traslado
bien y fielmente sacado, de tres cedulas
reales del Rey nuestro Señor, dadas en
fauor de los Artilleros Españoles, para
que se les guarden las libertades preèmi-
nencias y prerrogatiuas, en las dichas cedulas contenidas...* — [S.l. : s.n., s.a.].
— [8] p., A^4 ; Fol.
Traslado de Cédulas dadas entre
1595 y 1603, fechado el 16 de diciembre de 1603. — Grab. xil. en cabecera.

01-00035056 000

▸ M-BN, R/17270(3). — Enc. perg.

3533
Cédulas, 1608-1648. *Cedulas de su
Magestad, Prouision, y autos del Consejo,
para que el Corregidor que es, ò fuere desta
Villa de Madrid, conozca de todos los
pleitos en que la dicha Villa fuere Actora,
ò Rea. Con inhibicion à los Alcaldes de
esta Corte, y otros juezes, y justicias, y que
qualesquier pleitos los remitan al Corregidor, y los Escriuanos de Prouincia, y otros
ante quien passaren, los entreguen origi-
nalmente.* — [S.l. : s.n.], 1648. — [1],
8 h., [ ]^1, A^8 ; Fol.
Port. con exc. xil. real.

01-00094583 000

▸ M-BN, V.E./38-54.

3534
Cédulas, 1610-1681. *Cedulas de las
preeminencias, que ha concedido su Magestad a los Consules, y hombres de negocios de las naciones Flamenca, y Alemana,
que residen, y comercian en la ciudad de*
Sevilla. — En Sevilla : por Tomas
Lopez de Haro, impressor, y mercader de libros en las siete Rebueltas,
[s.a.]. — 21 p., A-E^2, F^1 ; Fol.
La producción del impresor se
sitúa entre 1678-1694.

01-00094533 000

▸ M-BN, V.E./65-78.

3535
Cédulas, 1615-1683. *El Rey. Licenciado D. Alonso Nuñez de Godoy, y
Sabed, que estando en costumbre el Arçobispo, Dean, y Cabildo de la Santa Iglesia de Santiago, en conformidad de la merced que el señor Rey D. Felipe Tercero les
hizo por despacho de diez y ocho de Febrero de mil y seiscientos y quince, para que
pudiessen nombrar vn Oydor en la mi Audiencia, y Chancilleria que reside en la
ciudad de Valladolid...* — [S.l. : s.n.,
s.a.]. — [19] p., A-E^2 ; Fol.
Traslado de Cédulas dadas entre
1615 y 1683, fechado en Granada el
26 de febrero de 1683. — Se ha respetado la puntuación original.

01-00094589 000

▸ M-BN, V.E./67-18.

3536
Cédulas, 1667. *Traslados de quatro
cedulas reales... tocantes a la contribucion
y repartimiento de averias para la dotacion
y caudal fixo de los despachos de las Reales Armadas y Flotas de la Carrera de las
Indias y capitulos y assiento sobre ello
ajustados... con el consulado de Sevilla... /
mandadas imprimir por... D. Anto-
nio de Lemos, Don Sebastian Arria
y Don Antonio de Legorburu...* —
Impresso en Sevilla : [s.n.], 1679. —
[2], [2] en bl., [188] p., [ ]^4, B-Z^2,
2A-2O^2, ¶^{9} ; Fol.

01-00011637 000

▸ M-PR, VI-2736. — Enc. pasta con hierros dorados.

3537

Cédulas, 1681. *Copia de las cedulas reales, que su Magestad el Rey N. Sr Don Carlos Segundo deste nombre, mando expedir para la fundacion del Colegio, y Seminario, que mandò hazer para la educacion de niños en la Ciudad de Seuilla, para la enseñança, y erudicion dellos en la Arte Maritima, y Reglas de Marineria, y Dotacion, y Priuilegios para este fin.* — En Seuilla : por Iuan Cabeças, 1681. — [1], 8, 5, [1] en bl., 2, [1], [1] en bl., [1], [1] en bl., 2, 2, 2, 2, 4, [1], [1] en bl., 2, [1] h., [1] en bl., A^8, B^6, C-D^2, H-I^2, E-G^2, A^4, A^2, A^2, A^2 ; Fol.

Port. con orla tip.

01-00094472 000

▶ M-BN, V.E./134-16.

3538

Cédulas, 1681-1692. *Copia de las Cedulas Reales, que su Magestad el Rey nuestro señor Don Carlos Segundo... mandó expedir para la fundacion del Colegio y Seminario que mandó hazer para la educacion de niños en la ciudad de Sevilla, para la enseñança y erudicion dellos en el Arte Maritima y Reglas de Marineria y Privilegios para este fin.* — [S.l. : s.n., s.a.]. — 88 h. (fol. var.), [ ]^1, A^2, A^8, B^6, H-I^2, E-G^2, A^4, A^2, A^2, A^2, A^4, A^4, A^4, A^2, A^2, [ ]^1, A^2, A^4, A^2, A^2, A^2, A^2, A^2, A^2, A^2, A^2, A^2, A^2, A^2, A^2, A^2, A^4, A^2 ; Fol.

Traslado de Cédulas dadas entre 1681 y 1692, fechado en 1693. — Port. con orla tip. y esc. real xil.

01-00094591 000

▶ M-BN, 3/23125. — Enc. perg. — Falto de las últimas 36 h. ▶ M-BN, 3/56206. — Enc. perg. ▶ M-BN, V.E./216-10. — Enc. perg.

3539

Cédulas, 1687-01-29. *El Rey. Mis Presidente, y Oìdores de mi Audiencia, de la Ciudad de San Francisco, en la Provincia de Quito, aviendose visto en mi Consejo de las Indias los Autos, y papeles que han llegado à èl, sobre la restitucion del despojo violento, que el Maestro Fr. Iuan Martinez de Lusuriaga... hizo al Maestro Fr. Francisco de Montaño, Provincial de la Província de San Francisco de Quito, de la Orden de San Agustin...* — [S.l. : s.n., s.a.]. — H. 6-8, B^3 ; Fol.

Se ha respetado la puntuación original. — 5 Cédulas fechadas el 29 de enero de 1687.

01-00094575 000

▶ M-BN, V.E./200-62.

3540

Ceita, João de (O.F.M.). *Quaresma / del padre... fray Iuan de Ceyta... de la orden Serafica ; con un sermon admirable, al fin del auto de la fe contra los Iudios ; añadida por el mismo autor y traduzida por el padre fray Herrando de Camargo predicador de la orden de San Agustín...* — En Madrid : por Iuan Gonçalez : a costa de Domingo Palacios..., 1629. — [8], 351, [1] en bl., [10] h., 2¶^{8}, A-Z^8, 2A-2X^8, Y^8, Z^2 ; 4^0

Colofón. — Texto a dos col. — Port. con esc. calc.: I de Courbes F.

01-00030638 000

▶ M-BN, P/77. — Enc. perg. deteriorada. — Ex-libris ms. de fray Alberto de los Santos. ▶ M-UC (FFil), 4608. — Enc. perg.

3541

Ceita, João de (O.F.M.). *Sermones de Christo y su madre y del santissimo sacramento / compuestos en lengua portuguesa por el padre F. Juan de Zeyta de la orden del P. S. Francisco ; y traduzidos en la castellana por el*

padre Fray Hernando de Camargo predicador de la orden de S. Agustin... ; impressos a instancia del P. Maestro Fray Tomas de Antillon... de la misma orden... — En Çaragoça : por Pedro Cabarte..., 1625. — [8], 578, [34] p., ¶⁴, A-Z⁸, 2A-20⁸, 2P¹⁰ ; Fol.
Colofón. — Texto a dos col. — Port. con esc. xil. — Grab. xil. representado a la Inmaculada.

01-00030639 000

▶ M-UC (FFil), 13389. — Enc. pasta. — Ex-libris ms. de la Compañía de Jesús de Madrid.

3542

Cejudo y Ferrer, Felipe. *Vnico medio para evitar revendedores, regatones de los frutos del vino, y vinagre de esta ciudad, sus alquerias, y aldeas, por la contradicion que tienen otros mas faciles, y hazen vtiles estos frutos à sus cogedores y à la Republica* / [Felipe Cejudo y Fèrrer]. — [S.l. : s.n., s.a.]. — 4 h., A-B² ; Fol.
Autor tomado de fin de texto, fechado en Granada, 1698.

01-00030640 000

▶ M-BN, V.E./213-11.

3543

Celada, Diego de (S.I.). *Carta del Padre Diego de Celada, Rector del Colegio Imperial de la Compañia de Iesus de Madrid, para los Superiores, y Religiosos de la Compañia de Iesus desta Prouincia, sobre la muerte, y virtudes del Padre Iuan de Guadarrama.* — [S.l. : s.n., s.a.]. — [8] p., A⁴ ; Fol.
Texto fechado en Madrid 1656, a dos col.

01-00046097 000

▶ M-BN, V.E./217-23.

3544

Celada, Diego de (S.I.). *Iudith illustris perpetuo commentario literali et morali : cum Tractatu appendice de Iudith figurata... : pars altera complectens septem posteriora capita, cum Tractatus Deiparae* / auctore R.P. Didaco de Zelada... Societatis Iesu... — Editio IV ab eodem auctore emaculatior et expolitior... — Matriti : ex typographia Regia : expensis Gabrielis à Leon..., 1640 (1641). — [4], 541, [100] p., [ ]², a-z⁸, 2a-2n⁸, 2o², 2p¹, A₄₋₈, B-C⁸, D⁴ ; Fol.
Segunda fecha tomada de colofón. — Texto a dos col. — Port. con vineta xil. de la Compañía de Jesús. — Antep.

01-00030642 000

▶ M-BN, 3/53508(2). — Enc. perg.

3545

Celada, Diego de (S.I.). *Iudith illustris perpetuo commentario literali et morali : cum Tractatu appendice de Iudith figurata... : pars prior complectens novem priora capita* / auctore R. P. Didaco de Zelada... Societatis Iesu... — Editio V ab eodem auctore emaculatior et expolitior... — Matriti : ex typographía Regia : expensis Gabrielis à Leon..., 1641. — [32], 484 p., ¶-2¶⁸, A-Z⁸, 2A-2G⁸, 2H² ; Fol.
Antep. — Port. con viñeta xil. de la Compañía de Jesús. — Texto a dos col.

01-00030641 000

▶ M-BN, 3/53508(1). — Enc. perg.

3546

Celada, Diego de (S.I.). *Iudith illustris perpetuo commentario literali et morali : cum Tractatu appendice de Iudith figurata : in quo Mariae deiparae laudes, in iuditha adumbratae praedicantur : pars* *altera...* / auctore R.P. Didaco de Zelada Monteladensi societatis Iesu... — Editio V ab eodem auctore emaculatior et expolitior... — Matriti : ex typographia Regia : expensis Gabrielis a Leon..., 1641. — [2], 541 [i.e. 531], [100] p., [ ]^2, a-z^8, 2a-2n^8, 2o^2, 2p^1, A^5, B-C^8, D^4 ; Fol. Colofón. — Texto a dos col. — Error de pag., duplica p. 304-305, pasa de p. 376 a 379 y de 460 a 471. Antep. — Port. con viñeta xil. — Tractatus appendix de Iudith figurata... con portadilla propia, p. 477.

01-00030643 000

▶ M-UC (FFil), 5174. — Enc. perg.

3547

Celada, Pedro de (O.P.). *Glorias del gran patriarca Santo Domingo de Guzman* / predicolas el Padre Fray Pedro de Celada, siendo Predicador conventual de la Madre de Dios de Alcalà... — En Alcala : en casa de Francisco Garcia Fernandez, impressor y mercader de libros, 1684. — [10], 17 p., A-C^4, D^2 ; 4^0 Port. con orla tip. y esc. xil. de los dominicos.

01-00030644 000

▶ M-BN, V.E./139-6.

3548

Celarios, Jerónimo de (CC.RR. MM.). *La mayor obra de Dios, en siete dias de la Semana Santa : passion, y muerte de Christo... : explicada la letra de sus euangelistas, y ponderada en sermones* / compuesto por el Padre Geronimo de Celarios de los Clerigos Regulares Menores... — En Madrid : por Andres Garcia : a costa de Gregorio Rodriguez..., 1666 (por Melchor Alegre). — [14], 188, 320 [i.e. 316],

[4] p., ¶^{6}, A-P^6, Q^4, A-Y^6, Z^4, 2A-2D^6 ; Fol. Colofón. — Texto a dos col. — Errores de pag., de p. 270 pasa a 277 y las p. 270 y 277 están repetidas. — Front. calc.: «P. Villafranca año 1665».

01-00030645 000

▶ M-BN, 3/58161(1). — Enc. perg. — Ex-libris ms. del Convento de San Gil de Madrid. ▶ M-BN, 3/63221. — Enc. perg. ▶ M-BN, 7/12720. — Enc. perg. — Falto de front. ▶ M-BN, P/5347. — Enc. perg. — Defectos de enc. en sign. M. ▶ M-UC (FFil), 6349. — Enc. perg. — Ex-libris ms. del Colegio Imperial de la Compañía de Jesús de Madrid.

3549

Celebra *la ciudad de Victoria à San Blas, abogado de las gargantas, donde ay nuezes como en ella : casanse las circunstancias, y en estos desposorios se alude à la costumbre de la antiguedad, que trata Juvenal...* — [S.l. : s.n., s.a.]. — [4] p., A^2 ; 4^0

01-00046098 000

▶ M-BN, V.E./104-13.

3550

Cenedo, Juan Jerónimo (O.P.). *Memorial del Maestro Fray Iuan Geronimo Cenedo, de la Orden de Predicadores, Procurador de las Religiones, en su fauor, para el Concilio Prouincial, que se celebra en Çaragoça, este año de 1615.* — [S.l. : s.n., s.a.]. — 13 p., A^7 ; Fol. Texto a dos col.

01-00030646 000

▶ M-BN, V.E./40-88.

3551

Cenedo, Juan Jerónimo (O.P.). *Pobreza religiosa* / declarada por... Fray Iuan Geronimo Cenedo de la Orden de Predicadores... — En Zaragoça : por Iuan de la Naja y Quartanet...,

1617. — [16], 510, [2] en bl., [32]
p., †⁴, ¶⁴, A-Z⁸, 2A-2I⁸, 2K-2N⁴ ; 4⁰
Colofón. — Port. con orla tip. y
esc. xil. heráldico. — Texto a dos
col.

01-00030647 000

▶ M-BN, 3/53469. — Enc. perg. — Ex-
libris ms. de Petri Antonii Caramitadeis.
▶ M-UC (FFil), 2695. — Enc. perg. — Deteriorado. — Defectos de enc. en prelim.

3552
Cenedo, Pedro Jerónimo. *Practicae
quaestiones canonicae et ciuiles tam
vtriusq. iuris quam sacrarum literarum
studiosis vtilissimae... desumptae ex codi-
cibus manuscriptis doctoris Petri Cenedo... / recognitae & auctae ab eius
germano Fratre Ioanne Hieronymo
Cenedo, Ordinis Praedicatorum... ;
addita est Singularium centuria...*
— Caesaraugustae : apud Ioannem
à Lanaja & Quartanet..., 1614. —
[16], 504, [76] p., []⁴, ¶⁴, A-Z⁸,
2A⁸, 2B⁶, 2C-2H⁸, 2K-2N⁸, 2D⁶ ;
Fol.
Texto a dos col. — Port. con esc.
calc. heráldico.

01-00030648 000

▶ M-BN, 2/40846. — Enc. perg. — Ex-
libris ms. de los Carmelitas Descalzos de
Madrid. ▶ M-BN, 3/10809. — Enc. perg.
▶ M-BN, P/7704. — Enc. perg. — Deteriorada última h. ▶ M-UC (FD), 15833. —
Enc. perg. ▶ M-UC (FD), 3522. — Enc.
perg. con hierros dorados. — Ex-libris ms.
del Colegio de Málaga de Alcalá. ▶ M-UC
(FFil), 22000. — Enc. perg. — Ex-libris ms.
de la Librería de el Colegio Imperial de la
Compañía de Jesús.

3553
Centani, Francisco. *Tierras medios
vniversales propuestos desde el año de seiscientos y sesenta y cinco hasta el de seiscientos y setenta y uno : para que con planta, numeros, peso, y medida tenga la Real*
*Hazienda dotacion fija para assistir à la
causa publica, remedio y alivio general
para los pobres... / [Francisco Centa-
ni]. — [S.l. : s.n., s.a.]. — 8 h., A⁸ ;
Fol.
Autor tomado de fin de texto, fechado en Madrid, 1671. — Port.
con orla tip.

01-00030649 000

▶ M-BN, R/13027(5). — Enc. cart. —
Sello de Pascual de Gayangos. ▶ M-BN,
V.E./69-54.

3554
Centellas, Gaspar de. *Señor. Don
Gaspar de Centellas pretende, que V. Magestad se ha de seruir de hazerle merced de
admitirle renunciaciõ de la Encomiẽda de
Alcalá de Gilbert, de la Orden de Montesa, en fauor de D. Antonio Iuan de Centellas su hijo, y en quiẽ ha de cõtinuar su
casa...* — [S.l. : s.n., s.a.]. — 20 h.,
A-K² ; Fol.
En h. 2 consta 1645.

01-00046099 000

▶ M-BN, V.E./189-41.

3555
Centellas, Vicente. *Sermon en la ho-
noracion, y general sufragio, con que la venerable Concordia de N. Señor Sacramentado de la ciudad de Lima celebra las mas
piadosas memorias de sus difuntos sacerdotes / predicolo el lic. D. Vicente
Centellas en la Metropoli de los
Reyes, el año primero q̃ se instituyò
el solemne annual anniuersario, por
memoria del Doct. D. Antonio Flores Chamorro...* — Impresso en
Lima : por Ioseph de Contreras Alvarado, 1691. — [8], 12 h., [ ]⁴, §⁴,
A-F² ; 4⁰
Texto a dos col.

01-00046100 000

▶ M-BN, V.E./14-30.

3556

Centurión, Adán, Marqués de Estepa (1582-1658). *Información para la historia del Sacro monte, llamado de Valparaiso y antiguamente Illipulitano junto à Granada : donde parecieron las cenizas de S. Cecilio, S. Thesiphon y S. Hiscio... y otros santos... : primera parte... /* Adam Centurion, Marɋs de Estepa. — [S.l. : s.n., s.a.]. — [1] en bl.,[13], 156 h., [1] h. de grab., [ ]², §², ¶-2¶⁴, 3¶², A-E⁴, F₁₋₃, [ ]¹, F₄, G-Z⁴, 2A-2Q⁴ : il. ; 4⁰

En prelim., h. ¶₁, consta: «Imprimiose en granada, por Bartolomé de Lorençana, en el cãpo del Principe, en las casas del Marques, a su costa, año de 1632». — Texto con apostillas marginales. — Port. grab. calc. arquitectónica: «Roberto Cordier facieb». — Ilustraciones calc., inscripciones y dibujos geométricos.

01-00030651 000

▶ M-BN, 6-i/3362. — Enc. perg. — Exlibris ms. de la libreria de los Trinitarios Calzados de Madrid. ▶ M-BN, R/4110. — Enc. perg. — Ex-libris de Fernando José de Velasco. ▶ M-UC (FFil), 7587. — Enc. perg.

3557

Centurion, Octavio, Marqués de Monesterio. *A la Abadesa de las Madres Capuchinas desta Corte, vn papel de V.R. Madre Abadesa, recibi en veinte y siete de febrero deste presente año su fecha en dicho dia, en que me significaua, que acerca de las capitulaciones de mi Patronazgo dessa santa Casa reparauan V.R. y las Religiosas della en muchas aduertencias... /* [Octauio Centurion, Marques de Monesterio]. — [S.l. : s.n., s.a.]. — 9 h., A⁹ ; Fol.

Autor tomado de h. 8. — Es el traslado de dicho papel, ambos dados en Madrid, agosto de 1641.

01-00030650 000

▶ M-BN, V.E./59-54.

3558

Cepari, Virgilio (S.I.) (1564?-1631). *La vida del beato Luys Gonzaga de la Compañia de Iesus... /* escrita en italiano por el padre Virgilio Cepári de la misma Compañia... ; agora añadida de nueuo por el mesmo autor y traduzida de italiano en lengua española, por el P. Iuan de Acosta de la mesma Compañia. — En Pamplona : por Carlos de Labàyen..., 1623. — [10], 126 h., [ ]², †⁸, A-P⁸, Q⁶ ; 4⁰

Colofón. — Port. con esc. xil. de la Compañia de Jesús.

01-00030653 000

▶ M-BN, 3/9535. — Enc. perg. ▶ M-UC (FFil), 7347. — Ex-libris ms. de la Librería del Colegio Imperial de la Compañía de Jesús.

3559

Cepari, Virgilio (S.I.) (1564?-1631). *Vida del bienaventurado S. Luys Gonzaga de la Compañía de Iesus... /* escrita en italiano por el padre Virgilio Cepari de la misma Compañía...; aora añadida de nuevo por el mesmo autor y traducida de italiano en lengua española por el P. Iuan de Acosta de la mesma Compañia. — En Barcelona : en la imprenta de Iuan Pablo Marti, [s.a.]. — [30], 364, [4] p., []⁷, 2¶⁸, A-Z⁸; 8⁰

Tasa fechada en 1623. — Grab. xil., que representa al beato Luis Gonzaga, en p. [29]. — Port. con orla tip. y viñeta xil.

01-00030652 000

▶ M-UC (FFil), 7345. — Enc. perg. deteriorada. — Ex-libris ms. de la Biblioteca del Colegio Imperial de la Compañía de Jesús de Madrid.

3560

Cepeda, Alejandro de. *Xacara nueua de un xaque que haze relacion a otro amigo suyo de lo que le sucediò vna tarde passeandose por Madrid* / compuesta por Alexandro de Cepeda. — En Madrid : por Iulian de Paredes..., [s.a.]. — [8] p. ; 8^0 (16 cm)

La producción de Julián de Paredes se sitúa entre 1647-1700.

01-00030654 000

▶ M-BN, R/1169(2). — Enc. cart.

3561

Cepeda, Baltasar de. *Lunario y pronostico general de las verdades que sucederan en el año de mil y seyscientos y diez y siete acerca de la limpissima concepcion de la Virgen Maria...* / compuesto por... Baltasar de Cepeda... — En Seuilla: por Alonso Rodriguez Gamarra, 1617. — [8] p. ; 4^0

Texto a dos col. — Port. con grab. xil. de la Inmaculada.

01-00030655 000

▶ M-BN, R/12176-31. — Sello de Pascual de Gayangos.

3562

Cepeda, Baltasar de. *El Pater Noster y el Aue Maria glossado a la Inmaculada Concepcion de la Virgen Maria... : lleua vna glossa al mismo intento y... vna chançoneta de Alonso de Bonilla* / compuesto por Baltasar de Cepeda... — [Sevilla] Impresso en Baeça por Iuan de la Cuesta y por su original en Seuilla : por Matias Clauijo, 1615. — [8] p. ; 4^0

Texto a dos col. — Port. con grab. xil. que representa a la Inmaculada.

01-00046101 000

▶ M-BN, V.E./55-56.

3563

Cepeda, Baltasar de. *Testamento y vltima volūtad de vn fiel deuoto y piadoso acerca del... misterio de la Inmaculada... Concepcion de la Virgen... ; lleua al fin vna letrilla curiosa* / compuesto por... Baltasar de Cepeda... — Impresso en Seuilla : por Alonso Rodriguez Gamarra, 1617. — [8] p., A^4 ; 4^0

Texto a dos col. — Port. con viñeta xil. de la adoración de los Reyes.

01-00030656 000

▶ M-BN, V.E./1187-24.

3564

Cepeda, Fernando de. *Relacion vniuersal legitima y verdadera del sitio en que esta fundada la... ciudad de Mexico... : lagunas, rios y montañas que la ciñen..., calçadas que las dihiden y azequias que la atrauisean, ynundaciones... remedios aplicados... forma con que se á auctuado [sic] desde el año de 1553 hasta el presente de 1637 : de orden y mandamiento del... señor D. Lope Diez de Armēdariz...* / dispuesta y ordenada por... don Fernando de Cepeda... y don Fernando Alonso Carrillo... ; corregida, ajustada y concertada con... don Iuan de Albares Serrano... — En Mexico: en la imprenta de Francisco Salbago..., 1637. — [2], 31, 42 [i.e. 41], [1], 2-28, [1], 11 [i.e. 12] h., h. 29-39, [ ]^2, A-P^4, Q^1, 2A-2V^2, 2X^1, 3A-3O^2, [ ]^1, A-F^2, 3P-3T^2, 3V^1 ; Fol.

Colofón. — Errores de pag., de p. 38 pasa a p. 40 y repite la p. 11. — Port. con esc. xils. real y heráldicos.

01-00095123 000

▶ M-BN, R/14073. — Enc. perg. — Sello del Archivo Histórico Nacional. ▶ M-BN, R/4353. — Enc. perg. — Falto de las últimas h. (a partir de la h. 22 de la tercera secuencia de foliación). ▶ M-PR, VII-1618(1). — Enc. pasta con hierros. — Contiene única-

mente las tres primeras secuencias de foliación.

3565

Cepeda, Francisco de. *Resumpta historial de España : desde el diluuio hasta el año de 1642* / compuesto por... Fran^{co} de Zepeda... — En Madrid : por Pedro Taço, 1643. — [4], 160 h., ¶^{4}, A-Z^4, 2A-2R^4 ; 4^0

Port. grab. calc. arquitectonica: «Fran^{co} Nava^{rro} fet.».

01-00030657 000

▶ M-BN, 2/12725. — Enc. piel deteriora-da. — Ex-libris ms. de Diego de Contreras. ▶ M-BN, 2/67216. — Enc. perg. — Falto de port., sustituida por h. ms. y de las 4 últimas h. ▶ M-BN, 3/71201. — Enc. perg. ▶ M-BN, 7/15469. — Enc. perg. ▶ M-BN, P/5522. — Enc. pasta. — Ex-libris ms. de Luis López Cerain. ▶ M-BN, U/1075. — Enc. hol. — Sello de D. Luis de Usoz. — Deterio-rado, afectando port. ▶ M-FLG, Inv.4932. — Enc. perg.

3566

Cepeda, Francisco de. *Resumpta historial de España, desde el diluuio hasta el año de 1642* / compuesta por... Francisco de Cepeda... ; aora añadi-da por don Luis de Cepeda y Ca-rauajal... hasta el año de 1652... — En Madrid : por Diego Diaz de la Carrera..., 1654. — [6], 175, [1] h., ¶^{6}, A-Z^4, 2A-2X^4 ; 4^0

Marca tip. de Gabriel de León. — Colofón. — Port. cons esc. xil. he-ráldico en ¶$_2$.

01-00030658 000

▶ M-BN, 2/12626. — Enc. piel con hie-rros dorados. ▶ M-BN, 2/21777. — Enc. perg. — Falto de colofón. ▶ M-BN, 2/59952. — Enc. perg. ▶ M-BN, 2/62080. — Enc. perg. — Sello de Pascual de Gayangos. — Port. deteriorada. ▶ M-BN, 3/5404. — Enc. pasta. — Ex-libris ms. de Cueto. ▶ M-BN, 8/39870. — Enc. perg. — Ex-libris ms. de fray Tomás de la Virgen. ▶ M-PR, VII-1958. — Enc. pasta. — Ex-libris del Conde

de Mansilla «Espinosa f». ▶ M-PR, VII-1959. — Enc. en pasta con hierros dorados. ▶ M-RAE, 14-V-46. — Enc. perg. ▶ M-UC (FD), 12215. — Enc. perg. — Ex-libris ms. de la librería del Colegio de la Compañía de Jesús de Alcalá año de 1705. ▶ M-UC (FFil), 30502. — Enc. perg. — Ex-libris ms. y sello del Colegio Imperial de la Compañía de Jesús. ▶ ME-RB, 28-V-32. — Enc. piel.

3567

Cepeda, Gabriel de (O.P.). *Historia de la milagrosa y venerable imagen de N.S. de Atocha, Patrona de Madrid : dis-currese sobre su antiguedad, origen y pro-digios en defensa de dos graues coronis-tas...* / Fr. Gabriel de Cepeda... — En Madrid : en la Imprenta Real, 1670. — [16], 475, [4] p., ¶-2¶^{4}, A-Z^4, 2A-2Z^4, 3A-3O^4 ; 4^0

Texto con apostillas marginales. — Port. con grab. calc. de la Virgen de Atocha.

01-00030659 000

▶ M-BN, 2/25800. — Enc. perg. ▶ M-BN, 3/16633. — Enc. perg. ▶ M-BN, 3/28900. — Enc. perg. ▶ M-BN, 3/63099. — Enc. perg. — Ex-libris ms. de Miguel de Arribas. ▶ M-BN, 3/7264. — Enc. perg. — Ex-libris ms. del bachiller Antonio Perez Herencia... lo compro en la villa... de Ma-drid en diez reales de vellon... el mes de Julio de 1672 años. ▶ M-PR, VI-3409. — Enc. pasta. — Ex-libris y sello de Gregorio Ma-yans y Siscar. ▶ M-UC (FFil), 8136. — Enc. pasta con hierros dorados en lomo. ▶ M-UC (FFil), 8224. — Enc. perg. — Ex-libris ms. de la librería del Noviciado de la Compañía de Jesús de Madrid. — Ejemplar muy deteriorado.

3568

Cepeda y Adrada, Alonso de. *Anti-pologia ò Pathegoria contra el discurso apologetico de la piedra de toque del abad D. Iuan Bravo de Sobremonte* / com-puesta por... A. de Z. y A. ; añadase al fin el discurso del cometa, que se manifestò en el año pasado de 1680 à 21 de diziembre... — Impresso en Huesca : [s.n.], 1681. — 45 [i.e. 47], [1] h., [ ]^1, A^3, B-M^4; 4^0

El criptónimo A. de Z. y A., es de Alonso de Cepeda y Adrada. — Error de fol., repetidas h. 32 y 33. — Port. con orla tip.

01-00030660 000

▶ M-BN, 2/34858. — Enc. perg. — Exlibris ms. de Juan de Abexa.

3569

Cepeda y Adrada, Alonso de. *Defensa de los terminos y doctrina de S. Raymundo Lullio... de la Orden Tercera del Seraphico Padre S. Francisco sobre el misterio de la SSS. Trinidad contra cierto rescribente judio de la Sinagoga de Amsterdam* / compuesta por... D. Alonzo de Zepeda... — En Bruselas : en casa de Baltasar Vivien..., 1666. — [36], 300 p., [2] h. de grab., [ ]^7, B$_{1-2}$, [ ]^1, B$_{3-8}$, C-X^8, Y^2 ; 8^0

Texto paralelo en latín y español. — Grabs. cacl.: «P. Clouwet fecit», retrato del bcato y esc. de D. Luis de Benavides, Marqués de Caracena.

01-00030661 000

▶ M-BN, 3/24930. — Enc. perg. — Sello de Pascual de Gayangos.

3570

Cepeda y Adrada, Alonso de. *Epitome de la fortificacion moderna... : y otros diversos tratados de la perspectiva, geometria practica, y del modo de sitiar, y defender las plazas, y de la construccion de las baterias y minas, y artificios de fuego...* / compuesto por... Alonzo de Zepeda y Adrada... — En Brusselas : por Francisco Foppens, mercader de libros, 1669. — [24], 83, 390, [2] p., [1] h. de grab., 34 h. de grab. pleg., ✱-3✱^{4}, a-k^4, l^2, A-Z^4, 2A-2Z^4, 3A-3C^4, [ ]^{35} ; 4^0

Port. con esc. calc. de los Velasco. — Grab. calc.: «Iustus Verus ab Egmont del. et pinx.; P. de Iode sculp.; Mart. vanden Endcn excudit Antverp.», retr. de Iñigo Melchor Fernández de Velasco y Tovar; 34 h. de grab. calc. pleg. al final del texto.

01-00030662 000

▶ M-BN, R/11311. — Enc. perg. — Falto de [1] h. de grab. ▶ M-BN, R/16248. — Enc. pasta. — Ex-libris de Fernando José de Velasco. ▶ M-BN, R/16253. — Enc. pasta. — Falto de [1] h. de grab. (rétr.). — P. 11-14 intercaladas entre p. 82 y 83. ▶ M-BN, R/16254. — Enc. pasta. — Falto de [1] h. de grab. (retr.). — De las h. de grab., 14 están intercaldas en el texto. ▶ M-PR, Pas Arm. 4-17. — Enc. pasta. — Ex-libris del conde de Mansilla. — Falto de [1] h. de grab. (retr.). ▶ M-PR, VIII-18487. — Enc. perg. — Exlibris «ex Bibliotheca Mayanciana». — Falto de [1] h. de grab. (retr.). ▶ M-RAE, S.Coms.30-B-56. — Enc. piel. — Falto de 1 h. de grab.

3571

Cepeda y Castro, Diego de. *Oracion panegyrica de San Francisco de Borja, quarto Duque de Gandia, y tercero General de la Compañia de Iesvs* / dixola en la Capilla Real de las Descalças... D. Diego de Cepeda y Castro... — En Madrid : [s.n.], 1672. — [4], 18 h., §^{4}, A-D^4, E^2 ; 4^0

Port. con grab. calc.: «Iuan de Noort».

01-00046102 000

▶ M-BN, V.E./83-21.

3572

Cepeda y Guzmán, Carlos Alberto de. *El ensayo de la muerte, que para la suya escrivio, Don Carlos Alberto de Zepeda y Guzman...* — En Sevilla : en casa de Thomas Lopez de Haro, [s.a.]. — 39 p., A-E^4 : il. ; 4^0

Prelim. fechados en 1683. — Port.

y texto con orla tip. — Grab. calc., esc. de Luis Berdugo, en p. 7.

01-00046103 000

▶ M-BN, V.E./104-24.

3573

Cepeda y Guzmán, Carlos Alberto de. *Origen, y fundacion de la imperial religion militar, y cavalleria constantiniana, llamada oy de San Jorge : que milita debaxo de la regla del doctor de la Iglesia... San Basilio Magno, Arzobispo de Cesarea* / sacado a luz por don Carlos Alberto de Zepeda y Guzman... — Impresso en Sevilla : por Iuan Cabeças, 1676. — [16], 159, [5] h., [1] h. de grab., ¶-4¶^{4}, A-Z^4, 2A-2S^4 : il.; 4^0

Grab. calc. esc. de Carlos de Herrera Enriquez Ramírez de Arellano. — Grab. calc. a toda plana en h. 35.

01-00030663 000

▶ M-BN, 2/13040. — Enc. perg.

3574

Cerdá, Adrián (O.S.A). *Sermon en el muy festivo novenario de la sagrada imagen de Nuestra Señora de la Salud* / que predico en el Templo de Santa Tecla de Xativa a 6 de Noviembre 1675... Adrian Cerdá... Orden del Gran Padre San Agustin ; idea en arte liberal, que publica... Pedro Soler... ; con unos Centones compuestos tambien a las misteriosas circunstancias del hallazgo de la referida Imagen, por el mismo autor. — Impresso en Valencia : por la Heredera de Geronimo Vilagrasa..., 1676. — [16], 27 p., [ ]^4, 2 §^{4}, B-D^4, E^2 ; 4^0

01-00030919 000

▶ M-BN, V.E./70-17. — El v. de la h. 3 y el r. de la h. 4 de prelim. pegados p.[6-7].

3575

Cerda, José de la (O.S.B.), Obispo de Badajoz. *In sacram Iudith historiam commentarius litteralis et moralis... : tomus primus* / authore... Ioseph de la Cerda, benedictino, olim... almeriensi episcopo, nunc pacensi. — Almeriae : ex typographia episcopali, 1641. — [12], 350 [i.e. 348] p., 350 [i.e. 296] col., p. 351-677 [i.e. 667], [76] p., [ ]^6, A-B^8, C^6, D-N^8, O^9, P-X^8, Y^7, a-h^8, i^{11}, Z^8, 2A-2S^8, 2T^4, 2V^2, ¶ 3-8, ¶^{10}, ¶-3¶^{1}, 4¶^{5}, ¶^{8}, ¶^{6} ; Fol.

Numerosos errores de pag. y col. — Texto a dos col. — La segunda parte con port. propia. — Port. grab. calc.: «Juan de Noort fecit Madriti», representa a Judith con la cabeza de Holofernes.

01-00030920 000

▶ M-BN, 3/222. — Enc. perg. — Falto de port. ▶ M-BN, 3/55487. — Enc. perg. — Ex libris ms. del Real Convento de San Gil de Madrid. ▶ M-BN, 3/55734. — Enc. pag. — Últimas h. deterioradas afectando al texto. ▶ M-BN, 5/10335. — Enc. perg. — Falto de port. ▶ ME-RB, M-7-I-IX. — Enc. perg. ▶ M-UC (FFil), 5868. — Enc. cart.

3576

Cerda, José de la (O.S.B.), Obispo de Badajoz. *Maria effigies, revelatioq[ue] trinitatis et atributorum Dei : tomus primus...* / authore... Ioseph de la Zerda benedictino... nunc episcopo almeriensi. — Almeriae : ex typographia episcopali, 1640. — [18], 796, [96] p., [ ]^1, ✳^{4}, ✳^{4}, A-Z^8, 2A-2Z^8, 3A^8, 3B^6, 3C^8, 3D^6, 3E-3I^8, 3K^{10} ; Fol.

Pie de imp. tomado de colofón. — Texto a dos col. — Port. grab. calc. alegórica: «Herman Panneels f. Matriti».

01-00030921 000

▶ M-BN, R/23446. — Enc. hol. — Exlibris ms. del Convento de la Victoria de Madrid. ▶ M-BN, R/4341. — Enc. perg. ▶ ME-RB, 46-IV-18. — Enc. piel. ▶ M-UC (FD), 8234. — Enc. perg.

3577

Cerdán, Pablo. *Breue y compendioso tratado de arismetica [sic] : en el qual se da metodo... para sacar... toda manera de cuenta... y sirue para todo genero de compras y vendas... en toda la Corona de Aragon, Valencia y Cataluña* / agora nueuamente compuesto por Pablo Cerdan... — Impresso en... Tortosa: en la emprenta de Geronymo Gil, 1624. — [412] h., A-Z^8, 2A-2B^8 ; 8^0
Port. con esc. xil.

01-00030922 000

▶ M-BN, 2/28629. — Enc. perg. — Falto de hojas M$_{1-4}$. — Recortado, afectando al texto.

3578

Cerdán, Pablo. *El nueuo maestro contador : que da las cuentas hechas por años, meses y dias, por precio de libras, sueldos y dineros, y de un dinero hasta mil libras... : con el calendario de los santos, y vna tabla de las fiestas mouibles* / compuesto por Pablo Cerdan... — Impresso en Tortosa : en la imprenta de Francisco Martorell, 1634. — [272] p., ¶^{8}, A-Q^8 : il. ; 8^0
Port. con orla tip. — Ilustraciones xil.

01-00030923 000

▶ M-BN, 2/2970. — Enc. piel.

3579

Cerdán de Tallada, Tomás. *Veriloquium en reglas de Estado, segun derecho diuino, natural, canonico y ciuil y leyes de Castilla : endereçado a la conseruacion de la auctoridad... del catholico... don Phelipe Tercero...* / compuesto por... Thomas Cerdan de Tallada... ; iuntamente con segunda impression de la Visita de Carcel, del mesmo auctor, añadidos tres capitulos... — Impresso en Valencia : en casa de Iuan Chrysostomo Garriz..., 1604. — [40], 515, [19] p., [2] en bl., ✳^{4}, A-B^8, C-Z^4, 2A-2Z^4, 3A-3Z^4 ; 4^0
Colofón. — Grab. calc. en ✳$_2$ y esc-xil. en B$_1$. — *Visita de la Carcel y de los presos...* en p. 299, con grab. xil. (y aprobaciones).

01-00030924 000

▶ M-BN, 2/16546. — Enc. perg. ▶ M-BN, 2/50619. — Enc. perg. ▶ M-BN, 2/55850. — Enc. perg. — Sello de Pascual de Gayangos y ex-libris ms. de la librería de D. Diego Vélez. — Port. deteriorada. ▶ M-BN, 3/30685. — Enc. piel con hierros dorados. ▶ M-BN, 8/25315. — Enc. perg. ▶ M-FLG, Inv.8209. — Enc. perg. — Ex-libris de D. Antonio Cánovas del Castillo. — Port. manipulada. — Falto de «Visita de la carcel y de los presos». ▶ M-PR, VIII-10671. — Enc. pasta. — Ex-libris del Conde de Mansilla. ▶ M-RAE, 19-VI-31. — Enc. perg. — Port. restaurada. ▶ ME-RB, 53-I-59. — Enc. piel con cortes dorados. — Falto a partir de p. 329.

3580

Cerdaña, Francisco Tomás de. *Breve tratado de Orthographia latina, y castellana : sacada del estilo de buenos autores latinos, y castellanos, y del uso de buenos tipografos : con otros quatro tratadillos, de construir, componer, calendas, y de variar las oraciones de la Gramatica* / por Francisco Thomas de Cerdaña... — Impresso en Valencia : por Silvestre Esparsa... : vendese à las espaldas de casa el Embaxador Vique, en casa de dicho maestro [Francisco Thomas de Cerdaña], 1645. — [10], 52 [ie. 53], [1] p., [A]-D^8 ; 8^0
Colofón. — Error de pag., repetida p. 6.

235 CERISIERS

01-00030925 000

▶ M-BN, 3/3189. — Enc. perg. — Falto
de 1 h. de prelim. ▶ M-BN, R/7474. — Enc.
perg.

3581
Cerdeña. *Relacion de las Cortes o
Parlamento popular y seruicio que este
reyno de Serdeña hā hecho al Rey nuestro
Señor en el mes de abril del año de
MDCXXVI.* — En Caller : en la em-
prenta del doctor Antonio Galce-
rin... por Bartholome Gobetti, 1626.
— 26 p., [2] en bl., A-G^2 ; Fol.
Port. con orla tip. y esc. xil. real.

01-00046104 000

▶ M-BN, V.E./59-56.

3582
**Cerdeña. Virrey (-: Francisco
Tutavila, Duque de San German).**
*Don Carlos Segundo Rey de Castilla Ara-
gon, y Sardeña &c. y doña Maria Anna
Reyna, madre, tutora, y gouernadora Sea
à todos manifiesto como el Excelentissimo
Señor Don Francisco Tutavila Duque de
San German, Señor del Estado de la
Campana de Albala, y villa de Saucedi-
lla, Comendador de la peña Vseda en la
Orden y Milicia de Sātiago... Virrey, y
Capitan General de este Reyno de Cerde-
ña, Ordena... como hauiendose cometido
el homicidio de Don Agustin de Caste-
llui... de orden de su Muger... por Don
Silvestre Aymerich y damas complices...*
— [S.l. : s.n., s.a.]. — 8 p., A-B^2 ;
Fol.
Se ha respetado la puntuación
original. — Texto fechado en Ca-
ller, 1669 y firmado por el Duque de
San Germán.

01-00046105 000

▶ M-BN, V.E./215-45. — Ex-libris ms.
de la Libreria de San Cayetano de Madrid.

3583
Cerdeño y Monzón, Luis de. *Breve
apuntamiento de las razones que asisten à
Madrid para que no se le vendan los Oficios de la Escrivania Mayor del Ayuntamiento, y la Escrivania de Cartas de pago,
propios suyos...* / [Luis de Cerdeño y
Monzon]. — [S.l. : s.n., s.a.]. — 12
h., A-F^2 ; Fol.
Autor tomado de fin de texto, por
el que se deduce posterior a 1666.

01-00046106 000

▶ M-BN, V.E./199-39.

3584
Cerisiers, René de (1603-1662). *La
innocenzia reconocida* / escritta in lengua francesa por... Renato Ceriziers, de la Conpañia de Iesus ; traducida en la italiana y della en la
española por... Vicente de Oiza. —
En Milan : por Phelipe Ghisoldi,
1646. — 227, [1] p., A-I^{12}, K^6 ; 12^0
Port. con viñeta xil.

01-00030926 000

▶ M-BN, 3/25528. — Enc. perg. deteriorada. — Port. deteriorada.

3585
Cerisiers, René de (1603-1662).
*Traduccion del Heroe frances o La idea
del gran Capitan... por el abad de San
Cugat...* / compusole en frances el
señor de Ceriziers... — En Barcelo-
na : en casa de Antonio Lacaualle-
ria, 1646. — [10], 76 h., a^4, b^6, A^4-
T^4 ; 4^0
Port. fileteada.

01-00030927 000

▶ M-BN, 2/59215. — Enc. pasta. — Sello
de Pascual de Gayangos. — Falto del cuaderno de sign. b. ▶ M-BN, 3/29958. — Enc.
perg. ▶ M-BN, 8/30898. — Ex-libris ms. de
D. Manuel Téllez.

3586
Cerisiers, René de (1603-1662). *La
vida de S. Genoveva* / por el Sr. Ceri-

siers ; nuevamente traducida en es-
pañol. — Brusselas : por Francisco
Foppens, 1675. — [8], 199, [1] p.,
[ ]^4, A-M^8, N^4 ; 8^0
Port. grab. calc.

01-00030928 000

▶ M-BN, 3/59374. — Enc. perg.

3587
Cerna Maza y Tuervas, José. *Destierro de las tinieblas de que viste el Licenciado Bernardo de Santa Cruz, vn papel
apologetico, para injuriar con fabulas ca-
lumniosas, apocrifas, è inciertas, la candi-
dez del Orden Real Mercenario... y luz de
la verdad, con que arma su defensa dicho
Real Orden, siguiendo los numeros de
dicho papel...* / [Iosef Cerna Maza y
Tuervas]. — [S.l. : s.n., s.a.]. — 28
h., A-O^2 ; Fol.
Precede al tit.: «Abiiciamus opera
tenerarum et induamur arma
lucis.». — Autor tomado de fin de
texto. — En texto consta 1674, sign.
D$_1$v.

01-00046107 000

▶ M-BN, V.E./199-20.

3588
Cerone, Pietro (ca.1560-1625). *El
melopeo y maestro : tractado de musica
theorica y pratica... : esta repartido en
XXII libros...* / compuesto por el R.D.
Pedro Cerone... ; libro primero. —
En Napoles... : por Ivan Bautista
Gargano, y Lucrecio Nucci..., 1613.
— [16], 1160 [i.e.1158], [2] p., ¶-
2¶^{4}, A-Z^4, 2A-2Z^4, 3A-3Z^4, 4A-4Z^4,
5A-5Z^4, 6A-6Z^4, 7A-7D^4, 7E^2, 7F-
7G^4, 7H^2 : il. ; Fol.
Error de pag., de p. 1156 pasa a
1159. — Port. a dos tintas con grab.
xil. — Ilustraciones xil. en prelim. y
notaciones musicales en el texto.

01-00030929 000

▶ M-BN, R/14751. — Enc. perg. — Ex-
libris mss. de Gaspar de Tabera y Guzmán,
de Francisco Zubietta y sello de Francisco
Asenjo Barbieri. ▶ M-BN, R/14776. — Enc.
piel. — Sello de Francisco Asenjo Barbieri y
ex-libris ms. de Baltasar Saldoni. ▶ M-BN,
R/9274. — Enc. piel. ▶ M-RABA, A-1434.
— Enc. piel. — Ex-libris de Josef Dueso.

3589
Certamen *angelico en la grande celebridad de la dedicacion del nueuo, y mag-
nifico templo que su graue conuento de religiosos de la esclarecida Orden de
Predicadores consagro a Santo Tomas de
Aquino... el octubre de M.DCL.VI* / de-
dicale... Ioseph de Miranda y la Cotera. — En Madrid : por Diego Diaz
de la Carrera, 1657. — [28], 204 h.,
a-g^4, A-Z^4, 2A-2K^4, 2M-2Z^4, 3A-
3F^4 ; 4^0
Colofón. — Error en sign., falta el
cuadernillo sign. 2L.

01-00030930 000

▶ M-BN, R/16925. — Enc. hol. — Sello
de Pascual de Gayangos. ▶ M-BN, R/17587.
— Enc. perg. ▶ M-BN, R/17601. — Enc.
perg. — Falto de h. 201-204. ▶ M-BN, R/
27768. — Enc. perg. ▶ M-BN, R/8630. —
Enc. perg. — Restaruadas port. y h. 204.
▶ M-BN, V/C^a 38-11. — Enc. cart. — Falto
de port. y prelim.

3590
Certamen *contra certamen : censura
de la Iusta poetica sagrada, sentencia de
Apolo contra ella, y corregidos sus errados
assumptos por los mas celebrados poetas de
la lengua castellana, ofrecense... otros mas
justos...* / sacanse a luz por mandado
de Apolo, acosta de las nueve Mussas, vendse [sic] en el Parnasso... —
[S.l. : s.n., s.a.]. — [2], 38 p., A-E^4 ;
4^0

En 1691 es canonizado S. Juan de
Sahagún, patrón de Salamanca, se
celebran justas poéticas y de la titu-

lada «Justa poetica sagrada» es de la que se hace crítica en el Certamen contra certamen.

01-00030931 000

▶ M-BN, R/11257(1). — Enc. perg. — Sello de Pascual de Gayangos.

3591

Certamen *contra certamen : censura de la Iusta poetica sagrada, sentencia de Apolo contra ella, y corregidos sus errados assumptos por los mas celebrados poetas de la lengua castellana, ofrecense... otros mas justos...* / sacanse a luz por mandado de Apolo, acosta de las nueve Mussas, vendese en el Parnasso... — [S.l. : s.n., s.a.]. — [2], 38 p., A-E^4 ; 4^0

En 1691 es canonizado S. Juan de Sahagún, patrón de Salamanca, se celebran Justas poéticas y de la titulada «Justa poetica sagrada» es de la que se hace crítica en el Certamen contra certamen.

01-00030932 000

▶ M-BN, R/18052(1). — An. ms. «es deel año de 1691». — Enc. perg. ▶ M-BN, V.E./ 43-25.

3592

Certamen *poetico a las fiestas de la translacion de la reliquia de San Ramon Nonat* / recopilado por... Fr. Pedro Martin... de la Orden... de la Merced... ; y su vida en rimas por Francisco Gregorio de Fanlo... — Impresso en Zaragoza : por Iuan ·de Lanaja y Quartanet... Vendense en la emprenta, 1618. — [6], 44, 60 [i.e. 90] h., ¶^{6}, A-E^8, F^4, A-Y^4, Z^2 ; 4^0

Poesías en latín (h. 6-14). — Colofón. — Error de fol. en última h. — Port. con orla tip. y. esc. xil. heráldico de los condes de Aranda.

01-00030933 000

▶ M-BN, R/17826. — Enc. hol. — Sello de Agustín Duran. ▶ M-BN, R/20236. — Enc. perg.

3593

Certamen *poetico de Nuestra Señora de Cogullada : ilustrado con vna breue chronologia de las imagenes aparecidas de la Virgen Sacratissima en el Reino de Aragon del doctor Juan Francisco Andres de Vztarroz* / publicalo el licenciado Juan de Iribarren i Plaza... — En Zaragoça : en el Hospital Real i General de nuestra Señora de Gracia : a costa de Martin de Ain..., 1644. — [12], 240 p., ¶^{4}, A-H^4, I^6, K-Z^4, 2A-2G^4 ; 4^0

Grab. xil. en A$_2$. v.

01-00030934 000

▶ M-BN, 2/64961. — Enc. hol. — Sello de Pascual de Gayangos. — Falto de p. 18-22, 29-30, 65-68, 127-128, 147-150, 179-182, 195-198. ▶ M-BN, 2/66294. — Enc. hol. — Ex-libris ms. del canónigo Salinas. — Falto de p. 15-18, 75-78, 179-182. — La portadilla de la «Chronológia» precede a la port. tip. ▶ M-BN, R/3077. — Enc. perg. — Sello de Agustín Durán. ▶ M-BN, R/4491. — Enc. perg. ▶ M-BN, R/7315. — Enc. piel. — Super-libris de Pedro de Aragón. ▶ M-PR, IX-8243. — Enc. pasta. ▶ M-UC (FFil), 7811. — Enc. perg. — Ex-libris ms. de la librería imperial de la Compañía de Jesús y sello de la misma.

3594

Certamen *poetico que celebro el insigne Colegio de teologos del Sacro Monte de Granada, en la colocacion de· la nueva imagen de su patrono S. Dionisio Areopagita â su capilla...* — En Granada : en la Imprenta Real de Francisco de Ochoa..., [s.a.]. — 68, [2] h., [1] h. de grab., A-R^4, S^2 ; 4^0

Prelim. fechados en 1675. — Port. y texto con orla tip. — Esc. xil. de Granada, en sign. S$_1$. — Grab.

calc.: «Juº Anttº Palazio f. grat.», representa a S. Dionisio Areopagita.

01-00030935 000

▶ M-BN, 2/38917. — Enc. hol. — Falto de las h. 2, 3 y de las dos últimas. ▶ M-BN, 3/18843. — Enc. hol. — Sello de Pascual de Gayangos. — Falto de h. de grab. ▶ M-BN, 3/72188. — Enc. hol. con sello «Alcalde encuadernador...». — Falto de h. de grab. y de las dos últimas h.

3595

Certamen *poetico que celebro la Hermandad de los escrivanos reales de la ciudad de Granada a la Purissima Concepcion de N. Señora en el convento de S. Antonio Abad de religiosos del Tercero Orden de... san Francisco...* — En Granada : en la Imprenta Real de Francisco Sanchez..., 1663. — [3], 54 h., [1] h. de grab., [ ]⁴, A-N⁴, O² ; 4⁰

Port. y texto con orla tip. — Grab. cal.: «Thomas Gonsales fac.», representa a la Inmaculada.

01-00030936 000

▶ M-BN, 3/41930. — Enc. perg. ▶ M-BN, 8/20320. ▶ M-BN, U/2826. — Enc. pasta. — Sello de Usoz. — Falto de h. de grab.

3596

Certificación, 1619-08-07. *Por Mandado de su Magestad nos remitio el señor Thomas de Angulo su Secretario vna certificacion del tenor siguiente. Yo Thomas de Angulo, del Consejo de su Magestad, y su Secretario de Camara y estado de Castilla, obras y bosques. Certifico que nuestro muy sancto Padre Paulo V... tiene concedido breue para que todo el estado Ecclesiastico contribuya en el seruicio de los diez y ocho millones...* — [S.l. : s.n., s.a.]. — [1] h. ; Fol.

Se ha respetado la puntuación original.

01-00094493 000

▶ M-BN, V.E./218-100.

3597

Certificación, 1668-09-13. *Iuan Felix de Vega, Secretario del Rey nuestro señor, y Don Fernando Nauarro Garcia, sus Contadores de Relaciones, tierras, y extraordinario, certificamos, que por los libros de nuestros oficios parece, que la Reyna nuestra señora, que Dios guarde, por dos cedulas firmadas de su Real mano...* — [S.l. : s.n., s.a.]. — 32 h., A¹, B-P², Q³ ; Fol.

Traslado dado en Madrid, en 1668.

01-00094485 000

▶ M-BN, V.E./24-10. — Mes y día del traslado, mss.: Quince de Octubre. — Ex-libris ms. de la librería de San Cayetano de Madrid.

3598

Certificación, 1670-02-27. *Certificacion. Yo Diego de Salamanca Robles, escriuano de Camara de la Audiencia y chācilleria... de Granada... Doy fee que estado en Acuerdo general los señores Presidente y Oidores, en diez deste presente mes de Febrero, el señor Licenciado Don Diego Ximenez Lobaton... presento vna peticion, en que dixo... me informasse de los Prelados de los Conventos de Nuestra Señora de Gracia, de S. Agustin, de la Vitoria, del Colegio de la Compañia de Iesus, de S. Diego, de el de Carmelitas Descalças, de el Angel, y el de Nuestra Señora de la Concepcion... en razon de que... estando... manifiesto el Santissimo Sacramento no se sientan en las sillas...* — [S.l. : s.n., s.a.]. — [4] p. ; Fol.

Se ha respetado la puntuación original. — Texto fechado en Granada 27 de Febrero de 1670.

01-00094353 000

▶ M-BN, 3/40738(3). — Enc. perg. ▶ M-BN, V.E./209-126.

3599

Certificación, 1677-08-06. *Manuel Mateo Sanchez, oficial Mayor de la Con-*

taduria de la Real hazienda de Aranjuez, que despacho por ausencia del Cõtador propietario en virtud de cedula de su Magestadd, certifico, que por los libros, y papeles de dicha Contaduria parece auerse librado, y pagado en marauedis, trigo, y cebada desde veinte y tres de Iunio de 1670 que el señor Don Diego Antonio Bonifas y Porres tomó possesion del Gouierno deste Sitio... à diferentes personas que se les deuia de atrassos hasta fin de el año de 1669. — [S.l. : s.n., s.a.]. — [6] p., [1] en bl. ; Fol.

01-00094320 000

▶ M-BN, V.E./209-144. — Traslado ms. dado en Aranjuez el siete de Septiembre de 1677.

3600

Certificación, 1677-08-06. *Manuel Mateo Sanchez, Oficial Mayor de los Libros de la Contaduria de la Real hazienda de Aranjuez, que despacho por ausencia del Contador propietario en virtud de cedula de su Magestad, certifico, que por los libros, y papeles de dicha Contaduria parece auer tenido de valor las rentas de aquel heredamiento, assi añales, como accidentales, de los cargos del Mayordomo, y Pagador desde primero de Iulio de 1670 hasta fin de Diziembre del de todo el año de 1671 y desde primero de Enero de este año de 1677 hasta fin de Iulio dèl, que son dos años, y vn mes los siguiente...* — [S.l. : s.n., s.a.]. — 10 h., A-E^2 ; Fol.

Certificación fechada en Aranjuez, 6 de Agosto de 1677.

01-00094317 000

▶ M-BN, V.E./205-43(1). — Traslado ms. dado en Aranjuez a 15 de Septiembre de 1677.

3601

Certificación, 1677-08-18. *Manuel Mateo Sanchez, Oficial Mayor de libros de la Contaduria deste Real heredamiento de Aranjuez, que despacho por ausencia del Contador propietario en virtud de la Cedula de su Magestad, certifico, que por los dichos libros parece, que antes de romperse los prados de Azeca, estauan arrendadas las yervas de ellos à Alonso Garcia de Aguila, vezino de Añover, por seis años en nueue mil dociẽtos y sesenta y quatro reales liquidos cada año...* — [S.l. : s.n., s.a.]. — [3] p. ; Fol.

01-00094319 000

▶ M-BN, V.E./209-143. — Traslado ms. dado en Aranjuez el 1 de Septiembre de 1677.

3602

Certificación, 1677-08-18. *Manuel Mateo Sanchez, Oficial Mayor de los libros de las Contaduria deste Real heredamiento de Aranjuez, que despacho por ausencia del Contador propietario en virtud de Cedula de su Magestad, certifico, que por los libros, y papel es de dicha Contaduria parece auer valido las penas de Camara de este juzgado, y libradose à los Señores Fiscales de la Real Junta de Obras y Bosques, y à otras personas que tienen situacion en este efecto, que vno, y otro es como sigue...* — [S.l. : s.n., s.a.]. — [4] p. ; Fol.

01-00094318 000

▶ M-BN, V.E./206-81. — Traslado ms. dado en Aranjuez el 31 de Agosto de 1677.

3603

Certificación, 1677-08-24. *Por los libros de la Contaduria de la Real hazienda de Aranjuez parece que la dehessa de Requena de este Real heredamiento se diò en arrendamiento à Bernabe Forte, residente que fue en este Sitio, por doze años desde San Miguel de Septiembre de 1665 hasta otro tal dia deste presente de la fecha, los tres primeros libros de paga, y en cada vno de los nueue en onze mil setecien-*

tos y quarenta, y dos reales, y catorze ma-rauedis. — [S.l. : s.n., s.a.]. — [4] p. ; Fol.

01-00094321 000

▶ M-BN, V.E./205-43(2). — Traslado ms. dado en Aranjuez el 31 de Agosto de 1677.

3604
Cervantes, Gonzalo (O.S.A.). *In librum sapientiae commentarii et theoriae...: prima pars, octo priora capita complectens* / auctore fratre Gonsaluo Ceruantes... Augustiniano... ; accesserunt indices quatuor locupletissimi... — Hispali : in typographia Augustiniana, excudebat Ludouicus Estupiñan, 1614. — [8], 850 [i.e. 860] p., 80 [i.e. 30] h., [ ]⁴, A-K⁸, L¹⁰, M-Z⁸, 2A-2G⁸, 2H¹⁰, 2I-2Z⁸, 3A-3E⁸, 3F-3H⁶, 3I-3K⁸, 3L-3M⁴, 3N², O⁴ ; Fol.

Colofón. — Errores de pag., repetidas las p. 172, 173, 487-490, 752, 842, dos veces la 171 y error en la última h. — Texto a dos col. — Port. con orla tip. y texto enmarcado.

01-00030937 000

▶ M-BN, 2/11418. — Enc. perg. ▶ M-BN, 8/17744. — Enc. perg. deteriorada. — Ex-libris ms. de Francisco López de Mena. ▶ M-PR, VII-2418. — Enc. pasta con hierros dorados. ▶ M-UC (FFil), 26573. — Enc. perg.

3605
Cervantes, Gonzalo (O.S.A.). *Parecer de S. Augustin en favor de la concepcion purissima de la Virgen Maria Madre de Dios, sin pecado original...* / por el M.Fr. Gonçalo Cervantes augustiniano... — En Sevilla : por Gabriel Ramos Bejarano..., 1618. — [6], 66 h., §⁶, A-Q⁴, R² ; 4⁰

Port. con grab. xil.

01-00030938 000

▶ M-BN, 2/36773. — Enc. perg. — Ex-libris ms. de la librería del Carmen de Madrid.

3606
Cervantes, Manuel Antonio de. *Memorial o Discurso juridico informativo de los honores que se deben dar y guardar al Alcalde, Juez de las Reales Obras y Bosques y en particular si debe concurrir juntamente con los otros Alcaldes de Corte de la Sala con el Consejo, en los actos y funciones publicas y festivas precediendo al Fiscal de ella...* / por... Manuel Antonio de Cervantes... — Impressa en Madrid : por Melchor Alvarez, 1691. — 31, [1] h., A-H⁴ ; 4⁰

El pie de imp. consta en colofón.

01-00030939 000

▶ M-BN, 2/23910. — Enc. perg. ▶ M-BN, 2/30248. — Enc. perg. ▶ M-BN, 3/12124. — Enc. perg.

3607
Cervantes, Pedro de. *Recopilacion de las Reales Ordenanzas y Cedulas de los Bosques Reales del Pardo, Aranjuez, Escorial, Balsain y otros : glossas y commentos a ellas...* / autores... don Pedro de Cerbantes, que lo empeço, y don Manuel Antonio de Cerbantes, su sobrino,... que lo continuò y concluyò... — En Madrid : en la oficina de Melchor Alvarez, 1687. — [36], 803 p., [1] h. de grab., ¶-3¶⁶, A-Z⁶, 2A-2Z⁶, 3A-3X⁶ ; Fol.

Port. con orla tip. — Grab. calc.: «Diego de Obregó F.».

01-00030940 000

▶ M-BN, 3/19150. — Enc. perg. — Falto de h. de grab. ▶ M-BN, 7/13227. — Enc. pasta con cortes dorados. — Falto de h. de grab. ▶ ME-RB, 118-II-31. — Enc. perg. — Falto de h. con sign. ¶₂₋₆, a partir de p. 801, y de la h. de grab. ▶ ME-RB, M-3-I-10. — Enc. piel con hierros dorados. — Falto de la

h. de grab. ▶ M-RAE, 23-III-5. — Enc. perg.

3608
Cervantes Saavedra, Miguel de.
[Don Quijote de la Mancha] *El ingenioso hidalgo don Quixote de la Mancha* / compuesto por Miguel de Ceruantes Saauedra... — En Madrid : por Iuan de la Cuesta : vendese en casa de Francisco de Robles, librero..., 1605. — [12], 312, [8] h., ¶-2¶^{8}, A-Z^8, 2A-2Q^8, ✳-2✳^{4} ; 4^0
Marca tip. de Juan de la Cuesta en port.

01-00094880 000
▶ M-BN, Cerv./118. — Enc. piel con hierros, cortes y cantos dorados, por «Brugalla 1957», dentro de estuche. — Port. y 4 h. de prelim. sustituídas por copias foto-cincolitográficas. ▶ M-PR, I-H-Cerv/123. — Enc. perg. ▶ M-RAE, R/28. — Enc. piel con hierros y cantos dorados. En funda: «A. Menard, encuadernador...».

3609
Cervantes Saavedra, Miguel de.
[Don Quijote de la Mancha] *El ingenioso hidalgo don Quixote de la Mancha* / compuesto por Miguel de Ceruantes Saauedra... — En Madrid : por Iuan de la Cuesta : vendese en casa de Francisco Robles..., 1605. — [12], 316, [4] h., ¶^{4}, 2¶^{8}, A-Z^8, 2A-2R^8 ; 4^0
Marca tip. de Juan de la Cuesta en port.

01-00094881 000
▶ M-BN, Cerv./128. — Enc. perg. en cartón con hierros dorados. — Ex-libris mss. de Francisco Grau Subias y de Domingo de Ara Rector de S. Vicente. ▶ M-BN, R/10282. — Enc. piel con cortes dorados. — Sello de Pascual de Gayangos. — Lleva una tarjeta suelta en la que dice: «2.ª edición, una de las siete publicadas en 1605». ▶ M-BN, R/32189. — Enc. piel con cortes dorados. — Ex-libris de Jose Mª de Asensio y Toledo. —

Port. deteriorada afectando a pie de imp. ▶ M-FLG, Inv. 9595. — Enc. piel con hierros dorados. ▶ M-FLG, Inv. 9596. — Enc. piel con hierros dorados. — Ex-libris de Lluis Escobet y de Henri Hut. ▶ M-RAE, R-30. — Enc. pasta.

3610
Cervantes Saavedra, Miguel de.
[Don Quijote de la Mancha] *El ingenioso hidalgo don Quixote de la Mancha* / compuesto por Miquel de Ceruantes Saauedra. — En Lisboa : impresso con lisença do Santo Officio por Iorge Rodriguez, 1605. — [10], 209 [i.e. 219], [1] h., ¶^{2}, 2¶^{8}, A-Z^8, 2A-2D^8, 2E^4 ; 4^0
Hay estados de esta edición con diferente composicion tip. en port. El grabado xilográfico representa dos caballeros en lucha y es el que figura en la edición de la Segunda Parte, 1617, por la misma imprenta. — Error de pag. en última h. — Texto a dos col.

01-00094882 000
▶ M-BN, Cerv./1820. — Sello de Gayangos y an. ms. del mismo: «comprado a Maisonneuve, librero del quai Voltaire en Paris 17 de agosto de 1864». — Enc. piel con hierros. — Defectos de encuadernación en sign. 2¶. ▶ M-BN, Cerv./2341. — Enc. piel con hierros. — Sello de Luis de Usoz. — Texto tachado en algunas h. ▶ M-BN, Cerv.Sedó/8686. — Enc. pasta. — Sello de Sedó. ▶ M-BN, R/32740. — Enc. pasta. — Ex-libris de Jose Mª de Asensio y Toledo y ms. de José de Lemos Pinto e Faria. — Texto tachado en algunas h. ▶ M-FLG, Inv. 9597. — Enc. piel con hierros. — An ms. «Alex.^{dre} Oliu.^{ra} Tauares».

3611
Cervantes Saavedra, Miguel de.
[Don Quijote de la Mancha] *El ingenioso hidalgo don Quixote de la Mancha* / compuesto por Miguel de Ceruantes

Saauedra. — En Lisboa : impresso por Pedro Crasbeeck, 1605. — [12], 448 h., ✳^{8}, 2✳^{4}, A-Z^8, 2A-2Z^8, 3A-3K^8 ; 8^0

Hay estados de esta ed. en que figura «por Crasbeech». — Port. con grab. xil.

01-00094883 000

▶ M-BN, 3/61145. — Enc. perg. — Deterioradas h. 40, 353 y 354. — Falto de port., prelim., h., 1-33 y a partir de h. 424. ▶ M-BN, Cerv./1273. — Enc. perg. ▶ M-BN, R/32301. — Enc. piel con hierros, encuadernado por A. Marquez, Sevilla. — Ex-libris de Jose Mª de Asensio y Toledo.

3612
Cervantes Saavedra, Miguel de.
[Don Quijote de la Mancha] *El ingenioso hidalgo don Quixote de la Mancha* / compuesto por Miguel de Ceruantes Saauedra... — Impresso... en Valencia : en casa de Pedro Patricio Mey : a costa de Iusepe Ferrer..., 1605. — [32], 768 p., †^{8}, 2✳^{8}, A-Z^8, 2A-2Z^8, 3A-3B^8 ; 8^0

Existen al menos dos ed. con el mismo pie de imp. ; pueden distinguirse porque en ésta el reclamo de †$_2$r. es AL, la primera página va marcada Fol. 1 y la pag. 192 está bien numerada. — Port. con viñeta xil.

01-00094884 000

▶ M-BN, Cerv./400. — Enc. piel con hierros y cortes dorados, deteriorada. ▶ M-BN, Cerv.Sedó/8678. — Enc. polipiel con hierros y cortes dorados. — Sello de Juan Sedó.

3613
Cervantes Saavedra, Miguel de.
[Don Quijote de la Mancha] *El ingenioso hidalgo don Quixote de la Mancha* / compuesto por Miguel de Ceruantes Saauedra... — Impresso... en Valencia : en casa de Pedro Patricio Mey : a costa de Iusepe Ferrer...,

1605. — [32], 768 p., †-2†^{8}, A-Z^8, 2A-2Z^8, 3A-3B^8 ; 8^0

Existen al menos dos ed. con el mismo pie de imp. ; pueden distinguirse porque en ésta el reclamo de †$_2$r. es La, la primera página va marcada 1 y en la numeración de la p. 192 figura 162. — Port. con viñeta xil.

01-00094885 000

▶ M-BN, Cerv./358. — Enc. hol. ▶ M-BN, Cerv.Sedó/8668. — Enc. piel con hierros y cortes dorados, firmada por Brugalla, 1935. — Ex-libris y sello de Juan Sedó. ▶ M-FLG, Inv. 2604. — Enc. piel roja con hierros y cortes dorados. — Ex-libris de D. D. de Tellier de Courtanvaux. ▶ M-FLG, Inv. 2605. — Enc. piel. — Deteriorado. — Falto de la port. sustituida por otra facsimil pegada, de [6] p. de prelim. y de algunas p. del texto.

3614
Cervantes Saavedra, Miguel de.
[Don Quijote de la Mancha] *El ingenioso hidalgo don Quixote de la Mancha* / compuesto por Miguel de Ceruantes Saauedra... — En Brusselas : por Roger Velpius..., 1607. — [24], 592, [8] p., ✳^{8}, 2✳^{4}, A-Z^8, 2A-2O^8, 2P^4 ; 8^0

01-00094886 000

▶ M-BN, Cerv./215. — Enc. piel con hierros, cantos y cortes dorados. ▶ M-BN, Cerv.Sedó/8718. — Enc. pasta. — Sello de Juan Sedó. ▶ M-BN, R/11934. — Enc. piel con hierros, cantos y cortes dorados. — Sello de Pascual de Gayangos. ▶ M-BN, R/14714. — Enc. pasta con hierros dorados y superlibris. ▶ M-BN, R/32202. — Incluye carta ms. autógrafa de José Mª de Alava a José de Asensio y Toledo, fechada en Sevilla 1868. — Enc. piel con hierros, cantos y cortes dorados. — Ex-libris de José Mª de Asensio y Toledo, y de Samblancx-Weckesser. ▶ M-BN, R-i/142. — Enc. perg. — Ex-libris mss. de Josun von der Borch y de Pedro de Cifuentes y sello de S.D.S.Y.D.A. ▶ M-FLG, Inv. 2185. — Enc. piel con hierros y cantos dorados, firmada por Chambolle-Duru. ▶ M-

FLG, Inv. 2186. — Enc. pasta con hierros, cortes y cantos dorados.

3615

Cervantes Saavedra, Miguel de. [Don Quijote de la Mancha] *El ingenioso hidalgo don Quixote de la Mancha* / compuesto por Miguel de Ceruantes Saauedra... — En Madrid : por Iuan de la Cuesta : vendese en casa de Francisco de Robles..., 1608. — [12], 277, [3] h., ¶⁴, 2¶⁸, A-Z⁸, 2A-2M⁸ ; 4⁰

Marca tip. en port.

01-00094887 000

▶ M-BN, Cerv./126. — Enc. perg. sobre cartón con hierros y cortes dorados. — Última h. recortada en la parte superior. ▶ M-BN, Cerv.Sedó/8688. — Enc. perg. — Sello de Juan Sedó. ▶ M-BN, R/32178. — Enc. hol. — Ex-libris de José Mª de Asensio y Toledo. ▶ M-BN, U/596. — Enc. perg. ▶ M-BZ, Vitrina. — Enc. piel con hierros dorados. ▶ M-FLG, Inv. 9598. — Enc. piel con hierros dorados. — Ex-libris de Heredia y de la Biblioteca de Don A. Cánovas del Castillo.

3616

Cervantes Saavedra, Miguel de. [Don Quijote de la Mancha] *El ingenioso hidalgo don Quixote de la Mancha* / compuesto por Miguel de Ceruantes Saauedra... — En Milan : por el Heredero de Pedromartir Locarni y Iuan Bautista Bidello, 1610. — [32], 722 [i.e. 720] p., †-2†⁸, A-Z⁸, 2A-2Y⁸ ; 8⁰

Marca tip. en port. — Error de pag., de p. 704 pasa a 707.

01-00094888 000

▶ M-BN, Cerv./947. — Enc. cart. ▶ M-BN, Cerv.Sedó/8667. — Enc. perg. — Sello de Juan Sedó y ex-libris de la librería Williams & Norgate (Oxford). — Repetidas p. 97-112. ▶ M-BN, R/11967. — Enc. piel con hierros y cortes dorados. — Sello de Pascual de Gayangos. ▶ M-BN, R/32289. — Enc.

piel con hierros y cortes dorados. — Ex-libris de José Mª de Asensio y Toledo. ▶ M-FLG, Inv. 2599. — Enc. piel con hierros dorados. ▶ M-FLG, Inv. 2600. — Enc. piel. — Ex-libris de la Biblioteca de Jacob. Carol y super-libris de la Biblioteca de Salvá. ▶ M-FLG, Inv. 3054. — Enc. piel. — Ex-libris de Daniel Rodgson Kirkman. ▶ M-PR, I-H-Cerv./399. — Enc. perg. ▶ M-RAE, R-90. — Enc. perg. en cart.

3617

Cervantes Saavedra, Miguel de. [Don Quijote de la Mancha] *El ingenioso hidalgo don Quixote de la Mancha* / compuesto por Miguel de Ceruantes Saauedra... — En Brucelas : por Roger Velpius y Huberto Antonio..., 1611. — [16], 583, [9] p., ā⁸, A-Z⁸, 2A-2O⁸ ; 8⁰

01-00094889 000

▶ M-BN, Cerv./192. — Enc. piel con hierros dorados. — Super-libris de Salvá. ▶ M-BN, Cerv.Sedó/8719. — Enc. perg. deteriorada. — Falto de port. ▶ M-BN, Cerv.Sedó/8720. — An. ms. «Al Conde Francisco Nicolas de la Torre y Tossis 1685 en Baspuigg». — Enc. perg. ▶ M-BN, R/11936. — Enc. perg. — Ex-libris ms. de Longüeil y sello de Pascual de Gayangos. ▶ M-BN, R/32752. — Enc. piel con hierros. — Ex-libris de José Mª de Asensio y Toledo. ▶ M-FLG, Inv. 2187. — Enc. pasta con hierros dorados. ▶ M-FLG, Inv. 2189. — Enc. piel. — Ex-libris de Juan Manuel Sánchez. ▶ M-FLG, Inv. 2194. — Enc. piel con hierros dorados. ▶ M-RAE, R-91. — Enc. piel.

3618

Cervantes Saavedra, Miguel de. [Don Quijote de la Mancha] *Segunda parte del ingenioso cauallero don Quixote de la Mancha* / por Miguel de Ceruantes Saauedra... — En Madrid : por Iuan de la Cuesta : vendese en casa de Francisco de Robles, 1615. — [8], 280, [4] h., ¶⁸, A-Z⁸, 2A-2M⁸, N⁴ ; 4⁰

Colofón. — Marca tip. de Juan de la Cuesta en port.

01-00094890 000

▶ M-BN, Cerv./119. — Enc. piel con hierros, cortes y cantos dorados por «Brugalla 1957», dentro de un estuche. ▶ M-BN, Cerv.Sedó/8677. — Enc. piel con hierros y cortes dorados. — Ex-libris de Beauchamp C. Urguart of Meldrum and Byth y sello de Juan Sedó. — Port., Tabla de los capitulos y colofón deteriorados. Recortado en la parte inferior. — Falto de [6] h. de prelim. ▶ M-BN, R/32177. — Enc. perg. con hierros dorados. — Ex-libris de José Mª de Asensio y Toledo. — H. de colofón deteriorada. ▶ M-BN, U/10298. — Enc. perg. ▶ M-BN, U/597. — Enc. perg. — Sello de Luis de Usoz. — Defectos de encuadernación en h. 35-36. ▶ M-FLG, Inv. 15714. — Enc. piel con hierros, cortes y cantos dorados, en estuche (L. Gruel encuadernador). ▶ M-PR, I-H-Cerv.124. — Enc. perg. ▶ M-RAE, R-29. — Enc. piel con hierros en frío y cantos dorados, en estuche (A. Ménard encuadernador). — Falto de port., dedicatoria, última h., tabla de capítulos y colofón, sustituidos por facsímiles.

3619

Cervantes Saavedra, Miguel de.
[Don Quijote de la Mancha] *Segunda parte del ingenioso cauallero don Quixote de la Mancha* / por Miguel de Ceruantes Saauedra... — En Bruselas : por Huberto Antonio..., 1616. — [16], 687 p., $\maltese^8$, A-Z^8, 2A-2V^8 ; 8^0
Port. con viñeta xil.

01-00094891 000

▶ M-BN, Cerv./216. — Enc. polipiel con hierros y cortes dorados. ▶ M-BN, Cerv./2489. — Enc. pasta. — Ex-libris de José Mª de Asensio y Toledo. ▶ M-BN, Cerv.Sedó/8672. — Enc. piel con hierros y cortes dorados. — Sello de Juan Sedó y ex-libris ms. de Cochrane donado por Jacobi Veitch. ▶ M-BN, Cerv.Sedó/8767. — Enc. pasta. — Sello de Juan Sedó y del librero de Madrid M. Murillo. — En p. 416 tres líneas tachadas. ▶ M-BN, R/11935. — Enc. piel con cortes dorados. — Sello de Pascual de Gayangos. ▶ M-FLG, Inv. 2188. — Enc. pasta con hierros dorados. ▶ M-FLG, Inv. 2190. — Enc. piel. — Ex-libris de Juan Manuel Sánchez. ▶ M-RAE, R-89. — Enc. hol. — Falto de las

p. 35-36, 39-42, 45-46, 51-62, 243-254, 401-687. ▶ M-RAE, R-92. — Enc. piel.

3620

Cervantes Saavedra, Miguel de.
[Don Quijote de la Mancha] *Segunda parte del ingenioso cauallero don Quixote de la Mancha* / por Miguel de Ceruantes Saauedra... — En Valencia : en casa de Pedro Patricio Mey... : a costa de Roque Sonzonio..., 1616. — [16], 766, [14] p., ¶^{8}, A-Z^8, 2A-2Z^8, 3A-3B^8, 3C^7 ; 8^0
Colofón. — Port. con grab. xil.

01-00095089 000

▶ M-RAE, R-88. — Enc. pasta. — Ex-libris ms. de D. José Ferrera. — Falto de p. 273 a 368.

3621

Cervantes Saavedra, Miguel de.
[Don Quijote de la Mancha] *El ingenioso hidalgo don Quixote de la Mancha* / compuesto por Miguel de Ceruantes Saauedra... — Impresso... en Barcelona : en casa de Bautista Sorita... : a costa de Miguel Gracian..., 1617. — [32], 736 p., †^{8}, 2$\maltese^8$, A-Z^8, 2A-2Z^8 ; 8^0
Existen emisiones con pie de imp.: Barcelona: en casa de Bautista Sorita: a costa de Iuan Simon, 1617 y Barcelona: en casa de Bautista Sorita: a costa de Rafael Viues, 1617. — Esta Primera Parte, junto con la Segunda, impresa en Barcelona por Sebastian Matevat, constituyen la primera edición conjunta de ambas Partes. — Port. con grab. xil., que representa a D. Quijote.

01-00094892 000

▶ M-BN, Cerv.Sedó/8664. — Enc. piel con hierros dorados. — Ex-libris y sello de Juan Sedó. ▶ M-BN, R/32266. — Enc. piel con hierros dorados. — Ex-libris de Jose Mª de Asensio y Toledo.

3622

Cervantes Saavedra, Miguel de.
[Don Quijote de la Mancha] *Segunda
parte del ingenioso cauallero don Quixote
de la Mancha* / por Miguel de Seruantes [sic], autor de su primera
parte... — En Barcelona : en casa de
Sebastian Mateuat, 1617. — [6],
357, [4] h., [1] en bl., A-Z⁸, 2A-
2Z⁸ ; 8⁰

Existen emisiones con pie de imp.:
Barcelona: en casa de Sebastian
Mateuat: a costa de Rafael Viues,
1617; Barcelona: en casa de Sebastian Mateuat: a costa de Ioan
Simon, 1617 y Barcelona: en casa de
Sebastian Matevat: a costa de Miguel Gracian, 1617. — Esta Segunda Parte, junto con la Primera, impresa en Barcelona por Bautista
Sorita, consituyen la primera edición conjunta de ambas Partes. —
Colofón. — Port. con grab. xil., que
representa a D. Quijote.

01-00094895 000

▶ M-BN, Cerv.Sedó/8666. — Enc. perg.
— Junta Delegada del Tesoro Artistico. Li-
bros depositados en la B.N. Procedencia
Roque Pidal. — Port. y prelim. deteriora-
dos. — Falto de h. 155-161 y 265. ▶ M-BN,
R/14969. — Enc. hol. — Port. deteriorada.

3623

Cervantes Saavedra, Miguel de.
[Don Quijote de la Mancha] *El ingenioso hidalgo don Quixote de la Mancha* /
compuesto por Miguel de Ceruantes
Saauedra... — Impresso... en Barcelona : en casa de Bautista Sorita... : a costa de Iuan Simon...,
1617. — [32], 736 p., †⁸, 2✱⁸,
A-Z⁸, 2A-2Z⁸ ; 8⁰

Existen emisiones con pie de
imp.: Barcelona: en casa de Bautista
Sorita: a costa de Rafael Viues,
1617 y Barcelona: en casa de Bautis-

ta Sorita: a costa de Miguel Gracian, 1617. — Esta Primera Parte,
junto con la Segunda, impresa en
Barcelona por Sebastián Matevat,
constituyen la primera edición conjunta de ambas Partes. — Port. con
grab. xil., que representa a D. Quijote.

01-00094893 000

▶ M-BN, Cerv./378. — Enc. piel con cortes dorados. — Defectos de encuadernación
en p. 625-640. ▶ M-BN, R/14968. — Enc.
piel con hierros dorados. — Ex-libris de
Adolphe de Puibusque.

3624

Cervantes Saavedra, Miguel de.
[Don Quijote de la Mancha] *Segunda
parte del ingenioso cauallero don Quixote
de la Mancha* / por Miguel de Seruantes [sic] Saauedra, autor de su primera parte... — En Barcelona : en
casa de Sebastian Mateuat : a costa
de Ioan Simon..., 1617. — [6], 357,
[4] h., [1] en bl., A-Z⁸, 2A-2Z⁸ ; 8⁰

Existen emisiones con pie de
imp.: Barcelona: en casa de Sebastian Mateuat: a costa de Rafel
Vives, 1617; Barcelona: en casa de
Sebastian Mateuat, 1617 y Barcelona: en casa de Sebastian Matevat: a
costa de Miguel Gracian, 1617. —
Esta Segunda Parte, junto con la
Primera, impresa en Barcelona por
Bautista Sorita, constituyen la primera edición conjunta de ambas
Partes. — Colofón. — Port. con
grab. xil., que representa al Quijote.

01-00094897 000

▶ M-BN, Cerv./379. — Enc. piel con cortes dorados. ▶ M-BN, Cerv.Sedo/8665. —
Enc. hol. — Sello de Juan Sedó. — En h. de
guarda grab. pegado de «N.ª S.ª de la Salceda. A debocion de Manuel Pintado. Año de
1825».

3625

Cervantes Saavedra, Miguel de.
[Don Quijote de la Mancha] *El ingenioso hidalgo don Quixote de la Mancha /* compuesto por Miguel de Ceruantes Saauedra... — Impresso... en Barcelona : en casa de Bautista Sorita...: a costa de Raphael Viues..., 1617. — [32], 736 p., †⁸, 2✲⁸, A-Z⁸, 2A-2Z⁸ ; 8⁰

Existen emisiones con pie de imp.: Barcelona: en casa de Bautista Sorita: a costa de Miguel Gracian, 1617 y Barcelona: en casa de Bautista Sorita: a costa de Iuan Simon, 1617. — Esta Primera Parte, junto con la Segunda, impresa en Barcelona por Sebastián Matevat, constituyen la primera edición conjunta de ambas partes. — Port. con grab. xil., que representa a D. Quijote.

01-00094894 000

▶ M-BN, Cerv.Sedó/8690. — Enc. perg. — Sello de Juan Sedó.

3626

Cervantes Saavedra, Miguel de.
[Don Quijote de la Mancha] *Segunda parte del ingenioso cauallero don Quixote de la Mancha /* por Miguel de Seruantes [sic] Saauedra, autor de su primera parte... — En Barcelona : en casa de Sebastian Mateuat : a costa de Rafel [sic] Viues..., 1617. — [6], 357, [4] h., [1] en bl., A-Z⁸, 2A-2Z⁸ ; 8⁰

Existen emisiones con pie de imp. Barcelona: en casa de Sebastian Mateuat: a costa de Ioan Simon, 1617; Barcelona: en casa de Sebastian Mateuat, 1617 y Barcelona: en casa de Sebastian Matevat: a costa de Miguel Gracian, 1617. — Esta Segunda Parte, junto con la Primera, impresa en Barcelona por Bau-

tista Sorita, constituyen la primera edición conjunta de ambas Partes. — Colofón. — Port. con grab. xil., que representa a D. Quijote.

01-00094896 000

▶ M-FLG, Inv. 2606. — Enc. piel con hierros y cortes dorados.

3627

Cervantes Saavedra, Miguel de.
[Don Quijote de la Mancha] *Primera parte del ingenioso hidalgo don Quixote de la Mancha /* compuesto por Miguel de Ceruantes Saauedra... — En Brucelas : por Huberto Antonio..., 1617. — [16], 583, [8] p., ā⁸, a-z⁸, 2a-2o⁸ ; 8⁰

Port. con viñeta xil.

01-00094898 000

▶ M-BN, Cerv./2488. — Enc. pasta. — Ex-libris de Jose Mª de Asensio y Toledo. ▶ M-BN, Cerv./674. — Enc. piel. — Ex-libris mss. del Colegio de la Sociedad de Jesús de Lovaina y de Danielis Nobiladis. ▶ M-BN, Cerv.Sedó/8671. — Enc. piel con hierros y cortes dorados. — Sello de Juan Sedó y ex-libris ms. de G. Cochrane donado por Jacobo Veilch. ▶ M-BN, R/12358. — Enc. polipiel. — Sello de Pascual de Gayangos y ex-libris de Durán.

3628

Cervantes Saavedra, Miguel de.
[Don Quijote de la Mancha] *Segunda parte del ingenioso cauallero don Quixote de la Mancha /* por Miguel de Ceruantes Saauedra... — Impresso em Lisboa : por Iorge Rodriguez, 1617. — [7], [1] en bl., 306 [i.e. 292] h., [ ]⁴, ✲⁴, A-Z⁸, 2A-2N⁸, 2O⁴ ; 4⁰

Numerosos errores de paginacion. — Texto a dos col. — Port. con grab. xil.

01-00094899 000

▶ M-BN, Cerv./1821. — Enc. piel. — Sello de Pascual de Gayangos. ▶ M-BN, Cerv.Sedó/8687. — Enc. pasta. — Cuaderno

247 CERVANTES SAAVEDRA

✻⁴, encuadernado al final de la obra. ▶ M-RAE, R/87. — Enc. perg. — Falto de la h. 260 a la 360.

3629
Cervantes Saavedra, Miguel de.
[Don Quijote de la Mancha] *Primera y segunda parte del ingenioso hidalgo don Quixote de la Mancha* / compuesta por Miguel de Ceruantes Saauedra... — En Madrid : en la imprenta de Francisco Martinez : a costa de Domingo Gonçalez..., 1637. — [6], 480 h., [ ]², 2¶⁴, A-Z⁸, 2A-2Z⁸, 3A-3O⁸ ; 4⁰
Segunda parte con port. propia y año 1636 comienza en h. 233.

01-00094900 000

▶ M-BN, Cerv./1312. — Enc. guaflex, deteriorada. — Sello de Juan Sedó y de la Biblioteca del Instituto de Estudios Catalanes. — Falto de la segunda parte. — H. 226 encuadernada detrás de 230 ▶ M-BN, Cerv./79-80. — Enc. pasta. — Defectos de encuadernación en prelim.

3630
Cervantes Saavedra, Miguel de.
[Don Quijote de la Mancha] *Primera y segunda parte del ingenioso hidalgo don Quixote de la Mancha* / compuesta por Miguel de Ceruantes Saauedra... — En Madrid : en la Imprenta Real : acosta de Iuan Antonio Bonet, y Francisco Serrano..., 1647. — [6], 480 [i.e. 479], [1] h., 2¶⁶, A-Z⁸, 2A-2Z⁸, 3A-3O⁸ ; 4⁰
Error de fol., de la h. 238 pasa a la 240. — Segunda parte, con port. propia, comienza en h. 233.

01-00094901 000

▶ M-BN, Cerv./97-98. — Enc. hol. — Falto de h. 146 a 151 y de última h. (final de la Tabla). — Enc. en dos vol. ▶ M-BN, Cerv.Sedó/217. — Enc. piel con hierros dorados. — Sello de Juan Sedó. ▶ M-BN, R/10654. — Enc. piel. — Sello de Pascual de

Gayangos. — Falto de primera parte y de última h. (final de la Tabla). ▶ M-BN, R/11449-50. — Enc. pasta. — Sello de Pascual de Gayangos. — Port. deteriorada afectando al pie de imp. — Falto de 1 h. de prelim. (sign. 2¶₆). — Enc. en dos vol. ▶ M-BN, R/32718. — Enc. hol. — Ex-libris de V. Salvá, de José Mª de Asensio y Toledo, de Gavin Crookfhanks M. D. y ms. de Henry Howard. — Falto de 4 h. de prelim. (sign. 2¶₂₋₅). ▶ M-RAE, F100-32. — Enc. pasta. — Ex-libris del duque de Arcos.

3631
Cervantes Saavedra, Miguel de.
[Don Quijote de la Mancha] *Parte primera y segunda del ingenioso hidalgo D. Quixote de la Mancha* / compuesta por Miguel de Ceruantes Saauedra... — En Madrid : por Melchor Sanchez : a costa de Mateo de la Bastida..., 1655. — [6], 353, [3] h., ¶⁶, A-Z⁸, 2A-2X⁸, 2Y⁴ ; 4⁰
Texto a dos col. — Segunda parte con port. propia, comienza en h. 173.

01-00094902 000

▶ M-BN, Cerv./2865-6. — Enc. hol. — Port. y última h. deterioradas. — Falto de 1 h. de prelim. ¶₂. — Enc. en dos vol. ▶ M-BN, Cerv.Sedó/389. — Enc. perg. deteriorada. — Sello y ex-libris de Juan Sedó. — Deteriorado. ▶ M-BN, R/32175-6. — Enc. piel deteriorada. — Ex-libris de José Mª de Asensio y Toledo. — Deteriorado. — Falto de h. 81 a 87. — En la segunda parte, únicamente la port. corresponde a esta ed.; el texto es el de la ed. de Madrid, 1764.

3632
Cervantes Saavedra, Miguel de.
[Don Quijote de la Mancha] *Vida y hechos del ingenioso Cavallero don Quixote de la Mancha* / compuesta por Miguel de Cervantes Saavedra ; parte primera. — Nueva edicion, coregida [sic] e ilustrada con differentes estampas... — En Bruselas : de la emprenta de Juan Mommarte, 1662.

— [28], 611, [5] p., [8] h. de grab., †^{10}, 2†^{4}, A-Z^8, 2A-2P^8, 2Q^4 ; 8^0

Marca tip. en port. — Front. y h. de grab. calc.

01-00094905 000

▶ M-BN, Cerv./144. — Enc. hol. — Ex-libris ms. de Severino Benoit y sello de Pascual de Gayangos. — Falto de front. y 1 h. de grab. ▶ M-BN, Cerv.Sedó/228. — Enc. piel. — Sello de Juan Sedó. ▶ M-BN, R/11071. — Enc. pasta. — Sello de Pascual de Gayangos y ex-libris de Mrs Henry Steele. ▶ M-BN, R/11500. — Enc. piel con hierros dorados. — Sello Pascual de Gayangos y ex-libris de George Gostling. ▶ M-BN, R/32772. — Enc. hol. — Ex-libris de José Maria de Asensio y Toledo. — Falto de front. ▶ M-FLG, Inv. 10925. — Enc. pasta con hierros dorados. — Ex-libris de la librería del Monasterio de Moreira. ▶ M-RAE, R/101. — Enc. perg. — Falto de front. — LLeva, además, otras 4 h. de grab., firmadas por F. Bouttats.

3633

Cervantes Saavedra, Miguel de.
[Don Quijote de la Mancha] *Vida y hechos del ingenioso cavallero don Quixote de la Mancha* / compuesta por Miguel de Cervantes Saavedra ; parte segunda. — Nueva edicion, coregida [sic] y ilustrada con differentes estampas... — En Bruselas : de la emprenta de Juan Mommarte..., 1662. — [16], 649, [7] p., [8] h. de grab., ✱^{8}, A-Z^8, 2A-2S^8 ; 8^0

Marca tip. en port. — Front. y h. de grab. calc.

01-00094906 000

▶ M-BN, 5/6322. — Enc. hol. — Falto de front. y de port. tip. ▶ M-BN, Cerv./145. — Enc. hol. — Ex-libris ms. de Severino Benoit y sello de Pascual de Gayangos. ▶ M-BN, Cerv.Sedó/229. — Enc. piel con cortes dorados. — Sello de Juan Sedó. — Defectos de encuadernación en prelim. ▶ M-BN, R/11072. — Enc. pasta, deteriorada. — Ex-libris de Mrs Henry Steele y sello de Pascual de Gayangos. ▶ M-BN, R/11501. — Enc. piel con hierros dorados. — Sello de Pascual

de Gayangos. ▶ M-BN, R/32773. — Enc. hol. — Ex-libris de José Mª de Asensio y Toledo. ▶ M-FLG, Inv. 10926. — Enc. pasta con hierros dorados. — Ex-libris ms. de la librería del Monasterio de Moreira. — Falto de 1 h. de grab. ▶ M-RAE, R/102. — Enc. perg. — Falto de front. y de 2 h. de grab. — Lleva, además, otras 2 h. de grab. firmadas por F. Bouttats.

3634

Cervantes Saavedra, Miguel de.
[Don Quijote de la Mancha] *Parte primera y segunda del ingenioso hidalgo D. Quixote de la Mancha* / compuesta por Miguel de Ceruantes Sauaedra... — En Madrid : en la Imprenta Real, por Mateo Fernandez : acosta de Francisco Serrano de Figueroa..., 1662. — [6], 353, [3] h., [ ]^2, ¶^{4}, A-Z^8, 2A-2X^8, 2Y^4 ; 4^0

Existe emisión con pie de imp.: En Madrid: en la Imprenta Real, por Mateo Fernandez: acosta de Iuan Antonio Bonet, 1662. Port. de la Segunda parte: En Madrid: por Mateo Fernandez: a costa de Iuan Antonio Bonet, 1662. — Port. con esc. xil. de Gerónimo de Villanueva Fernández de Heredia. — Texto a dos col. — Segunda parte, con port. propia, comienza en h. 173.

01-00094904 000

▶ M-BN, Cerv./587-8. — Enc. piel con hierros. ▶ M-BN, Cerv.Sedó/1274. — Enc. perg. — Sello de Juan Sedó.

3635

Cervantes Saavedra, Miguel de.
[Don Quijote de la Mancha] *Parte primera y segunda del ingenioso hidalgo D. Quixote de la Mancha* / compuesta por Miguel de Ceruantes Saauedra... — En Madrid : en la Imprenta Real, por Mateo Fernandez : acosta de Iuan Antonio Bonet..., 1662. — [6], 353, [3] h., [ ]^2, ¶^{4}, A-Z^8, 2A-2X^8, 2Y^4 ; 4^0

Existe emisión con pie de imp.:
En Madrid: en la Imprenta Real,
por Mateo Fernandez: acosta de
Francisco Serrano de Figueroa,
1662. — Port. con esc. xil. de Gerónimo de Villanueva Fernández de
Heredia. — Texto a dos col. — Segunda parte, con port. propia, comienza en h. 173.

01-00094903 000

▶ M-BN, R/32170. — Enc. piel con cortes dorados. — Ex-libris de José Mª de Asensio y Toledo.

3636
Cervantes Saavedra, Miguel de.
[Don Quijote de la Mancha] *Parte pri-
mera y segunda del ingenioso hidalgo don
Quixote de la Mancha* / compuestas por
Miguel de Cervantes Saavedra... —
En Madrid : en la Imprenta Real :
acosta de Mateo de la Bastida...,
1668. — [6], 353, [3] h., [ ]^2, ¶^{4}, A-
Z^8, 2A-2X^8, 2Y^4 ; 4^0
Texto a dos col. — Segunda
parte, con port. propia, en h. 173,
En Madrid : por Mateo Fernan-
dez... : a costa de Gabriel de Leon...
1662.

01-00094907 000

▶ M-BN, Cerv./829. — Enc. pasta, deteriorada. — Ex-libris ms. de Francisco Cayetano Cabral Rangel. ▶ M-RAE, F-100-31.
— Enc. pasta con hierros. — Ex-libris del
duque de Arcos.

3637
Cervantes Saavedra, Miguel de.
[Don Quijote de la Mancha] *Parte pri-
mera y segunda del ingenioso hidalgo don
Quixote de la Mancha* / compuestas por
Miguel de Cervantes Saavedra... —
En Madrid : en la Imprenta Real : a
costa de Mateo de la Bastida...,
1668. — [6], 353, [3] h., [ ]^2, ¶^{4}, A-
Z^8, 2A-2X^8, 2Y^4 ; 4^0

Se trata de una ed. contrahecha,
en la que las «u» en posición inter-
media con valor de consonante
están ya normalizadas como «v».
Hay diversos estados de esta ed. —
Texto a dos col. — Segunda parte,
con port. propia, en h. 173, En Madrid : por Mateo Fernandez... : a
costa de Gabriel de Leon..., 1662.

01-00094908 000

▶ M-BN, Cerv./34. — Enc. pasta. ▶ M-
BN, Cerv.Sedó/1273. — Enc. piel con hie-
rros. — Sello de Juan Sedó. ▶ M-BN,
Cerv.Sedó/8405. — Enc. perg. — Sello de
Juan Sedó. — Falto de la 1.ª parte. ▶ M-
BN, R/10639. — Enc. pasta con hierros. —
Ex-libris ms. «Richardson» y sello de Pas-
cual de Gayangos. ▶ M-BN, R/10660. —
An. ms. en h. de guarda sobre la edición. —
Enc. perg. — Sello de Pascual de Gayangos.
▶ M-BN, R/32174. — Enc. piel con hierros y
cortes dorados. — Ex-libris de José Mª de
Asensio y Toledo.

3638
Cervantes Saavedra, Miguel de.
[Don Quijote de la Mancha] *Vida y hechos del ingenioso cavallero don Quixote
de la Mancha* / compuesta por Miguel
de Cervantes Saavedra ; parte primera. — Nueva edicion, coregida
[sic] y ilustrada con differentes estampas... — En Bruselas : a costa de
Pedro de la Calle, 1671. — [2] en
bl., [30], 611, [5] p., [8] h. de grab.,
ã, ẽ^8, A-Z^8, 2A-2P^8, 2Q^4 ; 8^0
Según Peeters-Fontainas, I, 231,
es una edición falsificada impresa en
Lyon: por Horace Boissat, 1671. —
Port. con viñeta xil. — Front. calc.:
«C. Lauuers fecit».

01-00094910 000

▶ M-BN, Cerv./715. — Enc. piel deteriorada. — Sello de Pascual de Gayangos. —
Falto de p. 607-608. ▶ M-BN, Cerv.Sedó/
761. — Enc. perg. — Sello de Juan Sedó.
▶ M-BN, R/14375. — Enc. piel. — Ex-libris
ms. de Donato Martínez de Espinosa,

Tomás Morales y José Jiménez Morales. — Falto de p. 215-218 y última h. de la tabla. ▶ M-BN, R/32225. — Enc. piel «Céspedes Sevilla». — Ex-libris dc Jose Mª de Asensio y Toledo.

3639
Cervantes Saavedra, Miguel de.
[Don Quijote de la Mancha] *Vida y hechos del ingenioso cavallero don Quixote de la Mancha* / compuesta por Miguel de Cervantes Saavedra ; parte segunda. — Nueva edicion, coregida [sic] y ilustrada con differentes estampas... — En Bruxelas : a costa de Pedro de la Calle, 1671. — [16], 649, [7] p., [8] h. de grab., ✳⁸, A-Z⁸, 2A-2S⁸ ; 8⁰
Segun Peeters-Fontainas, I, 231, es una edicion falsificada impresa en Lyon : por Horace Boissat, 1671. — Port. con viñeta xil. — Front. calc.: «C. Lauuers fecit».

01-00094909 000
▶ M-BN, Cerv./716. — Enc. piel con hierros dorados deteriorada. — Sello de Pascual de Gayangos. ▶ M-BN, Cerv.Sedó/762. — Enc. perg. — Sello de Juan Sedó. ▶ M-BN, R/14374. — Enc. piel deteriorada. — Ex-libris ms. de José Jiménez y Morales. — Falto de 1 h. de grab. ▶ M-BN, R/32226. — Enc. piel «Cespedes Sevilla». — Ex-libris de Jose Mª de Asensio y Toledo.

3640
Cervantes Saavedra, Miguel de.
[Don Quijote de la Mancha] *Vida y hechos del ingenioso cavallero don Quixote de la Mancha* / compuesta por Miguel de Cervantes Saavedra ; parte segunda. — Nueva edicion, coregida [sic] y ilustrada con differentes estampas... — En Amberes : en casa de Geronymo y Juanbautista Verdussen, 1672. — [16], 649, [7] p., [16] h. de grab., ✳⁸, A-Z⁸, 2A-2S⁸ ; 8⁰

La primera parte de esta ed. fué publicada en 1673. — Marca tip. en port. — Front. y h. de grab. calc., algunas firmadas por «F. Bouttats».

01-00095099 000
▶ M-BN, Cerv. Sedó/245. — Enc. pasta. — Sello de Juan Sedó. ▶ M-BN, Cerv./2775. — Enc. piel. — Sello de Pascual de Gayangos. — Falto de front. ▶ M-BN, R/14378. — Enc. pasta. — Falto de front. ▶ M-BN, R/32195. — Enc. piel con hierros. — Ex-libris de José Mª de Asensio y Toledo, de Lord Eliock y de la librería de Gabriel Sánchez. ▶ M-RAE, 39-IX-17. — Enc. perg. — Ex-libris del Duque de Arcos.

3641
Cervantes Saavedra, Miguel de.
[Don Quijote de la Mancha] *Vida y hechos del ingenioso cavallero don Quixote de la Mancha* / compuesta por Miguel de Cervantes Saavedra ; parte primera. — Nueva edicion, coregida [sic] y ilustrada con 32 differentes estampas... — En Amberes : en casa de Geronymo y Juanbautista Verdussen, 1673. — [20], 611, [5] p., [16] h. de grab., †⁸, 2†², A-Z⁸, 2A-2P⁸, 2Q⁴ ; 8⁰
La segunda parte de esta ed. se publicó en 1672. — Marca tip. en port. — Front. y h. de grab. calc., algunas firmadas por «F. Bouttats».

01-00095098 000
▶ M-BN, Cerv./2774. — Enc. piel. — Sello de Pascual de Gayangos. — Falto de front. y [8] h. de grab. ▶ M-BN, Cerv.Sedó/244. — Enc. pasta. — Ex-libris y sello de Juan Sedó. ▶ M-BN, R/14377. — Enc. pasta. — Ex-libris ms. de Mariano Fratosi. — Falto de front. (sustituído por el de la Segunda parte), 1 h. de prelim. y 2 h. de grab. ▶ M-BN, R/32194. — Enc. piel con hierros. — Ex-libris de José María de Asensio y Toledo y de Lord Eliock. ▶ M-RAE, 39-IX-16. — Enc. perg. — Ex-libris del Duque de Arcos.

3642

Cervantes Saavedra, Miguel de.
[Don Quijote de la Mancha] *Vida y hechos del ingenioso cauallero don Quixote de la Mancha : parte primera* / compuesta por Miguel de Ceruantes Saauedra. — Nueua ediccion [sic], corregida, y ilustrada con treinta y quatro laminas... — En Madrid : por Andres Garcia de la Iglesia : acosta de D. Maria Armenteros..., 1674. — [14], 392, [4] p., §^{4}, 2¶^{2}, A-Z^8, 2A^8, 2B^4, 2C^2 : il. ; 4^0

Esta primera parte junto con la segunda, impresa por Roque Rico de Miranda, constituye la primera edición española ilustrada. — Port. a dos tintas. — Texto a dos col. — Front. calc.: «Diego de Obregon esculpsi». — Ilustraciones calc.

01-00095091 000

▶ M-BN, 5/6225. — Enc. hol. ▶ M-BN, Cerv. Sedó/8404. — Enc. perg. — Sello de Juan Sedó. — Port. y prelim. deteriorados. — Falto de [2] h. del prólogo. ▶ M-BN, Cerv. Sedó/992. — Enc. pasta. — Sello de Juan Sedó y de Domingo Soria Marz y ex-libris ms. de Francisco Chirino Loayssa. — Falto de front., última h. del prólogo y de las dos h. de la Tabla. ▶ M-BN, Cerv./2278. — Enc. hol con puntas. — Sello de Pascual de Gayangos. ▶ M-BN, R/32183. — Enc. piel con hierros. — Ex-libris de José María de Asensio y Toledo. — Front. y port. tip. deterioradas. — Falto de 2 h. de prelim. (dedicatoria, privilegio, tasa y erratas). ▶ M-UC (FFil), Res. 520. — Enc. perg. — Falto de las dos h. de la Tabla.

3643

Cervantes Saavedra, Miguel de.
[Don Quijote de la Mancha] *Vida, y hechos del ingenioso cavallero D. Quixote de la Mancha* / compuesta por Miguel de Cervantes Saavedra ; parte II. — Nueva ediccion [sic], corregida, y ilustrada con treinta y cuatro laminas... — En Madrid : por Roque

Rico de Miranda... : a costa de doña Maria de Armenteros, viuda de Iuan Antonio Bonet..., 1674. — [2], 446, [6] p., A-Z^8, 2A-2E^8, 2F^3 : il. ; 4^0

Esta segunda parte junto con la primera, impresa por Andrés García de la Iglesia, constituye la primera edición española ilustrada. — Port. a dos tintas. — Texto a dos col. — Ilustraciones calc.

01-00095090 000

▶ M-BN, Cerv./2279. — Enc. hol. con puntas. — Sello de Pascual de Gayangos. ▶ M-BN, Cerv.Sedó/993. — Enc. pasta. — Sello de Juan Sedó y ex-libris ms. de Francisco Chizino Loayssa. ▶ M-BN, R/32184. — Enc. pasta con hierros. — Ex-libris de José María de Asensio y Toledo y ms. de Vicente Díez del Anso. — Port. recortada y deterioradas las p. 1 y 2. — Falto de p. 211-218.

3644

Cervantes Saavedra, Miguel de.
[Don Quijote de la Mancha] *Vida y hechos del ingenioso cavallero don Quixote de la Mancha* / compuesta por Miguel de Cervantes Saavedra ; parte primera. — Nueva edicion, coregida y ilustrada con 32 differentes estampas... — En Amberes : por Henrico y Cornelio Verdussen, 1697. — [20], 611, [5] p., [16] h. de grab., †^{8}, 2†^{2}, A-Z^8, 2A-2P^8, 2Q^4 ; 8^0

Existe emisión con pie de imp.: En Amberes : por Juan Bautista Verdussen, 1697. — Marca tip. en port. — Front. y h. de grab. calc., la mayoría firmadas: «F. Bouttats scul.».

01-00095094 000

▶ M-BN, Cerv./187. — Enc. piel con hierros. — Sello de Pascual de Gayangos. — Falto de [1] h. de grab. ▶ M-BN, Cerv.Sedó/246. — Enc. pasta. — Sello de Juan Sedó y del Instituto de Estudios Catalanes. ▶ M-

BN, Cerv.Sedó/8689. — Enc. perg. deteriorada. — Sello de Juan Sedó. — Falto de front., port. tip., 5 h. de grab., p. 14 a 18 y 237 a 243. ▶ M-BN, R/11073. — Enc. pasta. — Sello de Pascual de Gayangos.

3645

Cervantes Saavedra, Miguel de.
[Don Quijote de la Mancha] *Vida y hechos del ingenioso cavallero don Quixote de la Mancha* / compuesta por Miguel de Cervantes Saavedra ; parte segunda. — Nueva edicion, corregida y ilustrada con differentes estampas... — En Amberes : por Henrico y Cornelio Verdussen, 1697. — [16], 649, [7] p., [16] h. de grab., ✳⁸, A-Z⁸, 2A-2S⁸ ; 8⁰
Existe emisión con pie de imp.: En Amberes : por Juan Bautista Verdussen, 1697. — Marca tip. en port. — Front. y h. de grab. calc., la mayoría firmadas: «F. Bouttats scul.».

01-00095095 000

▶ M-BN, Cerv./188. — Enc. piel con hierros. — Sello de Pascual de Gayangos. — Falto de 2 h. de grab. ▶ M-BN, Cerv.Sedó/247. — Enc. pasta deteriorada. — Sello de Juan Sedó y del Instituto de Estudios Catalanes. ▶ M-BN, R/11074. — Enc. pasta deteriorada. — Sello de Pascual de Gayangos.

3646

Cervantes Saavedra, Miguel de.
[Don Quijote de la Mancha] *Vida y hechos del ingenioso cavallero don Quixote de la Mancha* / compuesta por Miguel de Cervantes Saavedra ; parte primera. — Nueva edicion, coregida y ilustrada con 32 differentes estampas... — En Amberes : por Juan Bautista Verdussen, 1697. — [20], 611, [5] p., [16] h. de grab., †⁸, 2†², A-Z⁸, 2A-2P⁸, 2Q⁴ ; 8⁰
Existe emisión con pie de imp.: En Amberes : por Henrico y Corne-

lio Verdussen, 1697. — Marca tip. en port. — Front. calc. — Las h. de grab. calc., la mayoría firmadas: «F. Bouttats sculp.».

01-00095092 000

▶ M-BN, Cerv./863. — Enc. hol. — Ex-libris de García-Romo y Echebarria. — Falto de front. ▶ M-BN, Cerv.Sedó/102. — Enc. pasta. — Sello de Juan Sedó. ▶ M-BN, R/32771(1). — Enc. pasta. — Ex-libris del Museo del Montino y de Jose Mª de Asensio y Toledo. ▶ M-FLG, Inv. 2192. — Enc. piel con hierros. — Ex-libris de la Biblioteca de don Antonio Cánovas del Castillo.

3647

Cervantes Saavedra, Miguel de.
[Don Quijote de la Mancha] *Vida y hechos del ingenioso cavallero don Quixote de la Mancha* / compuesta por Miguel de Cervantes Saavedra ; parte segunda. — Nueva edicion, corregida y ilustrada con differentes estampas... — En Amberes : por Juan Bautista Verdussen, 1697. — [16], 649, [7] p., [16] h. de grab., ✳⁸, A-Z⁸, 2A-2S⁸ ; 8⁰
Existe emisión con pie de imp.: En Amberes : por Henrico y Cornelio Verdussen, 1697. — Marca tip. en port. — Front. y hs. de grab. calc., la mayoría firmadas: «F. Bouttats scul.».

01-00095093 000

▶ M-BN, Cerv./864. — Enc. hol. ▶ M-BN, Cerv.Sedó/103. — Enc. pasta. — Sello de Juan Sedó. ▶ M-BN, R/32771(2). — Enc. pasta. — Ex-libris del Museo del Martino y de José Mª de Asensio y Toledo. ▶ M-FLG, Inv. 2193. — Enc. piel con hierros. — Ex-libris de Antonio Cánovas del Castillo. — Falto de front. y 6 h. de grab.

3648

Cervantes Saavedra, Miguel de.
[La Galatea] *Galatea : diuidida en seys libros* / compuesta por Miguel de Ceruantes... — En Paris : por Gilles

Robinot..., 1611. — [16], 474, [1] p., †⁸, A-Z⁸, 2A-2F⁸, 2G⁶ ; 8⁰
En la última hoja, Privilegio real en francés. — Marca tip. en port.

01-00094874 000

▶ M-BN, Cerv./221. — Enc. piel con hierros dorados. — Ex-libris de D. Cayetano Alberto de la Barrera. ▶ M-BN, Cerv.Sedó/8710. — Enc. pasta. — Sello y Ex-libris de Juan Sedó. ▶ M-BN, Cerv.Sedó/8713. — Enc. piel con cortes dorados. — Sello de Juan Sedó. — Falto de la última h. ▶ M-BN, R/10450. — Enc. pasta. — Sello de Pascual de Gayangos y etiqueta de la Librería de Agustín Durán, Madrid. ▶ M-BN, R/12364. — Enc. perg. — Sello de Pascual de Gayangos. ▶ M-BN, R/14381. — Enc. pasta. ▶ M-BN, R/14382. — Enc. pasta. ▶ M-BN, R/32497. — Enc. pasta con superlibris. — Ex-libris de José Mª de Asensio y Toledo y ms. de Charles Lescuier. ▶ M-FLG, Inv. 3048. — Enc. hol. — Ex-libris ms. del convento de Carmelitas Descalzas de Namur.

3649
Cervantes Saavedra, Miguel de.
[La Galatea] *Primera parte de la Galatea: diuidida en seys libros* / compnesta [sic] por Miguel de Ceruantes... — En Valladolid : por Francisco Fernandez de Cordoua : a costa de Geronymo Martinez..., 1617. — [8], 307 h., ¶⁸, A-Z⁸, 2A-2P⁸, 2Q³ ; 8⁰
Hay diferentes estados de esta ed. (variantes de tit. en port.: «Tercera parte de la Galatea...», «De la Galatea...»). — Colofón. — Port. con viñeta xil.

01-00094875 000

▶ M-BN, Cerv./1253. — Enc. pasta. ▶ M-BN, R/14404. — Enc. perg. deteriorado. — Ex-libris ms. Juan Ynaro. — Deteriorada h. 111. — Falto de h. 52 y 53. ▶ M-FLG, Inv. 2602. — Enc. pasta con esc. de Castilla dorado. ▶ M-RAE, 17-XII-44. — Enc. perg. — Port. recortada, afectando a parte del tit. — Falto de h. ¶². ▶ M-RAE, 17-XII-45. — Enc. piel.

3650
Cervantes Saavedra, Miguel de.
[La Galatea] *La discreta Galatea* / de Miguel de Ceruantes Saauedra ; diuidida en seys libros. — Em Lisboa : por Antonio Aluarez, 1618. — [4], 375 h., [1] en bl., [ ]⁴, A-Z⁸, 2A-2Z⁸, 2A⁸ ; 8⁰
Hay diferentes estados de esta ed. (pueden llevar o no colofón). — Marca de imp. en port. y colofón.

01-00094877 000

▶ M-BN, Cerv./2543. — Enc. piel. — Sello Pascual de Gayangos. ▶ M-BN, Cerv.Sedó/8715. — Enc. perg. — Ex-libris y sello de Juan Sedó. ▶ M-BN, R/32569. — Enc. pasta. — Ex-libris de José Mª de Asensio y Toledo. — Port. deteriorada, afectando a tit. ▶ M-FLG, Inv. 2601. — Enc. piel con hierros dorados en lomo.

3651
Cervantes Saavedra, Miguel de.
[La Galatea] *Los seys libros de la Galatea* / compuesta por Miguel de Ceruantes... — En Barcelona : por Sebastian de Cormellas y a su costa..., 1618. — [6], 272 h., [1] en bl., [1] h. de grab., A-Z⁸, 2A-2M⁸ ; 8⁰
Marca tip. en port. — La h. de grab. xil., representa la Ascensión.

01-00094876 000

▶ M-BN, Cerv./348. — An. ms. en port. — Enc. pasta. ▶ M-BN, Cerv.Sedó/8.714. — Ex-libris de Juan M. Sánchez y sello de Juan Sedó. — Enc. perg. ▶ M-BN, R/14403. — Enc. perg. — Ex-libris de Fernando Jose de Velasco. — Deterioradas h. 271-272 y 230-244 afectando al texto. — Falto de port. y h. de grab. ▶ M-BN, R/32527. — Enc. piel. — Ex-libris de José Mª de Asensio y Toledo. — Falto de h. de grab. ▶ M-FLG, Inv. 3052. — Enc. pasta con hierros y cortes dorados.

3652
Cervantes Saavedra, Miguel de.
Nouelas exemplares / de Miguel de Ce-

ruantes Saauedra... — Madrid : por Iuan de la Cuesta : vendese en casa de Frãcisco de Robles..., 1613. — [12], 274 h., ¶⁴, 2¶⁸, A-Z⁸, 2A-2L⁸, 2M² ; 4⁰

Colofón. — Marca tip. de Juan de la Cuesta en port.

01-00094846 000

▶ M-BN, Cerv./112. — Enc. piel. ▶ M-BN, R/11841. — Enc. pasta con hierros dorados. — Sello de Pascual de Gayangos. — Falto de port. y h. ¶₄.

3653
Cervantes Saavedra, Miguel de.
Nouelas exemplares / de Miguel de Ceruantes Saauedra... — En Brusselas: por Roger Velpio y Huberto Antonio..., 1614. — [16], 616 p., ā⁸, A-Z⁸, 2A-2P⁸, 2Q⁴ ; 8⁰

01-00095096 000

▶ M-BN, Cerv./906. — Enc. pasta. ▶ M-BN, Cerv.Sedó/8707. — Enc. pasta con hierros dorados. — Ex-libris y sello de la Biblioteca Cervantina de Juan Sedó, ms. de G. Galland y etiqueta de Williams & Norgate book-sellers... Oxford. ▶ M-BN, P/6940. — Enc. piel con hierros dorados. ▶ M-BN, R/11510. — Enc. hol. con hierros dorados. — Sello de Pascual de Gayangos. ▶ M-BN, R/32793. — Enc. pasta. — Ex-libris de José María de Asensio y Toledo. ▶ M-FLG, Inv. 2184. — Enc. piel con hierros y cortes dorados. Lleva sello del encuadernador. ▶ M-PR, I-H-Cerv.218. — Enc. pasta. ▶ M-RAE, R-80. — Enc. pasta.

3654
Cervantes Saavedra, Miguel de.
Nouelas exemplares / de Miguel de Ceruantes Saauedra... — En Madrid [i.e. Sevilla] : por Iuan de la Cuesta: vendese en casa de Francisco de Robles... [i.e. Gabriel Ramos Bejarano], 1614. — [8], 236 h., ¶⁸, A-Z⁸, 2A-2F⁸, 2G⁴ ; 4⁰

Ed. contrahecha (J. Moll, «Novelas ejemplares»). — Colofón.

01-00094847 000

▶ M-BN, Cerv./3222. — Enc. pasta. — Ex-libris de José Mª de Asensio y Toledo y ms. de Pantalcón Duarte. ▶ M-RAE, R/79. — Enc. hol.

3655
Cervantes Saavedra, Miguel de.
Nouelas exemplares / de Miguel de Ceruantes Saauedra... — En Pamplona : por Nicolas de Assiayn..., 1614. — [8], 391, [1] h., ¶⁸, A-Z⁸, 2A-2Z⁸, 3A-3C⁸ ; 8⁰

Colofón.

01-00094848 000

▶ M-BN, Cerv./1254. — Enc. pasta con hierros dorados. — Sello de D. Luis de Usoz. ▶ M-BN, Cerv.Sedó/8680. — Enc. pasta con hierros dorados: «Casa Calero P. Lopez... Madrid». — Ex-libris de Antonio Almunia de Próxita y de León y sello de Juan Sedó. — Port. restaurada. ▶ M-BN, R/32532. — Enc. piel con hierros y cortes dorados. — Ex-libris de la biblioteca de José Mª de Asensio y Toledo. ▶ M-FLG, Inv. 2598. — Enc. piel con cortes dorados.

3656
Cervantes Saavedra, Miguel de.
Nouelas exemplares / de Miguel de Ceruantes. — En Milan : a costa de Iuan Baptista Bidelo..., 1615. — [24], 763 [i.e. 761] p., a¹², A-Z¹², 2A-2H¹², 2I⁹ ; 12⁰

Marca tip. en port. — Error de pag., de p. 144 pasa a la 147.

01-00094849 000

▶ M-BN, Cerv./3435. — Enc. perg. — Ex-libris ms. de Pauli Fabiani. ▶ M-BN, Cerv.Sedó/8679. — Enc. pasta con hierros dorados de E. Raso Flora. — Sello de la biblioteca cervantina de Juan Sedó. ▶ M-BN, R/13043. — Enc. hol. — Sello de Pascual de Gayangos y super-libris de Arnaldo de S. D. da Gama. — Falto de p. 613 a 616. ▶ M-BN, R/32580. — Enc. piel con hierros. — Ex-libris de José Mª de Asensio y Toledo. — Falto de p. 653 a 672. ▶ M-FLG, Inv. 2919. — Enc. piel con hierros. — Ex-libris de Juan

Manuel Sánchez. ▶ M-PR, I-H-Cerv.386.
— Enc. perg.

3657
Cervantes Saavedra, Miguel de.
Nouelas exemplares / de Miguel de Ceruantes Saauedra... — En Pamplona : por Nicolas de Assiayn..., 1615.
— [8], 391, [1] h., $\P^8$, A-Z^8, 2A-
2Z^8, 3A-3C^8 ; 8^0
Colofón.

01-00094850 000

▶ M-BN, Cerv./381. — Enc. perg. con
hierros dorados. ▶ M-BN, R/12906. — Enc.
piel con hierros y cortes dorados. — Super-
libris de Gabriel Calemant.

3658
Cervantes Saavedra, Miguel de.
Nouelas exemplares / de Miguel de Ceruantes Saaue[dra]... — En Lisboa :
por Antonio Aluarez, 1617. — [4],
236 h., ✠^{4}, A-Z^8, 2A-2F^8, 2G^4 ; 4^0
Colofón. — Marca tip. en h. 236 y
en port. — Texto a dos col.

01-00094851 000

▶ M-BN, Cerv./673. — Enc. hol. — Sello
de Pascual de Gayangos. — Port. y h. con
sign. ✠$_2$, deterioradas, afectando a autor,
dedicatoria y prelim. legales, impresos en v.
de port.

3659
Cervantes Saavedra, Miguel de.
Nouelas exemplares / de Miguel de Ceruantes Saauedra... — En Madrid :
por Iuan de la Cuesta : vendese en
casa de Francisco de Robles...,
1617. — [8], 389, [3] h., $\P^8$, A-Z^8,
2A-2Z^8, 3A-3C^8 ; 8^0
Colofón. — Marca tip. en port.

01-00094852 000

▶ M-BN, Cerv./3334. — Enc. perg. ▶ M-
BN, R/31272. — Enc. pasta con hierros y
cortes dorados.

3660
Cervantes Saavedra, Miguel de.
Nouelas exemplares / de Miguel de Ceruantes Saauedra... — En Pamplona : por Nicolas de Assiayn..., 1617.
— [8], 391, [1] h., $\P^8$, A-Z^8, 2A-
2Z^8, 3A-3C^8 ; 8^0
Colofón.

01-00094853 000

▶ M-BN, Cerv./392. — Enc. piel. ▶ M-
BN, Cerv.Sedó/8685. — Enc. piel con hie-
rros y cortes dorados. — Sello de Juan Sedó.
— Defectos de encuadernación en h. 300.
▶ M-FLG, Inv. 2607. — Enc. piel con hie-
rros dorados. — Ex-libris de la biblioteca de
D. Feliciano Ramírez de Arellano, Marqués
de la Fuensanta del Valle.

3661
Cervantes Saavedra, Miguel de.
Nouelas exemplares / de Miguel de Ceruantes Saauedra... — En Madrid :
por la viuda de Alonso Martin : a
costa de Domingo Gonçalez...,
1622. — [8], 366 h., $\P^8$, A-Z^8, 2A-
2Y^8, 2Z^6 ; 8^0
Colofón. — Port. con viñeta xil.

01-00094854 000

▶ M-BN, Cerv./1611. — An. ms.:
«bought three livers the 20nd y^{bev} 1782
Paris». — Enc. pasta con hierros. ▶ M-BN,
Cerv.Sedó/8701. — Enc. piel roja con hierros
y cortes dorados. — Sello de Juan Sedó y ex-
libris ms. de C. M. Richard D. M. ▶ M-BN,
R/14396. — Enc. perg. — Ex-libris de D. Cayetano Alberto de la Barrera. — Contiene
únicamente de la h. 166 a la 348, faltándole
además las h. 169, 184, 272 y 273.

3662
Cervantes Saavedra, Miguel de.
Nouelas exemplares / de Miguel de Ceruantes Saauedra... — En Pamplona : por Iuan de Oteyza..., 1622. —
[8], 391, [1] h., $\P^8$, A-Z^8, 2A-2Z^8,
3A-3C^8 ; 8^0
Colofón.

01-00094855 000

▶ M-BN, Cerv./2554. — Enc. pasta.

3663

Cervantes Saavedra, Miguel de.
Nouelas exemplares / de Miguel de Ceruantes Saauedra... — En Brusselas: por Huberto Antonio..., 1625. — [16], 608 p., ā^8, A-Z^8, 2A-2P^8 ; 8^0

01-00094856 000

▶ M-BN, Cerv./710. — Enc. hol. — Sello de Pascual de Gayangos. ▶ M-BN, Cerv.Sedó/8681. — Enc. piel con hierros y cortes dorados. — Ex-libris y sello de Juan Sedó, y ms. de Otto Ludovico, barón de Kirchbirg. ▶ M-FLG, Inv. 2200. — Enc. piel con hierros.

3664

Cervantes Saavedra, Miguel de.
Nouelas exemplares / de Miguel de Ceruantes Saauedra... — En Barcelona : por Esteuan Liberòs..., 1631. — [8], 360 h., ¶^{8}, A-Z^8, 2A-2Y^8 ; 8^0

01-00094857 000

▶ M-BN, R/31270. — Enc. pasta deteriorada. — Deteriorado. — Falto de h. 1, sustituida por ms., y de h. 147. ▶ M-BN, R/31274. — Enc. pasta con hierros dorados.

3665

Cervantes Saavedra, Miguel de.
Novelas exemplares / de Miguel de Cervantes... — Impresso en Seuilla : por Francisco de Lyra, y a su costa, 1641. — [2], 332, [1] h., [1] en bl., A-Z^8, 2A-2T^8 ; 8^0

Colofón. — Marca tip. al v. de h. 44 del impresor sevillano Fernando Díaz (1568-1598).

01-00094858 000

▶ M-BN, Cerv./3778. — Enc. perg. — «Adquirido en mayo 1965 por medio de nuestro Embajador en Bonn, H. Erice...». ▶ M-BN, Cerv.Sedó/8708. — Enc. perg. — Sello y ex-libris de Juan Sedó, y ms. de Thomas Stainton, 3 de septiembre de 1814. — Falto de h. 31 a 38.

3666

Cervantes Saavedra, Miguel de.
Nouelas exemplares / de Miguel de Ce-ruantes... — Impresso en Seuilla : por Pedro Gomez de Pastran[a], y a su costa, 1648. — [2], 332 h., A-Z^8, 2A-2S^8, 2T^6 ; 8^0

Port. con grab. xil.

01-00094859 000

▶ M-BN, Cerv./397. — Enc. perg.

3667

Cervantes Saavedra, Miguel de.
Nouelas exemplares / de Miguel de Ceruantes... — En Madrid : por Gregorio Rodriguez : a costa de Francisco Lamberto, mercader de libros..., 1655 (1656). — [2], 330 [i.e. 332], [2] h., A-Z^8, 2A-2T^8 ; 8^0

Errores de fol., repetidas h. 133 y 134. — Port. con esc. xil. de Juan Bautista Berardo.

01-00094860 000

▶ M-BN, Cerv./943. — Enc. pasta. — Sello de Pascual de Gayangos y ex-libris de W. B. Chorley. — «Sold by C. & H. Senior English & Foreign Booksellers...». ▶ M-BN, Cerv.Sedó/8706. — Enc. pasta. — Sello y ex-libris de Juan Sedó.

3668

Cervantes Saavedra, Miguel de.
Nouelas exemplares / de Miguel de Ceruantes... — En Madrid : por Iulian de Paredes : a costa de Iuan de San Vicente, mercader de libros..., 1664. — [8], 403, [1] p., [ ]^4, A-Z^8, 2A-2B^8, 2C^2 ; 4^0

Texto a dos col. — Antep. — Port. con orla tip. y esc. xil. de Juan Fernández de Espinosa.

01-00094862 000

▶ M-BN, Cerv./2281. — Enc. piel con hierros y cantos dorados. — Sello de Pascual de Gayangos. — Falto de p. 181 a 188. ▶ M-BN, Cerv.Sedó/8683. — Enc. piel con hierros y cantos dorados. — Sello y ex-libris de Juan Sedó. ▶ M-BN, R/32666. — Enc. pasta. — Ex-libris de José Mª Asensio y Toledo y ded. de Luis Breton y Vidra a J. M. Asensio.

3669

Cervantes Saavedra, Miguel de.
Nouelas exemplares / de Miguel de Ceruantes. — En Seuilla : por Iuan Gomez de Blas, 1664. — [4], 403, [1] p., [ ]^2, A-Z^8, 2A-2B^8, 2C^2 ; 4^0
Texto a dos col. — Port. con orla tip.

01-00094861 000

▶ M-BN, Cerv./573. — Enc. pasta. ▶ M-BN, Cerv.Sedó/8684. — Enc. polipiel. — Sello de Juan Sedó y ex-libris de Juan Manuel Sánchez. — Al v. de p. 36 va impresa la 46, al v. de la p. 47 la 36, al v. de la p. 45 la 34, y al v. de la p. 35 la 48. ▶ M-BN, R/10658. — Enc. perg. — Sello de Pascual de Gayangos. — Falto de la h. que va entre port. y comienzo de texto.

3670

Cervantes Saavedra, Miguel de.
Ocho comedias, y ocho entremeses nueuos nunca representados / compuestas por Miguel de Ceruantes Saauedra... — En Madrid : por la viuda de Alonso Martin : a costa de Iuan de Villarroel..., 1615. — [4], 257 [i.e. 259], [1] h., 2¶^{4}, A-Z^8, 2A-2I^8, 2K^4 ; 4^0
Colofón. — Error de pag., se repiten las h. 239 y 240. — Texto a dos col. — Contiene : *El gallardo español ; La casa de los zelos ; Los baños de Argel; El rufian dichoso ; La gran sultana ; El laberinto de amor ; La Entretenida ; Pedro de Urdemalas ; El juez de los diuorcios; ; El rufian viudo ; Eleccion de los Alcaldes de Dagonço ; La guarda cuydadosa ; El vizcayno fingido ; El retablo de las marauillas ; La cueua de Salamanca ; El viejo zeloso.*

01-00094873 000

▶ M-BN, Cerv./3209. — Enc. perg. ▶ M-BN, Cerv.Sedó/8698. — Enc. piel con hierros y cortes dorados. — Sello de la Biblioteca Cervantina de Juan Sedó ▶ M-BN, R/10692. — Enc. perg. — Ex-libris ms. de Juan Isidro Fajardo. — Deteriorado, afectando a h. 9, 16, 130, 155 y 157. — Falto de h. 96 y 222. — H. 219 encuaderna despúes de h. 28. ▶ M-BN, R/14483. — Enc. perg. — Falto de h. 1. ▶ M-BN, R/32671. — Enc. hol. deteriorada. — Ex-libris de José Mª de Asensio y Toledo. — Falto de h. 211. ▶ M-FLG, Inv. 9600. — Enc. piel roja con hierros, cantos y cortes dorados firmanda por Chambolle-Doru. ▶ M-PR, I-H-Cerv.-149. — Enc. cart. — Sello «S.D.S.Y.D.A.».

3671

Cervantes Saavedra, Miguel de.
[Persiles y Segismunda] *Los trabaios de Persiles y Sigismunda : historia setentrional* / por Miguel de Ceruantes Saauedra... — En Madrid : por Iuan de la Cuesta : a costa de Iuan de Villarroel..., 1617. — [6], 226 h., ¶^{2}, 2¶^{4}, A-Z^8, 2A-2E^8, 2F^2 ; 4^0
Colofón. — Marca tip. de Juan de la Cuesta en port.

01-00094863 000

▶ M-BN, Cerv./87. — Enc. piel. ▶ M-BN, R/14464. — Enc. hol. ▶ M-BN, R/32700. — Enc. polipiel con hierros, cantos y cortes dorados. — Ex-libris de Jose Mª de Asensio y Toledo. ▶ M-BN, U/3166. — Enc. perg. — Ex-libris ms. de Anastasio de Britto Mugeira y sello de Usoz. ▶ M-FLG, Inv. 9602. — Enc. piel roja con hierros y cortes dorados. — Ex-libris de Kirkman Daniel Hodgson.

3672

Cervantes Saavedra, Miguel de.
[Persiles y Segismunda] *Los trabaios de Persiles y Sigismunda : historia setentrional* / por Miguel de Ceruantes Saauedra... — En Barcelona : por Bautista Sorita : a costa de Iuan Simon..., 1617. — [4], 312 h., †^{4}, A-Z^8, 2A-2Q^8 ; 8^0
Existen emisiones con pie de imp.: Barcelona: por Bautista Sorita: a costa de Miguel Gracian, 1617

y Barcelona: por Bautista Sorita: a costa de Raphael Vives, 1617. — Port. con grab. xil.

01-00094866 000

▶ M-BN, Cerv. Sedó/8691. — Enc. piel con cortes dorados. — Sello y ex-libris de Juan Sedó y de Thomas Baring. ▶ M-BN, R/ 32251. — Enc. piel con hierros frios y cortes dorados. — Sello de W. B Chorley y ex-libris de Jose Mª de Asensio y Toledo.

3673
Cervantes Saavedra, Miguel de.
[Persiles y Segismunda] *Los trabaios de Persiles y Sigismunda : historia setentrional* / por Miguel de Ceruantes Saauedra... — En Barcelona : por Bautista Sorita : a costa de Miguel Gracian librero, 1617. — [4], 312 h., †^{4}, A-Z^8, 2A-2Q^8 ; 8^0

Existen emisiones con pie de imp.: Barcelona: por Bautista Sorita: a costa de Iuan Simon, 1617 y Barcelona: por Bautista Sorita: a costa de Raphael Vives, 1617. — Port. con grab. xil.

01-00094867 000

▶ M-FLG, 3051. — Enc. piel con hierros dorados. — Ex-libris de Juan M. Sánchez.

3674
Cervantes Saavedra, Miguel de.
[Persiles y Segismunda] *Los trabaios de Persiles y Segismunda : historia setentrional* / por Miguel de Ceruantes Saauedra... — En Barcelona : por Bautista Sorita : a costa de Raphael Viues..., 1617. — [4], 312 h., †^{4}, A-Z^8, 2A-2Q^8 ; 8^0

Existen emisiones con pie de imp.: Barcelona: por Bautista Sorita: a costa de Miguel Gracian, 1617 y Barcelona: por Bautista Sorita: a costa de Iuan Simon, 1617. — Port. con grab. xil.

01-00094865 000

▶ M-BN, Cerv./357. — Enc. piel con hierros y cortes dorados. — Super-libris de Salvá y ex-libris de Ricardo Heredia. ▶ M-BN, R/11553. — Enc. hol. — Ex-libris ms. de Angel Roully. — Falto de h. 128.

3675
Cervantes Saavedra, Miguel de.
[Persiles y Segismunda] *Los trabaios de Persiles y Sigismunda : historia setentrional* / por Miguel de Ceruantes Saauedra... — Em Lisboa : por Iorge Rodriguez, 1617. — [4], 218 h., §^{4}, A-Z^8, 2A-2D^8, 2E^2 ; 4^0

Colofón. — Texto a dos col. — Port. con orla tip. y viñeta xil.

01-00094868 000

▶ M-BN, Cerv./600. — Enc. pasta con hierros dorados. — Sello de Pascual de Gayangos. — Retrato de Cervantes, «H. Meyer Sculpit», pegado en h. de guarda. ▶ M-BN, R/32452. — Enc. pasta, deteriorada. — Ex-libris de José Mª de Asensio y Toledo.

3676
Cervantes Saavedra, Miguel de.
[Persiles y Segismunda] *Los trabaios de Persiles y Sigismunda : historia septentrional* / por Miguel de Ceruantes Saavedra. — En Madrid : por Iuan de la Cuesta : a costa de Iuan de Villaroel..., 1617. — [4], 186 h., ¶^{4}, A-Z^8, 2A^2 ; 4^0

Ed. contrahecha, conocida como la del «Canastillo», cuya fecha provisional sería ca. 1668 (J. Moll, Problemas Bibliográficos del libro del siglo de Oro, p. 107). — Texto a dos col. — Port. con grab. xil. (canastillo).

01-00094864 000

▶ M-BN, Cerv./125. — Enc. pasta. ▶ M-BN, Cerv.Sedó/8696. — Enc. piel con hierros y cortes dorados. — Ex-libris ms. de Baraõ de Prime y sello de Juan Sedó. ▶ M-BN, R/10653. — Enc. piel con hierros, deteriorada. — Sello de Pascual de Gayangos. ▶ M-

BN, R/32701. — Enc. piel con cortes dorados. — Ex-libris de José Mª de Asensio y Toledo.▶ M-BN, R/4453. — Enc. hol.▶ M-FLG, Inv-9601. — An. ms. firmada por P. Vindel, referente a esta edición, que fecha. — Enc. piel con hierros, cantos y cortes dorados.

3677
Cervantes Saavedra, Miguel de.
[Persiles y Segismunda] *Los trabaios de Persiles y Sigismunda : historia setentrional* / por Miguel de Ceruantes Saauedra... — En Pamplona : por Nicolas de Assiayn... y a su costa, 1617. — 599 p., A-Z⁸, 2A-2O⁸, 2P⁴ ; 8⁰

Las 12 p. primeras, sin numerar.
01-00094870 000
▶ M-BN, Cerv./388. — Enc. piel con hierros y cortes dorados. — Sello de W.B. Chorley. ▶ M-BN, R/12532. — Enc. hol. con hierros dorados y cortes jaspeados. ▶ M-FLG, Inv. 2603. — Enc. piel con cantos y cortes dorados. — Ex-libris de Henri Hut.

3678
Cervantes Saavedra, Miguel de.
[Persiles y Segismunda] *Los trabaios de Persiles y Sigismunda : historia setentrional* / por Miguel de Ceruantes Saauedra... — [Paris] Conforme à lo translado impresso en Madrid por Iuan de la Cuesta, en Paris : a costa de Esteuan Richer..., 1617. — [8], 524 [i.e. 494] p., [2] en bl., †⁴, A-Z⁸, 2A-2H⁸ ; 8⁰

Errores de pag., de p. 160 pasa a 191.
01-00094871 000
▶ M-BN, Cerv. Sedó/8692. — Enc. perg. — Ex-libris y sello de Juan Sedó. ▶ M-BN, Cerv./693. — Enc. pasta. — Ex-libris ms. de Juan Diego Cox 1826 y sello de Pascual de Gayangos. ▶ M-BN, R/14594. — Enc. pasta. — Sello de I.A. Zalvski. — Deterioradas p. 257-292. ▶ M-BN, R/32496. — Enc.

pasta con hierros dorados. — Ex-libris de José Mª de Asensio y Toledo. ▶ M-FLG, Inv. 2201. — Enc. perg.

3679
Cervantes Saavedra, Miguel de.
[Persiles y Segismunda] *Los trabaios de Persiles, y Sigismunda : historia setentrional* / por Miguel de Ceruantes Saauedra... — En Brucelas : por Huberto Antonio..., 1618. — [8], 604 [i.e. 504] p., ✻⁴, A-Z⁸, 2A-2H⁸, 2I⁴ ; 8⁰

Existen diferentes estados de esta ed. — Error de pag., de p. 367 pasa a 468.
01-00095097 000
▶ M-BN, 8/29722. — Falto de port. ▶ M-BN, Cerv. Sedó/8697. — Enc. pasta deteriorada. — Sello de Juan Sedó. ▶ M-BN, Cerv./701. — Enc. pasta deteriorada. ▶ M-BN, R/11493. — Enc. piel con hierros dorados. — Sello de Pascual de Gayangos. ▶ M-BN, R/32220. — Enc. hol. — Ex-libris de José María de Asensio y Toledo. ▶ M-FLG, Inv. 2199. — Enc. piel con hierros fríos. ▶ M-PR, I-H-Cerv.401. — Enc. pasta. — Falto de p. 15-16.

3680
Cervantes Saavedra, Miguel de.
[Persiles y Segismunda] *Los trabaios de Persiles y Sigismunda : historia setentrional* / por Miguel de Ceruantes Saauedra... — En Valencia : por Pedro Patricio Mey... : a costa de Roque Sonzonio..., 1617. — 599 p., A-Z⁸, 2A-2O⁸, 2P⁴ ; 8⁰

Colofón. — Marca tip. de Pedro Patricio Mey en port. — Las 12 p. primeras, sin numerar.
01-00094872 000
▶ M-BN, R/31246. — Enc. piel con super-libris. — Ex-libris de Juan Manuel Sánchez.

3681
Cervantes Saavedra, Miguel de.
[Persiles y Segismunda] *Trabaios de*

Persiles, y Sigismunda : historia septen-trional / por Miguel de Ceruantes Saauedra... — En Madrid : por la viuda de Alonso Martin : a costa de Miguel de Siles..., 1619. — [8], 324 h., ¶⁸, A-Z⁸, 2A-2R⁸, 2S⁴ ; 8⁰

01-00090528 000

▸ M-BN, Cerv./343. — Enc. piel. — Sello de Luis de Usoz.

3682
Cervantes Saavedra, Miguel de.
[Persiles y Segismunda] *Los trabajos de Persiles y Sigismunda : historia setentrio-nal* / por Miguel de Ceruantes Saauedra... — En Madrid : por la viuda de Alonso Martin : acosta de Domingo Gonçalez..., 1625. — 599, [1] p., A-Z⁸, 2A-2O⁸, 2P⁴ ; 8⁰
Colofón. — Las 12 p. primeras, sin numerar.

01-00094869 000

▸ M-BN, Cerv./1612. — Enc. pasta. — Port. deteriorada. ▸ M-FLG, Inv. 3053. — Enc. hol. con puntas. — Ex-libris de la biblioteca de D. Feliciano Ramírez de Arellano, marqués de la Fuensanta del Valle. — Falto de las p. 143-144.

3683
Cervantes Saavedra, Miguel de.
Viage del Parnaso / compuesto por Miguel de Ceruantes Saauedra... — En Madrid : por la viuda de Alonso Martin, 1614. — [8], 80 h., ¶⁸, A-K⁸ ; 8⁰
Hay diferentes estados de esta edición. — Port. con viñeta xil.

01-00094878 000

▸ M-BN, Cerv./359. — Enc. piel con cortes dorados. ▸ M-BN, Cerv.Sedó/8711. — Enc. piel con hierros dorados. — Sello de Juan Sedó. ▸ M-BN, Cerv.Sedó/8712. — An. ms. «Primera edición de extraordinaria rareza». — Enc. piel. — Sello de Juan Sedó. ▸ M-BN, R/12007. — Enc. hol. — Sello de

Pascual de Gayangos. ▸ M-BN, R/14390. — An. ms. «Ha petenezido este ejemplar a D. Bartolomé J. Gallardo, por quien está corre-jido, anotado i firmado. Le compré de su li-brería en 1861 = 140 rˢ. Cayetano A. de la Barrera». — Enc. perg. en estuche de piel con hierros dorados. — Ex-libris de la librería de Cayetano Alberto de la Barrera. ▸ M-BN, R/29172. — Enc. piel. ▸ M-BN, U/1134. — Enc. perg. — Sello de Usoz y ex-libris ms. de Cristobal Trivino.

3684
Cervantes Saavedra, Miguel de.
Viage del Parnaso / compuesto por Miguel de Ceruantes Saauedra... — En Milan : por Iuā Bautista Bidelo, 1624. — [4], 107 p. ; 12⁰, a², A-D¹², E⁶
Port. con grab. xil.

01-00094879 000

▸ M-BN, Cerv./3106. — Enc. piel con hierros dorados. — Sello de Pascual de Gayangos. ▸ M-BN, Cerv.Sedó/8700. — Enc. pasta. — Sello de Juan de Sedó.

3685
Cervellón y Castellví, Miguel de.
Señor, Don Miguel de Cervellon Castell-vi de Hijar y Fabra, Dize, que los dias passados puso Memorial en las Reales manos de V. Mag. en que en consideracion de los servicios de sus passados... suplicò fuesse V. Mag. servido de hazer merced de las ausencias, y enfermedades, con la futura del Oficio de Procurador Real del dicho Reyno... — [S.l. : s.n., s.a.]. — [3] p.; 4⁰
El texto alude a Carlos II.

01-00030941 000

▸ M-BN, V.E./30-41.

3686
Cervellón y Castellví, Miguel de.
Señor, Don Miguel de Cervellon y Cas-telvi, Governador del Condado de Gocea-no, en el Reyno de Cerdeña, dize, Que el

*lustre, y explendor de su casa trae tan co-
nocida antiguedad, que se deriva, y dere-
chamente viene de vno de los nueve varones,
que de Alemania baxaron en el año de setecientos y treinta y siete à la heroica em-
pressa de libertar al Principado de Cataluña... le queda siempre la esperança de
que la Real, y suma benignidad de V. Magestad... le consolarà con la merced, que
tiene suplicado de las ausencias, y enfermedades, con la futura sucession del puesto
de Procurador Real del Reyno de Cerdeña...* — [S.l. : s.n. , s.a.]. — 3, [1] h.,
A⁴ ; Fol.

El texto alude a Carlos II.

01-00030942 000

▶ M-BN, V.E./196-30.

3687

Cervellón y Castellví, Miguel de.
*Señor, Don Miguel de Cervellon y Cas-
telví, hijo legítimo de Don Bernardino
Mathias de Cervellon, y Doña Vicenta de
Castelvì, dize, Que es descendiente de
Ramon Grau de Cervellon... y de Don
Guillen, y Don Ramon Berenguer de Cer-
vellon... y porque al presente se halla el
Fisco de V. Magestad posseyendo el Esta-
do de Cea... Pone en la soberana conside-
racion de V. Magestad, que sobre el Mar-
quesado de Cea ay mas cargas de lo que
actualmente importan sus rentas...* —
[S.l. : s.n., s.a.]. — [2] p., [2] en bl. ;
Fol.

El texto alude a Carlos II.

01-00030943 000

▶ M-BN, V.E./196-129.

3688

Cervera y de Armengol, Miguel. *A
la graue ostentacion, al admirable recreo
que à lo festiuo del tiempo dedicò la grandeza de Barcelona en casa de don Pedro
Reguer à 2 de Hebrero de 1637 : heroico
poema* / por Miguel Ceruera y de Ar-

mengol... — En Barcelona : por
Pedro Lacaualleria, 1637. — [8] p. ;
4⁰

Texto a dos col. — Port. con esc.
xil.

01-00046108 000

▶ M-BN, V.E./538-14. — Falto al
menos, no coincide el reclamo, del comienzo
del texto del poema.

3689

César, Cayo Julio. *Los comentarios
de Gayo Iulio Cesar : contienen las guerras de Africa, España, Francia, Alexandria y las ciuiles de los ciudadanos Romanos : con el libro octauo de Aulo Hircio
añadido a las guerras de Francia* / traduzidos en castellano por frey Diego
Lopez de Toledo... ; añadido vn argumento de las guerras de Francia y
vna declaracion de su diuision... —
En Madrid : por la viuda de Alonso
Martin : a costa de Domingo Gonçalez..., 1621. — [4], 244, [12] h.,
¶⁴, A-Z⁸, 2A-2I⁸ ; 4⁰

Texto a dos col. — Port con esc.
xil. real.

01-00030944 000

▶ M-BN, 2/57784. — Enc. perg. — Ex-
libris ms.: «Ex Libris Franciscii Pascatii
Chiva Metropolitanae Eclesiae Valentinae
et S. Joannis Jerosolemitanae Pres», de Dio-
nissio Daffrey y de don Felix Falcó de Belao-
chaga y sello de Pascual de Gayangos. ▶ M-
BN, 3/68811. — Enc. pasta. — Sello de Luis
de Usoz. ▶ M-BN, 7/16233. — Enc. perg.
deteriorada. — Ex-libris ms. de la Librería
del Monasterio de San Norberto de Madrid.
▶ M-BN, P/809. — Enc. perg. ▶ M-BN, R/
7755. — Enc. perg. ▶ M-BN, U/3824. —
Enc. perg. — Sello de Luis de Usoz. ▶ M-
BZ, 26-62. — Enc. perg. — Falto de port.
▶ M-FLG, Inv. 5404. — Enc. pasta. — Ex-
libris ms. del convento de San Hermenegildo
de Madrid. ▶ M-FLG, Inv. 8137. — Enc.
pasta con super-libris del Marqués de Caracena. ▶ M-PR, V-93. — Enc. pasta. — Ex-
libris del Conde de Mansilla. ▶ M-UC
(FD), 12192. — Enc. perg. — Ex-libris ms.

del colegio de Alcalá. — Falto de p. 146 a 151. ▶ M-UC (FFil), 30.123. — Enc. perg. deteriorada. — Ex-libris ms. de la casa Profesa de la Compañía de Jesús de Madrid. ▶ M-UC (FFil), Res. 841. — Enc. perg. — Ex-libris de la Condesa del Campo de Alange y ms. de Francisco Sánchez. — Port. y dos últimas h. restauradas.

3690

Céspedes, Antonio de (S.I.). *Sermones varios* / predicados por el padre Antonio de Cespedes, de la Compañia de Iesus, en el reyno del Perù... — En Madrid : en la Imprenta Real, por Iuan Garcia Infançon : acosta de D. Maria de Robles..., 1677. — [16], 105, [7] p., ¶-2¶⁴, A-O⁴ ; 4⁰

Texto a dos col. — Antep. — Port. con orla tip.

01-00030946 000

▶ M-BN, 3/66846. — Enc. perg. — Las p. 18-19 y 22-23 en bl.

3691

Céspedes, Baltasar de. *Relacion de las honras que hizo la Vniuersidad de Salamanca a la... reyna doña Margarita de Austria... que se celebraron miercoles nueue de Nouiembre del año MDCXI...* / ordenada por mandado de la Vniuersidad por el maestro Baltasar de Cespedes... ; van al cabo las Poësias y Hieroglyphicos y el Sermon que predico... fray Andres de Espinosa de la orden de la Santissima Trinidad... y la Oracion funebre que hizo y recito don Fernando Pimentel, hijo del conde de Benauente... ; mandolo... imprimir la Vniuersidad... — [Salamanca] : impresso por Francisco de Cea Tesa en Salamanca, 1611. — 52, 38 h., [1] en bl., A-N⁴, a-h⁴, i⁶ ; 4⁰

01-00030947 000

▶ M-BN, R/4101. — Enc. perg., en el ta-

ller de la Biblioteca Nacional año 1974. ▶ M-PR, VIII-1401. — Enc. pasta con hierros. ▶ M-RAE, K10-5. — Enc. perg. — Ex-libris ms. del colegio Imperial de la Compañía de Jesús de Madrid.

3692

Céspedes, Diego de (O.Cist.). *Libro de coniuros contra tempestades, contra oruga y arañuela... y contra todos qualesquier animales corrusivos que dañan viñas, panes y arboles... aora nueuamente añadidos : sacados de missales, manuales y breuiarios romanos y de la Sagrada Escritura* / compuesto y ordenado por... Fr. Diego de Cespedes, Monge Bernardo... — En Pamplona : por la heredera de Carlos de Labayen, 1641. — [3], 57 h., A-G⁸, H⁴ ; 8⁰

La mayor parte del texto en latín. — Grab. xil en v. de port.

01-00030949 000

▶ M-BN, 2/13121. — Enc. perg.

3693

Céspedes, Diego de (O.Cist.). *Libro de coniuros contra tempestades, contra oruga y arañuela... y cõtra todos qualesquier animales corrusiuos q̃ dañan viñas, panes y arboles... aora nueuamente añadidos : sacados de missales, manuales y breuiarios romanos y de la Sagrada Escritura* / compuesto y ordenado por... Fr. Diego de Cespedes, Monge Bernardo... — En Pamplona : por la heredera de Carlos de Labayen, 1669. — [3], 68 [i.e. 65] h., A-H⁸, I⁴ ; 8⁰

La mayor parte del texto en latín. — Errores de fol., de h. 13 pasa a 15, de h. 55 a 57 y de h. 57 a 59.

01-00030950 000

▶ M-BN, 2/3009. — Ans. mss. en h. de guarda: Aviso de P. fray Diego de Cienpoçuelos descalzo presbitero en este convento de S. Antonio de Madrid en... abril de 1722. — Enc. perg.

3694

Céspedes, Juan de. *Dos romances de la partida y despedimiento de la Real Chācilleria que reside en... Burgos, que se toma a Valladolid, y los razonamientos de los patrones y defensores de la dicha ciudad ; iuntamente con vn casamiento de vna vieja de setenta años con vn viejo de ochenta y quatro* / compuesto por Iuan de Cespedes. — Impresso... en Madrid: en casa de Iuan Serrano de Vargas, 1606. — [8] p. ; 4⁰

Salvá, I, 113 lo cita como «Romances de Valladolid». — Texto a dos col. — Grab. xil. en port. y al v. de la última h.

01-00030951 000

▶ M-BN, R/4512(4). — Enc. pasta con hierros dorados y super-libris de Salvá. — Ex-libris de Heredia. — Encuadernado con otros romances, precedidos todos por 1 h. de grab. xil. en la que consta: «Quaderno de diferentes obras y romances y coplas diferntes» [sic].

3695

Céspedes, Valentin Antonio de (S.I.) (1595-1668). *El triunfo de Iudith.* — [S.l. : s.n., s.a.]. — 16 p., A⁸ ; 4⁰

Simón, VIII, 3946.

01-00030948 000

▶ M-BN, V.E./179-10. — An. ms.: Es de Valentín de Cespedes.

3696

Céspedes y Meneses, Gonzalo de. *Varia fortuna del soldado Pindaro* / por don Gonçalo de Cespedes y Meneses... — Lisboa : por Geraldo de la Viña, 626 [i.e. 1626]. — [4], 188 h., a⁴, A-Z⁸, 2A⁴ ; 4⁰

Port. con esc. xil.

01-00030975 000

▶ M-BN, R/11783. — Enc. hol. con puntas. — Sello de Pascual de Gayangos. ▶ M-BN, R/4943. — Enc. pasta. — Falto de port. — Grab. xil., en lugar de la port., que repre-

senta a un santo. ▶ M-RAE, S.Coms.11-B-79. — Enc. pasta.

3697

Céspedes y Meneses, Gonzalo de. *Fortuna varia del soldado Pindaro* / por don Gonzalo de Cespedes y Meneses... — En Madrid : por Melchor Sanchez : acosta de Mateo de la Bastida..., 1661. — [3], 251, [1] h., [1] h. de grab., [ ]⁴, A-Z⁸, 2A-2H⁸, 2I⁴ ; 8⁰

Grab. xil., esc. heráldico de don Cristóbal de Gabiria.

01-00030952 000

▶ M-BN, R/12031. — Enc. perg. — Sello de Pascual de Gayangos. ▶ M-BN, R/3255. — Enc. hol. con puntas. — Sello de don Agustín Durán. ▶ M-BN, R/7787. — Enc. perg. — Ex-libris ms. de don Mariano Yoldi. — Deteriorado, afectando a port. y a últimas h. ▶ M-BN, R/8343. — Enc. pasta.

3698

Céspedes y Meneses, Gonzalo de. *Fortuna varia del soldado Pindaro* / por don Gonzalo de Cespedes y Meneses... — En Zaragoça : por Pasqual Bueno..., 1696. — [4], 251, [1] h., a⁴, A-Z⁸, 2A-2H⁸, 2I⁴ ; 8⁰

Marca tip. de Pedro de León en sign. a₂.

01-00030953 000

▶ M-BN, R/11596. — Enc. piel. — Sello de Pascual de Gayangos. ▶ M-BN, R/4651. — Enc. hol. — Ex-libris ms. de Martín Cortés. ▶ M-BN, U/1756. — Enc. pasta. — Sello de Luis de Usoz. ▶ M-FLG, Inv. 1069. — Enc. perg. ▶ M-RAE, 17-XI-44. — Enc. perg. ▶ M-UC (FFil), 29.375. — Enc. Piel. — Super-libris del Duque de Osuna. — Falto de última h.

3699

Céspedes y Meneses, Gonzalo de. *Francia engañada Francia respondida* / por Gerardo Hispano... — Impresso en Caller [i.e. Zaragoza] : [s.n.:

Hospital General de Nuestra Señora de Gracia : a costa de Pedro Es-
cuer], 1635. — [2], 154 [i.e. 156],
[2] en bl., [2], 50, [2], 54, 8, 30, [2]
en bl., 63 p., A^1, [ ]^1, A_{2-8}, B-K^8; A-
C^8, D^2, A_{3-8}, B-C^8, D^6, A^4, A-B^8, A-
D^8 ; 4^0

Edición desglosable que contiene
además, con diversos pies de imp.,
las siguientes obras que se describen
en su lugar correspondiente: *Carta al
serenissimo muy alto, y muy poderoso Luis
XIII, Rey christianissimo de Francia* : escriuela... Francisco de Quevedo Villegas. *Respuesta al manifiesto de Francia.
Declaración de su alteza, del señor Cardenal Infante, a cerca de la guerra santa, contra la Corona de Francia. Discurso breve de
las miserias de la vida y calamidades de la
religión catolica* por el padre Ambrosio
Bautista. *Iustificacion de las acciones de
España : manifestacion de las violencias
de Francia ; Respuesta de vn vassallo de
su Magestad, de los Estados de Flandes, a
los manifiestos del Rey de Francia* [de
Ambrosio Bautista]. — Gerardo Hispano es seud. de Gonzalo Céspedes y
Meneses. — Existen estados de esta
ed. — Atribución de la imprenta: J.
Moll, «Les éditions de Quevedo dans
la donation Olagüe...», p. 459 y 468-
469. — Error de pag. en primera secuencia, repetidas p: 77-78. — La
primera secuencia de pag. y sign.
corresponde a «Francia engañada».

01-00030954 000

▶ M-BN, 2/37158. — Enc. perg. — An.
mss. — Ex-libris ms.: de Mateo del Pino.
▶ M-BN, 2/58713(1). — Enc. perg. — Ex-
libris ms. de Antonio de Figueras y sello de
Pascual de Gayangos. ▶ M-BN, 2/61702(1).
— Enc. perg. — Sello de Pascual de Gayan-
gos y ex-libris ms. de Paulo Frary da Gama.
▶ M-BN, 2/6649. — Enc. pasta. ▶ M-BN, 3/
16627(1). — Enc. perg. con esc. real. ▶ M-
BN, 8/22319. — Ex-libris ms. de José de Se-

govia Villalba. ▶ M-BN, R/16518(1). —
Enc. perg. ▶ M-BN, R/19832. — Enc. perg.
▶ M-BN, R/22517(1). — Enc. perg. — Sello
del «Gabinete de Hist. Natural. Biblioteca
Izquierdo de Madrid». ▶ M-FLG, Inv.
6692. — Enc. pasta con hierros dorados. —
Contiene únicamente «Francia engañada».
▶ M-PR, X-2240(1). — Enc. pasta con hierros. — Sellos: «Inventariado por las Cortes
1874», «P.F.C.» y «Proprieté des trois».
▶ M-UC (FD), 6707. — Enc. perg. — Sello
de la Biblioteca de la Universidad Literaria
de Madrid. — Falto de la «Carta...» de Quevedo. ▶ M-UC (FFil), 33180. — Enc. perg.

3700

Céspedes y Meneses, Gonzalo de.
*Historia apologetica en los sucessos del
reyno de Aragon y su ciudad de Çaragoça,
años de 91 y 92 y relaciones fieles de la
verdad que hasta aora manzillaron diuersos escritores* / por don Gonçalo de
Cespedes y Meneses... — En Zaragoça : por Iuan de Lanaja y Quartanet..., 1622. — [4], 236 p., [ ]^2, A-
O^8, P^4, Q^2 ; 4^0

Port. con esc. xil. real.

01-00030956 000

▶ M-BN, 2/25168. — Enc. perg. ▶ M-
BN, 2/61298. — Enc. pasta. — Sello de Pascual de Gayangos y en p. 234 de la Biblioteca y Archivo Nacional del Perú. ▶ M-BN,
P/4700. — An. ms.: «Leydo en Valencia, noviembre 1651». — Enc. perg. ▶ M-BN, R/
11683. — Enc. hol. deteriorada. ▶ M-BN,
R/15237. — Enc. pasta. — Sello de Pascual
de Gayangos. ▶ M-BN, R/20430. — Enc.
perg. ▶ M-BN, R/2359. — Enc. perg. — Deteriorado, afectando a la fecha de port. y a la
ultima h. — Ex-libris de Fernando José de
Velasco. ▶ M-BN, R/2613. — Enc. hol. con
puntas. ▶ M-BN, R/6912. — Enc. perg.
▶ M-FLG, Inv. 6634. — Enc. piel con hierros y cortes dorados. ▶ M-FLG, Inv. 8242.
— Enc. hol. — Ex-libris de Don Antonio Cánovas del Castillo. ▶ M-PR, VI-1122. —
Enc. pasta. ▶ M-PR, XIX-7566. — Enc.
hol. ▶ M-RAE, 14-VII-26. — Enc. pasta.
▶ M-RAE, 17-IV-32. — Enc. perg. ▶ M-
UC (FFil), Res. 751. — Enc. perg. — Ex-
libris y sello de la Condesa del Campo de
Alange.

3701

Céspedes y Meneses, Gonzalo de.
Primera parte de la historia de D. Felippe el IIII, rey de las Españas / por... Gonçalo de Cespedes y Meneses... — En Lisboa... : la imprimio Pedro Craesbeeck, 1631. — [8], 607 p., $\P^4$, A-Z^6, 2A-2Z^6, 3A-3D^6, 3E^4 ; Fol.
Texto a dos col. — Port. con orla tip., esc. xil. real y del duque de Nájera y Maqueda.

01-00030973 000

▶ M-BN, R/23944. — Enc. perg. ▶ M-BN, R/23945. — Enc. perg. ▶ M-BN, R/2955. — Enc. perg. ▶ M-BN, R/30572. — Enc. piel con hierros. — Ex-libris de Jose María de Asensio y Toledo y ms. del Convento de Nra. Sra. de los Remedios en Triana. ▶ M-BN, R/556. — Enc. pasta. — Sello de la Biblioteca del Ministerio de Fomento. ▶ ME-RB, 43-V-2. — Enc. pasta. ▶ ME-RB, 115-IV-26. — Enc. perg. — Falto de port. y prelim. ▶ M-FLG, Inv.7230. — Enc. perg. en cart. ▶ M-PR, Pas.Arm.1-334. — Enc. cart. — Ex-libris de Juan Antonio de la Reguera. — Falto de p. 600 a 607. ▶ M-PR, VII-1476. — Enc. pasta. — Ex-libris del Conde de Mansilla. ▶ M-RAE, Sala Coms.13-C-21. — Enc. perg.

3702

Céspedes y Meneses, Gonzalo de.
Historia de don Felipe IIII, Rey de las Españas / por don Gonçalo de Cespedes y Meneses... — En Barcelona : por Sebastian de Cormellas..., 1634. — [4], 281, [3] h., $\P^4$, A-Z^8, 2A-2M^8, 2N^4 ; Fol.
Texto a dos col. — Port. con esc. xil. real.

01-00030957 000

▶ M-BN, 2/42612. — Enc. perg. — Restauradas port. y ultima h. ▶ M-BN, 2/57344. — Enc. perg. — Sello de Pascual de Gayangos y ex-libris ms.: «Doctoris Didaci Chueca». ▶ M-BN, 2/58633. — Enc. piel con hierros dorados. — Anotacion ms., copia de una autógrafa de D. Juan de Iriarte, en h. de guarda, en la que habla de la obra. — Sello de Pascual de Gayangos. ▶ M-BN, 2/59796. — Enc. pasta con hierros dorados. — Sello de Pascual de Gayangos. ▶ M-BN, 2/60915. — Enc. hol. con puntas. — Sello de Pascual de Gayangos. ▶ M-BN, P/4506. — Enc. perg. ▶ M-PR, VII-281. — Enc. cart. ▶ M-UC (FFil), Res.892. — Enc. perg. — Ex-libris de la Condesa del Campo de Alange.

3703

Céspedes y Meneses, Gonzalo de.
Primera parte, Historias peregrinas y exemplares : con el origen fundamentos y excelencias de España y ciudades adonde sucedieron / por don Gonçalo de Cespedes y Meneses... — Impressa en Çaragoça : por Iuan de Larumbe : a costa de Pedro Ferriz, 1623. — [6], 191, [5] h., $\P^6$, A-Z^8, 2A^8, 2B^4 ; 4^0
Colofón. — Port. con esc. xil.

01-00030974 000

▶ M-BN, R/12267. — An. ms. en h. de guarda: «Edición principe: Fue de Don Hernando de Henao y Monjaraz, celebre colector del siglo XVIII. P. de Gayangos». — Enc. hol. — Sello de Pascual de Gayangos. ▶ M-BN, R/1330. — Enc. perg. — Falto de port., parte de prelim. y última h. ▶ M-BN, R/15537. — Enc. piel con hierros. — Sello de Agustín Durán. ▶ M-BN, R/20425(2). — Enc. pasta. ▶ M-FLG, Inv.6641. — Enc. pasta. ▶ M-RAE, 13-E-64. — Enc. pasta. — Ex-libris ms. de Onofre Esquerdo. ▶ M-UC (FFil), Res.826. — Enc. perg. — Ex-libris y sello de la Condesa del Campo de Alange.

3704

Céspedes y Meneses, Gonzalo de.
Historias peregrinas y exemplares : con el origen, fundamentos y excelencias de España y ciudades adonde sucedieron / por don Gonçalo de Cespedes y Meneses... — Impressa en Zaragoça : por Iuan de Larumbe : a costa de Pedro Ferriz, 1630. — [4], 227, [1] h., $\P^4$, A-Z^8, 2A-2E^8, 2F^4 ; 8^0

01-00030960 000

▶ M-BN, R/8355. — Enc. pasta. — Falto

de h.: ¶$_{2-3}$, 48, 51, 97, 184 y 2F$_4$. — Port. restaurada y completada, con error, con datos ms.: «a costa de Pedro Fer[nandez]». ▶ M-FLG, Inv.1241. — Enc. perg. en cart. con hierros y cantos dorados.

3705
Céspedes y Meneses, Gonzalo de.
Historias peregrinas y exeplares : con el origen, fundamentos y excelencias de España y ciudades adonde sucedieron / por don Gonzalo de Cespedes y Meneses... — Impresso en Zaragoça : por Iuan de Larumbe, 1647. — [4], 207, [1] h., [ ]^4, A-Z^8, 2A-2C^8 ; 8^0
Grab. xil., al verso de la última h.

01-00030958 000

▶ M-PR, VI-515. — Enc. pasta. — Ex-libris ms. de Joan Honorato Manga y San Miguel y del Noviciado de S. Luis de la Compañía de Jesús de Sevilla.

3706
Céspedes y Meneses, Gonzalo de.
Poema tragico del español Gerardo y desengaño del amor lasciuo / por don Gonzalo de Cespedes y Meneses... — En Madrid : por Luis Sanchez : a costa de Iuan Berrillo, 1615. — [20], 303, [1] h. ¶-2¶^{8}, 3¶^{4}, A-Z^8, 2A-2P^8 ; 8^0
Marca de imp. al v. de port. — Colofón. — Port. con viñeta xil.

01-00030959 000

▶ M-BN, R/10455. — Enc. perg. — Ex-libris «W.B. Chorley. Liverpool» y sello de Biblioteca Heberiana. — Falto de la h. de colofón. ▶ M-BN, R/1477. — Enc. piel con hierros y cantos dorados. — An. ms.: «1.ª Ed. Ejempl. de Mazarin. V. Garcia 110». — Ex-libris de Heredia.

3707
Céspedes y Meneses, Gonzalo de.
Poema tragico del español Gerardo y desengaño del amor lasciuo / por don Gonzalo de Cespedes y Meneses... — En Barcelona : por Sebastian de Cor-

mellas y a su costa, 1618. — [11], 201 h., A-Z^8, 2A-2C^8, 2D^4 ; 8^0
Primera parte de la obra.

01-00030961 000

▶ M-BN, R/5894(1). — Enc. perg. — Ex-libris de la Condesa del Campo de Alange.

3708
Céspedes y Meneses, Gonzalo de.
Poema tragico del español Gerardo y desengaño del amor lasciuo / por don Gonzalo de Cespedes y Meneses... ; segunda parte. — En Barcelona : en casa Sebastian de Cormellas... y a su costa, 1618. — [4], 180 h., A-Z^8 ; 8^0

01-00030972 000

▶ M-BN, R/5894(2). — Enc. perg. — Ex-libris de la Condesa del Campo de Alange.

3709
Céspedes y Meneses, Gonzalo de.
Poema tragico del español Gerardo y desengaño del amor lasciuo : primera y segunda parte : nueuamente corregido y emendado en esta segunda impression / por don Gonçalo de Cespedes y Meneses... su mismo autor... — En Cuenca : por Saluador de Viader..., 1621. — [4], 236 h., ¶^{4}, A-Z^8, 2A-2F^8, 2G^4 ; 4^0

01-00030962 000

▶ M-BN, R/10564. — Enc. hol. con puntas. — Sello de Pascual de Gayangos.

3710
Céspedes y Meneses, Gonzalo de.
Poema tragico del español Gerardo y desengaño del amor lasciuo : nueuamente corregido y emendado en esta segunda impression / por don Gonçalo de Cespedes y Meneses... su mismo autor... — En Madrid : por Luis Sanchez... : a costa de Iuan Berrillo..., 1621. — [8], 284 h., ¶^{8}, A-Z^8, 2A-2M^8, 2N^4 ; 4^0

Primera y Segunda parte, ésta con port. propia. — Marca tip. en el verso de la port. y marca del impresor Juan González en ambas port.

01-00030963 000

▶ M-BN, R/15532. — Enc. perg. ▶ M-BN, R/6802. — Enc. pasta. — Defectos de encuadernación en las h. 151 y 152.

3711

Céspedes y Meneses, Gonzalo de.
Poema tragico del español Gerardo y desengaño del amor lasciuo : nueuamente corregido y emendado en esta segunda impression / por don Gonçalo de Cespedes y Meneses... su mismo autor... — En Madrid : por Iuan Gonçalez... : a costa de Iuan Berrillo..., 1623. — [8], 284 h., ¶^{8}, A-Z^8, 2A-2M^8, 2N^4 ; 4^0

Primera y Segunda parte, ésta con port. propia. — Marca tip. de Juan González en ambas port.

01-00030964 000

▶ M-BN, R/1709. — Enc. hol. ▶ M-FLG, Inv.8094. — Enc. pasta. ▶ M-RAE, 17-IV-50. — Enc. perg. — Ex-libris ms. de Don Alonso del Valle.

3712

Céspedes y Meneses, Gonzalo de.
Poema tragico del español Gerardo y desengaño del amor lasciuo : primera y segunda parte : nueuamente corregido y emendado en esta ultima impression / por don Gonzalo de Cespedes y Meneses... su mismo autor... — En Lisboa : por Antonio Aluarez y a su costa, 1625. — [6], 232 h., ¶^{6}, A-Z^8, 2A-2F^8 ; 4^0

Marca tip. en ambas port. — Texto a dos col.

01-00030965 000

▶ M-BN, R/18478. — Enc. piel. — Ex-libris ms. de Jose Fernando da Cunha y sello de Pascual de Gayangos. ▶ M-PR, IX-4509. — Enc. pasta.

3713

Céspedes y Meneses, Gonzalo de.
Poema tragico del español Gerardo y desengaño del amor lasciuo / por don Gonzalo de Cespedes y Meneses... ; primera [-segunda] parte. — En valencia [sic] : por Miguel Sorolla...: a costa de Christoual Garriga, 1628. — [24], 400 ; [8], 360 p., [ ]^4, 2§^{8}, A-Z^8, 2A-2Z^8, 3A-3B^8 ; 8^0

Colofón. — Segunda parte, con port. propia: En Valencia: en la impresion de Felipe Mey..., 1628. — Port. con viñeta xil.

01-00030966 000

▶ M-BN, R/12486. — Enc. pasta con hierros dorados. — Sello de Pascual de Gayangos.

3714

Céspedes y Meneses, Gonzalo de.
Poema tragico del español Gerardo y desengaño del amor lascivo : primera y segunda parte : nuevamente corregido y enmendado en esta segunda impression / por don Gonçalo de Cespedes y Meneses... su mismo autor... — Impresso en Cuenca : por Salvador de Viader, 1637. — [2], 234 h., ¶^{2}, A$_{3-8}$, B-Z^8, 2A-2F^8, 2G^4 ; 4^0

01-00030967 000

▶ M-BN, R/11397. — Enc. perg. — Sello de Pascual de Gayangos.

3715

Céspedes y Meneses, Gonzalo de.
Poema tragico del español Gerardo y desengaño del amor lasciuo : primera y segunda parte : nueuamente corregido y enmendado en esta impression / por don Gonçalo de Cespedes y Meneses... su mismo autor... — En Madrid : en la Imprenta Real : a costa de Gabriel de Leon..., 1654. — [6], 234 h., ✳^{4}, A-Z^8, 2A-2F^8, 2G^4 ; 4^0

Existen, al menos, dos ed. con el mismo pie de imp. — Marca de ed. en port. — Texto a dos col. — Esc. xil. del capitán Diego de Leon: ✳₂.

01-00030968 000

▸ M-BN, R/18488. — Enc. perg.

3716

Céspedes y Meneses, Gonzalo de.
Poema tragico del español Gerardo y desengaño del amor lasciuo : primera y segunda parte : nueuamente corregido y enmendado en esta impression / por don Gonçalo de Cespedes y Meneses... su mismo autor... — En Madrid : en la Imprenta Real : a costa de Gabriel de Leon..., 1654. — [4], 234 h., ✳⁴, A₃₋₆, B², B-Z⁸, 2A-2F⁸, 2G⁴ ; 4⁰

Existen al menos, dos ed. con el mismo pie de imp. — Marca de ed. en port. — Texto a dos col.

01-00030969 000

▸ M-BN, R/31183. — Enc. pasta valenciana con hierros dorados.

3717

Céspedes y Meneses, Gonzalo de.
Poema tragico del español Gerardo y desengaño del amor lasciuo : primera y segunda parte : nueuamente corregido y enmendado en esta impression / por don Gonzalo de Cespedes y Meneses... su mismo autor... — En Madrid : por Ioseph Fernandez de Buendía : a costa de Manuel Melendez..., 1666. — [4], 234 h., [ ]², A-Z⁸, 2A-2F⁸, 2G⁴ ; 4⁰

Port. con esc. heráldico xil. — Texto a dos col.

01-00030970 000

▸ M-PR, I.D.209. — Enc. pasta.

3718

Céspedes y Meneses, Gonzalo de.
Poema tragico del español Gerardo y de-

sengaño del amor lascivo : primera y segunda parte : nuevamente corregido y enmendado en esta impression / por don Gonçalo de Cespedes y Meneses... su mismo autor. — En Madrid : por Antonio Román : a costa de Gabriel de Leon, 1686. — [4], 372 p., [ ]², A-Z⁸, 2A² ; 4⁰

Marca de ed. en port. — Texto a dos col.

01-00030971 000

▸ M-BN, 3/23624. — Enc. perg. — Sello de Pascual de Gayangos y ex-libris ms. de March Capalá.

3719

Céspedes y Velasco, Francisco de.
Memoria de diferentes piensos : con algunas advertencias particulares, para tener medrados, y luzidos los cavallos / por don Francisco de Cespedes... — En Sevilla : por Francisco de Lyra..., 1624. — 8 h., A⁸ ; 4⁰

Marca tip. en port. que perteneció a Andrea Pescione (Vindel, 337).

01-00030976 000

▸ M-BN, R/5388. — Enc. perg.

3720

Céspedes y Velasco, Francisco de.
Tratado de la gineta... / compuesto por... Francisco de Cespedes y Velazco... — En Lisboa : por Luys Estupiñan, 1609. — [32] p., A-B⁸ ; 8⁰

Port. con esc. xil. del Conde-Duque de Olivares.

01-00030977 000

▸ M-BN, R/12033. — Enc. cart. ▸ M-BN, R/5520. — Enc. perg.

3721

Cetina, Melchor de (O.F.M.). *Discursos sobre la vida y milagros del glorioso padre San Diego de la Orden del Serafi-*

co... S. Francisco / compuesto por el P. fray Melchor de Cetina... — En Madrid : por Luis Sachez..., 1609. — [20], 328, [22] h., ¶-3¶⁴, 3¶-4¶⁴, A-Z⁴, 2A-2Z⁴, 3A-3Z⁴, 4A-4S⁴, 4T²; 4⁰

Colofón. — Port. con esc. xil. real.

01-00030978 000

▶ M-BN, 3/76682. — Enc. perg. — Falto de las 22 últimas h. ▶ M-BN, R/11429. — Enc. perg. — Sello de Pascual de Gayangos. ▶ M-BN, R/16957. — Enc. perg. con hierros dorados. ▶ M-PR, VI-2467. — Enc. pasta con hierros dorados.

3722
Cetina, Melchor de (O.F.M.). *Exortacion, a la deuocion de la Virgen Madre de Dios... : con vn deuoto exercicio para los sabados, y para las fiestas de nuestra Señora* / compuesto por el P.F. Melchior de Cetina... de la Orden de... San Francisco... — En Alcala : por la viuda de Andres Sanchez de Ezpeleta, 1618. — [15], [1] en bl, 135 [i.e. 134], [2] h., [ ]⁸, ¶⁸, A-R⁸ ; 8⁰

Error de fol., de h. 88 pasa a la 90. — Port. con viñeta xil.

01-00030979 000

▶ M-BN, 3/41442. — Enc. perg. ▶ M-UC (FFil), 8315. — Enc. perg. — Ex-libris ms. de la libreria de la Casa Profesa de Madrid.

3723
Ceuta. *Manifiesto al Reyno de Castilla junto en Cortes, en que se muestra la justicia con que la Ciudad de Ceuta desmembrada por leal de la Corona Portuguesa, pretende naturaleza en los Reynos de Castilla.* — [S.l. : s.n., s.a.]. — 6 h., A-C² ; Fol.

Por el texto se deduce posterior a 1644.

01-00030980 000

▶ M-BN, V.E./59-76.

3724
Cevada Avecilla, Sebastián. *Instruccion de colectores y forma de hazer testamentos* / por... Sebastian Ceuada Auecilla... — Impresso en Seuilla : por Francisco de Lyra, 1629. — [4], 58, [2] h., A-H⁸ ; 8⁰

Port. con grab. xil.

01-00030981 000

▶ M-BN, 3/40879(1). — Enc. perg.

3725
Ceverio de Vera, Juan. *Viaie de la Tierra Santa y descripcion de Ierusalem y del santo monte Libano...* / compuesto por Iuan Ceverio de Vera... — En Pamplona : por Nicolas Assiayn : a costa de Hernando de Espinal..., 1613. — [8], 147 h., [ ]⁸, A-S⁸, T³ ; 8⁰

Colofón. — Port. con esc. xil. de la Compañía de Jesús.

01-00030982 000

▶ M-RAE, 14-XI-25. — Enc. perg. — Ex-libris ms. de los Capuchinos de Olot.

3726
Cevicos, Juan. *Discurso de don Iuan Ceuicos, thesorero de la S. Yglesia de la ciudad de Manila... sobre los priuilegios de las sagradas religiones de las Indias : en el qual se ponen algunas dudas acerca de que los religiosos estienden los... priuilegios a mas de lo que pueden...* — En Mexico : en la imprenta del bachiller Iuan de Alcaçar, 1623. — 58 h., A-O⁴, P² ; 4⁰

01-00030983 000

▶ M-BN, R/28914. — Enc. perg. — Sello de Pascual de Gayangos.

3727
Chacón Abarca y Tiedra, Jerónimo. *Decissiones de la Real Audiencia y Chancilleria de S Domingo isla vulgo española... en defensa de la iurisdicción y*

autoridad real / por el doctor don Geronymo Chacon Abarca y Tiedra... — En Salamanca : por Antonio Cossio..., 1676. — 38 p. ; Fol.

01-00025024 000

▶ M-BN, V.E./1346-2. — Enc. cart.

3728
Chacón Narváez y Salinas, Juan. *Praeposito dignissimo, et reuerendissimo Capitulo Ecclesiae Collegiatae Antiquariae, hoc gratitudinis perpetuum monumentum, Domnus Ioannes Chacon Naruaez, & Salinas dicauit, & consecrauit.* — [S.l. : s.n., s.a.]. — [6] p., A^3 ; 4^0

01-00030984 000

▶ M-BN, R/13210(2). — An. mss. Colección de varios opúsculos gramaticales del maestro Bartolomé Jiménez Patón, y dedicatoria autógrafa de Gayangos a D. Enrique de Vegia (en enc.). — Enc. perg. — Sello de Pascual de Gayangos y ex-libris ms. de Don Juan Sebastián de la Vega.

3729
Chafrion, José (1653-1698). *Plantas de las fortificaciones de las ciudades, plazas y castillos del estado de Milan... /* ofrecelas... la pluma y buril de... Joseph Chafrion... — [S.l. : s.n., s.a.]. — [112] p. : il. ; 4^0
Dedicatoria fechada en Milán, 1687. — Port. grab. calc. arquitectónica. — Texto enmarcado con orla calc., alternando con h. de ilustracion, éstas numeradas.

01-00030985 000

▶ M-BN, R/2120. — Enc. pasta en el taller de la BN, 1974. — Ex-libris ms. de Velasco. ▶ M-BN, R/2122. — Enc. piel con hierros. — Ex-libris ms. de Alexandro Blanco Figueroa. — Ejemp. coloreado. ▶ M-BN, R/5677. — Enc. pasta con hierros dorados. — Recortado, afectando al super-libris.

3730
Chanut, Antoine (S.I.). *Elogio funebre de Luis XIII el Iusto Rey... de Fran-*

cia, y de Nauarra, y Conde de Barcelona, Rossellon, y Cerdaña / escriuiòle en latin, y diòle a la estampa en Tolosa el R.P. Antònio Chanut de la Compañia de Iesus ; diuulgase en lenguaje español para noticia mas vniuersal... — En Barcelona : por Lorenço Déu. Venense en la mateixa Estampa, 1643. — [8] p., A^4 ; 4^0
Port. con esc. xil. real de Francia.

01-00046109 000

▶ M-BN, V.E./45-72.

3731
Charrán, Fernando. *Illmo y R^{mo} Señor. La obediencia, y el auerlo mandado V.S.I. pone en la mano la pluma para repetir con ella, y representarle de nueuo los motiuos que tenemos... para que V.S.I... nos reciba debaxo de su proteccion, conservandonos en la possession... de recibir... la Vela el dia de la Purificaciō, la palma el Domingo de Ramos, y la ceniza el dia que la Santa Iglesia vsa esta ceremonia de mortificación... /* [Fernando Charran, Geronimo de la Serna]. — [S.l. : s.n., s.a.]. — 4 h., A-B^2 ; Fol.
Los autores constan al final de texto. — Se ha respetado la puntuación original. — Por el texto se deduce de la 2.ª mitad del S. XVII.

01-00002951 000

▶ M-BN, 3/40738(5). — Enc. perg.

3732
Chávarri y Eguía, Pedro Antonio de. *Didascalia multiplex veteris mediae et novae iurisprudentiae... /* a D. Petro Antonio de Chavarri & Eguía... — Matriti : ex officina Melchioris Alvarez, 1677. — [16], 375, [32] p., ¶-2¶^{4}, A-Z^4, 2A-2Z^4, 3A-3E^4 ; 4^0
Port. con orla tip.

01-00030987 000

▶ M-UC (FD), 5717. — Enc. perg. — Ex-libris ms. «Libreria del Collegio Maior». ▶ M-UC (FD), 5728. — Enc. perg. — Ex-libris del Colegio de los Verdes, de la Universidad de Alcalá.

3733

Chávarri y Eguía, Pedro Antonio de. *D. Petri Antonii de Chavarri et Eguia... Didascaliae multiplicis veteris, mediae & novae iurisprudentiae secunda pars...* — Salmanticae... : ex officina Lucae Perez..., 1679. — [20], 364, 88 p., ¶-2¶⁴, 3¶², A-Z⁴, 2A-2V⁴, 2X², 2Y-2Z⁴, A-L⁴ ; 4⁰

Port. con orla tip. — *Discurso politico historial en defensa de la lealtad española con sus reyes*, 88 p.

01-00030986 000

▶ ME-RB, 21-V-47. — Enc. piel con cortes dorados. ▶ M-UC (FD), 5726. — Enc. perg. — Ex-libris del Colegio de los Verdes de la Universidad de Alcalá.

3734

Chávarri y Eguía, Pedro Antonio de. *Memorial juridico, que en defensa del derecho que tienen las Becas de Capellanes del Colegio Mayor de Santiago el Cebedeo (vulgo del Arçobispo) de la Vniversidad de Salamanca à la oposicion de las Catedras de ella, ofrece al iustificado dictamen del Supremo, y Real Consejo de Castilla el Licenciado don Pedro Antonio de Chauarri y Eguia...* — En Madrid : por Melchor Alvarez, 1680. — 16 h., [A]-H² ; Fol.

Port. con orla tip. y grab. xil. de la Virgen.

01-00046110 000

▶ M-BN, V.E./23-49.

3735

Chávarri y Eguía, Pedro Antonio de. *Memorial juridico, que en defensa del derecho, que tienen las Becas de Capella-* *nes del Colegio Mayor de Santiago el Cebedeo (vulgo del Arçobispo) de la Vniversidad de Salamanca à la oposicion de las Catedras de ella, ofrece al iustificado dictamen del Supremo, y Real Consejo de Castilla el Licenciado don Pedro Antonio Chauarri y Eguia...* — [Nápoles] En Madrid: por Melchor Alvarez... 1680 y de nueuo en Napoles : por Marco Antonio Fierro, 1682. — 83 p., A-I⁴, K⁶ ; Fol.

Port. con orla tip. y grab. xil. de la Virgen. — *Discurso político historial en defensa de la lealtad española con sus reyes : respondese en el tácitamente a las mayores obieciones, que se la oponen* p. 33-83.

01-00046111 000

▶ M-BN, V.E./220-2. — Ex-libris de Fernando José de Velasco.

3736

Chavarría, Fernando de. *Aduertimiento para consumir la moneda de bellon de cobre, que oy corre en estos Reynos de Castilla, y fabricar otra nueua de ley, y cerrar la entrada, y saca de las cosas vedadas, y preuenir en general las del gouierno, en beneficio de la Republica.* — [S.l. : s.n., s.a.]. — 22 p., [2] en bl., A¹² ; Fol.

Del texto se deduce impreso ca.1624.

01-00046112 000

▶ M-BN, V.E./184-65. — Fecha y firma del autor ms.: En Murcia a 31 de diciembre de 1624 Frᵈᵒ de Chauarría.

3737

Chavarría, Fernando de. *Segundo aduertimiento de Fernando de Chauarria, para el consumo de la moneda de vellon, y de la causa de hauerse encarecido los precios de todas las cosas.* — [S.l. : s.n., s.a.]. — 11 p., A⁶ ; Fol.

Texto fechado en Murcia, 1625.

01-00046113 000

▶ M-BN, V.E./184-65bis.

3738
Chavarría, Fernando de. *Tercero aduertimiento de Fernando de Chauarria. Para el consumo de la moneda de vellon.* — [S.l. : s.n., s.a.]. — 10 p., A⁵ ; Fol.
Texto fechado en Murcia, 1627.

01-00046114 000

▶ M-BN, V.E./184-6.

3739
Chavarría, Juan Bautista. *Señora. Juan Bautista Chavarria, Musico Autor de vna de las Compañias de Representantes, que reside en esta Corte... Dize, que por vno de los dias proximos passados, de orden del Patriarca se le pidio vn hijo, que tiene de edad de nueve años, tambien Musico, porque... pareciò à proposito para que entrasse en el Real Colegio de Niños Cantores...* — [S.l. : s.n., s.a.]. — [3] p. ; Fol.
Se ha respetado la puntuación original. — Texto dirigido a la reina Mariana de Austria.

01-00030988 000

▶ M-BN, V.E./198-91. — Texto firmado ms. por Francisco Ventura de Calleres y Urvina.

3740
Chaves de Barreda. *A la muy noble y muy mas leal ciudad de Burgos, cabeça de Castilla, y camara de su Magestad... /* Chaves de Barreda... — [S.l. : s.n., s.a.]. — 8 h., A⁸ ; 4⁰
Por el texto se deduce impreso ca. 1608. — Port. grab. xil. arquitectónica.

01-00030989 000

▶ M-BN, 3/20158(2). — Enc. perg.

3741
Chaves de Barreda. *Discurso que se ha hecho a la ciudad de Burgos : en que se funda la justicia del seruicio de los millones /* por... Chaues de Barreda... — [S.l. : s.n., s.a.]. — [1], 33, [1] h., [ ]¹, A-H⁴, I² ; 4⁰
Dedicatoria fechada en Burgos, 1608. — Port. grab. xil. arquitectónica.

01-00030990 000

▶ M-BN, 3/20158(1). — Enc. perg. ▶ M-BN, R/2681. — Enc. perg. — Ex-libris de Antonio Álvarez Abreu.

3742
Chifflet, Jean Jacques (1588-1660). *Portus Iccius Iulii Caesaris, /* demonstratus per Ioan. Iac. Chiffletium... — Matriti : ex officinā typographicā Viduae Ildephonsi Martini, 1626. — [4], 23, [1] h., ¶⁴, A-F⁴ : il. ; 4⁰
Port. con orla tip. — Grab. calc. en ¶₄ r. (mapa del estrecho de Calais).

01-00030992 000

▶ M-BN, 3/66624. — Enc. perg. ▶ ME-RB, 127-III-13(5).

3743
Chinchilla, Alonso de (O.S.B.). *Consideraciones theologicas y espirituales cerca de la frequencia de la comunion : sacadas de sacros concilios, santos doctores, maestros escolasticos y padres espirituales /* por fray Alonso de Chinchilla... monje... benito... ; con una breue resolucion cerca de la materia de don Alonso Curiel... — En Valladolid : por Francisco Fernandez de Cordoua, 1618. — [4], 207, [4] h., [1] h. de grab., 2¶⁴, A-Z⁸, 2A-2C⁸, ¶⁴ ; 4⁰
Port. con grab. xil. — Grab. xil. que representa la Eucaristía.

01-00030993 000

▶ M-BN, 3/67914. — Enc. perg. ▶ M-BN, 8/15870. — Enc. perg. — Sello de la Biblioteca de Uclés. ▶ M-RAE, II-VII-36. — Enc. perg. ▶ M-UC (FFil), 15594. — Enc. perg. — Ex-libris ms. de la casa profesa de la Compañía de Jesús de Madrid.

3744
Chinchilla, Alonso de (O.S.B.). *Memorial de algunos efetos que el santissimo sacramento de la eucaristia causa en el alma : sacado de santos concilios, dotores sagrados y varones contemplatiuos /* por fray Alonso de Chinchilla, monge... benito... — En Madrid : en la imprenta de Alonso Martin, 1611. — [2], 19, 16, [1] h., [ ]^2, A-C^6, [ ]^1, A-B^6, C^4, [ ]^1 ; Fol.

Port. con esc. real y grab. xil. que representa a la Virgen con el Niño, en la h. 1 de la segunda secuencia.

01-00030994 000

▶ M-UC (FD), 3847. — Enc. perg.

3745
Chinchilla, Alonso de (O.S.B.). *Memorial de algunos efetos que el Santissimo Sacramento de la Eucaristia causa en el alma : sacado de santos concilios, dotores sagrados y varones contemplatiuos /* por fray Alonso de Chinchilla, monge benito... — En Madrid : en la Imprenta Real, 1612. — [24], 366, [10] p., ✱^{4}, †^{8}, A-Z^8, 2A^4 : il. ; 8^0

Port. con esc. xil. real. — Ilustraciones xil.

01-00030995 000

▶ M-BN, 3/57263. — Enc. perg. ▶ M-BN, 7/45702. — Enc. perg. — Ex-libris ms. de la librería del Carmen Calzado de Madrid. ▶ M-RAE, 17-XII-15. — Enc. hol. — Las p. finales de la tabla encuadernadas en prelim.

3746
Chinchilla, Alonso de (O.S.B.). *Memorial II, Frutos del arbol de la vida*

que Christo sacramentado produze en el alma : sacados de la Escritura sagrada, santos concilios y doctores sagrados / compuesto por fray Alonso de Chinchilla, monge benito... — En Madrid : en casa de Iuan Sanchez, 1613. — [16], 496 p., ¶^{8}, A-Z^8, 2A-2H^8 : il. ; 8^0

Port. con viñeta xil. — Grab. calc. en p. 19.

01-00030996 000

▶ M-BN, 5/7169. — Enc. perg. ▶ M-RAE, 19-IX-67. — Enc. perg. — Tiene prelim. divididos, [8] p. al principio y [8] al final, y en sign. [ ]^1, grab. calc. ▶ M-UC (FFil), 2781. — Enc. perg.

3747
Chirino, Pedro (S.I.). *Relacion de las islas Filipinas i de lo que en ellas an trabaiado los padres de la Compañia de Iesus /* del P. Pedro Chirino de la misma Compañia... — En Roma : por Estevan Paulino, 1604. — [4], 196, [4] p., [ ]^2, A-Z^4, 2A-2B^4 ; 4^0

Port. con esc. xil. de los jesuítas.

01-00030997 000

▶ M-BN, R/455. — Enc. hol. — Deteriorado en la parte inferior de las últimas hojas, sin afectar texto. ▶ M-BN, R/5723. — Enc. perg. — Ex-libris ms. de los Trinitarios de Madrid.

3748
Chirino Bermúdez, Alonso. *Carnestolendas de la ciudad de Cadiz /* prueuas de ingenio de don Alonso Cherino Bermudes... — Impresso en Cadiz : por Fernando Rey, 1639. — [8], 56 h., [ ]^8, A-G^8 ; 8^0

01-00030998 000

▶ M-BN, 7/108643. — Enc. hol. — Falto de h. 19-22.

3749
Chirino Bermúdez, Alonso. *Motiuos de alcanzar la Misericordia diuina*

en el articulo de la muerte / compuestos por don Alonso Chirino y Bermudez. — En Madrid : por Iulian de Paredes. A costa del dicho Impressor..., 1649. — [8] p. ; 4⁰

El pie de imp. consta en colofón. — Texto a dos col.

01-00046115 000

▶ M-BN, V.E./155-13.

3750
Chirino Bermúdez, Alonso. *Panegyrico nupcial : viage del... senor don Gaspar Alonso Perez de Guzman el Bueno, Duque de Medina Sidonia... en las bodas con... doña Iuana Fernandez de Cordoba, hija del... Duque de Feria...* / escriuialo don Alonso Chirino Bermudes. — Impresso en Cadiz : por Fernando Rcy, 1640. — [8], 48 h., [1] h. de grab. 4⁰, [ ]⁹ A-M⁴

Grab. calc., esc. heráldico.

01-00030999 000

▶ M-BN, R/2337. — Enc. piel verde con hierros dorados.

3751
Chirino de Salazar, Fernando (S.I.). *Ferdinandi Quirini de Salazar conchensis e Societate Iesu... Expositio in Prouerbia Salomonis : tomus prior continens sedecim priura capita.* — Compluti : ex officina Ioannis Gratiani, 1618. — [28], 858, [72] p., [2] en bl., ¶⁶, ✠⁸, A-Z⁸, 2A-2Z⁸, 3A-3L⁸, 3M¹⁰ ; Fol.

Colofón. — Texto a dos col. — Port. con orla tip. y esc. xil. de la Compañía de Jesús.

01-00044000 000

▶ M-BN, 5/10345. — Enc. perg. ▶ M-BN, 6-i/1338. — Enc. piel deteriorada. — Ex-libris ms. del Colegio de Braganza de la Compañía de Jesús.

3752
Chirino de Salazar, Fernando (S.I.). *Ferdinandi Quirini de Salazar conchensis è Societate Iesu... Pro Immaculata Deiparae Virginis Conceptione defensio...* — Compluti : ex officina Ioannis Gratiani, 1618. — [52], 456 [i.e. 446], [18] p., ✳², ✠-3✠⁸, A-Z⁸, 2A-2F⁸ ; Fol.

Hay diferentes estados de esta ed. — Colofón. — Error de pag., de p. 329 pasa a 340. — Texto a dos col. — Port. con orla tip. y esc. real xil. — Grab. xil. en 3✠₈ v. de la Inmaculada Concepción, a toda plana.

01-00044001 000

▶ M-BN, 2/524. — Enc. cart. — Ex-libris ms. de Andrés de Ayala. ▶ M-BN, 3/11541. — Enc. perg. con hierros y cortes dorados y esc. real. ▶ M-BN, 3/78833. — Enc. perg. — Sello de la Biblioteca de Uclés. — Falto de dedicatoria. ▶ M-BN, R/22080. — Enc. hol.

3753
Chirino de Salazar, Fernando (S.I.). *Pratica de la frequencia de la Sagrada Comunion...* / por el P. Hernᵈᵒ Chirino de Salazar de la Compª. de Iesus... — Madrid : por Luys Sanches : a costa de Geronimo de Courbes, 1622. — [9], 309 [i.e. 317], [1] h., [1] en bl., [ ]¹, ¶⁸, A-Z⁸, 2A-2Q⁸, 2R⁶ ; 8⁰

Colofón. — Error de fol., de h. 316 retrocede a 309. — Port. grab. calc.: «I de Courbes sculpsit».

01-00044003 000

▶ M-BN, 3/21603. — Enc. piel con hierros dorados. — Sellos de Pascual de Gayangos y de W. B. Chorley. — Falto de prelim. ▶ M-BN, 3/57755. — Enc. perg. ▶ M-BN, 3/60632. — Enc. perg. ▶ M-BN, 7/11753. — Enc. perg. ▶ M-BN, 8/34365. — Enc. perg.

3754
Chumacero de Sotomayor, Antonio. *Señor Auiendome Remitido el Conde*

de los Arcos el decreto de V. Mag. de 28 de Iunio, para q̃ asista en su casa à la jũta que V.M. ha mandado hazer... / [Lic. D. Antonio Chumacero de Sotomayor]. — [S.l. : s.n., s.a.]. — 15 h., A-G², H¹ ; Fol.

El nombre del autor consta en fin de texto, fechado en Madrid, 1629.

01-00046117 000

▶ M-BN, V.E./189-43.

3755
Chumacero Sotomayor, Juan. *Selectarum iuris disputationum dodecas* / interprete D. Joanne Chumacero Sotomayor... — Salmanticae : ex officina Didaci à Cussio, 1609. — [16], 123 p., ¶⁶, 3¶², A-G⁸, H⁶ ; 4⁰

Port. con viñeta tip.

01-00044004 000

▶ M-BN, 2/12456. — Enc. perg. ▶ M-BN, 2/71021. — Enc. perg. — Ex-libris ms. del doctor Mateo... de Vera colegial de Santiago de Huesca. ▶ M-UC (FD), 11216. — Enc. perg. — Falto de 4 p. de prelim., que presentan, ademas, defectos de encuadernación. ▶ M-UC (FD), 6047. — Enc. perg. — Ex-libris ms.: «de la libreria del Colegio Maior». — Duplicadas 8 h. de prelim.

3756
Chumillas, Julián (O.F.M.). *Retractatorias vozes, que levanta al cielo el menor, postrado, con ansias de bolver a la gracia de su padre, y conversion de memoriales en repetidas peticiones* / que da a luz del mundo Fr. Julian de Chumillas... de la Seraphica Religion de los Menores... — [S.l. : s.n., s.a.]. — [7] p., A⁴ ; Fol.

Texto fechado en Madrid, 1692.

01-00037381 000

▶ M-BN, 2/67399(4). — Enc. perg.

3757
Chumillas, Julián (O.F.M.). *Retractatorias vozes, que levanta à el Cielo el*

menor, postrado con ansias de bolver à la gracia de su padre y conversion de Memoriales en rendidas peticiones / que dà à la luz del Mundo Fr. Iulian Chumillas... de la Seraphica Religion de los Menores... — [S.l. : s.n., s.a.]. — 6 h., A-C² ; Fol.

Texto fechado en Madrid, 1692.

01-00044005 000

▶ M-BN, V.E./204-55. — Recortado, afectando a 1.ª lin. de texto.

3758
Ciabra Pimentel, Timoteo de (O.C.). *Honda de Dauid, con cinco sermones o piedras, tiradas en defension, y alabança del Santissimo Sacramento del Altar, contra Hereges Sacramentarios y Iudios baptizados en el Reyno de Portugal Apostatas de nuestra santa Fé : por la ocasion del robo sacrilego cometido en la Iglesia Parroquial de Santa Engracia en la ciudad de Lisboa* / predicados y compuestos por... Timotheo de Ciabra Pimentel... — En Barcelona : por Geronymo Margarit, 1631 (por Esteban Liberos...). — [18], 113, [13] h., ¶⁶, a-c⁴, A-O⁸, P⁶, Q-R⁴ ; 4⁰

Colofón. — Texto a dos col. — Port. con esc. xil. de Sebastian Iudice Fiesco.

01-00044007 000

▶ M-BN, 2/66770. — Enc. perg. — Ex-libris ms. de la Libreria del Carmen Calzado de Madrid y sello de Pascual de Gayangos. — Falto de la h. de colofón. — Defectos de enc. en prelim. ▶ M-BN, 2/8719. — Enc. perg. — Ex-libris ms. del Real Convento de San Gil de Madrid. — Falto de 3 h. de índice. ▶ M-BN, 3/54708. — Enc. perg. con hierros dorados. — Deteriorado. — Falto de 4 h. de prelim., h. 3-6 de texto y 6 h. de índice.

3759
Ciabra Pimentel, Timoteo de (O.C.). *Octauario de desagrauios de la*

imagen de la Virgen en el fuego : predica-dos al Tribunal de la S. Inquisición y con-nentos [sic] de Granada : I. Parte... / por... Fr. Timotheo de Ciabra y Pimentel... — En Granada : por Vicente Aluarez de Mariz, 1638. — [4], 28 h., ¶⁴, A-G⁴, A-H⁴ ; 4⁰
Port con esc. xil.

01-00044008 000

▶ M-UC (FFil), 4627. — Enc. perg.

3760
Cianca, Alonso de. *Discurso breue hecho por el licenciado Alonso de Cianca, juez que ha sido de su Magestad, en que se muestra, y da a entender la causa que enflaquecido el comercio de las flotas de Nueuaespaña, y tierra firme de algunos años a esta parte, y en que se propone el remedio que este daño puede tener.* — [S.l. : s.n., s.a.]. — 6 h., A-C² ; Fol.
En h. 3v. consta 1610.

01-00002952 000

▶ M-BN, R/17270(26). — Enc. perg.

3761
Cicatelli, Sanzio (M.I.). *Vida y virtudes del V.P. Camilo de Lelis, fundador de la religion de los Clérigos Regulares Ministros de los Enfermos /* escrita por... Sancio Chicateli... en lengua italiana ; traducida en la española por... Luis Muñoz... — En Madrid : por Melchor Sanchez, 1653. — [13], 239, [1] h., [1] h. de grab., [ ]¹, ✳⁴, ¶⁸, [ ]¹, A-Z⁸, 2A-2G⁸ ; 4⁰
El pie de imp. consta en colofón. — Port. grab. calc. arquitectónica: «Gregorio Fortsman F.». — Grab., calc.: «Gregorio Fortsman F.», que representa al biografiado.

01-00030991 000

▶ M-BN, 2/12639. — Enc. pasta. — Falto de h. de grab. — Cuadernillo ✳ a continuación del colofón. ▶ M-BN, 2/15082.

— Enc. perg. — Port. y h. de grab. coloreadas. ▶ M-BN, 2/36972. — Enc. perg. — Cuadernillo ✳ a continuación del colofón. ▶ M-BN, 2/64577. — Enc. perg. — Ex-libris ms. de Onofre Esquerdo. — Cuadernillo ✳ a continuación del colofón. ▶ M-BN, 3/20139. — Enc. piel verde con hierros dorados. ▶ M-BN, 3/51586. — Enc. perg. ▶ M-BN, 3/63107. — Enc. perg. — Falto de prelim. y tabla. ▶ M-BN, U/4964. -- Enc. pasta. — Sello de D. Luis de Usoz. ▶ M-BN, U/6609. — An. ms. en h. de guarda: Muy señor mio: estando vm. entendido de que este libro es de su amigo Don Juan Pablo Saquer... — Enc. perg. — Sello de D. Luis de Usoz. — Falto de h. de grab. — Cuadernillo ✳ a continuación del colofón. Contiene además una h. de grab. calc.: «Brandi incidit», retrato de S. Camilo de Lelis, encuadernada posteriormente. ▶ M-PR, VI-206. — Enc. pasta. ▶ M-RAE, 17-V-4. — Enc. perg. ▶ M-UC (FD), 13157. — Enc. perg. — Ex-libris ms. de la librería de la Compañía de Jesús de Alcalá. ▶ M-UC (FFil), 35386. — Enc. pasta. — Ex-libris ms. del Noviciado de la Compañía de Jesús de Madrid. — Falto de la h. de grab.

3762
Cicerón, Marco Tulio. *Epistolae familiares Marci Tulii Ciceronis /* optimis quibusque exemplaribus collatis emendatae... ; nunc postremo P. Manutij et Ant. Mureti... ab in numeris [sic] erroribus vindicatae. — Caesar-Augustae : typ. Dominici Gascon, typog. Regii Nosocomii Deiparae de Gratiâ, 1693 (1694). — [2], 644, [2] p., A-Z⁸, 2A-2R⁸, 2S⁴ ; 8⁰

Colofón. — Port. con esc. xil. del Hospital Real de Nuestra Señora de Gracia.

01-00044010 000

▶ M-BN, R/33975. — Enc. perg. — Ex-libris ms. de Celestino Herrero.

3763
Cicerón, Marco Tulio. *Los deziseys libros de las epistolas o cartas familiares*

de M. Tulio Ciceron / traduzidas de lenga [sic] latina en castellana por... Pedro Simon Abril... ; con una cronologia de veyntiun consulados y las cosas mas graues que en ellos sucedieron... — En Barcelona : por Geronymo Margarit y a su costa, 1615. — [4], 455, [1] h., ¶⁴, A-Z⁸, 2A-2Z⁸, 3A-3L⁸ ; 8⁰

Colofón. — Marca de imp. en port. (de Claudio Bornat, Vindel, 234) y en ¶₄ v. y h. 2 v. (de Geronimo Margarit).

01-00044012 000

▶ M-BN, R/20305. — Enc. perg. ▶ M-PR, IX-3719. — Enc. pasta. — Sello de Mayans y Siscar. — Recortado, afectando a la port.

3764

Cicerón, Marco Tulio. *Los diez y seys libros de las epistolas o cartas de Marco Tulio Ciceron vulgarmente llamados familiares* / traduzidas de lengua latina en castellana por... Pedro Simon Abril... ; con vna cronologia de veynte y vn consulados y las cosas mas graues que en ellos sucedieron... — En Barcelona : en casa Sebastian de Cormellas..., 1615. — [27], 404, [1] h., A-Z⁸, 2A-2Z⁸, 3A-3H⁸ ; 8⁰

Marca de imp. en port.

01-00044011 000

▶ M-BN, 3/26274. — Enc. pasta con hierros dorados deteriorada. — Sello de Pascual de Gayangos. ▶ M-FLG, Inv.1258. — Enc. perg.

3765

Cicerón, Marco Tulio. *Los diezyseys libros de las epistolas o cartas de Marco Tulio Ciceron, vulgarmente llamadas familiares* / traduzidas de lengua latina en castellana por... Pedro Simon Abril... ; con vna cronologia de

veynte y vn consulados, las cosas mas graves que en ellos sucedieron... — Impresso en Valencia : en la imprenta de Vicente Cabrera... : a costa de Francisco Duart..., 1678. — [38], 474 [i.e.434], [2] p., ¶-2¶⁸, 3¶³, A-K⁴, L-S⁸, T-Z⁴, 2A-2E⁴, 2F-2O⁸, 2P² ; 4⁰

Hay estados de esta ed. con pequeñas variantes en prelim. — Colofón. — Error en pag., de p. 400 pasa a 441. — Texto a dos col. — Port. con orla tip.

01-00044013 000

▶ M-BN, 2/30020. — Enc. perg. — Las p. 1-4 muy recortadas. ▶ M-BN, 3/39558. — Enc. perg. — Ex-libris ms.: «Hic liber est Martini de Muer ciuis Caessaraugustae». ▶ M-UC (FFil), 30121. — Enc. piel. — Falto de h. sign. ¶₂, y parte de la h. final. ▶ M-UC (FFil), 30186. — Enc. perg.

3766

Cicerón, Marco Tulio. *Los diez y seis libros de las epistolas o cartas de Marco Tulio Ciceron, vulgarmente llamadas familiares* / traducidas de lengua latina en castellana por... Pedro Simon Abril... ; con vna cronologia de veinte y vn consulados y las cosas mas graues que en ellos sucedieron... — En Madrid : por Antonio Gonçalez de Reyes : a costa de Santiago Martin Redondo... , 1679. — [8], 452, [2] p., [2] en bl., ¶⁴, A-Z⁸, 2A-2E⁸, 2F⁴ ; 4⁰

Texto a dos col. — Port. con orla tip. — Esc. xil., de Antolin de Casanova, en ¶₂.

01-00044014 000

▶ M-BN, 3/40997. — Enc. perg. ▶ M-BN, 3/52366. — Enc. perg. — Ex-libris mss.: de «D.A.Mosti» y del Señor de Tabriñana. ▶ M-BN, U/4085. — Enc. perg. — Sello de D. Luis de Usoz. ▶ M-PR, Pas.Arm.1-173. — Enc. pasta. — Ex-libris «S.D.S.Y.D.A». ▶ M-UC (FFil), Res.340. — Enc. perg. —

Ex-libris y sello de la Condesa del Campo de Alange.

3767
Cicerón, Marco Tulio. *M. Tullii Ciceronis De Officiis libri III ; Cato Maior vel De Senectute ad T. P. Atticum; Laelius vel De Amicitia...; Paradoxa stoicorum sex...; Somnium Scipionis ex lib. vj de Repub...* ; notata in margine... Pauli Manustij Vesini in eosdem libros Scholia. — Lermae : ex officina typographica Ioannis Baptiste Varesij ; 1619. — 238, [2] p., A-P^8 ; 8^0

Colofón. — Port. con marca con las iniciales S/P/N.

01-00034034 000

▶ ME-RB, 102-VII-23. — Enc. piel.

3768
Cicerón, Marco Tulio. *[M. Tulli Ciceronis officiorum libri tres ; Cato maior vel De senectute ; Laelius vel De amicitia ; Paradoxa sex ; Somnium scipionis : ex libro VI Ciceronis De republica].* — Barcinone : expensis Sebastiani à Cormellas..., 1648. — + h. 2-137, [14] h., A$_{2-8}$, B-S^8, T^7 ; 8^0

Colofón con orla tip. y marca de ed.

01-00044016 000

▶ M-BN, 2/25268. — Enc. perg. deteriorada. — Falto de port.

3769
Cicerón, Marco Tulio. *Ciceronis de officiis libri tres : item de senectute, de amicitia, paradoxa & somnio Scipionis : omnia ob studiosorum commodum, argumentis et annotationibus in margine ad scriptis illustrata...* — Matriti : typis Melchiorem Sanchez : vendese en casa de Mateo de la Bastida..., 1664. — [2], 177 + h., [ ]^4, A-X^8, Y^7 ; 8^0

01-00044009 000

▶ M-UC (FFil), 30422. — Enc. perg. — Falto de h. al final del texto.

3770
Cicerón, Marco Tulio. *M.T. Ciceronis Orationes selectae duodecim ; cum libris De amicitia, & senectute & paradoxis & epistolis aliquot. Addita ad finem Metaphrafis poetica in Cantica canticorum Salomonis ; et Centuria epigrammatum in martyres Societatis Iesu ; et Compendium retoricae* / [authore Gerardo Montano Menenio, Societatís Iesu]. — Mantuae Carpetanorum : typis Ludouici Sanchez, 1623. — [4], 144 [i.e. 148] ; 76 h., ¶^{4}, A-S^8, T^4; A-I^8, K^4 ; 8^0

Error de fol. en la última h. de la 1.ª secuencia. — Port. con esc. xil. de la Compañía de Jesús. — Las obras adicionales con port. propia.

01-00044017 000

▶ M-BN, 3/33798. — Enc. perg. ▶ M-BN, 3/55878. — Enc. perg. — Ex-libris ms. de Esteban de Aguilar y de Francisco del Corral. — Contiene únicamente la obras de Menenio. ▶ M-BN, 3/71269. — Enc. perg. — Contiene únicamente las obras de Menenio.

3771
Cicerón, Marco Tulio. *M.T. Ciceronis faciliores orationes : cum argumentis, rhetorico artificio, seu annotatiunculis... selectae : quibus... index cum orationum tum verborum... subnexus est ; acceserunt denuo oratio pro M. Caelio & ad Senatum post reditum, cum regia funebrí laudatione.* — Vallisoleti : apud Hieronymum Morillo..., 1625. — [4], 390, [22] p., [ ]^2, A-Z^8, 2A-2B^8, 2C^6 ; 8^0

Marca tip. en port. — Port. a dos tintas. — *Laudatio funebris in inferiis et honore... Margaritae hispaniarum regi-*

nae... *Philippi tertii... coniugis...* / per
P. Petrum de Salas e Societate Jesu,
p. 373-389.

01-00044015 000

▸ M-BN, 2/67791. — Enc. perg.

3772

Cicerón, Marco Tulio. *M.T. Cice-*
ronis orationes selectae duodecim ; cum li-
bris De amicitia, & Senectute & Parado-
xis, & Epistolis aliquot. Edita [sic.] ad
finem Metaphrasis poetica in Canticum
canticorum Salomonis ; et Centuriae epi-
grammatum in martyres Societatis Iesu ;
et Compendium rhetoricae / [authore
Gerardo Montano Menenio, Societatis Iesu]. — Vàn enmendadas
muchas erratas en esta vltima impression. — Mantuae Carpentano-
rum : typis Mariae de Quignones : a
costa de Iuan de Valdes..., 1663. —
[4], 244 h., ¶⁴, A-Z⁸, 2A-2G⁸, 2H⁴ ;
8⁰

Las obras de Montanus Mene-
nius con port. propia.

01-00044018 000

▸ M-BN, 7/12395. — Enc. perg.

3773

Cicerón, Marco Tulio. *M. Tulii Ci-*
ceronis orationes duodecim selectae : in
vsum Valentinę Academię. — Valentiae:
apud Jacobum de Bordazar, 1694.
—304 p., A-T⁸ ; 8⁰

Port. con viñeta xil. — *Breve rheto-*
ricae compemdium, p. 273.

01-00044019 000

▸ M-BN, 7/12103. — Enc. perg.

3774

Cid, Miguel. *Iustas sagradas* / del insigne y memorable poeta Miguel
Cid ; sacadas a luz por su hijo heredero de su mismo nombre... — Impresso en Seuilla : por Simon Faxar-

do, 1647. — [26], [1] en bl. 335, [7]
h. [1] h. de grab., †-3†⁸, 4†⁴, A-Z⁸,
2A-2S⁸, 2T⁷, ✠⁷ ; 8⁰

Grab. calc., retrato del autor.

01-00044020 000

▸ M-BN, R/11175. — Enc. piel con hierros y cortes dorados. — Sello de Pascual de
Cayangos y de la casa profesa de la Compañía de Jesús. ▸ M-RAE, 12-XI-30. — Enc.
pasta. — Falto de la h. de grab. — Port. restaurada.

3775

Cid, Nicolás. *Illmo. y Exmo. Señor,*
Hauiendo entendido q̄ el General de la
Caualleria ha dado à V. Excelencia vn
papel en que funda sus razones a cerca de
la differencia que tiene cōmigo, en razon
de las dexaciones, y assiētos de los Alfere-
zes, y Teniētes de Cauallos, me ha pareci-
do necessario informar a V.E. de lo que me
ocurre en el mismo particular... / [Nico-
las Cid]. — [S.l. : s.n., s.a.]. — [14]
p., A⁷ ; Fol.

El nombre del autor consta en
texto, fechado en Milán, 1623.

01-00044021 000

▸ M-BN, V.E./210-94.

3776

Cidiel y Torres, Alonso. *Romance*
acrostico endecasylabo, a la muerte de la
Reyna... Doña Maria Luisa de Borbon...
/ ofrecele... don Alonso Cidiel y Torres. — [S.l. : s.n., s.a.]. — 1 pliego.

1689, fecha de la muerte de la
reina María Luisa. — Texto enmarcado con orla tip.

01-00044022 000

▸ M-BN, V.E./24-21.

3777

Cilleros (Cáceres). *La Villa de Ci-*
lleros Partido de Alcantara, esta encabe-
çada por sus alcaualas para los nueue
años, que empeçaron à correr en 9 de
Enero de 1643 y cumplir à fin de Diziem-

bre de 51... por escricura [sic] de 27 de Diziembre de 1642... — [S.l. : s.n., s.a.]. — 2 h., A² ; Fol.

01-00046118 000

▶ M-BN, V/Cª 250-22. — Ex-libris de Pascual de Gayangos.

3778
Cipriano de Santa María (T.O.R.).
Diligens compendium quo motiua, rationes et fundamenta (quibus efficaciter persuaderi posse videtur proximé diffinibilem esse Immaculatam Conceptionem... Virginis Mariae) explanantur expenduntur que... / per... studium... Fr. Cypriani á Sancta Maria... — Granatae : apud Balthasarem de Bolibar & Franciscum Sanchez, 1651. — 46 h., A-L⁴, M² ; 4⁰
Esc. xil. de la ciudad de Granada en h. 46 r.

01-00044026 000

▶ M-BN, 3/21513. — Enc. perg. — Ex-libris ms. del convento de San Bernardino de Madrid. ▶ M-BN, 3/55242. — Enc. perg.

3779
Cipriano de Santa María (T.O.R.).
Diligente examen, de vna proposicion que se predico... dia de la Assumpcion de nuestra Señora, afirmando que no resucitó en la tierra, si no en el Cielo, donde lleuaron los angeles su santo cadaver / hecho por... Cypriano de Santa Maria... del Orden Tercero de... S. Francisco... — Impresso en Granada : por Francisco Sanchez, y Baltasar de Bolibar, 1645. — [4], 9, [1], 32 h., [ ]⁴, A-B⁴, C², A-H⁴ ; 4⁰
Port. con esc. xil. de la Tercera Orden de S. Francisco.

01-00044027 000

▶ M-BN, 3/54823. — Enc. perg.

3780
Cipriano de Santa María (T.O.R.).
Oraciones vespertinas : diuididas en dos

tomos : el primero trata de varias conuersiones euangelicas y de los pecados capitales, el segundo abraça los misterios de la Passion de Christo... / por... fr. Cypriano de Santa Maria..., del Tercero Orden de Penitencia y Regular Obseruancia de... San Francisco... — En Granada : en la Imprēta Real, por Frācisco Sāchez..., 1660. — [13], 1-235; [2], 236-414, [54] h., [ ]⁵, ¶², 2¶⁴, 3¶², A-Z⁸, 2A-2F⁸, 2G₁₋₃, [ ]², 2G₄₋₈; 2H-2Z⁸, 3A-3E⁸, 3F⁴, 3G², ¶⁴, ¶⁴, 3¶⁴, ¶⁴, 2¶-4¶⁴, 5¶², a², b-f⁴, g² ; 4⁰
Colofón en d₂v. — En prelim. consta la fecha 1661. — Texto a dos col. — Ports. con grabs. xils.

01-00044028 000

▶ M-BN, 3/39846-7. — Enc. perg.

3781
Cipriano de Santa María (T.O.R.).
Resolucion y apologia della, acerca de vn graue y raro caso que en materia de espiritu se consulto con... fr. Cipriano de Santa Maria... del Tercero Orden de Penitencia, de Regular Observancia de N.S. Padre S. Francisco... — En Granada : por Baltasar de Bolibar, y Francisco Sanchez..., 1649. — [4], 42 h., [ ]⁴, A-K⁴, L² ; 4⁰
Colofón.

01-00044029 000

▶ M-BN, V.E./1226-15. ▶ M-BN, V.E./124-18. — Enc. perg. ▶ M-BN, V.E./999-12.

3782
Cipriano de Santa María (T.O.R.).
Varias alusiones de la Divina Escritura a costumbres, ritos y ceremonias... con que se declaran Los Misterios que celebra La Iglesia Santa a honor de Christo... y su Inmaculada Madre... : tomo primero / por... fr. Cypriano de Santa

Maria..., del orden Tercero de Peni-
tencia y Regular Observancia de...
S. Francisco. — En Granada : por
Francisco Sanchez..., 1654. — [1],
[1] en bl., [10], 334, [25] h., [ ]^6, ¶^{6},
A-Z^4, 2A-2Z^4, 3A-3Z^4, 4A-4O^4,
4P^2, ¶-3¶^{4}, 5¶-7¶^{4}, 8¶^{1} ; 4^0
Colofón.

01-00044030 000

▶ M-BN, 5/1474. — Enc. perg.

3783

Las **Circunstancias** *todas que han
concurrido en la consecucion del nueuo
Breue de... Alexandro septimo en fauor de
la Purissima Concepcion de Nuestra Señora* / lo qual ha recogido Don Ioseph Sanchez Ricarte... — En Zaragoza : por Diego Dormer, 1662. —
20 h., A-E^4 ; 4^0

01-00046120 000

▶ M-BN, V.E./43-97. ▶ M-BN, V.E./57-
61.

3784

Las **Circunstancias** *todas que han
concurrido en la consecucion del nueuo
Breue de... Alexandro Septimo en fauor de
la Purissima Concepcion de Nuestra Señora : con dos sermones del Reuerendissimo Padre Pedro Francisco Esquex, de la
Compañia de Iesus...* / lo qual ha recogido Don Ioseph Sanchez Ricarte...
— En Madrid : por Ioseph Fernandez de Buendia, 1662. — [4], 29,
[7], 32, [4], 28 h., ¶^{4}, A-I^4, A-H^4,
[ ]^4, A-G^4 ; 4^0
Los dos sermones con port. y pag.
propias.

01-00046121 000

▶ M-BN, 3/54349. — Enc. perg. ▶ M-
BN, V/C^a 9897-2. — En h. de guarda lleva
ms. un indice del tomo. — Falto del segundo
Sermón. ▶ M-BN, V.E./1226-20. — Contiene únicamente las [7] primeras hs. del primer sermón. ▶ M-BN, V.E./43-96. — Falto

de las Circunstancias y el primer Sermón.
▶ M-BN, V.E./57-53. — Falto de los dos
Sermones. ▶ M-BN, V.E./58-11. — Falto de
las Circunstancias y el primer Sermón.
▶ M-BN, V.E./58-99. — Falto de las Cir-
cunstancias y el Segundo Sermón. ▶ M-BN,
V.E./61-46. — Falto de los dos Sermones.

3785

Ciria Beteta, Juan de. *Ilustrissimo
Señor, Don Iuan de Ciria Beteta, Catalan y Ocon, Cavallero Mesnadero, del
Orden de Calatrava, su Governador en los
Reinos de Aragon, y Valencia, Señor del
Castillo de Bordalva en las fronteras de
Castilla..., para merecer con entera aprobacion de V.S.I. licencia de entrar en la
pretension de Maesse de Campo, se justifica, dando a V.S.I. noticia de la antigua
ascendencia que ha tenido...* — [S.l. :
s.n., s.a.]. — [4] p. ; Fol.
Memorial dirigido a Carlos II.

01-00044032 000

▶ M-BN, V.E./200-122.

3786

Ciria y Raxis, Pedro de. *La devocion
premiada de Maria SS^{ma} Nuestra Señora : prodigios, maravillas... y singulares fa-
vores hechos por esta Divina Señora... à
sus devotos* / autor... Pedro de Ciria y
Raxis... — En Granada : por Francisco Gomez Garrido y Baltasar
Sanchez, en la imprenta de D.
Pedro de Ciria, 1693. — [8], 440,
[6] p., [2] en bl., ¶^{4}, A-Z^4, 2A-2Z^4,
3A-3K^4 ; Fol.
El tit. en prelim: «La devocion
premiada y excelencias del Orden
de San Benito...». — Texto a dos
col. — Port. con orla tip.

01-00044033 000

▶ M-BN, 3/63790. — Enc. perg. ▶ M-
BN, 8/32719. — Enc. perg. — Falto de 2B$_4$,
2C^4, 2D$_{1-2}$. ▶ ME-RB, 91-IX-22. — Enc.
perg.

3787

Ciria y Raxis, Pedro de. *Vidas de santas y mugeres ilustres de el Orden de S. Benito... : con varias noticias de diversos reynos y provincias...* / autor... Pedro de Ciria Raxis y Inojosa... ; con indices copiosos... y al fin vn Catalogo de las religiosas de San Placido... ; tomo primero. — En Granada : en casa del mismo autor, impresso à su costa, 1686. — [30], 518, [2] p., [ ]², 2✱⁵, ¶-2¶², R⁴, A-D⁶, E-Z⁴, 2A-2Z⁴, 3A-3R⁴ ; Fol.

El pie de imp. consta en colofón. — Texto a dos col. — Port. a dos tintas con orla tip.

01-00044034 000

▶ M-BN, 1/11024. — Enc. pasta. — Falto de p. 179 a 186. ▶ M-BN, 3/52905. — Enc. perg. — Ex-libris ms. del Real Convento de San Gil de Madrid. ▶ M-BN, 8/4094. — Enc. perg. — Defectos de enc. en prelim.

3788

Ciria y Raxis, Pedro de. *Vidas de Santas y mugeres ilustres de el Orden de S. Benito... : con varias noticias de diversos reynos y provincias...* / autor... Pedro de Ciria Raxis y Inojosa... ; tomo segundo... — En Granada : impresso en casa del mismo autor y a su costa (por Francisco Gomez Garrido), 1688. — [70], 16 p., H.17-30, 31-476, [12] p., §⁴, ¶-2¶⁴, 3¶⁵, ¶⁴, §-2§⁴, 3§⁶, A-F⁴, E₂₋₄, F¹, E₂₋₄, G-Z⁴, 2A-2Z⁴, 3A-3P⁴ ; Fol.

Existen diferentes estados de esta ed. — El impresor consta en colofón. — Texto a dos col. — Port. con orla tip. — *Regla y opusculos del Santissimo... S. Benito...* / nueva traduccion que del idioma latino hizo en lengua castellana... Fr. Thomas Gomez con las notas que el mismo autor añadio à dicha traducción, p. 1-34.

01-00044035 000

▶ M-BN, 1/11025. — Enc. pasta. ▶ M-BN, 3/52906. — Enc. perg. — Falto de prólogo y p. 85-86 y 91-92. ▶ M-BN, 6-i/1686. — Enc. perg. — Ex-libris ms. del Real Convento de San Gil de Madrid. — Falto de h. 3¶₅. ▶ M-BN, 8/3008. — Enc. perg. — Defectos de enc., la p. 417-418 a continuación de p. 422, y p. 423-424 a continuación de p. 416. ▶ ME-RB, 107-II-5. — Enc. perg.

3789

Ciria y Raxis, Pedro de. *Vidas de santas y mugeres ilustres de el Orden de S. Benito... : con varias noticias de diversos reynos y provincias...* / autor... Pedro de Ciria Raxis y Alvarado... ; tomo tercero. — En Granada : por Francisco Gomez Garrido..., 1691. — [10], 436, [4] p., ¶⁵, A-Z⁴, 2A-2Z⁴, 3A-3I⁴ ; Fol.

Texto a dos col. — Port. con orla tip.

01-00044036 000

▶ M-BN, 3/52907. — Enc. perg., deteriorada. — Deteriorado, afectando principalmente a últimas p. ▶ M-BN, 8/4095. — Enc. perg.

3790

Cirilo, Santo, Patriarca de Alejandría. *Apologos morales* / de San Cyrilo ; traduzidos de latin en Castellano por... Francisco Aguado de la Compañía de Iesus... — En Madrid : por Francisco Martinez, 1643. — [16], 148, [4] h., ¶-2¶⁸, A-T⁸ ; 8⁰

01-00044037 000

▶ M-BN, 2/26833. — Enc. perg. — Ex-libris ms. de don Francisco Gascon. ▶ M-BN, 3/27762. — Enc. pasta. — Ex-libris ms. de D. Juan López de Peñalver. ▶ M-RAE, Sal.Coms.7-A-243. — Enc. perg. ▶ M-UC (FFil), 2057. — Enc. perg. ▶ M-UC (FFil), Res.199. — Enc. perg. — Ex-libris de la Condesa del Campo de Alange. — Falto de port.

3791

Ciruelo, Pedro. *Tratado en el qual se reprueuan todas las supersticiones y hechizerias : muy vtil y necessario a todos los buenos christianos zelosos de su saluacion /...* compuesto por... Pedro Ciruelo... — Aora nueuamente impresso, despues de tres impressiones / por mandato y orden de... Señor Don Miguel Santos de San Pedro... ; con nueuas adiciones a cada capitulo del Doctor Pedro Antonio Iofreu... — En Barcelona : por Sebastian de Cormellas, 1628. — [48], 273, [38] p., a-f⁴, A-Z⁴, Aa-Qq⁴ ; 4⁰

Texto a dos col.

01-00044038 000

▶ M-BN, 2/16286. — Enc. perg. ▶ M-BN, P/5460. — Enc. perg. — Ex-libris de la biblioteca de Fernando José de Velasco. ▶ M-BN, R/15516. — Enc. perg. ▶ M-BN, R/15579. — Enc. perg. ▶ M-BN, R/15601. — Enc. perg. ▶ M-BN, R/19844. — Enc. perg. ▶ M-RAE, 14-VII-14. — Enc. perg. ▶ M-UC (FD), 12.202. — En recto de h. de guarda ans. mss. del siglo XVIII. — Enc. pasta con super libros dorado. — En port. ex-libris ms.: «Libreria del Collegio maior de Alcala 31». ▶ M-UC (FFil), 25823. — Enc. perg. — Ex-libris ms. de la Casa Profesa de la Compañía de Jesús de Madrid. ▶ M-UC (FFil), Res.1004. — Enc. perg. — Ex-libris de la Condesa del Campo de Alange. ▶ M-UC (FM), 398.3[45 p.]. — Enc. pasta. — Sello de H. Morejón.

3792

Cisneros, Diego. *Sitio, naturaleza y propriedades de la ciudad de Mexico : aguas y vientos a que esta suieta, y tiempos del año : necessidad de su conocimiento para el exercicio de la medicina, su incertidumbre y difficultad sin el de la astrologia, assi para la curacion como para los prognosticos /* por... Diego Cisneros... — Impresso en Mexico... : en casa del bachiller Ioan Blanco de Alcaçar, 1618. — [13], 148 [i.e. 149],

[10] h., [1] h. de grab., [ ]¹, ✱-3✱⁴, A-Z⁴, 2A-2P⁴, 2P⁴ [sic], 2R⁴ ; 4⁰

Lugar e impresor constan en colofón. — Errores de fol., h. 112 repetida. Entre h. 117 y 118 antep. con orla tip. y grab. xil. (sin foliar). — Port. grab. calc. arquitectónica: «Samuel Estradan Anuerpiensis Sculp. Mexici». — Grab. calc., retrato del autor.

01-00044041 000

▶ M-BN, R/14254. — Enc. perg. — Sello del Archivo Histórico Nacional. — Falto de h. de grab. ▶ M-BN, R/24130. — Enc. hol. — Ex-libris: «Ex Bibliotheca D. Emmanuelis Vicentis à Murgut». — Falto de port., h. de grab. y h. con sign. 2G₃. ▶ M-UC (FM), 6141c46d. — Enc. perg. — Falto de parte de la tabla.

3793

Cisneros, Diego de. *De Grammatica francesa en español : tres libros... /* por... Diego de Cisneros... — Segunda edición. — En Madrid : en la Emprenta del Reyno, 1635. — [14], [2] en bl., 152 p., ¶⁸, A-I⁸, K⁴ ; 8⁰

Tít. en antep.: Arte de Grammatica francesa en español.

01-00044039 000

▶ M-BN, R/14676. — Enc. perg. — Ex-libris ms. de D. Juan Diego de la Porttilla y Galvez y sello de F. A. Barbien. ▶ M-BN, R/7015. — Enc. perg. con hierros dorados. ▶ M-UC (FFil), 1144(2). — Enc. perg. — Ex-libris ms. de la libreria del Collegio Imperial de la Compañía de Jesús. — Antep. deteriorada.

3794

Cisneros, Diego de. *Escala mistica de siete grados de mortificacion /* por Diego de Cisneros... ; *[Tratado espiritual del modo de confesarse : para almas que procuran la perfeccion Cristiana].* — En Bruselas : en casa de Godefredo Schoeuaerts, 1629. — [16], 410 [i.e.

408]; [4], 14, [42] p., [ ]^8, A-Z^8, 2A-2F^8, G^2 ; 8^0

Error de pag., de p. 53 pasa a 56. — Port. con esc. xil. sobre la crucifixión, repetido h. sign. [ ]$_7$ v. — «Tratado espiritual...» con port. y pag. propias.

01-00044040 000

▶ M-BN, 3/24748. — Enc. perg. deteriorada. — Ex-libris ms. del Real Convento de San Gil de Madrid. — Deteriorado.

3795

Cistercienses. [Caeremoniale. Español] *Ceremonial nueuamente corregido y mas explicado para celebrar las missas priuadas conforme al sacro rito de la Orden de Cistar ò S. Bernardo : con authoridad y por mandado del Capitulo General de dicha Orden en los Reynos de España, celebrado este año de 1650. [Appendice al Ceremonial cisterciense : que manifiesta como por la fraccion de la hostia consagrada, que Cister haze en tres partes iguales, en que su rito se diferencia del Romano... / compuesto por vn monge de San Bernardo, hijo de Nuestra Señora de Valparayso].* — Impresso en Salamanca : en casa de Diego de Cusio..., 1650. — 65, 122, [2] p., A-H^4, V^1, [ ]^1, A^2, B-P^4, Q^3; 4^0

Segundo tít., cuyo autor consta al final del texto, con port., pag. y sign. propias.

01-00044042 000

▶ M-BN, 3/26148. — Enc. perg. — Ex-libris ms.: «Soy de fr. Mathias de Urbina y asi lo dice y confirma fr. Raphael Cano».

3796

Cistercienses. [Caeremoniale. Español] *Ritual de los usus, y ceremonias que uniformemente practica la Congregacion de Cister en estos Reynos de la Corona de Castilla y de Leon /* nuevamente co-

rregido, anadido y enmendado y aprobado por el Capitulo... de 1668... ; y recopilados por... Fr. Luis Sanchez... hijo del monasterio de Moreruela. — Salmanticae : ex officina Cossio... , [1671?]. — [+18], 501, 70, [64+] p., [ ]^1, 3¶^{8}, A-Z^8, 2A-2H^8, 2I^3, A-D^8, E^3, ✳-2✳^{8}, 3✳^{10}, 4✳^{6} ; 8^0

Palau, XIX, 294268. — Lugar e impresor constan en colofón.

01-00044043 000

▶ M-BN, 3/60140. — Enc. perg. deteriorada. — Falto de port. y de primeras y últimas h.

3797

Cistercienses. *Lectionarium sanctorum: Lectionarium sanctorum Historiis & Tractatibus concinnatum : ad sacri Cisterciensis Ordinis vsum accomodatum.* — In Monasterio Callisparadisi : per Andream de Merchan, 1603. — [8], 440, 52 p., [ ]^4, A-Z^6, 2A-2N^6, 2O^4, A-D^6, E^2 : il. ; Fol. marca mayor

El nombre del impresor consta en colofón. — Texto a dos col. — Port. con orla tip. y grab. calc. — Port. y texto a dos tintas. — Il. calc.

01-00094343 000

▶ M-BN, R. ad. — Enc. piel gofrada.

3798

Claramonte, Diego de. *Respuesta a las obiecciones de vn teologo anonimo, contra la Consulta Theologica /* [Doct. D. Diego de Claramonte]. — [S.l. : s.n., s.a.]. — 22 p., [2] en bl., A-F^2 ; Fol.

El nombre del autor consta en fin de texto, fechado en Alcalá, 1653.

01-00044044 000

▶ M-BN, V.E./204-21.

3799
Claramonte y Corroy, Andrés de.
Fracmento a la Purissima Concepcion de Maria sin pecado en su primero instante... / de Andres de Claramonte Corroi. — Impresso en Seuilla : por Francisco de Lyra, 1617. — [20+] p., A^{10} ; 4^0

01-00044045 000
▶ M-BN, V.E./56-49. — Falto de h. finales.

3800
Claramonte y Corroy, Andrés de.
Letania moral... / piadoso travaxo de Andres de Claramonte y Corroi... — En Seuilla : por Matias Clauixo, 1613 (1612). — [16], 532 [i.e.530], [14] p., ¶^{8}, A-Z^8, 2A-2L^8 ; 8^0
Colofón. — Error de pag., de p. 391 pasa a 393, etc. — Port. grab. calc. arquitectonica.

01-00044046 000
▶ M-BN, R/7891. — Enc. piel. ▶ M-RAE, Sal.Coms.7-A-207. — Enc. perg.

3801
Claramonte y Corroy, Andrés de.
Relacion del nacimiento del nueuo Infante y de la muerte de la Reyna... / compuesta por Andres de Claramonte... — En Cuenca : en casa de Saluador Viader, 1612. — [8] p. ; 4^0
Texto a dos col.

01-00044047 000
▶ M-BN, R/12676. — Enc. cart. — Sello de Pascual de Gayangos. — Ultima h. deteriorada.

3802
Clari *de veritats valentia catalana, derrota de castellans alumbrats, retiro y galliner de Madrit, gall y flor de lliri de Franca.* — En Barcelona : en casa de Gabriel Nogues..., 1641. — [7] p., A^4 ; 4^0

Port. con esc. xil.

01-00046122 000
▶ M-BN, V.E./54-27.

3803
Clarin *de la Fama : que en divinas, y humanas clausulas, se haze norte vocal de las atenciones, desatando de sus prisiones al viento, que en armonias acordes, desde las cumbres del Parnaso llama a los cisnes del Turia.* — En Valencia : en el Real Convento de Nuestra Señora del Carmen..., 1683. — X p., A^5 ; 4^0
Ximeno, V. II, p. 104, lo atribuye a Onofre Vicente Escrivá de Hijar, Conde de Alcudia. — El pie de imp. consta en colofón.

01-00046123 000
▶ M-BN, V.E./128-29.

3804
Clarisas. *Constituciones generales para todas las monjas, y religiosas sujetas a la obediencia de la Orden de N.P.S. Francisco en toda esta familia cismontana: de nueuo recopiladas de las antiguas y añadidas con acuerdo, consentimiento, y aprobacion del Capitulo General, celebrado en Roma à onze de Iunio de 1639... : ponense al principio las Reglas de Santa Clara, primera y segunda, la de las Monjas de la Purissima Concepcion, y la de las Terceras de Penitencia.* — En Madrid : en la Imprenta Real, 1642. — [3], 1, 126, [2] h., A-Z^4, 2A-2K^4 ; 4^0

01-00044048 000
▶ M-BN, 3/12168. — Enc. perg. ▶ M-BN, 3/12178. — Enc. perg. ▶ M-BN, 3/38875. — Enc. perg. — Ex-libris ms. del Colegio Mayor de San Pedro y San Pablo. — Deteriorado. — Falto de h. 54 y 55. ▶ M-BN, 8/40865. — Enc. perg. deteriorada. ▶ M-UC (FD), 15858. — Enc. perg. — Ex-libris del Colegio Mayor de Alcalá.

3805
Clarisas. *Regla de la Bienaventurada*

Virgen Santa Clara. — En Madrid : por Luis Sanchez..., 1620. — 81, [1] h., A-V^4, X^2 ; 4^0

El nombre del impresor consta en colofón. — Port. con grab. xil.

01-00122249 000

▶ M-BN, V.E./1347-15. — Enc. cart. — Falto de h. 18 y 19.

3806

Clarisas. *Regla de las sorores y monjas de la Gloriosa Madre Santa Clara : dada y confirmada por... Vrbano Quarto... Con las constituciones del...* Convento de San Iuan Evangelista, de la Orden de Santa Clara de... Cienpoçuelos : aprobadas por el Doct. Don Alvaro de Villegas, Governador del Arçobispado de Toledo por su alteza el señor Cardenal Infante de España don Fernando de Austria... — [S.l. : s.n., s.a.]. — 62, [2] h., A-H^8 ; 8^0

Confirmación fechada en Madrid, 1624 (h. 62).

01-00127014 000

▶ M-BN, 2/51654. — Enc. perg. ▶ M-BN, 2/6549. — Enc. perg.

3807

Claro, Tannonio. *Lamentos del reyno de Galicia oprimido con los tiranicos procederes del conde Chichirinabo... y del marques de Azeyte y Vinagre su administrador, expressados al... marques de Risbourg su... Vi-rey* [Tannonio Claro]. — [S.l. : s.n., s.a.]. — 11 p., A^6 ; Fol.

El autor consta en fin de texto.

01-00094529 000

▶ M-BN, V.E./1313-2

3808

Claudiano, Cayo Lucio. *Robo de Proserpina* / de Cayo Lucio Claudiano... ; traduzido por... Don Francis-

co Faria... — En Madrid : por Alonso Martin : a costa de Iuan Berrillo..., 1608. — [8], 64 h., ¶^{8}, A-H^8 ; 8^0

01-00044049 000

▶ M-BN, 3/46681. — Enc. perg. — Falto de h. 60 y 61. ▶ M-BN, R/1205. — Enc. pasta. — Sello de Agustín Durán. ▶ M-BN, R/2829. — Enc. perg. ▶ M-BN, R/4613. — Enc. piel con hierros dorados. — Ex-libris de la Biblioteca de los Caros. Valencia. ▶ M-BZ, 37-55. — Enc. perg. ▶ M-PR, I.B-175. — Enc. pasta. ▶ M-RAE, 17-X-5. — Enc. perg. — Ex-libris ms. del Convento de Carmelitas Descalzas de Alcaudete.

3809

Claudio *pio, fuerte, y fiel Governador de Portugal, en nombre del Catholico Recaredo, rey de España... : representanle los estudiantes del Colegio de la Compañia de Jesus en Brusselas, à los 25, 26, 27 y 28 de Febrero de 1665.* — En Brusselas : en casa de la Viuda de Guilielmo Hacquebaud, [s.a.]. — [7] p., A^4 ; 4^0

01-00046124 000

▶ M-BN, V.E./102-18.

3810

Los Claueles *y rosas, lirios y palmas, a la flor de las flores rinden guirnaldas. Y los agricultores con voces altas, de Maria publican sus alabanças...* — [S.l. : s.n., s.a.]. — [1] h. pleg. ; pliego.

Hoja impresa por una sola cara.

01-00002950 000

▶ M-BN, V.E./65-11.

3811

Clausula *de los llamados a la sucession del mayorazgo que fundo doña Maria de Luna Duquesa del Infantadgo [sic], hija del Maestre de Santiago y Condestable de Castilla dō Alvaro de Luna, de las villas de San Martin de Valdeyglesias,*

Prado, Arenas, Mentrida y Alhama. —
[S.l. : s.n., s.a.]. — [4] p. ; Fol.

01-00034014 000

▶ ME-RB, 39-IV-29(13). — Enc. piel
con cortes dorados.

3812
Clausulas *que miran el punto de la ad-*
ministracion de los bienes, y rentas de los
Estados de Sanlucar, y Mairena. — [S.l.:
s.n., s.a.]. — 3 h., [1] en bl., A^4 ;
Fol.

En h. 2 consta 1647.

01-00046126 000

▶ M-BN, V.E./141-88.

3813
Clausulas *y mandas notables del Tes-*
tamento que antes de su muerte hizo el muy
Catolico y Religiosissimo Rey Don Felipe
Tercero nuestro Señor... : cō los Cristia-
nissimos Actos, y platicas Espirituales,
que tuvo con su Confessor, y con el Padre
Geronymo de Florencia de la Compañia
de Iesus... y cosas muy notables, que su
Magestad hizo y dispuso personalmente en
este dicho tiempo : es traslado de Vna
Carta, que escrivio y embiò a vn su amigo
desta Ciudad de Sevilla, una persona muy
grave, que se hallò presente a todo. — Lo
imprimiò en Sevilla : Iuan Serrano
de Vargas y Vreña..., 1621. — [4] p.;
Fol.

Port. con esc. xil. real.

01-00046125 000

▶ M-BN, V.E./177-125.

3814
Clavel, Afonso (C.S.B.). *Antiguedad*
de la religion y regla de S. Basilio
Magno... : aprobada y confirmada de la
iglesia y facilmente patriarca de todos los
Cenobitas... / autor el P.M.F. Alfonso
Clavel... del mesmo orden. — En
Madrid : por Diego Diaz de la Ca-

rrera... : a costa de Pedro Coello,
1645. — [18], 648, [24] p., [ ]^1, §^{8},
A-Z^8, 2A-2T^8 ; 4^0

Port. grab. calc.

01-00044051 000

▶ M-BN, 3/64540. — Enc. perg. ▶ M-
BN, 3/71203. — Enc. perg. ▶ M-BN, 3/9187.
— Enc. perg. ▶ ME-RB, 15-II-5. — Enc.
perg. — Falto de port. ▶ M-UC (FFil),
13708. — Enc. cart. — Ex-libris ms. de la libreria del Noviciado de la Compañía de
Jesús de Madrid.

3815
Claver, Martín (O.S.A.). *El admira-*
ble y excelente martirio en el Reyno de
Iapon de los benditos Padres fray Bartolo-
me Gutierrez, fray Francisco de Graçia, y
fray Thomas de S. Augustin, Religiosos
de la orden de San Augustin... y de otros
compañeros suios hasta el año de 1637 /
por fray Martin Clauer religioso de
la misma orden... — En Manila : en
el colegio de Sāto Thomas, por Luis
Beltran impressor..., 1638. — [4],
77 p., [ ]^2, A-I^4, K^3 ; 4^0

Port. con esc. xil. de la Orden de
San Agustin.

01-00044052 000

▶ M-BN, R/33211. — Enc. piel con esc.
de armas reales. — Ex-libris de A. Graiño.
▶ M-BN, R/4893. — Enc. piel. — Super-
libris de Salvá y ex-libris de Heredia. —
Port. deteriorada.

3816
Claver y San Clemente, Ignacio
(S.I.) (1637-1699). *Explicacion castella-*
na de la syntaxis de Bravo, latina : van
añadidas algunas notas, que dan nueva
luz à la explicacion, con otras curiosidades
de provechosa erudicion : al fin se ponen la
construccion de las preposiciones, y vn co-
pioso, y elegante modo de variar las ora-
ciones... / por... Ignacio Claver y San
Clemente... de la Compañía de
Iesus... — En Zaragoça : por Do-

mingo Gascon, impressor del Hospital Real, y General de Nuestra Señora de Gracia, 1689. — [6], 209 p., A-N^8, O^4 ; 8^0

Port. con orla tip.

01-00044053 000

▶ M-BN, 2/51203. — Enc. perg. — Exlibris de Fernando José de Velasco. — Deteriorado. ▶ M-BN, 8/17027. — Enc. perg. ▶ M-UC (FFil), 11216. — Enc. perg.

3817

Clavería, Juan (O.P.). *Discurso sobre la imagen de Santo Domingo de Soriano...* / Fray Iuan Claueria del conuento de Predicadores de Zaragoça. — En Zaragoça : por los herederos de Pedro Lanaja y Lamarca..., 1649. — 68 p., A-H^4, I^2 ; 4^0

Port. con orla tip.

01-00044054 000

▶ M-BN, 7/12278(2). — Enc. perg.

3818

Clavería, Juan (O.P.). *Eleccion de prelado conforme a la doctrina de Santo Tomas y Cayetano...* / por fray Iuan Claueria... — En Zaragoza : por Iuan de Lanaja y Quartanet..., 1629. — 64 h., A-H^8 ; 8^0

01-00044055 000

▶ M-BN, 3/59775. — Enc. perg.

3819

Clavería, Juan (O.P.). *Eleccion de prelado conforme a la doctrina del... doctor S. Thomas de Aquino y eminentissimo cardenal Cayetano* / discurso solido que escrivio... Fr. Iuan Claveria, hijo y regente del Real Convento de Predicadores de Zaragoza. — Y le reimprime quarta vez / el padre fray Iacinto Claver, hijo... de la misma Orden... — Lisboa : en la oficina de

Miguel Deslandes..., 1687. — 141 [i.e.137], [6] p, A-I^8 ; 8^0

Error de pag., de p. 80 pasa a 85.

01-00044056 000

▶ M-BN, 3/65913. — Enc. perg.

3820

Clavería, Juan (O.P.). *Santo Tomas y su Teologia en Beseleel y el Tabernaculo y en la Celestial muger del Apocalypsis* / autor fray Iuan Claueria de la orden de Predicadores. — En Çaragoça : en el Hospital Real y General de nuestra Señora de Gracia, 1638. —[16], 560, [56] p., †^{8}, A-Z^8, 2A-2M^8, 2N-2P^4, ¶-2¶^{8} ; 4^0

Colofón. — Port. con orla tip.

01-00044057 000

▶ M-BN, 2/10916. — Enc. perg. — Exlibris ms.: «Gabrielis Martorell S.th.D.». — Falto de sign. 2N-2P^4. ▶ M-UC (FD), 5588. — Enc. perg. — Ex-libris ms. del Colegio de Málaga de Alcalá. ▶ M-UC (FFil), 9788. — Ex-libris ms. de la librería del colegio Imperial de la Compañía de Jesús.

3821

Clavería, Juan (O.P.). *Santo Tomas y su Teologia en Beseleel y el Tabernaculo y en la Celestial muger del Apocalypsis* / por... Fr. Iuan Claueria de la Orden de Predicadores. — Segunda impression / añadida por el mismo autor. — En Zaragoça : por los herederos de Pedro Lanaja... , 1654 (En el Hospital Real y General de nuestra Señora de Gracia, 1638). — [16], 560, [56] p., †^{8}, A-Z^8, 2A-2M^8, 2N-P^4, ¶-2¶^{8} ; 4^0

Es emisión de la ed. con pie de imprenta: En Çaragoça, en el Hospital General de Nuestra Sepora de Gracia, 1638. — Colofón. — Port. con orla tip. y grab. calc. que representa a Santo Tomás.

01-00044058 000
▶ M-BN, 7/12278(1). — Enc. perg. —
Ex-libris: «Ex bibliotheca Capuccinorum...
Matriti».

3822

Clavero de Falces, Ceferino (
-1670). *San Nicolas el Magno arçobispo*
de Mira y patron de ciudad de Bari... :
flores historiales y panegiricas de su vida
virtudes y milagros... : sacadas de lo que
dexaron escrito mas de quinientos auto-
res... de la historia que escrivió en lengua
toscana, el Padre Antonio Beatillo de la
Compañía de Iesus / escriviòlas Zeferi-
no Clavero de Falzes y Carroz... ;
Iosef Lucas de Lario... la dedica...
— En Valencia : por Geronimo Vilagrasa..., 1668. — [24], 910 [i.e
930], [8]p., ¶-3¶⁴, A-L⁴, M⁵, H-Z⁸,
2A-2Z⁸, 3A-3N⁸, 3M⁴ ; 4⁰
Errores de paginación, repite las
p. 89 a 98, 336 a 343, 575 y 576. —
Noticia y tabla de autores que tratan de la
historia... y milagros de San Nicolas el
Magno..., sign. 2¶₂₋₃.
01-00044059 000
▶ M-BN, 3/7499. ▶ M-UC (FFil), 7755.
— Enc. perg.

3823

Clavero de los Porcells, Vicente.
Instrucion y resumen de los Derechos Rea-
les, que estauan perdidos en la Ciudad y
Reyno de Valencia, y se restauran con los
papeles, y documentos que ha sacado â luz
Vicente Clavero de los Porcells Infanson,
Doctor en ambos Derechos, Procurador
Patrimonial de su Magestad, y de su Real
Consejo de Hazienda en dicha Ciudad, y
Reino en los tres libros que ha compuesto
del Palladio, y Emporio de los titulos, y
fundamentos del Tribunal de la Bayllia
General y Real Hazienda. — [S.l. : s.n.,
s.a.]. — 7 h., [1] en bl., A-D² ; Fol.

Por el texto se deduce posterior a
1626.
01-00046127 000
▶ M-BN, V.E./216-16.

3824

Clément, Claude (S.I.) (1596-
1642). *Dissertatio christiano-politica ad*
Philippum IV... : in qua machiavellismo ex
impietatis penetralibus producto & iugula-
to, firmitas, felicitas & incrementa hispani-
cae monarchiae, atque Austriacae maiesta-
tis... referentur / auctore P. Claudio
Clemente è Societate Iesu... ; vltro-
neis sumptibus... doctoris Petri de
Rosales... — Madriti : ex officina
Francisci Martinez, 1636. — 61, [1]
h., A-P⁴, Q² ; 4⁰
El pie de imprenta consta en colofón.
01-00044060 000
▶ M-BN, 3/28917. — An. ms. en h. de
guarda: «Expurgado». — Enc. perg. ▶ M-
UC (FD), 6708. — Enc. perg. — Ex-libris
ms. del Colegio de la Compañía de Jesús de
Alcalá Año 1705.

3825

Clément, Claude (S.I.) (1596-
1642). *El machiauelismo degollado por la*
christiana sabiduria de España y de Aus-
tria : discurso christiano-politico... / por
el Padre Claudio Clemente de la
Compañía de Iesus... ; traducido de
la segunda edicion latina, añadida
con cosas muy particulares... — En
Alcala : por Antonio Vazquez,
1637. — [12], 188 [i.e. 189] p., [2]
en bl., 2¶⁴, 3¶², A-Z⁴, 2A⁴ ; 4⁰
Colofón. — Error de pag., repetida p. 167. — Port. con grab. xil.
01-00044061 000
▶ M-BN, 3/29384. — Enc. piel. ▶ M-
BN, 3/29420. — Enc. perg. ▶ M-BN, 3/
53803. — Enc. perg. — Ex-libris de Fernando José de Velasco. ▶ M-BN, 8/34337. —

Enc. perg. — Ex-libris calc.: «Paulus Minguet f.» de Antonio Alvarez de Abreu. ▶ M-BN, R/11355. — Enc. hol. — Sello de Pascual de Gayangos. ▶ M-BN, R/25013(2). — Enc. hol. — Recortado afectando a las apostíllas marginales. ▶ M-FLG, Inv. 10.634. — Enc. hol. con hierros dorados. — Ex-libris de don Antonio Cánovas del Castillo. ▶ M-UC (FFil), 9247. — Enc. perg. — Ex-libris ms. «Bibliotheca Collegio Madrit. Soc. Jesu».

3826
Clément, Claude (S.I.) (1596-1642). *Machiavellismus iugulatus à christiana sapientia hispanica & austriaca: dissertatio christiano-politica...* / auctore P. Claudio Clemente è Societate Iesu... — Altera editio priore auctior singularium & nouarum rerum... accessione. — Compluti : apud Antonium Vazquez..., 1637. — [12], 140 p., [1]h. de grab., [ ]², ¶⁴, A-R⁴, S² ; 4⁰

Lugar e impresor constan en colofón. — Port con grab. xil. — Grab. calc., esc. de Diego López Pacheco, Séptimo Marques de Villena.

01-00044062 000

▶ M-BN, 2/16592. — Enc. pasta. — Falto de h. de erratas. ▶ M-BN, 3/54503. — Enc. perg. ▶ M-BN, 3/70170. — Enc. perg. — Ex-libris ms. de la Biblioteca de los Clérigos Regulares de San Cayetano de Madrid. — Falto de port., h. de grab. y h. de erratas. ▶ M-BN, U/7120. — Enc. perg. — Sello de Luis de Usoz y ex-libris ms. de Luis Parrilla Granados. ▶ ME-RB, 116-VI-12. — Enc. perg. con hierros dorados. — Falto de la h. de grab. ▶ ME-RB, 42-V-67. — Enc. perg. con hierros dorados. ▶ M-UC (FFil), Res. 275. — Enc. perg. — Ex-libris ms. del Colegio de Madrid de la Compañía de Jesús.

3827
Clément, Claude (S.I.) (1596-1642). *Tabla chronologica de las cosas eclesiasticas mas ilustres de España : desde el nacimiento de Iesu Christo hasta*

el año MDCXLI / escriviola el padre Claudio Clemente de la Compañia de Icsus... — [S.l. : s.n., s.a.]. — 2 pliegos

Pliegos impresos por una sola cara. — Texto a 6 col.

01-00046129 000

▶ M-BN, 3/43858(2). — Enc. perg. ▶ M-BN, R/23693(6). — Enc. perg.

3828
Clément, Claude (S.I.) (1596-1642). *Tabla chronologica de las cosas mas ilustres de España : desde su primera poblacion hasta el nacimiento de Iesu Christo* / escriviola el padre Claudio Clemente de la Compañia de Iesus... — En Zaragoça : por los herederos de Diego Dormer..., 1676. — 2 pliegos

El pie de imp. consta en colofón. — Pliegos impresos por una sola cara. — Texto a 6 col.

01-00046130 000

▶ M-BN, 3/43858(1). — Enc. perg. ▶ M-BN, R/23693(4). — Enc. perg.

3829
Clément, Claude (S.I.) (1596-1642). *Tabla chronologica de las cosas politicas mas ilustres de España : desde el nacimiento de Iesu Christo hasta el año de MDCXLI* / escriviola el padre Claudio Clemente de la Compañia de Iesus... — [S.l. : s.n., s.a.]. — 2 pliegos

Pliegos impresos por una sola cara. — Texto a 6 col.

01-00046132 000

▶ M-BN, 3/43858(5). — Enc. perg. ▶ M-BN, R/23693(5). — Enc. perg.

3830
Clément, Claude (S.I.) (1596-1642). *Tabla chronologica de los descu-*

brimientos, conquistas, fundaciones, poblaciones y otras cosas ilustres assi eclesiasticas como seculares, de las Indias Occidentales, islas y Tierra-Firme del mar Oceano : desde... 1492 hasta el presente de 1642* / escriviola el padre Claudio Clemente de la Compañia de Iesus... — En Zaragoça : por los herederos de Diego Dormer..., 1676. — 2 pliegos

El pie de imprenta consta en colofón. — Pliegos impresos por una sola cara. — Texto a 6 col.

01-00046131 000

▶ M-BN, 3/43858(4). — Enc. perg. ▶ M-BN, R/23693(7). — Enc. perg.

3831

Clément, Claude (S.I.) (1596-1642). *Tabla chronologica de los descubrimientos, conquistas y otras cosas memorias ilustres, assi eclesiasticas como seculares, en la Africa Oriental, India y Brasil : desde... 1410 hasta... 1640* / escriviola el padre Claudio Clemente de la Compañia de Iesus... — En Zaragoça : por los herederos de Diego Dormer..., 1676. — 2 pliegos

El pie de imprenta consta en colofón. — Pliegos impresos por una sola cara. — Texto a 6 col.

01-00046134 000

▶ M-BN, 3/43858(7). — Enc. perg. ▶ M-BN, R/23693(9). — Enc. perg.

3832

Clément, Claude (S.I.) (1596-1642). *Tabla chronológica del goviernó secular y eclesiastico de las Indias Occidentales, islas y Tierra Firme... : desde sv primero descubrimiento año de 1492 hasta el presente de 1642* / escriviola el padre Claudio Clemente de la Compañia de Iesus... — En Zaragoza : por los

herederos de Diego Dormer..., 1676. — 2 pliegos

El pie de imprenta consta en colofón. — Pliegos impresos por una sola cara. — Texto a 6 col.

01-00046133 000

▶ M-BN, 3/43858(6). — Enc. perg. ▶ M-BN, R/23693(8). — Enc. perg.

3833

Clément, Claude (S.I.) (1596-1642). *Tablas chronologicas, y breve compendio de las historias mas notables de España, politicas y eclesiasticas, desde su fundacion hasta el año de 1545 [sic.]* / por... Claudio Clemente, de la Compañia de Iesus. — Añadidas en esta segunda impression... — Impressas en Madrid : por Carlos Sanchez, 1645. — [1], 78 [i.e. 83] h., [ ]¹, A-K⁸, L³ ; 8⁰

Error de fol, a partir de h. 80.

01-00044063 000

▶ M-BN, 7/47331. — Enc. pasta.

3834

Clément, Claude (S.I.) (1596-1642). *Tablas chronologicas en que se contienen los sucessos eclesiasticos y seculares de España, Africa, Indias Orientales y Occidentales : desde su principio hasta el año 1642... : con los catalogos de los pontifices, emperadores..., varones ilustres en Letras y Armas...* / compuestas por... Claudio Clemente, de la Compañia de Iesus... ; ilustradas y añadidas desde el año 1642 hasta el presente de 1689... por Vicente Ioseph Miguel... — En Valencia : en la imprenta de Iayme de Bordazar : a costa de la Compañia de libreros, 1689. — [16], 275 p., ¶⁸, A-C⁸, D-Z⁴, 2A-2H⁴, 2I² ; 4⁰

Las dos primeras Tablas escritas por los Padres Theophilo Raynaudo y Felipe Labé, segun consta en p. 262. — Marca de imp. en port. — Texto a dos col. — Port. con orla tip.

01-00044064 000

▶ M-BN, 2/34893. — Enc. perg. — Ex-libris ms. de la librería de Trinitarios Calzados de Madrid. ▶ M-BN, 2/64396. — Enc. perg. — Ex-libris de Fernando José de Velasco. ▶ M-BN, 3/21240. — Enc. perg. ▶ M-BN, R/34145. — Enc. pasta. ▶ M-BN, R/36913. — Enc. perg. — Deteriorado, afectando principalmente a port. ▶ M-BN, U/1341. — Enc. perg. — Sello de D. Luis de Usoz. ▶ M-PR, I.C.77. — Enc. perg. — Sello de Gregorio Mayans y Siscar. ▶ M-PR, VIII-15641. — Enc. pasta. — Ex-libris del Conde de Mansilla. ▶ M-UC (FFil), 26358. — Enc. piel. — Sello de la biblioteca del Ministerio de Fomento.

3835
Clérigos Regulares Menores.
Breue relacion del instituto, y modo de viuir de la Religión de los Padres Clerigos Reglares Menores, hecha a intento de la fundacion en el Reyno de Portugal, para los Señores del Consejo. — [S.l. : s.n., s.a.]. — 3 h., [1] en bl., A⁴ ; Fol.

Por el contenido del texto se deduce posterior a 1610.

01-00044065 000

▶ M-BN, V.E./69-78.

3836
El **Clero** *de España ha florecido siempre en letras y virtud, y en el ha auido y de presente ay personas...* — [S.l. : s.n., s.a.]. — 4 h., A⁴ ; Fol.

01-00000474 000

▶ M-BN, V.E./189-13. — An. ms.: «Antonio Alossa Rodarte», al final del texto.

3837
Cobaleda, José de. *Panegyrico al señor Emperador Carlos V el Maximo /* obra postuma de D. Joseph de Cobaleda... ; y le saca a luz D. Martin

de Valcarcel... — [S.l. : s.n., s.a.]. — [8], 18 h., §⁴, 2¶⁴, A-D⁴, E² ; 4⁰

Prelim. fechados en Granada, 1697. — Port. con orla tip.

01-00046137 000

▶ M-BN, V.E./106-15. ▶ M-BN, V.E./126-41.

3838
Cobaleda y Aguilar, Antonio de.
Fabula de Tirso y Filis... / por el Capitan don Antonio de Cobaleda y Aguilar. — En Milan : por Iuan Pedro Ramelati, 1646. — [4], 32 p., [ ]², A-D⁴ ; 4⁰

Port. con viñeta xil.

01-00044066 000

▶ M-BN, R/5794(1). — Enc. perg. con hierros.

3839
Cobles *ab dialogo entre lo espanyol y frances.* — En Barcelona : en la estampa de Iaume Romeu... venense a la matexa estampa, 1638. — [8] p., A⁴ ; 4⁰

Port. con esc. xil. real. — Grab. xil. en A² y A⁴.

01-00044067 000

▶ M-BN, R/12212(14). — Enc. perg.

3840
Cobles *del benaventurat caualler y martyr S. Sebastia.* — En Barcelona : en la estampa administrada per Marti Ialabert, 1659. — [1] h. ; Fol.

Hoja impresa por una sola cara y con orla tip. — Grab. xil. que representa a San Sebastián.

01-00044068 000

▶ M-BN, V.E./1183-15.

3841
Cobles *en alabansa del Gloriosissim Martyr Sant Serapi.* — Barcelona : per

Jaume Suria..., 1694. — [1] h. ; Fol.
Texto a dos col. con orla tip. —
Grab. xil. en cabecera. — H. impresa por una sola cara.

01-00046138 000

▶ M-BN, V.E./206-85.

3842

Cofradía de Caballeros e Hijosdalgo. *Ordinaciones del Capitulo y Cofadría [sic] de Cavalleros y hijosdalgo... : otorgadas en veinte y ocho del mes de marzo del año mil seiscientos setenta y cinco.* — En Çaragoça : impressas por los herederos de Pedro Lanaja..., 1675. — [6], 47, [3] p., [ ]², A-N² ; Fol.
Port. con orla tip. y grab. xil.

01-00120822 000

▶ M-PR, III/289(3). — Enc. pasta.

3843

Cofradía de Comerciantes de telas (Barcelona). *Nos Philippvs Dei Gratia Rex Castellae, Aragonum & Comes Barcinone, Iesv Christi eiusque gloriossimae Virginis Mariae Matris nominibus humiliter inuocatis pateat vniuersis, Quod Nos Franciscus de Orosco, & Ribera... : Visa in primis Supplicatione oblata secunda... per Hieronymum Gregori Syndicum Confratriae botigeriorū Merceriorum Barchinonae... : in causa quae ducebatur inter Syndicum Merceriorum botigeriorum telarum, contra Ioannen Lafont & Ioannem Delbosch fuisse declaratum Syndicum...* — [S.l. : s.n., s.a.]. — [10] p., [2] en bl., A⁶ ; Fol.
1658 en v. A⁵.

01-00002958 000

▶ M-BN, V.E./1384-85.

3844

Cofradía de la Hermandad de Caballeros del Santísimo Cristo del Socorro (Cartagena). *Constituciones de la*

ilustre cofradia de la Hermandad de Cavalleros del S. Christo del Socorro de la ciudad de Cartagena, sita en la iglesia mayor della, en la nueve capilla q̄ ha fundado el... Duque de Veragua... — Impresso en Murcia : por Vicente Llofrin, 1691. — [46], [4] en bl., 40 p., [1] h. de grab., [ ]⁵, ¶-5¶⁴, A-E⁴ ; 4⁰
La h. de grab. calc.

01-00044071 000

▶ M-UC (FFil), 16502. — Enc. perg.

3845

Cofradía de la Madre de Dios del Carmen. *Compendio de las mas principales indulgencias, y gracias, que ganan los Hermanos, y Cofrades de la Madre de Dios del Carmen, teniendo la bula de la Santa Cruzada.* — En Zaragoça : por Christoual de la Torre, [s.a.]. — 1 pliego
Cristóbal de la Torre imprime ca. 1633-43. — Texto a tres col. con orla tip.

01-00046139 000

▶ M-BN, V.E./44-53.

3846

Cofradía de la Santa Cinta de San Agustín. *Circa Confraternitates Cincturatorum, in aliquibus Prouincijs, proponuntur sequentia.* — [S.l. : s.n., s.a.]. — 8 h., A-D² ; Fol.
Por texto se deduce posterior a 1676.

01-00046140 000

▶ M-BN, V.E./195-101. — An. ms. a final de texto y firmas de Fr. Luis de la Concepción y Fr. Benito de Aste.

3847

Cofradía de la Santa Cinta de San Agustín. *Circa Confraternitates cincturatorum, in aliquibus Provincijs, proponuntur sequentia.* — [S.l. : s.n., s.a.]. — 2 h., A² ; Fol.

Por texto se deduce posterior a 1678.

01-00046141 000

▶ M-BN, V.E./195-102. — An. ms. y firma ms. de Fr. Benito de Aste.

3848

Cofradía de la Santa Cinta de San Agustín. *Las Cofradias de la Cinta agregadas á otras se han de bolver à fundar de nueuo en la forma que està prescripta en el papel intitulado : Forma erectionis etc. a donde està puesto lo que contiene el Breue de Clemente Octauo...* — [S.l. : s.n., s.a.]. — [1] h. ; Fol.

Por texto se deduce posterior a 1676. — Hoja impresa por una sola cara.

01-00046142 000

▶ M-BN, V.E./195-97.

3849

Cofradía de la Santa Cinta de San Agustín. *Compendio de las indulgencias mas notables, que ganan los Cofadres [sic] de la Correa de nuestro P.S. Agustin, y nuestra Señora de la Consolacion : confirmadas por nuestro muy Santo Padre Gregorio XV como consta por la Bula, concedida en 3 de junio del año 1621 : y aoranueuamente [sic] confirmadas por nuestro muy Santo Padre Vrbano Octauo.* — [S.l. : s.n., s.a.]. — 1 pliego

Impreso por una sola cara. — Texto a tres col. — Esc. xil. en cabecera que representa a S. Agustín.

01-00046144 000

▶ M-BN, V.E./206-104.

3850

Cofradía de la Santa Cinta de San Agustín. *Compendio de las indulgencias mas notables, que ganan los cofrades de la Correa de nuestro padre san Agustin, y nuestra Señora de Consolacion : confir-*

madas por nuestro muy santo Padre Gregorio Dezimo Quinto, como consta por Bula concedida en 3 de Iunio del año de 1621 : y aora nueuamente confirmadas por nuestro muy santo Padre Vrbano Octauo... — [S.l. : s.n., s.a.]. — 1 pliego

Impreso por una sola cara. — Texto a tres col. — En cabecera esc. xil. episcopal.

01-00046143 000

▶ M-BN, V.E./181-10.

3851

Cofradía de la Santa Cinta de San Agustín. *Forma de la peticion que se ha de presentar para la fundacion de las Cofradias de la Cinta del Gran Padre S. Agustin.* — [S.l. : s.n., s.a.]. — 2 h. ; Fol.

Por texto se deduce posterior a 1679.

01-00046145 000

▶ M-BN, V.E./195-98.

3852

Cofradía de la Santa Cinta de San Agustín. *Forma erectionis, vel fundationis Confraternitatum Cincturatorum S.P.N. Augustini iuxta Brebe Clementis VIII.* — [S.l. : s.n., s.a.]. — 2 h. ; Fol.

En h. 1 consta 1679.

01-00046146 000

▶ M-BN, V.E./195-99.

3853

Cofradía de las Benditas Ánimas del Purgatorio de la Iglesia Catedral (Sevilla). *Regla, y estatutos con que esta fundada la piadosa Hermandad de las Benditas Animas de Purgatorio : sita en el Sagrario de la Santa Iglesia Metropolitana, y Patriarchal desta ciudad de Sevilla que han de observar y guardar los hermanos de dicha Hermandad.* — En Seuilla :

[s.n.], 1686. — [2], 39, [1] p., A-E⁴ ; 4⁰

Port. con orla tip.

01-00044075 000

▶ M-BN, V.E./120-1.

3854

Cofradía de los Nazarenos y Santísima Cruz de Jerusalen (Sevilla). *Fiesta que instituyó la insigne Cofradia de los Nazarenos, y santissima Cruz de Ierusalem, sita en San Antonio Abad desta ciudad de Seuilla, y juramento que hizieron los Hermanos en fauor de la inmaculada Concepcion de la soberana Reyna de los Angeles...* — En Seuilla : por Alonso Rodriguez Gamarra, 1615. — [8] p. ; 4⁰

Port. con grab. xil. que representa a la Virgen.

01-00044076 000

▶ M-BN, V.E./188-40.

3855

Cofradía de Nuestra Señora del Rosario (Madrid). *Constituciones de la Cofradia de Nuestra Señora del Rosario, sita en el Convento de su Advocacion, en la calle ancha de San Bernardo de esta Corte.* — [S.l. : s.n., s.a.]. — 6 h., A⁶ ; Fol.

Precede al tit. invocación religiosa. — Texto fechado en Madrid, 1685. — Port. con orla tip. y esc. xil.

01-00044072 000

▶ M-BN, V.E./67-88.

3856

Cofradía de Sacerdotes del Señor San Pedro ad Vincula (Sevilla). *Estatuto y acuerdo del voto y Iuramento que... hizo la Sagrada Cofradia de Sacerdotes del Señor San Pedro ad Vincula desta ciudad de Seuilla cerca del mysterio y celebridad de la... Concepcion de la... Virgen... : en Seuilla a quatro dias... de março de*

1616... ante el... Arçobispo de Seuilla... se presento esta peticion. — [S.l. : s.n., s.a.]. — [8] p., A⁴ ; 4⁰

01-00044073 000

▶ M-BN, R/12677(21). — Enc. hol. — Sello de Pascual de Gayangos.

3857

Cofradía del Cordón de San Francisco. *Compendio del Origen, y fundación de la insigne Archicofradía del Cordon de Nuestro Serafico Padre San Francisco, y de las muchas gracias, e indulgencias que los sumos Pontifices han concedido a todos los cofrades de ella, las cuales ha confirmado, y renovado N.M.S.P. Inocencio Papa XI, como consta de un Breve Apostolico, dado en Roma en 15 de Mayo 1688...* — [S.l. : s.n., s.a.]. — 1 pliego

Texto con orla tip. — Escs xil. papal y de los Franciscanos en cabecera.

01-00094927 000

▶ M-BN, V.E./205-38.

3858

Cofradía del Santísimo Sacramento (Sevilla). *Juramento y voto publico que la mui antigua e insigne Cofradia del Sanctissimo... Sacramento, instituida en la Sancta, y Metropolitana Iglesia desta muy Noble, y muy Leal Ciudad de Seuilla, en el Sagrario, y Capilla de S. Clemente, Domingo veinte y siete de Abril deste presente Año de mil y seiscientos y cinquenta y tres, haze y para siempre establece por el mysterio de la Purissima, e Inmaculada Concepcion... poderosa Patrona de la dicha Cofradia.* — [S.l. : s.n., s.a.]. — [4] p. ; Fol.

Grab. calc.: «Andres de medina», que representa a la Inmaculada Concepción, en cabecera.

01-00044074 000

▶ M-BN, V.E./185-32. ▶ M-BN, V.E./41-18.

3859
Colegiata del Sacromonte (Granada). *Aviendose Descubierto cerca de la ciudad de Granada, el año de 1595, en el Monte que llamavan de Valparaiso (que despues se llamo, Sacro, por ser este el titulo que le dan las Laminas, de que se hara mencion) las Cavernas, y Hornos en que viuieron, y padecieron martirio los Sātos, Cecilio... D. Pedro de Castro y Quiñones, Arçobispo que era entonces de Granada, y despues de Seuilla, a sus expensas prosiguio el descubrimiento.* — Impresso en Granada : en la Imprenta Real, por Baltasar de Bolibar..., 1655. — [4] p. ; Fol.

El pie de imprenta consta en colofón.

01-00044078 000

▶ M-BN, V.E./184-46. — Deteriorado afectando al texto.

3860
Colegiata del Sacromonte (Granada). *El Cabildo de canonigos de la Iglesia Colegial del S. Monte, para informar à el Rey y à sus Reales Consejos, de los Libros de Plomo que eu [sic] èl se hallaron juntos con las Reliquias de 12 Santos, que en dicho sitio fueron martirizados Dize, que los titulos, y materias de que tratā dichos Libros son dignos de su intercession, y Real Patrocinio, que son los siguientes.* — [S.l. : s.n., s.a.]. — [21] p., [2] en bl., [ ]², B⁴, C⁶ ; Fol.

En B₃ v., consta «...oy quando esto se escrive año de 1616...».

01-00044079 000

▶ M-BN, V.E./36-6. — An. ms.: «Entregado por la Secretaría, el 22 Febrero 1876».

3861
Colegiata del Sacromonte (Granada). *Gnomon seu Gubernandinorma Abbati et canonicis sacri Montis Illipulitani praescripta* / ab... D. Pedro de Castro et Quiñones archiepiscopo Granatensi... et postea hispalensi, eius dem Ecclesiae Collegiatae Fundatori... — Granatae : ex tipographia regia apud Balthassarem d[e] Bolibar et Franciscum Sanchez..., 1647. — [1], 92 h. [ ]¹, A-Z⁴ ; 4⁰

Colofón. — Port. grab. calc. arquitectónica: Anna Heylan fecit.

01-00030549 000

▶ M-BN, R/21194(1). — Enc. tela. — Ex-lisbris de Fernando José de Velasco. ▶ M-UC (FFil), 6385. — Enc. perg.

3862
Colegiata del Sacromonte (Granada). *La Grande necessidad con que se halla el Doctor don Blasio de Santaella, que a cinco años que esta en Roma, solicitando la calificacion de los Libros, que Dios descubrio en este S. Monte de Granada, y el no poder esta Iglesia continuar el socorrerle, por estar gravada su haziēda con grandes censos, que se han tomado para este efecto. Nos a obligado a valernos de la piedad de los Fieles, para que con sus limosnas sean participes en obra tan Heroyca...* — [S.l. : s.n., s.a.]. — [2] p. ; Fol.

Por el contenido se deduce publicado entre 1642 y 1682.

01-00044080 000

▶ M-BN, V.E./65-42.

3863
Colegiata del Sacromonte (Granada). *Señor. El Abad, y Cabildo de la Insigne Iglesia Colegial de el Sacro Monte de Granada, que esta à la Real Proteccion de V. Magestad, dize : Que auiendose lleuado a Roma los Libros de Plomo del*

Sacro Monte, en virtud de Breue de su Santidad... el año de 1642... ha llegado a su noticia, que su Santidad ha expedido Decreto, en seis de Março, q̄ se publicò en veinte y ocho de Setiembre del Año passado de1682 condenando dichos Libros... — [S.l. : s.n., s.a.]. — 10 h., A-E² ; Fol.

Se ha respetado la puntuación original. — Texto a dos col.

01-00044081 000

▶ M-BN, V.E./65-4. — Ans. mss: «Entregado por la Secretaria el 22 febrero 1876.»; «Es del año de 1683».

3864

Colegiata del Sacromonte (Granada). *Señor. El Patronato del Sacro monte de Granada que fundò el Arzobispo dō Pedro de Castro de su propia hazienda y patrimonio, es de V. Mag. y en el priuilegio de aceptacion, q̄ fue seruido de otorgar ante Iorge de Tobar a diez de Mayo de mil y seiscientos y veinte y vno recibio V. Mag. debaxo de su Real proteccion... aquella Iglesia Colegial, libros, y reliquias... y prometio V. Mag. por si, y sus sucessores ampararlos...* — [S.l. : s.n., s.a.]. — [1], 7 h., A-D² ; Fol.

Se ha respetado la puntuación original. — En h. 3 consta 1630.

01-00034015 000

▶ ME-RB, 4-V-8(2). — Enc. hol.

3865

Colegio de Boticarios de Barcelona. *La ciudad de Barcelona por su Syndico assiste con iustificacion iuridica y politica a su Colegio de los Boticarios, defendiendo los Reales Privilegios y Ordinaciones con el que el dicho Colegio hasta oy ha luzido y se ha gouernado...* — En Barcelona : por Iacinto Andreu, 1679. — 76 p., A-I⁴, K² ; Fol.

Port. con orla tip. y esc. xil. — *Parecer del... Colegio de Doctores en Medicina de la... Universidad literaria de Bar-*

celona..., p. 73-74. *Representacion hecha en escritos a los... concelleres... de Barcelona...*, p. 75-76.

01-00044082 000

▶ M-UC (FF), R-II-2-1.

3866

Colegio de Carmelitas Descalzos (Alcalá de Henares). *Artium cursus siue Disputationes in Aristotelis dialecticam et Philosophiam naturalem iuxta angelici... Thomae Doctrinam [et] Scholam... / per Collegium Complutenses Cyrilli Discalceatorum Fratrum Beatae Mariae de Monte Carmeli.* — Compluti : apud Ioannem de Orduña, 1624. — [26], 815, [22] p., [ ]¹, ¶⁴, 2¶⁸, A-E⁸, F⁶, G-Z⁸, 2A-2Z⁸, 3A-3D⁸, 3E¹⁰, ¶⁸, 2¶³ ; 4⁰

Texto a dos col.

01-00014944 000

▶ M-BN, 3/4461. — Enc. perg. — Ex-libris ms.: «Juan Ganduño».

3867

Colegio de Carmelitas Descalzos (Alcalá de Henares). *Collegij complutensis Discalceatorum fratrum beatae Mariae de Monte Carmeli Disputationes in duos libros Aristotelis de generatione [et] corruptione seu de Ortu [et] Interitu : iuxta miram angelici doctoris diui Thomae & Scholae eius doctrinam...* — Matriti : ex Typographia Regia, 1627. — [20]., 437, [1] p., [2] en bl., ¶⁴, ✳⁶, A-Z⁸, 2A-2D⁸, 2E⁴ ; 4⁰

Colofón. — Texto a dos col. — Port. con esc. xil. de los Carmelitas.

01-00044084 000

▶ M-BN, 5/9209. — Enc. perg. ▶ M-BN, 7/16698. — Enc. perg. ▶ M-UC (FD), 10976. — Enc. perg. ▶ M-UC (FD), 11314. — Enc. perg. — Ex-libris ms. del Colegio Trilingüe de Alcalá.

3868

Colegio de Carmelitas Descalzos (Alcalá de Henares). *Collegij Complu-*

tensis Discalceatorum fratrum beatae Mariae de Monte Carmeli Disputationes in duos libros Aristotelis de Generatione et Corruptione seu de Ortu et Interitu : iuxta miram angelici doctoris diui Thomae & Scholae eius dostrinam... — Barcinone : ex typographia Sebastiani à Cormellas..., 1635. — [8], 437, [10] p., $\P^4$, A-Z^8, 2A-2E^8 ; 4^0

Texto a dos col. — Port. con esc. xil. de los Carmelitas.

01-00122253 000

▶ M-BN, 3/69753. — Enc. perg. — Deterioradas p. 271-272 y 417-418.

3869
Colegio de Carmelitas Descalzos (Alcalá de Henares). *Collegij complutensis Discalceatorum fratrum B. Mariae de Monte Carmeli Disputationes in octo libros Physicorum Aristotelis : iuxta miram angelici doctoris D. Thomae et Scholae euis doctrinam...* — Compluti : ex officina Ioannis de Orduña, 1625. — [16], 734 [i.e.704], [18] p., $\dagger^4$, $\P^4$, A-S^8, TVX^2, X$_{2-8}$, Y-Z^8, A-Z^8, 2A-2Z^8, 3A^8 ; 4^0

Error de paginación, de p. 292 pasa a p. 323. — Texto a dos col. — Port. con esc. xil. de los Carmelitas.

01-00044083 000

▶ M-BN, 5/9209. — Enc. perg. ▶ M-UC (FD), 12730. — Enc. perg. — Ex-libris ms. del Colegio Trilingüe de Alcala.

3870
Colegio de Carmelitas Descalzos (Alcalá de Henares). *Collegij complutensis Discalceatorum fratrum beatae Mariae de Monte Carmeli Disputationes in tres libros Aristotelis de Anima : iuxta miram angelici doctoris diui Thomae [et] Scolae eius doctrinam...* — Matriti : ex Typografia Regia, 1628. — [30],

[2] en bl, 536 p., $\dagger^4$, $2\dagger^8$, $3\P^4$, A-Z^8, 2A-2B^8, 2C^4, 2D-2L^8 ; 4^0

Texto a dos col. — Port. con esc. xil. de los Carmelitas.

01-00044085 000

▶ M-BN, 5/9209(2). — Enc. perg. ▶ M-UC (FD), 11119. — Enc. perg.

3871
Colegio de Carmelitas Descalzos (Salamanca). *[Collegij Salmāticensis Eliae prophetae Fratrum Discalceatorum Beatae Mariae de Monte Carmeli Cursus Theologicus Summam Theologican doctoris Angelici complectens : tomus secundus].* — Segouiae : ex typographia Didaci Diaz de la Carrera, 1637. — [+16], 758, [50] p., $2\P^8$, A-Z^6, 2A-2Z^6, 3A-3P^6, 3R^8, 3S-3X^6 ; Fol.

Tit. tomado de censura, en $2\P_3$. — El pie de imp. consta en colofón. — Texto a dos col.

01-00044086 000

▶ M-BN, 6-i/1334. — Enc. perg. — Falto de port. y alguna h. de prelim.

3872
Colegio de Carmelitas Descalzos (Salamanca). *Collegij salmanticensis fratrum Discalceatorum Beatae Mariae de Monte Carmeli... Cursus Theologicus, Summam Theologicam D. Tomae complectens... : tomi secundi posterior pars...* — Segouiae : ex typographia Didaci Diaz de la Carrera, 1637. — [20], 836 [i.e.832], [32] p., 2 ★^{6}, 3★^{4}, A-Z^6, 2A-2Z^6, 3A-3Z^6, 4A-4C^6 ; Fol.

Colofón. — Error de pag., de p. 831 pasa a 836. — Port. con esc. xil. — Texto a dos col.

01-00044087 000

▶ M-BN, 8/39118. — Enc. perg.

3873
Colegio de Carmelitas Descalzos (Salamanca). *Collegij Salmanticensis*

FF. Discalceatorum B. Mariae de Monte Carmeli... Cursus theologicus : iuxta miram D. Thomae Praeceptoris Angelici doctrinam : tomus vndecimus : complectens tract. XXII et fract. XXIII. I. De Sacramentis in genere II. De Eucharistia, a quaestione LX. tertiae partis... — Barcinone : sumptibus Raphaelis Figuerò typographi, 1694. — [20], 1058, [22] p., a^4, b^6, A-Z^4, 2A-2Z^4, 3A-3Z^4, 4A-4Z^4, 5A-5Z^4, 6A-6V^4 ; Fol.

En prelim. consta como autor Juan de la Anunciación. — En fe erratas y tasa consta la fecha 1695. — Marca tip. en port. — Port. a dos tintas. — Grab. xil. en p. 1058, que representa a Santa Teresa.

01-00044088 000

▸ M-BN, 2/14372. — Enc. perg. — Falto de h. b$_3$. ▸ M-BN, 5/10235(XI). — Enc. perg. ▸ ME-RB, 81-VIII-10. — Enc. piel con cortes dorados. ▸ M-UC (FD), 9240. — Enc. perg. — Ex libris ms. de la Libreria del Colegio de Alcalá.

3874

Colegio de la Inmaculada Concepción de Niñas Huérfanas Desamparadas (Madrid). *Constituciones del Colegio de Niñas Huerfanas de nuestra Señora de la Concepcion, que Patrocina la Hermandad del Refugio.* — En Madrid: por Domingo Garcia y Morràs, 1654. — [4], 30 h., ¶^{4}, A-G^4, H^2 ; 4^0

Port. con grab. calc. de la Inmaculada Concepción.

01-00046148 000

▸ M-BN, 3/67361(2). — Enc. perg. — Falto de port. y prelim. ▸ M-BN, V.E./2-7. — Falto de port. y prelim. ▸ M-BN, V.E./2-8.

3875

Colegio de la Inmaculada Concepción de Niñas Huérfanas Desamparadas (Madrid). *Constituciones del Co-*

legio de la Inmaculada Concepcion de Maria Santissima, Señora Nuestra, de niñas huerfanas desamparadas, desta villa de Madrid que patrocina la Hermandad de Nuestra Señora del Refugio. — En Madrid : en la Imprenta de Manuel Ruiz de Murga, 1697. — [2], 64 p., [1] h. de grab., [ ]^2, A-H^4 ; 4^0

Port. con orla tip. — Grab. calc. que representa a la Inmaculada Concepción.

01-00044090 000

▸ M-BN, V.E./92-63.

3876

Colegio de la Madre de Dios (Alcalá de Henares). *Suplica del Colegio de la Madre de Dios de los Theologos de la Vniversidad de Alcalá sobre el reforme, que en el ha hecho el Señor D. Matheo de Dicastillo, Visitador de la Vniversidad, del Consejo de su Magestad en el Real de Castilla.* — [S.l. : s.n., s.a.]. — 14 p., A-C^2, D^1 ; Fol.

En p. 2 consta 1693.

01-00044091 000

▸ M-BN, V.E./182-65. ▸ M-BN, V.E./23-51. ▸ M-BN, V.E./50-60.

3877

Colegio de la Orden de Calatrava (Salamanca). *Memorial iuridico y legal por el Imperial Colegio de Calatrava de la Universidad de Salamanca al Supremo y Real Consejo de las Ordenes Militares, para la consecucion de alimentos y fabrica de dicho Colegio.* — [S.l. : s.n., s.a.]. — [2], 21 p., A-F^2 ; Fol.

Por el texto se deduce posterior a 1659. — Port. con orla tip.

01-00014947 000

▸ M-BN, R/28029(20). — Enc. perg.

3878

Colegio de la Orden de Santiago (Salamanca). *En la villa de Madrid a* *treinta y vno de Enero de mil y seiscientos y treinta y quatro años, en el Consejo Real de las Ordenes de su Magestad se presento la peticion del tenor siguiente, M.P.S. Pedro de Isla en nombre del Colegio que la Orden de Santiago tiene en la Vniuersidad de Salamanca, digo que de mi pedimento... se ha sacado la escritura de poder, en causa propia y cesion, q̃ el Conuento de S. Marcos de Leon otorgò en fauor del dicho Colegio, para los alimentos de sus colegiales...* — [S.l. : s.n., s.a.]. — 4 h., A⁴ ; Fol.

01-00014946 000

▶ M-BN, R/28029(21). — Enc. perg.

3879
Colegio de la Orden de Santiago (Salamanca). *Hazesse demonstracion clara, y manifiesta por parte de el Colegio de el Rey, Orden de Santiago de la Vniuersidad de Salamanca, de no estar obligado à contribuir para los ornamentos, y reparos de la Iglesia de la Villa de la Calera de la Encomienda de Tudia, aplicada para los alimentos, fabrica, y ornamentos de la Capilla del dicho Colegio...* — [S.l. : s.n., s.a.]. — 22 p., [2] en bl., A-F² ; Fol.

01-00090781 000

▶ M-BN, 8/19205(8). — Enc. perg. — Sello de la Biblioteca de Uclés.

3880
Colegio de la Orden de Santiago (Salamanca). *Señor. Los Colegiales de este Colegio Militar de V.M. del Orden de Santiago desta Vniuersidad de Salamanca, hijos del Sacro, y Real Convento de Vcles, puestos à los pies de v.m. con el debido rendimiento. Dezimos, que aviendosenos leìdo vna Carta Orden de V.M. en que es servido mandar, que entre los Colegiales prefieran los mas antiguos de Colegio...* — [S.l. : s.n., s.a.]. — [27] p., A-G² ; Fol.

Se ha respetado la puntuación

original. — Por el texto se deduce posterior a 1653.

01-00095088 000

▶ M-BN, 8/19205(15). — An. ms.: «Dictado y ordenado por Fr. Miguel Perez de la orden de San Basilio Magno, catedratico de visperas mas antiguo de esta Universidad de Salamanca». — Enc. perg. — Sello de la Biblioteca de Uclés.

3881
Colegio de la Santa Veracruz (Aranda). *Constituciones que por comission y decreto particular de los señores del Consejo hizo el licenciado D. Alonso Rincõ de Ortega... Visitador... del Colegio de la Santa Veracruz de la Villa de Aranda y de la orden que ha de auer y se ha de guardar en el Colegio... se mandaron imprimir a 16 de Março de 1623.* — En Madrid : por Tomas Iunti..., [s.a.]. — [4], 38 h., [ ]⁴, A-I⁴, K²

Port. con viñeta xil.

01-00044100 000

▶ M-PR, Caj. foll. 4-42.

3882
Colegio de las Doncellas (Salamanca). *El Colegio de las Donzellas de la ciudad de Salamanca ha litigado en el Consejo con el Retor, y Colegio de San Millan, sobre diferentes pretensiones, y en particular se quexaron de que siendo ambos Colegios de vn mismo Fundador, el de San Millan, con mano poderosa, se auia metido en la administracion de la hazienda, y defraudado algunas cantidades, y que no le daua los alimentos necessarios...* — [S.l. : s.n., s.a.]. — 3 h., A³ ; Fol.

01-00044092 000

▶ M-BN, V.E./28-16.

3883
Colegio de Médicos y Cirujanos de San Cosme y San Damián (Zarago-

za). *Ilustrissimo Señor. El Colegio de Medicos y Cirujanos de la Ciudad de Zaragoça, dize : Que a su noticia ha llegado, que por parte de los Mancebos Cirujanos se han presentado a V.S.I. dos Memoriales, que en sustancia contienen los desconsuelos, que padecen en casa de sus Maestros...* — [S.l. : s.n., s.a.]. — 6 p. ; Fol.

Se ha respetado la puntuación original. — En p. 6 consta 1692.

01-00046149 000

▸ M-BN, V.E./44-56.

3884
Colegio de Médicos y Cirujanos de San Cosme y San Damián (Zaragoza). *Ilustrissimo Señor, El Colegio de Medicos, y Cirujanos de la presente Ciudad, dize, Que aviendosele notificado de orden de los muy Ilustres señores Iurados el dia 28 deste mes de Setiembre vna intima, de como avia resuelto el Consistorio de admitir, é incorporar a Ioseph Ossera, Medico, en el dicho Colegio...* — [S.l. : s.n., s.a.]. — 12 p., [A]-C² ; Fol.

Del texto se deduce posterior a 1671.

01-00094928 000

▸ M-BN, V.E./24-56.

3885
Colegio de Monte Sión de la Compañía de Jesús (Palma de Mallorca). *A la Magestad de Carlos II el Retor, y Colegio de Monte-Sion de la Compañia de Iesus de la ciudad de Mallorca : por la conservacion de las catedras, que tiene la Compañia, y admission de los estudiantes del Colegio a la matricula de la Vniversidad de Mallorca.* — [S.l. : s.n.], 1694. — [2], 36 p., [ ]¹, A-I² ; Fol.

Port. con esc. xil. de la Compañía de Jesús.

01-00046150 000

▸ M-BN, V.E./69-30.

3886
Colegio de Nuestra Señora de Belén de la Compañía de Jesús (Barcelona). *Festiva Sagrada Pompa con que celebro la salud del Rey... D. Carlos Segundo... el Colegio de la Compañia de Iesus de nuestra Señora de Belen en el Altar que erigiò en las publicas demostraciones de alborozo... que por motivo tan soberano rindiò a Dios Nº Señor la... Ciudad de Barcelona el dia 28 de Octubre del presente año de 1696 /* describela el mesmo Colegio de Belen... — Barcelona : en la Imprenta de Matevat por Ioseph Casarachs..., 1696. — [6], 33 p., A-E⁴ ; 4⁰

Port. con esc. xil.

01-00046151 000

▸ M-BN, V.E./113-64. ▸ M-BN, V.E./136-25.

3887
Colegio de Procuradores Causídicos (Zaragoza). *Señor. El Colegio de Causidicos de la Ciudad de Zaragoça, puesto a los pies de V.M. dize : Que la soberana politica de los Serenissimos Reyes de Aragon, gloriosos progenitores de V.M. entre otras providencias con que hizieron plausible su govierno, fue la de la recta administracion de la justicia en el civil palenque de sus Tribunales, no siendo para este efecto lo de menos monta el cuydado en la enteresa, y legalidad de los causidicos...* — [S.l. : s.n., s.a.]. — [8] p., A⁴ ; Fol.

En p. [3] consta 1687.

01-00046152 000

▸ M-BN, V.E./28-46.

3888
Colegio de Procuradores Causídicos (Zaragoza). *Señor. Los Mayordo-*

mos, y Colegiales del Colegio de Procuradores Causidicos de la Ciudad de Zaragoça en el Reyno de Aragon, dizen : Que aviendo suplicado a V.M. Iuan Samitier, Notario Real, le hiziesse V.M. merced de concederle licencia de enantar en los Tribunales de aquel Reyno, y mandar a los Suplicantes le admitiessen en su Colegio en la primera vacante... — [S.l. : s.n., s.a.]. — [4] p. ; Fol.

En p. [4] consta 1673.

01-00046153 000

▶ M-BN, V.E./25-42.

3889
Colegio de San Fernando (Quito). *Constituciones y estatutos del Real Colegio de S. Fernando de la ciudad de Quito, fundado por la religion de predicadores /* formadas de orden de su majestad por el licenciado D. Lope Antonio de Munive... ; reformadas y añadidas por el... Consejo de Indias y de orden suya puestas en methodo y forma por... don Iuan de Castro Gallego... — En Madrid : por Iulian de Paredes, 1694. — 32, [3] h., [1] en bl., A-S^2 ; Fol.

Port. con orla tip. y esc. real xil.

01-00044093 000

▶ M-BN, 3/55728. — Enc. perg.

3890
Colegio de San Jorge de Irlandeses (Alcalá de Henares). *Señor, El Regente, y Colegiales del Colegio de S. Iorge de Irlandeses de la Vniversidad de Alcalà de Henares, fundacion del Baron Iorge de Paz y Silvera puestos à los pies de V. Mag. dizen, Que aviendo tenido dicho su Colegio cinco mil ducados de rēta en cada vn año...* — [S.l. : s.n., s.a.]. — [4] p.; Fol.

Por el texto se deduce ca. 1696.

01-00094225 000

▶ M-BN, V.E./142-63.

3891
Colegio de San Pedro Nolasco (Lima). *Constitutiones Collegii Limensis Ordinis B. Mariae de Mercede Rdemptionis [sic] Captiuorum sub Titulo S.P.N. Petri Nolasco /* confirmatae et executioni mandatae à... Fr. Iosepho Sanchis totius praedicti Ordinis Magistro Generali ; cura et solicitudine R.P.M. Fr. Iosephi Barrasa... eiusdem Collegii Primarii Rectoris. — Matriti : ex Typographia Pauli de Val, 1666. — [16], 112 p., ★^{8}, A-G^8 ; 8^0

Texto fileteado.

01-00044095 000

▶ M-BN, 2/67309. — Enc. perg. ▶ M-BN, 3/37954. — Enc. perg.

3892
Colegio de San Pedro y San Pablo (Alcalá de Henares). *Constituciones para el Colegio de S. Pedro, y San Pablo de la Vniuersidad de Alcalà /* hechas... por el Señor Retor, y M.R.P. Prouincial de la Prouincia de Castilla, y los Consiliarios del Colegio Mayor de San Ildefonso de dicha Vniuersidad, intimadas, y admitidas en veinte y quatro de Enero de 1673. — [S.l. : s.n., s.a.]. — 32 p., A-D^4 ; 4^0

Port. con esc. xil.

01-00094226 000

▶ M-BN, V.E./5-25.

3893
Colegio de San Pelayo (Salamanca). *Constituciones del Colegio de San Pelayo de la Vniuersidad de Salamanca : las quales se imprimieron estando... de Rector don Antonio de Zambranos Moriz...* — En Salamanca : en la imprenta de Iacinto Tabernier, 1637. — 79, [4] p., A-X^2 ; Fol.

Port. con esc. calc.

01-00044096 000

▶ M-BN, 3/57394. — Enc. pasta con hierros dorados. ▶ M-BN, 3/72997. — Enc. perg. — Ex-libris ms. de P. Vicente de Araciel y Rada. — Port. deteriorada.

3894

Colegio de Santa Cruz (Valladolid). *Constitutiones, et statuta Collegii Sanctae Crucis opidi Vallis-Oletani, quod construxit, et a solo erexit D.D. Petrus Gonzalez de Mendoza...* — Vallisoleti : ex officina Antonij Vazquez à Sparça, 1641. — [4], 30 [i.e.31], [1] h., ¶-2¶², A-Q² ; Fol.

Port. con orla tip. — Grab. xil. de la Crucifixión, entre h. 29 y 30.

01-00044098 000

▶ M-BN, 3/40537. — Enc. piel con hierros dorados. ▶ M-BN, 3/56202. — Enc. piel con hierros dorados. — Firmas ms. — Deteriorado.

3895

Colegio de Santa Cruz (Valladolid). *Señor, El Colegio de Santa Cruz de la Ciudad de Valladolid, dize, Que desde que le fundò don Pedro Gonçalez deMendoza, que mereciò el renòbre de grā Cardenal de España su principal, institutò [sic], ha sido criar sugetos, que... ayan podido ocupar los puestos, plazas, dignidades, prelaçias...* — [S.l. : s.n., s.a.]. — [3] p. ; Fol.

Se ha respetado la puntuación original.

01-00044094 000

▶ M-BN, V.E./51-34(4).

3896

Colegio de Santa María Magdalena (Salamanca). *Constitutiones Collegii D. Mariae Magdalenae, quod Salmanticae... D. Martinus Gasco... construxit atque dotauit.* — Salmanticae : ex Officina Francisci Roales, 1653. — [3], 58, 18, [4] h., [ ]³, [A]-Z², 2A-2F²; [A]-I², [ ]², ¶² ; Fol.

Texto en español y latin, a dos col. — Port. con esc. calc. eclesiástico. — *Forma de los edictos que se embian à los lugares de Marchena, Gibraleon y Fuentes, de las becas perteneciētes à dichos lugares»*, 18 h.

01-00044099 000

▶ M-BN, 3/55963. — Enc. perg.

3897

Colegio de Santo Tomás (Alcalá de Henares). *Collegii Sancti Thomae Complutensis Dialecticae institutiones, siue Logica parua : in duas partes diuisa : quarum prima textum, secunda quaestiones exhibet hac tempestate solitas exagitari.* — Compluti : typis Francisci Garcia Fernandez..., 1675. — [8], 412 [i.e. 408] p., §⁴, A-O⁸, P⁴, Q-Z⁸, 2A-2C⁸ ; 8⁰

Errores de pag. a partir de p. 191. — Port. con esc. xil. de la Orden de Predicadores.

01-00044102 000

▶ M-BN, 7/13064. — Enc. perg.

3898

Colegio de Santo Tomás (Alcalá de Henares). *Collegii sancti Thomae Complutensis Dialecticae institutiones sive Logica parua : in duas partes diuisa : quarum prima textum, secunda quaestiones exhibet hac tempestate solitas exagitari.* — Compluti : typis Francisci Garcia Fernandez..., 1680. — [8], 586 [i.e.590], [8] p., A-O⁸, P⁴, Q-Z⁸, 2A-2P⁸ ; 8⁰

Errores de pag. repetidas p. 191-92 y 227-28. Hoja sin paginar a continuación de p. 228. — Port. con esc. xil. de la Orden de Predicadores.

01-00044103 000

▶ M-BN, 4/141931. — Enc. perg. — Deteriorado. — Falto de p. 105 a 114.

3899
Colegio de Santo Tomás (Alcalá de Henares). *Collegii S. Thomae Complutensis Dialecticae institutiones sive Logica parva.* — Quinta editio. — Matriti : typis Didaci Martinez Abbatis..., 1696. — [8], 228 [i.e.230] p., [2] en bl., ¶⁴, A-O⁸, P⁴ ; 8⁰
Errores de pag., repetidas p. 192 y 193. — Port. con esc. xil.

01-00044104 000

▶ M-BN, 7/12108. — Enc. perg. — Exlibris ms. del Real Convento de S. Gil de Madrid.

3900
Colegio de Santo Tomás (Alcalá de Henares). *Collegii Sancti Thomae Complutensis In duos libros De generatione & corruptione Aristotelis quaestiones.* — Compluti : typis Francisci Garcia Fernandez..., 1693. — [8], 458 [i.e. 454], [2] p., ¶⁴, A-Z⁸, 2A-2E⁸, 2F⁴ ; 4⁰
Error de pag., de p. 240 pasa a 245. — Texto a dos col. — Port. con orla tip. y esc. xil. de la Orden de Predicadores.

01-00044107 000

▶ M-BN, 7/11709. — Enc. perg. — Exlibris ms. de Gabriel López. ▶ ME-RB, 72-VII-22. — Enc. piel con cortes dorados.

3901
Colegio de Santo Tomás (Alcalá de Henares). *Collegij Sancti Thomae Complutensis In duos libros de generationione et corruptione Aristotelis quaestiones...* — Compluti : typis Iulianum Francisci Garcia Briones..., 1693. — [8], 458. [i.e. 454], [2] p., ¶⁴, A-Z⁸, 2A-2E⁸, 2F⁴ ; 4⁰

Error de pag., de p. 240 pasa a 245. — Texto a dos col. — Port. con orla tip. y esc. xil. de la Orden de Predicadores.

01-00044108 000

▶ M-BN, 3/54457. — Enc. perg. — Las p. 369-372 encuadernadas entre p. 360 y 361.

3902
Colegio de Santo Tomás (Alcalá de Henares). *Collegii Sancti Thomae Complutensis In octo libros Physicorum Aristotelis quaestiones.* — Compluti : typis Francisci Garcia Fernandez..., 1692. — [12], 666 [i.e.664] p., §⁶, A-Z⁸, 2A-2S⁸, 2T⁴ ; 4⁰
Error de pag., de p. 301 pasa a 304. — Texto a dos col. — Port. con orla tip. y esc. xil. de la Orden de Predicadores.

01-00044105 000

▶ M-BN, 4/125199. — Enc. perg. — Exlibris del Duque de Medinaceli. ▶ ME-RB, 72-VII-21. — Enc. piel.

3903
Colegio de Santo Tomás (Alcalá de Henares). *Collegii Sancti Thomae complutensis In octo libros physicorum Aristotelis quaestiones.* — Secunda editio. — Compluti : typis Iuliani Garcia Briones..., 1692. — [8], 623 [i.e. 627], [4] p., §⁴, A-Z⁸, 2A-2Q⁸, 2R⁴ ; 4⁰
Error de pag., p. 445 a 448 repetidas. — Texto a dos col. — Port. con orla tip. y esc. xil. de la Orden de Predicadores.

01-00044106 000

▶ M-BN, 7/48114. — Enc. perg.

3904
Colegio de Santo Tomás (Alcalá de Henares). *Collegii Sancti Thomae complutensis In octo libros physicorum Aristotelis quaestiones.* — Secunda edi-

tio. — Compluti : typis Francesci Garcia Fernandez..., 1695. — [8], 627, [4] p., §^{4}, A-Z^8, 2A-2Q^8, 2R^4 ; 4^0

Texto a dos col. — Port. con orla tip. y esc. xil. de la Orden de Predicadores.

01-00044110 000

▶ M-BN, R/35406. — Enc. perg. — Exlibris ms. de Pedro Calderón, 1716. ▶ M-UC (FD), 11101. — Enc. perg. — Ex-libris ms.: «...del Colegio theologo» y de la libreria del Colegio de la Concepción de Alcalá.

3905
Colegio de Santo Tomás (Alcalá de Henares). *Collegii Sancti Thomae Complutensis In tres Aristotelis libros de anima quaestiones.* — Compluti : typis Francisci Garcia Fernandez..., 1696. — [8], 668, [4] p., ¶^{4}, A-Z^8, 2A-2T^8 ; 4^0

Texto a dos col. — Port. con orla tip. y esc. xil. de la Orden de Predicadores.

01-00044111 000

▶ M-BN, 2/39346. — Enc. perg. ▶ M-BN, 2/7135. — Enc. piel. — Falto de port. ▶ ME-RB, 72-VII-27. — Enc. piel.

3906
Colegio de Santo Tomás (Alcalá de Henares). *Collegii Sancti Thomae Complutensis In universam Aristoteles [sic] logicam questiones : addito tractatu de posterioribus.* — Tertia editio. — Compluti : typis Francisci Garciae Fernandez..., 1693. — [8], 680 [i.e. 682], [4] p., ¶^{4}, A-Z^8, 2A-2N^8, 2O^7, 2P-2V^8 ; 4^0

Error de pag., repetidas p. 195-196. — Texto a dos col. — Port. con orla tip y esc. xil. de la Orden de Predicadores.

01-00044109 000

▶ M-BN, 7/16273. — Enc. perg.

3907
Colegio de Santo Tomás (Alcalá de Henares). *Collegii S. Thomae In universam Aristotelis logicam quaestiones.* — Quarta editio denuo correcta. — Matriti : typis Didaci Martinez Abbatis, 1697. — [8], 576 [i.e.552], ¶^{4}, A^8, B-D^4, E-K^8, L-M^4, Ñ-Z^8, 2A-2O^8 ; 4^0

Errores de pag.: de p. 152 pasa a 177. — Texto a dos col. — Port. con esc. xil. de la Orden de Predicadores.

01-00034036 000

▶ ME-RB, 71-VII-19. — Enc. piel.

3908
Colegio de Santo Tomás (Madrid). *Solemne fiesta, celebre octaua, consagrada a la Triumphalissima Capitana Maria Soberanissima, victoriosa en Nauales Vatallas por las rosas de su Santissimo Rosario, à cuyas sagradas plantas el Religioso, y docto Colegio de Santo Thomas de esta Corte... dedica festejos, repite aplausos, y reitera gratitudes.* — [S.l. : s.n., s.a.]. — [1] h. ; 1 pliego

Hoja impresa por una sola cara. — Texto con orla tip. — Grab. calc. en cabecera.

01-00094929 000

▶ M-BN, V.E./59-40.

3909
Colegio del Corpus Christi (Valencia). *Constituciones de la Capilla del Colegio y Seminario de Corpus Christi : en Valencia a 6 de febrero 1605.* — En Valencia : en casa de Pedro Patricio Mey..., 1605. — [2], 142 [i.e. 149], [4], 11 p., [ ]^1, A-M^4, N^6, O-Q^4, R^6, S^4, Aa^6 ; Fol

Colofón. — Esc. xil. en port. — Errores de pag., p. 101, 102 y 103 repetidas. — Las últimas 11 p. son adiciones a las Constituciones.

01-00044112 000

▶ M-PR, III-2010. — Enc. pasta.

3910

Colegio del Corpus Christi (Valencia). *Constituciones de la Capilla del Colegio y Seminario de Corpus Christi.* — En Valencia : por Iuan Bautista Marçal..., 1625. — [8], 168 p., [ ]⁴, A-X⁴ ; Fol.

Port. con orla tip. y esc. xil. del Colegio de Corpus Christi.

01-00044113 000

▶ M-BN, 3/19346. — An. ms.: «me costó 48 reales. Barbieri». — Enc. cart. — Ex-libris ms. de Barbieri.

3911

Colegio del Corpus Christi (Valencia). *Constituciones del Colegio y Seminario de Corpus Christi : fundado por... don Iuan de Ribera... Arçobispo de Valencia.* — En Valencia : por Iuan Bautista Marçal..., 1636. — [8], 119, [22] p., [2] en bl., ¶⁴, A-P⁴, a-c⁴ ; Fol.

Port. con orla tip. y esc. xil. del Colegio de Corpus Christi.

01-00044734 000

▶ M-BN, 3/40921(2). — Enc. perg.

3912

Colegio del Corpus Christi (Valencia). *Constituciones de la Capilla del Colegio y Seminario de Corpus Christi.* — En Valencia : por Bernardo Noguès..., 1661. — [8], 168, [52] p., ✱⁴, A-X⁴, A-F⁴, G² ; Fol.

Texto fileteado. — Port. con orla tip. y esc. xil. del Colegio de Corpus Christi.

01-00044114 000

▶ M-BN, 3/40921(1). — Enc. perg. ▶ M-BN, 3/56664(1). — Enc. perg. ▶ M-BN, P/6748(1). — Enc. perg. con hierros dorados.

3913

Colegio del Corpus Christi (Valencia). *Constituciones del Colegio y Seminario de Corpus Christi : fundado por... don Iuan de Ribera... Arçobispo de Valencia.* — Impressas en Valencia : en la imprenta de Benito Macè, 1669. — [8], 108, [24] p., [ ]⁴, A-I⁶, K², L¹⁰ ; Fol.

Texto fileteado. — Port. con orla tip. y esc. xil. del Colegio de Corpus Christi.

01-00044115 000

▶ M-BN, 3/56664(2). — Enc. perg. ▶ M-BN, P/6748(2). — Enc. perg. con hierros dorados. — Cuaderno K² encuadernado al final de la obra.

3914

Colegio Imperial de la Compañía de Jesús (Madrid). *Conclusiones biblicae, regalium pro Philippo IV Scholarum delibata encyclopaedia : quae varias aliquarum Scientiarum, Artiumvè excutiendas deducit Conclusiones, ex illo primaevo Sacrae Scripturae fonte, Hebraico, Chaldaico, seu Syriaco, & Graeco... / defendentur pro Scholis Regijs Societatis Iesu in Collegio Imperiali Madridiensi...* — Madridii : ex Officina Francisci Martinez, 1637. — 17, [1] h., A-D⁴, E² ; 4⁰

El pie de imp. consta en colofón. — Grab. calc.: «I. de Courbes F.», esc. heráldico de Rodrigo de Silva Mendoza y Cerda, en A₂.

01-00044116 000

▶ M-BN, V.E./56-102.

3915

Colegio Mayor de Cuenca (Salamanca). *Constitutiones et statuta Collegij Maioris Conchensis Diuo jacobo Zebedeo dicati : 1658.* — Salmanticae : ex officina Viduae Sebastiani Perez, 1662. — [2], 149, [15] p., [1] h. de

grab., [ ]¹, A-Z², 2A-2O², 2¶⁸ ; Fol.
Hay diferentes estados de esta ed.
— El pie de imp. consta en colofón.
En p. 149 v. consta 1663. — Grab.
calc. en cabecera del texto. — Port.
y h. de grab. calc.: «August Bouttais
Sculp. Salmant», retrato de Diego
Ramírez de Haro, Obispo de Cuen-
ca.

01-00044117 000

▶ M-BN, 3/48780(1). — Enc. perg. —
Falto de la h. de grab. — Defectos de encua-
dernación. ▶ M-BN, 3/64512(1). — Am.
ms. en h. de guarda: «Lista de los escritores
del Colegio Mº de Cuenca». — Enc. perg.
▶ M-BN, 3/75572. — Enc. perg. — Falto de
port. y de la h. de grab. ▶ M-BN, R/23730.
— Enc. perg. — Ex-libris ms. de la librería
del Colegio Viejo de San Bartolomé. —
Falto de la h. de grab. ▶ M-BN, R/23731(1).
— Enc. perg. — Ex-libris ms. «de don Pedro
Murillo Velande»... ▶ M-BN, R/6361. —
Enc. perg. — Falto de la h. de grab. —
Ejemplar en papel de Genova. ▶ M-PR, X-
361. — Enc. pasta con hierros. — Falto de h.
de grab. ▶ M-UC (FD), 11481. — Enc.
pasta. ▶ M-UC (FD), 3947. — Enc. piel con
hierros dorados. — Falto de h. de grab.

3916
**Colegio Mayor de Nuestra Señora
del Rosario (Bogotá).** *Constituciones
del Colegio Mayor de Nuestra Señora del
Rosario en la ciudad de Santa Fè de Bogo-
tà* / hechas y ajustadas por... fr.
Christoual de Torres del Orden de-
Predicadores... ; sacalas a luz el doc-
tor don Christoual de Araque Ponze
de Leon... — En Madrid : por Iuan
Noguès, 1666. — [2], 14, [2] h., 112
p., [4] h., [1] h. de grab., [ ]², A-B⁶,
C-D², A-I⁶, K⁴ ; Fol.
Port. con orla tip. — Grab. calc.:
«P. Villafranca sculptor regius fa-
cieb. Matriti anno 1664», retrato de
Cristóbal de Torres.

01-00120824 000

▶ M-PR, III/2271. — Enc. pasta. —
Falto de p. 107 a 110.

3917
**Colegio Mayor de San Bartolomé
(Salamanca).** *Memorial y suplica del
Colegio viejo de San Bartolome de Salamanca à la Santidad de nuestro Beatissimo Padre Innocencio X.* — [S.l. : s.n.,
s.a.]. — 8 h., A-D² ; Fol.
Memorial fechado en Salamanca,
1677.

01-00094930 000

▶ M-BN, V.E./207-65.

3918
**Colegio Mayor de San Clemente
de los Españoles (Bolonia).** *Summaria
instructio corum, quae scire oportet Prae-
sentaturos, praesentantdosq? posthac ad
sacrum, & Perinsigne Collegium Maius
S. Clementis Hispanorum Auspicijs bo.
me. Emin.ᵐⁱ ac Reuev.ᵐⁱ Principis D.D.
Aegidij S.R.E. Card. Albornotij, Bono-
niae Conditum, ex Statutis Collegij ipsius
excezpta.* — [S.l. : s.n., s.a.]. — [4] p.;
Fol.
En cabecera esc. xil. cardenalicio
a dos tintas.

01-00094932 000

▶ M-BN, V.E./201-2. — Al fin de texto
consta ms.ᵘ 30 julij 1651 con varias firmas.

3919
**Colegio Mayor de San Ildefonso
(Alcalá de Henares).** *Al Colegio Mayor
de S. Ildefonso ha parecido conueniente
hazer relacion del modo con que de algunos
años à esta parte ha distribuido por todas
las Naciones que concurren à la Vniuersidad los premios de letras, que dentro de
ella le tocan proueer...* — [S.l. : s.n.,
s.a.]. — 2 h. ; Fol.
En texto consta 1652.

01-00094224 000

▶ M-BN, V.E./26-62.

3920
**Colegio Mayor de San Ildefonso
(Alcalá de Henares).** *An Collegio Sanc-*

ti Illephonsi Vniversitatis Complutensis competat manutentio in possessione quam habere praetendit, ut Abbas, & Capítulum Collegialis ecclesiae dicti loci, in die S. Eugenij ad vesperas ac die sequenti ad missam accedant capítulariter ad Cappellam dicti Collegij assistendi causa funeralibus... Cardinalis Francisci Ximenez de Cisneros. — [S.l. : s.n. s.a.]. — 8 p., A⁴ ; Fol.

Texto fechado en 1641.

01-00017596 000

▶ M-BN, V.E./211-73.

3921
Colegio Mayor de San Ildefonso (Alcalá de Henares). *El Colegio Mayor de San Ildefonso, Vniversidad de Alcalà de Henares, atendiendo à la obligacion de cumplir los encargos que tiene su hazienda, por disposicion de el Santo Cardenal Don Fray Francisco Ximenez de Cisneros su Fundador...* — [S.l. : s.n., s.a.]. — 6 h., A⁶ ; Fol.

En sign. A₁ consta 1688.

01-00094223 000

▶ M-BN, V.E./28-59.

3922
Colegio Mayor de San Ildefonso (Alcalá de Henares). *Constituciones insignis Collegii Sancti Ildephonsi ac per inde totius almae Complutensis Academiae* / ab... Fr. Francisco Ximenio... Archiepiscopo Toletano... — Compluti : ex officina Ioannis de Villodas & Orduña..., 1627. — [4], 116 p., [ ]², A-F⁸, G¹⁰ ; Fol.

Colofón. — Port. con orla tip. y esc. xil. de Cisneros.

01-00044118 000

▶ M-BN, R/34787(1). — Enc. perg. ▶ M-UC (FD), 11169. — Enc. perg. ▶ M-UC (FD), 16371. — Enc. perg. — Ex-libris ms. del Colegio Mayor de Alcalá.

3923
Colegio Mayor de San Ildefonso (Alcalá de Henares). *Interrogatorio de preguntas para la informacion que... se pretende hazer de la vida, virtudes, santidad y milagros del sieruo de Dios don Fray Francisco Ximenez de Cisneros, Cardenal de España...* / por el insigne Mayor de san Ilefonso. — [S.l. : s.n., s.a.]. — 14, [2] p., A⁸ ; Fol.

En texto consta 1604.

01-00044119 000

▶ M-BN, R/34787(15). — Enc. perg.

3924
Colegio Mayor de San Ildefonso (Alcalá de Henares). *Señor. El Colegio de San Ilefonso, cabeça y origen de la Vniuersidad de la Villa de Alcala de Henares, suplica, a V. Magestad, que aliende de tantos pareceres como a V.M. y a sus Catholicos predecessores se han dado, firmados de los mayores letrados Theologos y Iuristes del Reyno, que en rigor y conciencia han defendido y aconsejado, no couiene se mude el gouierno antiguo Rector, ni se le quite la jurisdicion, ni se nombre Maestrecuela...* — [S.l. : s.n., s.a.]. — 20 h., A⁸, B-C⁶ ; Fol.

Texto firmado por «El Licenciado Velazquez de Auendaño».

01-00094931 000

▶ M-BN, V.E./186-44.

3925
Colegio Mayor de San Ildefonso (Alcalá de Henares). *La vltima reformacion que por mandado del Rey... se ha hecho en la Vniuersidad de Alcala de Henares, siendo reformador y visitador... dō Diego Hernādo de Alarcō... y por su muerte... Pedro de Tapia..., a quiē se cometio la execuciō de la dicha reformaciō y cumplimiento de la visita.* — [S.l. : s.n., s.a.]. — 128 h., A-Z⁴, 2A-2I⁴ ; Fol.

Texto fechado en Alcalá de Henares, 1615.

01-00044120 000

▶ M-BN, R/26739(2). — Enc. perg.
▶ M-BN, R/34787(3). — Enc. perg. ▶ M-UC (FFil), 26580. — Enc. perg.

3926
Colegio Mayor de Santa María de Jesús (Sevilla). *[Constitutiones Collegii Maioris Stae. Mariae de Iesu studii generalis et universitatis Hispalensis /* editae authoritate apostolica ab... Roderico Fernandez de Sancta Ella...]. — Hispali : apud Franciscum de Lyra, 1636. — 87, [2] en bl., [3] h., A-K⁸, L⁴, M⁸ ; Fol.
Tit. tomado de Escudero, 1509
Texto en latín y español. — Colofón. — *El Rey : por quanto aviendo considerado ser justo, que en todas las materias aya limite que las califique por ciertas... ; El rey : Governador y los del mi Consejo... Por parte de el Rector y collegiales del Collegio de Santa Maria de Iesus...,* [3] h.

01-00044121 000

▶ M-BN, 2/24309. — Enc. perg. — Falto de port. y de h. 8, sustituidas por mss.

3927
Colegio Mayor de Santiago el Zebedeo (Salamanca). *Constitutiones quibus insigne ac celeberrimum D. Iacobi Zebedaei collegium quod Salmanticae erexit... Alfonsus Fonseca et Azebedo archiepiscopus toletanus regitur et gubernatur.* — Salmanticae : ex officina Didaci à Cussio..., 1633. — [4], 112 [i.e. 113], [10] p., [ ]², A-Z², 2A-2H² ; Fol.
Error de pag., repetida p. 112. — Port. con esc. calc.

01-00044122 000

▶ ME-RB, 66-IX-12. — Enc. perg. ▶ M-UC (FFil), 21984. — Enc. perg. — Encua-

dernadas con el ejemplar, 23 h. manuscritas, sobre las ceremonias que observan colegiales y familiares en el Colegio Mayor de Santiago el Cebedeo.

3928
Colegio Mayor de Santiago el Zebedeo (Salamanca). *Constitutiones, quibus insigne, ac celeberrimum D. Iacobi Zebedaei Collegium, quod Salmanticae erexit... Alphonsus Fonseca et Azebedo Archiepiscopus Toletanus regitur & gubernatur.* — Salmanticae : apud Sebastianum Perez..., 1658. — [4], 144 p., [ ]², A-Z², 2A-2N² ; Fol.
Texto en latín y español. — Port. a dos tintas, con esc. calc. de Alfonso Fonseca y Azevedo.

01-00044123 000

▶ M-BN, 2/57326. — Enc. perg.

3929
Colegio Mayor de Santiago el Zebedeo (Salamanca). *Discurso iuridico, por el Colegio Mayor del Arzobispo de Toledo, de la Vniuersidad de Salamanca, en el qual se procura desvanecer algunos motiuos, que el Cabildo de la Santa Iglesia de dicha Ciudad ha publicado, despues del pleyto que trato en el Real Consejo, con dicho Colegio.* — [S.l. : s.n., s.a.]. — 14 h., A-G² ; Fol.
En h. 12 v. consta 1609.

01-00122247 000

▶ M-BN, V.E./34-44.

3930
Colegio Mayor de Santiago (Huesca). *Aviendose suplicado por el Colegio de Santiago de Huesca a las Cortes Generales deste Reyno, el que por Fuero quede establecida ley, que constituye en precissa obligacion a los Presidentes de proponer en las consultas y ternas de los sujetos que se proponen a su Magestad para todos los puestos, assi eclesiasticos como seculares*

deste Reyno... — [S.l. : s.n., s.a.]. —
17 p., [2] en bl., A-[E]^2 ; Fol.

Precede al tít.: Iesus, Maria, Ioseph. — Textos fechados en Zaragoza, 4 de noviembre de 1677.

01-00090312 000

▶ M-BN, V.E./220-48.

3931
**Colegio Mayor de Santiago (Hues-
ca).** *Constitutiones y estatutos del real y
mayor collegio de Santiago de la ciudad de
Huesca...* / hechos y ordenados por...
don Iuan de Brizuela... — En Huesca : por Pedro Bluson..., 1624. —
[9], 66, [1] h., [1] en bl., [1] h. de
grab., [ ]^2, §^{2}, ¶^{2}, ✱^{2}, †^{2}, A-Z^2, ZA-
2K^2, [ ]^2 ; Fol.

Grab. xil. en h. [2] con el esc. de
armas del colegio.

01-00044101 000

▶ M-BN, 3/16308. — Enc. perg.

3932
**Colegio Mayor de Santiago (Hues-
ca).** *Satisfacion, que expone a la censura
comun, el Colegio Mayor de Santiago de
Huesca... respondiendo a vna consulta,
que se ha participado a los Estamentos de
las presentes Cortes, contra la suplica del
Colegio, sobre que por fuero, o acto de
Corte se disponga q̄ en las Consultas de
ciertas Plazas, y Prebendas Eclesiasticas
que se hazen a su Magestad, se aya de proponer vno de sus Colegiales, teniendo las
calidades... que por los Fueros de este
Reyno se requieren.* — [S.l. : s.n., s.a.].
— 44, 52 p., A-L^2, A-N^2 ; Fol.

En el texto consta 1677. — *Fundamentos que iustifican en conciencia el fuero
que suplica a los quatro... braços del
Reyno de Aragon el Colegio Mayor de
Sant-Iago de Huesca*, 52 p.

01-00090311 000

▶ M-BN, V.E./142-12. — Enc. perg.

3933
**Colegio Seminario de San Julián
(Cuenca).** *Constituciones del Collegio
Seminario de señor San Iulian de la ciu-
dad de Cuenca* / hechas por... Henri-
que Pimentel obispo de Cuenca... —
Impressas en Cuenca : en casa de
Salvador de Viader, 1628. — [1],
59, [1] h., [1] en bl., [ ]^1, A-P^4, Q^2 ;
4^0

Port. con grab. xil. que representa
al obispo de Cuenca San Julián. —
*Orationes habitae in receptione visitatio-
nis huius Collegii ad... Henricum Pimentel...*, con portada propia.

01-00044124 000

▶ M-BN, 2/67189. — Enc. hol.

3934
**Colegio Teólogo de San Ciriaco y
Santa Paula (Alcalá de Henares).**
*Constituciones del insigne Collegio Theo-
logo de S. Ciriaco y Sancta Paula que...
don Ioan Alonso de Moscoso... hizo, y
fundò en la Villa y Vniversidad de Alcalá
de Henares, año de mil y seiscientos, y
doze...* — En Alcala de Henares : en
la imprenta de Nicolàs de Xamares,
1674. — 107 [i.e. 111] p., A-Z^2, 2A-
2Z^2 ; Fol.

Error de pag. en la última p. —
Port. con orla tip. y esc. xil. eclesiástico.

01-00044125 000

▶ M-BN, 3/56205. — Enc. perg. ▶ M-
UC (FD), 10954. — Enc. perg. ▶ M-UC
(Nov), 294. — Enc. hol.

3935
**Colin, Francisco (S.I.) (1592-
1660).** *India sacra : hoc est suppetiae sacrae ex vtraque India in Europam pro in-
terpretatione... quorumdam locorum ex
Veteri Testamento qui adhuc europaeos
morantur interpretes : opus posthumum /*

authore R.P. Francisco Colin, è Societate Iesu... — Matriti : ex typographia Iosephi Fernandez à Buendia, 1666. — [16], 507, [i.e. 499], [18] p., [2] en bl., ¶⁸, A-Z⁸, 2A-2I⁸, 2K⁴ ; 4⁰

Error de pag.: de p. 60 pasa a 69.

01-00044126 000

▶ M-BN, 2/10989. — Enc. perg. ▶ M-BN, 3/51943. — Enc. perg. ▶ M-BN, P/4672. — Enc. perg. ▶ M-BN, R/35969. — Enc. perg. — Port. deteriorada. ▶ M-PR, IX-8379. — Enc. pasta con hierros. — Ex-libris ms. en port.: «Del Colegio de S. Hermenegildo de la Compañia de Jesús de Sevilla. Diolo el P. Luis Pimentel Procurador de Filipinas». ▶ M-UC (FFil), 7192. — Enc. perg. — Sello de la librería del Colegio Imperial.

3936
Colin, Francisco (S.I.) (1592-1660). *Labor euangelica, ministerios apostolicos de los obreros de la Compañia de Iesus : fundacion, y progressos de su Prouincia en las islas Filipinas* / historiados por el Padre Francisco Colin Prouincial de la misma Compañia...; parte primera sacada de los manuscriptos del Padre Pedro Chirino... — En Madrid : por Ioseph Fernandez de Buendia, 1663. — [24], 820, [24] p., [1] h. de grab., [1] map. pleg., ✳-2✳⁶, A-Z⁶, 2A-2Z⁶, 3A-3Y⁶, 3Z², 3Z⁶, 4A⁶ ; Fol.

La obra fue continuada por Pedro Murillo Velarde y publicada en Manila, 1749. — Hay diferentes estados de esta ed. — Texto a dos col. — Grab. calc.: «Marcus de Orozco sculpsit», retrato de S. Francisco Javier y map. calc. pleg.: «Planta de las Islas Filipinas... 1659», «Marcos de Orozco la tallo en Madrid, 1659».

01-00094933 000

▶ M-BN, R/16111. — Enc. perg. — Ex-

libris ms. de Juan Pimentel y sello del Gabinete de Historia Natural, Biblioteca Izquierdo, Madrid. — Falto de h. de grab. y map. pleg. ▶ M-BN, R/16136. — Enc. perg. — Falto de h. de grab. y map. pleg. ▶ M-BN, R/19178. — Enc. pasta. — Último cuaderno sign. A⁴. ▶ M-BN, R/33060. — Enc. perg. — Ex-libris de A. Graiño. ▶ M-BN, R/36376. — Enc. perg. — Ex-libris de la Biblioteca D. Pascual de Gayangos y del Museo Biblioteca de Ultramar. — Falto de p. 473 a 476, y h. de grab. ▶ ME-RB, 73-IX-19. — Enc. perg. — Falto de h. de grab. y map. pleg. ▶ M-PR, VI-2659. — Enc. pasta.

3937
Colin, Francisco (S.I.) (1592-1660). *Sermon en las honras y funerales obsequios que hizo la ciudad de Manila al... Principe don Balthassar Carlos* / predicolo... el padre Francisco Colin... de la Compañia de Iesus... a 10 de Noviembre de 1648. — En Manila : por Simon Pinpin, 1649. — [2], 15 h., [ ]², A-C⁴, C³ ; 4⁰

Port. con esc. xil. de la Compañía de Jesús.

01-00044127 000

▶ M-BN, R/33234-20. — Deteriorado.

3938
Colin, Francisco (S.I.) (1592-1660). *Vida, hechos, y doctrina del venerable hermano Alonso Rodriguez, religioso de la Compañía de Iesus* / dispuesta por el padre Francisco Colin... — En Madrid : por Domingo Garcia y Morràs, 1652. — [26], 223, [1] h., [1] h. de grab., ¶-3¶⁸, 3¶², A-Z⁸, 2A-2E⁸ ; 4⁰

Colofón. — Port. con esc. xil. de la Compañía de Jesus. — Grab. calc.: «Dª Mª Eugeª de Beer fecit», retrato de Alonso Rodríguez.

01-00044128 000

▶ M-BN, 3/19617. — Enc. perg. ▶ M-BN, 3/66238. — Enc. perg. — Ex-libris ms. de la librería de San Cayetano de Madrid.

— Port. recortada. — Falto de las h. 215-219 y de la h. de grab. ▶ M-UC (FD), 12114. — Enc. perg. — Ex-libris ms. del Colegio de Málaga. — Falto de la h. de grab.

3939

Coll, Jaume. *Reportori [sic] alphabetic molt copios y complit de tot lo contengut y disposat en lo volum de les Constitutions, Capitols y Actes de Cort en la primera Cort general, celebrada als cathalans, en Barcelona, en lo Monastir de S. Francese per la S.C.R.M. del Rey don Phelip Segon... en lo any 1599 /* ordenat, per... Jaume Coll... — En Barcelona : per Esteue Liberos : venense en casa del mateix autor..., 1625. — [24] p., A¹² ; Fol.

Precede al tít. invocación. — Port. con grab. xil. de la Inmaculada.

01-00035077 000

▶ M-BN, R/39134(2). — Enc. perg.

3940

Collado Peralta, Pedro. *Explicacion del Libro Quarto del Arte nueuo de Gramatica de Antonio /* compuesto por Pedro Collado Peralta... — En Valencia : por Siluestre Esparsa... vendense a su costa, 1630. — [2], 50 h., [ ]², A-M⁴, N² ; 4⁰

Port. con esc. xil. de la Compañía de Jesús.

01-00044129 000

▶ M-BN, R/13210(13). — An. mss. Colección de varios opúsculos gramaticales del maestro Bartolomé Jiménez Patón y dedicatoria autógrafa de Gayangos a D. Enrique de Vegia. — Enc. perg. — Sello de Pascual de Gayangos y ex-libris ms. de Don Juan Sebastián de la Vega. ▶ M-RAE, 38-VI-56. — Dedicatoria autógrafa, fechada en Cádiz, 1872, de A. de Castro a la Academia Española. — Enc. hol. — Port. recortada, afectando a la primera palabra del tít.

3941

Collantes, Juan Francisco de

no rey constituydo sobre el monte santo de Sion / por fray Iuan Francisco de Collantes, de la Serafica Religion de S. Francisco... ; tomo primero. — En Çaragoça : por Pedro Cabarte..., 1617. — [34], 716, [84] p., [ ]¹, †⁶, ✱², 2†⁸, A-Z⁸, 2A-2Z⁸, 3A-3D⁸ ; 4⁰

Hay ejemp. de esta ed. en los que no consta «tomo primero». — Colofón. — Texto a dos col. con apostillas marginales en latín. — Front. calc.: «Pedro Perret fe 1617».

01-00044130 000

▶ M-BN, 5/12483. — Enc. hol. ▶ M-BN, 5/12958(I). — Enc. perg. — Falto de front. ▶ M-PR, III-6216. — Enc. pasta con hierros. — Falto de front. y del cuaderno ✱. ▶ M-UC (FFil), 2687. — Enc. perg. — Ex-libris ms. De la librería del Colegio Imperial de la Compañía de Jesus de Madrid. — Falto de front. y del cuaderno ✱.

3942

Collantes, Juan Francisco de (O.F.M.). *Diuina predicacion del soberano rey constituydo sobre el monte santo de Sion /* por Fray Iuan Francisco de Collantes, de la Serafica Religion de S. Francisco... ; tomo segundo. — En Çaragoça : por Pedro Cabarte..., 1618. — [26], 720, [56] p., ¶-3¶⁴, [ ]¹, A-Z⁸, 2A-2Z⁸, 3A-3B⁸, 3C⁴ ; 4⁰

Tasa fechada en 1619. — Texto a dos col.

01-00046154 000

▶ M-BN, 5/12958(II). — Enc. perg. — Falto de 1 h. de prelim. (Tasa). — Defectos de encuadernación en prelim. ▶ M-PR, III-6217. — Enc. pasta con hierros. — Falto de 1 h. de prelim. (Tasa). — Defectos de encuadernación en prelim. ▶ M-UC (FFil), 3314. — Enc. perg. — Ex-libris ms. de la librería del Colegio Imperial de la Compañía de Jesús de Madrid. — Falto de 2 h. de prelim.

3943

Collantes, Juan Francisco de (O.F.M.). *Diuina predicacion del sobera-*

no rey constituydo sobre el monte santo de Sion / por fray Iuan Francisco de Collantes, de la Serafica Religion de S. Francisco... ; tomo tercero. — En Çaragoça : por Pedro Cabarte..., 1618. — [4], 692, [60] p., ¶², A-Z⁸, 2A-2Z⁸, 3A⁸ ; 4⁰

Texto a dos col.

01-00046155 000

▶ M-PR, III-6218. — Enc. pasta con hierros.

3944
Collantes y Avellaneda, Jacobo de.
Commentariorum pragmaticae in fauorem rei frumentariae & agricolarum & rerum, quae agriculturae destinatae sunt libri tres / autore Iacobo de Collantes & Auellaneda... — Madriti : apud Ludouicum Sanchez, 1606. — [14], 224, [24] h., ¶⁴, ¶⁸, 2¶², A-Z⁸, 2A-2E⁸, a-c⁸ ; 4⁰

Marca tip. en port.

01-00044131 000

▶ M-BN, 2/15905. — Enc. perg. — Ex-libris de Fernando José de Velasco. ▶ M-BN, 3/33460. — Enc. perg. — Ex-libris mss. de Don Manuel Tofiño de Saavedra y licenciado Salinas. ▶ M-BN, P/4659. — Enc. perg.

3945
Collantes y Avellaneda, Jacobo de.
Commentariorum pragmaticae in fauorem rei frumentariae, & agricolarum, & rerum, quae agriculturae destinatae sunt, libri tres / autore Iacobo de Collantes & Auellaneda... — Madriti : apud Ludouicum Sanchez, 1614. — [12], 224, [20] h., §⁴, 2§⁸, A-Z⁸, 2A-2G⁸, 2H⁴ ; 4⁰

Marca tip. en port.

01-00044132 000

▶ M-BN, 3/69621. — Enc. perg. ▶ M-PR, IX-4533. — Enc. pasta con hierros. — Ex-libris ms.: «Ex Bibliotheca Gondomar».

▶ M-UC (FD), 7130. — Enc. perg. — Ex-libris ms. de la Librería del Colegio Mayor.
▶ M-UC (FM), 63c64i. — Enc. perg.

3946
Collectanea *de sermones y assumptos predicables varios de diferentes autores : ordenada, y dispuesta en libros correspondientes a las particularidades de cada vno...* / por... Fray Francisco Nuñez... del Orden de Predicadores... ; tomo primero. — Impresso... en Madrid : por Domingo Garcia Morràs..., 1680. — [16], 216, 104, 184, 92, 24, 8, 12, 55, [56] p., ¶⁸, A-Q⁶, R⁴, S⁸, A-H⁶, I⁴, A-O⁶, P⁸, A-G⁶, H⁴, A², B⁶, C⁴, A⁴, A⁶, A-D², D-E², G-O², §-4§⁶, 5§⁴ ; Fol.

Texto en español y latín. — Port. con orla tip.

01-00044133 000

▶ M-BN, 2/45867. — Enc. perg. — Ex-libris ms. del Convento de San Francisco de Palma. — Deteriorado. ▶ M-BN, R/34074. — Enc. perg. — Falto de últimas p. del índice. — Deteriorado.

3947
Collectanea [sic] *de sermones y assumptos predicables varios de diferentes autores : ordenada y dispuesta en libros correspondientes a las particulares celebridades de cada vno...* / por... fray Francisco Nuñez... del Orden de Predicadores... ; tomo segundo. — Impresso en Madrid : en la oficina de Melchor Alvarez Blanco, 1680. — [4], 119, 52; 111, 24; 52; 132, 7; 152, 20, [48] p., [1] h. de grab., [ ]², A-K⁶, A-D⁶, E²; A-H⁶, I⁸, A-B⁶; A-D⁶, E²; A-K⁶, L², M⁴, A⁴; A-M⁶, N⁴, A⁶, B⁴, ¶-2¶⁶, 3¶⁴, §⁸ ; Fol

Port. con orla tip. — Grab. calc.: «Augu. Bouttats fesit», que representa a la Virgen del Rosario.

01-00044077 000

▶ M-BN, 2/45868. — Enc. perg. — Ex-libris ms. del convento de Sto. Domingo de Mallorca. — Deteriorado. ▶ M-BN, 5/41013. — Enc. perg. ▶ M-BN, 8/16807. — Enc. perg. — Ex-libris ms. de los Trinitarios Descalzos de Madrid. ▶ M-BN, R/34075. — Enc. perg. — Falto de «Fragmenta pro concionibus miraculosae imaginis in Suriano». ▶ M-UC (FFil), 13591. — Enc. perg. — Ex-libris ms. de la librería del Convento de San Trancesdo de Palma. — Falto de h. de grab.

3948
Collectanea *sacra, celebriorum actuum, ac rituum quos S. Romana ecclesia egregia celebrat religione destinata usui fratrum menorum, S.P.N. Francisci capuccinorum, almae Prouinciae Incarnationis vtriusque Castellae.* — Matriti : ex typographia Didaci Diaz a Carrera, 1658. — [2], 69 p., A-I^4 ; 4^0

Port. con esc. xil. de los Capuchinos.

01-00044134 000

▶ M-BN, V.E./169-29. — Enc. perg.

3949
Collurafi, Antonino. *L'occhio sopra lo scettro ouero la prudenza regia : delineata all'idea della maesta dei Re... Filippo Quarto il Grande... /* D. Antonino Collurafi... — Madrid : per Giouanni Sāchez : à cōte dell' auttore, 1643. — [16], 185 [i.e. 189] p., [2] en bl., §-2§^{4}, A-Z^4, 2A^4 ; 4^0

Error de pag., de p. 187 retrocede a 184.

01-00044135 000

▶ M-BN, 3/33889. — Enc. perg. con hierros dorados. ▶ M-BN, 8/36888. — Enc. perg. ▶ M-UC (FFil), 35202. — Enc. perg.

3950
Colmenares, Diego de. *[Genealogia de la familia de los Gonzalez que en Segovia nombran de San Salvador /* Lic. Diego de Colmenares]. — [S.l. : s.n., s.a.]. — H. 2-14, [1] h. de grab., A$_{2-4}$, B-C^4, D^2 ; 4^0

Tít. tomado de A$_2$ y autor de final de texto. — Vergara, p. 475, da como tít. «Genealogía de los Gonzalez del Salvador de la ciudad de Segovia». — Grab. calc., esc. de los González, precede al texto.

01-00044136 000

▶ M-BN, 2/16312. — Enc. perg. — An. ms. en h. de guarda: «el autor es el Lic^{do}. Diego de Colmenares».

3951
Colmenares, Diego de. *Genealogía historiada de los Contreras de San Iuan en la ciudad de Segovia /* por... Diego de Colmenares... — [S.l. : s.n., s.a.]. — 56 p., [1] h. de grab., [ ]^1, A-G^4 ; 4^0

Del texto se deduce posterior a 1641. — Grab. xil. en p. 5. — Grab. calc.: «Herman Pauneels fecit», esc. de los Contreras.

01-00044137 000

▶ M-BN, R/12684. — Enc. perg. — Sello de Pascual de Gayangos. ▶ M-BN, R/15177. — Enc. perg. — Ex-libris de Fernando José de Velasco.

3952
Colmenares, Diego de. *Historia de la insigne ciudad de Segouia y conpendio de las historias de Castilla /* autor Diego de Colmenares... — En Segouia : por Diego Diez... : a costa de su autor, 1637. — [18], 652 p., [1] h. de grab., [ ]^1, ¶^{8}, A-Z^6, 2A-2Z^6, 3A-3G^6, 3H-3I^4 ; Fol.

Texto a dos col. — Port. grab. calc.: «Diego de Astor fecit». — Hoja de grab. calc.: «Diego de Astor fecit 1629», que representa la Puerta de Guadalajara. y grab. calc. en p. 4.

01-00044138 000

▶ M-BN, R/19780. — Enc. perg. con hierros dorados. ▶ M-BZ, 12-110. — Enc. pasta. ▶ M-UC (FFil), 30070. — Enc. perg.

— Deteriorado. — Falto de port., prelim., última p. y h. de grab. — Restauradas algunas p. en sus bordes inferiores. ▶ M-UC (FFil), 30338. — Enc. perg.

3953

Colmenares, Diego de. *Historia de la insigne ciudad de Segovia y conpendio de las historias de Castilla* / autor Diego de Colmenares... — [2.ª impresion]. — En Segovia : por Diego Diez inpresor : a costa de su autor, 1637. — [18], 828 p., [ ]¹, ¶⁸, A-Z⁶, 2A-2Z⁶, 3A-3G⁶, 3H-3I⁴, 3K-3Z⁶, 4A⁴ ; Fol. Dato de edición tomado de p. 653. — Texto a dos col. — Port. grab. calc.: «Diego de Astor fecit» y grab. calc. en p. 4. — Indice general, p. 653-695. *Vidas y escritos de escritores segovianos*, p. 697-828.

01-00044139 000

▶ M-BN, P/3745. — Enc. perg. deteriorada. — Port. deteriorada afectando al año.

3954

Colmenares, Diego de. *Historia de la insigne ciudad de Segouia y conpendio delas [sic] historias de Castilla* / autor Diego de Colmenares... — En esta segunda inpresion sale añadido vn indice general dela [sic] Historia y las vidas y escritos de los escritores segouianos. — En Madrid : por Diego Diez... : a costa de su autor, 1640. — [18], 828 p., [1] h. de grab., [ ]¹, ¶⁸, A-Z⁶, 2A-2Z⁶, 3A-3G⁶, 3H-3I⁴, 3K-3Z⁶, 4A⁴ ; Fol. Es emisión de la segunda edición de Segovia, 1637. — Texto a dos col. — Port. grab. calc.: «Diego de Astor fecit». — Hoja de grab. calc.: «Diego de Astor fecit 1629», que representa la puerta de Guadalajara, [entre p. 88 y 89] y grabs. calc. en p. 4 y 22.

01-00044140 000

▶ M-BN, 2/9054. — Enc. hol. — Restauradas port. y última h. — La port. lleva la fecha ms. ▶ M-BN, P/2909. — Enc. perg. — Sin imprimir los versos de p. 609 y 610. — Falto de ¶₁. ▶ M-BN, R/16442. — Ans. mss. marginales. — Falto de port., sustituída por otra ms., y 1 h. de prelim. ▶ M-BN, R/24226. — Enc. perg. — Ex-libris ms. de Esteban de Angulo Llanos. — Deterioradas port., afectando al pie de imp., y p. 487-488. — Falto de p. 695, 696 y 827, 828. — Port. con fecha ms. ▶ M-BN, R/5994. — Ans. mss. marginales. — Enc. pasta con hierros dorados. — Falto de port. — Las sign. 2C₂ y 2C₅ son de distinto papel. ▶ M-BN, U/1018. — Enc. piel. — Sello de Luis de Usoz. — Falto de port. ▶ M-BZ, 12-111. — Enc. perg. ▶ M-CE, S1-E7-T1-1218. — Enc. hol. — Deteriorado. — Falto de la h. de grab. ▶ ME-RB, 97-IX-17. — Enc. piel con cortes dorados. ▶ M-FLG, Inv. 2216. — Enc. pasta con hierros dorados. — Ex-libris de la biblioteca de George Dunn. ▶ M-PR, VII-1381. — Enc. pasta con super-libris esc. real. — Falto de h. de grab. ▶ M-PR, VIII-15433. — Enc. pasta con hierros. ▶ M-RAE, 5-A-100. — Enc. perg. ▶ M-UC (FFil), 30337. — Enc. perg. ▶ M-UC (FFil), 30841. — Enc. perg.

3955

Colmenares, Diego de. *Vida del maestro Fray Domingo de Soto...* / Licenciado Diego de Colmenares. — [S.l. : s.n., s.a.]. — [20] p., A-B⁴, C² ; 4⁰ Dedicatoria fechada en Segovia en 1630.

01-00094934 000

▶ M-BN, V.E./43-61.

3956

Colmenares, Jacinto de (O.P.). *Sermon que predico... F. Hyacinto de Colmenares de la Orden de Santo Domingo de Predicadores, en las honras que el Conuento de Santo Domingo el Real de Malaga hizo por... Dõ Juan Alonso de Moscoso, Obispo que fue de esta ciudad...* — Impresso en Malaga : por Iuan Rene,

1614. — [15] h., [1] en bl., A-D^4 ; 4^0
Port. con esc. xil. episcopal. —
Texto fileteado.

01-00044141 000

▶ M-UC (FFil), 2597(2). — Enc. perg.

3957

Colmenares, Jacinto de (O.P.). *Sermon que predico... Fray Iacinto de Colmenares... de la Ordē de S. Domingo, en las Reales honras que al Rey don Filipo Tercero hizo el Colegio de S. Tomas de Madrid, año de 1621...* — En Madrid : por Diego Flamenco, 1621. — [3], 20 [i.e. 19] h., [ ]^3, A^1, B-E^4, F^2 ; 4^0
Numerosos errores de fol. — Port. con grab. xil. que representa a la Virgen con el Niño.

01-00044142 000

▶ M-BN, V.E./153-8. — Defectos de encuadernación en prelim. ▶ M-BN, V.E./219-32. ▶ M-BN, V.E./280-21. — Sello de Pascual de Gayangos.

3958

Colmenares, Jacinto de (O.P.). *Sermon que predico... Fray Iacinto de Colmenares... de la orden de Santo Domingo, en las reales onras que al rey don Filipe Tercero hizo el Colegio de Santo Tomas de Madrid, año 1621...* — [Sevilla] Impresso en Madrid por Diego Flamenco, y por su original en Seuilla : por Francisco de Lyra, 1621. — 16 h., A-D^4 ; 4^0
Port. con viñeta xil.

01-00044143 000

▶ M-BN, R/20949(11). — Enc. perg.

3959

Colmenero, José. *Reprobacion del pernicioso abuso de los poluos de la corteza de el quarango o China china... : a que se junta vn provechosissimo manifiesto de las muchas virtudes de las salutiferas y sul-*
phureas aguas de los Baños de Ledesma... / autor el doctor don Joseph Colmenero... — En Salamanca : por Eugenio Antonio Garcia, 1697. — [18], 198, [12], 80 p., [1] h. de grab. pleg., §-2§^{4}, A-M^8, N^4, O^2, ¶^{4}, A-E^8, 4^0
Port. con orla tip. — Grab. xil. pleg., esc. de Juan Domingo de Zuñiga Fonseca Ayala y Toledo. — *Tratado maravilloso y utilissimo de las enfermedades que se curan con las salutiferas agua de los Baños de Ledesma..., 80 p., con port. y sign. propias.*

01-00044144 000

▶ M-BN, 2/16124. — Enc. perg. — Falto de h. de grab. pleg. ▶ M-BN, 3/43762. — Enc. perg. — Hojas de índice, correspondiente a sign. O, encuadernadas al fin. ▶ ME-RB, 69-VII-1(2). — Enc. piel. ▶ M-UC (FM), 615.3C65j. — Enc. perg. — Falto de h. de grab. ▶ M-UC (FM), 615.3C65j. — Enc. perg. — Restaurada la port. y manuscrito el pie de imprenta. ▶ M-UC (FM), 615.3C65j. — Enc. perg. — Falto de h. de grab., el índice y «Tratado...». ▶ M-UC (FM), 615.83/9C65j. — Enc. pasta. — Las 2 h. de indices encuadernadas después de p. 80. — Ex-libris de la Biblioteca de Vicente Asuero y Cortazar. — Falto de la «Reprobación...». ▶ M-UC (FM), 615.83/9C65j. — Enc. cart. — Las 2 h. de índices enc. después de p. 80. — Sello del Archivo General Central en Alcalá de Henares. — En h. de guarda an. ms. de Don Francisco Priero de Tomas... — Falto de la «Reprobación...». ▶ M-UC (FM), 615.83/9C65j. — Enc. cart. — Las 2 h. de indices enc. después de p. 80. — Falto de la «Reprobacion...». — Portada restaurada.

3960

Colmenero de Ledesma, Antonio. *Apologia chirurgica /* de el licenciado Antonio Colmenero de Ledesma... — En Seuilla : por Gabriel Ramos Vejarano..., 1622. — [15] p., A^8 ; 4^0

01-00044145 000

▶ M-UC (FM), XV-2-6-11. — Enc. cart.

3961
Colmenero de Ledesma, Antonio.
Curioso tratado de la naturaleza y calidad
del chocolate : diuidido en quatro puntos...
/ por... Antonio Colmenero de Ledesma... — En Madrid : por Francisco Martinez, 1631. — [2], 11 h.,
[ ]², A-B⁴, C³ ; 4⁰

01-00044146 000

▶ M-BN, U/5396. — Enc. hol. — Sello de
Usoz.

3962
Colocacion *de la milagrosa imagen*
del Glorioso Patriarcha Sto. Domingo del
Soriano, procesion y otauario solemne q. se
celebro en su capilla... — [Madrid] :
Fran.ᶜᵒ Martinez impresor, [s.a.].
— [2], [1] en bl., 36 h., [1] h. de
grab., [ ]⁴, A-I⁴ ; 4⁰
La producción del impresor se
fecha ca. 1619-1645. — Port. grab.
calc. heráldica y h. de grab. calc.
con el retrato del Santo: «P.º de
Villa Franca f. en Mᵈ año 1638».

01-00094935 000

▶ M-BN, V.E./163-8.

3963
Colodrero de Villalobos, Miguel
(1608-   ). *El Alpheo, y otros assuntos,*
en verso, exemplares algunos / por don
Miguel de Colodrero Villalobos...
— En Barcelona : en casa Sebastian, y Jayme Mateuad..., 1639. —
[8], 130 [i.e. 132] h., ¶⁸, A-Q⁸, R⁴ ;
8⁰
Colofón. — Error de fol., se repiten h. 95 y 96.

01-00044147 000

▶ M-BN, 3/26536. — Enc. perg. — Sello
de Pascual de Gayangos y ex-libris de Manuel Murgutio. — Deteriorado. — Falto de
port., prelim., h. 42, 44-45, 73 y 80. ▶ M-
BN, R/3749. — Enc. piel con hierros dorados. ▶ M-RAE, 17-X-61. — Enc. perg.

3964
Colodrero de Villalobos, Miguel
(1608-   ). *Diuinos versos o Carmenes*
sagrados... / D. Miguel de Colodrero
Villalobos los escribia... — En Zaragoça : por los herederos de Pedro
Lanaja, y Lamarca, 1656. — [4], 68
h., [ ]⁴, A-H⁸, I⁴ ; 4⁰

01-00044148 000

▶ M-BN, 8/19619. ▶ M-BN, R/12735. —
Enc. hol. — Sello de Pascual de Gayangos.
▶ M-BN, R/6905. — Enc. perg. — Ex-libris:
«D.A. Mosty».

3965
Colodrero de Villalobos, Miguel
(1608-   ). *Varias rimas de don Mi-*
guel Colodrero de Villalobos... — En
Cordova : por Salvador de Cea
Tesa, 1629. — [16], 176 p., ¶⁸, A-
K⁸, L-M⁴ ; 4⁰
Colofón con marca de impresor.

01-00044149 000

▶ M-BN, 3/71054. — Enc. hol. — Falto
de las p. 99 a 110. ▶ M-BN, R/13730. —
Enc. piel. — Sello de Pascual de Gayangos.
▶ M-BN, R/16667. — Enc. perg. — Falto de
port., sustituida por ms., y de prelim. ▶ M-
BN, R/25376. — Enc. hol. ▶ M-BN, R/7333.
— Enc. piel. ▶ M-PR, VIII-17099. — Enc.
perg. ▶ M-UC (FFil), Res.830. — Enc.
perg. — Ex-libris de la Condesa del Campo
de Alage.

3966
Colodro, Francisco Benito. *Acla-*
macion panegyrica, de las heroycas virtu-
des del Eminentissimo Señor, y esclarecido
Principe, Don Fray Francisco Ximenez de
Cisneros, Cardenal, Arzobispo de Tole-
do... / dixola, el Dr. D. Francisco Benito Colodro... — En Alcalà : en la
imprenta de Francisco Garcia Fernandez..., 1674. — [6], 18 p., ¶⁴, A-
B⁴ ; 4⁰
Port. con orla tip.

01-00044151 000

▶ M-BN, V.E./73-28.

3967
Colodro, Francisco Benito. *Oracion funebre, en las exequias del Ilustrissimo Señor D. Andres Brauo de Salamanca, Obispo, y señor de Siguenza* / dixola el Dr. D. Francisco Benito Colodro... en la Santa Iglesia Cathedral de Siguença... — En Alcalá : por Maria Fernandez..., 1669. — [2], 19 p., [ ]¹, A-B⁴, C² ; 4⁰
Port. con orla tip.

01-00044150 000

▶ M-BN, V.E./5-8.

3968
Colodro, Salvadora. *Afectos de vn pecador arrepentido, hablando con vn santo crucifixo a la hora de la muerte* / compuestos por Doña Salvadora Colodro... — Impressos en Granada : en la Imprenta Real de Baltasar de Bolibar..., 1663. — [8] p. ; 4⁰
Port. con orla tip. y grab. xil. que representa un Calvario.

01-00094936 000

▶ M-BN, V.E./155-31.

3969
Coloma, Carlos (1567-1637). *De las guerras de los Estados Baxos, desde el año de M.D.LXXXVIII hasta el de M.D.X.C.IX...* / de... Carlos Coloma... — [S.l.: Cambray : s.n.: Jean de la Riviére], 1622. — [8], 46, 44, 61, 51, 75, 73, 63, 103, 82, 96, 64, 79 p., ✳⁴, A-Z⁴, 2A-2Z⁴, 3A-3Z⁴, 4A-4G⁴, a-z⁴, 2a-2g⁴ ; 4⁰
Atribución de la imprenta: D. Rhodes, «The first edition of Carlos Coloma's...». — Port. a dos tintas.

01-00035100 000

▶ M-BN, R.ad. — Enc. perg. con hierros dorados

3970
Coloma, Carlos (1567-1637). *Las guerras de los Estados Baxos desde el año de*

MDLXXXVIII hasta el de MDXCIX / recopiladas por D. Carlos Coloma... — En Amberes : en casa de Pedro y Iuan Bellero, 1625. — [8], 579 p., †⁴, A-Z⁴, 2A-2Z⁴, 3A-3Z⁴, 4A-4C⁴, 4D² ; 4⁰
Peeters Fontainas I, p.143. señala que hay ejemplares con 1 p. de erratas, añadida posteriormente. — Port. grab. calc.

01-00044152 000

▶ M-BN, R/22114. — Enc. perg. ▶ M-BN, U/531. — Enc. perg. — Ex-libris de la Biblioteca de la Real Universidad de Valladolid. ▶ M-BZ, 23-43. — Enc. perg. ▶ M-PR, V-231. — Enc. pasta con hierros. — Falto de prelim. ▶ M-RAE, 5-A-187. — Enc. pasta con hierros dorados.

3971
Coloma, Carlos (1567-1637). *Las guerras de los Estados Baxos desde el año de mil y quinientos ochenta y ocho hasta el de mil quinientos nouenta y nueue* / recopiladas por Dõ Carlos Coloma... — Impresso en Barcelona : a costa de Iuan Simon..., 1627 (en casa de la viuda Elizabet Tomasa). — 6, 327, [1] h., ¶⁴, ✳², A-Z⁸, 2A-2S² ; 4⁰
Existe emisión con pie de imp.: Barcelona : a costa de Miguel Manescal, 1627. — Colofón. — Port. con esc. xil. real.

01-00044153 000

▶ M-BN, R/11419. — Enc. piel con hierros dorados. — Sello de Pascual de Gayangos. ▶ M-BN, R/14917(1). — Enc. piel. ▶ M-RAE, 37-V-7. — Enc. hol. — Falto de port. y h. de colofón. ▶ M-UC (FFil), 34312. — Enc. perg. — Ejemplar muy deteriorado. — Falto de 2 h. de prelim. y de h. 268 a 280.

3972
Coloma, Carlos (1567-1637). *Las guerras de los Estados Baxos desde el año de mil y quinientos ochenta y ocho hasta el*

de mil y quinientos nouenta y nueue / recopilados por Dō Carlos Coloma... —
Impresso en Barcelona : a costa de
Miguel Manescal..., 1627 (en casa
de la viuda Elizabet Tomasa). — 6,
327, [1] h., ¶⁴, ✶², A-Z⁸, 2A-2S⁸ ;
4⁰

Existe emisión con pie de imp.:
Barcelona : a costa de Iuan Simon,
1627. — Colofón. — Port. con esc.
xil. real.

01-00044154 000

▶ M-BN, 2/15950. — Enc. hol. — Falto
de 2 h. de prelim. ▶ M-BN, 3/51799. — Enc.
perg. — Falto de colofón. ▶ M-BN, R/
14176. — Enc. perg. — Falto de 2 h. de prelim. — Port. restaurada.

3973
Coloma, Carlos (1567-1637). *Las
guerras de los Estados Baxos desde el año de
MDLXXXVIII hasta el de MDXCIX* /
recopiladas por D. Carlos Coloma...
— En Amberes : en la officina de Iuan
Bellero, 1635. — [4], 651, [i.e. 643]
p., [ ]², A-Z⁴, 2A-2Z⁴, 3A-3Z⁴, 4A-
4L⁴, 4M² ; 4⁰

Hay ejemplares de esta ed. con
port. tip. con esc. xil. y pie de imp.:
«en casa de Iuan Bellero». — Errores de pag., de p. 351 pasa a 353 y de
p. 592 a 601. — Texto con apostillas
marginales. — Port. grab. calc.

01-00044155 000

▶ M-BN, R/12254. — Enc. piel. — Sello
de Pascual de Gayangos. ▶ M-BN, R/14173.
— Enc. perg. — Ex-libris de Fernando de
Velasco. ▶ M-BN, R/20037. — Enc. perg.
— Falto de dedicatoria. — Restauradas
port. y p. 1 a 8. ▶ M-BN, R/25345. — Enc.
perg. — Ex-libris de los Capuchinos de Ma-
drid. — Ejemplar con port. tipográfica.
▶ M-BN, R/4489. — Enc. perg. — Ejemplar
con port. tipográfica. ▶ M-BZ, 23-45. —
Enc. perg. ▶ M-FLG, Inv. 179. — Enc.
perg. — Ejemplar con port. tipográfica.
▶ M-PR, I.B-323. — Enc. falso perg. ▶ M-
PR, V-267. — Enc. piel. ▶ M-PR, V-268. —

Enc. pasta con hierros dorados. — Ex-libris
«S.D.S.Y.D.A.» y «Proprieté des Trois». —
Ejemplar con port. de la ed. de 1625. ▶ M-
UC (FFil), 34404. — Enc. perg. — Sello y
ex-libris ms. de la librería del Colegio Impe-
rial de Madrid. ▶ M-UC (FFil), 34449. —
Enc. piel con hierros dorados. — Super-
libris de la biblioteca del Duque de Osuna.

3974
**Colombo, Felipe (O. de M.) (1623-
1684).** *Compendio en breves noticias de la
vida de... S. Pedro Pasqual de el Real y
Militar Orden de nuestra Señora de la
Merced, Redempcion de Cautivos...* / le
consagra... Fray Felipe Colombo,
Coronista General de la Orden. —
[S.l. : s.n., s.a.]. — [8], 48 p., [1] h.
de grab., §⁴, A-F⁴ ; 4⁰

La p. 48 reproduce el decreto de
canonización del Santo, fechado en
1673. — Texto a dos col. — Grab.
calc. que representa a «San Pascual
de Valencia».

01-00044157 000

▶ M-BN, 3/23648. — Enc. perg. — Sello
de Pascual de Gayangos. ▶ M-BN, 3/61671.
— Enc. perg. — Falto de la h. de grab. ▶ M-
BN, 8/42326. — Enc. perg. deteriorada. —
Falto de la h. de grab.

3975
**Colombo, Felipe (O. de M.) (1623-
1684).** *Compendio en breves noticias de la
vida de... S. Pedro Pasqual de el Real y
Militar Orden de nuestra Señora de la
Merced, Redempción de Cautivos...* / le
consagra... Fray Felipe Colombo,
Coronista general de la Orden. —
Segunda impression. — [Madrid] :
en la Imprenta Real, 1673. — [8],
48 p. [1] h. de grab., ¶⁴, A-F⁴ ; 4⁰

Mención de edición precede al
autor. — Texto a dos col. — Grab.
calc. que representa a «San Pascual
de Valencia».

01-00044158 000

▶ M-BN, 3/8587. — Enc. hol. ▶ M-BN, V.E./127-59. — Falto de la h. de grab.

3976

Colombo, Felipe (O. de M.) (1623-1684). *Crisol del desengaño : en que al fuego de la verdad, y a soplos de la religiosa modestia, le aplica el puntual examen, a no pocas calumnias, que el R.P. Fr. Antonio Lorea, de la Religion de Santo Domingo, ha publicado contra el Real y Militar Orden de N. Señora de la Merced, Redencion de Cautivos... /* por el M. Fr. Phelipe Colombo, su Coronista general. — En Madrid : por Antonio Gonçalez de Reyes, 1684. — [20], 262, [2] p., ¶-2¶^{4}, 3¶^{2}, A-Z^4, 2A-2K^4 ; 4^0

Port. con orla tip.

01-00044159 000

▶ M-BN, 2/50365. — Enc. perg. — Ex-libris ms. de José Diez de Miranda (O.de M.). ▶ M-BN, 3/26123. — Enc. perg. ▶ M-BN, P/7229. — Enc. perg. — Falto de dos últimas p. ▶ M-UC (FFil), 14.332. — Enc. perg.

3977

Colombo, Felipe (O. de M.) (1623-1684). *El Iob de la ley de gracia retratado en la admirable vida del siervo de Dios... Fray Pedro Vrraca, del Real, y Militar Orden de nuestra Señora de la Merced... : sacado de lo que escriuieron... Fr. Ioseph Sanchis... y... Fr Francisco Mesia /* por... Fray Felipe Colombo, Coronista General de la Religion... — [Madrid] : en la imprenta Real, 1674. — [10], 139, [1] h., [1] h. de grab., [ ]^1, §^{8}, 2§^{2}, A-R^8, S^4 ; 4^0

Texto a dos col. — Grab. calc.: «Petrus de Villafranca sculptor regius, sculpsit Matriti, 1660», retrato de Fr. Pedro Urraca.

01-00044160 000

▶ M-BN, 3/14036. — Enc. perg. — Ex-

libris ms. de los Padres Trinitarios Descalzos de Madrid. ▶ M-BN, 3/48842. — Enc. perg. — Ex-libris ms. de los Padres Trinitarios Descalzos de Madrid. ▶ M-UC (FFil), 7753. — Enc. perg. — Ex-libris ms. de la librería del Noviciado de la Compañía de Jesús.

3978

Colombo, Felipe (O. de M) (1623-1684). *Noticia historica de el origen de la milagrosa imagen de N.S. de los Remedios : su marauillosa venida a España, culto con que se venera en el conuento de el Real Orden de N.S. de la Merced... de esta corte... /* por... Fr. Felipe Colombo, Coronista General de la Orden... ; dala a la estampa... Fr. Ioseph de Aldana. — En Madrid : [s.n.], 1676. — [8], 118 p., [1] h. de grab., ¶^{4}, [ ]^1, A-G^8, H^3 ; 8^0

Grab. calc. que representa la imagen de Nuestra Señora de los Remedios.

01-00044162 000

▶ M-BN, 2/34732. — Enc. perg.

3979

Colombo, Felipe (O. de M.) (1623-1684). *Noticia historica del origen de la milagrosa imagen de Nuestra Señora de los Remedios : su maravillosa venida à España, culto con que se venera en el convento del Real Orden de N. Señora de la Merced... de esta corte... /* por... Fr. Felipe Colombo, Coronista General de la Orden... — En Madrid : [s.n.], 1676. — [8], 112 p., [1] h. de grab., ¶^{4}, [ ]^1, A-G^8 ; 8^0

Esc. xil. de D. Luis de Benavides Aragón Folch de Cardona, en ¶$_2$. — Grab. calc., que representa el altar de Nuestra Señora de los Remedios.

01-00044161 000

▶ M-BN, 3/66308(1). — Enc. perg.

3980

Colombo, Felipe (O. de M.) (1623-1684). *Noticia historica del origen de la* milagrosa imagen de Nuestra Señora de los Remedios : su maravillosa venida à España, culto con que se venera en el Convento del Real Orden de N. Señora de la Merced... desta Corte : con el principio, y progressos de su real esclavitud / por... Felipe Colombo... ; añadida en algunas particularidades por vn devoto de la Soberana Imagen... — En Madrid : [s.n.], 1698. — [6], 122 p., [1] h. de grab., A-H^8 ; 8^0

01-00044163 000

▶ M-BN, 2/61951. — Enc. pasta. — Sello de Pascual de Gayangos. — Falto de h. de grab. — Defectos de encuadernación: p. 75-90 entre p. p. 58 y 59. ▶ M-BN, P/3833. — Enc. perg. — Falto de h. de grab. ▶ ME-RB, 41-VI-13(2). — Enc. piel con cortes dorados.

3981
Colombo, Felipe (O. de M.) (1623-1684). *Noticia historica del origen de la milagrosa imagen de N. Señora de los Remedios : su maravillosa venida a España, culto con que se venera en el Convento del Real Orden de N. Señora de la Merced... desta Corte : con el principio, y progressos de su real esclavitud / por... Felipe Colombo... ; añadida en algunas particularidades, por un devoto de la Soberana Imagen...* — En Madrid : [s.n.], 1698. — [6], 90 p., A-F^8 ; 8^0

La aprobación de Gabriel Sanz lleva, por error tip., la fecha de 1779.

01-00044164 000

▶ M-BN, 3/25532. — Enc. perg. ▶ M-UC (FFil), 8336. — Enc. perg.

3982
Colombo, Felipe (O. de M.) (1623-1684). *Relación de las fiestas, que el Real Convento de Santa Catalina de Toledo del Real, y Militar Orden de nuestra Señora*

de la Merced, Redencion de Cautivos, consagro a la solemnidad de la extension del culto, y rezo concedido a San Pedro Pasqual de Valencia... : con los tres sermones, que en las fiestas predicaron los tres señores Canonigos Magistrales de la Santa Iglesia de Toledo : y vn epitome de la vida del Santo, sacado, y añadido de los processos que en su causa se hizieron / por... Fr. Felipe Colombo... — En Madrid : en la Imprenta Real, 1674. — [20], 228 p., [1] h. de grab., ¶^{8}, 2§^{2}, A-Z^4, 2A-2E^4, 2F^2

Texto a dos col. — Grab. calc., retrato de San Pedro Pascual de Valencia, precede a la port. — *Sermon que predicó... Francisco de Arando y Mazuelo...*, p. 114-150. *Sermon segundo, que predico... Iuan de Rojas Centellas...*, p. 151-194. *Sermon tercero, predicado por... Melchor García Costilla...*, p. 195-228.

01-00044165 000

▶ M-BN, 2/68455. — Enc. perg. — Ex-libris ms. de los Trinitarios Descalzos de Madrid. ▶ M-BN, 3/63996. — Enc. perg. — Ex-libris ms. de la librería de la Victoria. ▶ M-BN, R/24562. — Enc. perg. — Falto de la h. de grab. ▶ ME-RB, M-14-II-21. — Enc. perg. — Falto de h. de grab. ▶ M-UC (FD), 10.993. — Enc. perg. — Falto de port., parte de prelim. y h. de grab. ▶ M-UC (FD), 11.330. — Enc. perg. — Ex-libris del colegio de la Concepción de Alcalá.

3983
Colombo, Felipe (O. de M.) (1623-1684). *Vida de nuestro gloriosissimo patriarca y padre S. Pedro Nolasco... primer padre y fundador del real y militar Orden de N. Señora de la Merced... / por el padre... Felipe Colombo, cronista general de toda la Orden...* — En Madrid : en la Imprenta Real, 1674. — [32], 421 [i.e. 419], [26] p., §-2§^{8}, A-Z^8, 2A^8, 2B^9, 2C-2D^8, 2E^6 ; 4^0

Texto a dos col. — Errores de pag., de p. 182 pasa a 187, y repite las p. 391-392. — Port. con orla tip.

01-00044166 000

▶ M-BN, 3/36862. — Enc. perg. ▶ M-UC (FFil), 7588. — Enc. perg. — Ex-libris ms. de la librería del noviciado de la Compañía de Jesús de Madrid.

3984
Colombo, Felipe (O. de M.) (1623-1684). *Vida del glorioso cardenal San Ramon Nonnat... de el real y militar Orden de N. Señora de la Merced... / por... Fr. Phelipe Colombo... coro-nista general de toda la Orden.* — En Madrid : por Antonio Gonçalez de Reyes, 1676. — [16], 330, [22] p., §-2§⁴, A-Z⁴, 2A-2V⁴ ; 4⁰

Colofón. — Texto a dos col.

01-00044167 000

▶ M-BN, 2/13038. — Enc. perg. ▶ M-UC (FD), 4298. — Enc. perg. — Ex-libris ms. del Colegio de Málaga. ▶ M-UC (FFil), 7754. — Enc. perg.

3985
Colombo, Felipe (O. de M.) (1623-1684). *Vida del siervo de Dios V.P. Fray Gonzalo Diaz de Amarante... del Orden de Nuestra Señora de la Merced... : saca-da de dos informaciones que... se hizie-ron... por los ordinarios de Lima... / por... Fray Felipe Colombo, cronis-ta general de toda la Religion... y impressa a sus expensas.* — En Ma-drid : por Antonio Gonçalez de Reyes, 1678. — [16], 444, [16] p., [1] h. de grab., ¶-2¶⁴, [ ]¹, A-Z⁴, 2A-2Z⁴, 3A-3L⁴, 3M² ; 4⁰

Texto a dos col. — Port. con orla tip. — Grab. calc.: «Marcus Orozco Presb^er Sculpt. M^ti», que representa a Fr. Gonzalo Díaz de Amarante.

01-00044168 000

▶ M-UC (FFil), 34827. — Enc. perg.

3986
Colón de Portugal y Castro, Pedro, Duque de Veragua. *Señora. Don Pedro Colon de Portugal y Castro, Almirante de las Indias, Adelantado mayor de ellas, Duque de Veragua... Dize: Que auiendo puesto en las Reales manos de V. Magestad vn memorial, en que representaua muy breuemente ias razo-nes que le assisten, para esperar de la Real grandeza de V.M. que sera seruida de mandarle dar recompensa de la isla de Xa-maica; se siruió V.M. de remitirle al Real Consejo de las Indias. Y... buelue a poner-se a los Reales pies de V.M.... y a expres-sar algo mas dilatadamēte los fundamen-tos, con que justifica su pretension...* — [S.l. : s.n., s.a.]. — 16 h., A-H² ; Fol.

01-00002967 000

▶ M-BN, V.E./1346-24.

3987
Colonna, Egidio (O.E.S.A.). *Com-mentariun beati Aegidij Columnae Roma-ni eremitarum ordinis divi augustini... in primum librum Magistri Sententiarum /* nunc denuo excusum studio ac in-dustria R.P. Fr. Antonij de Agui-lar... in regali divi augustini... — Editio tertia. — Cordubae : ex offi-cina augustiniana apud Lazarum de Risquez & Antonium Rosellon, 1699. — [26], 862, [22] p., [1] h. de grab., [ ]⁵, ✱⁴, ¶⁵, A-Z⁴, 2A-2Z⁴, 3A-3Z⁴, 4A-4Z⁴, 5A-5R⁴, 5S⁶ ; Fol.

Texto a dos col. — Port. a dos tin-tas. — Grab. calc.: «S. Jordan His-pal. fac.», retrato del autor.

01-00044169 000

▶ M-BN, 3/57377. — Enc. perg.

3988
Coloquio *entre el divino Esposo, y el Alma.* — Impresso en Madrid : en la

Imprenta del Reyno..., [s.a.]. — [4] p. ; 4⁰

El pie de imp. consta en colofón. — Texto con orla tip.

01-00094937 000

▶ M-BN, V.E./122-12.

3989

Coloquio, *que tuvieron en el reyno de las Tinieblas, Mahoma, y Mon-Señor Colbert, Ministro que fue de Francia* / traducido de Frances en Ytaliano, y de Ytaliano en Castellano... — Impresso en Colonia : por Daniel Artiman, 1683. — 23 p., A-C⁴ ; 4⁰

El pie de imp. consta en colofón.

01-00094938 000

▶ M-BN, V.E./149-39. ▶ M-PR, III-6511(19). —Enc. piel.

3990

El **Colyrio.** — [S.l. : s.n., s.a.]. — 12 h., A-F² ; Fol.

Uriarte, obras anónimas y seudónimas de autores de la Compañía de Jesús, I, 771, atribuye la obra a Juan de Palazol, y la supone impresa en Madrid hacia 1697.

01-00094939 000

▶ M-BN, V.E./210-2. — An. ms. «Prohibido». ▶ M-PR, III/6467(5). — Enc. pasta.

3991

Coma, Pedro Mártir (O.P.), Obispo de Elna. *Directorium curatorum o Instrucion de curas...* / compuesto por... Fray Pedro Martyr Coma Obispo de Elna; nuevamente traduzido de lengua cathalana en vulgar castellano... — En Medina del Campo : por Iuan Godinez de Millis : a costa de Pedro Ossete y Antonio Cuello..., 1602. — [8], 160 h., ¶⁸, A-V⁸ ; 8⁰

Marca tip. en port.

01-00034035 000

▶ ME-RB, 110-V-42. — Enc. perg. — Falta a partir de h. 160.

3992

Coma, Pedro Mártir (O.P.), Obispo de Elna. *Directorium Curatorum o Instruction de curas...* / compuesto por... F. Pedro Martyr Coma, Obispo de Elna... ; con vn tratado breue... para ayudar a consolar los enfermos que estan en el articulo de la muerte. — A Cambray : venden son [sic] por Iosse Laurente..., 1613. — [8], 160, [8] h., ✱⁸, A-V⁸, 2✱⁸ ; 16⁰

Port. con viñeta xil. y grab. xil. en ✱₇.

01-00044172 000

▶ M-BN, R/13631. — Enc. perg. — Sello de Pascual de Gayangos.

3993

Coma, Pedro Mártir (O.P.), Obispo de Elna. *Directorium curatorum o Instrucion de curas : vtil y prouechoso para los que tienen cargo de animas* / compuesto por... Fr. Pedro Martyr Coma, obispo de Elna ; agora nueuamente corregido y emendado. — En Lerida : por Luys Menescal y a su costa, 1617. — [12], 187 h., ¶⁸, 2¶⁴, A-Z⁸, 2A³ ; 8⁰

Port. con viñeta xil.

01-00044170 000

▶ M-BN, 3/57508. — Enc. perg.

3994

Coma, Pedro Mártir (O.P.), Obispo de Elna. *Directorium curatorum o Instrucion de curas : vtil y prouechoso para los que tienen cargo de animas* / compuesto por... Fr. Pedro Martyr Coma, Obispo de Elna ; aora nueuamente corregido y emendado. — En Valladolid : en la Imprenta

de Iuan de Rueda : a costa de Andrea Calderon, viuda, 1618. — [12], 204 h., ¶^{8}, ¶^{8}, A-Z^8, 2A-2B^8 ; 8^0
Port. con viñeta xil.

01-00044173 000

▶ M-BN, 3/26294. — Enc. perg.

3995
Coma, Pedro Mártir (O.P.), Obispo de Elna. *Directorium curatorum o Instrucion de curas : vtil y prouechoso para los que tienen cargo de Animas* / compuesto por... Fr. Pedro Martyr Coma, obispo de Elna. — Impresso en Gerona : por Gaspar Garrich... y a su costa, vendense en la mesma Emprenta, 1622. — [12], 187 h., [1] en bl., ¶^{8}, 2¶^{4}, A-Z^8, 2A^4 ; 8^0
Port. con grab. xil. que representa a S. Marcos.

01-00044171 000

▶ M-BN, 3/55894. — Enc. perg.

3996
Combes, Francisco (S.I.) (1620-1665). *Historia de las islas de Mindanao, Iolo y sus adyacentes : progressos de la religion y armas catolicas* / compuesto por el padre Francisco Combes, de la Compañia de Iesus... — En Madrid : por los herederos de Pablo de Val : a costa de Lorenço de Ibarra..., 1667. — [24], 567 [i.e. 570], [6] p., ¶-2¶^{6}, A-Z^6, 2A-2Z^6, 3A-3B^6; Fol.
Error de pag., repetidas p. 547 y 548. — Texto a dos col. — Grab. xil. en 3B$_3$.

01-00044175 000

▶ M-BN, P/3303. — Enc. perg. — Ex-libris ms. del Colegio del Angel de Carmelitas Descalzos de Sevilla. ▶ M-BN, R/33103. — Enc. pasta con hierros dorados. — Ex-libris: «Coleccion Hispano Ultramarina. Suarez». ▶ M-PR, V-201. — Enc. pasta.

3997
Combes, Francisco (S.I.) (1620-1665). *Sermon predicado al Arcangel S. Miguel en la Santa Iglesia metropolitana de Manila... en el octavario festivo que celebró el señor D. Sabiniano Manrique de Lara... Capitan general entonçes de estas islas, eligiendole patrtron [sic] para defensa de ellas contra las soberuias amenazas del tirano...* / por el P. Francisco Combes... de la Conpañia [sic] de Iesus... ; sacole a luz... don Felipe de Vgalde... — [S.l. : s.n., s.a.]. — [3], 11 h., [ ]^3, A-B^4, C^3 ; 4^0
Prelim. fechados en Manila, 1664.

01-00044174 000

▶ M-BN, R/33365-2.

3998
Comedia *de la Soberana Virgen de Guadalupe, y sus Milagros, y Grandezas de España...* — Impressa en Seuilla : por Bartolome Gomez de Pastrana..., 1617. — [16] p., A^8 ; 4^0
Port. con grab. xil. que representa a la Virgen de Guadalupe.

01-00044176 000

▶ M-BN, T/10886. — Enc. piel con hierros. — Ex-libris de Cayetano Alberto de la Barrera.

3999
Comedias de autores valencianos I. *Doze comedias famosas, de quatro poetas naturales de la... Ciudad de Valencia...* — En Barcelona : en casa Sebastian de Cormellas... ; Vendense en Çaragoça : en casa de Iayme Gotart..., 1609 — [580] p., [ ]^4, A-C^8, D^4, E-F^8, G^4, H-I^8, K^4, L-M^8, N^6, O-P^8, Q^6, R-T^8, V^{10}, X-Z^8, 2A-2E^8, 2F^4, 2G-2I^8, 2K^4, 2L-2M^8, 2N^4, 2O-2Q^8; il. ; 4^0
Existe emisión con pie de imp. :

En Barcelona : en casa de Sebastian de Cormellas... vendese en la mesma emprenta, 1609. — Colofón al fin de la Comedia «La Sangre leal de los montañeses de Nauarra», Q_6 v. — Marca en port. — Texto a dos col. — Grab. xil. al comienzo de cada comedia. — Contiene: *El prado de Valencia* / compuesta por el canonigo Tarrega..., en A_1 ; *El esposo fingido* / compuesta por el canonigo Tarrega..., en E_1 ; *El cerco de Rodas* / compuesta por el canonigo Tarrega..., en H_1 ; *La perseguida Amaltea* / compuesta por el canonigo Tarrega..., en L_1 ; *La sangre leal de los montañeses de Nauarra* / compuesta por el canonigo Tarrega..., en O_1 ; *Las suertes trocadas y torneo venturoso* / compuesta por el canonigo Tarrega..., en R_1 . *La gitana melancólica* / compuesta por Gaspar Aguilar..., en X_1 ; *La nuera humilde* / compuesta por Gaspar Aguilar..., en $2A_1$; *Los amantes de Cartago* / compuesta por Gaspar Aguilar..., en $2D_1$. *El amor constante* / compuesta por don Guillem de Castro..., en $2G_1$; *El cauallero bouo* / de don Guillem de Castro, en $2L_1$. *El hiio obediente* / compuesta por Miguel Beneyto...

01-00094786 000

▸ M-BN, R/10644. — Enc. pasta. — Sello de Pascual de Gayangos. — Falto de las últimas hojas del Prado de Valencia (Cuaderno D^4). ▸ M-BN, R/9522(2). — Enc. pasta. — Contiene únicamente: El amor constante.

4000

Comedias de autores valencianos I.
Doze comedias famosas de quatro poetas naturales de la... ciudad de Valencia... — En Barcelona : en casa de Sebastian de Cormellas... : vendese en la mesma emprenta, 1609. — [580] p. il. [ ]^4,

$A-C^8$, D^4, $E-F^8$, G^4, $H-I^8$, $X-Z^8$, 2A-$2E^8$, $2F^4$, $2G-2I^8$, $2K^4$, $2L-2M^8$, $2N^4$, $2O-2Q^8$; 4^0

Existe emisión con pie de imp. en Barcelona : en casa Sebastian de Cormellas... ; Vendense en Zaragoza : en casa de Iayme Gotart, 1609. — Marca tip. en port. — Colofón al fin de la comedia «La sangre leal de los montañeses de Navarra», Q_6. — Grab. xil. al comienzo de cada comedia.

01-00001808 000

▸ M-PR, I.C.160. — Enc. pasta. ▸ M-PR, VII-5365. — Enc. cart. — Contiene únicamente: El amor constante y El cauallero bouo. — Comedias incluidas en un v. facticio.

4001

Comedias de autores valencianos I.
Doze Comedias famosas de quatro poetas naturales de la... ciudad de Valencia : las quales van... con sus loas y entremeses. — En Madrid : por Miguel Serrano de Vargas (por Juan Serrano de Vargas) : a costa de Miguel Martinez..., 1614. — [648] p., [ ]^4, $A-C^8$, D^4, E-F^8, G^4, $H-I^8$, K^4, $L-M^8$, N^4, [ ]^2, N_{5-6}, $O-Z^8$, $2A-2S^8$, $2T^4$: il. ; 4^0

Colofón. — Texto a dos col. — Port. con esc. xil. heraldico. — La h. con sign. $2A_8$ en bl. — Grab. xil. en port. — Contiene : *El prado de Valencia* / compuesta por el canonigo Tarrega..., en A_1 ; *El esposo fingido* / compuesta por el canonigo Tarrega..., en E_1 ; *El cerco de Rodas* / compuesta por... Tarrega..., en H_1 ; *El cerco de la perseguida Amaltea* / compuesta por... Tarrega..., en L_1 ; *La sangre leal de los montañeses de Nauarra* / compuesta por... Tarrega..., en O_1 ; *Las suertes trocadas y torneo venturoso* / compuesta por... Tarrega..., en Q_7. *La gitana melancolica* / compuesta por

Gaspar Aguilar..., en X_5 ; *La nuera humilde* / compuesta por Gaspar Aguilar..., en $2B_1$; *Los amantes de Cartago* / compuesta por Gaspar Aguilar..., en $2E_3$. *El amor constante* / compuesta por don Guillen de Castro..., en $2H_4$; *El cauallero bobo* / compuesta por don Guillen de Castro..., en $2N_1$. *El hijo obediente* / compuesta por Miguel Beneyto..., en $2Q_3$.

01-00094787 000

▶ M-BN, R/11769. — Enc. tela. — Sello de Pascual de Gayangos. — La h. $2C_7$ deteriorada. ▶ M-BN, R/18082(3, 4). — Enc. piel con hierros dorados. — Ex-libris de Cayetano Alberto de la Barrera. — Contiene únicamente las comedias: La nuera humilde y los amantes de Cartago. — Forma parte de un v. facticio con port. ms. «Comedias de Gaspar de Aguilar. Coleción espezial formada por D.C.A. de la B. Tomo 1⁰ Madrid, 1861». ▶ M-BN, R/4504. — Enc. cartón. — Sello de D. Agustín Durán. — En el lomo consta: «Comedias de los poetas valencianos Tomo I».

4002
Comedias de autores valencianos II. *Norte de la poesia española : illustrado del sol de Doze comedias (que forman segunda parte) de laureados poetas valencianos, y de doze escogidas loas y otras rimas a varios sugetos* / sacado a luz, aiustado con sus originales por Aurelio Mey... — Impreso en Valencia: en la impresion de Felipe Mey... : a costa de Filipo Pincinali..., 1616. — [626] p., A^8, A-C^8, D^4; A-B^8, C^{12}; A-B^8, C^6; A-B^8, C^{10}; A-C^8; A-B^8, C^{12}; A-C^8; A-B^8, C^6; A-B^8, C^{12}; A-B^8, C^{10}; A-B^8, C^7; A-B^8, C^{10} : il. ; 4^0

Existe emisión con pie de imp.: Impreso en Valencia: en la impresion de Felipe Mey...: a costa de Iusepe Ferrer..., 1616. — Marca de imp. en primera página de «La gran comedia de la Belligera españo-

la...». — Texto a dos col. — Port. con viñeta xil. — Grab. xil. en la primera página de cada comedia. — Contiene : *La gran comedia del Cerco de Pauia y prision del rey de Francia* / del canonigo Tarrega. *El marido asigurado : comedia famosa* / compuesta por don Carlos Boyl Viues... *La famosa comedia del Mercader amante* / compuesta por... Gaspar de Aguilar. *La burladora burlada* / de Ricardo de Turia. *La fuerza del interes : comedia famosa* / compuesta por Gaspar Aguilar. *La gran comedia de la Belligera española* / compuesta por... Ricardo de Turia. *La duquesa constante* / del canonigo Tarrega. *La famosa comedia de la Suerte sin esperança* / de Gaspar Aguilar. *La famosa comedia de la Fe pagada* / compuesta por Ricardo de Turia. *La fundacion de la Orden de Nuestra Señora de la Merced por el Rey don Iayme* / del canonigo Tarrega. *El gran patriarcha don Iuan de Ribera, arçobispo... de Valencia* / por Gaspar Aguilar. *La gran comedia del triumfante martirio y gloriosa muerte de San Vicente... patron de Valencia* / por Ricardo de Turia.

01-00094788 000

▶ M-BN, R/12280. — Enc. perg. sobre cart. — Sello de Pascual de Gayangos. — La comedia «El gran patriarcha don Iuan de Ribera» encuadernada entre «La famosa comedia de la Fe pagada» y «La fundación de la Orden de...·la Merced...». — En el lomo aparece como tit. «Comedias españolas». ▶ M-BN, R/15287. — Enc. perg. — Ex-libris ms. «Juan Gil estud.ᶜ». — Falto de la primera página de «El cerco de Pavia», las 9 últimas h. de «La duquesa constante», primera página de «La suerte sin esperanza» y C_1 y C_{10} de la última comedia. ▶ M-BN, R/18082(1). — Enc. piel con hierros dorados. — Ex-libris pegado de la «Libreria del licenciado D. Cayetano Alberto de la Barrera». — Contiene únicamente: La famosa comedia del Mercader amante. La fuerza del interes: comedia famosa, y El gran patriarcha don Iuan de Ribera..., las tres comedias de Gaspar de Aguilar. — La 3.ª comedia falta de port. y h. siguiente y no está enc. a continuación de las otras dos. — Comedias incluídas en un v. facticio con port. ms. «Comedias de Gaspar de Aguilar. Colección espezial formada por D. C. A. de la B. Tomo 1º Madrid, 1861». ▶ M-BN, T/32921. — Solo contiene «La famosa comedia del Mercader amante/ compuesta por... Gaspar Aguilar». ▶ M-BN, U/10337. — Enc. perg. sobre cart. — Ex-libris de D. Luis de Usoz. — En el lomo aparece como tit. «Comedias de Valencia».

4003

Comedias de autores valencianos II. *Norte de la poesia española : illustrado del sol de Doze comedias (que forman segunda parte) de laureados poetas valencianos, y de doze escogidas loas y otras rimas a varios sugetos* / sacado a luz, aiustado con sus originales por Aurelio Mey... — Impreso en Valencia: en la impresion de Felipe Mey... : a costa de Iusepe Ferrer..., 1616. — [626] p., A⁸, A-B⁸, C¹²; A-B⁸, C⁶; A-B⁸, C¹⁰; A-C⁸, D⁴; A-C⁸; A-B⁸, C¹²; A-C⁸; A-B⁸, C⁶; A-B⁸, C¹²; A-B⁸, C¹⁰; A-B⁸, C⁷; A-B⁸, C¹⁰ : il. ; 4⁰

Existe emisión con pie de imp.: Impreso en Valencia: en la impresión de Felipe Mey...: a costa de Filipo Pincinali..., 1616. — Marca de imp. en primera página de «La gran comedia de la Belligera española...». — Texto a dos col. — Port. con viñeta xil. — Grab. xil. en la primera página de cada comedia.

01-00094789 000

▶ M-BN, R/4505. — Ex-libris de D. Agustín Durán. — En el lomo aparece como tít. «Comedias de los poetas valencianos. Tomo 2». ▶ M-PR, I.C.159. — Enc. pasta.

4004

Comedias de diferentes autores XXV. *Parte veynte y cinco de comedias re-*

copiladas de diferentes autores è ilustres poëtas de España... — [Zaragoza] : en el Hospital Real y General de Nuestra Señora de Gracia de Zaragoza...: a costa de Pedro Escuer..., 1632. — [4], 260 [i.e. 256] h., †⁴, A-Z⁸, 2A-2I⁸, 4⁰

Colofón. — Marca de ed. en port. — Texto a dos col. — Errores de fol., de h. 244 pasa a 249. — Contiene : *Como se engañan los oios y el engaño en el anillo* de Iuan de Villegas, h. 1. *No hay vida como la honra* / Iuan Perez de Montaluan, h. 23 v ; *Amor, lealtad y amistad* / de Iuan Perez Montaluan, h. 45 v ; *El capitan Belisario y exemplo mayor de la desdicha* / Iuan Perez de Montaluan, h. 67. *Los zelos en el cauallo* / por Ximenez de Enciso, h. 87 v. *El gran Seneca de España Felipe Segundo* / compuesta por Gaspar de Auila, h. 106 v. *La mas constante mujer* / por Iuan Perez de Montaluan, h. 125. *Sufrir mas por querer mas* / compuesta por el doctor Villarizan, h. 147. *Vn castigo dos venganzas* / Iuan Perez de Montaluan, h. 172v. *Del astrologo fingido* ...por Pedro Calderon, h. 193. *Del Mariscal Viron* / Iuan Perez Montaluan, h. 217. *Del discreto porfiado* / de Iuan de Villegas, h. 238.

01-00094774 000

▶ M-BN, R/24978. — Enc. perg. — Sello de Pascual de Gayangos. — Deteriorado, afectando a port. y prelim. ▶ M-BN, T-i/30 (XXV). — Enc. pasta. — Sello de Agustín Durán. ▶ M-PR, XIX 2008. — Enc. perg. — Contiene únicamente las cuatro comedias primeras. El resto pertenecen a la ed. de 1633.

4004 bis

Comedias de diferentes autores XXV. *Parte veynte y cinco de comedias recopiladas de diferentes Autores, è ilustres poetas de España.* — Segunda impresion / corregidas, y enmendadas, segun los originales de sus Autores... — [Zaragoza] : en el Hospital Real y General de nuestra Señora de Gracia, de... Zaragoça : a costa de Pedro Escuer..., 1633. — [3], 256 [i.e. 255] h., [1] en bl., †³, A-Z⁸, 2A-2I⁸ ; 4⁰

Marca de ed. en port. — Colofón. — Error de fol., de h. 243 pasa a 245. — Contiene: *Como se engañan los oios, y el engaño en el anillo* / de Iuan de Villegas, h. 1. *No ay vida como la honra* / del Doctor Iuan Perez de Montaluan, h. 23 v ; *Amor, lealtad, y amistad* / del Dotor Iuan Perez de Montaluan, h. 44 v ; *Del Capitan Belisario, y exemplo mayor de la desdicha* / del Dotor Iuan Perez de Montaluan, h. 66. *Los zelos en el cauallo* / por el Doctor Ximenez de Enciso, h. 86 v. *El gran Seneca de España, Felipe Segundo* / del Doctor Iuan Perez de Montaluan, h. 105 v. *La mas constante muger* / del Dotor Iuan Perez de Montaluan, h. 124. *Sufrir mas, por querer mas* / por Don Geronymo Villarizan, h. 146. *De yn castigo, dos venganzas* / del Dotor Iuan Perez de Montaluan, h. 171 v. *El astrologo fingido* / compuesto por Don Pedro Calderon, h. 192. *La gran comedia, del mariscal de Viron* / del Dotor Iuan Perez de Montaluan, h. 216. *El discreto porfiado* / de Iuan de Villegas, h. 237.

01-00094775 000

▶ M-BN, 8/24354. — Enc. piel gofrada con hierros dorados. — Falto de port. ▶ M-BN, U/10553. — Enc. cart. — Sello de Luis de Usoz. ▶ M-PR, XIX-2008. — Enc. perg. — Contiene únicamente las h. 105-256. El resto del v. pertenece a la ed. de 1632.

4005

Comedias de diferentes autores XXVIII. *Parte veynte y ocho, de comedias de varios autores.* — En Huesca : por Pedro Bluson... : acosta de Pedro Escuer... , 1634. — [3] 250 h. [i.e. 248], ¶³, A-B⁸, C⁶, D-E⁸, F⁴, G-II⁸, I⁶, K-O⁸, Q-Z⁸, 2A-2I⁸, 2K⁴; 4⁰

Marca de ed. en port. — Colofón. Errores de fol.: de la h. 132 pasa a la 134 y de la 151 a la 153; h. 108 en bl. — Texto a dos col. — Contiene : *La despreciada querida...* / De Lope de Vega Carpio, h. 1; *La industria contra el poder, y el honor contra la fuerza...* / de Lope de Vega Carpio, h. 23 ; *El labrador venturoso...* / de Lope de Vega Carpio, h. 43 ; *El palacio confuso...* / de Lope de Vega Carpio, h. 65 ; *La porfia hasta el temor...* / de Lope de Vega Carpio, h.89 ; *El juez de su causa...* / de Lope de Vega Carpio, h. 109. *El zeloso estremeño...* / de Don Pedro Cuello, h. 134. *Vn castigo en tres venganças...* / de Don Pedro Calderon, h. 153. *El principe Don Carlos...* / de Don Diego Ximenez de Anciso, h. 175. *El principe de los montes...* / del Doctor Iuan Perez de Montaluan, h. 196 v. *El principe Escardebey...* / de Luys Velez de Gueuara, h. 217. *La cruz en la sepultura...* / de Lope de Vega Carpio, h. 234 v.

01-00094776 000

▶ M-BN, Cerv./Cª 4-6. — Contiene únicamente: El zeloso estremeño. ▶ M-BN, T-i./30(XXVIII). — Enc. pasta con hierros dorados. — H. 200-202 deterioradas. — En prelim., se ha añadido una h., con una segunda dedicatoria, que no corresponde a esta ed.

4006

Comedias de diferentes autores XXIX. *Parte veinte y nueue : contiene doze comedias famosas de varios autores...* — En Valencia : por Siluestre Esparsa... : acosta de Iuan Sonzoni...,

1636. — [5], 234, [i.e. 232] h., [2] en bl., 2¶⁵, A-B⁸, C⁴, D-E⁸, F⁶, G⁸, H¹⁰, I-K⁸, L⁴, M⁸, N¹⁰, O⁸, P¹⁰, Q⁸, R¹⁰, S-T⁸, V⁴, X-Y⁸, Z⁴, 2A-2B⁸, 2C⁴, 2D-2E⁸, 2F⁴, 2G-2H⁸, 2I⁴ ; 4⁰

Marca de ed. en port. — Error de fol., de h. 1 pasa 4. — Las [2] h. en bl. entre h. 61-62 y 98-99. — Texto a dos col. — Esc. xil. heráldico, en 2¶₂ v. — Contiene : *Vn gusto trae mil disgustos...* / del doctor Iuan Perez de Montalvan, h. 1. *La dama duende...* / de don Pedro Calderon, h. 23. *Galan valiente y discreto...* / del doctor Mira de Mescua, h. 45. *Ay verdades que en amor...* / de Lope de Vega Carpio, h. 62. *Aborrecer lo que quiere...* / del doctor Iuan Perez del Montalvan, h. 82. *Venga lo que viniere...* / Geronymo de Villaizan, h. 99. *Olimpa y Vireno...* / Iuan Perez de Montalvan, h. 117. *El guante de Doña Blanca...* / de Lope de Vega Carpio, h. 135. *Casarse por vengarse...* / Pedro Calderon, h. 155. *La toquera vizcaina...* / Iuan Perez de Montalvan, h. 175. *Entremes famoso del doctor Rapado* / por el licenciado Pedro Morla, h. 193. *Persiles y Sigismunda...* / Francisco de Roias, h. 195. *Casa con dos puertas, mala es de guardar...* / Pedro Calderon, h. 215.

01-00094777 000

▶ M-BN, T-i/146. — Sello de Pascual de Gayangos. — Contiene únicamente h. 45-61. ▶ M-BN, T-i/30(XXIX). — Enc. pasta con hierros. — Sello de Durán. — H. 155 mal encuadernada. ▶ M-PR, XIX-2009. — Enc. perg.

4007

Comedias de diferentes autores XXX. *Parte treynta, de comedias famosas de varios autores.* — En Çaragoça : en el Hospital Real y General de Nuestra Señora de Gracia, 1636. — [4], 510 p., [ ]², A-Z⁸, 2A-2H⁸, 2I⁷ ; 4⁰

Texto a dos col. — Port. con viñeta xil. — Contiene : *Lo que son iuycios del cielo...* / de Iuan Perez de Montaluan, p. 1 ; *La donzella de labor...* / de Juan Perez de Montaluan, p. 38. *La dama duende...* / de D. Pedro Calderon, p. 78 ; *La vida es sueño...* / de D. Pedro Calderon, p. 127. *Ofender con las finezas...* / Geronymo de Villayzan, p. 174. *La mentirosa verdad...* / Iuan de Villegas, p. 221. *El marido haze muger...* / de don Antonio de Mendoza, p. 255. *Casarse por vengarse...* / de don Francisco de Rojas, p. 291. *El privilegio de las mugeres...* / Iuan Perez de Montaluan, p. 343. *Persiles y Sigismunda...* / de don Francisco de Rojas, p. 384. *El guante de doña Blanca...* / de Lope de Vega Carpio, p. 426. *El catalan Serrallonga...* / la primera iornada de don Antonio Coello, la segunda de D. Francisco de Rojas, la tercera de Luys Velez de Gueuara, p. 466.

01-00094778 000

▶ M-BN, 8/19602. — Enc. cart. — Falto de port., prelim., y p. 1-126. ▶ M-BN, T-i/30(XXX). — Enc. pasta con hierros dorados. ▶ M-BN, V/10329. — Enc. cart. — Sólo tiene: «Lo que son iuyzios del cielo... / de Iuan Perez de Montaluan», «La donzella de labor... / de Iuan Perez de Montaluan», y «la dama duende... / de Pedro Calderon» (p. 1-126). — Comedias incluidas en un v. facticio.

4008

Comedias de diferentes autores XXX. *Comedias : parte treinta* / compuestas por diferentes autores. — En Seuilla : en la imprenta de Andres Grande, 1638. — [4], 510 p., [ ]², A-Z⁸, 2A-2H⁸, 2I⁷ ; 4⁰

Es emisión de la ed. de Çaragoça: en el Hospital Real y General de Nuestra Señora de Gracia, 1636 con tit.: «Parte treynta de comedias famosas de varios autores». — Marca de ed. en port. con el lema: «[De] L. Escueres». — Texto a dos col.

01-00094779 000

▶ M-PR, XIX-2010. — Enc. perg.

4009
Comedias de diferentes autores XXXI. *Parte treynta vna, de las meiores comedias, que hasta oy han salido* / recogidas por el Dotor Francisco Toriuio Ximenez ; y a la fin va la Comedia de Santa Madrona, intitulada la viuda tirana, y conquista de Barcelona. — En Barcelona : en la Emprenta de Iayme Romeu... : a costa de Iuan Sapera..., 1638. — [4], 277 h., [1] en bl., ¶⁴, A-B⁸, C⁶, D-R⁸, S², T-Z⁸, 2A-2H⁸, 2I⁴, 2K-2N⁸, 2O² ; 4⁰

Autores de las obras tomados de la Barrera. — Marca de ed. en port. — La h. en bl. entre h. 21-22. — Contiene : *La gran comedia, de darles con la entretenida* / [Luis de Belmonte Bermúdez], h. 1-21. *La gran comedia, de con quien vengo* / [Pedro Calderón de la Barca], h. 22-48. *La gran comedia, de zelos, honor, y cordura* / [Antonio Coello], h. 49-69. *La gran comedia, de contra valor no ay desdicha* / [Félix Lope de Vega Carpio], h. 69v.-90 ; *La gran comedia del silencio agradecido* / [atribuida a Lope de Vega y a Francisco Toribio Jiménez], h. 90v-113. *La gran comedia del Conde de Sex* / [Antonio Coello], h. 113v-135. *La gran comedia del valeroso Aristomenes Messenio* / [Alonso de Alfaro], h. 136-157. *La gran comedia del valiente negro de Flandes* / [Andres de Claramonte y Corroy], h. 157v-179. *La gran comedia, de los amotinados de Flandes* / [Luis Vélez de Guevara], h. 179v-201. *La gran comedia de Santa Ysabel Reyna de Portugal* / [Francisco de Rojas Zorrilla], h. 202-224. *La gran comedia de los trabaios de Iob* / [Felipe Godinez], h. 225-243. *La gran comedia de la vida, y muerte de santa Madrona, intitulada la Viuda Tirana, y conquista de Barcelona* / [atribuida a Francisco Toribio Jiménez], h. 244-277.

01-00094780 000

▶ M-BN, R/23484. — Enc. pasta con hierros dorados. ▶ M-PR, XIX-2011. — Enc. perg.

4010
Comedias de diferentes autores XXXII. *Parte treinta y dos con doze comedias de diferentes autores...* — En Çaragoça : por Diego Dormer : acosta de Iusepe Ginobart..., 1640. — [8], 462 [i.e. 490] p., A⁴, A-Z⁸, 2A-2G⁸, 2H⁵ ; 4⁰

Port. con orla tip. — Contiene : *Obligados y ofendidos* / de don Francisco de Rojas, p. 1. *El duque de Memoransi* / del doctor Martin Peyron y Queralts, p. 47. *Virtudes vencen señales* / de Luis Velez de Guevara, p. 91. *Donde ay valor ay honor* / de don Diego de Roxas, p. 129. *El enemigo engañado* / de Lope de Vega Carpio, p. 164. *Las tres mugeres en una* / del doctor Remon, p. 209. *Amor, ingenio y muger* / de don Pedro Calderon, p. 258. *El sufrimiento de honor* / de Lope de Vega Carpio, p. 296. *El Cauallero sin nombre* / del doctor don Antonio Mira de Mescua, p. 331. *Los desagrauios de Christo* / de don Aluaro Cubillo, p. 379. *El Santo sin nacer y martir sin morir* / del d. D. Antonio Mira de Mescua, p. 413. *Basta intentarlo* / del D. Felipe Godinez, p. 453.

01-00094781 000

▶ M-PR, XIX-2012. — Enc. perg.

4011

Comedias de diferentes autores
XXXIII. *Parte treinta y tres de doze comedias famosas de varios autores...* — En Valencia : por Claudio Mace, al Colegio del Señor Patriarcha, vendese en la misma imprenta, 1642. — [4], 266 [i.e. 262] h., [ ]⁴, A-E⁸, F⁴, G-L⁸, M⁶, N-O⁸, P⁶, Q-R⁸, S⁴, T-Z⁸, 2A⁴, 2B-2C⁸, 2D⁶, 2E-2F⁸, 2G², 2H⁸, 2I¹⁰, 2K-2M⁸, 2N⁴ ; 4⁰

Existe emisión con pie de imp.: En Valencia: por Claudio Mace... : acosta de Iuan de Sonzoni..., 1642. — Marca de imp. en port. — Errores de fol. a partir de h. 173. — Texto a dos col. — Esc. xil. heráldico, en [ ]₂ v. — Contiene : *Los trabajos de Tobias... /* de D. Francisco de Rojas, h. 1-24 ; *Morir pensando matar... /* de D. Francisco de Rojas, h. 25-43 ; *Vida y muerte del falso profeta Mahoma... /* de D. Francisco de Rojas, h. 45-68. *Mira al fin... /* de Don Pedro Rosete, h. 69-112 ; *Ello es hecho... /* de Don Pedro Rosete h. 113-132. *Primera [-segunda] parte del valiente sevillano... /* de D. Rodrigo Ximenez de Enziso, h. 133-180. *La vitoria por la honra... /* de Lope de Vega Carpio, h. 181-203 ; *El buen vezino... /* de Lope de Vega Carpio, h. 204-221. *Santa Margarita... /* de D. Diego Ximenez de Enziso, h. 222-238 ; *La Mayor hazaña de Carlos V... /* de D. Diego Ximenez de Enziso, h. 239-266.

01-00094782 000

▶ M-BN, R/23134. — Enc. piel.

4012

Comedias de diferentes autores
XXXIII. *Parte treinta y tres de doze comedias famosas de varios autores...* — En Valencia : por Claudio Mace, al Co-

legio del Señor Patriarcha : acosta de Iuan de Sonzoni..., 1642. — [4], 266 [i.e. 262] h., [ ]⁴, A-E⁸, F⁴, G-L⁸, M⁶, N-O⁸, P⁶, Q-R⁸, S⁴, T-Z⁸, 2A⁴, 2B-2C⁸, 2D⁶, 2E-2F⁸, 2G², 2H⁸, 2I¹⁰, 2K-2M⁸, 2N⁴ ; 4⁰

Existe emisión con pie de imp.: En Valencia: por Claudio Mace..., vendese en la misma imprenta, 1642. — Marca de ed. en port. — Errores de fol. a partir de la h. 173. — Texto a dos col. — Esc. xil. heráldico, en [ ]₂ v.

01-00094783 000

▶ M-BN, R/24989. — Enc. perg. — Falto de h. 238 y 266. ▶ M-BN, T.i/30(XXXIII). — Enc. pasta con hierros dorados. — Sello de Agustín Durán.

4013

Comedias de diferentes autores
XLIII. *Parte quarenta y tres de Comedias de diferentes autores.* — En Zaragoça : por Iuan de Ybar : a costa de Pedro Escuer, 1650. — [4], 40, 46, [2] en bl., 48, 48, 44, 47, 40, 36, 44, 38, [2] en bl., 40, 32 p., [ ]², A-B⁸, C⁴, A-C⁸, A-C⁸, A-B⁸, C⁶, A-C⁸, A-B⁸, C⁴, A-B⁸, C², A-B⁸, C⁶, A-B⁸, C⁴, A-B⁸, C⁴, A-B⁸ ; 4⁰

Hay diferentes estados de esta ed., en algunos ejemplares, en pie de imp. consta: «En Caragoça...». — Marca de ed. en port. — Texto a dos col. — Contiene : *Los Martyres de Cordova... /* de Antonio de Castro. *El demonio en la muger, y el Rey Angel de Sicilia : primera parte /* de Don Iuan de Moxica ; *Segunda parte del Rey Angel de Sicilia, y Principe demonio, y diablo de Palermo /* de Don Iuan de Moxica. *La desdicha de la voz... /* de Don Pedro Calderon. *Hazer cada uno lo que deue... /* de Don Geronimo de Cuellar. *La mas hidalga hermosura... /* de tres ingenios. *Palmerin de Oliva... /* del Dotor

Iuan Perez de Montaluan. *De lo que merece vn soldado...* / de Moreto. *Amparar al enemigo...* / de Don Antonio de Solis. *Las academias de amor...* / de Don Christoual de Morales. *El padre de su enemigo...* / de Iuan de Villegas. *A vn tiempo rey, y vasallo...* / de tres ingenios.

01-00094784 000

▶ M-BN, 8/20165(9). — Enc. pasta. — Contiene únicamente: El demonio en la mujer y el rey Angel de Sicilia: primera parte. ▶ M-BN, T-i/30(XLIII). — Enc. pasta con hierros dorados. — Sello de Agustín Durán. — Deteriorado. ▶ M-BN, U/10329. — Enc. pasta. — Únicamente la port. corresponde a esta ed. (el contenido es de un v. facticio de Comedias).

4014

Comedias de diferentes autores XLIV. *Parte quarenta y quatro de comedias de diferentes autores.* — En Zaragoça : por los herederos de Pedro Lanaja, y Lamarca..., 1652. — [4], 40, 40, 40, 44, 36, 40, 40, 40, 47, 44, 36, 36 p. [ ]^2, A-C^4, E-F^4, A^{20}, A-E^4, A-E^4, F^2, A-D^4, E^2, A-E^4, A^{20}, A^{20}, A-F^4, A-E^4, F^2, A-D^4, E^2, A-D^4, E^2 ; 4^0

Texto a dos col. — Port. con orla tip. — Contiene : *Los amantes de Teruel...* / del Doctor Iuan Perez de Montaluan ; *Comedia famosa No ay vida como la honra* / del Dotor Iuan Perez de Montaluan ; *Comedia famosa de La mas constante muger* / compuesta por Iuan Perez de Montaluan. *El mas impropio verdugo, por la mas iusta venganza* / de Don Francisco de Roxas. *El diuino portugues San Antonio de Padua...* / del Doctor Iuan Perez de Montalvan. *Las fortunas tragicas del Duque de Memoransi* / del Doctor Martin Peyron, y Queralt. *De un castigo, dos venganzas* / del Dotor Iuan Perez

de Montaluan ; *La gran comedia, del Mariscal de Viron* / del Doctor Iuan Perez de Montaluan. *De Sufrir mas, por querer mas* / compuesta por el Doctor Villayzan ; *Ofender con las finezas...* / del Licenciado Don Geronimo de Villaizan. *El iuramento ante Dios, y lealtad contra el amor...* / del Alferez Iacinto Cordero. *El villano en su rincon* / de Lope de Vega Carpio.

01-00094785 000

▶ M-BN, T.i/30(XLIV). — Enc. pasta con hierros dorados. — Sello de Agustín Durán.

4015

Comedias de Lisboa II. *Doze comedias las mas grandiosas que asta aora han salido de los meiores, y mas insignes Poetas : segunda parte...* — En Lisboa... : en la Emprenta de Pablo Craesbeeck... : a costa de Iuan Leite Pereira..., 1647. — [3], 301 h., [ ]^3, A-B^8, C^6, D-E^8, F^4, G-H^8, I^6, K-N^8, O^6, P-Q^8, R^4, S-T^8, V^4, X-Z^8, 2A-2I^8, 2K^6, 2L-2M^8, 2N-2O^4, 2P-2S^8, 2T^1 ; 4^0

H. 244 y 264 en bl. — Texto a dos col. — Contiene : *La mas constante muger...* / del D. Iuan Perez de Montaluan, h. 1. *El Polyfemo...* / de Don Pedro Calderon, h. 23. *El castigo sin vengança : tragedia : quando Lope quiere quiere* / [de Lope de Vega Carpio], h. 43. *Donde ay valor ay honor...* / de don Diego de Rosas, h. 65. *Los amantes de Teruel...* / del D. Iuan Perez de Montaluan, h. 81. *Don Domingo de don Blas...* / de don Iuan de Alarcon, h. 103. *No ay vida como la honra...* / del D. Iuan Perez de Montaluan, h. 123. *Del galan fantasma...* / de don Pedro Calderon de la Barca, h. 143 ; *La dama duende...* / de don Pedro Calderon de la Barca, h. 167 ; *La vida es sueño...* / de don Pedro Calderon de la Barca, h. 192. *Los Medicis de Florencia...* / de don Diego Ximenes de Enciso, h. 216. *El Marques del Zigarral...* / de don Alonso de Castillo, y Solorzano, h. 245. *Los quatro galanes* / entremes famoso de Luys de Benauente, h. 265. *El duende : entremes famoso*, h. 269. *Del sacristan Soguijo : entremes famoso*, h. 271. *De los romances : entremes famoso*, h. 273 v. *Los coches de Benauente : entremes famoso*, h. 277. *Los alcaldes : entremes famoso : primera [-quarta] parte*, h. 280. *El estudiante que se va a acostar : entremes famoso*, h. 293. *De los huebos : entremes famoso*, h. 296. *El despedido : entremes famoso*, h. 299v.

01-00094790 000

▶ M-BN, R/12260. — Enc. hol. con puntas. — Sello de Pascual de Gayangos.

4016

Comedias de Lisboa III. *[Doze comedias las mas famosas que asta aora han salido de los meiores y mas insignes poetas: tercera parte...].* — [En Lisboa? : por Antonio Alvarez...?, 1649?]. — + 480 p., [4] en bl., + A-B⁸, C⁴, D-G⁸, H⁴, I-K⁸, L⁴, M-N⁸, O⁷, P-Q⁸, R⁶, S-T⁸, V⁶, X-Z⁸, 2A-2B⁸, 2C⁶, 2D-2E⁸, 2F², 2G-2H⁸, 2I², 2K-2L⁸, 2M² ; 4⁰

Datos tomados de: Profeti «Doce comedias...» — Entre la p. 70 y 71 hay 1 h. impresa por una sola cara. Las [4] p. en bl. van entre las p. 238-239 y 280-281. — Texto a dos col. — Contiene : *Mas valiera callarlo que no dezirlo...* / de don Geronymo de Villayzan, p. 1. *A vn tiempo rey y vassallo...* / de tres ingenios, p. 41. *Mudanças de la fortuna y firmezas del amor...* / de don Christoual de Monroy, p. 71. *Lo mas priua lo menos...* / de don Diego

Antonio de Cifontes, p. 111. *Engañar para reynar...* / de Antonio Enriquez Gomez, p. 151. *Todo sucede al reues...* / de don Pedro Rosete Niño, p. 197. *Babilonia de amor...* / de don Fadrique de la Camara, p. 239. *Don Florisel de Niquea...* / del doctor Iuan Perez de Montaluan, p. 281. *Por el esfuerço la dicha...* / de don Antonio Coello, p. 329. *Amor, ingenio, y muger...* / del doctor Mira de Mescua, p. 373. *Galan, tercero, y marido...* / de Alonso de Sousa, p. 409. *No ay culpa donde ay amor...* / del bachiller Iuan de Vega Beltran, p. 445.

01-00094791 000

▶ M-BN, R/10991. — Enc. piel. — Sello de Pascual de Gayangos. — Falto de port. y prelim. ▶ M-BN, R/8622. — Enc. piel. — Falto de port., prelim. y parte del texto (de la p. 1-110 y de la 373-408).

4017

Comedias de Lisboa IV. *[Doze comedias las mas grandiosas que hasta aora han salido, de los mejores, y màs insignes poetas : quarta parte...].* — [Lisboa? : en la officina Craesbeekiana... ? : a costa de Iuan Leite Pereira..., 1652?]. — + 242 h., A⁸, B¹⁰, C-D⁸, E⁴, F-G⁸, H⁶, I-O⁸, P¹⁰, Q-S⁸, T¹⁰, V-Y⁸, Z⁴, 2A-2B⁸, 2C⁶, 2D-2E⁸, 2F⁴, 2G-2H⁸, 2I⁴ ; 4⁰

Datos tomados de: Profeti, «Doce comedias...». — H. 38 en bl. — Contiene: *El principe constante...* / de don Pedro Calderon, h. 1. *El Conde Alarcos...* / de don Guillem de Castro, h. 19 ; *El perfecto cauallero...* / de don Guillem de Castro, h. 39. *La batalla del honor* / de Lope de Vega, h. 61. *Reynar despues de morir...* / de Luis Velez de Gueuara, h. 85. *Lo que puede la porfia...* / de don Antonio Coello, h. 101. *Lo que son iuycios del cielo...* / del D. Iuan Perez de Montaluan, h. 119. *Errar principios de amor...* / de don Pedro Rosete Niño, h. 135. *La mayor hazaña del emperador Carlos quinto...* / de don Diego Ximenez de Enciso, h. 153. *Lances de amor y fortuna...* / de don Pedro Calderon, h. 181. *Embidias vencen fortunas...* / de D. Christoual de Monroy y Silua, h. 203. *El exemplo mayor de la desdicha...* / de Lope de Vega Carpio, h. 223.

01-00094792 000

▶ M-BN, R/12230(2). — Enc. perg. — Sello de Pascual de Gayangos. — Falto de port., prelim. y de las p. 1-38, 223-242. — Hojas deterioradas. ▶ M-BN, R/4432. — Enc. perg. — Ex-libris de las Bibliotecas de Salvá y de Heredia. — Falto de port., prelim., y de las p. 61-84.

4018

Comedias de Lisboa V. *Doze comedias las mas grandiosas que hasta aora han salido, De los mejores, y más insignes Poetas.* — Aora de nueuo impressas. — Lisboa : por Pablo Craesbeeck : a costa de Felipe George..., 1653. — [8], 498 p., [4] en bl., [ ]^4, A-E^8, F^7, G-H^8, I^6, K^8, L^{10}, M-S^8, T^4, V-X^8, Y^6, Z^8 2A^8, 2B^4, 2C-2D^8, 2E^6, 2F-2G^8, 2H^4, 2I-2K^8, 2L^4 ; 4^0

Texto a dos col. — Las [4] p. en bl. entre p. 420-421 y 458-459. — Contiene : *El Cain de Cataluña* / de Don Francisco de Roxas, p. 1. *El principe perseguido* / de Don Agustin Moreto, p. 49. *El principe prodigioso* / de Don Iuan de Matos, p. 95. *El garrote mas bien dado* / de Don Pedro Calderon, p. 139. *La luna de la Sierra* / de Don Luis Velez de Gueuara, p. 175. *A gran daño gran remedio* / de Don Geronimo de Villaizan, p. 223. *Del cavallero de Olmedo : burlesca* [de D. Francisco de Monteser], p. 271. *Del pleito que puso al diablo el Cura de Madrilejos* / de tres ingenios [iornada primera de Luis Velez de Gueuara, iornada segunda de Don Francisco

de Roxas, iornada tercera del Doctor Mira de Mezqua], p. 295. *El priuado perseguido* / [de Luis Veles de Gueuara], p. 339. *Zelos no ofenden al sol* / de Antonio Enriques Gomez, p. 379. *Competidores, y amigos* / de Don Antonio de Huerta, p. 421. *El guardarse a si mismo* / de Don Pedro Calderon, p. 459.

01-00094793 000

▶ M-BN, R/13720. — Enc. hol. — Sello de Pascual de Gayangos.

4019

Comedias de varios autores. *Doce comedias de varios autores : los titulos delas quales van en la seguiente oja.* — Empresso en Tortosa : en la emprenta de Francisco Murtorell, 1638. — [1], [1] en bl., 1-45, 69-189, 191-261, [50] h., [ ]^2, A-E^8, F^5, K-T^8, V^4, X-Z^8, 2A^8, 2B^9, 2C-2E^8, 2F^4, 2G-2H^8, 2I^6, 2K-2L^8, 2M^5, G-I^8, N-O^8, P^{10} ; 4^0

Edición falsificada, impresa en Sevilla (J. Moll, «Tercera parte de las comedias de Lope de Vega y otros autores», p. 625). — Texto a dos col. — Port. con esc. xil. — Contiene : *Famosa comedia de la tragedia de la hija de Gepte*, h. 1. *Famosa comedia del santo sin nacer y martir sin morir, que es San Ramon Nonat*, h. 22. *El primer Conde de Orgaz y seruicio bien pagado*, h. 69. *Famosa comedia del cerco de Tunez y Ganada de la Goleta por el emperador Carlos quinto* / del licenciado Iuan Sanchez... h. 97. *Famosa comedia de la isla Barbara* / De Lope de Vega Carpio, h. 121. *Famosa comedia del renegado Zanaga* / ... por... Bernardino Rodriguez... h. 149. *Famosa comedia y segunda parte del Cosario* [sic] *Barbarroia y huerfano desterrado* /... por... Iuan Sanchez..., h. 173. *Famosa comedia de los celos de Rodamonte* / autor el doctor Mira de Mescua, h. 191. *Famosa comedia de la bienauenturada madre Santa Teresa de Iesus...* / autor Luys Velez de Gevara, h. 219. *Famosa comedia del cerco de Tremecen* / autor don Guillen de Castro, h. 241. *Comedia famosa del espeio del mundo* /... por Luys Velez de Gueuara, sign. G-I⁸. *Tragedia famosa de Doña Ynes de Castro...* / por... Mexia de la Cerda, sign. N-O⁸, P¹⁰.

01-00094770 000

▶ M-BN, R/23135. — Enc. perg. — Exlibris ms. «Fazenda e Souza». — Deterioradas h. 69, 103, 104, 225.

4020

Comedias de varios autores. *El mejor de los meiores libro que ha salido de comedias nueuas...* — En Alcala : en casa de Maria Fernandez : a costa de Tomas Alfay..., 1651. — [8], 425 [i.e. 415], [44] p., [ ]⁴, A-Z⁸, 2A-2D⁸, 2E⁴, 2F⁸, 2G² ; 4⁰

Error de pag., de p. 280 pasa a p. 291. — Port. con orla tip. y esc. calc. de Agustín de Hierro. — Texto a dos col. — Contiene : *Comedia famosa El Cain de Cataluña* / [Francisco de Rojas], p. 1. *Comedia famosa El principe perseguido* / [Luis de Velmonte la primera jornada..., la segunda de D. Agustin Moreto, la tercera de D. Antonio Martinez], p. 47. *Comedia famosa El principe prodigioso* / [Iuan de Matos la mitad..., la otra mitad de D. Agustin Moreto], p. 93. *Comedia famosa El garrote mas bien dado* / [Pedro Calderon, p. 135. *Comedia famosa El Galan sin dama* / [Antonio de Mendoza], p. 170. *Comedia famosa El priuado perseguido* / [Luis Velez de Gueuara], p. 207. *Comedia famosa Mañana sera otro dia* ; *Comedia famosa. Los empeños que se ofrecen* ; *Comedia famosa El guar-*

darce a si mismo / [Pedro Calderon], p. 246, 306 y 348. *Comedia famosa La tragedia mas lastimosa* / [Antonio Coello], p. 387. *Comedia famosa Del cauallero de Olmedo : burlesca* / [Francisco de Monteser], p. [1]. *Comedia famosa De los siete Infantes de Lara : burlesca* / [Geronimo Cancer], p. [25].

01-00094771 000

▶ M-BN, R/17932. — Enc. perg. ▶ M-BN, R/23795. — Enc. perg. — Falto de port. y prelim. ▶ M-BN, T/2744. — Enc. pasta. — Falto de port. y 1 h. de prelim. («Tomas Alfay al lector» y «Tabla de los ingenios que escribieron este tomo de comedias»). ▶ M-BN, U/10338. — Enc. pasta. — Sello de Usos. — Únicamente la port. corresponde a esta ed.

4021

Comedias de varios autores. *Flor de las meiores doce comedias de los mayores ingenios de España : sacadas de sus verdaderos originales...* — En Madrid : por Diego Diaz de la Carrera... : a costa de Mateo de la Bastida..., 1652. — [4], 264 [i.e. 244] h., ¶⁴, A-Z⁸, 2A-2G⁸, 2H⁴ ; 8⁰

Error de fol., de h. 57 pasa a 78. — Texto a dos col. — Port. con ex. xil. de D. Geronimo de Cuellar. — Contiene : *Comedia famosa de la luna de la sierra* / de Luis Velez de Gueuara, h. 1. *Comedia famosa no ay amor donde ay agrauio* / de don Antonio de Mendoça, h. 25 ; *Comedia famosa de los empeños del mentir* / de don Antonio de Mendoça, h. 43. *Comedia famosa zelos no ofenden al sol* / de Antonio Enriquez Gomez, h. 84. *Comedia famosa no ay bien sin ageno daño* / de don Antonio Sigler de Huerta, h. 105 v. *Comedia famosa del pleito que tuuo el diablo con el cura de Madrilejos* / de tres ingenios, h. 124. *Comedia famosa competidores y amigos* / de don Antonio de

Huerta, h. 146. *Comedia famosa el familiar sin demonio* / de Gaspar de Auila, h. 165. *Comedia famosa las marauillas de Babilonia* / de don Guillen de Castro, h. 185. *Comedia famosa el Señor de noches buenas* / de don Antonio de Mendoça, h. 203 v. *Comedia famosa castigar por defender* / de don Rodrigo de Herrera, h. 221 v. *Comedia famosa a gran daño gran remedio* / de don Geronimo de Villaizan, h. 241.

01-00094772 000

▶ M-BN, R/18040. — Enc. pasta. — Sello de Agustín Durán. — Falto de port. y prelim. ▶ M-BN, R/30986. — Enc. perg.

4022

Comedias de varios autores. *El meior de los meiores libros que han salido de comedias nueuas...* — En Madrid : por Maria de Quiñones : a costa de Manuel Lopez..., 1653. — [8], 456 p., ¶⁴, A-Z⁸, 2A-2E⁸ 2F⁴ ; 4⁰

Texto a dos col. — Port. con orla tip. — Contiene : *Comedia famosa El Cain de Cataluña* / [Frācisco de Roxas], p. 1. *Comedia famosa El principe perseguido* / [Luis de Velmōte la primera jornada, la segunda de D. Agustin Moreto, la tercera de D. Antonio Martinez], p. 47. *Comedia famosa El principe prodigioso* / [Iuan de Matos y Agustin Moreto], p. 93. *Comedia famosa El garrote mas bien dado* / [Pedro Calderon], p. 134. *Comedia Famosa El galan sin dama* / [Antonio de Mendoza], p. 170. *Comedia famosa El priuado perseguido* / [Luis Velez de Guevara], p. 207. *Comedia famosa Mañana sera otro dia* / [Pedro Calderon], p. 246 ; *Comedia famosa Los empeños que se ofrecen* / [Pedro Calderon], p. 296 ; *Comedia famosa La guarda de si mismo* / [Pedro Calderon], p. 338. *Comedia famosa La tragedia mas lastimosa* / [Antonio Coello],

p. 377. *Comedia famosa El cauallero de olmedo* / [Francisco de Monteser], p. 415. *Comedia famosa Los siete infantes de Lara* / [Geronimo Cancer y Iuan Velez de Gueuara], p. 439.

01-00094773 000

▶ M-BN, R/12219. — Enc. cart. — Sello de Pascual de Gayangos. ▶ M-BN, R/2277. — Enc. piel deteriorada. — Ex-libris ms.: «Este libro es de D. Franc⁰. de Solis Año de 1671. Tasado en 36 RS.». ▶ M-BN, T/12510. — Enc. pasta con hierros dorados. — Sello de Agustín Durán. ▶ M-BN, T/15029(13). — Sello de Pascual de Gayangos. — Contiene únicamente las p. 1-170 y 377-456. — La comedia «El galan sin dama» duplicada. ▶ M-BN, T/3917. — Enc. perg. — P. 451-454 deterioradas. — Falto de port., prelim. y las p. 455 y 456. ▶ M-PR, VIII-5366. — Enc. pasta con hierros. — Sello «P.F.C» y «Propiete des trois».

4023

Comedias escogidas I. *Primera parte de Comedias escogidas de los meiores de España...* — En Madrid : por Domingo Garcia Morras : a costa de Iuan de San-Vicente..., 1652. — [4], 266 h., ¶⁴, A-Z⁸, 2A-2K⁸, 2L² ; 4⁰

Colofón. — Texto a dos col. — Port. con esc. calc. heráldico de don Francisco de Villanueva y Texeda. — Contiene : *La Baltasara* / de tres ingenios ; la primera jornada de Luis Velez de Guevara ; la segunda de Don Antonio Coello ; y la tercera de Don Francisco de Roxas, h. 1. *No siempre lo peor es cierto* / de Don Pedro Calderon, h. 16 v. *Lo que puede el oir Missa* / del Doctor Mira de Amescua, h. 38 [i.e.39]. *La Exaltación de la Cruz* / de Don Pedro Calderón, h. 62. *Chico Baturi, y siempre es culpa la desdicha*, de tres ingenios / de Don Antonio de Huerta, Don Geronimo Cancer, y Don Pedro Rosete, h. 86. *Mejor está q̄ estaua* / de Don Pedro Calderon, h.

108. *San Franco de Sena* / de Don Agustin Moreto, h. 130 v. *El Amete de Toledo* / de Belmonte y Don Antonio Martinez, h. 154. *La Renegada de Valladolid* / de Luis de Belmonte y de Don Antonio Bermudez, h. 178 v. *Luis Perez el Gallego* / de Don Pedro Calderō, h. 201 v. *El trato muda o costumbre* / de Don Antonio de Mendoza, h. 223 v. *Con quien vengo, vengo* / de Don Pedro Calderon, h. 242.

01-00094794 000

▶ M-BN, 8/29331. — Enc. cart. — Sello de Luis de Usoz, 1873. — Contiene únicamente: El Amete de Toledo, la Renegada de Valladolid, Luis Perez el Gallego, Con quien vengo, vengo, Chico Baturi, Mejor esta que estaua. — Comedias incluidas en un v. facticio. ▶ M-BN, R/22654. — Enc. piel gofrada con hierros dorados. — Recortado afectando a sign. y reclamos. ▶ M-BN, T-i./16(I). — Enc. pasta. — Restaurado. — Falto de 2 h. de prelim. (aprobación y tabla, ésta sustituída por la de otra ed.).

4024

Comedias escogidas II. *Segunda parte de Comedias, escogidas de las meiores de España...* — En Madrid : en la Imprenta Real : acosta de Antonio Ribero..., 1652. — [4], 280 [i.e. 274] h., ¶⁴, A-Z⁸, 2A-2Z⁸, 2M² ; 4⁰

Datos de port. y prelim. tomados del ejemp. de la Biblioteca del Arsenal. El de la BN, R/22655 lleva port. contrahecha con tít.: «Segunda parte de comedias escogicas [sic] de las mejores de España», los mismos datos de pie de imp. y canastilla de adorno xil. — Colofón. — Errores de fol., el cuaderno A⁸ está paginado, con errores, la foliación comienza, por tanto, en h. 17, h. 32 en bl. y h. 267 y 271 duplicadas. — Texto a dos col. — Port. con esc. xil. — Contiene: *No guardas tú tu secreto* / de Don Pedro Calderon, h. 1. *Juan Latino* / de

Don Diego Ximenez de Enciso, h. 33. *Zelos y amor y vengança* / de Luis Velez de Guevara, h. 64. *La firme lealtad* / de Diego de Solis, h. 94. *La sentencia sin firma* / de Gaspar de Avila, h. 120. *Fingir lo que puede ser* / de Don Roman Montero de Espinosa, h. 141. *El inobediente, o la ciudad sin Dios* / de Claramonte, h. 159. *La Rosa Alejandrina* [sic] (después dice «de Alejandría») / de Luis Velez de Guevara, h. 181. *El fuero de las cien doncellas* / de Don Luis de Guzman, h. 200. *No hay contra el honor poder* / de Antonio Enriquez Gomez, h. 223. *La obligacion de las mujeres* / de Luis Velez de Guevara, h. 244. *Amor y honor* / de Luis de Belmonte, h. 264.

01-00094795 000

▶ M-BN, 8/29331. — Enc. cart. — Sello de la Biblioteca de Luis de Usoz, 1873. — Contiene únicamente: Amor y honor y No hay contra el honor poder, falto de la última h. — Comedias incluidas en un v. facticio. ▶ M-BN, 8/35287. — Enc. pasta. — Contiene únicamente: La Firma lealtad, La sentencia sin firma y Fingir lo que puede ser. — Comedias incluidas en un v. facticio. ▶ M-BN, 8/36814. — Enc. pasta. — Contiene únicamente: Juan Latino. — Comedia incluida en un v. facticio. ▶ M-BN, 8/39636. — Enc. cart. — Contiene únicamente: El fuero de las cien donzellas. — Comedia incluida en un v. facticio. ▶ M-BN, R/22655. — Enc. piel gofrada con hierros dorados. — Falto de port. (sustituída por contrahecha) y prelim. ▶ M-BN, T-i./16(II). — Enc. pasta. — Falto de port. (sustituída por otra ms.) y prelim.

4025

Comedias escogidas III. *Parte tercera de Comedias de los meiores ingenios de España...* — En Madrid : por Melchor Sanchez : acosta de Ioseph Muñoz Barma..., 1653. — [3], 261 h., ¶³, A-Z⁸, 2A-2I⁸, 2K⁵ ; 4⁰

Texto a dos col. — Port. con esc. xil. de D. Juan de Rozas Vivanco.

— Contiene: *La Llaue de la Honra* / de Lope de Vega Carpio, h. 1 ; *Mas pueden Zelos que Amor* / de Lope de Vega Carpio, h. 19. *Engañar con la Verdad* / de Geronimo de la Fuente, h. 39 v. *La Discreta Enamorada* / de Lope, h. 59 v. *A vn traydor dos Aleuosos, y a los dos el mas leal* / de Miguel Gonçalez de Cunedo, h. 84. *La Portuguesa, y dicha del Forastero* / de Lope de Vega Carpio, h. 107 ; *El Maestro de Dançar* / de Lope, h. 131. *La Fenix de Salamanca* / del Doctor Mira de Mescua, h. 157. *Lo que está Determinado* / de Lope, h. 181. *La dicha por malos medios* / de Gaspar de Auila, h. 203. *San Diego de Alcalá* / de Lope, h. 222. *Los Tres Señores del mundo* / de Luis de Belmonte, h. 242.

01-00094796 000

▶ M-BN, 8/39636. — Enc. cart. — Contiene únicamente: A un traidor dos aleuosos, y a los dos el mas leal. — Comedia incluida en un v. facticio. ▶ M-BN, R/11775. — Enc. hol. con puntas. — Contiene únicamente. La dicha por malos medios, incluída en un v. facticio de comedias con tít.: «Libro nuebo estrabagante de comedias escogidas de diferentes autores». ▶ M-BN, R/22656. — Enc. piel grofada con hierros dorados. ▶ M-BN, T-i/146-2 Sello de Pascual de Gayangos. — Contiene únicamente: Engañar con la verdad. — La h. 39 sustituída por h. ms. ▶ M-BN, T-i/16(III). — Enc. cart. — Falto de port. prelim., h. 1, y las comedias: Lo que está determinado y San Diego de Alcalá, sustituída la segunda por otra edición. ▶ M-BN, U/10330. — Enc. cart. — Sello de Luis de Usoz. — Únicamente la port. corresponde a esta ed. ▶ M-BN, U/10392. — Enc. cart. — Sello de Luis de Usoz, 1873. — Contiene únicamente: A un traydor dos alevosos, y a Los dos el mas leal, El Fenix de Salamanca y La dicha por malos medios. — Comedias incluidas en un v. facticio. ▶ M-UC (FFil), Res. 1285. — Contiene únicamente las cuatro primeras comedias.

4026

Comedias escogidas IV. *Laurel de comedias : quarta parte de diferentes auto-*

res... — En Madrid : en la Imprenta Real : a costa de Diego de Balbuena..., 1653. — [4], 253 [i.e. 252] h., ★⁴, A-Z⁸, 2A-2H⁸, 2I⁴ ; 4⁰

Error de fol., de h. 249 pasa a la h. 251. — Texto a dos col. — Port. con esc. xil. — Contiene: *Amigo, Amante y Leal* / de don Pedro Calderon, h. 1. *Obligar con el agravio* / de Don Francisco Victoria, h. 24 v. *El Lego de Alcalá* / de Luis Velez de Guevara, h. 50 v. *No hay mal que por bien no venga* / de D. Juan Ruiz de Alarcon, h. 73. *Enfermar con el remedio* / de D. Pedro Calderon, Luis Velez de Guevara y Don Geronimo Cancer, h. 95. *Los riegos que tiene un coche* / de Don Antonio de Mendoza, h. 116. *El respeto en el ausencia* / de Gaspar de Auila, h. 137. *El Conde Partinuples* / de Doña Ana Caro, h. 135 [i.e. 153]. *El rebelde al beneficio* / de don Tomas Osorio, h. 170. *El español Iuan de Vrbina* / del Lic^do. Manuel Gonçalez, h. 188. *Lo que puede una sospecha* / del Doctor Mirademescua, h. 211 ; *El negro del mejor amo* / del Doctor Mirademescua h. 231.

01-00094797 000

▶ M-BN, 8/35287. — Enc. pasta. — Falto de las comedias: Amigo, amante y leal, Obligar con el agrauio y El lego de Alcalá. — Las comedias 4.ª, 5.ª y 6.ª enc. a continuación de la 12.ª. — Comedias incluidas en un v. facticio. ▶ M-BN, 8/39636. — Enc. cart. — Contiene únicamente: El conde Partinuples. — Comedia incluida en un v. facticio. ▶ M-BN, R/22657. — Enc. piel gofrada con hierros dorados. ▶ M-BN, T-i/119(IV). — Enc. perg. — Sello de Pascual de Gayangos. ▶ M-BN, T-i/16(IV). — Enc. pasta.

4027

Comedias escogidas V. *Quinta parte de Comedias escogidas de los meiores* *ingenios de España...* — En Madrid : por Pedro de Val : a costa de Iuan de S. Vicente..., 1653. — [12], 572 [i.e. 508] p., ¶^{4}, 2¶^{2}, A-P^8, Q^4, R-Z^8, 2A-2I^8, 2K^2 ; 4^0

Errores de pag., de p. 248 pasa a 309. — Texto a dos col. — Port. con esc. calc. de D. Juan de Lujan y Aragon. — Contiene : *Oponerse a las estrellas* / de tres Ingenios (Matos, Martínez de Meneses y Moreto), p. 1. *Aman y Mardoqueo* / del doctor Felipe Godinez, p. 48. *Estados mudan costumbres* / de don Iuan de Matos, p. 80. *El Conde Alarcos* / del Doctor Mira de Mescua, p. 128. *Donde ay agrauios no ay zelos* / de don Francisco de Rojas, p. 166. *El marido de su hermana* / de Iuan de Villegas, p. 212. *El licenciado Vidriera* / de don Agustin Moreto, p. 309. *Nuestra Señora del Pilar* / de tres Ingenios (Don Sebastián de Villaviciosa, don Juan de Matos Fragoso y don Agustín Moreto), p. 350. *El embuste acreditado, y el disparate creido* / de Luis Velez de Guevara, p. 393. *Agradecer y no amar* / de don Pedro Calderon de la Abarca [sic], p. 423. *No ay burlas con las mujeres, casarse y vengarse* / del Doctor Mira de Mescua, p. 473. *Los amotinados de Flandes* / de Luis Velez de Guevara, p. 257 [i.e. 467].

01-00094798 000

▶ M-BN, R/22658. — Enc. piel gofrada con hierros dorados. ▶ M-BN, T-i/16(V). — Enc. pasta. — Falto de port. y prelim. ▶ M-BN, U/11398. — Enc. pasta. — Sello de D. Luis de Usoz. — Falto de port., prelim., y de las comedias: El Licenciado vidriera, Nuestra Señora del Pilar y Los amotinados de Flandes. — Recortado.

4028
Comedias escogidas VII. *Teatro poetico en doze Comedias nueuas, de los*

mejores ingenios de España : septima parte... — En Madrid : por Domingo Garcia y Morras... : a costa de Domingo de Palacio..., 1654. — [4], 164, 78 [i.e. 80] h., [ ]^4, A-V^8, X^4, A-K^8 ; 4^0

Error de fol., en última h. — Texto a dos col. — Port. con esc. calc.: «Marcos de Orozco fecit. Matriti», de Lorenço Ramirez de Prado. — Contiene: *Para vencer a Amor querer vencerle* / de D. Pedro Calderon, h. 1. *La mujer contra el Consejo* / la primera Iornada de Don Iuan de Matos ; la segunda de Don Antonio Martinez ; la tercera de Don Iuan de Zaualeta, h. 24 v. *El buen Cauallero Maestre de Calatraua* / de Iuan Bautista de Villegas, h. 47. *A su tiempo el Desengaño* / de Don Iuan de Matos, h. 66 v. *El Sol a media noche, y Estrellas a medio dia* / de Iuan Bautista de Villegas, h. 88 v. *El poder de la Amistad* / de Don Agustin Moreto, h. 106. *Don Diego de Noche* / de Don Francisco de Rojas, h. 126 v. *La Morica Garrida* / de Iuan Bautista de Villegas, h. 148. *Cumplir con dos obligaciones* / de Luis Velez de Guevara, h. 1. *La misma Conciencia acusa* / de Don Agustin Moreto, h. 22. *El Monstruo de la Fortuna* / de Tres Ingenios (Calderón, Montalbán y Rojas Zorrilla), h. 41. *La fuerza de la Ley* / de Don Agustin Moreto, h. 60.

01-00094800 000

▶ M-BN, R/22660. — Enc. piel gofrada con hierros dorados. ▶ M-BN, T-i/119(VII). — Enc. pasta. ▶ M-BN, T.i/146-3. — Sello de Pascual de Gayangos. — Contiene únicamente: El Sol a medianoche y Estrellas a Mediodia, y La morisca garrida (la última duplicada). ▶ M-BN, T-i/16(VII). — Enc. pasta. — En h. 41 los tres últimos versos de la 2.ª col. están completados de forma ms.

4029

Comedias escogidas VIII. *Comedias nueuas escogidas de los meiores ingenios de Espana [sic] : octaua parte...* — En Madrid : por Andres Garcia de la Iglesia : a costa de Iuan de S. Vicente..., 1657. — [4], 270 [i.e. 262] h., $\P^4$, A-Z^8, 2A-2I^8, 2K^4, 2L^2 ; 4^0

Errores de fol.: de h. 150 pasa a 161 y h. 232 y 233 duplicadas. — Texto a dos col. — Port. con esc. xil. de Juan de Luján y Aragón. — Contiene : *Darlo todo y no dar nada* / de don Pedro Calderon, h. 1 ; *Los empeños de seis horas* / de don Pedro Calderon, h. 30 v ; *Travesuras son valor* / de don Pedro Calderon (es de Moreto), h. 48 ; *Gustos y disgustos son no mas que imaginacion* / de don Pedro Caldero, h. 66 v. *Reynar por obedecer* / de tres Ingenios (Diamante, Villaviciosa y Matos), h. 90. *El Pastor Fido* / de tres Ingenios (Calderón, Solís y Coello), h. 106. *La tercera de sí misma* / de don Pedro Calderon, h. 134 v ; *Amado y aborrecido* / de don Pedro Calderon, h. 165 v. *Perderse por no perderse* / de D. Alvaro Cubillo, h. 190 v. *Del cielo viene el buen rey* / de don Rodrigo de Herrera, h. 214 v. *Agua mansa* / de don Pedro Calderon (es «Guárdate del agua mansa»), h. 232. *El Marques de las Navas* / del Dotor Mira de Mescua (es de Lope), h. 254.

01-00094801 000

▸ M-BN, 8/33118. — Deteriorado. — Falto de las cuatro primeras comedias, de la 11.ª y 12.ª y parte de la 10.ª. ▸ M-BN, R/22661. — Enc. piel gofrada con hierros dorados. ▸ M-BN, R/23815. — Enc. hol. — Falto de las comedias: Darlo todo y no dar nada y El Pastor Fido. — Defectos de encuadernación. — Comedias incluidas en un v. facticio. ▸ M-BN, T-i/119(VIII). — Enc. perg. — Ex-libris ms. del Doctor D. Juan Matheo Socorro. ▸ M-BN, T-i/146-4. — Sello de Pascual de Gayangos. — Contiene únicamente: La tercera de si misma, Aqua mansa y El Marques de las Navas. H. 254 ms. ▸ M-BN, T-i/16(VIII). — Enc. pasta. ▸ M-BN, U/10390. — Enc. cart. — Únicamente la port. corresponde a la ed. (el contenido es de un vol. facticio de comedias).

4030

Comedias escogidas IX. *Parte nona de Comedias escogidas de los mejores ingenios de España...* — En Madrid : por Gregorio Rodriguez : a costa de Mateo de la Bastida..., 1657. — [8], 467 p., §^{4}, A-Z^8, 2A-2F^8, 2G^2 ; 4^0

Hay estados de esta ed. con variantes tip. en port. En algunos ejemp. consta: «Dedicadas a don Antonio Zapata» y en otros, con banderilla «A D. Francisco Zapata». — Port. con esc. xil. de D. Francisco Zapata. — Texto a dos col. — Contiene : *Las manos blancas no ofenden* / de D. Pedro Calderon, p. 1. *El mejor amigo el muerto* / de tres Ingenios (Belmonte, Rojas y Calderón), p. 53. *Las Amazonas* / [Antonio de Solís], p. 85. *Vida y muerte de San Lazaro* / del Doctor Mira de Mescua, p. 125. *El escondido y la tapada* / de D. Pedro Calderon, p. 167. *La victoria del amor* / de D. Manuel Morchon, p. 211. *La adultera penitente* / de tres Ingenios (Moreto, Matos y Cáncer), p. 243. *El Iob de las mugeres* / de don Juan de Matos, p. 286. *El valiente justiciero* / de don Agustin Moreto, p. 325. *La razon busca venganza* / de don Manuel Morchon, p. 363. *Grauedad en Villaverde* / del Doctor Iuan Perez de Montalban, p. 398. *El rey Enrique el Enfermo* / de seis Ingenios (Zabaleta, Martínez de Meneses, Rosete, Villaviciosa, Moreto, Cáncer), p. 428.

01-00094802 000

▶ M-BN, 8/30479. — Enc. perg. — Falto de las dos primeras comedias y parte de la tercera. ▶ M-BN, 8/41146. — Falto de port., 4 p. de prelim., y de las p. 463-467. ▶ M-BN, R/22662. — Enc. piel gofrada con hierros dorados. ▶ M-BN, R/23815. — Enc. hol. — Sello de Luis de Usoz. — Contiene únicamente: El escondido y la tapada y La vitoria del amor. — Comedias incluidas en un v. facticio. ▶ M-BN, T-i/119(IX). — Enc. perg. — Falto de de p. 243-286 que corresponden a la comedia «La adultera penitente», sustituída por otra ed. de la misma que lleva el nº 286. ▶ M-BN, T-i/146-5. — Sello de Pascual de Gayangos. — Contiene únicamente: Vida y muerte de San Lazaro (p. 167 ms.) y Gravedad en Villaverde. ▶ M-BN, T-i/16(IX). — Enc. pasta. — Port. deteriorada afectando al pie de imp. — Falto de p. 213 a 216. ▶ M-BN, U/10390. — Enc. cart. — Sello de Luis de Usoz. — Contiene únicamente: El mejor amigo el muerto (incompleta). — Comedia incluida en un v. facticio.

4031

Comedias escogidas X. *Nueuo teatro de Comedias varias de diferentes autores : dezima parte...* — En Madrid : en la Imprenta Real : a costa de Francisco Serrano de Figueroa..., 1658. — [4+], 238 h., ¶⁴, A-Z⁸, 2A-2F⁸, 2G⁴, 2H² ; 4⁰

Texto a dos col. — Port. con esc. xil. de D. Ioseph Pardo de Figueroa. — Contiene : *La vida de San Alejo* / de don Agustin Moreto, h. 1. *El Ermitaño Galan* / de don Iuan de Zavaleta, h. 24. *Contra el amor no ay engaños* / de don Diego Enriquez (es Enríquez Gómez), h. 49. *El hijo de Marco Aurelio* / de don Iuan de Zavaleta, h. 67. *El nieto de su padre* / de don Guillen de Castro, h. 80 [i.e.86]. *Osar morir da la vida* / de don Iua de Zavaleta, h. 106. *A lo que obliga el ser rey* / de Luis Velez, h. 125. *El discreto porfiado* / de tres Ingenios, h. 143. *La lealtad contra su rey* / de Iuan de Villegas, h. 126

[i.e. 162]. *La mayor venganza de honor* / de don Alvaro Cubillo, h. 182. *Sufrir más por querer menos* / de don Rodrigo Enriquez, h. 200. *Los milagros del desprecio* / de Lope de Vega Carpio, h. 222.

01-00094803 000

▶ M-BN, 8/21294. — Sello de Luis de Usoz. — Falto de port., prelim. y las dos primeras comedias. ▶ M-BN, R/22663. — Enc. piel gofrada con hierros dorados. — Falto de 1 h. de prelim. y de h. 144 (sign. S₈). ▶ M-BN, T-i/146-6. — Sello de Pascual de Gayangos. — Contiene únicamente: El nieto de su padre (las últimas h. ms) y El discreto porfiado. ▶ M-BN, T-i/16(X). — Enc. pasta. — Falto de 3 h. de prelim.

4032

Comedias escogidas XI. *Comedias nueuas escogidas de los mejores ingenios de España : onzena parte...* — En Madrid: por Gregorio Rodriguez : a costa de Iuan de S. Vicente..., 1659. — [4], 232 h., ✱⁴, A-Z⁸, 2A-2F⁸ ; 4⁰

Existe emisión de 1658. — Port. con esc. xil. de D. Juan de Feloaga... — Texto a dos col. — Contiene : *El Honrador de su padre* / de D. Iuan Bautista Diamante, h. 1. *El Valor contra fortuna* / de Don Andres de Baeza, h. 17. *Hacer remedio el dolor* / de Don Agustín Moreto y Don Jeronimo Cancer, h. 35 v. *El robo de las Sabinas* / de Don Juan Coello y Arias, h. 54 v. *El loco en la penitencia y tirano mas impropio* / de un Ingenio desta Corte, h. 77. *Contra su suerte ninguno* / de Gerónimo Malo de Molina, h. 95. *Vencerse es mayor valor* / «de los Figueroas que aunque está dentro de Don Pedro Calderon se erró al escribirlo», h. 115 v. *El mas ilustre frances, San Bernardo* / de D. Agustin Moreto, h. 137. *El escandalo de Grecia contra las Santas Imágenes* / de Calderon, h. 159. *No se pierden las finezas* / de Don Andres de Baeza, h. 177. *La silla de San Pedro* / de Don Antonio o Martinez, h. 196 v. *La Más constante muger : burlesca* / de tres Ingenios, h. 217.

01-00094804 000

▶ M-BN, R/22664. — Enc. piel gofrada con hierros dorados. — Falto de port. ▶ M-BN, R/23815. — Enc. hol. — Contiene únicamente: Vencerse es mayor valor. — Comedia incluida en un v. facticio. ▶ M-BN, R/36814. — Enc. cart. — Sello de la Libreria de Luis de Usoz, 1873. — Contiene únicamente: La mas constante muger. — Comedia incluida en un v. facticio. ▶ M-BN, T-i/119(XI). — Enc. pasta. — Sello de Pascual de Gayangos. ▶ M-BN, T-i/16(XI). — Enc. pasta. — Falto de dedicatoria. — Prelim. mal encuadernados. ▶ M-BN, U/10391. — Enc. pasta. — Contiene únicamente: El honrador de su padre, El valor contra fortuna y Hazer remedio el dolor. — Comedias incluidas en un v. facticio que lleva una port. correspondiente a la Parte Doce. ▶ M-FLG, Inv. 612. — Enc. perg.

4033

Comedias escogidas XII. *Comedias nueuas escogidas de los meiores ingenios de España : duodecima parte...* — En Madrid : por Andres Garcia de la Iglesia : a costa de Iuan de S. Vicente, 1658. — [4], 247, [1] h., ★⁴, A-Z⁸, 2A-2H⁸ ; 4⁰

Existe emisión de 1659. — Texto a dos col. — Port. con sec. xil, de don Gonçalo Mesia Carrillo, Marqués de la Guardia. — Contiene: *La Dama Corregidor* / de Don Sebastian de Villaviciosa y don Iuan de Zaualeta, h. 1. *La Estrella de Monserrate* / de don Christoual de Morales, h. 25. *Amor y obligacion* / de don Agustin Moreto, h. 51. *Vengada antes que ofendida* / de Don Geronimo de Cifuentes, h. 72 v. *La Española de Florencia* / de don Pedro Calderon, h. 94. *Seruir para merecer* / de don Juan Bautista Diamante, h. 114. *Prudente, Sabia, y*

Honrada / de Alvaro Cubillo, h. 130 v. *El vencimiento de Turno* / de don Pedro Calderon, h. 145 v. *El Hercules de Vngria* / de don Ambrosio de Arce, h. 169. *Los Desdichados dichosos* / de don Pedro Calderon, h. 188 v. *Mas la Amistad que la Sangre* / de don Andres de Baeza, h. 212 v. *Comedia burlesca del Mariscal de Viron* / de don Iuan Maldonado, h. 235.

01-00094805 000

▶ M-BN, 8/29331. — Enc. cart. — Sello de la Librería de Luis de Usoz, 1835. — Contiene únicamente: El Hercules de Vngria. — Comedia incluida en un v. facticio. ▶ M-BN, R/22665. — Enc. piel gofrada con hierros dorados. — Falto de port. y 2 h. de prelim. sustituídas la port. y 1 h. por las de la Parte 46. ▶ M-BN, T-i/119(XII). — Enc. pasta. — Ex-libris: «Ex Bibl. Ios. Ren. Card. Imperiales» y sello de Pascual de Gayangos. ▶ M-BN, T-i/146-7. — Sello de Pascual de Gayangos. — Contiene únicamente: La española de Florencia (h. 114 ms.) y Mas la amistad que la sangre. ▶ M-BN, T-i/16(XII). — Enc. pasta. — Falto de port. y parte de prelim. ▶ M-BN, U/10328. — Enc. cart. — Sello de la Librería de Luis de Usoz, 1835. — Contiene únicamente: La dama corregidor. — Comedia incluida en un v. facticio. ▶ M-BN, U/10330. — Enc. cart. — Sello de la Librería de Luis de Usoz, 1835. — Contiene únicamente: Mas la amistad que la sangre. — Comedia incluida en un v. facticio. ▶ M-BN, U/10338. — Enc. cart. — Sello de la Librería de Luis de Usoz, 1835. — Contiene únicamente : Amor y obligacion, Vengada antes de ofendida, La española de Florencia, Seruir para merecer, Prudente, Sabia y honrada. — Comedias incluidas en un v. facticio. ▶ M-BN, U/10391. — Enc. cart. — Únicamente la port. corresponde a esta ed. en la emisión de 1659 (el contenido es de un vol. facticio de comedias).

4034

Comedias escogidas XIII. *De los mejores el mejor, libro nueuo de Comedias varias, nunca impressas compuestas por los mejores ingenios de España : parte* *treze...* — En Madrid : por Mateo Fernandez... : a costa de Francisco Serrano de Figueroa..., 1660. — [8], 504 p., ✳⁴, A-Z⁸, 2A-2G⁸, 2I⁴ ; 4⁰

Hay diferentes estados de esta ed. — Texto a dos col. — Port. con esc. xil. de Matías Antonio Gómez del Ribero. — Contiene: *Pobreza, Amor y Fortuna* / de los Figueroas, p. 1. *El Conde de Saldaña : segunda parte* / de Alvaro Cubillo de Aragon, p. 42. *Triunfos de Amor y Fortuna* / de Don Antonio de Solis, p. 73. *Fuego de Dios en el querer bien* / de D. Pedro Calderon, p. 143. *Iulian y Basilisa* / de D. Antonio de Huerta, de D. Pedro Rosete, de D. Jeronimo Cancer, p. 189. *Los tres afectos de amor, piedad, desmayo y valor* / de D. Pedro Calderon, p. 230 ; *El Ioseph de las mujeres* / de D. Pedro Calderon, p. 275. *Cegar Para ver mejor* / de D. Ambrosio de Arce, p. 312. *Los bandos de Vizcaya* / de D. Pedro Rosete, p. 351. *El amante mas cruel y la amistad ya difunta* / de D. Gonzalo de Vlloa y Sandoval, p. 385. *No hay reinar como vivir* / del Doctor Mira de Mesqua, p. 438. *A igual agravio, no ay duelo* / de D. Ambrosio de Cuenca, p. 470.

01-00094806 000

▸ M-BN, 8/36814. — Enc. cart. — Sello de Luis de Usoz. — Contiene únicamente: Fuego de Dios en el querer bien. — Comedia incluida en un v. facticio. ▸ M-BN, R/22666. — Enc. piel gofrada con hierros dorados. ▸ M-BN, R/23815. — Enc. hol. — Sello de Luis de Usoz. — Contiene únicamente: No hay reynar como vivir y A igual agravio no hay duelo. — Comedias incluidas en un v. facticio. ▸ M-BN, T-i/119(XIII). — Enc. pasta. — Sello de Pascual de Gayangos. ▸ M-BN, T-i/146-8. — Sello de Pascual de Gayangos. — Contiene únicamente: Pobreza, amor y fortuna (primera y últimas p. mss.). ▸ M-BN, T-i/16(XIII). — Enc. pasta. — Falto de las p. 361 y 362. ▸ M-BN, U/10391. — Enc. cart. — Sello de Luis de

Usoz. — Contiene únicamente: Los tres efectos de amor, piedad, desmayo y valor. — Comedia incluida en un v. facticio. ▸ M-BN, U/10393. — Enc. cart. — Sello de Luis de Usoz. — Contiene únicamente: Los vandos de Vizcaya. — Comedia incluida en un v. facticio. ▸ M-BN, U/10394. — Enc. cart. — Sello de Luis de Usoz. — Contiene únicamente: Pobreza, amor y fortuna y Segunda parte del Conde de Saldaña. — Comedias incluidas en un v. facticio.

4035

Comedias escogidas XIV. *Pensil de Apolo, en doze Comedias nueuas de los meiores ingenios de España : parte catorze...* — En Madrid : por Domingo Garcia y Morràs : a costa de Domingo Palacio y Villegas..., 1661. — [4], 242 h., ¶⁴, A-Z⁸, 2A-2G⁸, 2H² ; 4⁰

Texto a dos col. — Port. con esc. xil. de Baltazar de Rojas Pantoja... — Contiene : *No puede ser* / de don Agustín Moreto, h. 1. *Leoncio y Montano* / de Don Diego y Don José de Figueroa y Cordoba, h. 23 v. *El delincuente sin culpa, y Bastardo de Aragon* / de Don Juan de Matos Fregoso, h. 45. *Mentir y mudarse a un tiempo : fiesta que se representó a Sus Majestades en el Buen Retiro* / de Don Diego y D. José de Figueroa y Córdoba, h. 67. *Poco aprovechan avisos cuando hay mala inclinacion* / de Don Juan de Matos Fregoso, h. 87 v. *El valiente Campuzano* / de Don Fernando de Zárate, h. 108 v. *El príncipe villano* / de Luis Belmonte Bermudez, h. 126 v. *Las canas en el papel y dudoso en la venganza* / de Don Pedro Calderon (parece que es de Guillén de Castro), h. 143. *La hija del Mesonero : fiesta que se representó a sus Majestades en Placio* / de Don Diego de Figueroa y Cordoba, h. 161. *La fuerza de la verdad* / del Doctor Don Francisco de Malaspina, h. 182. *El galan de su mujer* / de Don

Juan de Matos, h. 201 v. *La mayor victoria de Constantino Magno* / de Don Ambrosio Arce de los Reyes.

01-00094807 000

▶ M-BN, R/22667. — Enc. piel gofrada con hierros dorados. — Deterioradas algunas h. y la port. — Falto de h. 159 y 221. — La h. 143 no pertenece a esta ed. y la h. 222 duplicada. ▶ M-BN, R/23815. — Enc. hol. — Contiene únicamente: El Galan de su muger. — Comedia incluida en un v. facticio. ▶ M-BN, T-i/119(XIV). — Enc. perg. — Deteriorado. ▶ M-BN, T-i/146-9. — Sello de Pascual de Gayangos. — Contiene únicamente: La fuerza de la verdad y La mayor victoria de Constantino Magno. ▶ M-BN, T-i/16(XIV). — Enc. pasta. — Falto de la h. 222. — La h. 221 duplicada.

4036

Comedias escogidas XV. *Parte quinze Comedias nuevas, escogidas de los mejores ingenios de España...* — En Madrid : por Melchor Sanchez : acosta de Iuan de San Vicente... , 1661. — [6], 260 h., ¶⁶, A-Z⁸, 2A-2I⁸, 2K⁴ ; 4⁰

Texto a dos col. — Port. con esc. xil. de Isabel Allata Lanza... princesa de la Sala. — Contiene : *El Conde Lucanor* / de don Pedro Calderon, h. 1. *Fingir y amar* / de Don Agustin Moreto, h. 27. *El mejor padre de pobres* / de Don Pedro Calderon, h. 47. *La batalla del honor* / de Don Fernando de Zarate, h. 69. *La fuerza del natural* / de Don Agustin Moreto, h. 92. *Los empeños de vn plumaje y origen de los Gueuaras* («esta comedia aunque dice de don Pedro Calderon es de otro ingenio de esta corte»), h. 110. *El tercero de su afreta* / de D. Antonio Martínez, h. 135. *El Eneas de Dios* / de Don Agustin Moreto, h. 154. *Las tres Iusticias en vna* / de Don Pedro Calderon, h. 179. *San Estanislao, el Obispo de Crobia [sic]* / de Don Fernando de Zarate, h. 199.

Cada uno para sí / de Don Pedro Calderon, h. 219. *Los Esforzias de Milán* / de Don Antonio Martinez, h. 241.

01-00094808 000

▶ M-BN, 8/36814. — Enc. cart. — Sello de Luis de Usoz. — Contiene únicamente: Cada vno para si. — Comedia incluída en un v. facticio. ▶ M-BN, R/22668. — Enc. piel gofrada con hierros dorados. — Falto de 2 h. de prelim. y de h. 240. ▶ M-BN, T-i/119(XV). — Enc. pasta. — Sello de Pascual de Gayangos. — Port. deteriorada afectando al pie de imp. ▶ M-BN, T-i/16(XV). — Enc. pasta. ▶ M-BN, U/10.328. — Enc. cart. — Sello de Luis de Usoz. — Contiene únicamente: La batalla del honor, La fuerza de el natural y Los empeños de un plumage y origen de los Gueuaras. — Comedias incluidas en un v. facticio. ▶ M-BN, U/10.330. — Enc. cart. — Sello de Luis de Usoz. — Contiene únicamente: Los Esforzias de Milán. — Comedia incluida en un v. facticio. ▶ M-BN, U/10391. — Enc. cart. — Sello de Luis de Usoz. — Contiene únicamente: El tercero de su afrenta y Las tres iusticias en una. — Comedias incluidas en un v. facticio. ▶ M-BN, U/10392. — Enc. cart. — Sello de Luis de Usoz. — Contiene únicamente El Conde Lucanor y Fingir y amar. — Comedias incluídas en un v. facticio.

4037

Comedias escogidas XVI. *Parte diez y seis de Comedias nuevas y escogidas de los meiores ingenios de España...* — En Madrid : por Melchor Sanchez : acosta de Mateo de la Bastida..., 1662. — [416] p., §², A-D⁴; A-D⁴, E²; A-D⁴; A-D⁴, E²; A-D⁴; A-D⁴; A-E⁴; A-D⁴, E²; A-E⁴; A-D⁴; A-D⁴; A-D⁴ ; 4⁰

Texto a dos col. — Port. con esc. xil. — Contiene : *Pedir justicia al culpado* / de don Antonio Martinez. *Solo en Dios la confianza* / de don Pedro Rosete. *Cada vno con su igual* / de Blas de Mesa. *El desden vengado* / de don Francisco de Roxas. *El diablo esta en Cantillana* / de Luis Velez. *El Diziem-*

bre por Agosto / de don Iuan Velez. *Alla van leyes, donde quieren Reyes* / de don Guillen de Castro. *Del servir sin lisonja* / de Gaspar de Auila. *El verdugo de Malaga* / de Luis Velez. *El hombre de Portugal* / del Maestro Alfaro. *No es amor como se pinta* / de tres Ingenios. *Castigar por defender* / de don Rodrigo de Herrera. *Sol [sic] en Dios la confianza...* / de don Pedro Rosete.

01-00094809 000

▶ M-BN, R/22669. — Enc. piel gofrada con hierros dorados. — Port. deteriorada. — Falto de parte de prelim., y de la última comedia: «Solo en Dios la confianza» sustituida por otra edición con colofón: En Sevilla, por Francisco de Leefdael..., [s.a.]. ▶ M-BN, T-i/119(XVI). — Enc. piel con hierros. — Falto de port., prelim. y de la comedia «Castigar por defender» que ha sido sustituída por «La gran comedia del Cavallero / de don Agustin Moreto». — La comedia «Solo en Dios la confianza», encuadernada en 2⁰ lugar. ▶ M-BN, U/10330. — Enc. pasta. — Contiene únicamente: Cada uno con su igual y El desden vengado. — Comedias incluidas en un v. facticio. ▶ M-BN, U/10392. — Enc. cart. — Únicamente la port. corresponde a esta ed. (El contenido es de un v.facticio).

4038
Comedias escogidas XVII. *Parte diez y siete de Comedias nueuas y escogidas de los meiores ingenios de Europa...* — En Madrid : por Melchor Sanchez : acosta de Iuan de San Vicente..., 1662. — [4], 256 h., ¶⁴, A-Z⁸, 2A-2I⁸ ; 4⁰

Texto a dos col. — Port. con esc. xil. de Bernardino Velasco Davila..., Marques de Salinas. — Contiene : *Dar Tiempo al Tiempo* / de Don Pedro Calderon, h. 1. *La sortija de Florencia* / de Don Sebastian de Villaviciosa, h. 42. *Antes que todo es mi dama* / de Don Pedro Calderon, h. 62. *Las dos estrellas de Frācia* / del Maestro

Don Manuel de Leon y del Lic. D. Diego Calleja, h. 87 v. *Caer para leuātar* / de Don Iuā de Matos Fregoso, Geronimo Cancer y Don Agustin Moreto, h. 109 v. *La verdad en el engaño* / de Don Iuan Velez de Guevara, Don Geronimo Cancer y Don Antonio Martinez, h. 128. *También da Amor libertad* / de Don Antonio Martinez, h. 149. *Amor hace hablar los mudos* / de Villaviciosa, de Matos y de Zavaleta, h. 169. *La Ofensa y la vengança en el Retrato* / de Don Iuan Antonio Mojica, h. 190 v. *No ay Cosa como Callar* / de Don Pedro Calderon, h. 210 ; *Muger Llora, y vencerás* / de Don Pedro Calderon h. 231.

01-00094810 000

▶ M-BN, R/22670. — Enc. piel gofrada con hierros dorados. ▶ M-BN, T-i/119(XVII). — Enc. perg. — Sello de Pascual de Gayangos. — Port. deteriorada afectando al pie de imp. ▶ M-BN, T-i/16(XVII). — Enc. pasta.

4039
Comedias escogidas XVIII. *Parte diez y ocho de Comedias nueuas escogidas de los mejores ingenios de España...* — En Madrid : por Gregorio Rodriguez y à su costa..., 1662. — [4], 160, 76 h., ¶⁴, A-V⁸, A-I⁸, K⁴ ; 4⁰

Texto a dos col. — Port. con esc. xil. de Don Fernando de Soto y Berrio. — Contiene : *Dicha y desdicha del Nombre* / de Don Pedro Calderon, h. 1. *Euridice y Orfeo* / de D. Antonio de Solis, h. 28. *Seneca y Neron* / de D. Pedro Calderon de la Barca (no es suya), h. 47 v. *La Paciencia en los Trabajos* / del Dotor Felipe Godinez, h. 62. *Los Medicis de Florencia* / corregida, y enmendada de Don Diego Ximenez de Enciso, h. 77. *El Lindo Don Diego* / de Don Agustin Moreto y Cabañas, h. 100 v. *Las Niñezes del Padre Roxas* / de Lope de Vega Carpio, h. 121. *Lo* *que son Suegro y Cuñado* / de Don Geronimo de Zifuentes, h. 138-160. *El Amor en Vizcaino, y los Zelos en Frāces, y Torneos de Nauarra* / de Luis Velez de Guevara, h. 1. *Amigo, Amante y Leal* / de Don Pedro Calderon de la Varca, h. 21. *Firmeza, Amor y Vengança* / de Don Antonio Francisco* [sic], h. 43. *El Rey Don Alfonso, el de la mano Horadada* : comedia burlesca de vn Ingenio desta Corte (Vélez), h. 65.

01-00094811 000

▶ M-BN, R/22671. — Enc. piel gofrada con hierros dorados. ▶ M-BN, R/23815. — Enc. hol. — Contiene únicamente: Lo que son suegro y cuñado. — Comedia incluida en un v. facticio. ▶ M-BN, T-i/119(XVIII). — Enc. perg. con hierros dorados y superlibris. — Sello de Pascual de Gayangos. ▶ M-BN, T-i/146-10. — Sello de Pascual de Gayangos. — Contiene únicamente: Los Médicis de Florencia (falto de h: 77) y Lo que son suegro y cuñado. ▶ M-BN, T-i/16(XVIII). — Enc. pasta. — Falto de la última comedia (h. 65-76) que ha sido sustituida por otra edición. — Port. deteriorada. · ▶ M-BN, U/10391. — Enc. pasta. — Contiene únicamente: Amigo, amante y leal, y Firmeza, amor y venganza. — Comedias incluidas en un v. facticio. ▶ M-BN, U/10392. — Enc. cart. — Sello de Luis de Usoz. — Contiene únicamente: Dicha y desdicha del nombre. — Comedia incluída en un v. facticio.

4040

Comedias escogidas XIX. *Parte diez y nueue de Comedias nueuas y escogidas de los meiores ingenios de España...* — En Madrid : por Pablo de Val : acosta de Domingo Palacio y Villegas..., 1663. — [4], 20, 212 h., ¶⁴, a-b⁸, c⁴, A-Z⁸, 2A-2C⁸, 2D⁴ ; 4⁰

Texto a dos col. — Port. con esc. xil. de D. Francisco Lopez de Zuñiga la Cerda y Tobar. — Contiene : *El alcaçar del secreto* : fiesta que se representó a sus Magestades en el Buen Retiro / de D. Antonio de Solis, h. 1-20. *Trauesuras de Pantoja* / de Don Agustin de Moreto, h. 1. *San Froylan* / de un Ingenio desta corte (Matos), h. 16 v. *El Cauallero* / de Don Agustin Moreto, h. 30. *El Rey Don Sebastian* / de Francisco de Villegas, h. 60 v. *En el Sueño está la muerte* / de Don Geronimo de Guedeja Quiroga, h. 77 v. *Los siete Durmiᴜntes* / de Don Agustín Moreto, h. 98. *Los dos Filósofos de Grecia* / de D. Fernando de Zárate, h. 115 v. *La Lealtad en las injurias* / de Don Diego de Figueroa y Cordoua, h. 137. *La Reyna en el Buen-Retiro* / de D. Antonio Martinez, h. 154. *Mudarse por mejorarse* / de D. Fernando de Zárate, h. 172 v. *Zelos aun del ayre matan* : fiesta que se representó a sus Magestades en el Buen Retiro, cantada / de Don Pedro Calderon, h. 194.

01-00094812 000

▶ M-BN, 8/36814. — Enc. cart. — Sello de Luis de Usoz. — Contiene únicamente: Las travesuras de Pantója. — Comedia incluida en un v. facticio. ▶ M-BN, R/22672. — Enc. piel gofrada con hierros dorados. ▶ M-BN, R/23815. — Enc. hol. — Sello de Luis de Usoz. — Contiene únicamente: La lealtad en las injurias. — Precede al tit. de esta comedia una banderilla en la que consta: «Comedias nuevas escogidas de los mejores ingenios de España» Comedia incluida en un v. facticio. ▶ M-BN, T-i/119(XIX). — Enc. perg. — Sello de Pascual de Gayangos. — Falto de port., prelim. y h. 77-193. ▶ M-BN, U/10391. — Enc. cart. — Sello de Luis de Usoz. — Contiene únicamente: La reyna en el Buen Retiro, Mudarse por mejorarse, Del cauallero y El rey don Sebastian. — Comedias incluidas en un v. facticio.

4041

Comedias escogidas XX. *Parte veinte de Comedias varias nunca impressas compuestas por los meiores ingenios de España...* — En Madrid : en la Imprenta Real : a costa de Francisco Serrano de Figueroa..., 1663. —

[8], 523 [i.e. 526], [2] p., §^{4}, A-Z^8, 2A-2K^8 ; 4^0

Colofón. — Texto a dos col. — Port. con esc. xil. de D. Benito de Hermosilla y Contreras, que se repite en §$_2$. — Error de pag. en última p. — Contiene: *El Maxico Prodigioso* / de Don Pedro Calderon de la Barca, p. 1. *Callar hasta la Ocasion* / de Don Iuan Hurtado y Cisneros, p. 46. *Auristela y Lisidante* / de Don Pedro Calderon de la Barca, p. 83. *Guardar palabra a los Santos* / de Don Sebastian de Olivares, p. 147. *La Difunta Pleyteada* / de Don Francisco de Roxas Zorrilla, p. 185. *El Rigor de las desdichas y mudanças de Fortuna* / de D. Pedro Calderon de la Barca, p. 285.*Don Pedro Miago* / de Don Francisco de Roxas Zorrilla, p. 290. *El Mejor Alcayde el Rey, y no ay cuenta con Serranos* / de Don Antonio Martinez, p. 328. *Saber desmentir sospechas* / de Don Pedro Calderon de la Barca, p. 364. *Aristomenes Mesenio* / del Maestro Alfaro, p. 399. *El Hijo de la virtud, Sā Iuan Bueno : primera parte* / del Capitan Don Francisco de Llanos y Valdés, p. 445. *El Hijo de la Virtud, San Iuan Bueno : segunda parte* / del mismo, p. 484.

01-00094813 000

▶ M-BN, R/22673. — Enc. piel gofrada con hierros dorados. ▶ M-BN, R/31021. — Enc. perg. — Falto de port., sustituida por la de la «Parte treinta y tres de Comedias...». ▶ M-BN, T-i/119(XX). — Enc. perg. — Sello de Pascual de Gayangos. — Deteriorado. ▶ M-BN, T-i/146-11. — Sello de Pascual de Gayangos. — Contiene únicamente: Callar hasta la ocasion, Guardar palabra a los santos, La difunta peliteada y El hijo de la virtud San Juan Bueno. ▶ M-BN, T-i/16(XX). — Enc. pasta. ▶ M-BN, U/10394. — Enc. pasta. — Falto de las comedias: El Maxico prodigioso y El Hijo de la virtud San Juan Bueno. — Comedias incluidas un v. facticio.

4042
Comedias escogidas XXI. *Parte veinte y vna de Comedias nuevas escogidas de los mejores ingenios de España...* — En Madrid : por Ioseph Fernandez de Buendia : a costa de Agustin Verges..., 1663. — [8], 492 [i.e. 494] p., ¶^{4}, A-Z^8, 2A-2G^8, 2H^7 ; 4^0

Hay diferentes estados de esta ed. Algunos ejemplares llevan la aprobacion del «Padre Martin del Rio». — Errores de pag., p. 46-47 duplicadas. — Texto a dos col. — Contiene : *Qual es mayor perfeccion* / de Don Pedro Calderon, p. 1 ; *Fortunas de Andromeda y Perseo* / del mismo, p. 47. *Quererse sin declararse* / de Don Fernando de Zarate, p. 96. *El Gouernador prudente* / de Gaspar de Avila, p. 138. *Las siete estrellas de Francia* / de Luis de Belmonte, p. 173. *El Platero del cielo* / de Don Antonio Martinez, p. 211. *La conquista de Cuenca* / de Don Pedro Rosete, p. 247. *La Hechizera del cielo* / de Don Antonio de Nanclares, p. 283. *La razon hace dichosos* / de tres Ingenios, p. 321. *Amar sin ver* / de D. Antonio Martinez, p. 364. *La Margarita preciosa* / de tres Ingenios, p. 405. *El Mas Heroyco Silencio* / de Don Antonio Cardona, p. 446.

01-00094814 000

▶ M-BN, 8/29331. — Enc. cart. — Sello de Luis de Usoz. — Contiene únicamente: El mas heroyco silencio. — Comedia incluida en un v. facticio. ▶ M-BN, 8/36814. — Enc. cart. — Sello de Luis de Usoz. — Contiene únicamente: Quererse sin declararse y Qual es mayor perfeccion. — Comedias incluidas en un v. facticio. ▶ M-BN, R/22674. — Enc. piel gofrada con hierros dorados. — Falto de una h. de prelim. ▶ M-BN, T-i/146-12. — Sello de Pascual de Gayangos. — Contiene únicamente: Amar sin ver (P. 364-365 y 401-402 ms.). ▶ M-BN, T-i/16(XXI). — Enc. pasta. — Deteriorado, afectando a las primeras p. — Falto de p. 103-104. —

Defectos de enc. en prelim. ▶ M-BN, U/
10391. — Enc. cart. — Sello de Luis de
Usoz. — Contiene únicamente: La razon
haze dichosos. — Comedia incluida en un v.
facticio con port. correspondiente a la
«...duodecima parte».

4043
Comedias escogidas XXII. *Parte
veinte y dos de Comedias nueuas, escojidas
de los mejores ingenios de España...* —
En Madrid : por Andres Garcia de
la Iglesia : a costa de Iuan Martin
Merinero..., 1665. — [6], 233, [1]
h., ¶⁴, 2¶², A-Z⁸, 2A-2F⁸, 2G² ; 4⁰
Texto a dos col. — Port. con esc.
xil. de D. Francisco de Herrera En-
riquez Niño de Guzman... — Contiene : *Los Españoles en Chile* / de Don
Francisco Gonzalez de Bustos, h. 1.
Elegir al enemigo / de Don Agustin de
Salazar y Torres, h. 23 v. *El arca de
Noé* / de Don Antonio Martinez, D.
Pedro Rosete y Don Geronimo Can-
cer, h. 45. *La luna de la Sagra Santa
Iuana de la Cruz* / de D. Francisco
Bernardo de Quiros, h. 62 v. *Lavar
sin sangre una ofensa* / de D. Roman
Montero de Espinosa, h. 82 v. *Los
dos monarcas de Europa* / de D. Bartolomé de Salazar y Luna, h. 106. *La
corte en el valle* / de D. Francisco Avellaneda, Don Juan de Matos Fragoso, y Don Sebastian de Villaviciosa,
h. 124. *Amar y no agradecer* / de Don
Francisco Salgado, h. 139. *Santa
Olalla de Mérida* / de D. Francisco
Gonzalez de Bustos, h. 157 v. *Merecer de la Fortuna ensalzamietos dichosos* /
de Don Diego de Vera y D. Jose Ribera, h. 179. *Muchos aciertos de un
yerro* / de D. Jose de Figueroa, h.
196 v. *Antes que todo es mi amigo* / de D.
Fernando de Zárate, h. 217.

01-00094815 000

▶ M-BN, 8/36814. — Enc. cart. — Sello

de Luis de Usoz. — Contiene únicamente:
Merecer de la Fortuna, Muchos aciertos de
un yerro y Antes que todo es mi amigo. —
Comedias incluidas en un v. facticio. ▶ M-
BN, R/22675. — Enc. piel gofrada con hierros dorados. — Deteriorado. ▶ M-BN, T-i/
119(XXII). — Enc. perg. — Sello de
Pascual de Gayangos. ▶ M-BN, T-i/146-13.
— Sello de Pascual de Gayangos. — Contiene únicamente: La Corte en el valle, Amar y
no agradecer, Santa Olalla de Mérida, Merecer de la fortuna y Muchos aciertos de un
yerro. ▶ M-BN, T-i/16(XXII). — Enc.
pasta. ▶ M-BN, U/10328. — Enc. cart. —
Sello de Luis de Usoz. — Contiene únicamente: Lavar sin sangre una ofensa. — Comedia incluida en un v. facticio. ▶ M-BN,
U/10392. — Enc. cart. — Sello de Luis de
Usoz. — Contiene únicamente: Amar y no
agradecer. — Comedia incluida en un v. facticio.

4044
Comedias escogidas XXIII. *Parte
veinte y tres de Comedias nueuas escritas
por los mejores ingenios de España...* —
En Madrid : por Ioseph Fernandez
de Buendia : a costa de Manuel Me-
lendez..., 1665. — [8], 507 [i.e. 503]
p., ★⁴, A-Z⁸, 2A-2H⁸, 2I⁴ ; 4⁰
Errores de pag., de p. 44 pasa a
49. — Texto a dos col. — Port. con
esc. xil. de don Francisco Lopez de
Zuñiga de la Cerda y Tovar. —
Contiene : *Santo Tomas de Villanueua* /
de Don Iuan Bautista Diamante, p. 1.
Los dos Prodigios de Roma / de Don Iuan
de Matos Fragoso, p. 50 ; *El Redemptor
Cautiuo* / de Don Iuan de Matos y de
Villaviciosa, p. 93. *El Parecido* / de Don
Agustin Moreto, p. 131. *Las Missas de
San Vicente Ferrer* / de Don Fernando de
Zarate, p. 174. *No amar la mayor fineza* /
de Don Iuan de Zaualeta, p. 219.
Hazer fineza el desayre / del Lic. Don
Diego Calleja, p. 272. *Encontraronse dos
Arroyuelos* / de Don Iuan Velez, p. 315.
La Virgen de la Fuencisla / de Don Se-
bastian de Villaviciosa, de Don Iuan

de Matos y Don Iuan de Zaualeta, p. 349. *El Honrador de sus hijas* / de Don Francisco Polo, p. 396. *El hechizo imaginado* / de Don Iuan de Zaualeta, p. 522 [i.e. 422]. *La Presumida y la Hermosa* / de Don Fernando de Zarate, p. 470.

01-00094816 000

▶ M-BN, R/22676. — Enc. piel gofrada con hierros dorados. ▶ M-BN, T-i/146-14. — Sello de Pascual de Gayangos. — Contiene únicamente: Santo Tomás de Villanueva.

4045

Comedias escogidas XXIII. *Parte veinte y tres de Comedias nueuas escritas por los mejores ingenios de España...* — En Madrid : por Ioseph Fernandez de Buendia : a costa de Manuel Melendez..., 1666. — [8], 507 [i.e. 503] p., ★⁴, A-Z⁸, 2A-2H⁸, 2I⁴ ; 4⁰

Es emision de la ed. de Madrid: por Ioseph Fernandez de Buendia: a costa de Manuel Melendez..., 1665. — Errores de pag., de p. 44 pasa a 49. — Texto a dos col. — Port. con esc. xil. de don Francisco López de Zúñiga de la Cerda y Tovar.

01-00094817 000

▶ M-BN, T-i/119(XXIII). — Enc. piel con hierros. — Sello de Pascual de Gayangos. — Recortado afectando al comienzo del título. ▶ M-BN, T-i/16(XXIII). — Enc. pasta.

4046

Comedias escogidas XXIV. *Parte veinte y quatro de Comedias nueuas y escogidas de los mejores ingenios de España...* — En Madrid : por Mateo Fernandez de Espinosa Arteaga : a costa de Iuan de San Vicente..., 1666. — [4], 246 h., ¶⁴, A-Z⁸, 2A-2G⁸, 2H⁶ ; 4⁰

Hay diferentes estados de esta ed. — Texto a dos col. — Port. con esc.

xil. de doña Guiomar María Egas Venegas de Cordova. — Contiene : *El monstruo de la Fortuna* / de tres Ingenios, h. 1. *La Virgen de la Salceda* / del Maestro León y Calleja, h. 22. *Industrias contra Finezas* / de don Agustín Moreto y Cabañas, h. 41. *La Dama Capitán : fiesta que se representó a su Magestad* / de los Figueroas, h. 61. *Tambien tiene el Sol Menguante* / de tres Ingenios, h. 84. *Lo que puede Amor y zelos* / de vn Ingenio de esta Corte, h. 107. *Los amantes de Berona* / de don Christoual de Rozas, h. 126. *El soldado más herido y viuo despues de muerto* / de don Pedro de Estenoz y Losada, h. 144. *El Maestro de Alexandro* / de don Fernando de Zárate, h. 175. *San Pedro de Arbues* / de don Fernando de la Torre, h. 196. *Sólo el Piadoso es mi hijo* : la primera jornada de D. Juan de Matos ; la segunda de Don Sebastian de Villaviciosa ; la tercera de don Francisco de Avellaneda, h. 217. *La Rosa de Alexandria, la más nueua* / de don Pedro Rosete, h. 237.

01-00094818 000

▶ M-BN, R/22677. — Enc. piel gofrada con hierros dorados. — Deteriorado. — Falto de port., 1 h. de prelim. y de las h. 185-186 (sustituidas por hojas ms.). ▶ M-BN, T-i/146-15. — Sello de Pascual de Gayangos. — Contiene únicamente: Los amantes de Verona. ▶ M-BN, T-i/16(XXIV). — Enc. perg. — Deterioradas las últimas h.

4047

Comedias escogidas XXV. *Parte veinte y cinco de Comedias nueuas, y escogidas de los mejores ingenios de España...* — En Madrid : por Domingo Garcia Morras... : a costa de Domingo Palacio y Villegas..., 1666. — [4], 243, [1] h., ¶⁴, A-Z⁸, 2A-2G⁸, 2H⁴ ; 4⁰

Colofón. — Port. con esc. xil. — Texto a dos col. — Contiene : *El Letrado del Cielo* / de don Iuan de Matos, h. 1. *La Más dichosa venganza* / de don Antonio de Solís, h. 23. *La Fingida Arcadia* / de don Agustín Moreto, h. 44 v. *Quantas veo tantas quiero* / de don Sebastian de Villaviciosa y don Francisco de Auellaneda, h. 62 v. *La Condesa de Belflor* / de don Agustin Moreto, h. 81. *No hay contra el amor poder* / de don Iuan Velez de Gueuara, h. 100. *Sin hōra no ay valentía* / de don Agustín Moreto, h. 120. *Amor vencido de amor* / de don Iuan Velez de Gueuara, don Iuan de Zaualeta y don Antonio de Huerta, h. 139 v. *A lo que obligan los zelos* / de don Fernando de Zarate, h. 159 v. *Lo que puede la criança* / de Francisco de Villegas, h. 178. *La Esclavitud mas dichosa y Virgen de los Remedios* / de Francisco de Villegas y Jusepe Rojo, h. 197. *Lorenço me llamo* / de don Iuan de Matos Fragoso, h. 221.

01-00094819 000

▶ M-BN, R/22678. — Enc. piel gofrada con hierros dorados. — Falto de las h. 222 y 223. ▶ M-BN, T.i/146-16. — Sello de Pascual de Gayangos. — Contiene únicamente: La mas dichosa venganza y Sin honra no hay valentía. ▶ M-BN, T-i/16(XXV). — Enc. pasta. — Port. recortada afectando al pie de imp. ▶ M-PR, VIII-17151(a). — Enc. cart. — Contiene únicamente: No hay contra el amor poder.

4048

Comedias escogidas XXVI. *Parte veinte y seis de Comedias nueuas escogidas de los mejores ingenios de España...* — En Madrid : por Francisco Nieto : a costa de Iuan Martin Merinero..., 1666. — [4], 254 [i.e. 255] h., $\P^4$, A-Z^8, 2A-2H^8, 2I^7 ; 4^0

Numerosos errores de pag. — Texto a dos col. — Contiene : *El ba-*

quero de Granada / de Don Iuan Bautista Diamante, h. 1. *Lorenzo me llamo* / de D. Iuan de Matos Fragoso, h. 20 v. *Ay culpa en que no ay delito* / de D. Roman Montero de Espinosa, h. 42 v. *Mancebo del camino* / de D. Iuan Bautista Diamante, h. 64. *Los sucessos de tres horas* / de Don Luis de Ouiedo, h. 85 v. *Fiar de Dios* / de D. Antonio Martinez, y D. Luis de Belmonte, h. 106. *Desde Toledo a Madrid* / del Maestro Tirso de Molina, h. 127 v. *El amor puesto en razon* / de Don Sabastian de Villa-Viciosa, h. 146 v. *La gran comedia de San Luis Bertran* / de Don Agustin Moreto, h. 167 v. (el verdadero autor es Gaspar de Aguilar). *La piedad en la justicia* / de Don Guillen de Castro, h. 187v. *Resucitar con el agua* / de Don Ioseph Ruiz... Iacinto Hurtado de Mendoça y Pedro Francisco Lanini Valencia, h. 211 v. *Todo cabe en lo possible* / de Don Fernando de Abila, h. 232.

01-00094820 000

▶ M-BN, R/11775(11). — Enc. hol. — Contiene únicamente: El mancebo del camino. — Comedia incluída en un v. facticio. ▶ M-BN, R/18082(8). — Enc. piel con hierros dorados. — Ex-libris de Cayetano Alberto de la Barrera. — Contiene únicamente: La gran comedia de San Luis Beltrán (falta de 1^0 y última h.). — Comedia incluida en un v. facticio con port. ms. «Comedias de Gaspar de Aguilar. Colezion espezial formada por D.C.A. de la B. Tomo 1^0 Madrid, 1861». ▶ M-BN, R/22679. — Enc. piel gofrada con hierros dorados. ▶ M-BN, T-i/119(XXVI). — Enc. perg. — Sello de Pascual de Gayangos. ▶ M-BN, T-i/146-17. — Sello de Pascual de Gayangos. — Contiene únicamente: Lorenzo me llamo, Los sucessos de tres horas (incompleta), Fiar de dios (duplicada), Desde Toledo a Madrid (duplicada), El amor puesto en razón (duplicada) y San Luis Beltrán. ▶ M-BN, T-i/16(XXVI). — Enc. pasta. — Deteriorada. ▶ M-UC (FFil), 29484. — Falto de h. 1-84 y h. 232-254.

4049

Comedias escogidas XXVII. *Parte veinte y siete de comedias varias nunca impressas compuestas por las meiores ingenios de España...* — En Madrid : por Andres Garcia de la Iglesia : acosta de Francisco Serrano de Figueroa..., 1667. — [8], 436 [i.e. 448] p., §⁴, A-Z⁸, 2A-2C⁸, 2D¹⁴, 2E² ; 4⁰

Errores de pag., de p. 436 pasa a p. 425. — Texto a dos col. — Port. con esc. xil. de Martin de Lapuente. — Contiene : *Los sucessos de Oran por el Marques de Ardales* / de Luis Velez de Gueuara, p. 1. *Los vandos de Rauena y institucion de la Camandula* / de Don Iuan de Matos Fragoso, p. 57. *La Cortesana en la Sierra* / de tres Ingenios desta Corte, p. 93. *Reynar no es la mayor suerte* / de vn Ingenio desta Corte, p. 131. *El Labyrinto de Creta* / de don Iuan Bautista Diamante, p. 167. *La ocasion haze al Ladron* / de D. Iuan de Matos Fragoso, p. 190. *Nuestra Señora de Regla* / de D. Ambrosio de Cuenca, p. 226. *Amar por señas* / del Maestro Tirso de Molina, p. 257. *Las Auroras de Seuilla* / de tres Ingenios, p. 301. *La Cruz de Carauaca* / de D. Iuan Bautista Diamante, p. 333. *La Ventura con el nombre* / del Maestro Tirso de Molina, p. 368. *La Iudia de Toledo* / de D. Iuan Bautista Diamante, p. 80.

01-00094821 000

▶ M-BN, R/22680. — Enc. piel gofrada con hierros dorados. ▶ M-BN, T-i/119(XXVII). — Enc. perg. — Sello de Pascual de Gayangos. ▶ M-BN, T-i/119(XXXII). — Enc. perg. — Falto de port. y prelim. sustituidos por los de la «Parte treinta y dos de Comedias...» y falto de las p. 241-436 sustituidas por otras de la Parte 32. ▶ M-BN, T-i/16(XXVII). — Enc. pasta. ▶ M-PR, VIII-17151(12). — Enc. cart. — Contiene únicamente: Nuestra Sra. de Regla.

4050

Comedias escogidas XXVIII. *Parte veinte y ocho de comedias nueuas de los mejores ingenios desta Corte...* — En Madrid : por Ioseph Fernandez de Buendia : acosta de la Viuda de Francisco de Robles..., 1667. — [8], 487 [i.e. 448] p., ¶⁴, A-Z⁸, 2A-2E⁸ ; 4⁰

Errores de pag., de p. 308 pasa a 339 y de p. 477 a 487. — Texto a dos col. — Port. con esc. xil. de Luis de Guzmán. — Contiene : *El Príncipe Don Carlos* / del Doctor Iuan Perez de Montalvan, p. 1. *San Isidro Labrador de Madrid* / de Lope de Vega Carpio, p. 43. *El Sitio de Breda* / de don Pedro Calderon de la Barca, p. 83. *Los empeños de un engaño* / de Don Juan de Alarcon, p. 131. *El mejor tutor es Dios* / de Luis de Belmonte, p. 166. *El palacio confuso* / del Doctor Mira de Mescua, p. 199. *Victoria por el amor* / del Alferez Iacinto Cordero, p. 231 [i.e. 237]. *La Victoria de Norlingen* / de Don Alonso del Castillo Solorzano, p. 273. *La ventura en la desgracia* / de Lope de Vega Carpio, p. 307. *San Mateo en Etipía* / del Doctor Felipe Godinez, p. 371. *Mira al fin* / de un Ingenio de esa Corte, p. 403. *La Corte del demonio* / de Luis Velez de Guevara, p. 444.

01-00094822 000

▶ M-BN, R/22681. — Enc. piel gofrada con hierros dorados. ▶ M-BN, T-i/119(XXVIII). — Enc. perg. — Sello de Pascual de Gayangos. — Falto de dos h. de prelim. ▶ M-BN, T-i/146-19. — Sello de Pascual de Gayangos. — Contiene únicamente: El Príncipe don Carlos, San Isidro Labrador de Madrid (p. 84 ms.), Victoria por el amor, San Mateo en Etiopía y Mira al fin. ▶ M-BN, T-i/16(XXVIII). — Enc. pasta. — Deteriorado. — Falto de p. 82-83 y 463-487.

4051

Comedias escogidas XXIX. *Parte veinte y nueue de comedias nueuas escritas por los mejores ingenios de España...* — En Madrid : por Ioseph Fernandez de Buendia : a costa de Manuel Melendez..., 1668. — [8], 464 p., ¶⁴, A-Z⁸, 2A-2F⁸ ; 4⁰

Texto a dos col. — Port. con esc. xil. de D. Francisco Lopez de Zúñiga de la Cerda y Tovar. — Contiene: *El Iris de las pendencias* / de Gaspar de Avila, p. 1. *La razon vence al Poder* / Don Iuan de Matos Fragoso, p. 31. *El Vaso y la Piedra* / de Don Fernando de Zarate, p. 72. *Piramo y Tisbe* / de Don Pedro Rosete, p. 101. *La Defensora de la Reyna de Vngría* / de Don Fernando de Zarate, p. 143. *El mejor Representante San Gines* / de Don Geronimo Cancer, Don Pedro Rosete y Don Antonio Martinez, p. 188. *Ganar por la mano juego* / de Alvaro Cubillo de Aragon, p. 230. *El primer Conde de Flandes* / de Don Fernando de Zarate, p. 273. *El Hamete de Toledo* : burlesca / de tres Ingenios, p. 324. *Tetis y Peleo : fiesta que se hizo a las bodas de la Serenissima Señora doña María Teresa de Austria, Reyna de Francia* / de Don Ioseph de Bolea, p. 346. *Nuestra Señora de la Luz* / de Don Francisco Salgado, p. 389. *Como se vengan los Nobles* / de Don Agustín Moreto, p. 427.

01-00094823 000

▶ M-BN, R/22682. — Enc. piel gofrada con hierros dorados. — Recortado afectando a la paginación. ▶ M-BN, T-i/119(XXIX). — Enc. perg. — Sello de Pascual de Gayangos. — Falto de Port. y prelim. ▶ M-BN, T-i/146-21. — Sello de Pascual de Gayangos. — Falto de port., prelim. y las comedias 1.ª, 2.ª, 11.ª y 12.ª, y las p. 143-144, 229-230 y 389. ▶ M-BN, T-i/16(XXIX). — Enc. pasta. — Falto de port. y de prelim. — P. 133, 134, 135-140 y la 411, duplicadas.

4052

Comedias escogidas XXX. *Parte treinta Comedias nueuas y escogidas de los mejores ingenios de España...* — En Madrid : por Domingo Garcia Morràs... : a costa de Domingo Palacio y Villegas..., 1668. — [8], 463 p., [ ]⁴, A-Z⁸, 2A-2F⁸ ; 4⁰

Texto a dos col. — Port. con esc. xil. de Juan de Moles. — Contiene : *El Bruto de Babilonia* / de Don Iuan de Matos Fragoso, de Don Agustin Moreto y Don Geronimo Cancer, p. 1. *La Montañesa de Asturias* / de Luis Velez de Gueuara, p. 41. *El Premio en la misma pena* / de Don Agustin Moreto, p. 79. *Cuerdos hazen Escarmientos* / de Francisco de Villegas, p. 115. *Hazer del Amor Agrauio* / de vn Ingenio de esta Corte, p. 151. *El Mancebon de los Palacios* / de Don Iuan Velez de Gueuara, p. 195. *La Conquista de Mexico* / de Don Fernando de Zarate, p. 228. *El Principe Viñador* / de Luis Velez, p. 259. *El valeroso Español y primero de su Casa* / de Gaspar de Auila, p. 296. *La Negra por el honor* / de Don Agustin Moreto, p. 336. *No está en matar el Vencer* / de D. Iuan de Matos, p. 389. *S. Antonio Abad* / de D. Fernando de Zarate, p. 427.

01-00094824 000

▶ M-BN, R/22683. — Enc. piel gofrada con hierros dorados. ▶ M-BN, R/22725. — Enc. piel. — Sello de Pascual de Gayangos. — Contiene únicamente: El premio en la misma pena, Cuerdos hazen escarmiento, Hazer del amor agravio, El principe viñador y No está en matar el vencer y San Antonio Abad. ▶ M-BN, T-i/119(XXX). — Enc. pasta deteriorada. — Ex-libris ms. de Jose de Mendoza de Cuhna de Soto Mayor y Sello de Pascual de Gayangos. ▶ M-BN, T-i/16(XXX). — Enc. pasta. — Falto de comedia El bruto de Babilonia. ▶ M-PR, VIII-17143(12). — Enc. cart. — Contiene únicamente: El premio en la misma pena.

4053

Comedias escogidas XXXI. *Parte treinta y vna de Comedias nueuas escritas por los mejores ingenios de España...* — En Madrid : por Ioseph Fernandez de Buendia : acosta de Manuel Melendez..., 1669. — [8], 504 p., [ ]^4, A-Z^8, 2A-2H^8, 2I^4 ; 4^0

Texto a dos col. — Port. con esc. xil. de D. Francisco de Avellaneda de la Cueva y Guerra. — Contiene : *Querer por solo querer* / de Don Antonio de Mendoza, p. 1. *Sufrir mas por valer mas* / de Don Geronimo Cruz, p. 73. *Mentir por razon de estado* / de Don Felipe Milan y Aragon, p. 115. *No hay gusto como la honra* / de Don Fernando de Vera y Mendoza, p. 148. *El Caballero de Gracia* / del Maestro Tirso de Molina, p. 180. *El pronostico de Cadiz* / de Alonso de Osuna, p. 225. *La Trompeta del Iuizio* / de Don Gabriel del Corral, p. 260. *Prodigios de amor* / de Villaviciosa, p. 301. *El Amor enamorado* / de Don Iuan de Zaualeta (de Lope?), p. 343. *El esclavo del mas impropio dueño* / del Maestro Roa, p. 383. *El socorro de los mansos* / de Don Carlos de Arellano, p. 421. *La traicion en propia sangre* / del Maestro Ribera, p. 458.

01-00094825 000

▶ M-BN, R/22684. — Enc. piel gofrada con hierros dorados. ▶ M-BN, T-i/146-22. — Sello de Pascual de Gayangos. — Contiene únicamente: Sufrir mas por valer mas, Mentir por razón de estado (incomp.), El pronóstico de Cádiz, La trompeta del juicio, El amor enamorado, El esclavo del mas impropio dueño (incomp.) y La traición en propia sangre. ▶ M-BN, T-i/16(XXXI). — Enc. perg. — Ex-Libris de D. Cayetano Alberto de la Barrera. — Falto de las p. 179-226.

4054

Comedias escogidas XXXII. *Parte treinta y dos de Comedias nueuas, nunca impressas, escogidas de los mejores ingenios de España...* — En Madrid : por Andres Garcia de la Iglesia : acosta de Francisco Serrano de Figueroa..., 1669. — [8], 438, [2] p., ¶^{4}, A-Z^8, 2A-2D^8, 2E^4 ; 4^0

. Colofón. — Texto a dos col. — Port. con esc. xil. de Manuel Rangel de Macedo. — Contiene : *La culpa mas provechosa* / de Don Francisco de Villegas, p. 1. *El Bandolero Solposto* / de Cancer, Rosete y Rojas, p. 43. *La vida en el ataúd* / de Don Francisco de Rojas, p. 80. *Los muros de Jericó* / de Don Sebastian de Olivares, p. 109. *Las cinco blancas de Juan de Espera en Dios* / de Don Antonio de Huerta, p. 145. *La Virgen de los Desamparados de Valencia* / de Marco Antonio Ortiz [i.e. Ortí] (La tercera jornada es de Jacinto Alonso Maluenda), p. 180. *Duelo de honor y amistad* / de Don Jacinto de Herrera, p. 217. *Selva de amor y celos* / de Don Francisco de Rojas, p. 250. *El Más piadoso troyano* / de Don Francisco de Villegas, p. 292. *Pelear hasta morir* / de Don Pedro Rosete Niño, p. 328. *El legítimo bastardo* / de Don Cristóbal de Morales, p. 367. *Afanador el de Utrera* / de Luis de Belmonte, p. 402.

01-00094826 000

▶ M-BN, R/22685. — Enc. piel gofrada con hierros dorados. ▶ M-BN, T-i/119(XXXII). — Enc. perg. — Sello de Pascual de Gayangos. — Falto de las p. 1-240, sustituidas por las mismas de la «Parte veinte y siete de Comedias...» y 245-252. ▶ M-BN, T-i/146-23. — Sello de Pascual de Gayangos. — Falto de port, prelim. y las comedias: La culpa mas provechosa, La Virgen de los Desamparados de Valencia, Duelo de honor y amistad, El mas piadoso troyano y Afanador el de Utrera. ▶ M-BN, T-i/16(XXXII). — Enc. pasta.

4055

Comedias escogidas XXXIII.
*Parte treinta y tres de Comedias nueuas,
nunca impressas, escogidas de los mejores
ingenios de España...* — En Madrid :
por Ioseph Fernandez de Buendia :
acosta de Juan Martín M[e]rinero...,
1670. — [8], 451, [1] p., ¶⁴, A-Z⁸,
2A-2E⁸, 2F² ; 4⁰

Hay diferentes estados de esta ed.
— Colofón. — Texto a dos col. —
Port. con viñeta xil. — Contiene : *El
Sabio en su Retiro* / de Don Iuan de
Matos Fragoso, p. 1. *Cuerdos hay que
parecen Locos* / de Don Iuan de Zaua-
leta, p. 43. *La Romera de Santiago* / del
Maestro Tirso de Molina, p. 87. *Las
Niñeces de Roldan* / de Ioseph Rojo y
Francisco de Villegas, p. 116 [i.e.
126]. *Vida y muerte de la Monja de Por-
tugal* / del Doctor Mira de Mescua,
p. 165. *El Voto de Santiago y Batalla de
Clauijo* / de Don Rodrigo de Herrera,
p. 201. *Perdida y Restauracion de la
Bahia de todos Santos* / de Iuan Anto-
nio Correa, p. 233. *El Casamiento con
Zelos y Rey Don Pedro de Aragon* / de
Bartolomè de Anciso, p. 268. *Mateo
Vizconde* / de Don Iuan de Ayala, p.
307. *El mas dichoso Prodigio* / de vn In-
genio desta Corte, p. 240 [i.e. 340].
*El Fenix de Alemania, vida y muerte de
Santa Cristina* / de Don Iuan de
Matos Fragoso, p. 378. *La mas He-
royna Fineza y Fortunas de Isabela* / de
D. Iuan de Matos, Don Diego y
Don Ioseph de Cordoua y Figueroa,
p. 408.

01-00094827 000

▶ M-BN, R/22686. — Enc. piel gofrada
con hierros dorados. ▶ M-BN, R/31021. —
Enc. perg. — Únicamente la port. corres-
ponde a la ed., el contenido pertenece a la
«Parte veinte de comedias...». ▶ M-BN, T-i/
146-24. — Sello de Pascual de Gayangos. —
Contiene únicamente: La Romera de Santia-
go, Vida y muerte de la monja de Portugal y
La mas heroica fineza y fortunas de Isabela.
▶ M-BN, T-i/16(XXXIII). — Enc. pasta.

4056

Comedias escogidas XXXIV. *Parte
treinta y quatro de Comedias nueuas escritas por los mejores ingenios de España...*
— En Madrid : por Ioseph Fernandez de Buendia : acosta de Manuel
Melendez..., 1670. — [8], 446 [i.e.
448] p., [ ]⁴, A-Z⁸, 2A-2E⁸ ; 4⁰

Error de pag., p. 345-346 duplicadas. — Texto a dos col. — Port. con
esc. xil. de D. Francisco Eusebio...
Conde de Peting... — Contiene : *El
Lazo, Vanda y Retrato* / de Don Gil Enriquez, p. 1. *Rendirse a la obligacion* /
de D. Ioseph y D. Diego de Figueroa, p. 36. *El Santo Christo de Cabrilla*
/ de Don Agustin Moreto, p. 77.
*Pocos bastan si son buenos y Crisol de la
lealtad* / de Don Iuan de Matos Fragoso, p. 113. *Verse y tenerse por muertos*
/ de Don Manuel Freyre de Andra-
de, p. 170. *El Disparate creído* / de
Don Iuan de Zaualeta, p. 212. *La
Venganza en el Despeño* / de D. Iuan de
Matos Fragoso, p. 240. *La Virgen de
la Aurora* / de Don Agustin Moreto y
D. Geronimo Cancer, p. 282. *El
Galan Secreto* / del Doctor Mira de
Mescua, p. 318. *Lo que le toca al Valor
y Príncipe de Orange* / del Doctor Mira
de Mescua, p. 351. *Amor de Razon
vencido* / de vn Ingenio desta Corte,
p. 383. *El Azote de su Patria* / de Don
Agustin Moreto, p. 405 [i.e. 421].

01-00094828 000

▶ M-BN, R/11775. — Enc. hol. con puntas. — Contiene únicamente: Pocos bastan
si son buenos. ▶ M-BN, R/22687. — Enc.
piel gofrada con hierros dorados. ▶ M-BN,
T-i/146-25. — Sello de Pascual de Gayangos. — Contiene únicamente: El disparate
creído y El galán secreto. ▶ M-BN, T-i/
16(XXXIV). — Enc. pasta.

4057

Comedias escogidas XXXV. *Parte treinta y cinco Comedias nueuas escritas por los mejores ingenios de España...* — En Madrid : por Lucas Antonio de Bedmar : a costa de Antonio de la Fuente..., 1670. — [12], 450 [i.e. 460] p., $\S^4$, $2\S^2$, A-Z^8, 2A-2E^8, 2F^4, 2G^2 ; 4^0

Errores de pag., de p. 113 retrocede a 104. — Texto a dos col. — Port. con dos esc. xil., uno de D. Francisco Eusebio, Conde de Patting y otro de doña María, Condesa de Dietrichstein. — Contiene : *El Defensor de su agrauio* / de D. Agustin Moreto, p. 1. *La conquista de Oran* / de Luis Velez de Guevara, p. 42. *No ay amar como fingir* / del Maestro León, p. 67 [i.e. 76]. *En Madrid y en vna casa* / de D. Francisco de Roxas, p. 103 [i.e. 113]. *La hermosura y la desdicha* / de D. Francisco de Roxas, p. 147. *A lo que obliga el desden* / de D. Francisco de Roxas (en el texto y en los titulillos dice que es de D. Francisco Salgado Garcés), p. 191. *Zelos son bien y ventura* / del Doct. Felipe Godinez, p. 236. *La confusion de Vngria* / del Doct. Mira de Mescua, p. 274. *El sitio de Oliuença* / de vn Ingenio de esta Corte, p. 317. *Empeçar a ser amigos* / de D. Agustin Moreto, p. 348. *El Doctor Carlino* / de D. Antonio de Solis, p. 387. *La escala de la Gracia* / de Don Fernando de Zarate, p. 418.

01-00094829 000

▸ M-BN, T-i/119(XXXV). — Enc. pasta. — Sello de Pascual de Gayangos. ▸ M-BN, T-i/146-26. — Sello de Pascual de Gayangos. — Falto de port. y prelim. ▸ M-BN, T-i/16(XXXV). — Enc. pasta.

4058

Comedias escogidas XXXV. *Parte treinta y cinco Comedias nueuas escritas*

por los mejores ingenios de España... — En Madrid : por Lucas Antonio de Bedmar : acosta de Antonio de la Fuente..., 1671. — [12], 450 [i.e. 460] p., $\S^4$, $2\S^2$, A-Z^8, 2A-2E^8, 2F^4, 2G^2 ; 4^0

Es emisión de la ed. de Madrid: por Lucas Antonio de Bedmar: acosta de Antonio de la Fuente..., 1670. — Errores de pag., de 113 retrocede a 104. — Texto a dos col. — Port. con dos esc. xil., uno de D. Francisco Eusebio, Conde de Petting y otro de doña María, Condesa de Dietrichstein.

01-00094830 000

▸ M-BN, R/22688. — Enc. piel gofrada con hierros dorados. — Banderillas mss. en algunas partes del texto.

4059

Comedias escogidas XXXVI. *Parte treinta y seis Comedias escritas por los mejores ingenios de España...* — En Madrid : por Ioseph Fernandez de Buendia : a costa de Manuel Melendez..., 1671. — [8], 507 p., ¶^{4}, A-Z^8, 2A-2H^8, 2I^6 ; 4^0

Existe emisión con pie de imp.: En Madrid: por Ioseph Fernandez de Buendia: a costa de Iuan Martín Merinero..., 1671. — Texto a dos col. — Contiene : *Santa Rosa del Perú* / de Don Agustin Moreto y Don Pedro Lanini y Sagredo, p. 1. *El mosquetero de Flandes* / de Don Francisco Gonzalez de Bustos, p. 45. *El tirano castigado* / de Don Iuan Bautista Diamante, p. 94. *Araspas [sic] y Pantea* / de Don Francisco Salgado, p. 133. *El prodigio de Polonia* / de Iuan Delgado, p. 174. *La Fenix de Tesalia* / del Maestro Roa, p. 227. *El nuncio falso de Portugal* / de tres Ingenios, p. 271. *La dicha por el agrauio* / de Don

Iuan Bautista Diamante, p. 318. *El dichoso vandolero* / de Don Francisco de Cañizares, p. 354. *El sitio de Betulia* / de vn Ingenio desta Corte, p. 395. *Darlo todo y no dar nada : burlesca* / de Don Pedro Francisco Lanini y Sagredo, p. 441. *Las barracas del Grao de Valencia* / de tres Ingenios, p. 473.

01-00094831 000

▶ M-BN, R/22689. — Enc. piel gofrada con hierros dorados. — Ex-libris ms. «de Don Gabriel Vázquez de Acuña». ▶ M-BN, T-i/146-27. — Sello de Pascual de Gayangos. — Falto de port., prelim., p. 473-474 y las comedias: El prodigio de Polonia, El nuncio falso de Portugal, La dicha por el agravio, El dichoso bandolero, El sitio de Betulia. — La comedia La Fénix de Tesalia, duplicada. ▶ M-BN, T-i/16(XXXVI). — Enc. pasta. — Falto de port.

4060
Comedias escogidas XXXVI. *Parte treinta y seis Comedias escritas por los mejores ingenios de España...* — En Madrid : por Ioseph Fernandez de Buendia : a costa de Iuan Martin Merinero..., 1671. — [8], 507 p., ¶⁴, A-Z⁸, 2A-2H⁸, 2I⁶ ; 4⁰

Existe emisión con pie de imp.: En Madrid: por Ioseph Fernandez de Buendia: a costa de Manuel Melendez..., 1671. — Texto a dos col.

01-00094832 000

▶ M-BN, T-i/119(XXXVI). — Enc. pasta. — Sello de Pascual de Gayangos.

4061
Comedias escogidas XXXVII. *Parte treinta y siete de Comedias nueuas escritas por los mejores ingenios de España...* — En Madrid : por Melchor Alegre : acosta de Domingo Palacio y Villegas..., 1671. — [8], 438 [i.e. 440] p., [ ]⁴, A-Z⁸, 2A-2D⁸, 2E⁴ ; 4⁰

Error de pag. a partir de la p. 396. — Texto a dos col. — Port. con esc. xil. de Jacinto de Romarate y Varo-

na. — Contiene : *Un bobo hace ciento* / de Don Antonio de Solis, p. 1. *Riesgos de amor y amistad* / de Don Iuan Velez de Guevara, p. 45. *Satisfacer callando* / de Don Agustin Moreto (es de Lope de Vega), p. 83. *El nueuo mundo en Castilla* / de Don Iuan Matos Fragoso, p. 110. *Los prodigios de la vara y Capitan de Israel* / del Doctor Mirademescua, p. 153. *El amor hace discretos* / de un Ingenio desta corte, p. 204. *Todo es enredos amor* / de Don Diego de Córdoba y Figueroa, p. 246. *Poder y amor compitiendo* / de Iuan de la Calle, p. 285. *La Gitanilla de Madrid* / de Don Antonio de Solís, p. 320. *Escarraman : comedia burlesca que se hizo en el Buen Retiro* / de Don Agustin Moreto, p. 357. *El mejor casamentero* / de Don Iuan de Matos Fragoso, p. 369. *La desgracia venturosa* / de Don Fernando de Zarate, p. 401.

01-00094833 000

▶ M-BN, R/22690. — Enc. piel gofrada con hierros dorados. — Port. deteriorada. ▶ M-BN, T-i/119(XXXVII). — Enc. perg. — Ex-libris ms. de D. Francisco de Ansaldo y sello de Pascual de Goyangos. ▶ M-BN, T-i/146-28. — Sello de Pascual de Gayangos. — Contiene únicamente: Satisfacer callando. ▶ M-BN, T-i/16(XXXVII). — Enc. pasta.

4062
Comedias escogidas XXXVIII. *Parte treinta y ocho de comedias nuevas, escritas por los mejores ingenios de España...* — En Madrid : por Lucas Antonio de Bedmar : a costa de Manuel Melendez..., 1672. — [8], 448 [i.e. 440] p., [ ]⁴, A-Z⁸, 2A-2D⁸, 2E⁴; 4⁰

Error de pag., de p. 380 pasa a 389. — Texto a dos col. — Port. con esc. xil. de don Francisco Eusebio, Conde de Peting. — Contiene : *El aguila de la Iglesia* / de Don Francisco Gonçalez Bustos y de D. Pedro Lanine Sagredo, p. 1. *Las niñeces y primer triunfo de David* / de D. Manuel de Vargas, p. 50. *También se ama en el abismo* / de Don Agustin de Salaçar, p. 87. *Los muçarabes de Toledo* / de Iuan Hidalgo, p. 124. *La gala del nadar es saber guardar la ropa* / de Don Agustin Moreto, p. 162. *Olvidar amando* / de D. Francisco Bernardo de Quiros, p. 197. *Las tres edades del mundo* / de Luis Velez de Guevara, p. 232. *Del mal lo menos* / de vn Ingenio desta Corte, p. 276. *Vida y muerte de San Cayetano* / de seis Ingenios desta Corte, p. 311. *El hechizo de Sevilla* / de D. Ambrosio de Arce, p. 351. *Enmendar yerros de amor* / de D. Francisco Ximenez de Cisneros, p. 400. *El cerco de Tagare [i.e. Tagarete]* : burlesca ; con su entremes / de D. Francisco Bernardo de Quirós, p. 435.

01-00094834 000

▸ M-BN, R/22691. — Enc. piel gofrada con hierros dorados. — Defectos de encuadernación en cuaderno 2C. ▸ M-BN, T-i/119(XXXVIII). — Enc. perg. deteriorada. — Sello de Pascual de Gayangos. — Falto de port., prelim., y de las cuatro últimas p. ▸ M-BN, T-i/146-29. — Sello de Pascual de Gayangos. — Contiene únicamente: Vida y muerte de San Cayetano y El hechizo de Sevilla. ▸ M-BN, T-i/16(XXXVIII). — Enc. pasta.

4063

Comedias escogidas XXXIX. *Parte treinta y nueve de Comedias nuevas de los meiores ingenios de España...* — En Madrid : por Ioseph Fernandez de Buendia : a costa de Domingo de Palacio y Villegas..., 1673. — [8], 442 [i.e. 448] p., ¶⁴, A-Z⁸, 2A-2E⁸ ; 4⁰

Error de pag., de p. 47 retrocede a 42 Texto a dos col. — Port. con esc.

xil. de Ioseph Mendieta. — Contiene : *El mejor par de los doze* / de Don Iuan de Matos Fragoso y de Don Agustin Moreto, p. 1. *La mesonera del Cielo* / del Doctor Mira de Mescua, p. 40. *La milagrosa eleccion de Pio Quinto* / de Don Agustin Moreto, p. 82. *La dicha por el desprecio* / de Don Iuan de Matos Fragoso, p. 116. *El veneno para si* / de vn Ingenio desta Corte, p. 155. *El baquero emperador* / la primera jornada de Don Iuan de Matos Fragoso ; la segunda de Don Iuan Diamante ; la tercera de Don Andres Gil Enriquez, p. 192. *La cosaria catalana* / de Don Iuan de Matos Fragoso, p. 237. *Las mocedades del Cid* : burlesca : fiesta que representó a Sus Magestades Martes de Carnestolendas / de Don Geronimo Cacer, p. 276. *Los carboneros de Francia* / del Doctor Mira de Mescua, p. 293. *Como naciò San Francisco* / de Don Roman Montero y de Don Francisco de Villegas, p. 330. *La discreta vengança* / de Don Agustin Moreto, p. 362. *Contra la Fe no ay respeto* / de Don Diego Gutierrez, p. 405.

01-00094835 000

▸ M-BN, R/22692. — Enc. piel gofrada con hierros dorados. — Defectos de encuadernación en cuaderno D. ▸ M-BN, T-i/119(XXXIX). — Enc. pasta. — Ex-libris ms. «Jose de Mendoça da Cunha de Sotto Mayor... » y sello de Pascual de Gayangos. ▸ M-BN, T-i/146-30. — Sello de Pascual de Gayangos. — Falto de las comedias: El mejor Par de los Doze, Los Carboneros de Francia, Como nació San Francisco y Contra la fe no hay respeto. ▸ M-BN, T-i/16(XXXIX). — Enc. pasta. — Falto de port., prelim., p. 1-14, y p. 441-442 sustituidas por h. mss.

4064

Comedias escogidas XL. *Parte quarenta de Comedias nuevas de diversos au-*

tores. — En Madrid : por Iulian de Paredes... vendese en su casa, 1675. — [2], 244 h., [ ]^2, A-Z^8, 2A-2G^8, 2H^4 ; 4^0

Hay diferentes estados de esta edición. — Texto a dos col. — Port. con grab. xil. que se repite en última h. (canastilla de flores). — Libros que se venden en casa de Iulian de Paredes, impressor de libros, este año de 1675, en h. 244 v. — Contiene : *De [sic] medico pintor San Lucas* / de Don Fernando de Zarate, h. 1. *El rey don Alfonso el Bueno* / de Don Pedro Lanine Sagredo, h. 18. *El Fenix de la escriptura el glorioso San Geronimo* / de D. Francisco Gonzalez de Bustos, h. 42. *Quando no se aguarda* / de D. Francisco de Leiva Ramirez de Arellano, h. 63; *No ay contra lealtad cautelas* / de D. Francisco de Leiva Ramirez de Arellano, h. 81; *Amadis y Niquea* / de D. Francisco de Leiva Ramirez de Arellano, h. 98. *Las tres coronaciones del emperador Carlos Quinto* / de D. Fernando de Zarate, h. 118; *De los hermanos amantes y piedad por fuerça* / de Fernando de Zarate, h. 139. *El dichoso en Zaragoza* / del Doct. Iuan Perez de Montalvan, h. 167. *Los vandos de Luca y Pisa* / de Anatonio de Azevedo, h. 183. *La playa de Sanlucar* / de Bartolomè Cortès, h. 200. *Origen de N. Señora de las Angustias y Rebelion de los moriscos* / de Antonio Faxardo y Azevedo, h. 224 [i.e. 225].

01-00094836 000

▶ M-BN, R/22693. — Enc. piel gofrada con hierros dorados. — Falto de h. 219-222. ▶ M-BN, T-i/119(XL). — Enc. perg. — Exlibris ms. de «Sotto Mayor» y sello de «Pascual de Gayangos». — H. [2] de prelim. duplicada. ▶ M-BN, T-i/146-31. — Sello de Pascual de Gayangos. — Contiene únicamente: Amadís y Niquea, De los hermanos

amantes y piedad por fuerza y El dichoso en Zaragoza. ▶ M-BN, T-i/16(XL). — Enc. pasta. — Port. recortada afectando al pie de imp., y y h. 66 y 81. ▶ M-PR, VIII-17148(1). — Enc. cart. — Contiene únicamente: El rey don Alfonso el Bueno.

4065
Comedias escogidas XLI. *Parte quarenta y vna, de famosas comedias de diuersos autores.* — Impresso en Pamplona : por Ioseph del Espiritu Santo, [s.a.]. — [4], 266 [i.e. 268] p., 118 [i.e. 122] h., [ ]^2, A-Q^8, R^4, S^2, a-p^8, q^2 ; 4^0

Cotarelo, p. 205, describe esta edic., pero señala que esta port. es falsa y que la impresión es de Madrid, y probablemente de 1675. — Errores de pag., p. 256-257 y h. 49 y 86 duplicadas; de h. 90 pasa a 99 y de h. 125 retrocede a 118. — Texto a dos col. — Port. con orla tip. — Contiene : *Iuejos [sic] olímpicos* / de D. Agustin Salazar, p. 1 ; *El mérito es la corona* / del propio autor, p. 46 ; *Elegir al enemigo* / del mismo autor, p. 99; *Tambien se ama en el abismo* / del propio autor, p. 141. *No puede ser* / de D. Agustín Moreto, p. 179. *Hacer fineza el desayre* / del Lic. D. Diego Calleja, p. 225. *El cauallero* / de D. Agustín Moreto, h. 1. *Alcázar del secreto* / de D. Antonio de Solís, h. 23 v. *Antes que todo es mi amigo* / de D. Fernando de Zárate, h. 43. *El Hamete de Toledo* / de Belmonte y D. Ant^0. Martínez, h. 59. *La presumida y la hermosa* / de D. Fernando de Zárate, h. 82 v. *Zelos, aun del ayre, matan* / de D. Pedro Calderon, h. 107.

01-00094837 000

▶ M-BN, 8/39766. — Falto de port., prelim. y de las h. 34-118 [i.e. 122]. ▶ M-BN, R/22694. — Enc. piel gofrada con hierros dorados. ▶ M-BN, T-i/119(XLI). — Enc.

pasta. — Ex-libris ms. de Jose de Faria y sello de Pascual de Gayangos. ▶ M-BN, T-i/16(XLI). — Enc. pasta.

4066

Comedias escogidas XLII. *Parte quaranta y dos de Comedias nuevas, nunca impressas escogidas de los mejores ingenios de España...* — En Madrid : por Roque Rico de Miranda : a costa de Iuan Martin Merinero..., 1676. — [8], 504 [i.e. 494] p., ¶⁴, A-Z⁸, 2A-2G⁸, 2H⁷ ; 4⁰

Errores de pag., de p. 203 pasa a 114, y de p. 114 a 215. — Texto a dos col. — Port. con orla tip. y esc. xil. de Fernando de Soto y Vaca. — Contiene : *Varios prodigios de amor* / de Don Francisco de Rojas, p. 1. *San Francisco de Borja* / de Don Melchor Fernandez de Leon, p. 41. *Dios haze justicia à todos* / de Don Francisco de Villegas, p. 79. *Yo por vos y vos por otro* / de Don Agustin Moreto, p. 125. *El Luzero de Madrid nuestra Señora de Atocha* / de Don Pedro Francisco Lanini Sagredo, p. 163. *La mejor flor de Sicilia, Santa Rosolea* / de Don Agustin de Salazar, p. 219. *Como noble y ofendido* / de Don Antonio de la Cueua, p. 269. *Endimion y Diana* / de Don Melchor Fernandez de Leon, p. 311. *Será lo que Dios quisiere* / de Don Pedro Francisco Lanine Sagredo. p. 347. *El hijo de la molinera* / de D. Francisco de Villegas, p. 387. *El gran rey anacoreta, San Onofre* / de Don Pedro Francisco Lanine Sagredo, p. 420. *El Eneas de la Virgen y primer rey de Nauarra* / de Don Francisco de Villegas y D. Pedro Francisco Lanine Sagredo, p. 464.

01-00094838 000

▶ M-BN, R/22695. — Enc. piel gofrada con hierros dorados. ▶ M-BN, T-i/119(XLII). — Enc. piel con hierros dorados. — Sello de Pascual de Gayangos. ▶ M-

BN, T-i/146-33. — Sello de Pascual de Gayangos. — Falto de las comedias: La mejor flor de Sicilia, Como noble y ofendido, El hijo de la molinera, El gran Rey anacoreta y El Eneas de la Virgen... — Las dos primeras comedias están duplicadas y la quinta triplicada. ▶ M-BN, T-i/16(XLII). — Enc. pasta. — Ex-libris ms. de Antonio Perez.

4067

Comedias escogidas XLIII. *Parte quaranta y tres de Comedias nuevas de los mejores ingenios de España...* — En Madrid : por Antonio Gonçalez de Reyes : a costa de Manuel Melendez..., 1678. — [8], 469 [i.e. 467] p., §⁴, A-Z⁸, 2A-2F⁸, 2G² ; 4⁰

Error de pag., de p. 457 pasa a 460. — Texto a dos col. — Port. con esc. xil. de Francisco Lopez de Zuñiga de la Cerda y Tobar. — Contiene: *Cueva y castillo de amor* / de Don Francisco de Leyba, p. 1. *Porcia y Tancredo* / de Don Luis de Vlloa, p. 45. *Nuestra Señora de la Victoria y restauracion de Malaga* / de Don Francisco de Leyba, p. 79. *El Fenix de España, San Francisco de Borja* / de vn Ingenio de esta Corte, p. 117. *El cielo por los cabellos, Santa Inés* / de tres Ingenios, p. 164. *El emperador fingido* / de Don Gabriel Bocangel y Vnzueta, p. 207. *La dicha es la diligencia* / de Don Tomas Ossorio, p. 242. *Fiesta de zarçuela llamada Qual es lo mas en amor, el desprecio ò el favor* / de Salvador de la Cueba, p. 280. *La infeliz aurora y fineza acredita [sic]* / de Don Francisco de Leyba, p. 302. *La nueua marauilla de la gracia* / de Don Pedro Lanine Sagredo, p. 346. *Merecer para alcançar* / de Don Agustin Moreto, p. 393. *El principe de la estrella y castillo de la vida* / de tres ingenios, p. 429.

01-00094839 000

▶ M-BN, R/22696. — An. ms., en p. 346

de la comedia La nueua marauilla de la Gracia, que dice: «esta vedada y no se puede Ler [sic], ni Imprimir». — Enc. piel gofrada con hierros dorados. — Falto de las p. 1-2, y 289-290, las p. 287-288 duplicadas. — Port. deteriorada. ▶ M-BN, T-i/119(XLIII). — Enc. perg. — Sello de Pascual de Gayangos. — Falto de la comedia La nueva maravilla de la gracia. ▶ M-BN, T-i/146-34. — Sello de Pascual de Gayangos. — Contiene únicamente: Porcia y Tancredo, Nuestra Señora de la Victoria, El cielo por los cabellos Santa Inés, La dicha es la diligencia y Fiesta de Zarzuela... ▶ M-BN, T-i/16 (XLIII). — Enc. pasta. — Guillotinado, afectando al tit. — Falto de la comedia La nueua marauvilla de la gracia.

4068
Comedias escogidas XLIV. *Parte quarenta y quatro de Comedias nueuas, nunca impressas, escogidas de los mejores ingenios de España...* — En Madrid : por Roque Rico de Miranda : acosta de Iuan Martin Merinero..., 1678. — [8], 492 p., ¶⁴, A-Z⁸, 2A-2G⁸, 2H⁶ ; 4⁰

Texto a dos col. — En port. y sign. ¶₂ esc. xil. de D. Gaspar Marquez de Prado. — Contiene : *Quien habla mas obra menos* / de Don Fernando de Zarate, p. 1. *El apostol de Salamanca* / de Don Felipe Sicardo, p. 33. *Dexar vn reyno por otro y martires de Madrid* / de Don Geronimo Cancer, Don Sebastian de Villaviciosa y Don Agustin Moreto, p. 72. *Cinco venganças en vna* / de Don Iuan de Ayala, p. 100. *Santa Pelagia* / de Don Fernando de Zarate, p. 160. *La confession con el demonio* / de Don Francisco de la Torre, p. 197. *La palabra vengada* / de Don Fernando de Zarate, p. 243. *El engaño de vnos zelos* / de Don Roman Montero de Espinosa, p. 283. *La prudencia en el castigo* / de Don Francisco de Roxas, p. 324. *La sirena de Tinacria* / de Don Diego de Cordoba y Figueroa, p. 369. *Las lises de Francia* /

de Doctor Mirademezqua, p. 413. *El sordo y el montañès* / de Don Melchor Fernandez de Leon, p. 455.

01-00094840 000

▶ M-BN, 8/20165(2). — Enc. pasta. — Contiene únicamente: La sirena de Tinacria. ▶ M-BN, R/22697. — Enc. piel gofrada con hierros dorados. ▶ M-BN, T-i/119(XLIV). — Enc. perg. — Sello de Pascual de Gayangos. ▶ M-BN, T-i/146-35. — Sello de Pascual de Gayangos. — Contiene únicamente: El apóstol de Salamanca, Cinco venganzas en una, La palabra vengada, El engaño de unos celos y La prudencia en el castigo. ▶ M-BN, T-i/16(XLIV). — Enc. pasta.

4069
Comedias escogidas XLV. *Comedias nueuas, escogidas de los mejores ingenios de España : parte quarenta y cinco...* — En Madrid : en la Imprenta Imperial, por Ioseph Fernandez de Buendia : vendese en casa de Iuan Fernandez..., 1679. — [8], 434 [i.e. 424] p., [ ]⁴, A-Z⁸, 2A-2B⁸, 2C⁴, 2D⁸ ; 4⁰

Texto a dos col. — Port. con orla tip. — Error de pag., de p. 322 pasa a 333. — Error de sign. en último cuaderno. — Contiene : *Los vandos de Berona* / de D. Francisco de Roxas, p. 1. *La sirena del Iordan S. Iuan Bautista* / de Don Christoual de Monroy, p. 46. *Los trabajos de Vlises* / de Luis de Velmonte, p. 80. *Hasta la muerte no ay dicha* / de vn Ingenio de esta Corte, p. 181. *La mudāça en el amor* / de Montalvā, p. 156. *Ingrato a quien le hizo el bien* / de un Ingenio desta Corte, p. 195. *El gran Iorge Castrioto* / de Velmonte (en el texto dice que es de Vélez), p. 231. *El fin más desgraciado y fortunas de Seyano* / de Montalvan, p. 266. *La traycion contra su sagre : burlesca* / de vn Ingenio de esta Corte, p. 308. *Dexar dicha por mas dicha* / de Don Iuan Ruiz de Alarcon, p. 338.

Quien engaña mas a quien / de Alarcon, p. 381. *El amor mas verdadero : burlesca* / de vn Ingenio desta Corte, p. 419.

01-00094841 000

▶ M-BN, R/22698. — Enc. piel gofada con hierros dorados. ▶ M-BN, T-i/119(XLV). — Enc. pasta. — Sello de Pascual de Gayangos y ms. «Joze de Mendoça da Cunha de Soto Mayor». ▶ M-BN, T-i/146-36. — Sello de Pascual de Gayangos. — Contiene únicamente: Los trabajos de Ulises, La mudança en el amor, Ingrato a quien le hizo bien, El gran Iorge Castrioto, El fin mas desgraciado... y Dexar dicha por mas dicha. ▶ M-BN, T-i/16(XLV). — Enc. pasta. — Port. restaurada, afectando a la tabla que se encuentra al verso. ▶ M-PR, VIII-17148(4). — Enc. cart. — Contiene únicamente: El fin mas desgraciado y fortunas de Seyano. ▶ M-PR, VIII-17150(5). — Enc. cart. — Contiene únicamente: El gran Iorge Castrioto. ▶ M-PR, VIII-17152(a). — Enc. cart. — Contiene únicamente: Los trabajos de Vlises. ▶ M-PR, VIII-5367. — Enc. pasta.

4070

Comedias escogidas XLVI. *Primavera numerosa de muchas armonias luzientes en doce comedias fragantes : parte quarenta y seis : impressas fielmente de los borradores de los mas célebres plausibles ingenios de España...* — En Madrid : a costa de Francisco Sanz impressor..., 1679. — [6], 252 [i.e. 256] h., ¶⁶, A-Z⁸, 2A-2I⁸ ; 4⁰

Hay diferentes estados de esta ed. — Error de fol., de la h. 216 retrocede a la 213. — Texto a dos col. — Port. con orla tip. y esc. calc. de D. Juan de Neira y Montenegro. — Contiene : *La mitra y pluma en la cruz* / del Maestro Tomas Manuel de Paz, h. 1. *Quanto cabe en hora y media* / de D. Juan de Vera y Villarroel, h. 23. *Al noble su sangre avisa* / del Maestro Tomas Manuel de Paz, h. 41. *El patron de Salamanca, con Monroyes y Manzanos* / de D. Iuan de Vera y Villa-

rroel, h. 61. *Las armas de la hermosura : fiesta que se representó a su Mag.* / de D. Pedro Calderon de la Barca, h. 84. *Perico el de los palotes* / de tres Ingenios, h. 110. *La señora y la criada* / de Don Pedro Calderon de la Barca, h. 128. *La corona en tres hermanos* / de D. Juan de Vera y Villarroel, p. 149. *La conquista de las Malucas* / de D. Melchor Fernandez de Leon, h. 174. *Más merece quie más ama : fiesta que se representó a sus Mag.* / de D. Antonio Hurtado de Mendoza, h. 197. *El veneno en la guirnalda y la triaca en la fuente : fiesta que se representó a su Mag.* / de D. Melchor Fernandez de Leon, h. 218. *El Marqués del Cigarral* / de D. Alonso del Castillo Solórzano, h. 235.

01-00094842 000

▶ M-BN, R/22665. — Enc. piel gofada con hierros dorados. — Únicamente la port. y h. con sign. ¶₂ pertenecen a esta edición. Port. con banderilla donde consta: «duodecima». El contenido corresponde a las «Comedias nueuas escogidas de los meiores ingenios de España: duodecima parte». ▶ M-BN, R/22699. — Enc. piel gofada con hierros dorados. — Algunas h. deterioradas, parte del texto ms. ▶ M-BN, T-i/119(XLVI). — Enc. perg. — Sello de Pascual de Gayangos. — Deteriorado. — Falto de port., prelim. y de h. l. ▶ M-BN, T-i/146-37. — Sello de Pascual de Gayangos. — Contiene únicamente: El patrón de Salamanca, La corona en tres hermanos, El veneno en la Guirnalda y El Marqués del Cigarral. ▶ M-BN, T-i/16(XLVI). — Enc. pasta. — Parte de la primera comedia es de diferente composición tipográfica.

4071

Comedias escogidas XLVII. *Parte quarenta y siete de comedias nuevas, escogidas de los meiores ingenios de España.* — En Madrid : en la Oficina de Melchor Alvarez : a costa de Iusto Antonio Logroño..., 1681. — [4], 382, [2] p., [ ]², A-Z⁸, 2A⁸ ; 4⁰

Existe emisión con pie de imp.: En Madrid: en la oficina de Melchor Alvarez: a costa de Manuel Sutil..., 1681. — Colofón. — Texto a dos col. — Port. con orla tip. — Contiene : *Triunfos de amor y fortuna ; con loa y entremeses* / de Don Antonio de Solis, p. 1 ; *Euridice y Orfeo* / de Don Antonio de Solis, p. 68 ; *El amor al vso* / de Don Antonio de Solis, p. 108 ; *El alcaçar del secreto* / de Don Antonio de Solis, p. 148 ; *Las amaçonas* / de Don Antonio de Solis, p. 188; *El doctor Carlino* / de Don Antonio de Solis, p. 230 ; *Vn bobo hace ciento ; con loa* / de Don Antonio de Solis, p. 263 ; *La gitanilla de Madrid* / de Don Antonio de Solis, p. 308 ; *Amparar al enemigo* / de Don Antonio de Solis p. 345.

01-00094843 000

▶ M-BN, R/22700. — Enc. piel gofrada con hierros dorados.

4072

Comedias escogidas XLVII. *Parte quarenta y siete de Comedias nuevas, escogidas de los meiores ingenios de España.* — En Madrid : en la Oficina de Melchor Alvarez : a costa de Manuel Sutil..., 1681. — [2], 382, [2] p., [ ]^1, A-Z^8, 2A^8 ; 4^0

Existe emisión con pie de imp.: En Madrid: en la Oficina de Melchor Alvarez: a costa de Iusto Antonio Logroño..., 1681. — Colofón. — Texto a dos col. — Port. con orla tip.

01-00094844 000

▶ M-BN, T-i/16(XLVII). — Enc. perg. — Ex-libris de Cayetano Alberto de la Barrera.

4073

Comines, Pedro de. *Relacion diaria de lo sucedido en el ataque, y defensa de la*

ciudad de Barcelona, cabeza del Principado de Cataluña, antemural de toda España / escrivela Pedro de Comines... — A la Haya : en casa de Juan Daniel Stavker, 1759. — 76 p., A-D^8, E^6 ; 8^0

Edición con pie de imp. probablemente falsificado.

01-00094940 000

▶ M-BN, V.E./62-95. — An. ms.: «Me dio este papel mosen Pons, es de la primera impresion porque el de la segunda falta algo al hecho que vimos, y este es el verdadero: Barcelona en 10 de marzo de 1699, Domingo de Padura».

4074

Commines, Philippe de. *Las memorias de Felipe de Comines... de los hechos y empresas de Luis Vndecimo y Carlos Octavo reyes de Francia* / traducidos de frances con escolios propios por Don Iuan Vitrian... ; tomo primero [-segundo]. — Amberes : en la emprenta de Iuan Meursio, 1643. — [28], 429, [29], [2] en bl., [12], 477, [35] p., a^6, b^8, A-Z^6, 2A-2O^6, 2P^8, †^{6}, 2A-2Z^6, 3A-3T^6, 3V^4 ; Fol.

El segundo tomo con port. propia y marca tip. — Texto a dos col. — Antep. — Port. grab. calc.

01-00044177 000

▶ M-BN, 2/37575-6. — Enc. perg. — Exlibris ms. del Convento de Carmelitas descalzos de Madrid. ▶ M-BN, 2/40394-5. — Enc. perg. — Sello «Ex Bibliotheca Capucinorum... Matriti» (tomo segundo). — Falto de antep., port., parte de prelim. y p. 65-68, 195-196, 201-202 del tomo primero. ▶ M-BN, 2/41013. — Enc. perg. ▶ M-BN, 2/63942. — Enc. perg. — Sello del «Gabinete de Historia Natural de Madrid. Biblioteca Izquierdo». ▶ M-BN, 3/68204-5. — Enc. perg. — Port. deteriorada. — Falto de antep. ▶ M-BN, 8/10028. — Enc. pasta con hierros dorados. ▶ M-BN, U/6894. — Enc. perg. — Sello de Luis Usoz. — Falto de antep. y 16 p. del índice del tomo segundo. ▶ ME-RB, 97-VI-12-13. — Enc. piel con hierros dorados. ▶ M-PR, IV-2578-9. — Enc. pasta. — Ex-libris del Conde de Mansilla. ▶ M-UC (FD), 11161. — Enc. piel con hierros, deteriorada. — Ex-libris ms. de Francisco de Sales Semier. ▶ M-UC (FD), 16677-8. — Enc. perg. (tomo primero) y hol. (tomo segundo). — Ex-libris ms. de Luis Gabaldón y López. ▶ M-UC (FD), 16859. — Enc. perg. ▶ M-UC (FFil), 29199. — Enc. hol. — Ex-libris ms. de Francisco Carrillo y de Rafael de Villa y Zevallos.

4075
Compañía de Ballesteros del Apóstol Santiago (Baeza). *A la Magestad Catolica del Rey Nuestro Señor D. Carlos II que Dios guarde, La insique Compañia de los Ducientos Vallesteros de Santiago de la ciudad de Baeza, Relacion que haze de los antiguos, leales, y señalados seruicios que ha hecho a la Corona Real...* — [S.l. : s.n., s.a.]. — [1], 8 h., [ ]¹, A⁸ ; Fol.
En h. 8 consta el año 1662. — Port. con esc. xil real.
01-00094942 000
▶ M-BN, V.E./208-73.

4076
Compañía de Jesús, María y José del Desempeño (Madrid). *Los compañeros que han otorgado la escritura de la Compañia, y entrado en la de Iesus, Maria, Ioseph del Desempeño, desta Corte, profession, y morada, que tienen, son los siguientes...* — [S.l. : s.n., s.a.]. — [4] p. ; Fol.
01-00094941 000
▶ M-BN, V.E./216-37.

4077
Compañía de Jesús, María y José del Desempeño (Madrid). *En la Villa de Madrid a veinte y quatro dias del mes de Febrero de mil y seiscientos y quarenta y siete años, ante mi el Escriuano, y testigos se juntaron en el Conuento de San Felipe* desta Villa, las personas abaxo declaradas, y dixerō que se ha permitido hazer, y formar à pedimento de la ciudad y Reyno de Mencia, en esta Corte... — [S.l. : s.n., s.a.]. — 13 h., A-F², G¹ ; Fol.
01-00094943 000
▶ M-BN, V.E./59-45(1).

4078
Comparacio *de Cathalunya ab Troya.* — En Barcelona : en la estampa de Iaume Romeu, 1641. — [8] p., A⁴ ; 4⁰
Port. con grab. xil.
01-00044178 000
▶ M-BN, V.E./53-29.

4079
Compendio *de la vida de Emerico Tekeli, cabeça de los rebeldes y confederado con los turcos en Vngria* / escrito primero en lengua alemana y despues traducido en italiano ; y aora puesto en... castellano por D. Pedro Gonçalez de Godoy... — En Madrid : en la Imprenta Real, por Mateo de Llanos... hallaràse en su imprenta y en Palacio, 1684. — 23 p., A-C⁴ ; 4⁰
Port. con orla tip. y viñeta xil.
01-00094945 000
▶ M-BN, V/Cª 281-31. — Sello de Pascual de Gayangos. ▶ M-BN, V.E./113-61.

4080
Compendio *de la vida de la venerable madre Vrsula Benincasa, virgen napolitana, fundadora de las Religiosas Teatinas de san Gaetano* / traducido de latin en romance por vn religioso de la misma Orden. — En Madrid : en la Imprenta Real, 1663. — [14], 294, [2] p., [1] h. de grab., §⁸, A-S⁸, T⁴ ; 8⁰
Colofón. — Grab. calc.: «Gregorio Forstman sculpsit en Mᵈ 1663», retrato de Ursula Benincasa.

▶ M-BN, 3/8862. — Enc. perg. ▶ ME-RB, 112-VII-43. — Enc. perg. ▶ M-UC (FFil), 7639. — Enc. perg. — Sello y ex-libris ms. del Colegio Imperial de la Compañía de Jesús de Madrid.

4081

Compendio *de las ceremonias y genuflexiones que debe observar el Sacerdote en la Missa que se celebra en altar que està el Santissimo Sacramento patente, conforme lo explican las Rubricas, y los Autores que aqui se nombran, y otros, en donde lo podrà ver el curioso...* / por un devoto. — En Madrid : [s.n.], 1692. — 1 pliego

Hoja impresa por una sola cara. — Texto con orla tip.

01-00094944 000

▶ M-BN, V.E./196-110.

4082

Compendio *de las fiestas que ha celebrado la imperial ciudad de Çaragoça por auer promouido la Magestad Catholica del Rey... Filipo Tercero... al... Señor don Fray Luys Aliaga... en el oficio y cargo supremo de Inquisidor General de España* / ordenado, por orden y comission de la mesma ciudad, por Luys Diez de Aux...; con la version de tres Hymnos que Aurelio Prudencio hizo en su alabança y de sus martyres. — En Zaragoça : por Inan [sic] de Lanaja y Quartanet..., 1619. — [16], 304, [24], 63, [1] p., [ ]⁴, †⁴, A-Z⁴, 2A-2P⁴, [ ]⁴, ¶-2¶⁴, A-H⁴ ; 4⁰

Incluye sonetos y poemas en latín. — Esc. xil. en port. y en el verso de última h. — *Himnos que hizo Aurelio Prudencio, a los... martyres San Laurencio, San Vicente, Santa Engracia, San Lupercio y los demas innumerables que padecieron en la Imperial Ciudad de* Çaragoça con el nacimiento y patria del mesmo Aurelio Prudencio..., con port. y pag. propias.

01-00122252 000

▶ M-BN, R/11378. — Enc. piel con hierros dorados. — Sello de Pascual de Gayangos y ex-libris ms. de la librería Mayansiana. — Contiene únicamente la «Traduccion de los Himnos que hizo Aurelio Prudencio...». ▶ M-BN, R/22732. — Enc. perg. — Contiene únicamente la «Traduccion de los Himnos que hizo Aurelio Prudencio...». ▶ M-BN, R/2648. — Enc. perg. — Sello de Agustín Durán. — Deterioradas la port. y p. 61 y 62. — Falto de p. 17 y 18. ▶ M-BN, R/4908. — Enc. perg. — Defectos de encuadernación, p. 225 a 228 detrás de p. 232.

4083

Compendio *de las informaciones de la vida, santidad, y milagros del venerable padre Fray Alonso de Orozco, de la Orden de San Agustin, Predicador de los gloriosos Reyes, Emperador don Carlos, y don Felipe Segundo* / hechas por comission del... señor don Fràncisco Cenino... — [S.l. : s.n., s.a.]. — 31, [2] p., A-C⁴, D⁵ ; 4⁰

Incluye «Licencia para que el cuerpo del... Padre Alonso de Orozco se pueda colocar en lugar eminente...», [2] p., fechada en Toledo, 1621. — Texto fileteado. — Grab. calc.: «I. de Courbes fecit», que representa a fray Alonso de Orozco en p. 2.

01-00094946 000

▶ M-BN, V.E./159-32. ▶ M-BN, V.E./170-77. — Recortado.

4084

Compendio *de las pazes generales publicadas con vniversal alegrìa de toda la Europa, quedando concordes los Principes Christianos de ella, para mayor gloria de Dios Nuestro Señor, y de su Santissima Madre.* — Impresso en Granada : en la Imprenta de la viuda de Gregorio

Valdivia por Manuel de Monte-Ser, 1697. — [4] p. ; 4⁰

El pie de imp. consta en colofón. — Texto a dos col.

01-00094947 000

▶ M-BN, V.E./98-57.

4085

Compendio *de las solenes [sic] fiestas que en toda España se hicieron en la Beatificacion de N.M.S. Teresa de Iesus fundadora de la Reformacion de Descalzos y Descalzas de N.S. del Carmen : en prosa y verso...* / por fray Diego de San Joseph religioso de la misma Reforma... — Impresso en Madrid : por la viuda de Alonso martin [sic], 1615. — [5], 62 [i.e,98], 232 h., [1] h. de grab., [ ]¹, ¶⁴, A-M⁸, N², a-z⁸, 2a-2f⁸ ; 4⁰

Errores de pag. en 1.ª secuencia, retrocede de h. 96 a 61. — Esc. de los Carmelitas en ¶₄ v. y en h. 230v. — Port. grab. calc.: «P. Perret f.». — Grab. calc.: «Hieronymus Witrx fecit», retrat. de Santa Teresa.

01-00122251 000

▶ M-BN, 2/46369. — Enc. perg. deteriorada. — Sello de Pascual de Gayangos y ex-libris del Marqués de Santa Cruz. — Falto de la h. de grab. ▶ M-BN, 8/18748. — Enc. perg. — Sello de la biblioteca de Uclés. — Falto de la h. de grab. ▶ M-BN, R/30842. — Enc. pasta. — Ex-libris de la Biblioteca de D. José Mª de Asensio y Toledo y ms. de fr. Alonso de S. Jerónimo. — Falto de port. y de h. de grab. ▶ M-BN, R/461. — Enc. piel. ▶ M-BN, R/6115. — Enc. perg. con hierros.

4086

Compendio *de los tratados de Flobotomia, Capitulo singular y Cartapacio de cirujia : para practicantes della* / sacados de diferentes auctores y recopilados a instancia del... padre fray Francisco de la Cruz, religioso de la Hospitalidad de... San Juan de Dios... —

En Malinas : en la emprenta de Gyberto Lints..., [s.a.]. — 261 [i.e. 262] p., [2] en bl., A-E⁴, F-T⁸ : il. ; 8⁰

Dedicatoria fechada en 1673. — Error de pag. repetida última p. — Il. xil.

01-00044180 000

▶ M-BN, R/983. — Enc. perg. — Fecha ms. en port.: 1674.

4087

Compendio *de perfecciones de la mas feliz princesa y reyna iurada de Portugal sor Iuana, religiosa de la... Orden de Predicadores...* — En Valencia : en el Palacio Archiepiscopal, en la imprenta de Iayme de Bordazar y Artazú, [s.a.]. — [8], 175, [4] p., ¶⁴, A-L⁸, M² ; 8⁰

Prelim. fechados en 1695. — Port. con orla tip.

01-00044179 000

▶ M-BN, 3/66511. — Enc. perg.

4088

Compendio *metrico del auto de fe que celebro el Tribunal Santo de la Inquisicion de la muy noble ciudad de Cordoua a 29 de Iunio... año de 1665.* — Impressa en Granada : en la Imprenta Real de Baltasar de Bolibar..., [s.a.]. — [4] p., A² ; 4⁰

Colofón. — Texto a dos col. — Port. con grab. xil.

01-00044182 000

▶ M-BN, V.E./139-15.

4089

Compendium *fusioris tractatus circa declarationem Decreti Romani, de titulo Inmaculatae Conceptionis* / collectore [et] compilatore Ioanne de Fonte. — Conchae : ex mandato Ordinarij apud Saluatoris à Viader, 1647. — 8 h., A⁸ ; 4⁰

El pie de imp. consta en colofon.

01-00044184 000

▶ M-PR, III-6511(7). — Enc. piel.

4090
Competencia *de la mar con la tierra en obsequio de nuestro Augusto Monarca Carlos segundo : durante los mesmos dias que triunfavan sus Catolicas Armas en defender, y librar a la Ciudad de Girona del assedio, puestole por los de Francia : noticia despachada con Correo Extraordinario por el... Marquès de Aguilar... à 27 de mayo 1684.* — [Madrid] : por Sebastian de Armendariz..., [1684]. — H. 193-196, 2I^4 ; 4^0
El impresor consta en colofón.

01-00094948 000

▶ M-BN, V.E./116-28. ▶ M-BN, V.E./ 122-2. ▶ M-BN, V.E./74-16. ▶ M-PR, III/ 6527(8). — Enc. pasta con hierros dorados.

4091
Computo *del beneficio que tendra un lugar de cien casas y a su respeto todos los demas del Reyno y sus vezinos, fabricandose en el la lana y seda y quitandose en los comercios y vistuario todo lo que oy se paga de general y Peajes a mas de la libertad de comerciar con lo que entra y sale y transita sin pagar estos derechos...* — [S.l. : s.n., s.a.]. — [2] p., [2] en bl. ; Fol.

01-00094949 000

▶ M-BN, V.E./199-30.

4092
Los **Comuneros** *labradores y gente pobre destos Reynos, lo aduierten y suplican se lea luego a la letra por el riesgo que ay en la dilacion y tambien por lo mucho que importa al seruicio de V.M. y sus successores, y acrecentamiento grandissimo y perpetuo de todas las Republicas: primera parte.* — [S.l. : s.n., s.a.]. — [1], 9, [1] h., [ ]^1, A^{10} ; Fol.

01-00034016 000

▶ ME-RB, 39-IV-29(12). — Enc. piel con cortes dorados.

4093
Comunidad de Ganaderos Santa María de Albarracín. *Memorial que dio a su Magestad el Syndico de la Comunidad de Albarracin, quejandose de las vejaciones que padecian sus ganaderos en Castilla, Provisiones que avian ganado, è inobservancia de ellas.* — [S.l. : s.n., s.a.]. — [6+] p., A^2, B^1 ; Fol.
Provision del Consejo Real de Castilla, (la que llaman Privilegio) de diez y seis de Diziembre de mil seiscientos y noventa y tres, para que à los Ganaderos de la Comunidad de Albarracin se les mantenga en la possession en que estaban, y que gozassen, como hasta entonces, de todos los Privilegios del Concejo de la Mesta de Castilla..., p. 3-6.

01-00094950 000

▶ M-BN, V.E./200-43. — Incompleto.

4094
Con *la ocasion de la enfermedad y recuperada salud del Rey... un Asturiano residente en la Corte escriue à otro amigo suyo esta carta.* — [S.l. : s.n., s.a.]. — 8 p., A^4 ; 4^0
El texto alude a Carlos II.

01-00122248 000

▶ M-BN, R/37898(27). — Enc. hol.

4095
Concejo de la Mesta. *Abecedario general de los priuilegios y concordias y otros papeles tocantes al Honrado Concejo de la Mesta...* — En Madrid : por la viuda de Alonso Martin, 1629. — [272] p., A^8, B^6, C-D^8, E^5, F^2, G^6, H^3, I-K^4, L^9, M-O^8, P-Q^2, R^3, S^6, T^2, V^3, X^9, Y^6, Z^{10}, 2A-2C^2 ; Fol.
Numerosas h. en bl. intercaladas. — Port. con esc. xil.

01-00094268 000

▶ M-BN, 2/11816. — Enc. pasta. ▶ M-BN, 2/63263. — Enc. perg.

4096

Concejo de la Mesta. *Copia de vn memorial que dieron al Consejo Real los Caualleros Hermanos del Concejo de la Mesta, por interuencion del señor D. Francisco de Solis y Ovando, sobre la disminución de la criança, y causas de que prouiene, y medios que se pueden aplicar para su remedio.* — [S.l. : s.n., s.a.]. — 11 h., A-E², F¹ ; Fol.

En h. 6 v. consta 1640. — Grab. xil. en cabecera.

01-00094951 000

▶ M-BN, V.E./216-44.

4097

Concejo de la Mesta. *Don Antonio de Rio dize, que la Iunta general del Concejo de la Mesta le encargò besasse la mano de V.S. y informasse de la minoracion de la Criança, para que el Reyno acuerde, y suplique a su Magestad el reparo que el Concejo ha suplicado por el memorial siguiente.* — [S.l. : s.n., s.a.]. — 6 h., A-C² ; Fol.

En h. 1 consta 1627.

01-00094952 000

▶ M-BN, V.E./215-3.

4098

Concejo de la Mesta. *Libro de las leyes, priuilegios y prouisiones reales del Honrado Concejo de la Mesta general y cabaña Real destos Reynos : confirmados, y mandados guardar por su magestad.* — En Madrid : en casa de Iuan de la Cuesta : vendese en casa de Francisco de Robles..., 1609. — [14], 180 h., [ ]², ¶⁸, §⁴, A-Y⁸, Z⁴ ; Fol.

Port. con esc. xil. del Concejo.

01-00114743 000

▶ M-BN, 2/22565. — Enc. perg. ▶ M-

BN, 7/44576. — Enc. perg. ▶ M-UC (FFil), 20685. — Enc. perg. — Ex-libris ms. del Colegio de la Compañía de Jesús.

4099

Concejo de la Mesta. *Libro de las leyes, priuilegios y prouisiones reales del Honrado Concejo de la Mesta general y Cabaña real destos reynos : confirmados y mandados guardar por su Magestad.* — En Madrid : por Pedro Tazo, 1639. — [14], 180 h., [ ]², ¶⁸, §⁴, A-Y⁸, Z⁴; Fol.

Port. con esc. xil. del Concejo.

01-00044183 000

▶ M-UC (FFil), 20572(1). — Enc. perg.
▶ M-UC (FV), 31(1). — Enc. perg.

4100

Concejo de la Mesta. *Libro de las leyes, privilegios y provisiones reales del Hontado Concejo de la Mesta general y Cabaña Real destos reinos : confirmados y mandados guardar por su magestad.* — En Madrid : por Iulian de Paredes, 1681. — [12], 212 h., ¶-2¶⁶, A-Z⁸, 2A-2C⁸, 2D⁴ ; Fol.

Port. con esc. xil. del Concejo.

01-00035068 000

▶ M-BN, 2/26433(1). — Enc. perg. ▶ M-BN, 2/57331(1). — Enc. perg. — Ex-libris del Convento de Atocha. ▶ M-BN, R/38030. — Enc. perg. — Falto de h. 212. ▶ M-BN, U/7259. — Enc. perg. — Sello de Luis de Usoz. ▶ M-RAE, 13-C-28. — Enc. perg.
▶ M-UC (FFil), 24844. — Enc. perg.

4101

Concejo de la Mesta. *Señor. El Honrado Concejo de la Mesta, Cavaña Real destos Reynos : Dize, que a V.M. y a los señores Reyes sus Progenitores, es, y ha sido notoria la grande eonveniencia, [sic] y vtilidad que se sigue a estos Reynos en la cria, y aumento del ganado...* — [S.l. : s.n., s.a.]. — 5 h., A-B², C¹ ; Fol.

Se ha respetado la puntuación original. — Memorial dirigido a Carlos II.

01-00094953 000

▶ M-BN, V.E./134-32.

4102

Concejo de la Mesta. *Voto i iuramento del Honrado Concejo de la Mesta i Cabaña Real en reverencia i defensa de la pura i linpia Concepcion de la Virgen Maria...* / hizole en la villa de Alcobendas Domingo XV de Marzo MDCLIV, siendo su presidente... D. Lorenço Ramirez de Prado... — En Madrid : por Diego Diaz de la Carrera..., [s.a.]. — 30 h., [1] h. de grab. pleg., A-G^4, H^2 ; 4^0

Grab. calc., Iglesia Parroquial de Alcobendas (Madrid).

01-00094954 000

▶ M-BN, V.E./57-69.

4103

Concepcionistas. *Regla de las monjas de la Orden de la Purissima y Inmaculada Concepcion de la Virgen... : dada por el Santissimo Papa Iulio Segundo en el año de la Encarnacion del Señor de MDXI...* — En Madrid : por Luis Sanchez, 1619. — 12 h., A-C^4 ; 4^0

Port. con grab. xil. de la Inmaculada.

01-00127012 000

▶ M-BN, 3/12100(1). — Enc. perg.

4104

Conceptos *diuinos al Santissimo Sacramento y a la Virgen nuestra Señora, prosiguiendo los coloquios de Lope de Vega.* — Impressos... en Seuilla : [s.n.], 1615. — [8] p. ; 4^0

Colofón. — Texto a dos col.

01-00094955 000

▶ M-BN, V.E./55-48.

4105

Concertatio *theologica, optima quaeque ingenia : per octo dies ad agoné invitans in seraphica minorum biacensi palestra pro comitiis provincialibus Ordinis Minorum huius prouinciae granatensis, Biaciae, celebrandis: in qua tota ferme doctrina subtilissimi Praeceptoris .. proponitur... : discutiendum anno... 1648 à die 27 aprilis vsque ad 4 maij.* — Granatae : ex Officina Regia, apud Balthassarem de Bolibar & Franciscum Sanchez..., 1648. — [3], 1-4, [1], 5-11, [1], 12-16, [1], 17-21, [1], 22-26, [1], 27-32, [1], 33-38, [1], 39-44 h., [1] h. de grab., [ ]^4, A^5, B^4, C-D^5, E^4, F^5, G^4, H^5, I^4, K^5, L^3 ; 4^0

El pie de imp. consta en colofón. — Esc. xil. de Granada en algunas p. — Grab. calc.: «Fr. Ignati, de Cardenas huius Prouin^{ae}, fili, fa^t, Cordube».

01-00044185 000

▶ M-BN, 7/12320. — Enc. perg.

4106

Conchillos, José. *Desagrauios del Propugnaculo, de Tudela contra el Trifauce Cerbero, autor del Bodoque* / publicalos Iorge Alceo de Torres... — En Amberes : por Sebastian Sterlin , 1667. — 339 [i.e. 331], [6] p., [2] en bl., A-Z^4, 2A-2S^4, 2T^2, 2V^4 ; 4^0

Jorge Alceo de Torres es el seud. bajo el que se oculta José Conchillos para atacar a José Moret (S.I.), quien a su vez había criticado a Conchillos en su obra: «El Bodoque contra el Propugnando historico y jurídico del licenciado Conchillos». — Según Peeters-Fontainas, I, 268, y Jimenez Catalán, 769, el pie de imprenta es falso ; el segundo supone que la obra fue impresa en Zaragoza. — Error de pag., de p. 24 pasa a 33.

01-00044191 000

▶ M-BN, 2/48353(2). — Enc. perg. ▶ M-BN, 2/67217. — Enc. perg. ▶ M-BN, 3/29957. — Enc. perg. ▶ M-BN, 3/40984. — Enc. perg. ▶ M-BN, R/13214. — Enc. pasta. — Sello de Pascual de Gayangos. ▶ M-UC (FD), 12107. — Enc. perg. ▶ M-UC (FFil), Res. 530. — Enc. perg. — Ex-libris de la Condesa de Campo-Alange.

4107
Conchillos, José. *Propugnaculo historico, y juridico : muro literario y tutelar : Tudela ilustrada y defendida / por...* Ioseph Conchillos... — En Zaragoça : por Iuan de Ybar, 1666. — [32], 152 p., [1] h. de grab., ✱-4✱⁴, A-T⁴ ; 4⁰

Port. con esc. calc. de Tudela.

01-00044192 000

▶ M-BN, 2/46580. — Enc. perg. — Sello de Pascual de Gayangos. ▶ M-BN, 2/48353(1). — Enc. perg. — Deteriorado. ▶ M-BN, 2/54972. — Enc. perg. ▶ M-BN, 2/61523. — Enc. hol. — Sello del Gabinete de Historia Natural de Madrid Biblioteca Izquierdo. ▶ M-BN, 3/13956. — Enc. perg. ▶ M-BN, P/5791. — Enc. pasta. ▶ M-PR, VI-3084. — Enc. pasta. — Falto de h. de grab. ▶ M-UC (FFil), 20032. — Enc. perg. ▶ M-UC (FFil), Res. 760. — Enc. perg. — Ex-libris de la Condesa del Campo de Alange.

4108
Concilio de Trento. *Sacrosancti et oecumenici Concilii Tridentini, Paulo III, Iulio III & Pio IIII... celebrati canones et decreta : D. Ioan. Sotealli... [et] Horatij Lucij... margini additis annotationibus : bullis etiam Pij IIII... ad calcem adiectis.* — Compluti : ex officina Iusti Sanchez Crespo : a costa de Diego Guillen..., 1604. — [16] p., 8 h, 9-488, [48] p., A-Z⁸, 2A-2M⁸ ; 8⁰

Colofón. — Port. a dos tintas con grab. xil. — Grab. xil. en A₈v.

01-00044187 000

▶ M-BN, 3/24996. — Enc. perg.

4109
Concilio de Trento. *Sacrosancti et oecumenici concilij Tridentini sub Paulo III, Iulio III & Pio IIII... celebrati canones et decreta : D. Ioan Sotealli... [et] Horatij Lucij... margini additis annotationibus : bullis etiam Pij IIII... ad calcem adiectis : cum indice librorum prohibitorum...* — Oscae : apud Ioannem Perez à Valdiuielso : expensis Ioannis de Bonilla, 1604. — 492, [114] p., A-Z⁸, 2A⁸-2O⁸, 2P⁷ ; 8⁰

Port. con viñeta xil.

01-00044186 000

▶ M-UC (FFil), 12.336. — Enc. perg. — Falto de p. 384 a 417.

4110
Concilio de Trento. *Sacrosancti et oecumenici concilii Tridentini sub Paulo III, Iulio III & Pio IIII... celebrati canones et decreta : accesserunt... D. Ioan Sothelli... & Oratij Lutij... ad marginem annotationes ; bullis etiam Pij IIII... ad calcem adiectis.* — Barcinone : ex typographia Sebastiani a Cormellas, 1631. — 492, [52] p., A-Z⁸, 2A-2L⁸; 8⁰

Marca tip. en port. — Colofón.

01-00044188 000

▶ M-UC (FFil), 12298. — Enc. perg. — Ex-libris ms. de don Damián Caro Montenegro.

4111
Concilio de Trento. *Sacrosancti et oecumenici Concilij Tridentini sub Paulo III, Iulio III, & Pio IV... celebrati canones et decreta : acceserunt... D. Ioannis Sotealli... [et] Oratij Lucij I.C. vtilissimae ad marginem annotationes : bullis etiam Pij IV... ad calcem adiectis.* — Matriti : ex Typographia Regia : a

costa de Gabriel de Leon..., 1660. — [14], 380, [52] p., A-Z^8, 2A-2D^8, 2E^7 ; 8^0

01-00044189 000

▶ M-BN, 3/76744. — Enc. perg.

4112

Concilio de Trento. *Sacrosancti et oecumenice concilij Tridentini, sub Paulo III, Iulio III & Pio IV... celebrati canones et decreta : accesserunt... D. Ioan Sothelli... & Oratii Lutii... ad marginem annotationes : bullis etiam Pii IV... ad calcem adiectis...* — Matriti : Bernardus de Heruada... : a costa de Mateo de la Bastida..., 1661. — 492, [67] p., A-Z^8, 2A-2M^8 ; 8^0

01-00044190 000

▶ M-UC (FFil), 15508. — Enc. perg. — Ex-libris de los Jesuitas.

4113

Conclusiones *de la historia chronologica de las letras diuinas y humanas... : question principal, si es mas digno de saber lo que hasta oy nos ha descubierto el curso del tiempo o lo que reserua... hasta el fin del mundo.* — Imprimiolas en Madrid : Francisco de Ocampo, 1634. — [16] p., A^8 ; 4^0

Port. y texto con orla tip.

01-00094957 000

▶ M-BN, V.E./127-47. — An. ms. en port.: «Defiendense el viernes 30 de Junio todo el dia en el Collegio de la Comp.ª de Jhs.».

4114

Conclusiones *politicas : question principal : qual haze mas dolor en la guerra, la violencia, ò el engaño?.* — [S.l. : s.n., s.a.]. — 12 [i.e. 11] h., A-B^4, C^3 ; 4^0

Uriarte, I, 435, atribuye la obra a Agustín de Castro (S.I.). — A^{2}v.:

segunda parte. — Error de fol., de h. 10 pasa a 12.

01-00094959 000

▶ M-BN, V.E./12-6-(II).

4115

Conclusiones *politicas de los ministros... : question principal qual sea mas estimable ministro en la republica, el de mucha fortuna en los sucessos, o el de mucha atencion en los consejos : en los Estudios Reales del Colegio Imperial de la Compañia de Iesus... Mayo de 1636.* — [S.l. : s.n., s.a.]. — 24 p., A-C^4 ; 4^0

Uriarte, I, 434, atribuye la obra a Agustín de Castro (S.I.).

01-00046158 000

▶ M-BN, V.E./9-25.

4116

Conclusiones *politicas del Principe, y sus virtudes... : question principal, quien deua a quien mas amor, el Principe a los vassallos, o los vassallos al Principe?.* — En Madrid : en la Imprenta Real, 1638. — 15, [1] h., A-D^4 ; 4^0

Uriarte, I, 435, atribuye la obra a Agustín de Castro (S.I.). — Al fin de texto consta: «Defiendense en los Estudio Reales del Colegio Imperial de la Compañia de Iesus... 1638». — El pie de imp. consta en colofón. — Port. y texto con orla tip.

01-00046157 000

▶ M-BN, 3/3357. — Enc. perg. con hierros dorados. ▶ M-BN, V.E./12-6(I). ▶ M-BN, V.E./1336-14. ▶ M-PR, III-6541(1). — Enc. pasta.

4117

Conclusiones *polyticas... : question principal quien sirue com mas gloria a vn Principe el que està en los riesgos de la guerra, o el que le assiste en el seruicio de su persona? : defiendese en los Estudios Reales del Colegio Imperial de la Compa-*

ñia de Iesus, Iueves 22 de Diziembre por la mañana a las 8 y por la tarde a las 2. — [S.l. : s.n., s.a.]. — [16] p., A^8 ; 4^0
Uriarte, I, 437, atribuye la obra a Agustín de Castro (S.I.). — Port. con esc. xil. de los Jesuítas.

01-00046156 000

▶ M-BN, V.E./12-5. ▶ M-BN, V.E./219-74.

4118
Concordancia *mistica : en la qual se trata de las tres vias, purgativa, iluminativa, i unitiva : i se declara, i concuerda entre si la doctrina de la Santa Madre Teresa de Iesus, con la de los Santos, y maestros de la vida espiritual, que a lo mistico, i escolastico an tratado de oracion, i contemplacion : dividida en tres libros... /* publicada por el P. Don Bernardino Planes, Monge de la Cartuxa de Monte Alegre... — En Barcelona : por Antonio Lacavalleria... Vendese en la misma imprenta, 1667. — [34], 521, [68] p., [ ]^1, ¶^{8}, ✳^{8}, A-Z^8, 2A-2N^8, 2O^7 ; Fol.
Front. calc. con las armas del Marqués de Aytona: «Macip ex.».

01-00044193 000

▶ M-BN, 3/9698. — Enc. perg. ▶ M-UC (FFil), 3346. — Enc. perg. — Falto de port. tip.

4119
Concordia de los Esclavos de Jesús Sacramentado y de María Santísima (Alcalá de Henares). *Constituciones de la Concordia de los Esclavos de Iesus Sacramentado, y de Maria Santíssima, instituida en el Convento de Santa Maria de Iesus de la Orden de N.P.S. Francisco de la Obseruancia de la Villa de Alcala de Henares.* — [S.l. : s.n., s.a.]. — [2], 17, [4] p., A-C^4 ; 4^0
Texto fechado en 1670. — Port. con orla tip.

01-00044194 000

▶ M-BN, V.E./92-59. — Deteriorado.

4120
Concordia *entre los Senores Obispos desta ciudad de Cadiz y los Señores Dean y Cabildo della : esta confirmada por la Santidad de Clemente VIII por su Bulla expedida en Roma... ann. 1596... y por otra Bulla expedida por el mesmo Pontifice sub eadem data... cometio a el Dean, y a el Arcediano de Niebla de la Santa Yglesia de Seuilla la execucion, y cumplimiento desta concordia : tambien esta despues cōfirmada por... Paulo V por su bulla... ann. 1618.* — [S.l. : s.n., s.a.]. — [20] p. ; Fol.
Texto en latín.

01-00094958 000

▶ M-BN, V.E./207-28.

4121
Concordia *espiritual y Capellania perpetua de missas y suffragios por vivos y difuntos à poca costa /* fundada... de nuevo en esta ciudad de Mexico por la benerable Congregacion del Señor san Francisco Xavier... a imitacion de la piadosa Concordia q̄ se fundò por vn religioso de la Compañia de Iesus en la ciudad de Santa Fe... — Segunda impression... — Impresso en Mexico : por Iuan Ruyz, 1667. — [16] p., [ ]^2, B^6 ; 4^0
Esc. xil. de don Martín de San Martín, en la dedicatoria.

01-00044195 000

▶ M-BN, V.E./1217-8.

4122
Condiciones *con que se han de obligar a la limpieça, Empedrado, y Riego de las Calles, y Plaças desta Villa, y enarenar, y desarenar a sus tiempos, para las Fiestas, y Plaças publicas, por seis años, que co-*

rren desde treze de Iulio deste año de mil y seiscientos y sesenta y dos y han de cumplir à doze de Iulio del que vendrà, de mil y seiscientos y sesenta y ocho. — [S.l. : s.n., s.a.]. — 10 h., A^{10} ; Fol.

01-00002968 000

▶ M-BN, V.E./1328-11.

4123

Conestaggio, Girolamo Franchi di. Historia de la union del reyno de Portugal a la corona de Castilla / de Geronimo Franchi Conestagio... ; traduzida de lengua italiana en nuestra vulgar castellana por... Luys de Bauia... — En Barcelona : por Sebastian de Cormellas..., vendese en la mesma emprenta, 1610. — [4], 227, [1] h., ✠^{4}, A-Z^8, 2A-2E^8, 2F^4 ; 4^0

La obra se atribuye también a Juan de Silva, conde de Portalegre. — Colofón. — Port. con esc. xil. del obispo de Gerona Francisco Arevalo y de Suazo.

01-00044196 000

▶ M-BN, 2/25611. — An. ms. en h. de guarda: «El verdadero autor... es Don Juan de Silva Embaxador de Felipe 2^0 segun Pablo Martin Rizzi en las notas a las guerras de Flandes impreso en Valencia año de 1627...». — Enc. perg. — Falto de h. 68 y 69. ▶ M-BN, 2/29595. — Enc. perg. ▶ M-BN, 2/62288. — Enc. pasta. — Sello de Pascual de Gayangos. ▶ M-BN, 3/499. — Enc. perg. deteriorada. ▶ M-BN, 3/68070(1). — Enc. perg. ▶ M-BN, 7/16298. — Enc. perg. — Defectos de enc. en cuaderno G^8. ▶ M-BN, R/24996. — Enc. perg. — Ex-libris de Fernando José de Velasco o. ▶ M-BZ, 23-33. — Enc. perg. ▶ M-UC (FD), 11.200. — Enc. perg. — Ex-libris mss.: «De la Libreria del Coll^0 de la Comp.ª de Jhs de Alcala año de 1705» y «de la libreria del Abad», tachado.

4124

Confession de la fe y consideracion para la ora de la muerte... — [S.l. : s.n., s.a.]. — [4] p. ; 4^0

Texto a dos col. — Grab. xil. en cabecera.

01-00094960 000

▶ M-BN, V.E./155-17.

4125

Confirmacion de la gloriosa vitoria conseguida de las armas de la... Republica de Uenecia a 7 de Agosto 1685, debajo de la... valerosa conduta del... señor Cauallero, y Procurador de San Marcos Francisco Morosini, Capitan General de la Mar, cerca de la Ciudad de Coron... : noticias de la fortaleza, situacion, antiguedad, e importancia de la mesma ciudad de Coron, Capital del Reyno de Morea, y Relacion distinta de su conquista, lograda à 11 de el mesmo Mes / todo traducido de las Relaciones que traxo el Correo ordinario de Italia que llegò à esta Corte à 3 de Octubre, publicada el Sabado à 6 de Octubre 1685. — [Madrid] : por Sebastian de Armendariz, librero... : en la Imprenta de Antonio Roman, [1685]. — H. 297-102 [i.e. 302], 2M^6 ; 4^0

Impresor y editor constan en colofón.

01-00122254 000

▶ M-BN, V.E./1291-11(10).

4126

Congregación de Abogados (Madrid). Constituciones de la Congregacion de los Abogados de esta Corte, y Consejos de su Majestad : van añadidas las nueuas Constituciones que se han hecho en virtud del cap. 27 destas Constituciones : y ansi mismo las Indulgencias concedidas por nuestro muy Santo Padre Clemente VIII a la dicha Congregacion. — En Madrid : por Andres de Parra, y Gaspar Garcia, 1616. — 18 h., A-D^4, E^2 ; 4^0

Port. con grab. xil. de la Compañía de Jesús.

01-00030664 000

▶ M-BN, V.E/57-10.

4127

Congregación de Abogados (Madrid). *Ordenanças y constituciones de la Congregacion de los Abogados de la Corte è Consejos de su Magestad.* —En Valladolid : por los herederos de Iuan Iñiguez de Lequerica, 1601. — 12 h., A^8, B^4 ; 4^0

Colofón. — Port. con esc. xil. real.

01-00030665 000

▶ M-BN, V.E./56-96.

4128

Congregación de Abogados (Madrid). *Señor, La Congregacion de los Abogados desta Corte, por si, y en nombre de los demas Abogados destos Reynos, Dize, que auiendo tenido noticia de la nueua alcauala que se impone à los libros... Representa a V. Magestad... algunas cōsideraciones, que parece pueden mouer a que esta imposicion se arbitre, y conmute en otra, cuyo efeto sea mas cierto, y menos perjudicial al biē publico...* — [S.l. : s.n., s.a.]. — [4] p. ; Fol.

01-00030666 000

▶ M-BN, V.E./210-135.

4129

Congregación de Bernardino de Obregón. *Constituciones y Regla de la Minima Congregacion de los Hermanos enfermeros pobres* / dispuestas y ordenadas por nuestro Padre y Fundador el Venerable Bernardino de Obregon, escritas de su mano... — Buelto [sic] à imprimir este año de 1689 siendo Hermano Mayor y Ministro General Manuel de la Cruz...

— [S.l. : s.n., 1689]. — [6], 54, [1] h., [ ]^2, A^5, B-O^4, P^2 ; 4^0

La dedicatoria de Manuel de la Cruz fechada en Madrid 18 de Enero de 1689. — En front. consta: En Madrid: por Francisco de Ocampo, 1634. — Port. con grab. xil. — Front. calc.: «I. de Courbes F.».

01-00122255 000

▶ M-BN, 2/52241. — Enc. perg. ▶ M-BN, 3/12158. — Enc. perg.

4130

Congregación de Bernardino de Obregón. *Instruccion de enfermeros para aplicar los remedios a todo genero de enfermedades y acudir a muchos accidentes que sobreuienen en ausencia de los medicos* / compuesto por los Hermanos de la Congregacion del Hermano Bernardino de Obregon, en el Hospital General de Madrid ; y agora nueuamente por el Hermano Andres Fernandez... corregido y emendado y añadidas muchas y notables aduertencias... — En Madrid : en la Imprenta Real (por doña Teresa Iunti...), 1625. — [16], 231 p.; [8], 48 h., †^{8}, A-O^8, P^4, ¶^{8}, a-f^8 : il. ; 8^0

Colofón. — Il. xil. en †$_3$ v. — *Tratado de lo que se ha de hazer con los que estan en el articulo de la muerte : sacado de diuersos libros espirituales* ([8], 48 h.).

01-00030667 000

▶ M-BN, U/7048. — Enc. pasta. — Sello de Luis de Usoz. ▶ M-RAE, 17-X-25. — Enc. perg. ▶ M-UC (FFil), 22177. — Enc. perg. — Ex-libris ms. de la Casa profesa de la Comp^a de Jesús de Madrid. — Falto de parte de prelim.

4131

Congregación de Bernardino de Obregón. *Instruccion de enfermeros para aplicar los remedios a todo genero de enfer-*

medades, *y acudir a muchos accidentes,*
que sobreuienen en ausencia de los medicos
/ compuesto por los Hermanos de la
Congregacion del Hermano Bernardino de Obregon... ; y agora nueuamente por el Hermano Andres Fernandez... corregido y emendado y
añadidas muchas y notables aduertencias... — En Zaragoza : [s.n.],
1664. — [8], 220, [8] ; [4], 92, [4]
p., ¶⁴, A-O⁸, a-f⁸, g⁶ ; 8⁰
Tratado de lo que se ha de hazer con los
que estan en el articulo de la muerte : saca-
do de diuersos libros espirituales, con
port. y pag. propias.

01-00030668 000

▶ M-BN, R/11159. — Enc. perg. — Sello
de Pascual de Gayangos. ▶ M-BN, R/4248.
— Enc. perg. ▶ M-RAE, 37-X-12. — Enc.
hol. — Port. deteriorada. — Falto de p. 87 al
final de la segunda obra.

4132
Congregación de Bernardino de
Obregón. *Instruccion de enfermeros y*
consuelo a los afligidos enfermos : y ver-
dadera pratica de como se han de aplicar
los remedios que ordenan los medicos: muy
necessaria para que los enfermos sean bien
curados y prouechosa a los pracicantes
[sic] de Medicina y vista por muchos Me-
dicos desta Corte / compuesta por los
Hermanos de la Congregacion del
Hermano Bernardino de Obregon...
— En Madrid : en la Imprenta Real,
1617. — [8], 219, [10] p., ¶⁴, A-O⁸,
P³ : il. ; 8⁰
Colofón. — Ilustraciones xil. en
p. 45 y 103.

01-00122256 000

▶ M-BN, R/14608. — Enc. perg.

4133
Congregación de Ciegos de la Vi-
sitación de Nuestra Señora a Santa
Isabel (Madrid). *Señor, La Congrega-*

cion de Ciegos, Casados, y solteros desta
Corte, y Cofrades de la Hermandad de la
Visitacion de nuestra Señora à Santa Isa-
bel, sita en el Carmen Calçado desta
Corte, Dize, que su instituto, fundado por
Bulas Apostolicas, se reduce à tres Missas
Cantadas, con sus Fiestas Solemnes, Pro-
cession, y Sermon, vna el dia de San Mar-
cos, por los buenos temporales, otra el dia
de la Visitacion, por la salud, paz, y su-
cession de V. Magestad... — [S.l. : s.n.,
s.a.]. — [4] p. ; Fol.
En p. 3 consta 1689.

01-00094961 000

▶ M-BN, V.E./141-12.

4134
Congregación de Esclavos de
Nuestra Señora de los Remedios
(Madrid). *Constituciones de la Real*
Congregacion de Esclavos de Nuestra Se-
ñora de los Remedios. — [S.l. : s.n.,
s.a.]. — 56 p., A-G⁴ ; 4⁰
Port. con grab. calc. que repre-
senta a la Virgen de los Remedios.

01-00095100 000

▶ M-BN, V.E./2-11. — Precede a la
port., un frontis grab. calc.: «P. Villafranca
sculptor Regis sculpsit, Matriti, 1663».

4135
Congregación de Esclavos del
Dulcísimo Nombre de María (Ma-
drid). *Fiesta de la Expectacion, y su Oc-*
taua. La Congregacion ilustre de los Es-
clauos del dulcissimo nombre de Maria...
— [S.l. : s.n., s.a.]. — 1 pliego
Texto con orla tip. — Grabs. xil.
en cabecera.

01-00030673 000

▶ M-BN, V.E./173-45.

4136
Congregación de Esclavos del
Dulcísimo Nombre de María (Ma-
drid). *Fiesta de la expectacion y su oc-*

*taua. La Real Congregacion del dulcissi-
mo nombre de Maria...* — [S.l. : s.n.,
s.a.]. — 1 pliego.
Hoja impresa por una sola cara.
— Texto con orla tip. — Grabs. xil.
en cabecera.

01-00094970 000

▶ M-BN, V.E./59-38.

4137
**Congregación de Esclavos del
Dulcísimo Nombre de María (Tole-
do).** *Forma, y motiuos, del iuramento, que
hizo a la Purissima Concepcion de la
Madre de Dios... la Ilustre Congregacion, de los Esclauos del dulcissimo Nombre de Maria, celebrando fiesta solemne en
el Conuento de la Santissima Trinidad,
Redempcion de captiuos desta ciudad de
Toledo. En manos del Reuerendissimo
señor Don Diego Osorio... Vicario general deste Arçobispado de Toledo, que dixo
la Missa de dicha fiesta, y jurò como Es-
clauo de dicha Congregacion... En veinte y
seis de Enero de 1653...* — [S.l. : s.n.,
s.a.]. — [4] p. ;Fol.
Se ha respetado la puntuación
original. — Grab. xil. en p. 1.

01-00094971 000

▶ M-BN, V.E./181-62.

4138
**Congregación de Esclavos del
Santísimo Sacramento del Caballero
de Gracia (Madrid).** *Constituciones y
exercicios de la antigua Congregacion de
indignos Esclavos del Santissimo Sacramento del Altar : que fundo... Iacobo de
Gracia en su convento de religiosas Fran-
ciscas Descalças de la Purissima Concepcion desta Corte : y Bulas de sus Santida-
des Paulo Quinto y Vrbano Octavo en
confirmacion de sus Estatutos y Ordenanças.* — En Madrid : por Mateo de
Espinosa y Arteaga, 1676. — [3],

59, [1] en bl., 104 h., [1] h. de grab.,
[ ]⁴, A-G⁸, g⁴, H-V⁸ ; 8⁰
Grab. xil., en [ ]₂.

01-00030669 000

▶ M-BN, 3/36464. — Enc. perg. ▶ M-
BN, 3/66715. — Enc. perg. ▶ M-RAE, 10-
X-70. — Enc. perg.

4139
**Congregación de Esclavos del
Santísimo Sacramento del Caballero
de Gracia (Madrid).** *Forma del iuramento, que hizo la Congregacion de Esclauos del Santissimo Sacramento del
Cauallero de Gracia, de defender el Misterio de la Inmaculada Concepcion de
nuestra Señora, en la Iglesia del mismo
Cauallero, en esta Corte à 25 de Febrero
de 1653.* — [S.l. : s.n., s.a.]. — 2 h. ;
Fol.
Texto con orla tip. — Grab. xil.
en cabecera de texto que representa
a la Virgen.

01-00094964 000

▶ M-BN, V.E./185-61.

4140
**Congregación de Esclavos del
Santísimo Sacramento (Madrid).** *La
Congregacion de Esclauos del Santissimo
Sacramento, que assiste en el Conuento de
la Madalena desta villa, atendiendo a que
auiendose despedido della algunos de sus
sacerdotes, con la voz que han esparcido,
para disculpar su acciõ... se han mouido
muchos, poco noticiosos de la materia, a
sentir mal de los seglares en la causa desta
nouedad, que se ha publicado era, no admitir igualdad entre los dos estados...* —
[S.l. : s.n., s.a.]. — 4 h., A⁴ ; Fol.
Precede al tít.: Alabado sea el
Santissimo Sacramento. — Cartas
del Señor Dotor Vela, escritas a
Don Ioseph Martinez Grimaldo del
año passado de 1644 que fue Secre-

tario de la Congregacion, que como tal le comunicò estas diferencias para su remedio : h. 1 v.-4.

01-00094962 000

▶ M-BN, V.E./59-46.

4141
Congregación de Esclavos del Santísimo Sacramento (Madrid). *De orden de la Congregacion venerable de los Esclauos del Santissimo Sacramento, sita en el conuento de Santa Maria Madalena... de Madrid... salio a luz vn papel impresso en que se combida a los fieles... a la veneracion... de Dios Sacramentado... siendo motiuo desta fiesta... la memoria del lamentable incendio de la Iglesia de Villa de Rio-de-Arenas en el Principado de Cataluña...* — [S.l. : s.n., s.a.]. — 1 pliego
Precede al tít.: Alabado sea el Santissimo. — En texto consta 1640. — H. impresa por una cara y con orla tip.

01-00094972 000

▶ M-BN, V.E./1205-10. — Ex-libris «R.B. Rosenthal-livros. Lisboa 2-Portugal».
▶ M-BN, V.E./196-12.

4142
Congregación de Esclavos del Santísimo Sacramento (Madrid). *Forma del iuramento, que de la pia, santa, y loable confession de la Inmaculada Concepcion de la Santissima Virgen Maria... hizo la deuota, y santa Congregacion de Esclauos del Santissimo Sacramento, que està en el Conuento de Santa Maria Madalena desta villa de Madrid, en manos del... señor don Fr. Iuan Perez de Espinosa, Obispo de Chile, de la Orden del glorioso P.S. Francisco, Domingo a diez de Febrero de mil y seiscientos y diez y nueue.* — [S.l. : s.n., s.a.]. — [4] p. ; Fol.
Texto con orla tip, fechado en

Madrid, 1653. — Grab. calc. en cabecera: «I. de Courbes».

01-00094963 000

▶ M-BN, V.E./65-14.

4143
Congregación de Esclavos del Santísimo Sacramento (Madrid). *La Venerable Congregacion de los indignos Esclauos del santissimo Sacramento, sita en el Religioso Conuento de santa Maria Madalena desta Villa. Emula al glorioso zelo del esforçado Capitan y Caudillo del Pueblo de Dios Iudas Macabeo...* — [S.l. : s.n., s.a.]. — 1 pliego
Se ha respetado la puntuación original. — Hoja impresa por una sola cara. — Texto con orla tip. — Grab. xil. en cabecera de texto.

01-00094974 000

▶ M-BN, V.E./59-42.

4144
Congregación de Esclavos del Santo Cristo de la Fe (Madrid). *Constituciones reformadas de la congregacion de Esclavos del Santo Christo de la Fe, fundada en la iglesia parroquial del Señor San Sebastian desta villa de Madrid.* — [S.l. : s.n., s.a.]. — [2], 12 [i.e. 13] h. [1] en bl., [1] h. de grab., []^3, A-C^4, D^2 ; 4^0
La aprobación de las Constituciones está fechada en Toledo, 1648. — Error de fol.: repite la h. 12. — Grab. xil., esc. heráldico de Don Baltasar de Moscoso y Sandoval. — Grab. calc. de Cristo en la cruz, en A$_1$.

01-00030670 000

▶ M-UC (FFil), 14546. — An. ms. «Concuerdan con las Constituciones originales que les quedan a que me refiero por ser verdad. Conforme a primero de marzo de 1653 años. D. Diego de Cañizales Alarcon...». — Enc. piel.

4145

Congregación de Esclavos del Santo Cristo de la Vida y Buena Muerte (Madrid). *Constituciones de la Congregacion de los esclavos del Santo-Christo de la vida y buena-muerte, sita en el convento de Santa Barbara, de la Orden de M. Señora de la Merced Descalça, Redencion de Cautivos desta Corte, año 1671.* — [S.l. : s.n., s.a.]. — 12 h., A-C^4 : il. ; 4^0

Texto fechado en Madrid, 1671. — Port. con orla tip. — H. de grab. calc.: «Marcus de Orozco, Sculpsit Matriti», representando a Cristo con la cruz, en A$_2$.

01-00094973 000

▶ M-BN, V.E./116-32.

4146

Congregación de Esclavos del Santo Cristo de San Ginés (Madrid). *Juramento, y voto publico a la Concepcion Inmaculada de la Virgen Santissima Nuestra Señora que hizo la Real Congregacion del santo Christo de San Gines de esta villa de Madrid, el dia de la Inuencion de la Santa Cruz, tres del mes de Mayo de mil y seiscientos y cinquenta y tres años.* — Impresso en Madrid... : por los herederos de Andres de Parra, 1653. — [4] p. ; Fol.

Port. con orla tip. y grabs. xil.

01-00094965 000

▶ M-BN, V.E./177-23.

4147

Congregación de Estudiantes del Colegio Imperial de la Compañía de Jesús (Madrid). *Voto y Iuramento, que por el Misterio de la Inmaculada Concepcion de la Virgen Maria nuestra Señora hizo la antigua, y deuota Congregacion de los Estudiantes del Colegio Imperial de la Compañia de Iesus, titulo de la Anuncia-cion de la Virgen Nuestra Señora.* — [S.l. : s.n., s.a.]. — [4] p. ; Fol.

Texto fechado en 1653. — Esc. xil. de la Compañía de Jesús en cabecera de texto.

01-00030671 000

▶ M-BN, V.E./67-39(1).

4148

Congregación de Indignos Esclavos de Jesús (Madrid). *Tratado de las Constituciones que ha de guardar la Real, y Venerable Cōgregaciō de Indignos Esclauos de Iesus, fundada en el Religiosissimo Conuento de Descalços de la Santissima Trinidad, de Redempcion de Cautiuos desta Corte.* — En Madrid : [s.n.], 1674. — 34 p., A-D^4, E^1 ; 4^0

Port. con orla tip.

01-00094966 000

▶ M-BN, V.E./92-75.

4149

Congregación de la Concordia (Madrid). *Constituciones de la Concordia, que con autoridad y aprobacion del Eminentissimo Señor D. Pascual de Aragon, Cardenal Arçobispo de Toledo, se fundò en esta villa de Madrid, en la Capilla del Señor Obispo de Plasencia...* — [S.l. : s.n., s.a.]. — 10 h., A^8, B^2 ; 8^0

Precede al tít.: A Honra y Gloria de Dios N. Señor Trino y Vno... — En h. 2 consta 1671.

01-00094967 000

▶ M-BN, V.E./61-76.

4150

Congregación de la Inmaculada Concepción (Madrid). *Forma del juramento, y boto que por el misterio de la Inmaculada Concepcion de la Virgen Maria Nuestra Señora, hizo la Venerable Congregacion de Seglares, erigida debaxo desta inuocacion, y misterio, en el Colegio*

Imperial de la Compañía de Iesus desta Corte, el dia Martes treinta y vno de Diziembre de 1652. — [S.l. : s.n., s.a.]. — [4] p. ; Fol.

Texto con orla tip.

01-00094968 000

▶ M-BN, V.E./65-19.

4151

Congregación de la Inmaculada Concepción (Ocaña). *Forma del juramento, y voto que por el Misterio de la Inmaculada Concepcion de la Virgen Maria Nuestra Señora, hizo la Venerable Congregacion de Seglares, erigida debaxo desta inuocacion, y misterio, en el Colegio de la Compañia de Iesus de Ocaña, el dia Domingo nueue de Febrero de 1653.* — [S.l. : s.n., s.a.]. — [4] p. ; Fol.

Texto con orla tip. y al fin viñeta xil.

01-00094969 000

▶ M-BN, V.E./185-39. — Deteriorado.

4152

Congregación de la Purísima Concepción (Madrid). *Forma del voto y iuramento que la... Congregacion de la Concepciõ de la Virgen Nuestra Señora, sita en la parroquial de San Saluador de Madrid, hizo domingo veinte y siete de abril deste año de mil seisciētos y cinquenta y tres : en la... fiesta... que consagrò... a este misterio.* — [S.l. : s.n., s.a.]. — [4] p. ; Fol.

01-00030672 000

▶ M-BN, V.E./184-13.

4153

Congregación de las Iglesias y Catedrales de los Reinos de Castilla y León. *Assientos de la Congregacion que celebraron las Santas Yglesias Metropolitanas y Catedrales de los Reynos de la Corona de Castilla y Leon el año de mil y*

seiscientos y dos por el septimo quinquenio del Escusado. — [S.l. : s.n., s.a.]. — 168 h., A-Z^4, 2A-2T^4 ; Fol.

En texto consta 1603.

01-00090123 000

▶ M-BN, 2/17646(1). — Enc. pasta con hierros dorados.

4154

Congregación de las Iglesias y Catedrales de los Reinos de Castilla y León. *Assientos de la Congregacion que celebraron las Santas Iglesias Metropolitanas y Catedrales de los Reynos de la Corona de Castilla y Leon el año de mil y seiscientos y veinte y ocho para el duodecimo quinquenio de Escusado.* — [S.l. : s.n., s.a.]. — 266, [11] h., [1] en bl., A-Z^2, 2A-2Z^2, 3A-3Z^2, 4A-4Z^2, a-z^2, 2a-2s^2, ¶-4¶^{2}, 5¶^{4} ; Fol.

01-00090125 000

▶ M-BN, 2/35599. — Autógrafo del Licenciado Martín del Castillo, que «certifica» la impresión de la obra. —Enc. perg.

4155

Congregación de las Iglesias y Catedrales de los Reinos de Castilla y León. *Assientos de la Congregacion que celebraron las santas Iglesias Metropolitanas y Catedrales de los Reynos de la Corona de Castilla y Leon el año de mil y seiscientos y treita y quatro para el dezimo terçio quinquenio del Escusado.* — [S.l. : s.n., s.a.]. — 196, [11] h., A-Z^8, 2A-2B^8, 2C^6, 2D^5 ; Fol.

En h. 193v. consta 1635.

01-00090126 000

▶ M-BN, 3/67310. — Enc. perg.

4156

Congregación de las Iglesias y Catedrales de los Reinos de Castilla y León. *Assientos de la Congregacion que celebrarõ las Santas Iglesias Metropolitanas y Catedrales de los Reynos de la Coro-*

na de Castilla y Leō, desde 19 de Noviembre de 1637 hasta 28 de Iunio de 1639, para los quinquenios dezimocuarto y dezimoquinto del Escusado. — [S.l. : s.n., s.a.]. — 287, [9] h., A-Z^8, 2A-2O^8 ; Fol.

01-00122257 000

▶ M-BN, 3/14341(1). — Enc. perg. ▶ M-UC (FD), 12517. — Enc. perg.

4157

Congregación de las Iglesias y Catedrales de los Reinos de Castilla y León. *Assientos de la Congregacion que celebraron las santas iglesias metropolitanas y catedrales de los reynos de la Corona de Castilla y Leon desde 20 de iulio de 1648 hasta 12 de março de 1650 para los quinquenios dezimosexto y dezimoseptimo del escusado.* — [S.l. : s.n., s.a.]. — 322, [21] h., A-Z^2, 2A-2Z^2, 3A-3Z^2, 4A-4Z^2, 5A-2Z^2, 6A-6Z^2, 7A-7Z^2, 8A-8K^2, 8L^1 ; Fol.

01-00090127 000

▶ M-BN, 3/13076(3). — Enc. perg.

4158

Congregación de las Iglesias y Catedrales de los Reinos de Castilla y León. *Assientos y Concordias de las Santas Iglesias Metropolitanas y Catedrales de los Reynos de Castilla y Leon, que en su nombre otorgò con su Magestad... don Iuan Astorga de Castillo... canonigo en la... Iglesia de Santiago y Procurador General del Estado Eclesiastico, el año de 1658 sobre las gracias del XIX quinquenio del subsidio y XVIII del escusado.* — [S.l. : s.n., s.a.]. — 42 h., A-X^2 ; Fol.

01-00090128 000

▶ M-BN, 3/18355(2). — Enc. perg. ▶ M-BN, V.E./27-7. — Enc. perg.

4159

Congregación de las Iglesias y Catedrales de los Reinos de Castilla y

León. *Assientos de la Congregacion que celebraron las Santas Iglesias Metropolitanas, y Catedrales de los Reynos de Castilla, y Leon, desde 5 de febrero de 1664 hasta 18 de março de 1666 para los quinquenios dezimonono, y vigesimo del escusado, y dezima de ochocientos mil ducados.* — Impresso en Madrid : por Domingo Garcia Morràs..., 1666. — 326 [i.e.327], [12] h., A-D^2, E^3, F-Z^2, 2A-7Z^2, 8A-8B^2, a-f^2 ; Fol.

El pie de imp. consta en colofón. — Error en la foliación: h. 10 repetida.

01-00090129 000

▶ M-BN, 3/23600. — Enc. perg. — Firma ms.: «D. Min. de Loayssa». ▶ M-BN, 3/65259. — Enc. perg. ▶ ME-RB, M27-I-21. — Enc. perg.

4160

Congregación de las Iglesias y Catedrales de los Reinos de Castilla y León. *Assientos y Concordias de las Santas Iglesias Metropolitanas y Catedrales de estos Reynos de la Corona de Castilla y Leon cuyas Escrituras en su nombre, y por sus poderes especiales otorgó con su Magestad... don Alexandro Ortiz de Valdés, Canonigo de la Santa Iglesia de Segovia, y Procurador General del Estado Eclesiastico en la Corte de Madrid el año de 1679.* — [S.l. : s.n., s.a.]. — [3], 17, [1] en bl., [2], 18 h., [ ]^3, A-G^2, H^4, [ ]^2, A-I^2 ; Fol.

Port. con orla tip.

01-00122258 000

▶ M-BN, V.E./26-41 y V.E./26-42. — Exlibris ms. de la librería de Nuestro Padre San Cayetano de Madrid. ▶ M-UC (FD), 12513. — Enc. perg.

4161

Congregación de las Iglesias y Catedrales de los Reinos de Castilla y León. *Beatissimo Padre. Por Quanto los*

Ministros de su Magestad Catolica para que se les conceda la gracia de los veinte y quatro millones dan por nueua causa que el Estado Eclesiastico de los Reynos de Castilla, y Leō està aliuiado y rico, se dirà breuemente el estado miserable en que se halla, y las causas de su diminucion [sic]... — [S.l. s.n., s.a.]. — [4] p. ; Fol.

Se ha respetado la puntuación original. — Del texto se deduce posterior a 1638.

01-00090130 000

▸ M-BN, V.E./184-18. ▸ M-BN, V.E./211-74.

4162

Congregación de las Iglesias y Catedrales de los Reinos de Castilla y León. *Congregacion que celebraron las santas Yglesias Metropolitanas, y Catedrales de los Reynos de la Corona de Castilla, y Leō el año de 1618 para el vndecimo quinquenio del subsidio.* — [S.l. s.n., s.a.]. — 14 h., A^8, B^6 ; Fol.

En h. 14 consta 1620.

01-00090131 000

▸ M-BN, V.E./177-113(1).

4163

Congregación de las Iglesias y Catedrales de los Reinos de Castilla y León. *Congregacion que celebraron las santas Iglesias Metropolitanas y Catedrales de los Reynos de Castilla y Leon, el año de 628 para el dezimotercio quinquenio del Subsidio.* — [S.l. : s.n., s.a.]. — 22, [1] h., $A-L^2$, M^1 ; Fol.

En h. 22 consta 1629.

01-00090132 000

▸ M-BN, V.E./177-113(4). — Firma ms. de Martín de Castillo Castillo.

4164

Congregación de las Iglesias y Catedrales de los Reinos de Castilla y

León. *Congregacion que celebraron las Santas Iglesias Metropolitanas y Catedrales de los Reynos de Castilla y Leon el año de 1637 para el decimoquinto Quinquenio del Subsidio donde tambien se tomo assiento en el Quinquenio decimosexto.* — [S.l. : s.n., s.a.]. — 28 h., $A-C^8$, D^4 ; Fol.

En texto consta 1639.

01-00090133 000

▸ M-BN, 3/4341(2). — Firma ms del.: «D^{or} don Antonio Calderon S°». — Enc. perg. ▸ M-BN, R/23746(1). — Firma ms del «D^{or} don Antonio Calderon S°». — Enc. perg. (1982). ▸ M-UC (FD), 14992. — Firma ms del «D^{oc} don Antonio Calderon S°». — Enc. perg. — Ex-libris ms. del Colegio Mayor de Alcalá.

4165

Congregación de las Iglesias y Catedrales de los Reinos de Castilla y León. *Congregacion que celebraron las santas iglesias metropolitanas y catedrales de los reynos de Castilla y Leon, el año de 1648 para el dezimoseptimo quinquenio del subsidio, donde tambien se tomò assiento en el quinquenio dezimo octauo.* — [S.l. : s.n., s.a.]. — 29 h., $A-O^2$, P^1 ; Fol.

En texto consta 1650.

01-00090134 000

▸ M-BN, 3/13076(1). — Enc. perg.

4166

Congregación de las Iglesias y Catedrales de los Reinos de Castilla y León. *Congregacion que celebraron las Santas Iglesias Metropolitanas, y Catedrales de los Reynos de Castilla, y Leon el año de 1664 para el vigesimo Quinquenio del Subsidio : donde tambien se tomo assiento en el vigesimo primo Quinquenio.* — [S.l. : s.n., s.a.]. — 35 h., $A-R^2$, S^1 ; Fol.

En h. 35 v. consta 1666.

01-00090135 000

▶ M-BN, V.E./24-1(1).

4167

Congregación de las Iglesias y Catedrales de los Reinos de Castilla y León. *Copia de carta escripta a Su Santidad por la Santa Iglesia de Toledo, Primada de las Españas, con el motiuo de la Concession de la Dezima, haziendo Representacion à su Beatitud de todo lo que se ofrece en orden à la impossibilidad de concurrir el Estado Eclesiastico con este nueuo grauamen.* — [S.l. : s.n., s.a.]. — [4] p. ; Fol.

Texto en latín, fechado en 1686.

01-00090136 000

▶ M-BN, V.E./184-10. ▶ M-BN, V.E./ 200-45.

4168

Congregación de las Iglesias y Catedrales de los Reinos de Castilla y León. *Cuenta de lo que la Santa Yglesia de Toledo ha pagado por el estado Ecclesiastico de la Corona de Castilla y Leon en el sexto quinquenio del escusado y septimo de subidio en salarios, procuraciones y gastos comunes de congregacion de que se le haze cargo.* — [S.l. : s.n., s.a.]. — 10 h., A-E^2 ; Fol.

En texto consta 1603.

01-00090137 000

▶ M-BN, 3/17646(2). — Enc. pata con hierros dorados.

4169

Congregación de las Iglesias y Catedrales de los Reinos de Castilla y León. *Cuentas de lo que la santa Yglesia de Toledo ha pagado por el estado Eclesiastico de la Corona de Castilla y Leō, en el dezimo quiquenio del subsidio, y noueno del escusado, en salarios, procuraciones, y gastos comunes de Congregacion.* — [S.l.: s.n., s.a.]. — 14 h., a^8, b^6. ; Fol.

Texto fechado en Madrid, 1620.

01-00090140 000

▶ M-BN, V.E/177-113(3). — An. ms. al final del documento con la firma del Abad de Labança Secretario.

4170

Congregación de las Iglesias y Catedrales de los Reinos de Castilla y León. *Cuentas de lo que la santa Yglesia de Toledo ha pagado por el Estado Eclesiastico de la Corona de Castilla y Leon, en el duodecimo quinquenio del Subsidio, y vndecimo del Escusado, en salarios, procuraciones, y gastos comunes de Congregacion.* — [S.l. : s.n., s.a.]. — 11 h., a-e^2, f^1 ; Fol.

Texto fechado en Madrid, 1629.

01-00090141 000

▶ M-BN, V.E./177-113(5). — Firma ms. de Martín de Castillo.

4171

Congregación de las Iglesias y Catedrales de los Reinos de Castilla y León. *Cuenta de los marauedis que la Santa Iglesia de Toledo ha gastado y pagado por el estado eclesiastico de la Corona de Castilla y Leon en el decimoquarto quinquenio del subsidio y decimotercio del Escusado en salarios, procuradores y gastos comunes de congregacion, ajustandolas en vellon auiendo hecho satisfacion de la plata que se deuia y su reducion.* — [S.l. : s.n., s.a.]. — 13 h., a^8, b^5 ; Fol.

Texto fechado en Madrid, 1639.

01-00090138 000

▶ M-BN, 3/14341(4). — Al fin del texto firma ms. del doctor don Antonio Calderón. — Enc. perg. ▶ M-BN, R/23746(2). — Al fin del texto firma ms. del doctor don Antonio Calderón. — Enc. perg. (1982). ▶ M-UC (FD), 14992. — Al fin del texto firma ms. del doctor don Antonio Calderón. — Enc. perg.

4172

Congregación de las Iglesias y Catedrales de los Reinos de Castilla y León. *Cuenta de los marauedis que la santa Iglesia de Toledo ha gastado y pagado por el estado eclesiastico de la Corona de Castilla y Leon en el dezimosexto quinquenio del subsidio y dezimoquinto del escusado, en salarios, procuradores y gastos comunes de Congregacion...* — [S.l. : s.n., s.a.]. — 25 h., a-c^2, D-L^2, M^3 ; Fol.

Texto fechado en Madrid, 1650.

01-00090139 000

▶ M-BN, 3/13076(2). — Enc. perg.

4173

Congregación de las Iglesias y Catedrales de los Reinos de Castilla y León. *Diligencias que juzga la santa Congregacion de las Iglesias de Castilla y Leon, se deuen hazer en cada Obispado, para que no se cobren del Estado Eclesiastico las imposiciones que se echaron para la paga de los diez y nueue millones y medio, desde primero de Agosto deste presente año de mil y seiscientos y treinta y ocho.* — [S.l. : s.n., s.a.]. — [2] p. ; Fol.

01-00090142 000

▶ M-BN, V.E./177-34.

4174

Congregación de las Iglesias y Catedrales de los Reinos de Castilla y León. *En Este negocio, que V.S. tiene visto entre el estado Eclesiastico de la corona de Castilla y Leon con la Ordē de santo Domingo, sobre que la dicha Ordē aya de pagar subsidio de los beneficios a ella vnidos, y anexados desde el año de 1586...* — [S.l. : s.n., s.a.]. — 7 h., [1] en bl., A-D^2 ; Fol.

Grab. xil. de los Jesuítas en cabecera de texto.

01-00090143 000

▶ M-BN, V.E./210-53.

4175

Congregación de las Iglesias y Catedrales de los Reinos de Castilla y León. *Escrituras de concordia otorgadas por los señores procuradores de las santas iglesias metropolitanas y catedrales... de Castilla y León, por si y en nombre de sus cabildos y estado eclesiastico sobre la administracion, cobrança y paga de las dos gracias del subsidio y escusado.* — [S.l. : s.n., s.a.]. — 15, 15, 14, 15 h., A-B^{15}, C^{14}, D^{15} ; Fol.

Texto fechado en Madrid, 1666.

01-00090145 000

▶ M-BN, 3/18355(3). — Enc. perg. ▶ M-BN, V.E./205-1. — Enc. perg.

4176

Congregación de las Iglesias y Catedrales de los Reinos de Castilla y León. *Escritura de concordia otorgada por el procurador general del estado eclesiastico destos reynos de la Corona de Castilla y Leon, en virtud de poderes de los Cabildos de las santas iglesias sobre el repartimiento, cobrança y paga de 490 V ducados de vellon que se obligan de dar à su magestad... en quatro años y ocho pagas que han de empeçar à correr desde primero de enero de 1679...* — [S.l. : s.n., s.a.]. — 7 h., [1] en bl., A^8 ; Fol.

Al comienzo de texto consta 1678.

01-00127006 000

▶ M-BN, V.E./25-81. — Ex-libris ms. de la libreria de San Cayetano de Madrid.

4177

Congregación de las Iglesias y Catedrales de los Reinos de Castilla y León. *Escritura de concordia otorgada por los señores diputados de la santa Iglesia de Toledo, en su nombre y el de los Cabildos de las demàs santas Iglesias y esta-*

do eclesiastico destos reynos de la Corona de Castilla y Leon sobre la administracion, cobrança y paga de la gracia del escusado del vigesimo-quarto quinquenio, que començò à correr... desde principio del año passado de 1687... hasta acabarse en diziembre de 1692... — [S.l. : s.n., s.a.]. — 19, [1] h., A-K² ; Fol.

Texto fechado en Buen Retiro, 1689.

01-00127005 000

▶ M-BN, V/Cª 52-24. — An. ms. del traslado al final del texto. — Sello de Pascual de Gayangos.

4178

Congregación de las Iglesias y Catedrales de los Reinos de Castilla y León. *Escritura de Concordia, otorgada por los Señores Diputados de la Santa Iglesia de Toledo, en su nombre, y el de los Cabildos de las demàs Santas Iglesias, y Estado Eclesiastico de estos Reynos de la Corona de Castilla, y Leon sobre la Colecturia, cobrança, y paga de la Gracia del Subsidio del vigesimoquinto quinquenio, que començò à correr desde primero de Iulio del año passado de 1688...* — [S.l. : s.n., s.a.]. — 23, [1] h., A-M² ; Fol.

Texto fechado en Buen Retiro, 1689.

01-00090144 000

▶ M-BN, R/24032(4). — Enc. hol.

4179

Congregación de las Iglesias y Catedrales de los Reinos de Castilla y León. *Escritura de concordia otorgada por los señores diputados de la santa Iglesia de Toledo, en su nombre y el de los cabildos de las demàs santas iglesias y estado eclesiastico de estos reynos de la Corona de Castilla y Leon, sobre la colectacion, cobrança y paga de la gracia del subsidio de el vigesimo-sexto quinquenio, que co-*

mençarà à correr desde primero de iulio de este presente año de mil seiscientos y noventa y tres... hasta... iunio de mil seiscientos y noventa y ocho... — [S.l. : s.n., s.a.]. — 24 h., A-K², L⁴ ; Fol.

Texto fechado en Madrid, 1693.

01-00127004 000

▶ M-BN, 2/38464. — Enc. perg.

4180

Congregación de las Iglesias y Catedrales de los Reinos de Castilla y León. *Escritura de concordia otorgada por los señores diputados de la santa iglesia de Toledo, en su nombre, y el de los Cabildos de las demàs santas iglesias y estado eclesiastico de estos reynos de la Corona de Castilla y Leon sobre la administracion, cobrança y paga de la gracia del escusado del vigesimo-sexto quinquenio, que començò à correr... en primero de enero del año passado de mil y seiscientos y noventa y siete y termina en fin de diziembre del veniero de mil setecientos y vno y en quanto a pagas en principios del presente de mil seiscientos y noventa y ocho...* — [S.l. : s.n., s.a.]. — 23, [1] h., A-M²; Fol.

Texto fechado en Madrid, 1698.

01-00127002 000

▶ M-BN, V.E./23-12. — Enc. perg.

4181

Congregación de las Iglesias y Catedrales de los Reinos de Castilla y León. *Escritura de concordia otorgada por los señores diputados de la santa iglesia de Toledo, en su nombre y el de los cabildos de las demàs santas iglesias y estado eclesiastico destos reynos de la Corona de Castilla y Leon sobre la colectacion, cobrança y paga de la gracia del subsidio del vigesimo-septimo quinquenio, que començò à correr en primero de iulio deste presente año de mil seiscientos y noventa y ocho...*

hasta... iunio de mil seteciētos y tres... —
[S.l. : s.n., s.a.]. — 24, [1] h., A-M², N¹ ; Fol.
Texto fechado en Madrid, 1698.

01-00127003 000

▶ M-BN, V.E./216-28. — Enc. perg.

4182
Congregación de las Iglesias y Catedrales de los Reinos de Castilla y León. *Ilustrissimo Señor. Don Gaspar de Ribadeneira y Zuñiga, Dignidad de Tesorero, y Obrero Mayor; y Don Iuan Iñiguez Arnedo, Canonigos de la Santa Iglesia de Toledo, Primada de las Españas, dizen : Que auiendo sido nombrados por sus Comissarios, y de todas las Santas Iglesias, y Estado Eclesiastico de los Reynos de Castilla, y de León, para el efecto de poner en la noticia de el Rey nuestro Señor las calamidades... y las estremas necessidades de el Clero... —* [S.l. : s.n., s.a.]. — 4 h., A⁴ ; Fol.
Se ha respetado la puntuación original.

01-00090146 000

▶ M-BN, V.E./186-6.

4183
Congregación de las Iglesias y Catedrales de los Reinos de Castilla y León. *Ilustrissimo señor. La Congregacion de las santas Iglesias de Castilla, y Leon, dize: Que vna de las condiciones de la concordia que poco ha se otorgò, es, que V. Señoria Ilustrissima ha de hazer consulta a su Magestad para que se sirua de no tomar parte alguna de los juros, censos y casas, y demas bienes que pagan subsidio, atento el graue daño que de lo contrario se sigue a las obras pias... —* [S.l. : s.n., s.a.]. — [4] p. ; Fol.

01-00090147 000

▶ M-BN, V.E./186-40.

4184
Congregación de las Iglesias y Catedrales de los Reinos de Castilla y León. *Instruccion de los negocios que han de hacer los Procuradores generales de las santas Yglesias de la Corona de Castilla, y Leon con orden de la Congregacion del estado Eclesiastico, que se acabò de celebrar este año de mil y seyscientos y veynte. —* [S.l. : s.n., s.a.]. — 20 h., ¶-2¶⁸, 3¶⁴ ; Fol.

01-00090148 000

▶ M-BN, V.E./177-113(2).

4185
Congregación de las Iglesias y Catedrales de los Reinos de Castilla y León. *Instrucion de los negocios que han de hazer los Procuradores generales del Estado Eclesiastico de la Corona de Castilla y Leon desta Corte, y de la de Roma, con orden de la Congregacion de las Santas Iglesias de dichaCorona, que se acabò de celebrar este año 1629. —* [S.l. : s.n., s.a.]. — 18 h., A-I² ;Fol.

01-00090149 000

▶ M-BN, V.E./177-113(6). — Firma ms. de Martin de Castillo.

4186
Congregación de las Iglesias y Catedrales de los Reinos de Castilla y León. *Instruccion de los negocios que han de hazer los procuradores generales del Estado Eclesiastico de la corona de Castilla y Leon desta corte y de la de Roma con orden de la Congregacion de las Santas Iglesias de dicha Corona que se acabo de celebrar este año de mil y seiscientos y treinta y nueue. —* [S.l. : s.n., s.a.]. — 18 h., A⁸, B¹⁰ ; Fol.

01-00090150 000

▶ M-BN, 3/14341(3). — Enc. perg. ▶ M-BN, R/23746(3). — Enc. perg. (1982). ▶ M-UC (FD), 14992. — Enc. perg.

4187
Congregación de las Iglesias y Catedrales de los Reinos de Castilla y León. *Instruccion de los negocios que han de hazer los Procuradores generales del Estado Eclesiastico de la Corona de Castilla, y Leon desta Corte, y la de Roma, con orden de la Congregacion de las santas Iglesias de dicha Corona, que se acabò de celebrar este año de mil y seiscientos y sesenta y seis.* — Impresso en Madrid : por Domingo Garcia Morràs..., 1666. — 18 h., a-i² ; Fol.
El pie de imp. consta en colofón.
01-00090151 000
▶ M-BN, V.E./24-1(3).

4188
Congregación de las Iglesias y Catedrales de los Reinos de Castilla y León. *Memorial que dio a Su Santidad el Procurador General del estado eclesiastico en Roma en octubre de 1638.* — [S.l. : s.n., s.a.]. — [4] p. ; Fol.
01-00090152 000
▶ M-BN, V.E./209-31.

4189
Congregación de las Iglesias y Catedrales de los Reinos de Castilla y León. *Memorial que se dio a su Santidad en nombre de las Santas Iglesias de las Coronas de Castilla, y León, y su Santidad ha escrito al Ilustrissimo Señor Nuncio de España, para que le remita à los señores Obispos con carta particular, para que informados de su contenido respondan lo que ay en esta razon.* — [S.l. : s.n., s.a.]. — [2] p., [2] en bl. ; Fol.
Texto en latín. — En p. 2 consta 1674.
01-00090153 000
▶ M-BN, V.E./200-44. ▶ M-BN, V.E./24-14.

4190
Congregación de las Iglesias y Catedrales de los Reinos de Castilla y León. *Memorial segundo, que dio a su Magestad la Santa Congregacion el año de 1664 sobre la Dezima de 800 [mil] ducados.* — [S.l. : s.n., s.a.]. — [6] p., [2] en bl., A⁴ ; Fol.
01-00090154 000
▶ M-BN, V.E./220-51.

4191
Congregación de las Iglesias y Catedrales de los Reinos de Castilla y León. *Quenta de los marauedis que la santa Iglesia de Toledo ha gastado, y pagado por el Estado Eclesiastico de la Corona de Castilla, y Leon, desde primero de Enero del año de mil seiscientos y cinquenta y nueue, hasta quatro de Diziembre de mil seiscientos y sesenta y quatro, que se ajustò por la santa Congregacion, y se incluyen en ella los gastos comunes hechos en Roma de moneda de plata, y se ponen con sus premios en reducion.* — [S.l. : s.n., s.a.]. — 19 h., a-h², i³ ; Fol.
Texto fechado en Madrid, 1666.
01-00090155 000
▶ M-BN, V.E./24-1(2).

4192
Congregación de las Iglesias y Catedrales de los Reinos de Castilla y León. *Quenta, y razon de los marauedis que importan los gastos comunes, que la Santa Iglesia desta Ciudad de Toledo, Primada de las Españas, ha suplido, y pagado por si, y por las otras Santas Iglesias, Abadias, Vicarìas, Ordenes Militares, y Estado Eclesiastico de la Corona de Castilla, y Leon, desde el dia primero de Julio del año de mil seiscientos y nouenta y dos, hasta fin de Março deste año de mil seiscientos y nouenta y nueue...* — [S.l. : s.n., s.a.]. — 24 h., A-M² ; Fol.

Traslado fechado en Toledo, 3 de Junio de 1699.

01-00090156 000

▶ M-BN, V.E./197-39.

4193

Congregación de las Iglesias y Catedrales de los Reinos de Castilla y León. *Reuerente suplica a la magestad catholica del Rey D. Felipe IIII, nuestro señor por la Santa Iglesia de Toledo... y de las demas santas Iglesias de estos Reynos de Castilla y Leon sobre el destierro del Dean y Chantre de la santa Iglesia de Cuenca* / escribela... Francisco Ioseph de Escobar.... — [S.l. : s.n., s.a.]. — 4, [1] h., [1] en bl., [A]-C² ; Fol.
Port. con orla tip.

01-00127001 000

▶ M-BN, V.E./181-42.

4194

Congregación de las Iglesias y Catedrales de los Reinos de Castilla y León. *La Santidad de Pio Quinto concedio al señor Rey dō Felipe Segundo la primera casa dezmera en todas las Parroquias destos Reinos de España, en 21 de Mayo de 1571 y la concordia se otorgò por las santas Iglesias en su Congregacion, à onze de Nouiembre de 1572 y sucessiuamente en todas las Prorrogaciones, siempre se ha tomado concordia en las Congregaciones...* — [S.l. : s.n., s.a.]. — [3] p. ; Fol.
Del texto se deduce posterior a 1647.

01-00090157 000

▶ M-BN, V.E./186-16(3).

4195

Congregación de las Iglesias y Catedrales de los Reinos de Castilla y León. *Santissimo padre, La Congregacion de las iglesias metropolitans y cathe-*

drales de Castilla y Leon ha entendido que los ministros q̄ la Magestad Catolica tiene en essa corte hazen grandes instancias con V. Santidad, suplicandole se sirua de conceder sus breues, paraque [sic] el estado eclesiastico destos reynos contribuya con el secular en la concession de dos millones y medio, y la de otros nueue en plata en tres años... — [S.l. : s.n., s.a.]. — [4] p. ; Fol.
Texto fechado en 1637.

01-00090158 000

▶ M-BN, V.E./209-48.

4196

Congregación de las Iglesias y Catedrales de los Reinos de Castilla y León. *Señor. El Dean y Cabildo de la santa Iglesia de Toledo Primada de las Españas por si y por el estado Eclesiastico de la Corona de Castilla y Leon. Dize, que nuestro muy santo Padre Gregorio Decimoquinto (que oy rige la Iglesia) concedio a V. Magestad por otro quinquenio las gracias de subsidio y escusado sobre las rentas Eclesiasticas destos Reynos, para ayuda al sustento de galeras, y de las guerras contra infieles...* — [S.l. : s.n., s.a.]. — [3] p. ; Fol.
Se ha respetado la puntuación original. — En el texto consta 1623.

01-00090159 000

▶ M-BN, V.E./186-16(1).

4197

Congregación de las Iglesias y Catedrales de los Reinos de Castilla y León. *Señor. El Procurador general del Estado Eclesiastico de la Corona de Castilla, y Leon. Dize que en todas las ocasiones q̄ la santa Sede Apostolica ha concedido a Vuestra Magestad, y a los señores Reyes sus progenitores, alguna gracia sobre las rētas Eclesiasticas para los santos fines que se cōceden, es costumbre as-*

sentada que los Cabildos de las Yglesias Metropolitanas, y Catedrales de la dicha Corona embiē sus procuradores a esta Corte, para que juntos... traten y acuerden como se han de obedecer y cumplir... — [S.l. : s.n., s.a.]. — [3] p. ; Fol.
Se ha respetado la puntuación original. — El texto alude a Pablo V (1605-1621).

01-00090160 000
▶ M-BN, V.E./186-16(2).

4198
Congregación de las Iglesias y Catedrales de los Reinos de Castilla y León. *Señor, La Congregaciō de las santas iglesias y clero de Castilla y Leon dize, que V. magestad fue seruido mandar publicar vna ley... dādo nueua forma del papel sellado a los instrumentos y demas actos judiciales y extrajudiciales, su fecha en 15 de diziembre de 1636...* — [S.l. : s.n., s.a.]. — 31 h., A-P^2, Q^1 ; Fol.

01-00090161 000
▶ M-BN, V.E./208-53.

4199
Congregación de las Iglesias y Catedrales de los Reinos de Castilla y León. *Señor La Congregacion de las santas Iglesias, y Clero de Castilla, y Leon, suplica humildemente a V. Magestad se sirua de mandar que se vea esta alegacion en derecho, en que procuran fundar, que las sisas del açucar, papel, y otras... no pueden cobrarse en justicia, y conciencia de los Eclesiasticos... no auiendo (como no ay) expressa licencia y facultad de su Santidad. Ha dado causa a este discurso el orden que V. Magestad mandò embiar al Reino en 10 de Febrero deste año de 634...* — [S.l. : s.n., s.a.]. — 24 h., A-M^2 ; Fol.
Se ha respetado la puntuación original.

01-00090162 000
▶ M-BN, V.E./64-104.

4200
Congregación de las Iglesias y Catedrales de los Reinos de Castilla y León. *Señor. La Congregacion de las santas Iglesias Metropolitanas, y Catedrales destos Reynos de Castilla, y Leon, dize: Que el Reyno junto en Cortes siruiò a V. Magestad el año passado de mil y seiscientos y treinta y dos, con diez y nueue millones y medio, que se han de pagar sobre las quatro especies en seis años...* — [S.l. : s.n., s.a.]. — 6 h., A-C^2 ; Fol.
Se ha respetado la puntuación original.

01-00090163 000
▶ M-BN, V.E./177-2.

4201
Congregación de las Iglesias y Catedrales de los Reinos de Castilla y León. *Señor. La Congregacion del Estado Eclesiastico de las santas Iglesias de Castilla y Leon: Dize, que nuestro muy santo Padre Vrbano Octauo, por su Breue expedido en Roma à diez de Março de 1634 años, declarò, que los oficios de Notarios, y otros tocantes à la execuciō de las gracias del subsidio escusado, y similes, son Eclesiasticos, y no se pueden vender, ni comprar...* — [S.l. : s.n., s.a.]. — 6 h., A-C^2 ; Fol.
Se ha respetado la puntuación original. — Por el texto se deduce posterior a 1635.

01-00090164 000
▶ M-BN, V.E./64-90.

4202
Congregación de las Iglesias y Catedrales de los Reinos de Castilla y León. *Señor. La Santa Iglesia de Toledo, Primada de las Españas, en nombre de las*

Santas Iglesias Metropolitanas, y Cathedrales, y de todo el Estado Eclesiastico de estos Reynos de Castilla, y Leon, buelve à los Reales pies de V. Magestad, en prosecucion de la suplica, que tiene interpuesta en memorial, que puso en mano de V.M. en 17 de Diziembre del año passado de 1681... — [S.l. : s.n., s.a.]. — [6] p., A³ ; Fol.

Se ha respetado la puntuación original.

01-00090167 000

▶ M-BN, V.E./23-46. — Ex-libris ms. de la Librería de San Cayetano de Madrid.

4203

Congregación de las Iglesias y Catedrales de los Reinos de Castilla y León. *Señor. La Santa Iglesia de Toledo, Primada de las Españas, por si, y en nombre de las Santas Iglesias de las Coronas de Castilla, y Leon, llega à los Reales pies de V. Mag. con el rendimiento, y veneracion, que corresponde à su obligacion, à representar el desconsuelo en que les ha puesto la noticia, de que aviendo obtenido en la Sacra Rota, la Santa Iglesia de Calahorra Executoria de tres sentencias conformes, con condenacion de costas contra Don Geronimo Joseph de Vrritigoti, y Goni, Arcediano de Berberiego... Canonigo de ella, que pretendia ganàr en ausencia los frutos de sus Prebendas...* — [S.l. : s.n., s.a.]. — 6 h., A⁶ ; Fol.

Se ha respetado la puntuación original. — Por el texto se deduce posterior a 1689.

01-00090165 000

▶ M-BN, V.E./214-5. — An. ms.: «en octubre de 1692 resolvio el Rey se escribiese al embajador que cesase en las diligencias hechas y que diese a entender a Su Santidad ir a la Rota que su animo no era de usar del Breue en perjuicio de la residencia de las Iglesias...».

4204

Congregación de las Iglesias y Catedrales de los Reinos de Castilla y León. *Señor. La Santa Iglesia de Toledo, Primada de las Españas, por si, y en nombre de las Santas Iglesias, Metropolitanas, y Catedrales de las Coronas de Castilla, y Leon haze representacion à V. Mag. con el mayor respeto, y veneracion, que deve, que con la noticia que tuvieron; de que Don Geronimo Joseph de Vrrutigoyti y Goñi, Arcediano de Berberiego... canonigo de la Santa Iglesia de Calahorra... hallandose vencido en la Sacra Rota, por tres Sentencias conformes, con condenacion de costas... sobre ganar los frutos de sus Prebendas...* — [S.l. : s.n., s.a.]. — 6 h., A-C² ; Fol.

Se ha respetado la puntuación original. — Por el texto se deduce posterior a 1692.

01-00090166 000

▶ M-BN, V.E./213-2.

4205

Congregación de las Iglesias y Catedrales de los Reinos de Castilla y León. *Señor. La Santa Iglesia de Toledo, Primada de las Españas, por si, y en nombre de las Santas Iglesias Metropolitanas, y Catedrales, y de todo el Estado Eclesiastico de estas Coronas de Castilla, y Leon, con la mas profunda veneracion que corresponde à su obligacion, llega..., à los Reales pies de V. Magestad, esperando, con la mayor confiança, hallar en ellos la comiseracion y aliuio que ha experimentado en todos sus conflitos...* — [S.l. : s.n., s.a]. — 5 h., A⁵ ; Fol.

Se ha respetado la puntuación original. — En el texto se alude al «año proximo passado de 1684».

01-00090168 000

▶ M-BN, V.E./186-29.

4206
Congregación de las Iglesias y Catedrales de los Reinos de Castilla y León. *Señor. La Santa Iglesia de Toledo, Primada de las Españas, por si, y en nombre de las Santas Iglesias Metropolitanas, y Catedrales, y de todo el Estado Eclesiastico de estas Coronas de Castilla, y Leon, con la mas rendida veneracion... llega à los Reales pies de V. Magestad, y dize: Que aviendosele hecho notorios, y intimado los Breves de prorrogacion de las gracias del Subsidio, y Escusado, que à favor de V.M. ha expedido... Inocencio XI por otro siguiente quinquenio... procediô à participar esta noticia à las Santas Iglesias...* — [S.l. : s.n., s.a.]. — 6 h., A^6 ; Fol.

Se ha respetado la puntuación original. — En el texto consta 1688.

01-00090169 000

▶ M-BN, V.E./201-53.

4207
Congregación de las Iglesias y Catedrales de los Reinos de Castilla y León. *Señor. La Santa Iglesia de Toledo, Primada de las Españas, por si, y en nombre de las Santas Iglesias Metropolitanas, y Catedrales, y de todo el Estado Eclesiastico de las Coronas de Castilla, y de Leon, mouida de su propia obligacion, y de las continuas instancias que la hazen las Santas Iglesias, llega... à los Reales pies de V. Magestad à manifestar el desconsuelo en que todas se hallan, con la noticia de auerse expedido vn Breue, en que... Inocencio Vndecimo haze gracia à V. M. de vna Dezima de ochocientos mil ducados para el socorro de la Plaça de Oran...* — [S.l. : s.n., s.a.]. — 10 h., A-E^2 ; Fol.

Se ha respetado la puntuación original. — El pontificado de Inocencio XI transcurre entre 1676 y 1689.

01-00090172 000

▶ M-BN, V.E./186-31.

4208
Congregación de las Iglesias y Catedrales de los Reinos de Castilla y León. *Señor. La Santa Iglesia de Toledo, Primada de las Españas, por si, y en nombre de las Santas Iglesias Metropolitanas, y Cathedrales, y de todo el Estado Eclesiastico de estas Coronas de Castilla, y Leon, movida de su propia obligacion, y de las instancias que la hazen las Santas Iglesias, llega con el mas profundo rendimiento... à los Reales pies de V. Magestad à representar... el comun desconsuelo, y afliccion extrema del Clero de estas Coronas, à vista de la fatal perdida del Presidio, y Plaza de Alarache... y logro que assimismo ha conseguido de la de Tanger el comun, y capital enemigo de nuestra Sagrada Religion...* — [S.l. : s.n., s.a.]. — 6 h., A^6 ; Fol.

Se ha respetado la puntuación original. — Por el texto se deduce posterior a 1688.

01-00090171 000

▶ M-BN, Afr./C^a 7285 Rel.201-54. — An. ms.: Sobre el destino de las gracias apostólicas y quanto convenga su observancia para recurrir al remedio de los daños que se experimentan y expresan las S^{tas} Igl^{as}. ▶ M-BN, V.E./198-46.

4209
Congregación de las Iglesias y Catedrales de los Reinos de Castilla y León. *Señor. La Santa Iglesia de Toledo, Primada de las Españas, por si, y en nombre de las Santas Iglesias Metropolitanas, y Cathedrales, y de todo el Estado Eclesiastico de estos Reynos de Castilla, y Leon, con toda la veneracion que deue, buelve à los Reales pies de V. Mag. y dize: Que auiendo tenido noticia por el Mes de Iunio proximo passado, que se solicitava por los Ministros, y Agentes de V. Mag. y de el Señor Emperador, en corte Romana, que su Santidad concediesse*

nueva Decima sobre todo el Estado Eclesiastico de estos Reynos... con el motivo de assistir con este efecto al Señor Emperador, en las Guerras, que tiene con el Otomano... — [S.l. : s.n. ; s.a.]. — 6 h., A⁶ ; Fol.

Se ha respetado la puntuación original. — En el texto se alude al «año passado de ochenta y cinco» y está dirigido a Carlos II.

01-00090170 000

▶ M-BN, V.E./186-21. ▶ M-BN, V.E./ 201-52. — An. ms.: «Al Rey nuestro señor con noticia del antecedente Breve apostólico». ▶ M-BN, V.E./25-76.

4210

Congregación de las Iglesias y Catedrales de los Reinos de Castilla y León. *Señor. La Santa Iglesia de Toledo, Primada de las Españas, por si, y en nombre de las Santas Iglesias Metropolitanas, y Cathedrales, y de todo el Estado Eclesiastico de los Reynos de Castilla, y Leon; puesta à los Reales pies de V. Mag. con profundo rendimiento, dize: Que aviendosele hecho notorios los Breves de prorrogacion de las gracias del Subsidio, y Escusado, expedidos por... Inocencio XII...* — [S.l. : s.n., s.a.]. — 10 h., A-E² ; Fol.

Se ha respetado la puntuación original. — En el texto se alude al «año passado de 96» y está dirigido a Carlos II.

01-00090173 000

▶ M-BN, V.E./26-54.

4211

Congregación de las Iglesias y Catedrales de los Reinos de Castilla y León. *Señor. La Santa Iglesia de Toledo, Primada de las Españas, postrada à los Reales pies de V. Magestad, por si, y en nombre de las Santas Iglesias Metropolitanas, y Cathedrales de las Coronas de Castilla, y Leon, haze representacion à V.*

Magestad de aver llegado à su noticia la determinacion, que... Inocencio XII. se ha servido tomar à consulta de la Sagrada Congregacion del Santo Concilio, sobre erigir, o introducir en estos Reynos Tribunales, ò Audiencias de Visitadores Apostolicos, que reparen la disciplina Eclesiastica... — [S.l. : s.n., s.a.]. — 6 h., A⁶ ; Fol.

Se ha respetado la puntuación original. — El pontificado de Inocencio XII transcurre entre 1691 y 1700.

01-00090174 000

▶ M-BN, V.E./201-51. — An. ms.: «sobre no permitir se introduzcan en estos reinos tribunales de visitadores apostólicos para reparar la disciplina, etcétera».

4212

Congregación de las Iglesias y Catedrales de los Reinos de Castilla y León. *Señor. Las Santas Iglesias Metropolitanas, y Catedrales de los Reinos de Castilla, y Leon, dizen por si y en nombre del Estado Eclesiastico dellos, que la Sātidad de Paulo V de feliz recordacion concedio Breue a la Magestad Catolica del señor Rey don Felipe III que està en el cielo, padre de V. Magestad, para que el dicho Estado cōtribuyesse en el seruicio de los diez y ocho millones...* — [S.l. : s.n., s.a.]. — [8] p., A⁴ ; Fol.

Por el texto se deduce posterior a 1629.

01-00090175 000

▶ M-BN, V.E./186-13.

4213

Congregación de las Iglesias y Catedrales de los Reinos de Castilla y León. *Señora. Don Alexandro Hortiz de Valdès, Canonigo de la Santa Iglesia de Segouia, y Procurador general del Estado Eclesiastico, en nombre de las Santas*

Iglesias Metropolitanas, y Cathedrales, y Estado Eclesiastico de las Coronas de Castilla, y Leon: Dize, se ha tenido noticia, como el Cardenal Nyhydardo, Embaxador de V. Magestad en Roma... ha pedido à su Santidad... vna Dezima de ochocientos mil ducados, pagados en dos años sobre los frutos, y rentas de el Estado Eclesiastico... — [S.l. : s.n., s.a.]. — [15] p., A⁸ ; Fol.

Se ha respetado la puntuación original. — En el texto se alude a «este año de mil seiscientos y setenta y quatro».

0¦-00090178 000

▶ M-BN, V.E./186-8.

4214
Congregación de las Iglesias y Catedrales de los Reinos de Castilla y León. *Señora La Santa Iglesia de Toledo Primada de las Españas, por si, y por el Estado Eclesiastico de las Coronas de Castilla, y Leō, dize, que la Santidad de Clemente Nono ha despachado vn Breue a instancias del Embaxador de V. Mag. y por èl pretenden los Ministros Reales cobrar de los impuestos concedidos por el Reino, para la paga de diez millones...* — [S.l. : s.n., s.a.]. — 8 h., A⁸ ; Fol.

El pontificado de Clemente IX transcurre entre 1667 y 1669.

01-00090176 000

▶ M-BN, V.E./186-30. ▶ M-BN, V.E./201-11. — An. ms.: «Sobre suspender la execucion del Breve...».

4215
Congregación de las Iglesias y Catedrales de los Reinos de Castilla y León. *Señora. La Santa Iglesia de Toledo, Primada de las Españas, por si, y por todas las Santas Iglesias de los Reynos de Castilla, y Leon, se pone a los Reales pies de V.M. con el respeto, y veneracion que*

debe, lleuada de su obligacion, y de las instancias de todas las Sātas Iglesias que acusarian su tardança... representando a V.M. que auiendo el Cardenal Nidardo, Embaxador de V.M. en Roma, pedido a su Santidad indulto, para que se apliquen a la reedificacion del Rel Conuento del Escurial los frutos de las Prebendas... vacantes de los Reynos de Castilla, y de Leon, desde el dia de la muerte de los vltimos posseedores... quisiera el Estado Eclesiastico poder concurrir... — [S.l. : s.n., s.a.]. — 6 h., A⁶ ; Fol.

Se ha respetado la puntuación original. — El texto alude a Clemente X, cuyo pontificado transcurre entre 1670 y 1676.

01-00090177 000

▶ M-BN, V.E./198-52.

4216
Congregación de Ministros del Salvador (Madrid). *Eminentissimo Señor La Congregacion de los indignos Ministros del Saluador del mundo, auiendo dado quenta à V. Em. de la disposicion del licenciado D. Pedro de Vriçar, y obedecido à su mandato de que se pussiese cobro en los bienes del testador, lo que de esta diligencia resulta, es... se sirua de conceder la facultad de tener Sacramento permanente...* — [S.l. : s.n., s.a.]. — [4] p. ; Fol.

01-00030674 000

▶ M-BN, V.E./206-10.

4217
Congregación de Ministros del Salvador (Madrid). *Instruccion que se da a los Missioneros de la Congregacion de Sacerdotes indignos Ministros del Salvador del Mundo, sitta en su Iglesia, y Casa desta Villa de Madrid, para dar forma, y vniformidad à los Exercicios que dichos Ministros acostumbran practicar*

en las Missiones que por Instituto de dicha Congregacion se hazen en los lugares deste Arçobispado de Toledo, los Otoños y Primaveras... segun las Constituciones, y Acuerdos que dicha Congregacion tiene hechos... — [S.l. : s.n., s.a.]. — 4 h., A⁴; Fol.

Texto fechado en 1684.

01-00030675 000

▶ M-BN, V.E./38-35.

4218

Congregación de Nuestra Señora de México. *Dudas acerca de las ceremonias Sanctas de la Missa* / resueltas por los clerigos de la Congregacion de nuestra Señora, fundada... en el collegio de la Compañia de Iesus de Mexico. — En Mexico : por Henrico Martinez, 1602. — [16], 222, [2] p., [ ]⁸, A-O⁸ ; 8⁰

Marca tip., copia de las que cita Vindel n.⁰ 235, 286, 343 y 455, en verso de última h. — Port. con orla tip.

01-00030676 000

▶ M-UC (FFil), 15234. — Enc. piel con hierros dorados deteriorada. — Sello y exlibris ms. de la librería del Colegio de la Compañía de Jesús de Madrid.

4219

Congregación de San Eloy de Artífices Plateros (Madrid). *Apologia historico-politica de la antiguedad y nobleza del arte insigne y liberal de plateros : con los establecimientos y ordenanzas esenciales para... exercicio y obseruancia... de las leyes del Oro y de la Plata en todos los Reynos de España* / que la Congregacion del gloriosisimo platero y obispo San Eloy compuesta de sus artifices saca a luz... — [S.l. : s.n.], 1700. — [4], XIV, [2] p., [ ]¹, A-C², D³ ; Fol.

Port. con orla tip.

01-00030678 000

▶ M-BN, 1/11651. — Enc. pasta.

4220

Congregación de San Eloy de Artífices Plateros (Madrid). *Crysol historico-politico de la antiguedad, nobleza, y estimacion liberal del arte insigne de plateros : con los establecimientos, y ordenanzas essenciales para su puntual exercicio y observancia precisa de las leyes del oro, y de la plata en todos los Reynos de España* / que la Congregacion del gloriosissimo platero y obispo San Eloy... saca à luz... — [S.l. : s.n., s.a.]. — [3], 20 h., [1] h. de grab., [ ]⁴, A-K² ; Fol.

Port. con orla tip. — Grab. calc.: «Ygnacio Pheliphe Gonçalez... lo esculpto, Año de 1685», retrato de San Eloy, [ ]₂.

01-00030679 000

▶ M-BN, R/23900. — Enc. perg.

4221

Congregación de San Eloy de Artífices Plateros (Madrid). *Crisol historico politico de la antiguedad, nobleza, y estimacion liberal de el arte insigne de plateros : con los establecimientos, y ordenanzas essenciales para su puntual exercicio y observancia precisa de las leyes del oro, y de la plata en todos los Reynos de España* / que la Congregacion del gloriosissimo platero, y obispo San Eloy... saca a luz... — [S.l. : s.n.], 1700. — [2], 20 h., [1] h. de grab., [ ]², A-K² ; Fol.

Port. con orla tip. — Grab., calc.: «Ygnacio Phelipe Gonçalez... lo esculpio Año de 1685», retrato de San Eloy, precede a la port.

01-00030680 000

▶ M-BN, 2/11823. — Enc. perg.

4222

Congregación de San Fermín (Madrid). *Fundacion, y constituciones de la Real Congregacion Nacional de los hijos, y descendientes del... Reyno de Nauarra, que residen en esta imperial villa y corte de Madrid : consagrada a... San Fermin... en reuerencia y culto de su venerable reliquia y sagrada cabeza que está en el... Conuento de la Victoria de Minimos de S. Francisco de Paula de esta Corte...* — [S.l. : s.n., s.a.]. — 32 h., A-H⁴ ; 4⁰

Texto fechado en Toledo, 1684. — Port. y texto con orla tip.

01-00007831 000

▶ M-BN, V.E./92-60.

4223

Congregación de San Francisco Javier y San Ignacio de Loyola (Madrid). *Constituciones de la Congregacion del glorioso San Francisco Xavier, y señor San Ignacio de Loyola...* — En Madrid: por Iulian de Paredes, 1687. — 118 p., [2] en bl., [2] h. de grab., A-G⁸, H⁴ ; 8⁰

Dos h. de grab. calc. de San Francisco Javier. La primera precede a la port., y la segunda en sign. A₂.

01-00030681 000

▶ M-BN, 3/25052. — Enc. piel con hierros y cortes dorados.

4224

Congregación de San Pedro Mártir (Llerena). *Constituciones, y ordenanzas, para la buena direccion, conseruacion y administracion de la Cofradia de San Pedro Martir, erigida en la ciudad de Llerena, y confirmada por los Señores del Consejo de la Santa general Inquisicion /* mandadas imprimir por los Señores Inquisidores Doctores don Diego de Campo Mendes, y don Martin de Celaya Ocariz primeros fundadores... — [S.l. : s.n., s.a.]. — 9 [i.e.6] h., A-C² ; Fol.

Error de fol. en última h. — Port. con esc. xil. de la Inquiśición.

01-00046147 000

▶ M-BN, V.E./201-72.

4225

Congregación de San Pedro Mártir (Logroño). *Regla y Constituciones de la S. Congregacion y Hermandad del Bienauenturado S. Pedro Martir, Inquisidor Apostolico, y Patron de la S. Inquisicion, fundada por los ministros y Officiales del S. Officio del Reyno de Nauarra, que reside ē la ciudad de Logroño, y cōstituida en el Cōuento de N. señora de Valcuerna... de la Ordē de S. Domingo... para los Officiales y ministros del dicho S. Officio... en 4 de Abril de 1606 años...* — Impressa en Logroño : por Iuan de Mongaston..., 1606. — [4], XX, [4] p., [ ]², A-E¹, F⁷ ; Fol.

Port. con esc. xil. de la Inquisición.

01-00094977 000

▶ M-BN, V.E./34-9.

4226

Congregación de San Pedro Mártir (Madrid). *Constituciones de la Ilustre Congregacion de San Pedro Martir, de Ministros y Familiares del Santo Oficio de la Inquisicion en esta Corte.* — En Madrid : en la oficina de Melchor Alvarez..., 1685. — [20], 90 [i.e. 100] p., [3] h. de grab., ¶², 2¶-3¶⁴, A-M⁴, N² ; 4⁰

Error de pag., pasa de la p. 92 a la 83. — Port. con esc. xil. del Tribunal del Santo Oficio. — Port. y texto con orla tip. — Grab. calc.: «Manuel Sanchez fecit sculpᵗ», esc. de armas reales de la Inmaculada Concepción y de San Pedro Mártir.

01-00030682 000

▶ M-BN, 3/12186. — Enc. perg. ▶ M-BN, 3/39589. — Enc. perg. ▶ M-BN, 3/71783. — Enc. perg. — Falto de las h. de grab. de la Virgen y S. Pedro. ▶ M-BN, P/5053. — Enc. perg. deteriorada. — Sello de la Biblioteca de los Capuchinos de Madrid. ▶ M-UC (FFil), 18890. — Enc. perg.

4227
Congregación de San Pedro Mártir (Madrid). *Iusta literaria, propuesta por la ilustre Congregacion de Ministros, i Familiares del Santo oficio de la Inquisicion, que milita en esta Corte debaxo la proteccion del glorioso S. Pedro Martir : consagrala en honor de los improperios q̃ con sacrilego atreuimiento hizieron los Indios en la Image de Christo Crucificado.* — [S.l. : s.n., s.a.]. — [12] p., A⁶ ; 4⁰

En p. [11] consta «deste Año 1633». Port. con esc. xil. de la Congregación de San Pedro Mártir.

01-00094978 000

▶ M-BN, V.E./45-38. ▶ M-BN, V.E./96-34. — Sello de Pascual de Gayangos.

4228
Congregación de San Pedro Mártir (México). *Reglas y Constituciones que han de guardar los señores Inquisidores, Fiscales, Secretarios, Officiales, Calificadores, Consultores, Abogados... Familiares y otros qualesquier Ministros del Tribunal del Santo Officio de la Inquisicion de esta ciudad de Mexico, como Cofrades de la... Cofradia de Señor San Pedro Martyr principal patrono y fundador del Santo Officio de la Inquisicion.* — En Mexico : en la Imprenta del Secreto del Santo Officio, por la Viuda de Bernardo Calderon..., 1659. — [1], 16 h., [3] h. de grab., [ ]⁴, A-H²; Fol.

Port. y texto con orla tip. — Grab. xil., uno de San Pedro Mártir, y dos heráldicos.

01-00094926 000

▶ M-BN, R/36893. — Enc. perg. — Ex-libris de A. Páramo. — Falto de port. y 1 h. de grab. — Las dos h. de grab. coloreadas. ▶ M-BN, V.E./60-120.

4229
Congregación de San Pedro Mártir (Sevilla). *Traslado de los capitulos de la Regla de los Hermanos y Cofrades de la Hermandad de Señor San Pedro Martir, de oficiales y ministros del Santo Oficio de la Inquisicion desta ciudad de Seuilla / hecha imprimir por Diego de Castouerde... y a su costa...* — Impressa en Seuilla : por Simon Faxardo : [a costa de Diego de Castrouerde], 1637. — 12 h., A-C⁴ ; 4⁰

Port. con dos esc. xil.

01-00035064 000

▶ M-BN, 2/46390(6). — Enc. pasta.

4230
Congregación de San Pedro Mártir (Toledo). *Voto, y iuramento, que hizo la Congregacion de San Pedro Martyr de los Ministros, y Familiares del Santo Oficio de la Inquisicion de la Ciudad, y Reyno de Toledo, fundada en dicha ciudad, en defensa de la Inmaculada Concepcion de la Virgen Maria..., en 9 de Diziembre de 1653.* — [S.l. : s.n., s.a.]. — [2] h. ; Fol.

Hojas impresas por una sola cara. — Precede al tít. esc. xil. de los Dominicos y de la Inquisición.

01-00094979 000

▶ M-BN, V.E./185-52.

4231
Congregación del Convento de Nuestra Señora de la Merced (Madrid). *Constituciones de la Congregacion que en esta villa de Madrid... se funda y constituye en el Conuento de Nuestra Señora de la Merced della / por los pro-*

thomedicos y medicos de camara y de las familias de sus magestades... y por los demas doctores y licenciados professores de la facultad de Medicina... cuya fundaciō... fue... ocho de deziembre del año de 1610... — En Madrid : por Cosme Delgado..., 1611. — [1] en bl., [1], 28 h., [ ]², A-G⁴ ; 4⁰

01-00030683 000

▶ M-BN, 3/12154. — Enc. perg. con hierros dorados y anagrama de la Compañía de Jesús.

4232
Congregación del Espíritu Santo (Málaga). *Afectos piadosos, que la deuota Congregacion del Espiritu Santo, siguiendo el Estandarte de la Compañia de Iesus, donde milita, publicarà a vozes por las calles Al Desagrauio de la SS. Virgen Maria N.S... purissima siempre Contra la intentada ofensa del infelice Año de 1640.* — Lo imprimiò en Malaga : Iuā Serrano de' Vargas, [s.a.]. — [1] h. ; Fol.

Texto a tres col. y con orla tip. — Grab. xil. de la Compañía de Jesús en cabecera.

01-00030684 000

▶ M-BN, V.E./181-19. — Deteriorado.

4233
Congregación del Santísimo Sacramento y Resurrección de Jesucristo (Nápoles). *Forma del iuramento que la real, inclita, y Venerable Congregacion del Sanctiss. Sacramento, y gloriosissima Resurreccion de N.S. Iesu Christo de la nacion española, Que reside en esta Fidelissima Ciudad de Napoles...* — [S.l. : s.n., s.a.]. — [8] p., A⁴ ; 4⁰

Por texto se deduce ca. 1655. — En cabecera grab. xil. que representa a la Virgen.

01-00094980 000

▶ M-BN, V.E./57-52.

4234
Congregación del Santo Cristo de la Agonía (Madrid). *Auiendose iuntado los señores Perfecto espiritual, y Hermano mayor, y los demas señores Oficiales de la Iunta particular de la Congregacion del Santo Christo de la Agonia, sita en el Convento de los Padres Ministros de los Enfermos, que llaman Agoniçantes, de esta Corte, el dia 22 de Mayo deste presente año de 1672 para tratar de cosas al buen gouierno conseruacion y aumento de la dicha Congregaciō...* — [S.l. : s.n., s.a.]. — 3, [1] h. en bl., A⁴ ; Fol.

Texto fechado en Madrid, 1672. — Esc. xil. en cabecera.

01-00094981 000

▶ M-BN, V.E./67-57.

4235
Congregación del Santo Cristo del Consuelo y de Nuestra Señora de Araceli (Madrid). *Origen, fundacion, y constituciones de la Real Congregacion del Santo Christo del Consuelo, y de Nuestra Señora de Araceli : fundada en la Iglesia de la Congregacion de los Presbiteros Seculares de San Phelipe Neri, sita en la Plaçuela del Angel de esta Corte : aprobadas por... Pascual de Aragon, Cardenal, Arçobispo de Toledo...* — En Madrid : [s.n.], 1672. — 7, [1] h., A-B⁴; 4⁰

Port. con grab. xil.

01-00094982 000

▶ M-BN, V.E./92-58.

4236
Congregación del Santo Cristo del Desamparo (Madrid). *Constituciones de la Congregacion del Santo Christo del Desamparo que se venera en el Convento de*

Recoletos Agustinos de la Corte de Madrid. — [S.l. : s.n., s.a.]. — 19 h., [1] h. de grab., A-E^4 ; 4^0
Las Constituciones fechadas en 1682. — Grab. cal.: «Cl. Coello del., J.F. Leonardo fc.», que representa al Cristo del Desamparo, en A$_1$.

01-00030685 000

▶ M-BN, V.E./110-4.

4237
Congregación del Santo Rosario (Madrid). *Iubileo en San Iuan. El Miercoles veinte y vno deste mes de Nouiembre es la Santissima Presentacion de nuestra Señora en el Templo, fiesta principal de las Congregantes del Rosario, hijos de nuestra Señora de Gracia y Socorro, en la Iglesia de San Iuan. Dedican esta fiesta a la intencion de la Reina nuestra Señora, y a la salud de sus Magestades, y Altezas...* — [S.l. : s.n., s.a.]. — 1 h. ; Fol.
Se ha respetado la puntuación original. — Texto con orla tip. — Hoja impresa por una sola cara.

01-00094152 000

▶ M-BN, V.E./59-15.

4238
Congregación del Santo Rosario (Madrid). *Rosario perpetuo, y continua alabança de Dios y de su Santissima Madre, instituida por la Religion de Predicadores, y aprobada por N. Santissimo Padre Alexandro VII.* — [S.l. : s.n., s.a.]. — [1] h. ; Fol.
Existen al menos dos ed. con iguales datos, ésta puede distinguirse porque el tit. abarca dos líneas. — En texto consta 1656. — Texto con orla tip. — Grab. xil. de la Virgen del Rosario.

01-00094985 000

▶ M-BN, V.E./96-20.

4239
Congregación del Santo Rosario (Madrid). *Rosario perpetuo, y continua alabanza de Dios, y de su Santissima Madre, instituìda por la Religion de Predicadores, y aprobada por Nuestro Santissimo Padre Alexandro VII.* — [S.l. : s.n., s.a.]. — [1] h. ; Fol.
Existen al menos dos ed. con iguales datos, ésta puede distinguirse porque el tit. abarca tres líneas. — En texto consta 1656. — Texto con orla tip. — Grab. xil. de la Virgen del Rosario.

01-00094984 000

▶ M-BN, V.E./50-62.

4240
Congregación y Hermandad de Nuestra Señora de la Misericordia (Madrid). *Ordenanzas, y constituciones de la humilde, y Real Congregacion, y Hermandad de Nuestra Señora de la Misericordia, y Animas de los Difuntos Pobres, que mueren en el Hospital General de esta Corte, sita en èl, con Vocacion de la Visitacion de Nuestra Señora à Santa Isabèl : aprobadas por los señores jueces de la governacion de este Arzobispado de Toledo, su fecha es 13 de Febrero de 1679, confirmadas por los señores del Consejo de su Magestad en 6 de Junio de dicho año.* — [S.l. : s.n., s.a.]. — 20 h., A-K^2 ; Fol.
Port. con orla tip. — Port. con grab. calc.: «F Mathias Irala del. et sculp.».

01-00030686 000

▶ M-BN, V.E./25-32.

4241
Congregación y Hermandad de Nuestra Señora del Refugio y Piedad (Madrid). *Suma de las constituciones de la Hermandad de Nuestra Señora del Refugio, y Piedad, que socorre extremas, y*

*graues necessidades de pobres enfermos
desta Corte.* — En Madrid : por
Diego Flamenco, 1618. — 12 h., A-
C^4 ; 4^0
Port. con grab. xil. de la Inmaculada Concepción.

01-00094129 000

▶ M-BN, V.E./57-11.

4242
**Congregación y Hermandad de
Nuestra Señora del Refugio y Piedad
(Madrid).** *Constituciones de la Congregacion y Hermandad de Nuestra Señora
del Refugio y Piedad.* — En Madrid :
por la viuda de Alonso Martin,
1627. — 20 h., A-E^4 ; 4^0
Port. con grab. calc.: «F. Heylan», de la Inmaculada Concepción.

01-00094125 000

▶ M-BN, V.E./18-28.

4243
**Congregación y Hermandad de
Nuestra Señora del Refugio y Piedad
(Madrid).** *Constituciones de la Congregacion, y Hermandad de nuestra Señora
del Refugio y Piedad.* — En Madrid :
por Domingo Garcia, 1659. — 20
h., A-E^4 ; 4^0
Port. con grab. calc. de la Inmaculada Concepción.

01-00094126 000

▶ M-BN, 3/67361(1). — Enc. perg. ▶ M-
BN, V.E./2-9.

4244
**Congregación y Hermandad de
Nuestra Señora del Refugio y Piedad
(Madrid).** *Constituciones de la Congre-
gacion, y Hermandad de nuestra Señora
del Refugio, y Piedad.* — En Madrid :
por Frācisco Nieto, 1662. — 20 h.,
A-E^4 ; 4^0

Port. con grab. calc. de la Inmaculada Concepción.

01-00094127 000

▶ M-BN, V.E./2-10.

4245
**Congregación y Hermandad de
Nuestra Señora del Refugio y Piedad
(Madrid).** *Constituciones de la Congre-
gacion, y Hermandad de nuestra Señora
del Refugio, y Piedad.* — En Madrid :
por Melchor Alegre, 1667. — 20 h.,
A-E^4 ; 4^0
Port. con grab. calc. de la Inma-
culada Concepción.

01-00094128 000

▶ M-BN, V.E./2-6. ▶ M-BN, V.E./86-1.

4246
**Congregación y Hermandad de
Nuestra Señora del Refugio y Piedad
(Madrid).** *Suma de las obras piadosas espirituales, y corporales, que la Hermandad de nuestra Señora del Refugio y Piedad (fundada de Sacerdotes y Seglares
desta Corte) ha exercitado con los pobres
que ha hallado destituidos de todo fauor
humano, en las plaças, caxones, portales,
calles, casas de posadas, y mesones este
año de 1629.* — [S.l. : s.n., s.a.]. — 2
h. ; Fol.
Grab. xil. en cabecera.

01-00094130 000

▶ M-BN, V.E./218-71.

4247
**Congregación y Hermandad de
Nuestra Señora del Refugio y Piedad
(Zaragoza).** *Constituciones de la Congregacion y Hermandad de Nuestra Señora
del Refugio y Piedad.* — En Zaragoça :
en el Hospital Real y General de
nuestra Señora de Gracia, 1642. —
[16], 34 p., [2] en bl., A^4, $✷^4$, B-E^4,
F^2 ; 4^0

Port. con grab. xil.

01-00030677 000

▶ M-UC (FFil), 4501. — Enc. perg.

4248

Congregación y Hermandad de Nuestra Señora del Refugio y Piedad (Zaragoza). *Epilogo de las obras piadosas, Espirituales, y Corporales, que Nuestra Hermandad de Nuestra Señora del Refugio, y Piedad de la Ciudad de Zaragoça, ha exercitado en los años 1678, 1679, 1680, y 1681.* — [S.l. : s.n., s.a.]. — [4] p. ; Fol.

Precede al tít. Invocacion. — En p. [2] consta 1682. — Grab. xil. de la Inmaculada en cabecera.

01-00035061 000

▶ M-BN, V.E./67-25.

4249

Congregación y Hermandad de Santa Teresa de Jesús (Madrid). *Constituciones de la Real Congregacion y Hermandad de nuestra Madre Santa Teresa de Iesus, fundada en el convento de Carmelitas Descalços de San Hermenegildo de Madrid...* — En Madrid : por Francisco Hernandez, 1682. — [4], 60 p., [ ]², A-G⁴, H² ; 4⁰

Port. con orla tip. y esc. calc. de los Carmelitas. — Esc. calc. en p. [2].

01-00030687 000

▶ M-BN, 2/32682. — Enc. hol. ▶ M-BN, 2/63411(2). — Enc. hol.

4250

Coninck, Adrianus de. *Gloriosissimi herois Ioannis III Poloniae regis de obtenta, in viennensi obsidione, contra turcas victoria, ad regni sui proceres congratulatio, Sanctissimo Domino Nostro Innocentio XI... / [D. Adrianus de Coninck].* — Matriti : ex Typographia Imperiali, 1684. — [10] p., [ ]¹, A⁴ ; 4⁰

El nombre del autor consta en el prólogo.

01-00094986 000

▶ M-BN, V.E./94-28.

4251

Consideraciones *desinteressadas sobre el proyecto, y tratado concluido para la division de la monarquia de España.* — En Pamplona : [s.n.], 1700. — [2], 22 p., A-C⁴ ; 4⁰

Texto atribuido a Sebastián de Cotes. — Port. con orla tip. y viñeta xil.

01-00030688 000

▶ M-BN, R/19681(13). — Enc. cart. — Sello de Pascual de Gayangos. ▶ M-BN, V.E./132-31.

4252

Consideraciones *desinteressadas sobre el proyecto y tratado concluido para la division de la Monarquia de España.* — En Pamplona : [s.n.], 1700. — 16 p., A², B⁶ ; 4⁰

Texto atribuido a Sebastián de Cotes.

01-00030689 000

▶ M-PR, III-6553. — Enc. pasta. — Sello de Gregorio Mayans y Siscar.

4253

Consideraciones *desinteressadas sobre el proyecto, y tratado concluido para la division de la monarquia de España.* — En Pamplona : [s.n.], 1700. — [2], 25 p., [ ]¹, A-B⁴, C⁵ ; 4⁰

Texto atribuido a Sebastián de Cotes. — Port. con orla tip. y viñeta xil.

01-00030690 000

▶ M-BN, 3/33229(2). — Enc. perg. ▶ M-BN, V/Cª 171-18. — Sello de Pascual de Gayangos. ▶ M-BN, V.E./110-21. An. ms.: «Entre los libros de a quarto que tiene Don Iuan Isidro Faxardo en su libreria al tomo primero de Papeles Varios, se halla otro papel de estos con la nota que le compuso Don Sebastian de Cotes de la Camara de Castilla». ▶ M-BN, V.E./704-31. ▶ M-FLG, Inv. 11962(0). — Enc. perg.

4254
Consuelo *catolico, en la muerte del Excelentissimo Señor D. Juan Manuel Diego Lopez de Zuñiga, Duque de Bejar, sobre el sitio de Buda* / dedicalo a... D. Diego de Silva Sarmiento... vn aficionado suyo. — [S.l. : s.n., s.a.]. — [12] p., A^6 ; 4^0
Texto paralelo latín y español. — Manuel Diego López de Zúñiga murió en 1686. — Port. con orla tip.
01-00094988 000
▶ M-BN, V.E./104-18.

4255
El **Consuelo** *que vn montañes haze a las ciudades de Valladolid, y Burgos y montañas de Castilla La Vieja en la ausencia de la Corte : con vna satyra a los poetas que han tratado mal la insigne y noble Valladolid.* — Impresso... en Alcala : en casa de Iuan Gracian..., 1606. — [8] p. ; 4^0
Salvá, I, 113, lo cita como «Romances de Valladolid». — Texto a dos col. — Grab. xil. en cabecera y fin del texto.
01-00025366 000
▶ M-BN, R/4512(3). — Enc. pasta con hierros dorados y superlibris de Salvá. — Ex-libris de Heredia. — Encuadernado con otros romances, precedidos por 1 h. de grab. xil. en la que consta: «Quaderno de diferentes obras y romances y coplas diferntes [sic]».

4256
Consultase *si la baxa que se desea, y solicita de los censos por las Ciudades, y Estados gravados con ellos, es licita, y justa, y que se deba hazer : y respondese, que si autorizandolo con doctrinas, exem-*

plares, y razones concluyentes. — [S.l. : s.n., s.a.]. — 3, [1] h., A^4 ; Fol.
Texto fechado en Granada, 1693.
01-00094989 000
▶ M-BN, V.E./142-9.

4257
Consultationis *resolutio, grauissimorum doctorum, tam theologorum, quam iuris pontificii professorum, condemnans Auctorem libelli famosi nuncupati, el Verde : retinentes illum grauissimè obiurgans, in conmunicantes acerbissimè inuehens, & nomina in eo scripta reuelantes vehementissimè increpans, atque testificantes notitiae ab eo acceptae vi innitentes, asperè incusans* / iussu illustrissimorum dipputatorum gubernacula Regni Aragoniae typis mandata... — Caesaraugustae : apud Ioannem a Lanaja et Quartanet..., 1623. — [2], 30, [4] p., [ ]^1, A^{16}, [ ]^1 ; Fol.
Texto en español. — Port. con esc. xil. de Aragón.
01-00095005 000
▶ M-BN, V.E./177-89. ▶ M-BN, V.E./189-29.

4258
Continente, Pedro Jerónimo (S.I.).
Predicacion fructuosa : sermones al espiritu sobre los motiuos, que ay mas poderosos para reduzir los hombres al seruicio de su criador : van confirmados con raras historias / compuestos por el P. Pedro Geronimo Continente de la Compañia de Iesus. — En Çaragoça : por Diego Dormer, 1652. — [8], 464, [8] p., a^4, A-Z^4, 2A-2Z^4, 3A-3N^4 ; 4^0
Texto a dos col. — Port. con orla tip.
01-00030691 000
▶ M-BN, 3/58165. — Enc. perg. — Deteriorado. ▶ M-BN, R/33712. — Enc. perg. —

Deteriorado. ▶ M-UC (FFil), 4064. — Enc. perg.

4259

Continuacion *de las noticias de la campaña de Cataluña y relacion... del Rencuentro sucedido cerca de Campredon à 21 de Agosto del año presente 1689 entre los Exercitos de España, y Francia... : publicadas Sabado 3 de Setiembre.* — En Madrid : por Sebastian de Armendariz, librero... : en la imprenta de Antonio Roman, [1689]. — H. 147-158, O^6 ; 4^0

El pie de imp. consta en colofón.

01-00030692 000

▶ M-BN, V/C^a 170-22. — Sello de Pascual de Gayangos.

4260

Continuacion *de los verdaderos interesses de los principes christianos, en carta escrita a vn Regidor de la Ciudad de Soloturno, Cabeça de vno de los Cantones Catolicos de la Republica de los Esguizaros / traducida del Frances.* — Impresso en Valencia : por Bernardo Macè, [s.a.]. — 23, [1] p., A-C^4 ; 4^0

El pie de imp. consta en colofón
El texto alude a la liga de Augsburgo (1686).

01-00094990 000

▶ M-BN, R/24306(10). — Enc. perg. — Sello de Pascual de Gayangos y ex-libris grab. calc.: «Paulus Minguet f.», de D. Antonio álvarez de Abreu. ▶ M-BN, V.E./187-55.

4261

Continuacion *historica del estado, y sucessos de la Liga Sagrada contra turcos : formada de las relaciones, que trajo el vltimo Correo de Italia, y publicada el Martes 1 de Agosto 1684.* — [Madrid] : por Sebastian de Armendariz, librero... : en la Imprenta de Anto-

nio Roman, [1684]. — H. 267-272, 2V^6 ; 4^0

Editor consta en el colofón.

01-00120656 000

▶ M-BN, V.E./176-28.

4262

Continuacion *historica del estado, progressos y nueva serie de vitorias de la Liga Sagrada contra turcos, segun lo que ha traido el vltimo correo del Norte en cartas de la Corte y Campos cesareos, de 22, 27 y 29 de Iulio : publicada el martes 29 de agosto de 1684.* — [Madrid] : por Sebastian de Armendariz, librero..., [1684]. — H. 285-291 [i.e. 292], 3A^4-3B^4 ; 4^0

El editor consta en colofón. — Error de fol. en última h. — *Carta que S.A. el... Duque de Lorena escriuiò à Su Magestad Cesarea à 23 de Iulio dandole parte de la gran vitoria conseguida el dia antes, de el exercito de los turcos:* h. 291.

01-00030693 000

▶ M-BN, U/10307(14). — Enc. piel. — Sello de Luis de Usoz. ▶ M-BN, V.E./176-30.

4263

Continuacion *historica del estado, sucessos, y progressos de la Liga Sagrada contra Turcos : sacada de las relaciones que trajeron los vltimos Correos de Italia, y del Norte, y [sic] : publicada el Martes 12 de Setiembre 1684.* — [Madrid] : por Sebastian de Armendariz, librero..., [1684]. — H. 299-360 [i.e. 306], 3D-3E^4 ; 4^0

El editor consta en colofón. — Error de fol., en última h.

01-00120657 000

▶ M-BN, V.E./176-32.

4264

Continuacion *historica del estado, sucessos, y progressos de la Liga Sagrada* contra *Turcos : formada de las cartas, que trajeron los vltimos Correos del Norte, è Italia : publicada el Martes 26 de Setiembre 1684.* — [Madrid] : por Sebastian de Armendariz, librero... : en la Imprenta de Antonio Roman, [1684]. — H. 307-312, 3F^6 ; 4^0

Impresor y editor contan en colofón.

01-00120658 000

▶ M-BN, V.E./176-33.

4265

Continuacion *historica del estado, sucessos, y progressos de la Liga Sagrada contra Turcos : formada de las cartas, que trajeron los vltimos Correos del Norte, è Italia : publicada el Martes 10 de Octubre 1684.* — [Madrid] : por Sebastian de Armendariz, librero..., [1684]. — H. 318-324 [i.e. 325], 3H-3I^4 ; 4^0

El editor consta en colofón. — Error de fol., duplica h. 321.

01-00120659 000

▶ M-BN, V.E./176-34.

4266

Continuacion *historica del estado, sucessos y progressos de la Liga Sagrada contra turcos : formada de las cartas que trajeron los vltimos correos del Norte è Italia : publicada el Martes 25 de Octubre 1684.* — [Madrid] : por Sebastian de Armendariz, librero..., [1684]. — H. 329-332 [i.e. 336], 2K^4, 3L^4 ; 4^0

El editor consta en colofón. — Errores de fol., a partir de h. 329.

01-00030694 000

▶ M-BN, U/10307(15). — Enc. piel. — Sello de Luis de Usoz. ▶ M-BN, V.E./176-35.

4267

Continuacion *historica del estado, sucessos, y progressos de la Liga Sagrada*

contra *turcos : formada de las cartas, que trajeron los vltimos Correos del Norte, è Italia : publicada el Martes 7 de Noviembre 1684.* — [Madrid] : por Sebastian de Armendariz, librero..., [1684]. — H. 233 [i.e. 333]-340, 2M^4, 3N^4 ; 4^0

El editor consta en colofón. — Errores de fol., en primer cuadernillo.

01-00120660 000

▶ M-BN, V.E./176-36.

4268

Continuacion *historica del estado, sucessos, y progressos de la Liga Sagrada contra Turcos : formada de las cartas, que trajeron los vltimos Correos del Norte, è Italia : publicada el Martes 28 de Noviembre 1684.* — [Madrid] : por Sebastian de Armendariz, librero... : en la Imprenta de Antonio Roman, [1684]. — H. 337-340, 2M^4 ; 4^0

Impresor y editor constan en colofón.

01-00120661 000

▶ M-BN, V.E./176-37.

4269

Continuacion *historica del estado, sucessos, y progressos de la Liga Sagrada contra Turcos : formada de las cartas, que trajo el vltimo Correo de Italia : publicada el Martes 27 de Febrero 1685.* — [Madrid] : por Sebastian de Armendariz..., [1685]. — H. 33-36, G^4 ; 4^0

El editor consta en colofón.

01-00025040 000

▶ M-BN, V.E./1345-21.

4270

Continuacion *historica del estado, sucessos, y progressos de la Liga Sagrada contra Turcos : formada de las cartas, que trajo el Correo del Norte : publicada el*

Sabado 17 de Março 1685. — [Madrid]: por Sebastian de Armendariz..., [1685]. — H. 37-42, H^6 ; 4^0

El editor consta en colofón colofón. — *Relacion extraordinaria de la enfermedad y muerte del Señor Rey de la Gran Bretaña Carlos II, y de la aclamacion... del Señor Rey Iacobo Segundo...:* h. 40v.-42.

01-00025041 000

▶ M-BN, V.E./1345-22.

4271

Continuacion *historica del estado, sucessos, y progressos de la Liga Sagrada contra Turcos : formada de las cartas, que trajeron los vltimos Correos de Italia, y del Norte : publicada el Martes 24 de Abril 1685*. — [Madrid] : por Sebastian Armendariz, librero..., [1685]. — H. 83-88, M^6 ; 4^0

El editor consta en colofón.

01-00025042 000

▶ M-BN, V.E./1345-23.

4272

Continuacion *historica de el estado, sucessos, y progresos de la Liga Sagrada contra Turcos : formada de las cartas, que trajeron de los vltimos Correos de Italia y del Norte : publicada el Martes 5 de Iunio 1685 : iuntamente con la Relacion de la coronacion del... Rey de la Gran Bretaña, Iacobo Segundo*. — [Madrid] : por Sebastian Armendariz, librero... : en la imprenta de Antonio Roman, [1685]. — H. 103-108, P^6 ; 4^0

La Relación comienza en h. 107v. — Impresor y editor constan en colofón.

01-00025043 000

▶ M-BN, V.E./1345-24.

4273

Continuacion *historica de el estado, sucessos, y progressos de la Liga Sagrada*

contra Turcos : formada de las cartas, que trajeron de los vltimos correos de Italia, y del Norte : publicada el Martes 19 de Iunio 1685 : adjunta và la Relacion traducida de la lengua inglesa, impressa en Londres..., de lo que passò à cerca de la condenacion de Tito Oats... — [Madrid] : por Sebastian Armendariz, librero... : en la Imprenta de Antonio Roman, [1685]. — H. 109-114, Q^6 ; 4^0

La Relación comienza en h. 113v. — Impresor y editor constan en colofón.

01-00025044 000

▶ M-BN, V.E./1345-25.

4274

Continuacion *historica de el estado, sucessos, y progressos de la Liga Sagrada contra Turcos : formada de las cartas, que trajeron de los vltimos Correos de Italia, y del Norte : publicada el Martes 3 de Iulio 1685*. — [Madrid] : por Sebastian de Armendariz, librero... : en la Imprenta de Antonio Roman, [1685]. — H. 119-124, S^6 ; 4^0

Impresor y editor constan en colofón.

01-00025045 000

▶ M-BN, V.E./1345-26.

4275

Continuacion *historica de el estado, sucessos, y progressos de la Liga Sagrada contra Turcos : formada de las cartas, que trajeron los vltimos Correos de Italia, y del Norte : publicada el Martes 14 de Agosto de 1685*. — [Madrid] : por Sebastian de Armendariz, librero... : en la Imprenta de Antonio Roman, [1685]. — H. 149-154, 2A^6 ; 4^0

Impresor y editor constan en colofón.

01-00120662 000

▶ M-BN, V.E./1291-11(1). — Sello de Pascual de Gayangos.

4276

Continuacion *historica de el estado, sucessos y progressos de la Liga Sagrada contra Turcos : formada de las cartas, que trajeron los vltimos Correos de Italia, y del Norte : publicada el Martes 28 de Agosto de 1685.* — [Madrid] : por Sebastian de Armendariz, librero... : en la Imprenta de Antonio Roman, [1685]. — H. 259-264, 2C^6 ; 4^0

Impresor y editor constan en colofón.

01-00120663 000

▶ M-BN, V.E./1291-11(2). — Sello de Pascual de Gayangos.

4277

Continuacion *historica de el estado, sucessos, y progressos de la Liga Sagrada contra Turcos : formada de las cartas, que trajeron los vltimos Correos de Italia, y del Norte : publicada el Martes 11 de Setiembre 1685.* — [Madrid] : por Sebastian de Armendariz, librero... : en la Imprenta de Antonio Roman, [1685]. — H. 273-278, 2F^6 ; 4^0

Impresor y editor constan en colofón.

01-00120664 000

▶ M-BN, V.E./1291-11(6). — Sello de Pascual de Gayangos.

4278

Continuacion *historica de el estado, sucessos, y progressos de la Liga Sagrada contra Turcos : formada de las cartas, que trajeron los vltimos Correos de Italia, y del Norte : publicada el Martes 16 de Octubre 1685.* — [Madrid] : por Sebastian de Armendariz, librero... : en la Imprenta de Antonio Roman, [1685]. — H. 103-108, 2N^6 ; 4^0

Impresor y editor constan en colofón.

01-00025048 000

▶ M-BN, V.E./1291-11(11). — Sello de Pascual de Gayangos. ▶ M-BN, V.E./1345-29. — H. 105 encuadernada antes de 104.

4279

Continuacion *historica de el estado, sucessos, y progressos de la Liga Sagrada contra Turcos : formada de las cartas, que trajo el vltimo Correo del Norte : publicada el Martes 23 de Octubre 1685.* — [Madrid] : por Sebastian de Armendariz, librero... : en la Imprenta de Antonio Roman, [1685]. — H. 115-120, 2P^6 ; 4^0

Impresor y editor constan en colofón.

01-00025049 000

▶ M-BN, V.E./1291-11(13). — Sello de Pascual de Gayangos. ▶ M-BN, V.E./1345-30.

4280

Continuacion *historica del estado, sucessos, y progressos de la Liga Sagrada contra Turcos : formada de las cartas que traxeron de los vltimos Correos de Italia, y del Norte : publicada en Seuilla el dia 31 de Octubre de 1685.* — En Seuilla : á costa de Christoual Lopez, [1685]. — [8] p., A^4 ; 4^0

Lugar y editor constan en colofón.

01-00025050 000

▶ M-BN, V.E./1345-31.

4281

Continuacion *historica de el estado, sucessos, y progressos de la Liga Sagrada contra Turcos : formada de las cartas, que trajeron de los vltimos Correos de Italia, y del Norte : publicada el Martes 6 de Nouiembre 1685.* — En Madrid : por Sebastian de Armendariz, librero... : en la Imprenta de Antonio Roman, [1685]. — H. 121-126, 2Q^6 ; 4^0

Lugar, impresor y editor constan en colofón.

01-00025051 000

▶ M-BN, V.E./1291-11(14). ▶ M-BN, V.E./1345-32.

4282
Continuacion *historica de el estado, sucessos, y progressos de la Liga Sagrada contra Turcos : formada de las cartas, que trajo el vltimo Correo del Norte : publicada el Martes 27 de Nouiembre 1685.* — En Madrid : por Sebastian de Armendariz, librero... : en la Imprenta de Antonio Roman, [1685]. — H. 133-138, 2S^6 ; 4^0

Lugar, impresor y editor constan en colofón.

01-00120665 000

▶ M-BN, V.E./1291-11(16). — Sello de Pascual de Gayangos.

4283
Continuacion *historica de el estado, sucessos, y progressos de la Liga Sagrada contra Turcos : formada de las cartas, que trajeron los vltimos Correos del Norte, é Italia : publicada el Martes 4 de Diziembre 1685.* — [Madrid] : por Sebastian de Armendariz, librero... : en la Imprenta de Antonio Roman, [1685]. — H. 139-344 [i.e.144], 2T^6 ; 4^0

Impresor y editor constan en colofón. — Error de fol. en última h.

01-00120666 000

▶ M-BN, V.E./1291-11(17). — Sello de Pascual de Gayangos.

4284
Continuacion *historica de el estado, sucessos, y progressos de la Liga Sagrada contra Turcos : formada de las cartas, que*

trajeron los vltimos Correos del Norte, è Italia : publicada el Martes 18 de Diziembre 1685.* — [Madrid] : por Sebastian de Armendariz, librero... : en la Imprenta de Antonio Roman, [1685]. — H. 345-550 [i.e. 350], 2V^6 ; 4^0

Lugar, impresor y editor constan en colofón. — Error de fol. en última h.

01-00120667 000

▶ M-BN, V.E./1291-11(18). — Sello de Pascual de Gayangos.

4285
Continuacion *historica de el estado, sucessos y progressos de la Liga Sagrada contra Turcos : formada de las cartas, que trajeron los vltimos Correos del Norte, è Italia : publicada el Sabado 22 de Diziembre 1685.* — En Madrid : por Sebastian de Armendariz, librero... : en la Imprenta de Antonio Roman, [1685]. — H. 353-258 [i.e. 358], 2X^6 ; 4^0

Lugar, impresor y editor constan en colofón. — Error de fol. en última h.

01-00120668 000

▶ M-BN, V.E./1291-11(19). — Sello de Pascual de Gayangos.

4286
Continuanse *las noticias principales que en España son notorias desde Março de 72 hasta fin de Iunio del.* — [S.l. : s.n., s.a.]. — [20] p., A-E^2 ; Fol.

Texto a dos col.

01-00002969 000

▶ M-BN, V.E./1328-4.

4287
Las **Continuas** *vitorias que ha tenido el Serenissimo, y Potentissimo Vlasdilao, Quarto Rey de Polonia, Sbecia &c. Y las capitulaciones que admitio, para la paz*

perpetua entre los Moscobitas, y su Reyno de Polonia en este año de 1634. — [S.l. : s.n., s.a.]. — [4] p. ; Fol.

Se ha respetado la puntuación original.

01-00095009 000

▶ M-BN, V/Cª 226-79. — Sello de Pascual de Gayangos.

4288

Las **Continuas** *vitorias que ha tenido el Serenissimo, y Potentissimo Vlasdilao Quarto Rey de Polonia, Sbecia, &c. Y las capitulaciones que admitiò para la paz perpetua entre los Moscouitas, y su Reyno de Polonia en este año de 1634.* — En Madrid : por la viuda de Alonso Martin, 1634. — [4] p. ; Fol.

Se ha respetado la puntuación original. — El pie de imp. consta en colofón.

01-00095008 000

▶ M-BN, V.E./185-5. — Deteriorado.

4289

Contreras, Diego de. *Romance a la tormenta que padeciò la Armada Real de España, del cargo del Exmo señor Duque de Veragua... : en que se descriue la tormenta, que la Real Armada padeciò sobre las Costas del Algarbe, el dia treynta de Setiembre deste año de 1672* / escriuiale Don Diego de Contreras... — [S.l. : s.n., s.a.]. — [8] p., A^4 ; 4^0

Texto a dos col. — *Romance serijocoso al mismo assumpto...* / escriuiale Don Ioseph Perez de Montoro...: p. 5-8.

01-00094991 000

▶ M-BN, V.E./114-5.

4290

Contreras, Francisco de. *Naue tragica de la India de Portugal* / por Francisco de Contreras... — En Madrid :

por Luis Sanchez, 1624. — [4], 18 h., [ ]^4, A-D^4, E^2 ; 4^0

01-00094992 000

▶ M-BN, V.E./163-13.

4291

Contreras, Jerónimo de. *Discurso y apuntamientos en razon de los que denotan los temporales, y inundacion, y otras causas de enfermedades que a auido en Seuilla, y remedios para su preservacion : dirigido a los Señores Regente, y Oydores, y Alcaldes de la Real Audiencia de la dicha Ciudad* / por el Dotor Geronymo de Contreras. — [S.l. : s.n., s.a.]. — [4] p., A^2 ; Fol.

Se alude a la inundación de Sevilla de 1626.

01-00094993 000

▶ M-BN, V.E./197-32.

4292

Contreras, Jerónimo de. *Selua de auenturas : va repartida en nueue libros, los quales tratan de vnos amores que vn Cauallero de Sevilla, llamado Luzman, tuuo con vna hermosa donzella llamada Arbolea...* / compuesta por el capitan Hieronymo de Contreras. — Y agora nueuamente corregida, y añadida / por el mismo autor. — Impressa en Valencia : en casa de Iuan Chrysostomo Garriz... : a costa de Gaspar Mançano..., 1602. — 152 [i.e. 151] h., [1] en bl., A-T^8 ; 8^0

Colofón. — Error de fol., de h. 111 pasa a 113. — Port. con viñeta xil.

01-00030695 000

▶ M-BN, R/9167. — Enc. perg. — Exlibris de la Condesa del Campo de Alange.
▶ M-RAE, 17-XII-43. — Enc. pasta.

4293

Contreras, Jerónimo de. *Selua de auenturas* / compuesta por el Capitan

Hieronymo de Contreras ; va repartida en nueue libros, los quales tratan de vnos estremados amores, que vn Cauallero de Seuilla llamado Luzman tuuo con vna hermosa donzella llamada Arbolea... — Agora nueuamente corregida y añadida / por el autor. — Impresso en murcia: por Diego de la Torre : a costa de Iuan Dorado, 1603. — 169 [i.e. 168] h., A-X⁸ ; 8⁰

Error de fol., de h. 167 pasa a 169. — Port. enmarcada y con grab. xil.

01-00030696 000

▶ M-BN, R/11580. — Enc. hol. — Exlibris ms. de Antonio Baro y Bordoy y sello de Pascual de Gayangos.

4294

Contreras, Jerónimo de. *Selva de auenturas* / compuesta por Geronymo de Contreras... ; va repartida en siete libros, los quales tratan de vnos estremados amores que vn cauallero de Seuilla llamado Luzman tuuo con vna hermosa donzella llamada Arbolea... — En Çaragoça: por Pedro Cabarte : a costa de Iuan Dalmau..., 1615. — [4], 104 [i.e. 116] h., A-P⁸ ; 8⁰

Colofón. — Error de fol., de h. 115 pasa a 104. — Port. con grab. xil.

01-00030697 000

▶ M-BN, R/3758. — Enc. piel. ▶ M-BN, U/4182. — Enc. perg. — Sello de Luis de Usoz. — Deteriorado.

4295

Contreras, Sancho de. *Testimonio en relacion de las informaciones que por breue y letras de comissiõ del... señor don Inocencio Maximo obispo de Bertinoro... ha hecho el Señor don Sancho de Contreras... acerca de la virtudes heroycas, fama y milagros de la venerable Sierva de Dios*

Madre Mariana de Iesus, religiosa professa de la Recolección y Descalçez de nuestra Señora de la Merced... ante el licenciado Francisco Martinez... — En Madrid : por Iuan de la Cuesta, 1624. — [12] p. ; Fol.

Grab. calc. en port. representando a la madre Mariana de Jesús: «Fr. Ioannes del S.ᵐᵒ Sacram·⁰».

01-00030698 000

▶ M-UC (Nov), 536(7). — Enc. pasta.

4296

Contreras Chaves, Antonio de. *Don Antonii de Contreras Chaves... ex temporalis recitatio ad textum in lege saeia [sic] LXVI. &. Virgini D. de donationibus inter virum et vxorem.* — Vallisoleti : ex Typographia Antonij Vazquez à Sparza, 1644. — [4], 36 h., [ ]⁴, A-I⁴ ; 4⁰

Port. con orla tip. y esc. calc. eclesiástico: «Orozc. Sculp.».

01-00030699 000

▶ M-BN, 3/65290. — Enc. perg. — Exlibris ms. de Jacinto Carrión.

4297

Convento de Capuchinas (Castellón de la Plana). *Regla primera de la gloriosa Madre Santa Clara y Constituciones de los Monjes Capuchinas de Castellon de la Plana.* — En Valencia : por Jayme de Bordazar y Artazu, 1696. — 239 p., A-P⁸ ; 8⁰

Port. con orla tip. y grab. xil.

01-00127013 000

▶ M-BN, 3/12010. — Enc. perg.

4298

Convento de Capuchinos (Jaén). *Memorial en que por parte del Convento de Religiosos Capuchinos de esta Ciudad de Iaen se suplica a su Santidad tenga por bien concluir en favor de la Virgen N. Señora, la causa desu [sic] inmaculada*

Concepciō, declarando por de Fè aver sido concebida sin culpa, ni peccado original... — Impresso en Iaen : por Francisco Perez, 1651. — 10 h., [A]-E^2 ; Fol. Port. con esc. xil.

01-00046159 000

▶ M-BN, V.E./185-20(1). — An. ms.: «E. por Secretaria el 22 de Febrero de 1876».

4299

Convento de Carmelitas Descalzas (Alba de Tormes). *Copia de la carta escrita por la Madre Priora, y Religiosas de el Conuento de Carmelitas Descalças de la Villa de Alua de Tormes, à la Reyna nuestra Señora, en que se refieren los milagrosos mouimientos de vnas lamparas que estàn en la Iglesia de dicho Conuento...* — [S.l. : s.n., s.a.]. — [4] p., A^2; Fol.

Texto fechado en 1675.

01-00094994 000

▶ M-BN, V.E./213-13.

4300

Convento de Carmelitas Descalzas (Alba de Tormes). *Relacion verdadera, y copia de la Carta escrita por la Madre Priora, y Religiosas de el Conuento de Carmelitas Descalças de la Villa de Alua de Tormes, à la Reyna nuestra Señora : en que se dà quenta de los milagrosos mouimientos de vnas lamparas que estàn en dicha Iglesia alumbrando el cuerpo de Santa Teresa de Iesus...* — En Madrid : por Antonio de Zafra, [s.a.]. — [4] p., A^2 ; Fol.

El lugar e imp. constan en colofón. — Texto fechado en 1675.

01-00094995 000

▶ M-BN, V.E./24-86.

4301

Convento de la Encarnacion (Boadilla del Monte). *Regla y constituciones de las religiosas Carmelitas Descalzas del Conuento de la Encarnacion... de Boadilla : dadas por... D. Pascual de Aragon... arçobispo de Toledo...* — En Madrid : por Iulian de Paredes, 1671. — [17], 145 h., [1] h. de grab., ¶-2¶^{8}, 3✱^{1}, a-s^8,t^1 ; 8^0

Port. con orla tip. — Esc. xil. de la Orden del Carmen, en h. 1. — Grab. calc. que representa a Santa Teresa.

01-00127011 000

▶ M-BN, 3/12214(1). — Enc. perg.

4302

Convento de la Exaltación del Santísimo Sacramento (Murcia). *Sor Maria Angela Astorch, Abadesa del Conuēto de Monjas Capuchinas de la Exaltacion del Santissimo Sacramēto de la Ciudad de Murcia, por si, y en nombre de su Conuento, dize: Que el sabado catorze de Otubre de 1651... salio de madre el rio Segura, y inundò la Ciudad... de alli las trasladaron... estuuieron mas de vn año, con la necesidad, y desamparo...* — [S.l. : s.n., s.a.]. — [2] p. ; 4^0

Se ha respetado la puntuación original.

01-00030701 000

▶ M-BN, V.E./109-19.

4303

Convento de Nuestra Señora de la Natividad y San José (Madrid). *Regla, y constituciones de las religiosas Carmelitas Descalzas del Convento de nuestra Señora de la Natividad, y S. Ioseph, que la Baronesa Doña Beatriz de Silveyra fundò en la Calle de Alcalà de esta Villa / dadas por... D. Baltasar de Moscoso y Sādoval...* — En Madrid : en la Imprenta de Domingo Morràs, 1662. — [4], 400, [8] p., [ ]^2, A-Z^8, 2A-2B^8, 2C^4 ; 4^0

Port. con orla tip.

01-00030700 000

▶ M-BN, 2/31460. — Enc. perg. — Falto de port. y h. de erratas. ▶ M-BN, 3/12236. — Enc. perg. — Ex-libris ms. de los Carmelitas Descalzos de Madrid. ▶ M-BN, 3/48155. — Enc. perg. ▶ M-BN, 7/12166. — Enc. perg. — Deteriorado. — Falto de port. y h. de erratas. ▶ M-UC (FFil), 16405. — Enc. perg.

4304

Convento de Nuestra Señora de las Maravillas (Madrid). *Regla y Constituciones del Convento de las Carmelitas Calçadas de la Regular observancia... de Nuestra Señora de las Maravillas de la villa de Madrid.* — En Madrid : por Iuan Delgado, 1630. — [2], 60, [2] h., [1] h. de grab., [ ]^1, ¶^{2}, A-P^4, Q^2; 4^0

Port. con esc. xil. de las Carmelitas. y Grab. calc. que representa a «Nuestra Señora de las Maravillas».

01-00127008 000

▶ M-BN, 3/12528. — Enc. perg. — H. de grab. restaurada. ▶ M-BN, 3/53757. — Enc. piel deteriorada con hierros dorados.

4305

Convento de Nuestra Señora de los Reyes (Sevilla). *Memorial de lo que se debe representar y pedir al señor Gouernador Ordinario de Seuilla, para que su merced ordene y mande lo que debiere hazerse, en razon de conseruar la memoria de la sierua de Dios Madre Francisca Dorotea : en que se apuntan las cabeças de sus raras virtudes, y otras cosas marauillosas de mucha gloria de Dios N. Señor...* — [S.l. : s.n., s.a.]. — [1], 3-4 h., [1] en bl., A^4 ; Fol.

Del texto se deduce posterior a 1642.

01-00094998 000

▶ M-BN, V.E./199-59.

4306

Convento de Nuestra Señora del Carmen (Madrid). *Fiesta por tres dias en el Conuento de nuestra Señora del Carmen.* — [S.l. : s.n., s.a.]. — [1] h. ; Fol.

Esc. xil. de los carmelitas en cabecera de texto.

01-00122246 000

▶ M-BN, V.E./59-34.

4307

Convento de Predicadores (Valencia). *Señor. El Real Convento de Predicadores de la Ciudad de Valencia, de quien V. Magestad es Patron ; y en su nombre el Maestro Fr. Francisco Sierra, Examinador Synodal, Calificador del Santo Oficio, y Prior del dicho Convento, representa à V. Magestad, como por ser su Templo tan antiguo, es preciso repararle...* — [S.l. : s.n., s.a.]. — [3] p. ; Fol.

Se ha respetado la puntuación original. — El texto está dirigido a Carlos II.

01-00094999 000

▶ M-BN, V.E./214-81.

4308

Convento de San Agustín (Jaén). *Suplica que haze el Convento de S. Agustin de la Ciudad de Iaen a la beatitud de N. Santissimo Padre Innocencio Decimo para que se digne de tratar con fervores la canoniçacion de la inmaculada Concepcion de la Madre de Dios Maria Señora nuestra... a que ha movido el zelo grande del Rey nuestro Señor Philipo IIII a este Divino Misterio.* — En Iaen : por Francisco Perez de Castilla, 1651. — 10 h., [A]-E^2 ; Fol.

Port. con grab. xil. de los Agustinos.

01-00030702 000

▶ M-BN, V.E./185-54.

4309

Convento de San Antonio de Padua (Sevilla). *Apologia escolastica y moral de la frequente y cotidiana comunion* / hecha por el convento de S. Antonio de Padua de la Santa Provincia de los Angeles de la regular y reformada observancia y orden de N.P.S. Francisco... en Sevilla. — En Sevilla : lo imprimio Francisco de Lyra, 1646. — [32], 285, [37] h., ¶-4¶^{8}, A-Z^8, 2A-2R^8, 2S^2 ; 8^0

Port. con orla tip.

01-00030703 000

▶ M-BN, 3/27545. — Enc. perg. deteriorada. — Ex-libris ms.: «es de D^n Ioseph de Escaennela». ▶ M-BN, 3/55861. — Enc. perg. ▶ M-UC (FD), 13813. — Enc. perg. — Ex-libris ms. del Colegio de la Compañía de Jesús de Alcalá, 1705.

4310

Convento de San Felipe el Real (Madrid). *A la deuocion piadosa, a la religiosa piedad del... Rey... don Felipe el Quarto... el Conuento Real de San Felipe Orden del gran Padre S. Agustin opone contra la heregia... tres dias de Rogatiua.* — [S.l. : s.n., s.a.]. — [1] h. ; Pliego

En cabecera grab. xil. que representa a S. Agustín.

01-00122245 000

▶ M-BN, V.E./59-16.

4311

Convento de San Isidro el Real (León). *Señor. El Conuento de señor san Isidro el Real de Leon, tan celebrado en estos Reynos, por tener de antiguos siglos, por diuina dispensacion el Santissimo Sacraměto de dia y de noche descubierto, y auer colocado en el señor Rey dõ Fernãdo el Magno los sagrados huesos del grã Isidro, honra de la sangre de España...* — [S.l. : s.n., s.a.]. — [4] p. ; Fol.

Se ha respetado la puntuación

original. — Memorial dirigido a Felipe IV.

01-00090185 000

▶ M-BN, V/C^a 250-67. — An. ms.: «Este memorial se dio al Rey Felipe IV, 16 junio de 1621». — Sello de Pascual de Gayangos. ▶ M-BN, V.E./214-101.

4312

Convento de Santa Teresa de Jesús (Zaragoza). *Ilustrissimo Señor. El Capitulo de Priora, y Religiosas Carmelitas Descalças, del Convento de Santa Teresa de Iesus, de esta Ciudad : Compelidas de la necessidad, y falta de medios para sustentarse, y animadas con la experiencia del favor de V.S.I... proponen a la gravissima ponderacon de V.S.I. Que su Fundador vinculò, vnicamente, el alimento de sus Religiosas, y la renta de todo el Convento en los censos, que dexo impuestos sobre la Imperial Ciudad de Zaragoza...* — [S.l.: s.n., s.a.]. — [2] p., [2] en bl., A^2 ; Fol.

Se ha respetado la puntuación original. — Del texto se deduce posterior a 1681.

01-00095001 000

▶ M-BN, V.E./210-37.

4313

Convento de Santiago de la Espada (Sevilla). *Discurso en que se prueva que el apostol Santiago ha sido y deve ser unico Patron de España : i se declara el Breve de la Santidad de Urbano VIII que a peticion de los Procuradores destos Reynos concedio a Santa Teresa de Iesus* / en nombre del Real Convento Santiago de la Espada de Sevilla, el L.D. Martin de Añaya Maldonado... — [S.l. : s.n., s.a.]. — [24] p., A-F^2 ; Fol.

Breve de Urbano VIII con fecha 21 de julio de 1627.

01-00030706 000

▶ M-BN, V.E./201-61.

4314

Convento de Santiago de la Espada (Sevilla). *Señor. El Licenciado Don Luis de Chaves y Porras, Religioso professo en el Real Convento de Santiago de la Espada, de la Ciudad de Sevilla, y Colegial en el de V. Magestad, que la Orden tiene en la Vniversidad de Salamanca, en su nombre, y en el de su Convento... estrecha en este Memorial las dilatadas razones que le assisten, para desvanecer la voluntaria pretension de los Colegiales... que equibocados... solicitan despojar à los Hijos del Convento de Sevilla... de optar las oposiciones à las Cathedras de dicha Vniversidad...* — [S.l. : s.n., s.a.]. — 14 h., A-G^2 ; Fol.

Se ha respetado la puntuación original. — En h. 5 consta 1699.

01-00030707 000

▶ M-BN, V.E./141-95.

4315

Convento de Santiago (Pamplona). *El Conuento de Santiago da las razones, y motiuos que ha tenido, y que le han obligado a traer bulla de Su Santidad para que en el se ganen cursos de Artes, y Theologia, y se reciban Grados.* — [S.l. : s.n., s.a.]. — 4, [2] h., A^4, B^2 ; Fol.

Bula, en latín y español, fechada en 1623.

01-00090313 000

▶ M-BN, V.E./44-50.

4316

Convento de Santiago (Uclés). *M.P.S. El Sacro Conuento de Santiago de Vclés, certificado por sus Establecimientos, que la vigilia de el Principe supremo, no solamente se ordena a dirigir materias temporales, mas a promouer, y defender las espirituales... Propone a V.A. como a dueño de su enseñança Monastica, y ciuil, lo que cōsta de Decretos Apostolicos, y Constituciones suyas... sobre los derechos de primera instancia, que el Prior de Vclès tiene en el gouierno Eclesiastico de subditos propios Regulares, y Seculares...* — [S.l. : s.n., s.a.]. — 21 h., A-K^2, L^1 ; Fol.

Se ha respetado la puntuación original. — En texto consta 1653.

01-00030708 000

▶ M-BN, 8/19205(10). — Enc. perg. — Sello de la Biblioteca de Uclés en la h. de índice ms. que precede al vol. facticio. ▶ M-BN, R/28029(15). — Enc. perg. ▶ M-BN, V.E./201-90.

4317

Convento de Santo Tomás (Madrid). *Octauario en el religiosissimo conuento de santo Thomas desta Corte : tiene principio Domingo dia primero de Pascua de Espiritu Santo deste año de 1639.* — [S.l. : s.n., s.a.]. — [1] h. ; Pliego

Texto con orla tip. y esc. xil. de los dominicos en cabécera.

01-00095003 000

▶ M-BN, V.E./59-43. — Recortado.

4318

Convento de Santo Tomás (Madrid). *Octauario solemnissimo, en el Conuento, y Colegio de Santo Tomas, Orden de Predicadores, de esta Corte, a la venerable Imagen de Santo Domingo Soriano.* — [S.l. : s.n., s.a.]. — [1] h. ; Pliego

Texto con orla tip. y esc. xil., de los dominicos, en cabecera.

01-00095010 000

▶ M-BN, V.E./59-39. — Recortado. ▶ M-BN, V.E./59-44. — Deteriorado.

4319

Convento de Santo Tomás (Madrid). *Solemne fiesta, celebre octava, consagrada a... Maria soberanissima, victoriosa en Navales Vatallas por las Rosas de su santissimo Rosario, à cuyas sagradas*

plantas el... Colegio de Santo Thomas de esta Corte... dedica festejos, repite aplausos, reitera gratitudes. — [S.l. : s.n., s.a.]. — [1] h. ; Pliego
Texto con orla tip. y grab. xil de la Virgen del Rosario en cabecera.

▸ M-BN, V.E./59-40.

4320
Convento del Santísimo Sacramento (Madrid). *Constituciones propias del Convento del Santissimo Sacramento de Monjas Recoletas Bernardas de la villa de Madrid...* / aprobadas y confirmadas... por... D. Baltasar de Moscoso y Sandoval... Arçobispo de Toledo... — En Madrid : por Domingo Garcia Morràs, 1656. — [5], 74 [i.e. 73] h., A-I⁸, K⁶ ; 8⁰
Error de fol., de h. 3 a 5. — Port. con viñeta xil.

01-00030709 000

▸ M-BN, 3/12849. — Enc. perg.

4321
Convento di Santo Domenico (Soriano Calabro). *Copia de vna carta, que el Padre Prior del Conuento de Santo Domingo de Soriano, escriuiò al... General de la Ordē de Predicadores, a Roma, acerca de vn Milagro... q̄ en la villa de Soriano obrò Dios nuestro Señor por nuestro Padre Santo Domingo... en la ocasion de los espantosos temblores y terremotos, que entonces huuo en Italia, en este año de 1638 : la qual remitiò el... Padre Prouincial de Anglia... à vna persona graue del Conuento de San Esteuan de Salamanca.* — Salamanca : en la Oficina del inclyto Protomartyr, 1638. — [3] p. ; Fol.
El pie de imp. consta en colofón.

01-00095002 000

▸ M-BN, V.E./200-84. ▸ M-BN, V.E./60-3.

4322
Convento di Santo Domenico (Soriano Calabro). *Copia de vna carta que el Padre Prior del Conuento de Santo Domingo de Soriano, escriuiò al... General de la Orden de Predicadores, à Roma, acerca de vn milagro... en la villa de Soriano... por nuestro Padre Santo Domingo... en la ocasion de los espantosos temblores y terremotos, que en tonces huuo en Italia, en este año de 1638 : la qual remitiò el... Padre Prouincial de Anglia... al Conuento de Santo Domingo el Real... de la villa de Madrid.* — [S.l. : s.n., s.a.]. — 4 p. ; Fol.

01-00030710 000

▸ M-BN, V/Cª 248-44. — Sello de Pascual de Gayangos y ex-libris ms. de la librería del Colegio de la Compañía de Jesús.

4323
Copia *de capitulo de carta, escrita de vn ciudadano de Cadiz, a vn cortesano de Madrid en que le dà noticia de la que vino de la Mamora, y del socorro que se le embiò.* — Impresso en Seuilla : [s.n.], 1671. — [4] p., A² ; Fol.
El pie de imp. consta en colofón.

01-00030711 000

▸ M-BN, V/Cª 9112-5.

4324
Copia *de carta de Bruselas de 5 de Setiembre de 1675 que se ha tenido por la via secreta, despues de aver sabido la vltima mala de Flandes.* — [S.l. : s.n., s.a.]. — [3] p. ; 4⁰

01-00095011 000

▸ M-BN, V.E./111-8.

4325
Copia *de carta de vn amador de la verdad : en que responde à los Insubsistentes motivos en que funda el Rey Christianissimo la justificacion de la Guerra que decla-*

ra à la Magestad Catolica. — [S.l. : s.n., s.a.]. — 19 p., A-B⁴, C² ; 4⁰

Texto fechado en Roma, 1689. — *Declaracion de la guerra de Francia a España, de parte del Rey,* p. 17-19, fechado en Versalles, 1689.

01-00095012 000

▶ M-BN, R/24306(6). — Enc. perg. — Ex-libris grab. calc.: «Paulus Minguet f.», de D. Antonio álvarez de Abreu. — Falto de las p. 17-19. ▶ M-BN, V/Cª 281-10. — Sello de Pascual de Gayangos. ▶ M-BN, V.E./ 136-36. — Falto de las p. 17-19. ▶ M-BN, V.E./72-14. — Deteriorado.

4326

Copia *de carta de vn capitan de la Armada Catholica a su amigo de Brusselas : con breue relacion de la victoria de Chastelet.* — [S.l. : s.n., s.a.]. — [14] p., [2] en bl., [2] h. de plan. pleg., A-B⁴, Fol.

Peeters-Fontainas lo supone impreso en Bruselas, ca. 1642. — Planos grab. calc.: «Planta de la Bassea sitiada en XX de avril por... D. Francisco de Mello... y rendida en XIII de Mayo de M.DC.XLII» y «Planta de la batalla de Chastelet, y grande victoria que ganaron las armas de su Magestad Catholica contra las del Rey de Francia en XXVI de Mayo M.DC.XLII debaxo del valeroso y prudente mando del Excelᵐᵒ Señor D. Francisco Mello...», «Petrus Rochelle f».

01-00095013 000

▶ M-BN, R/396. — Enc. pasta. ▶ M-BN, V.E./207-50. — Falto de las [2] h. de plan. pleg.

4327

Copia *de carta de vn correspondiente de Alemania, escrita a otro suyo de Madrid,: en que le haze relacion de la grandiosa vitoria, que han tenido las armas del Em-*

perador contra las de los Suecos de Ratisbona, a 24 de Março deste año de 1641. — En Madrid : por Catalina de Barrio y Angulo, [s.a.]. — [4] p. ; Fol.

Lugar e imp. constan en colofón.

01-00095014 000

▶ M-BN, V/Cª 107-35. ▶ M-BN, V/Cª 248-30. — Sello de Pascual de Gayangos. ▶ M-BN, V.E./177-63. ▶ M-BN, V.E./201-121. — An. ms.: «1876-Marzo 6. E. por la Secretaría». ▶ M-BN, V.E./68-75.

4328

Copia *de carta de vn correspondiente de Alemania, escrita a otro suyo de Madrid : en que le haze relacion de la grandiosa vitoria, que han tenido las armas del Emperador cõtra las de los Suecos de Ratisbona, a 24 de Março deste año de 1641.* — En Madrid : por Catalina de Bario [sic] y Angulo, [s.a.]. — [2] p. ; Fol.

Lugar c imp. constan en colofón.

01-00095015 000

▶ M-BN, V.E./177-99. ▶ M-BN, V.E./ 182-22.

4329

Copia *de carta embiada de la ciudad de Girona de 20 de Octubre, à vn correspondiente de esta Corte, en que le dà cuenta de vn prodigioso Monstruo que fue hallado, y preso en los Montes de Zardaña.* — En Madrid : por Diego Diaz, 1654. — [2] p., [1] h. de grab. ; 4⁰

Grab. xil. que representa al monstruo.

01-00095016 000

▶ M-BN, V.E./12-19. ▶ M-BN, V.E./35-8.

4330

Copia *de carta embiada de la ciudad de Girona de Veinte de Octubre deste año de 1654 a vn cauallero que reside en la villa de Madrid : en que le da quenta de vn prodigioso monstruo que fue hallado en las sierras del Empurdan...* — [Sevilla] En

Madrid, por Diego Diaz de la Carrera y por su original... en Seuilla :
por Iuan Gomez de Blas, 1654. —
[2] p., [1] h. de grab. ; 4⁰

El pie de imp. consta en colofón.
— Grab. xil. que representa el
monstruo.

01-00030712 000

▶ M-BN, V/Cª 56-82. — Sello de Pascual
de Gayangos.

4331

Copia *de carta embiada de la ciudad de
Viena, Corte del Imperio : en que se haze
Relacion de la solemne entrada que hizo la
señora Emperatriz en ella, Domingo cinco
de Diziembre de el año passado de 1666 :
donde se declara la mucha Nobleza de que
fue assistida, y las salvas Reales que se hizieron, arcos triunfales, y demas adornos
con que estaua preuenida la dicha ciudad.*
— [S.l. : s.n., s.a.]. — [3] p. ; Fol.

01-00095018 000

▶ M-BN, V.E./199-41. ▶ M-BN, V.E./
60-94.

4332

Copia *de Carta, en que se discurren las
materias presentes, sin pasion, ni enojo
sino con verdad, y zelo.* — [S.l. : s.n.,
s.a.]. — [4] p. ; Fol.

El texto alude a la expulsión de
Nithard (1669).

01-00002970 000

▶ M-BN, V.E./1346-19.

4333

Copia *de carta escrita a XIII de Agosto de 87 del Campo de los Turcos, ocupado
por los Catholicos, cerca de Varogniwa.*
— [S.l. : s.n., s.a.]. — 3 p., A² ; 4⁰

01-00095019 000

▶ M-BN, V.E./126-27. — An. ms.:
«1873-Enero 7».

4334

Copia *de carta escrita de Barcelona en
19 del presente, en que se da cuenta de la
entrada del Serenissimo Señor Don Iuan
de Austria en dicha Ciudad, y del grande
recibimiento que se le hizo a su Alteza.* —
En Madrid : por Diego Diaz de la
Carrera, 1653. — [4] p. ; 4⁰

Port. con esc. xil. real.

01-00095020 000

▶ M-BN, V/Cª 56-126. — Sello Pascual
de Gayangos.

4335

Copia *de carta escrita de la ciudad de
Constantinopla, a vn Cauallero de esta de
Seuilla, en que le dà noticia del mas ho-
rrendo Cometa que hasta aora se ha visto y
de las ruinas que amenaça al Imperio Otomano.* — Lima : [s.n.], 1672. — [2]
p. ; Fol.

Lugar y fecha constan en colofón.
— Precede al texto un grab. xil.

01-00035057 000

▶ M-BN, V.E./1346-22(1). — Enc. hol.

4336

Copia *de carta escrita de los Payses
Baxos españoles.* — Impresso en S.
Sebastian : hallanse en Casa de
Pedro de Huarte..., lunes 30 de
Abril de 1691. — 4 p. ; 4⁰

El pie de imp. consta en colofón.

01-00095021 000

▶ M-BN, V.E./136-8. — An. ms. Entregado por Secretaría, 23 Julio 1880.

4337

Copia *de carta escrita de Madrid à 22
de Enero de 1685.* — [S.l. : s.n., s.a.].
— [8] p. ; 4⁰

Texto con orla tip. — *Sonetos de
alabanza a Carlos II.* p. [4].

01-00095023 000

▶ M-BN, V.E./188-39. ▶ M-BN, V.E./
98-31.

4338

Copia *de carta escrita de vn Cortesano de Lisboa, à vn Ciudadano de Cadiz, : en que le dà quenta de algunas cosas que allà passan* / traducida de Portugues en Castellano. — En Madrid : por Francisco Nieto, [s.a.]. — 2 h. ; Fol.

Texto fechado en 1662.

01-00095024 000

▶ M-BN, V.E./199-8. ▶ M-BN, V.E./211-65.

4339

Copia *de carta escrita desde el exercito a un cavallero de Barcelona en 27 de agosto de 1689 con las noticias ciertas de lo sucedido en el sitio de Campredon.* — Barcelona : en casa Rafael Figueró..., [s.a.]. — [8] p., A^4 ; 4^0

Lugar e impresor constan en colofón.

01-00030713 000

▶ M-BN, V.E./119-40. — An. ms.: «Despues de haverse publicado esta relacion en Barcelona, se supo que haviendo juntado su Consejo de Guerra el Duque de Villahermosa, se resolvió el bolar la Plaza de Campredon y asi se executo sin dar quenta en Madrid...».

4340

Copia *de carta escrita desde el exercito a un cavallero de Barcelona en 27 de Agosto de 1689 con las noticias ciertas de lo sucedido en el sitio de Campredon.* — En Barcelona : en casa de Vicente Surià..., 1689. — [8] p., A^4 ; 4^0

El pie de imp. consta en colofón.

01-00030714 000

▶ M-BN, 2/64989(1). — Enc. perg. — Sello Pascual de Gayangos.

4341

Copia *de carta escrita por vn canonigo de la Santa Iglesia de Barcelona, al Doctor Ignacio Iordi, Canonigo de la de Perpiñan.* — [S.l. : s.n., s.a.]. — 8 p., A^4; Fol.

Textos fechados en Barcelona y Perpiñán, 1696. — Respuesta, p. 1-8.

01-00095026 000

▶ M-BN, V.E./213-56. ▶ M-BN, V.E./215-52. ▶ M-UC (Nov), 539(26). — Enc. perg.

4342

Copia *de carta, escrita por vn Capitan del Presidio de la Ciudad de Zeuta, à vn Correspondiente suyo desta Corte, dandole cuenta de diferentes sucessos que le han acaecido al Excelentissimo señor Marqués de Trocifal, Governador de aquella Plaça, con los Moros de Tetuan, y Angar, desde el dia 14 de setiembre deste año de 1673.* — [S.l. : s.n., s.a.]. — [4] p. ; Fol.

Texto fechado en Ceuta, 1673.

01-00090187 000

▶ M-BN, V.E./25-22.

4343

Copia *de carta, escrita por vn cavallero de Galicia, vezino de la Ciudad de Betanços, à vn Señor desta Corte, su fecha de 17 de Iunio deste presente año de 1673 dandole fiel, y verdadera noticia de los sacrilegos, y estupendos delitos q̄ han cometido dos malignos hombres; el vno de Nacion Francès, y de profession Iudio, y Herege; y el otro natural de Galicia... profanando muchas Iglesias de aquel Reyno...* — [S.l. : s.n., s.a.]. — [4] p. ; Fol.

Se ha respetado la puntuación original. — Texto fechado en Betanzos, 1673.

01-00095025 000

▶ M-BN, V.E./23-75.

4344

Copia *de carta que contiene una breve relacion de los desagravios, processiones de penitencias y otros actos de edificacion, con q̄ à procurado esta ciudad de Lima desar-*

mar la *Divina justicia despues dè las noti-cias del terremoto de Riobamba, la Tacunga y Ambato* / escriuiala a un cauallero ausente vna pluma deuota. — [S.l. : s.n., s.a.]. — [22] p., A-B^4, C^3 ; 4^0

Texto fechado en Lima, 1698.

01-00030715 000

▶ M-BN, R/36200. — Enc. tela. — Sello de Pascual de Gayangos.

4345
Copia *de carta que diò a su magestad el dia 21 de diziembre del año passado el embaxador del Rey de Mequinez : sobre el rescate de los prisioneros que hizo en la plaça de Alarache : publicada el sabado 20 de enero de 1691.* — En Madrid : en la Imprenta de Antonio Roman. : por Sebastian de Armendariz..., 1691. — 4 h., A^4 ; 4^0

Colofón.

01-00009346 000

▶ M-PR, III-6533(14^0). — Enc. pasta.

4346
Copia *de carta, que el Exc.^{mo} señor Conde de Frigiliana, Presidente del Consejo de Aragon, y de la Junta de Govierno de la Monarquia, escriviò à todos los Comunes, y Ciudades de los Reynos de la Corona de Aragon, y lo que en vista de dicha Carta responden las muy Nobles Ciudades de Zaragoza, y Valencia, y los Diputados de ambos Reynos.* — [S.l. : s.n., s.a.]. — 8 p., A^4 ; 4^0

Cartas fechadas en noviembre de 1700.

01-00095028 000

▶ M-BN, V.E./645-59.

4347
Copia *de carta, que se traxo de Roma.* — [S.l. : s.n., s.a.]. — [2] p. ; Fol.

Incluye carta de Carlos II al Ge-neral de la Orden de Santo Domingo, fechada en Madrid, 1681.

01-00095029 000

▶ M-BN, V.E./27-51.

4348
Copia *de carta que vino de Paris, escrita à vn amigo del Reino de Nauarra en 24 de Enero de este año de 1649 : en que le dà cuenta del gran tumulto, y rebolucion que ha auido, y ay en aquella Corte, y Reino de Francia.* — En Valladolid : por Gregorio de Vedòia..., 1649. — [4] p., A^2 ; Fol.

Viñeta xil. en port. y grab. xil. al final del texto.

01-00095030 000

▶ M-BN, V.E./180-51.

4349
Copia *de carta, que vino de Paris, escrita à vn amigo del Reino de Nauarra en 24 de Enero deste año de 1649 : en que le da cuenta del gran tumulto, y rebolucion que ha auido, y ay en aquella Corte y Reino de Francia.* — En Madrid : por Alonso de Paredes, 1649. — [4] p. ; Fol.

01-00090189 000

▶ M-BN, V/C^a 107-31. ▶ M-BN, V/C^a 250-14. — Sello de Pascual de Gayangos. ▶ M-BN, V.E./177-25. ▶ M-BN, V.E./60-60.

4350
Copia *de carta, remitida de Cadiz a esta Ciudad de Seuilla, donde da cuenta muy por extenso del lamentable estrago que en dicha Ciudad causó el Huracan.* — [S.l. : s.n., s.a.]. — [4] p. ; Fol.

Carta fechada en Cádiz, 23 de Marzo de 1671. — *Copia de carta escrita en Roma a 23 de Mayo de 1671 años, en que se dà noticia, que se hizo justicia en Viena, Corte del Emperador de los compli-*

ces en la traicion intentada contra el estado, y vida de su Magestad Cesarea, p. 3-4.

01-00002971 000

▶ M-BN, V.E./1346-17.

4351

Copia *de carta venida del exercito, en que se auisa la toma de Ebora Ciudad, y el feliz sucesso de las Armas de su Magestad...* — [Jaen] con licencia en Madrid, y por su original en Iaen : por Ioseph Copado..., 663 [i.e. 1663]. — [4] p. ; Fol.

Port. con esc. xil. real. — *Copia de la respuesta a los de Ebora, sobre las Capitulaciones*, p. [4].

01-00095031 000

▶ M-BN, V.E./214-57.

4352

Copia *de la relacion que vino de Mazagan, de tres vitorias que Bras Teles de Meneses Capitan de aquella villa, vno de los moros de la Xauuia, y Tremessena...* — En Lisboa... : por Giraldo de la Viña, 1623. — [8] p., A^4 ; 4^0

El pie de imp. consta en colofón. — Texto a dos col.

01-00030718 000

▶ M-BN, R/10680. — Enc. cart. — Sello de Pascual de Gayangos.

4353

Copia *de lo que cierto prebendado en la Corte escriuio à vn Religioso de Santo Domingo, Maestro suyo.* — [S.l. : s.n., s.a.]. — [4] p. ; Fol.

Existen, al menos, dos ed. de este escrito. Comienzo de texto: «En lo que toca à las cosas de la Concepcion, andaua la tormenta tā deshecha, como lo escriui à V.P...».

01-00095033 000

▶ M-BN, V.E./211-78.

4354

Copia *de lo que cierto prebendado en la Corte escriuio à vn Religioso de Santo Domingo, Maestro suyo.* — [S.l. : s.n., s.a.]. — [4], p. ; Fol.

Existen al menos dos ed. de este escrito. Comienzo de texto: «En lo q̄ toca a las cosas de la Concepcion, andaua la tormēta tā deshecha, como lo escriui a V.P...».

01-00095034 000

▶ M-BN, V.E./186-27.

4355

Copia *de lo que un Botero de Burgos respondio a dos cartas, una de cierto prebendado en la Corte y otra de un doctor de cierta Universidad de España.* — [S.l. : s.n., s.a.]. — [4] p. [ ]^2 ; Fol.

Al final del texto consta 1653. — Texto a dos col.

01-00008606 000

▶ M-PR, III-6466(30). — Enc. pasta.

4356

Copia *de lo que vn Doctor de cierta Vniuersidad de España escriuiò a vn Prebendado en la Corte.* — [S.l. : s.n., s.a.]. — [4] p. ; Fol.

En el texto consta 1652.

01-00095035 000

▶ M-BN, V.E./186-26. ▶ M-BN, V.E./47-6.

4357

Copia *de los pareceres y censuras de los reuerendissimos padres maestros, y señores catredaticos [sic] de las insignes Vniuersidades de Salamanca y Alcala y de otras personas doctas sobre el abuso de las figuras y pinturas lasciuas y deshonestas : en que se muestra que es pecado mortal pintarlas, esculpirlas y tenerlas patentes*

donde sean vistas. — En Madrid : por
la viuda de Alonso Martin, 1632. —
27 h., A-F^4, G^3 ; 4^0
Port. con orla tip.

01-00090190 000
▸ M-BN, V.E./48-61.

4358
Copia *de vn memorial que por parte del
Duque de Osuna se dio a su Magestad en
Lisboa, a 12 de Julio de 1619: sobre el
tiempo que Gouernò el Reyno de Sicilia.*
— [S.l. : s.n., s.a.]. — 4 h. ; Fol.
Se ha respetado la puntuación
original.

01-00120826 000
▸ M-PR, III-6464(2). — Enc. pasta.

4359
Copia *de vn memorial que se dio a su
Magestad y despues se remitio a las Cortes
passadas el año de 1619 con algunas
aduertencias añadidas...* — [S.l. : s.n.,
s.a.]. — [4] p., [ ]^2 ; Fol.

01-00120825 000
▸ M-PR, III-6462(22). — Enc. pasta.

4360
Copia *de vn papel impresso en Olanda,
hecho en Nouiembre passado de 1625 en el
qual no se nombra el Autor, ni tampoco la
parte donde fue impresso...* — Impresso
en la Imperial ciudad de Augusta :
[s.n.], 1626. — 6 h., A^6 ; Fol.

01-00030722 000
▸ M-BN, R/17270(26). — Enc. perg.
▸ M-BN, V/C^a 224-128. — Sello de Pascual
de Gayangos. ▸ ME-RB, 4-V-8(1). — Enc.
piel.

4361
Copia *de vna carta con auiso de la solemnidad y fiestas que se hizierõ en la insigne villa de Marchena en el juramento
que el... Duque de Arcos, señor della, y el
Clero y Caualleros de la dicha villa hizie-*

*ron de defender la Purissima Concepcion
de nuestra Señora la Virgen Maria...* —
En Seuilla : por Alonso Rodriguez
Gamarra..., 1616. — [8] p., A^4 ; 4^0
El pie de imp. consta en colofón.

01-00030723 000
▸ M-PR, III/6583(2). — Enc. pasta.

4362
Copia *de vna carta de cierto doctor de
la Vniuersidad de Alcalá, à otro de la de
Salamanca.* — [S.l. : s.n., s.a.]. — [4]
p. ; Fol.
Crítica de la obra de Alba y Astorga «El Sol de la verdad», que se
publicó en Madrid, 1660.

01-00035058 000
▸ M-BN, R/19810(15). — An. ms.: «este
quaderno es condena[do] y presum[o] lo
esta su Autor Parra con alma simil à la de
Juda[s]». — Enc. pasta con hierros dorados.
— Deteriorado afectando al texto.

4363
Copia *de vna carta de Lisboa de vn cor-
tesa [sic] de Madrid escrita a vn señor de
titol de la Andaluzia, dãdole noticia de los
buenos progressos de España gouernados
por el Conde Duque.* — [Barcelona]
Impresso en Lisboa, y agora en Barcelona : en casa de Iayme Mathevat, 1641. — [8] p. ; 4^0

01-00095037 000
▸ M-BN, V.E./162-30.

4364
Copia *de vna carta de Lisbona de 15 de
setiembre 1641 enuiada a vn Mercader
desta ciudad dandole noticia de la sentencia que ha hecho el Rey de Portugal contra
los conjurados de su Corona... y de la prision del Arçobispo de Braga y del Inquisidor Mayor, con otros Eclesiasticos...* —
Impresso en Barcelona : en casa de
Iayme Mathevat, 1641. — [4] p. ; 4^0
Port. con esc. xil.

01-00030724 000

▶ M-BN, V/Cª 170-15. — Sello de Pascual de Gayangos. ▶ M-BN, V.E./66-149.

4365

Copia *de vna carta de Roma, de 12 de Agosto de este año de 40 en que se dà cuenta de las solemnes fiestas que hizieron el Eminentissimo señor Cardenal Antonio Barberino... en la Casa Professa della el dia de San Cosme, y San Damian del año passado de 639 y en el Colegio Romano el Señor Principe Prefeto dō Tadeo Barberino su hermano, en la Octaua de San Ignacio, deste año de 640 en acciōn de gracias de auer cumplido la Compañia de Iesus el año centesimo de su fundacion.* — [S.l. : s.n., s.a.]. — [4] p. ; Fol.

Texto fechado en Roma, 1640.

01-00095038 000

▶ M-BN, V/Cª 107-38.

4366

Copia *de vna carta de un Religioso de la Compañia de Iesus, escrita a otro de la villa de Madrid.* — [S.l. : s.n., s.a.]. — [15] p., A^8 ; 4^0

A comienzo del texto consta Sevilla, 1640.

01-00095049 000

▶ M-BN, V.E./156-11. ▶ M-RAE, K10-4(3). — Enc. hol.

4367

Copia *de vna carta de vn Religioso de la ciudad de Tanger : con la Relacion cierta de la insigne victoria, que el General Don Fernando Mascareñas alcançò del Morabito, en 7 de Abril deste año 1634.* — Impressa en Seuilla : por Francisco de Lyra, 1634. — [4] p. ; Fol.

El pie de imp. consta en colofón.

01-00095048 000

▶ M-BN, V.E./177-81. — Deteriorado.

4368

Copia *de vna carta embiada a esta corte, en que se da cuenta de las notables visiones, que en diuersas vezes se hā visto entre Rosell, y Traiguera, y otras partes, en el Reino de Valencia, de exercitos formados de infanteria, y cauallería, y que se vieron pelear vnos con otros.* — En Madrid : por Alonso de Paredes, 1650. — [4] p. ; 4^0

Port. con esc. xil. real.

01-00030726 000

▶ M-BN, V.E./10-19.

4369

Copia *de vna carta embiada a vn Ministro de su Magestad, en que se le dà cuenta de la vitoria que tuuo la Cauallería de las Ordenes Militares, auiendo passado el Col de Valaguer, sobre Cambriles, plaça de Armas de Cataluña.* — En Madrid : por Diego Diaz, 1640. — [4] p. ; Fol.

Precede al tít. esc. xil. real.

01-00095039 000

▶ M-BN, V.E./182-61. ▶ M-BN, V.E./186-74. ▶ M-BN, V.E./59-128.

4370

Copia *de vna carta embiada de Constantinopla, à la ciudad de Roma en la qual se cuentan grandes prodigios, y espantables señales, que aparecieron en la dicha ciudad de Constantinopla, y algunos lugares circunuezinos de ella, este año de 1639...* — En Madrid : por Antonio Duplastre, 1640. — [4] p. ; 4^0

El pie de imp. consta en colofón.

01-00095040 000

▶ M-BN, V.E./62-53.

4371

Copia *de vna carta embiada de Constantinopla a la ciudad de Roma en la qual se quentan los grandes prodigios, y espan-*

tosas señales que aparecieron en Constantinopla,·y algunos lugares circunvezinos della, este año de 1639. — [Granada] En Madrid, por Antonio Duplastre y por su original en Granada : por Antonio Renè de Lazcano, 1640. — [4] p. ; 4⁰
El pie de imp. consta en colofón.
01-00095041 000
▶ M-BN, V.E./19-33.

4372
Copia de vna carta embiada de la villa de Petra, cinco leguas de la ciudad de Mallorca, en la qual se da cuenta la industria y traça que dieron dos hijas... para matar a su padre, por quitarle la haziēda, porq̄ la gastaua en casar vña huerfana cada año... — Impresso en Madrid : por Bernardino de Guzman, 1625. — [4] p. ; Fol.
01-00030727 000
▶ M-BN, V/Cª 224-63. — Sello de Pascual de Gayangos.

4373
Copia de vna carta embiada de Malta a vn Cauallero desta ciudad de Barcelona: contiene la grandiosa presa que han hechó cinco galeras Maltesas, a los 13 de Agosto deste año de 1636 de dos galeras de Turcos, y vn escaramuçal. — En Madrid : por Iuan Sanchez, [s.a.]. — [4] p. ; 4⁰
Texto fechado en 1636.
01-00095042 000
▶ M-BN, V.E./162-5.

4374
Copia de vna carta embiada por vn Cauallero residente en Masel, donde esta el exercito del Serenissimo Duque de Saboya, a vn Mercader desta ciudad de Barcelona, en la qual le da auiso del feliz sucesso que tuuo el campo de Saboya ayudado de

los tercios de Alemanes, y Españoles, contra el Rey de Francia, y del sitio de Casal, y de como los Venecianos estan muy oprimidos de los Imperiales, su data a 22 de Iulio deste Año 1630. — En Barcelona : en casa de Sebastian y Iayme Mathevat, 1630. — [4] p. ; 4⁰
Port. con grab. xil.
01-00090191 000
▶ M-BN, V.E./53-113. — Sello de Pascual de Gayangos.

4375
Copia de vna carta enuiada per vn caualler portugues ha vn caualler... de Barcelona, donantli noticia de la traycio se feya en lo Regne de Portugal, y de la sentencia que ha feta sa Magestat / traduyda de llengua portuguesa en nostra llengua catalana. — En Barcelona : en casa de Gabriel Nogues..., 1646. — [6] p., [2] en bl., A⁴; 4⁰
Port. con grab. xil.
01-00030728 000
▶ M-BN, V/Cª 56-168. — Sello de Pascual de Gayangos.

4376
Copia de vna carta, escrita a esta ciutat, desde la campanya de Constanti à 5 de Iuliol 1641 del que ha succehit en dita campanya desde 30 de Iuny, fins als fins dit dia, y de la armada de mar y en particular la sentencia que lo Excelentissim de la Mota ha manat fer de sinch Francesos. — En Barcelona : en la Estampa de Iaume Romeu..., 1641. — [6] p., [2] en bl., A⁴ ; 4⁰
Marca tip. en port. (Vindel, 489).
01-00095043 000
▶ M-BN, V/Cª 170-56. — Sello de Pascual de Gayangos. ▶ M-BN, V/Cª 84-42. — Sello de Pascual de Gayangos. ▶ M-BN, V.E./166-21.

4377

Copia *de vna carta escrita a la insigne, y siempre leal ciudad de Manila, cabeça de las Islas Filipinas, y à su Iusticia, y Regimiento.* — [S.l. : s.n., s.a.]. — 2+ h. ; Fol.

01-00095044 000

▶ M-BN, V/Cª 154-33. — Sello de Pascual Gayangos. — Falto por el final.

4378

Copia *de vna carta escrita a vn cauallero de Seuilla de la salida que el duque de Arcos hizo a besar la mano a su Magestad al Castillo de la Moncloua.* — [S.l. : s.n., s.a.]. — [4] p., A^2 ; Fol.

Texto fechado en Marchena, 1624.

01-00030729 000

▶ M-PR, Caj.Foll.Hª 29-13.

4379

Copia *de vna carta, escrita al Padre Fray Alonso Sandin, de la Orden de Predicadores, Difinidor, y Procurador General de la Prouincia del Santo Rosario de Philipinas en esta Corte : que dà noticia de el estado de aquellas Islas.* — [S.l. : s.n., s.a.]. — 14 h., A-G^2 ; Fol.

Texto fechado en Manila, 1683. — *Puntos que hemos sabido se escriuen al Consejo contra nosotros este año, y respuesta a ellos... / del mismo Autor de la Carta:* h. 8.

01-00030730 000

▶ M-BN, R/33375-29.

4380

Copia *de vna carta, escrita de la Ciudad de Cordova, à Don Iuan Gomez de los Rios, que impressa se remitiò a esta Ciudad de Granada : que contiene los felizes sucessos que han tenido las Catolicas Armas de su Magestad : Su fecha de dicha carta de 23 de Iunio deste año de 1663.* —

Impressa en Granada : en la Imprenta Real de Baltasar de Bolibar..., 1663. — [2] p. ; Fol.

Esc. xil. imperial en cabecera.

01-00095045 000

▶ M-BN, V.E./207-95.

4381

Copia *de vna carta escrita de la ciudad de Lisboa a la Corte, dando cuenta de las grandes presas que la Armada de Inglaterra ha hecho en la costa de Portugal, y toma de Cascaes en 24 de Iulio deste año de 1650.* — Impressa en Granada : en la Imprenta Real, por Francisco Sanchez, y Baltasar de Bolibar..., 1650. — 2 h. ; 4^0

El pie de imp. consta en colofón.

01-00095046 000

▶ M-BN, V.E./66-117.

4382

Copia *de vna carta escrita de Madrid a un cavallero... de Barcelona, de la gran vitoria que ha alcançado del Rey de Francia el... Infante Cardenal y el principe D. Thomas.* — En Barcelona : en casa Sebast. y Iayme Matevad, 1638. — [7] p. ; 4^0

Port. con grab. xil.

01-00030731 000

▶ M-BN, R/12212(2). — Enc. perg. — Sello de Pascual de Gayangos.

4383

Copia *de vna carta escrita de Tolossa por vn Cauallero Frances, a otro de las Fronteras en que le dà cuenta de la enfermedad, y muerte del Rey de Francia, Luys XIII / traduzida de Frances en Castellano.* — [Zaragoza] : en el Hospital Real y General de nuestra Señora de Gracia, [s.a.]. — 6 h., A^6 ; Fol.

La imprenta consta en colofón. —

Licencia fechada en Zaragoza, 1643.

01-00095047 000

▶ M-BN, V.E./60-62.

4384

Copia *de vna carta escrita de vn Capitan de la Naue Veneciana, debaxo del mando, y direccion del Ilustrissimo y Excelentissimo Señor Ioseph Delfino en 27 de Mayo de 1654 años : auisandole de la vitoria, y sangrienta batalla que ha tenido la Señoria de Venecia contra la Armada del Turco.* — En Madrid : por Domingo Garcia, [s.a.]. — [4] p., A^2 ; Fol.

Lugar e imp. constan en colofón.

01-00095050 000

▶ M-BN, V.E./177-108.

4385

Copia *de vna carta escrita desde Monzon a vn Cauallero de la ciudad de Santiago.* — [S.l. : s.n., s.a.]. — [3] p. ; Fol.

Texto fechado en Monzón, 1659.

01-00090192 000

▶ M-BN, V.E./201-129.

4386

Copia *de vna carta escrita en Tolosa por vn Cauallero Frances a otro de las fronteras, en que le dà cuenta de la enfermedad, y muerte del Rey de Francia Luis XIII* / traduzida de Frances en Castellano. — En Madrid : por Pedro Tazo, 1643. — [4] h., A^4 ; Fol.

El pie de imp. consta en colofón.

01-00090193 000

▶ M-BN, V.E./134-2. ▶ M-BN, V.E./191-106.

4387

Copia *de vna carta escrita en Tolosa por vn Cauallero Frances a otro de las fronteras, en que le dà cuenta de la enfermedad, y muerte del Rey de Francia Luis*

XIII / traduzida de Frances en Castellano. — [Madrid] : vendese en casa de Lucas Ramirez en la calle de las Carretas (En Madrid : por Pedro Tazo, 1643). — [4] h., A^4 ; Fol.

Colofón.

01-00090194 000

▶ M-BN, V.E./199-33.

4388

Copia *de vna carta escrita en Tolosa por vn Cauallero Frances a otro de las fronteras, en que le dà cuenta de la enfermedad, y muerte del Rey de Francia Luis XIII* / traduzida de Frances en Castellano. — En Madrid : por Pedro Tazo, 1643. — [4] p. ; Fol.

El pie de imp. consta en colofón.

01-00090195 000

▶ M-BN, V/Cª 107-34. — Deteriorado.
▶ M-BN, V/Cª 248-23. — Sello de Pascual de Gayangos. ▶ M-BN, V.E./182-25.

4389

Copia *de vna carta escrita en Tolosa por vn Cauallero Frances a otro de las fronteras, en que le dà cuenta de la enfermedad, y muerte del Rey de Francia Luis XIII* / traduzida de Frances en Castellano. — [Sevilla] En Madrid, por Pedro Tazo, y por su original en Sevilla... : por Iuan Gomez de Blas, 1643. — [8] p., A^4 ; 4^0

El pie de imp. consta en colofón.

01-00095051 000

▶ M-BN, V.E./170-48. ▶ M-BN, V.E./63-87.

4390

Copia *de vna carta escrita para don Celidonio Hercules Lameldi, avisandole de lo que passa en Roma, por mandado del... señor Cardenal de Aguirre, sobre la contienda que tiene contra el Doctor Ayala, sobre la pulpura de Cardenalicia, y por la intreversion, y mal informe que* *tiene contra el Doctor Ayala : ha impresso esta carta un aficionado suyo, para que sepa su Santidad, y su Magestad... las falsedades, y malas correspondencias que tiene contra el dicho Doctor...* — [S.l. : s.n., s.a.]. — [3] p. ; Fol.

Carta fechada en Roma, 1692. — Port. con grab. calc., representando a Alonso de Ayala.

01-00030732 000

▶ M-BN, V/Cª 250-108. — Sello de Pascual de Gayangos.

4391

Copia *de vna carta escrita per vn caualler natural de Barcelona, que assisteix junt la persona de sa Excelencia en la campanya de Arago : en la qual dona relacio de las victorias ha tingut sa Excelencia de las vilas de Estadilla, y Benauarri cap de trescentas vilas y llochs en lo Comtat de Ribagorça.* — En Barcelona : en casa de Llorens Déu..., 1643. — [8] p., A⁴ ; 4⁰

Port. con grab. xil.

01-00095052 000

▶ M-BN, V.E./175-35. ▶ M-BN, V.E./35-70.

4392

Copia *de vna carta escrita por el Capitan general del exercito del Rey Christianissimo de Francia a Mosus de Frera, Presidente primero del parlamento del Delfinado : dase cuenta y razon de algunas ciudades, villas y lugares que el Rey ha ganado y de lo q̄ su exercito ha hecho hasta 15, de Iulio, año 1621* / traduzida de lengua Francesa, en Castellana. — [Valencia] Impressa en Tolosa y por su original en Valencia : por Miguel Sorolla, 1621. — [4] p. ; 4⁰

Port. con grab. xil.

01-00095053 000

▶ M-BN, V.E./162-78.

4393

Copia *de vna carta escrita por vn Cavallero de la Ciudad de Lorca â otro de esta Corte, auisandole del gran terremoto, y Vracan que huvo en dicha Ciudad, desde el dia de San Lorenzo, hasta el dia de la Degollacion de San Iuan, que es à 29 de Agosto de 1674.* — En Madrid : por Ioseph del Espiritu Santo, [s.a.]. — [4] p. ; Fol.

Texto fechado en Lorca, 1647 [i.e. 1674]. — Lugar e imp. constan en colofón.

01-00095054 000

▶ M-BN, V.E./26-55. ▶ M-BN, V.E./28-75. ▶ M-BN, V.E./68-66.

4394

Copia *de vna carta que escrivio un cavallero de Cadiz a otro amigo suyo, en que le da cuenta del feliz sucesso que tuvierō cinco navios de Dunquerque contra quarenta y seys de Portugal, y Francia sucedido en onze, y doze de Setiembre de este año de 1641.* — Impresso en Sevilla : por Francisco de Lyra, 1641. — [4] p., A² ; 4⁰

El pie de imp. consta en colofón.

01-00095055 000

▶ M-BN, V/Cª 170-23. — Sello de Pascual de Gayangos. ▶ M-BN, V.E./45-8. ▶ M-RAE, K10-4(45). — Enc. hol.

4395

Copia *de vna carta, que escrivio vn Cavallero de Sicilia à otro Cavallero desta Corte, dando quenta de los trabajos que se han padecido en la Ciudad de Dalmacia y otros lugares de aquella Provincia : Doy quenta à V. Señoria, como aviendo enviado vna carta Don Pedro Suarez... y por ella declarava el diluvio, y lastimosa ruyna, que fue Dios servido de enviar à esta dicha Ciudad, y parte de su Provincia, como es Albania, y Simarra...* —

Impressa en Malaga : por Pedro Castera, 1670. — [4] p., A^2 ; 4^0

El pie de imp. consta en colofón.

01-00090196 000

▶ M-BN, V.E./95-50.

4396

Copia *de vna carta, que escrivio vn español residente en La Curia Romana, à un Ministro Superior del Estado de Milan.* — En Barcelona : por Gabriel Nogues..., 1645. — [8] p., A^4 ; 4^0

El pie de imp. consta en colofón.

01-00030733 000

▶ M-BN, V/C^a 56-165. — An. ms.: Memorial histórico, tom. 18, p. 53. — Sello de Pascual de Gayangos.

4397

Copia *de vna carta, que ha escrit vn caualler, a vn amich seu de Barcelona, donantli auis de la victoria que han tingut en lo lloch de Orta, y lo Castell, en lo dia del Corpus proxim passat, y de la manera se son rendits los enemichs.* — En Barcelona : en casa de Iaume Mathevat, 1643. — [6] p., A^3 ; 4^0

Port. con grab. xil.

01-00095056 000

▶ M-BN, V.E./45-21.

4398

Copia *de vna carta que ha escrit vn Confident del Señor Gouernador de Catalunya, donantli auis a la Senyoria de la victoria que ha tingut lo Excelentissim Señor Mariscal Mota, a la vila de Estadilla, y Benauarri cap del Comtat de Ribagorsa, y a la orilla de Sinca...* — En Barcelona : en casa de Iaume Matevat, 1643. — [4] p. ; 4^0

01-00095058 000

▶ M-BN, V.E./45-26. ▶ M-BN, V.E./45-34. — Port. deteriorada.

4399

Copia *de vna carta que ha escrito un cauallero de Lisboa a vn correspondiente suyo, que viue en esta Ciudad de Barcelona: en la qual le da noticia de lo que passa por allà, y de vnas nueuas, y cosas notables, que ha referido el Capitan de vna esquadra de vaxeles Holandeses, que han llegadó a la dicha Ciudad de Lisboa, a los vltimos de Abril del presente año de 1642.* — En Barcelona : en la Estampa de Iaume Romeu..., 1642. — [8] p., A^4; 4^0

Port. con grab. xil.

01-00095057 000

▶ M-BN, V.E./52-100. — Sello de Pascual de Gayangos.

4400

Copia *de vna carta, que refiere el Sacrilego delito, que cometiò Antonio del Piano natural de la Ciudad de Auersa, y habitante en Napoles à los 12 de Octubre de 1672 robando en la Yglesia de S. Francisco, y S. Mateo vna Piside, ò Custodia, donde estaua el Santissimo Sacramento de bajo de los accidentes Sagrados de algunas Formas, y el castigo que se le diò de orden de el... Marques de Velada y Astorga, Virey, y Capitan general de este Reyno de Napoles.* — [S.l. : s.n., s.a.]. — [4] p., A^2 ; Fol.

01-00095059 000

▶ M-BN, V.E./23-66.

4401

Copia *de vna carta que se escribiò de Constantinopla a la ciudad de Roma, en la qual se dà cuenta de las espantosas señales, y grandes prodigios que aparecieron, y se vieron en la dicha ciudad de Costātinopla, y algunos lugares circunvezinos della en 16 de Iunio deste año de 1647...* — En Madrid : por Iulian de Paredes, 1648. — [4] p. ; 4^0

El pie de imp. consta en colofón.

01-00090197 000

▶ M-BN, V.E./62-52.

4402

Copia *de vna carta que se escriue a vn cauallero desta ciudad : en la qual se da razon del estado en que se allauan las guerras de Italia a 28 de Mayo 1630.* — En Barcelona : por Iayme Mathevad, 1630. — [4] p. ; 4⁰

Port. con esc. xil. real.

01-00095060 000

▶ M-BN, V.E./53-25. — Sello de Pascual de Gayangos.

4403

Copia *de vna carta que se ha embiado a diuersas partes destos Reynos, exortando a la deuocion del glorioso San Miguel.* — [S.l. : s.n., s.a.]. — [4] p. ; Fol.

Precede al tít.: «Quis sicut Deus». — Grab. xil. de San Miguel Arcangel en cabecera de texto.

01-00095061 000

▶ M-BN, V.E./37-8. — Recortado, afectando a últimas líneas de texto en primera pag.

4404

Copia *de vna carta que se ha embiado a diuersas partes destos Reynos, exortando a la deuocion del glorioso San Miguel.* — [S.l. : s.n., s.a.]. — [4] p., A² ; Fol.

Precede al tít.: «Quis sicut Deus».

01-00095062 000

▶ M-BN, V.E./40-98.

4405

Copia *de vna carta que se ha imbiado [sic] a diuersas partes destos Reynos, exortando a la deuocion del glorioso Arcangel San Miguel.* — [S.l. : s.n., s.a.]. — [4] p., A² ; Fol.

Precede al tít.: «Quis sicut Deus». — En p. [3] consta al fin: «A deuo-

cion de la ciudad de Salamanca se mandò imprimir». — Grab. calc.: «F. Espinat», retrato de San Miguel Arcángel en cabecera de texto.

01-00095063 000

▶ M-BN, V.E./201-132.

4406

Copia *de vna carta que vn capita ha enviat del nostre camp, a vn cavaller desta Ciutat de Barcelona, donantli auis de tot lo contengut, y en lo estat que està lo comtat de Ribagorsa, y las vilas que han cremadas, y requijadas en dit Comtat, per orde del... Mariscal de la Mota : com son Calasans, Peralta de la Sal, y altres Vilas, y llochs.* — En Barcelona : en casa de Iaume Matevat..., 1643. — [6] p. ; 4⁰

Port. con grab. xil. e inicial xil. a comienzo de texto.

01-00095064 000

▶ M-BN, V.E./35-4. ▶ M-BN, V.E./45-31.

4407

Copia *de vna carta que vn caualler de Portugal a enuiat a vn Caualler desta Ciutat de Barcelona, donantli noticia de vna gran traycio que auian tramada contra lo Senyor Rey de Portugal, y tot son Regne, y la sentencia que ha manat fer lo Senyor Rey a la persona de don Francisco de Lucena..., y altres molts Cauallers que consentian en dita traycio als 24 de Abril del any 1643.* — En Barcelona : en casa de Iaume Mathevat, 1643. — [8] p., A⁴ ; 4⁰

Port. con grab. xil.

01-00090199 000

▶ M-BN, V.E./175-29. — An. ms. en port.: Entregado por Secretaría en 10 de diciembre de 1879.

4408

Copia *de vna carta que vn cauallero soldado recibio en Madrid : en que sucin-*

tamente le auisan de algunos sucessos de las guerras de Italia, y en particular los que ha tenido con su exercito el... Marques de Santacruz Teniente General de la mar. — [S.l. : s.n., s.a.]. — [8] p., A⁴ ; Fol.

Texto fechado en Saona a 20 de Diciembre de 1625.

01-00030734 000
▶ M-BN, V/Cᵃ 224-61. — Sello de Pascual de Gayangos.

4409
Copia de vna carta que vn cauallero soldado recibio en Madrid : en que sucintamente le auisan de algunos sucessos de las guerras de Italia. — En Barcelona : por Esteuan Liberos, 1626. — [8] p., A⁴ ; 4⁰

Precede al texto esc. xil. real.

01-00095065000
▶ M-BN, V.E./35-45. — Última h. deteriorada.

4410
Copia de vna carta, que vn cavallero remitiò à vn amigo suyo desde la Corte Romana à la Ciudad de Zaragoza : dase cuenta del feliz dia que se nombrò à su Santidad, que Dios guarde, y del aplauso, y regocijo que el... Conde de Melgar hizo por la buena eleccion. — En Zaragoza : por Domingo de la Poyada, 1676. — [3] p. ; Fol.

El pie de imp. consta en colofón.

01-00090198 000
▶ M-BN, V.E./192-92.

4411
Copia de vna carta que vn Sacerdote, vezino y natural de la ciudad de Seuilla..., cautiuo en Constantinopla, escriuio a vn amigo suyo, dandole quenta de la violenta muerte de el Gran Turco Bayaceto, y de la... pompa con que fue enterrado : su

fecha en Constantinopla a 20 de Mayo de 1622. — Impresso en Seuilla : en casa de Bartolome Gomez, 1622. — [8] p. ; 4⁰

01-00030735 000
▶ M-BN, V/Cᵃ 150-43. — Sello de Pascual de Gayangos.

4412
Copia de vna carta remitida desde el campo sobre Monçon, en las fronteras de Portugal, à vn Cauallero de esta Corte, dandole cuenta de lo sucedido en quitarles à los Portugueses el socorro que querian introducir por el Miño à dicha Plaça : sucedido el Sabado siete deste presente mes de Diziembre de 1658. — En Madrid : por Iulian de Paredes..., 1658. — [4] p. ; Fol.

Port. con esc. real xil.

01-00095066 000
▶ M-BN, V/Cᵃ 250-95. — Sello de Pascual de Gayangos. ▶ M-BN, V.E./1221-22. — Muy recortado. ▶ M-BN, V.E./201-119.

4413
Copia de vna carta trayda de Constantinopla a Roma en la qual se cuentan grandes, prodigiosos y espantables señales que aparecieron en la dicha ciudad de Constantinopla... : contiene horribles visiones y apariciones de saetas, vientos, tempestades... con la interpretacion... hecha por algunos adiuinos estrologos de su Imperio... — [Barcelona] Impressa en Micina, en Napoles, en Roma y aora en Barcelona : en casa de Gabriel Nogues..., 1639. — [7] p., A⁴ ; 4⁰

El pie de imp. consta en colofón.

01-00030736 000
▶ M-BN, R/12212(35). — Enc. perg.

4414
Copia de vna gaseta enuiada de França a vn Cauallero desta ciutat donantli no-

ticia del bon succes que han tingut las armas del Rey Christianissim... contra las armas del Rey de Castella, del Infant Cardenal Princep Tomas... any de 1641 a quatra de Agost. — [Barcelona] : en casa de Iaume Matevat, 1641. — [7] p. ; 4⁰

Port. con esc. xil.

01-00030737 000

▶ M-BN, V/Cª 170-34. — Sello de Pascual de Gayangos.

4415

Copia *de vna lletra tramesa de la ciutat de Paris a la present ciutat de Barcelona : en la qual se dona relacio de moltes coses memorables, y en particular de certs senyals que han aparegut en lo ayre en les parts de Olanda, juntament se diu lo que poden significar dits senyals.* — En Barcelona : per Gabriel Nogues..., 1646. — [4] p., A² ; 4⁰

El pie de imp. consta en colofón.

01-00030738 000

▶ M-BN, V/Cª 56-167. — Sello de Pascual de Gayangos.

4416

Copia *de vna orden, que el exc. señor D. Pedro Corbete, Govern. Gener. de la Armada, dió á D. Salvador Loche, para q̃ passasse ocultar̃ẽte vna Muestra rigurosa...* — [S. l. : s. n., s. a.]. — 4 h., A-B² ; Fol.

Textos fechados en Cádiz, Madrid y Nápoles entre 1691 y 1694.

01-00019203 000

▶ M-BN, V.E./198-63.

4417

Copia *de vna relacion hecha en el Cabildo de la ciudad de Sevilla, que m̃ãdo imprimir el assistente della don Bernardino Gonçalez Delgadillo de Avellaneda, sobre un caso si la Ciudad tratando de su* desempeño y aviendo quitado para el mismo fin otras mercedes y limosnas podia continuar la que hazia al Seminario de los Ingleses, con pareceres de theologos sobre el mismo caso. — Impresso en Sevilla : por Clemente Hidalgo, 1604. — [15], h., [1] en bl., [ ]¹, A⁴, [ ]¹, B⁴, C⁶ ; Fol.

El pie de imp. consta en colofón.
— *Informacion a la ciudad de Sevilla, por parte del Colegio Ingles de la misma ciudad / [Jose Cresuelo]: A⁴.*

01-00030739 000

▶ M-PR, II/175(91). — Enc. pasta. — Defectos de encuadernación.

4418

Copia *del capitulo de vna carta de vn varon docto de Toledo, a vn su amigo de Seuilla.* — Impresso... en Seuilla : en la Emprenta de Gabriel Ramos Vejarano..., 1615. — [8] p., A⁴ ; 4⁰

El pie de imp. consta·en colofón.

01-00095067 000

▶ M-BN, V.E./53-89. ▶ M-PR, III-6583(11). — Enc. pasta.

4419

Copia *segunda.* — Impressa en Seuilla : por Gabriel Ramos Bejarano..., 1618. — [8] p. ; 4⁰

El texto comienza: «Sabado de mañana veynte y tres de octubre, apareciò el Conuento no con el ordinario adorno...». — El pie de imp. consta en colofón.

01-00030743 000

▶ M-BN, R/12677(16). — Enc. hol. — Sello de Pascual de Gayangos.

4420

Copia *tercera.* — Impressa en Seuilla : por Gabriel Ramos Bejarano..., 1618. — [8] p., A⁴ ; 4⁰

El texto comienza: «Por si V. Señoria aguardá proseguiré en el intento começado digno de el aplauso que se hara su feruor y zelo...». — El pie de imp. consta en colofón.

01-00030745 000

▶ M-BN, R/12677(17). — Enc. hol. — Sello de Pascual de Gayangos.

4421

Copia *quarta*. — Impressa en Seuilla : por Gabriel Ramos Bejarano..., 1618. — [8] p., A^4 ; 4^0

El texto comienza: «Si la preuenciō cuydadosa era agradable tanto como el periodo delarelacion [sic] passada lo verifica...». — El pie de imp. consta en colofón.

01-00030740 000

▶ M-BN, R/12677(18). — Enc. hol. — Sello de Pascual de Gayangos.

4422

Copia *quinta, que contiene la fiesta de torneos que la Comunidad de Sederos y Gorreros hizieron*. — En Seuilla : por Gabriel Ramos Bejarano..., 1617. — [16] p., A^8 ; 4^0

El pie de imp. consta en colofón.

01-00030741 000

▶ M-BN, R/12677(19). — Enc. hol.

4423

Copia *sexta que da cuenta de la mascara que los artistas plateros hizieron*. — Impressa en Seuilla : por Gabriel Ramos Bejarano..., 1617. — [8] p., A^4 ; 4^0

El pie de imp. consta en colofón.

01-00030744 000

▶ M-BN, R/12677(20). — Enc. hol.

4424

Copia *segunda, marauilloso, insigne y costoso Arco, o Puerta, que los ingleses han hecho en el Pilouriño viejo, por donde ha de entrar su Magestad en Lisboa : refierese el modo, traça y architectura del...:*

dase assi mismo quenta del grandioso presente que a su Magestad hizo el Duque de Bergança... : dizese assi mismo donde esta al presente su Magestad, y que dia entrara en Lisboa... — Impresso en Seuilla : por Iuan Serrano de Vargas y Vreña..., 1619. — [4] p. ; Fol.

Port. con esc. xil. real. — Texto a dos col.

01-00030742 000

▶ M-BN, V/Cª 226-57. — Sello de Pascual de Gayangos.

4425

Copia *sumaria de la consulta de los Reueldes de Olanda, y de la conjuracion que hizieron, contra el Imperio Romano, y la Casa de Austria, que al fin se ha venido a descubrir*. — [S.l. : s.n., s.a.]. — [4] p. ; Fol.

El texto alude al nombramiento de Gustavo Adolfo II Rey de Suecia como jefe de la liga protestante (1631).

01-00095068 000

▶ M-BN, V.E./217-15.

4426

Copia *verdadera de vna carta embiada a vn cauallero desta ciudad por vn agente suyo residente en la Corte a los 28 de Agosto 1636 : en que le dà auiso de las vitorias que va alçancando por momentos el Sereniss. Infante Cardenal, y plaças fuertes que ha tomado, y en otras puesto el sitio en el dicho Reyno de Francia*. — En Barcelona : por Sebastian y Iayme Matevad, 1636. — [6] p., [2] en bl. ; 4^0

Port. con grab. xil.

01-00030746 000

▶ M-BN, R/31425. — Enc. pasta con hierros dorados.

4427

Copiosa *relacion de las costosissimas galas, vistosas libreas y preciosissimas* *joyas que el dia del bautizo de la señora Infanta luzieron en la Corte de España, que fue jueves siete de este presente mes de Octubre de 1638 años.* — Impressa en Sevilla : por Iuan Gomez de Blas, 1638. — [4] p. ; 4^0

El pie de imp. consta en colofón.

01-00030747000

▶ M-RAE, K10-4(8). — Enc. hol.

4428

Copiosa *relacion de lo sucedido en el tiempo que duro la epidemia en la grande y augustissima ciudad de Seuilla, año de 1649* / escrita por vn religioso a su Reuerendissimo Padre General ; sacala a luz Pedro Lopez de San Roman Ladron de Gueuara... — Impresso en Ezija : por Iuan Malpartida de las Alas, 1649. — 26 h., A-F^4, G^2 ; 4^0

01-00090200 000

▶ M-BN, V/C^a 56-186. — Sello de Pascual de Gayangos. ▶ M-BN, V.E./19-29. — Port. deteriorada.

4429

Copiosa *relacion en prosa, solenes [sic] ceremonias, y missa de Pontifical, que... Pedro de Castro y Quiñones... Arçobispo de Seuilla, celebrò en la solene [sic] bendicion de la primer piedra del cimiento del... edificio del nueuo Sagrario que haze la santa Iglesia desta ciudad : dase quenta puntual del adorno del claostro [sic], altar y gradas, ceremonias, procession, sermon, luminarias y cohetes...* / recopilado por Iuan Serrano de Vargas... — En Seuilla : por Iuan Serrano de Vargas..., 1618. — [8] p.; 4^0

Port. con grab. xil. — Ilustración xil.

01-00122250 000

▶ M-BN, V.E./1347-6. — Enc. cart.

4430

Coplas *divinas y espirituales, en alabança de Maria Santissima Nuestra Señora : dirigidas à fervorizar la devocion de el Santissimo Rosario explicando los quinze mysterios, en quinze flores, como verà el curioso lector...* — En Sevilla : por Lucas Martin de Hermosilla, impresor y mercader de libros, 1697. — [4] p. ; Fol.

El pie de imp. consta en colofón. — Port. con grab. xil.

01-00090201 000

▶ M-BN, V.E./104-5.

4431

Coppola, Nicolás. *La certidumbre de las resueltas operaciones de la triseccion del angulo y formacion del heptagono, por la linea conmensuratriz del quadrante* / del doctor Don Nicolas Coppola... ; contra el desengaño que ha pretendido dar al publico... Don Sebastian Fernandez de Medrano... ; y contra las censuras que han supuesto dar otros professores de la... Vniuersidad de Lobaina ; y contra la pretendida satisfaccion que se ha dado de parte del Doct. Don Andrès de Gamez... — Madrid : [s.n.], à 11 de Abril de 1692. — [2], 31 p., [2] en bl., [1] h. de grab. pleg., A-C^4, D^6 ; 4^0

Grab. pleg. es calc.: «Franc. de Saluis sculp. 1692».

01-00095069 000

▶ M-BN, 3/2387(2). — Enc. perg. ▶ M-BN, 3/45434(4). — Enc. perg. — Falto de la h. de grab. ▶ M-BN, 8/31790(4).

4432

Coppola, Nicolás. *Continuacion de la advertencia cortesana, que hizo el Doctor D. Nicolàs Coppola, natural de la Ciudad de Palermo, al Reverendissimo*

Padre Iacobo Kresa, Cathedratico de Mathematicas en el Colegio Imperial de esta Corte : con una insinuacion à todos los professores, y curiosos de la facultad, en orden al examen de los mas reconditos arcanos de ella. — [S.l. : s.n., s.a.]. — 4 h., A⁴ ; Fol.

Precede al tít.: Ovid. Summa petit livor, perflant altissima venti. — Texto fechado en Madrid, 9 de Junio de 1694. — *Advertencia cortesana, è insinuacion benevola del Doctor D. Nicolàs Coppola al Reverendissimo Padre Iacobo Kresa...:* h. 2.

01-00095070 000

▶ M-BN, V.E./7-3.

4433

Coppola, Nicolás. *De quadraturae circuli geometrica resolutione nobilissima ac exacta inventio* / ab... Don Nicolao Coppola... — En Madrid : en la Imprenta del Reyno..., 1690. — [8], 11 p., [1] h. de grab. pleg., A⁴, A⁴, B² ; 4⁰

Texto paralelo en latín y español, a dos col. — El pie de imp. consta en colofón. — Port. con orla tip. — Grab. calc.: «Franc. de Saluis delin. 1690», con figuras geométricas, al final del texto.

01-00095071 000

▶ M-BN, 3/44147. — Enc. pasta con hierros dorados. ▶ M-BN, V.E./123-17(2).

4434

Coppola, Nicolás. *Defensa matematica de las proposiciones resueltas de la Triseccion del Angulo y de los dos problemas propuestos à los professóres* / por el doctor D. Nicolas Coppola... ; contra las falsas y extravagantes operaciones y demonstraciones del Sargento mayor D. Juan Herrera y Sotomayor, ò de los que escriven de-

baxo de su nombre. — Madrid : [s.n.], 21 Enero 1692. — 4 h., p. 5-56, [1] h. de grab. pleg., [A]-G⁴, H²; 4⁰

Port. con orla tip. y viñeta xil. — Grab. calc., con figuras geométricas, al final del texto.

01-00095072 000

▶ M-BN, 2/29344(1). — Enc. perg. con hierros dorados. ▶ M-BN, 3/45434(2). — Enc. perg. — Falto de h. de grab. pleg. ▶ M-BN, 8/31790(2).

4435

Coppola, Nicolás. *Formacion exacta del heptagono : geometricamente hallada por medio de la linea commensuratriz del quadrante* / por el doctor A. Nicolas Coppola... ; repitese la resuelta y demostrada triseccion del angulo, inventada por el mismo Doctor Coppòla respondiendo à... D. Matheo Fernandez de Rozas... — En Madrid : [s.n.], à 3 de Diziembre de 1693. — [8], 31 p., [3] h. de grab. pleg., ¶⁴, A-D⁴ ; 4⁰

Grab. calc. que representan figuras geométricas, al final del texto, «Franciscus de Saluis Sculpsit 1693».

01-00095073 000

▶ M-BN, 3/50648(1). — Enc. perg. ▶ M-BN, 8/31790(6). — Falto de cuaderno sign. A. ▶ ME-RB, 48-II-32(6). — Enc. perg.

4436

Coppola, Nicolás. *La formacion y medida de todos los cielos* / obra architectonica por el Viviani, accademico florentino, vltimo discipulo del Galileo ; corregida y emmendada por el doctor D. Nicolas Coppola... ; se haze el tercero y vltimo recuerdo à una muy celebre vniversidad de Italia. — En Madrid : [s.n.], 9 de

Enero de 1694. — [8], 23 p., [1] h. de grab. pleg., ¶⁴, A-C⁴, [ ]¹ ; 4⁰
Texto en español e italiano. — Port. con orla tip. — Grab. calc.: «Franc. de Saluis Sculp. 1693» de figuras geométricas, al final del texto.

01-00095074 000

▶ M-BN, 3/50648(2). — Enc. perg. ▶ M-BN, 8/31790(7). ▶ ME-RB, 48-II-32(5). — Enc. perg.

4437

Coppola, Nicolás. *Llave geometrica de la resuelta y demostrada operacion de la triseccion del angulo por medio de las lineas comensuratrices del quadrante* / del doctor don Nicolas Coppola... ; en la qual haze un resumen de las censuras que se han hecho contra la primera solucion que se diò à luz en 25 de agosto de 1691... — En Madrid : por Juan Garcia Infanzon, 1693. — [8], 83, [1] p., [5] h. de grab., ¶⁴, A-K⁴, L² ; 4⁰
Grabs. calc.: «Franciscus de Saluis Sculps., 1693».

01-00030752 000

▶ M-BN, 3/45434(5). — Enc. perg. — Falto de las h. de grab. ▶ M-BN, 8/31790(5).

4438

Coppola, Nicolás. *Resolucion geometrica de la tricision de el angulo...* / del doctor Don Nicolas Coppola... ; con dos problemas, que se proponen à los curiosos, y professores de esta facultad. — En Madrid : [s.n.], à 25 de Agosto de 1691. — [2], 4 h., [1] h. de grab. pleg., [ ]², A⁴ ; 4⁰
Grab. calc.: «1691», con representaciones geométricas.

01-00095076 000

▶ M-BN, V.E./123-17(4).

4439

Coppola, Nicolás. *Resolucion geome-trica de la triseccion del angulo* / nuevamente explicada por su autor... Nicolàs Coppola... por no aver sido entendida del sargento mayor D. Juan de Herrera y Sotomayor como lo dà à entender en su respuesta, con la resolucion de los dos problemas propuestos à los professores. — En Madrid : [s.n.], à primero de Octubre de 1691. — [4], 31 p., [2] en bl., [1] h. de grab., A-E⁴ ; 4⁰
Port. con orla tip. — Grab. calc., con representaciones geométricas.

01-00030753 000

▶ M-BN, 2/29344(2). — Enc. perg. con hierros dorados. ▶ M-BN, 3/45434(1). — Enc. perg. — Falto de h. de grab. ▶ M-BN, 8/31790(1). — An. mss. «1876 Marzo, E. por la Secretaría». — Un compás pintado a mano, en h. en bl.

4440

Coppola, Nicolás. *Resolutio geometrica duarum mediarum Proportionalium inventa* / ab... D. Nicolao Coppola... — Matriti : ex Typographia Lucae Antonij de Bedmar..., duo Ianuarij... 1690. — [3], 4 h., [3] h. de grab. pleg., A⁴, B³ ; 4⁰
Grabs. calc. que representan figs. geométricas.

01-00095079 000

▶ M-BN, V.E./123-17(1).

4441

Coppola, Nicolás. *Resolutionis geometricae duarum mediarum continuè proportionalium inventae ab V.I.D.D. Nicola Coppola... typis datae duo Ianuarij 1690 Matrit. Perpensio D. Didaci Merino de Rojas... : cuius iussu vulgata fuit Panormi 13 Februarij MDC.LXXXX : uindicatur ab eodem inventore.* — Data Matriti : [s.n.], die primo Iunij 1690. — [3], 11 h., [6] h. de grab. pleg., A-C⁴, D² ; 4⁰

Grabs. calc. que representan figs. geométricas, dos de ellas: «Franc. de Saluis delin. 1690».

01-00095078 000

▶ M-BN, V.E./123-17(3).

4442

Coppola, Nicolás. *Respuesta del doctor Don Nicolas Coppola... contra los pareceres y juyzios hechos de sus problemas, y particularmente contra las mal fundadas censuras del Maestre de Campo D. Sebastian Fernandez de Medrano...* — Madrid : [s.n.], 1692. — 14 p., [2] en bl., A-B^4 ; 4^0

Port. con orla tip.

01-00095080 000

▶ M-BN, 3/2387(1). — Enc. perg. — En B$_4$, h. de grab. pleg. pegada, que corresponde a otra obra del mismo autor, «Resolucion geometrica de la triseccion del angulo». ▶ M-BN, 3/45434(3). — Enc. perg. ▶ M-BN, 8/31790(3).

4443

Coppola, Nicolás. *Señor. El Doctor Don Nicolás Copola, natural de la Ciudad de Palermo en el Reyno de Sicilia, dize: Que auiendo servido à V. Mag. desde el año de 1683 en calidad de primer calculador de la Deputacion de dicho Reyno, para el repartimiento General de los Reales Donativos...* — [S.l. : s.n., s.a.]. — 6 h., A-C^2 ; Fol.

Se ha respetado la puntuación original. — Texto fechado en Madrid, 1695.

01-00095081 000

▶ M-BN, V.E./213-26. — Deteriorado, afectando a las 2 últimas h.

4444

Corachán, Juan Bautista. *Arithmetica demonstrada theorico-practica, para lo mathematico, y mercantil : explicanse las monedas, pesos, y medidas de los he-breos, griegos, romanos, y de estos Reynos de España, conferidos entre si... /* compuesta por Iuan Bautista Corachan... — En Valencia : por Jayme de Bordazar : vendese en casa Juan de Baeza..., 1699. — [24], 494 p., [2] en bl., ¶^{4}-3¶^{4}, A-Z^4, 2A-2Z^4, 3A-3Q^4 ; 4^0

Port. a dos tintas.

01-00030755 000

▶ M-BN, 7/16289. — Enc. perg. — Ex-libris ms. de fray Félix Frechel, del Convento del Rosario de Madrid. ▶ M-BN, R/34172. — Enc. perg. ▶ M-UC (FFil), 20998. — Enc. perg.

4445

Corachán, Juan Bautista. *Discurso sobre el cometa que aparecio este Año 1682 /* por Iuan Bautista Corachan... — [S.l. : s.n., s.a.]. — [8] p., A^4

01-00095082 000

▶ M-BN, V.E./15-37.

4446

Corbera, Esteban de. *Cataluña illustrada : contiene su descripción en comun y particular con las poblaciones, dominios y successos desde el principio del mundo asta que... fue libre de la oppresion sarracena /* escriuiola Esteuan de Corbera... ; coregida [sic] y añadida de algunas aduertencias y appendices concernientes a estas illustraciones... — En Napoles : por Antonino Gramiñani, 1678. — [12], 458 p., a^4, b^2, A-Z^4, 2A-2Z^4, 3A-3I^4, 3K-3N^2, 3O^1 ; Fol.

01-00030756 000

▶ M-BN, 2/63934. — Enc. perg. — Sello de Pascual de Gayangos y ex-libris del Marqués de Santa Cruz. — Defectos de encuadernación: el cuaderno 3E^4 detrás de 3G^4. ▶ M-BN, 3/32154. — Enc. perg. ▶ M-BN, P/3714. — Enc. perg. — Ex-libris ms. de don Andrés González de Ibarra Carballado. ▶ M-BZ, 11-101. — Enc. hol. ▶ M-UC

(FFil), 10015. — Enc. perg. ▶ M-UC (FFil), 30211. — Enc. perg.

4447

Corbera, Esteban de. *Vida i echos marauillosos de Doña Maria de Ceruellon llamada Mariã Socós, Beata professa de la Orden de Nͬa. Señora de la Merced Redencion de Cautiuos : con algunas antiguedades de Cataluña...* / por Esteuan de Corbera... — En... Barcelona : por Pedro Lacaualleria..., 1629. — [6], 233 [i.e. 234], [4] h., [ ]¹, ✳¹, †⁴, A-Z⁶, 2A-2Q⁶, 2R⁴ ; Fol.

El pie de imp. consta en colofón. — Texto a dos col. — Port. grab. calc.: «I de Courbes F».

01-00030757 000

▶ M-BN, 2/62404. — Enc. perg. — Sello de Pascual de Gayangos y ex-libris de Manuel Vicente de Murgutio. ▶ M-BN, 3/40724. — Enc. perg. ▶ M-PR, V-1091. — Enc. pasta. ▶ M-UC (FFil), 30886. — Enc. perg. — Ex-libris ms. de la librería de la casa Profesa de la Compañía de Jesús de Madrid. ▶ M-UC (FFil), 7538. — Enc. perg. ▶ M-UC (FFil), 7540. — Enc. perg.

4448

Corchero Carreño, Francisco. *Desagravios de Christo en el triumpho de su Cruz contra el judaismo : poema heroico...* / Francisco Corchero Carreño... — En Mexico : en la Imprenta de Iuan Ruyz, 1649. — [17], 112 h., [2] h. de grab., [ ]⁴, ¶⁴, 2¶⁸, 3¶², A-Z⁴, 2A-2E⁴ ; 4⁰

Colofón. — Grabs. xil., delante de port. y de p. 14.

01-00030758 000

▶ M-BN, R/5309. — Enc. pasta.

4449

Cordero, Jacinto. *Comedia de La entrada del Rey em Portugal* / de Iacinto Cordero... — Em Lisboa : por Iorge Rodriguez : vendese na Rua noua

aos Liureyros, 1621. — [4], 38 h., [ ]⁴, A-D⁸, E⁶ ; 4⁰

Marca de imp. en h. [4]. — Texto a dos col. — Port. con orla tip.

01-00030759 000

▶ M-BN, T-i/6(9). — Enc. hol. — Sello de Agustín Durán.

4450

Cordero, Juan Martín. *Memoria espiritual de devotas, y contemplatiuas oraciones cõ las Visperas, y completas de todo el año...* / compuesta por el doctor Iuan Martin Cordero... — Añadidas algunas oraciones en esta ultima impression. — En Tortosa : en la imprenta de Frãcisco Martorell, 1636. — [14], 176, [3] h., ¶¹⁶, B-M¹⁶ ; 16⁰

Port. a dos tintas.

01-00030760 000

▶ M-UC (FFil), 3015. — Enc. perg. — Ex-libris ms de la casa profesa de la Compañía de Jesús de Madrid. — Falto de h. 52 a 65.

4451

Córdoba, Juan de. *Sermon predicado en el vltimo dia del synodo, que celebrò en la Santa Iglesia Cathedral de la ciudad de Guamanga el Ilustrissimo Señor Doctor D. Francisco de Godoi, su meritissimo obispo...* / predicole el licenciado don Iuan de Cordoua... — En Lima : por Luis de Lyra, 1654. — [7], 23 h., [ ]⁴, ¶⁴, A-E⁴, F² ; 4⁰

01-00090202 000

▶ M-BN, V.E./176-7.

4452

Córdoba, Luis de. *Lo que se le ofrece a Luis de Cordoua de nueuo que aduertir a los Señores del Consejo de hazienda sobre el negocio de la seda...* — [S.l. : s.n., s.a.]. — [1] h., [1] en bl. ; Fol.

En texto consta 1618. — Hoja impresa por una sola cara.

01-00090203 000

▸ M-BN, V.E./208-29. — Firma ms. de Luis de Córdoba.

4453

Córdoba, Luis de. *Luis de Cordoua (de cuyo pedimiento se hā dado dos cedulas Reales, para que la Chancilleria de Granada y Iunta de poblacion hizierā informacion, y hecha, diessen su parecer acerca del arbitrio q̄ ha propuesto sobre la cobrança de la renta de la seda de aquel Reyno) suplica a V.m. se sirua de ver estos apūtamientos...* — [S.l. : s.n., s.a.]. — [7], [1] en bl., [2] p., [2] en bl., A⁶ ; Fol.
Dudase por los señores del Consejo de Haziēda, la forma que se ha de tener para la seguridad de la hazienda Real del cabeçon, q̄ se trata de la renta de la seda del Reyno de Granada..., [2] p.

01-00090314 000

▸ M-BN, V.E./210-132.

4454

Córdoba, Luis de. *Memorial de las aduertencias y aduitrio que se dà para el remedio de los criadores de la seda del Reyno de Granada* / hecho por Luys de Cordoua vezino de la villa de Uxijar de las Alpujarras, para que el Reyno se vaya augmentando, assi en riqueza, como en el plantio de los arboles de la cria y se cuiten los daños y fraudes que hasta aora se han hecho... — [S.l. : s.n., s.a.]. — 6 h., A-C² Fol.
En h. 1 consta 1617.

01-00090114 000

▸ M-BN, V.E./68-28.

4455

Córdoba, Pedro (O.S.A.). *Oracion funebre en las exequias que a la Catholica*

Magestad del Rey Phelipe Tercero... hizo el Excellentissimo de Pliego en su Villa de Montilla, en diez y ocho de Mayo... de 1621 / por... Fray Pedro de Cordoua... del Conuento de sant Augustin de Seuilla... — Impresso en Cordoua : enla [sic] emprenta de la biuda de Barrera, 1621. — [2], 9 h., [1] en bl., [ ]², A-B⁴, C² ; 4⁰

01-00114655 000

▸ M-BN, V.E./1378-10.

4456

Córdoba (Diócesis). Obispo (1633-1649: Domingo Pimentel). *Constituciones ordenadas por el Illᵐᵒ, y Rᵐᵒ Sᵒʳ Don Fray Domingo Pimentel... Obispo de Cordoua, del Consejo de su Magestad, &c. para el gouierno espiritual, y temporal de los Conuentos de Religiosas de la filiacion Ordinaria, assi dentro, como fuera de Cordoua : vtiles, y necessarias, no solo para que las Religiosas sepan lo que deben guardar, sino para los Visitadores, Vicārios, Confessores, Capellanes, Mayordomos, y Iuezes de Comissiō q̄ asisten a elecciones, poner en libertad, dar Abitos, y velos.* — En Cordoua : por Salvador de Cea Tesa, 1642. — 22 h., A-E⁴, F² ; 4⁰

01-00094987 000

▸ M-BN, V.E./1-15.

4457

Córdoba (Diócesis). Sínodo (1662). *Constituciones synodales del Obispado de Cordoba* / hechas y ordenadas por... el... obispo don Francisco de Alarcon... en la synodo que celebro en su palacio episcopal en... Iunio de 1662. — En Madrid : por Diego Diaz de la Carrera..., 1667. — [26], 157 h., [1] en bl., [ ]², A-Z⁶, 2A⁶, 2B⁸, 2C-2G⁶ ; Fol.

Port. con esc. calc. del obispo D. Francisco de Alarcón.

01-00030761 000

▶ M-BN, 3/12064. — Enc. perg. — Ex-libris ms. de la biblioteca del Colegio Mayor de Cuenca. ▶ M-BN, 3/12889. — Enc. perg. — Ex-libris ms. del licenciado Alcantud. ▶ M-PR, IX-9287. — Enc. pasta. ▶ M-RAE, 40-2-29. — Enc. perg.

4458

Córdoba Maldonado, Alonso de.
Relacion de la festiua pompa y feruoroso anhelo con que la... ciudad de Segouia, cabeça de Estremadura, ha celebrado la translacion de su patrona... Virgen de la Fuencisla à la nueua y prodigiosa marauilla de su retablo en su hermita... / escritor Alonso de Cordoua Maldonado... — En Madrid : por Maria de Quiñones, 1662. — [14], 151 p., [1] h. de grab., ¶^{8}, A-I^8, K^4 ; 4^0

Grab. xil. que representa a la Virgen de la de la Fuencisla, en ¶$_2$.

01-00030764 000

▶ M-BN, 2/66047. — Enc. perg. ▶ M-BN, R/14244. — Enc. hol. — Sello de Barbieri y ex-libris ms. de Fray Diego del Aguila. ▶ M-BN, V.E./544-32. ▶ M-RAE, 19-VII-42. — Enc. hol.

4459

Córdoba Maldonado, Alonso de.
Relacion de las fiestas que la muy noble, antigua y leal ciudad de Segovia celebró en el feliz nacimiento de su deseado Principe Don Felipe Prospero de Austria, hijo del gran monarca D. Felipe IV y de la esclarecida Reyna... D. Maria-Ana de Austria / escrita... por Alonso de Cordoua Maldonado... — En Madrid : por Diego Diaz de la Carrera , 1658. — [6], 101 p., A-N^4, O^2 ; 4^0

01-00030763 000

▶ M-BN, V/C^a 1045-15.

4460

Córdoba y Salinas, Diego de (O.F.M.). *Coronica de la religiosissima prouincia de los Doze Apostoles del Peru, de la Orden de N.P.S. Francisco de la Regular Obseruancia : dispuesta en Seys libros con relacion de las prouincias que della han salido... : hazese vna breue descripcion de todas las tierras del Peru...* / compuesta por... fr. Diego de Cordoua Salinas... — En Lima : por Iorge Lopez de Herrera, 1651. — [34], 214, 690+ [i.e. 702] p., a^8, b^6, §3, A-C^8, D^7, §^{2}, E-N^8, O^3, A-Z^8, 2A-2T^8, 2V^7, 2X^2, 2V$_{4-8}$, 2X^1 ; Fol.

Errores de pag., repetidas p. 63-64 y 679 a 690. — Texto a dos col. — Port. con orla tip.

01-00030765 000

▶ M-BN, R/14078. — Enc. perg. — Sello del Archivo Histórico Nacional y ex-libris de Mariano Carvajal. — Deteriorado. — Falto de las últimas h. del índice.

4460 bis

Córdoba y Salinas, Diego de (O.F.M.). *Vida, virtudes y milagros del Apostol del Peru el Venerable P.^{e} Fray Francisco Solano de la Serafica Orden de los Menores de la Regular Obseruancia, patron de la ciudad de Lima... : sacada de las declaraciones de quinientos testigos... y de otras muchas informaciones...* / por el Padre Fray Diego de Cordoua... del Orden de... S. Francisco. — Y en esta segunda edicion / añadida por el P.^{e} Fray Alonso de Mendieta de la misma Orden... — En Madrid : en la Emprenta Real, 1643. — [62], 686 [i.e. 692], [12] p., [1] h. de grab., [ ]^1, ¶^{8}, §^{8}, 2¶^{8}, 3¶^{4}, 4¶^{2}, A-Z^8, 2A-2X^8 ; 4^0

Colofón. — Errores de pag., repetidas p. 145-148 y 395-396. — Port. grab. calc.: «Juan de Noort. f en

Madrid Año. 1643». — Grab. calc.: «1640 Roma», retr. de Francisco Solano.

01-00030766 000

▶ M-BN, P/4815. — Enc. perg. — Port. y enc. deterioradas. — Falto de la h. de grab. ▶ M-BN, R/13842. — Enc. perg. — Sello del Archivo Histórico Nacional. ▶ M-BN, R/ 36197. — Enc. perg. — Sello de Pascual de Gayangos. — Falto de la h. de grab., p. 189-190 y última h. (fin de la tabla y colofón). ▶ ME-RB, 104-VI-36. — Enc. perg.

4461
Córdoba y Salinas, Diego de (O.F.M.). *Vida, virtudes, y milagros del Apostol del Peru el B.P. Fr. Francisco Solano de la seráfica Orden de los Menores de la Regular, Obseruancia, patron de la ciudad de Lima : sacada de las declaraciones de quinientos testigos... y de otras muchas informaciones... / por el P. Fr. Diego de Cordoua... — Tercera impression / que saca a luz el M.R.P. Fr. Pedro de Mena... — En Madrid: en la Imprenta Real, 1676. — [20], 544, [8] p., §8, 2§2, A-Z8, 2A-2L8, 2M4 ; 40*

01-00030767 000

▶ M-BN, R/28901. — Enc. pasta. — Sello de Justo Zaragoza.

4462
Coren, Jacques (O.F.M.). *Escudo de paciencia* / compuesto por el M.R.P. Fr. Iacobo Coreno, Religioso de la Orden de San Francisco ; traduzido en lengua vulgar, por Don Diego Castellon... ; lleua tres indices... ; con un copioso elenco para los Euangelios de Aduiento, y Quaresma trabajados, y dispuestos por vn Religioso de la Orden de Predicadores... — En Zaragoça : por Pedro Lanaja..., 1648. — [16], 466, [66] p., ¶-2¶4, A-Z4, 2A-2Z4, 3A-3V4, 3X2 ; 40

Port. con esc. xil. de D. Miguel Batista de Lanuza.

01-00030768 000

▶ M-BN, 2/69585. — Enc. perg. ▶ M-BN, 3/23681. — Enc. perg. — Ex-libris: «Ebenezer Palmer, London 1819» y sello de Pascual de Gayangos. ▶ M-BN, 8/36190. — Enc. perg. — Ex-libris ms. del Real Convento de San Gil de Madrid.

4463
Coria (Diócesis). Sínodo (1606). *Constituciones synodales del Obispado de Coria* / hechas y copiladas por Don Pedro de Caruajal Obispo de la Sancta Iglesia de Coria... ; publicadas en la Synodo diocesana que celebró su Señoria, en la dicha ciudad de Coria à nueue dias de Abril de M.DC.VI. — En Salamanca : en la emprenta de Diego de Cussio, 1608. — [8], 299, [4], 38, [2] en bl., [34] p., [ ]1, 2¶3, A-S8, T6, V2, a-b8, c4, 3¶2, †2, ✱2, ¶2, A9 ; Fol.

Port. con esc. calc. de Pedro Carvajal. — *Scholia seu Glossae quaedam in nonnullas constituciones synodales Cauriensis diocesis... : 38 p.*

01-00030769 000

▶ M-BN, 2/49606. — Enc. perg. — Ex-libris de Fernando José de Velasco. ▶ M-BN, 3/12888. — Enc. perg. — Falto de p. 38 y [34]. ▶ M-PR, IX-9317. — Enc. pasta. ▶ M-RAE, 40-2-13. — Enc. perg. — Falto de p. 38, [2] en bl. y [34].

4464
Cornejo, Damián (O.F.M.), Obispo de Orense. *Chronica seraphica : vida del glorioso patriarca San Francisco, y de sus primeros discipulos... / escrita por el R.P. Fr. Damian Cornejo... chronista general de su Orden ; parte primera. — En Madrid : por Iuan Gar-*

cia Infançon, 1682. — [24], 674, [26] p., ¶-2¶^{6}, A-Z^6, 2A-2Z^6, 3A-3L^6, 3M^8 ; Fol.

Existen al menos dos ed. con igual pie de imp., entre otras diferencias consta en port. antes de parte primera: «...Examinador Synodal de este//Arçobispado». — Texto a dos col.

01-00030770 000

▶ M-BN, 3/68777. — Enc. perg. ▶ M-BN, 8/6714. — An. ms. «Bustamante le da en 8 de Octubre de 1740». — Enc. perg. — La h. con sign. 3L$_3$ deteriorada afectando al texto.

4465

Cornejo, Damián (O.F.M.), Obispo de Orense. *Chronica seraphica : vida del glorioso patriarca San Francisco, y de sus primeros discipulos... /* escrita por el R.P. Fr. Damian Cornejo... chronista general de su Orden ; parte primera. — En Madrid : por Juan Garcia Infançon, 1682. — [24], 674, [26] p., ¶-2¶^{6}, A-Z^6, 2A-2Z^6, 3A-3L^6, 3M^8 ; Fol.

Existen al menos dos ed. con igual pie de imp., entre otras diferencias consta en port. antes de parte primera: «...Examinador Synodal de//este Arçobispado». — Texto a dos col.

01-00030771 000

▶ M-BN, 3/68769. — Enc. perg. ▶ M-BN, 5/2142. — Enc. perg. ▶ ME-RB, 107-II-10. — Enc. perg. deteriorada. ▶ M-UC (FFil), 12577. — Sello y ex-libris de la librería del Collegio Imperial de la Compañía de Jesús. ▶ M-UC (FFil), 30861. — Enc. perg. — Ex-libris de la Condesa del Campo de Alange.

4466

Cornejo, Damián (O.F.M.), Obispo de Orense. *Chronica seraphica... /* escrita por... Fr. Damian Cornejo... coronista general de su Orden ;

parte segunda. — En Madrid : por Iuan Garcia Infançon..., 1684. — [16], 660 [i.e. 666], [22] p., ¶^{8}, A-Z^6, 2A-Z^6, 3A-3K^6, 3L^8 ; Fol.

Existen al menos tres ed. con igual pie de imp., entre otras diferencias consta en port. antes de parte segunda: «...Coronista General//de su Orden». — Error de pag., de p. 636 pasa a 631. — Texto a dos col. — Port. con orla tip.

01-00030772 000

▶ M-BN, 3/68770. — Enc. perg. — Errores de enc. en el cuaderno 3I. ▶ M-PR, IX-2^0-1341. — Enc. pasta con superlibris esc. real. ▶ M-UC (FFil), 30862. — Enc. perg. — Sello y ex-libris de la Condesa del Campo de Alange.

4467

Cornejo, Damián (O.F.M.), Obispo de Orense. *Chronica seraphica... /* escrita por el R.P. Fr. Damian Cornejo... chronista general de su Orden ; parte segunda. — En Madrid : por Iuan Garcia Infançon, 1684. — [16], 660 [i.e. 666], [22] p., ¶^{8}, A-Z^6, 2A-2Z^6, 3A-3K^6, 3L^8 ; Fol.

Existen al menos tres ed. con igual pie de imp., entre otras diferencias consta en port. antes de parte segunda: «...Chronista General de//su Orden». — Error de pag., de p. 636 pasa a p. 631. — Texto a dos col. — Port. con orla tip.

01-00030774 000

▶ M-BN, 8/11056. — Enc. perg. — Sello de la librería de Santo Tomás de Madrid. ▶ M-BN, 8/11914. — Enc. perg. ▶ M-BN, 8/21752. — Enc. perg. ▶ M-BN, 8/5292. — Enc. perg. ▶ M-BN, 8/8495. — Enc. perg.

4468

Cornejo, Damián (O.F.M.), Obispo de Orense. *Chronica seraphica... /* escrita por... Fr. Damian Cornejo...

coronista general de su Orden ; parte segunda. — En Madrid : por Juan Garcia Infançon..., 1684. — [16], 660 [i.e. 666], [22] p., ¶^{8}, A-Z^6, 2A-2Z^6, 3A-3K^6, 3L^8 ; Fol.

Existen al menos tres ed. con igual pie de imp., entre otras diferencias consta en port. antes de parte segunda: «...Coronista// General de su Orden». — Error de pag., de p. 636 pasa a 631. — Texto a dos col. — Port. con orla tip.

01-00030773 000

▶ M-BN, 3/68778. — Enc. perg. ▶ M-BN, 8/10669. — Enc. perg. — Ex-libris ms.: «Del Convento Sn Bernardino En Madrid». ▶ M-BN, 8/11744. — Enc. perg. — Ex-libris ms. de la librería del Convento Real de San Gil de Madrid, año de 1721. — Deteriorado. — Falto desde h. con sign. 3L$_2$. ▶ M-BN, 8/11915. — Enc. perg. ▶ M-BN, 8/21422. — Enc. perg. — Falto de port. ▶ ME-RB, 56-IX-5. — Enc. piel.

4469

Cornejo, Damián (O.F.M.), Obispo de Orense. *Chronica seraphica... /* escrita por el R.P. Fr. Damian Cornejo... Chronista general de su orden ; parte tercera. — En Madrid: por Iuan Garcia Infançon, 1686. — [16], 710 [i.e. 708], [18] p., [2] en bl., ¶^{8}, A-Z^6, 2A-2Z^6, 3A-3O^6, 3P^4 ; Fol.

Existen al menos dos ed. con igual pie de imp. — Texto a 2 col., que finaliza en sign. 3N$_6$. — Error de pag., de p. 152 pasa a 155. — Port. con orla tip.

01-00030776 000

▶ M-BN, 3/68779. — Enc. perg. ▶ M-UC (FFil), 30863. — Enc. perg. — Ex-libris de la Condesa del Campo de Alange.

4470

Cornejo, Damián (O.F.M.), Obispo de Orense. *Chronica seraphica /* es-

crita por... Fr. Damian Cornejo... chronista general de su Orden ; parte tercera... — En Madrid : por Juan Garcia Infançon, 1686. — [16], 710, [18] p., ¶^{8}, A-Z^6, 2A-2Z^6, 3A-3O^6, 3P^4 ; Fol.

Existen al menos dos ed. con igual pie de imp. — Texto a 2 col. — Port. con orla tip.

01-00030775 000

▶ M-BN, 3/68771. — Enc. perg. — Falto de h. 221-224, 281-284, 433-434, 463-470, 601-614. ▶ M-BN, 5/2142. — Enc. perg. ▶ ME-RB, 56-IX-ó. — Enc. piel. ▶ M-PR, IX-2-1342. — Enc. pasta con superlibris esc. real. ▶ M-UC (FFil), 10748. — Enc. perg. — Ex-libris ms. de la librería del Colegio de Málaga.

4471

Cornejo, Damián (O.F.M.), Obispo de Orense. *Chronica seraphica del glorioso patriarca San Francisco de Assis... /* escrita por... Fray Damian Cornejo... Obispo de... Orense... ; quarta parte. — En Madrid : por Juan Garcia Infançon, 1698. — [16], 600 [i.e. 602], [22] p., ¶^{8}, A-Z^6, 2A-2Z^6, 3A-3F^6 ; Fol.

Existen al menos dos ed. con igual pie de imp. — Texto a dos col. — Error de pag., repetidas p. 71 y 72. — Port. sin orla.

01-00030777 000

▶ M-BN, 3/68780. — Enc. perg. ▶ ME-RB, 56-IX-7. — Enc. piel.

4472

Cornejo, Damián (O.F.M.), Obispo de Orense. *Chronica seraphica del glorioso patriarcha S. Francisco de Assis... /* escrita por... Fray Damian Cornejo... obispo... de... Orense... ; quarta parte. — En Madrid : por Juan Garcia Infançon..., 1698. —

[16], 600 [i.e. 602], [22] p., ¶⁸, A-Z⁶, 2A-2Z⁶, 3A-3F⁶ ; Fol.

Existen al menos dos ed. con igual pie de imp. — Texto a 2 col. — Error de pag., repetidas la p. 71 y 72. — Port. con orla tip.

01-00030778 000

▶ M-BN, 3/68772. — Enc. perg. ▶ M-PR, IX-2⁰-1343. — Enc. pasta con superlibris esc. real. ▶ M-UC (FFil), 11338. — Sello y ex-libris ms. del Colegio Imperial de la Compañía de Jesús. — Deteriorado afectando al texto en la última p. ▶ M-UC (FFil), 15699. — Enc. perg. — Ex-libris ms. de la Librería del Colegio de Málaga.

4473

Cornejo, Martín (O.S.A.). *Cifras de la vida de S Agustin N.º P.ᵉ y del origen, y fundacion de los hermitaños de su religión...* / por el P.F. Martin Cornejo, de la mesma Orden... — En M.ᵈ: por Luis Sanchez, 1622 (1623). — [12], 238 [i.e. 228], [6] h., ¶¹², A-T¹², V⁶ ; 12⁰ prol.

Impresor consta en colofón. — Error de fol., de h. 168 pasa a 179. — Port. grab. calc. y grab. calc. a toda plana (San Agustín) en última h. de prelim.

01-00030779 000

▶ M-BN, 2/56163. — Enc. perg. — Deteriorada. — Falto de última h. de prelim. ▶ M-BN, 3/26701. — Enc. perg. ▶ M-BN, 3/71274. — Enc. perg. — Sello: «Ex Bibliotheca Capuccionorum... Matrit». ▶ M-UC (FFil), 7638. — Enc. perg. — Ex-libris ms. y sello de la librería del Colegio Imperial de la Compañía de Jesús de Madrid. — Lleva la tabla encuadernada entre las p. 226 y 227.

4474

Cornejo, Martín (O.S.A.). *Traslado de la carta que embio a la Reyna nuestra Señora... Fray Martin Cornejo, Prior del Conuento del Santo Crucifixo de Burgos, de la Orden de San Augustin, dando relacion de la nouena, que en aquel Santuario,*

se ha hecho por los intentos de su Magestad. — Impressa en Burgos : por Pedro de Huydobro..., [s.a.]. — [4] p. ; Fol.

Lugar e imp. constan en colofón. — Texto fechado en 1625.

01-00090204 000

▶ M-BN, V.E./192-24.

4475

Cornejo, Pedro (O.C.D.). *Reuerendi P.M.F. Petri Cornejo Carmelitae,... Publici Salmanticensis Academiae cathedrarij Diuersarum materiarum quas in eodem gymnasio dictauit : cum gemino indice : tomus prior...* — Vallisoleti : excudit Ioannes Baptista Varesius..., 1628. — [26], 900, [84] p., [ ]¹, a⁴, b⁸, A-Z⁸, 2A-2Z⁸, 3A-3K⁸, 3L⁶, 3M-3P⁸, 3Q⁶ ; Fol.

Lugar consta en colofón. — Texto a dos col. — Port. grab. calc.: «Iacintus T. f. Salmanticae».

01-00030780 000

▶ M-BN, 3/68222. — Enc. perg. — Repetidas 30₂ y 30₇. ▶ M-BN, 5/9271(I). — Enc. perg. — Ex-libris ms. de Antonio de Ferreras. ▶ M-BN, 8/11005. ▶ ME-RB, 97-VIII-1. — Enc. piel. ▶ M-UC (FD), 7204. — Enc. perg. — Ex-libris de la librería del Colegio de la Concepción de Alcalá y mss. de la librería del Colegio Teólogo de Alcalá y del Colegio de la Santa Madre de Dios de los Teólogos. ▶ M-UC (FD), 7338. — Enc. perg. — Ex-libris de la biblioteca del Colegio de Santa Catalina Mártir de los Verdes de la Universidad de Alcalá. ▶ M-UC (FD), 8811. — Enc. perg. — Ex-libris mss.: «D. Linares» y de la librería del Colegio Mayor de Alcalá.

4476

Cornejo, Pedro (O.C.D.). *Operum R.P.M.F. Petri Cornejo Carmelitae... : cum indice copiosissimo : tomus alter...* — Vallisoleti : excudit Ioannes Baᵖtista Varesius..., 1629. — [38],

1026, [66] p., [ ]^1, a-b^8, c^2, A-Z^8, 2A-2Z^8, 3A-3X^8, 3Y^{10} ; Fol.

Lugar consta en colofón. — Texto a dos col. — Port. grab. calc.: «I. de Courbes F.».

01-00030781 000

▶ M-BN, 3/68223. — Enc. perg. ▶ M-BN, 5/9271(II). — An. ms. en a$_1$ sobre su expurgo. — Enc. perg. — Ex-libris ms. de Antonio de Ferreras. ▶ M-BN, 8/16475. — Enc. perg. ▶ ME-RB, 97-VIII-2. — Enc. piel. — Falto de port. y 1 h. de prelim. ▶ M-UC (FD), 7205. — Enc. perg. — Ex-libris de la biblioteca del Colegio de Santa Catalina Mártir de los Verdes de la Universidad de Alcalá y ms. del Colegio Teólogo de Alcalá. ▶ M-UC (FD), 7339. — Enc. perg. — Ex-libris de la librería del Colegio de Santa Catalina Mártir de los Verdes de la Universidad de Alcalá. ▶ M-UC (FD), 8812. — Enc. perg. — Ex-libris ms. de la librería del Colegio Mayor. — Deteriorado, afectando a port.

4477

Cornelio, Paulo. *Discurso breue al tenor de todas las acciones, y ceremonias que se celebraron en la jura del Serenissimo Principe de España nuestro señor, como testigo de vista, que lo estuuo notando Paulo Cornelio.* — [Madrid] : por los herederos de la viuda de Pedro Madrigal, [s.a.]. — [4] p., A^2 ; Fol.

Paulo Cornelio es seud. — El juramento se realizó en 1632.

01-00090205 000

▶ M-BN, V/C^a 250-17. — Sello de Pascual de Gayangos. ▶ M-BN, V.E./191-105. ▶ M-BN, V.E./69-92.

4478

Corona *sepulcral : elogios en la muerte de Don Martin Suarez de Alarcon... /* escritos por diferentes plumas ; sacados a luz por Don Alonso de Alarcon... — [S.l. : s.n., s.a.]. — [21], 144, [1], 145-155 h., [1] h. de grab., [ ]^2, a-e^4, A-Z^4, 2A-2Q^4 ; 4^0

Prelim. fechados en Madrid, 1653. — Port. grab. calc.: «Petrus de Villafranca inuent. et sculp. Matriti, 1652», y grab. calc.: «D. Alfons de Alarcon inuen. Matriti, 1652 p. de Villafranca sculpsit», representa a Martín Suárez de Alarcón.

01-00030782 000

▶ M-BN, R/2722. — Enc. perg. ▶ M-BN, R/2723. — Enc. piel. ▶ M-BN, R/9117. — Enc. perg. — Ex-libris de Fernando José de Velasco. — Port. y h. de grab. recortadas.

4479

Corona *texida con los ramos de la laurea Doctoral de Pauia, De los Señores Don Francisco, y D. Ioseph Ramos del Mançano... /* dedicala el Dr Don Alberto Nauarro Burena. — In Milano : per Dionisio Gariboldi, 1647. — [98] p., [2] en bl., [A]-L^4, M^6 ; 4^0

Texto en latín, español e italiano.

01-00095083 000

▶ M-BN, V.E./151-5.

4480

Corpus Juris Civilis. Institutiones. *Las Instituciones imperiales, o Principios del Derecho Civil : agora de nueuo en latin y en romance /* traduzidas por Bernardino Daza. — En Salamanca: en la emprenta de Diego de Cussio y a su costa, 1614. — [6], 540, [6] p., ¶^{3}, A-Z^8, 2A-2L^8, 2M^1 ; 8^0

Colofón.

01-00030783 000

▶ M-PR, III-5128. — Enc. pasta. — Sello «Inventariado por las Cortes, 1874».

4481

Corpus Juris Civilis. Institutiones. *Las Instituciones imperiales, o Principios del Derecho Civil : en latin y en romance /* traduzidas por Bernardino Daza... — Y agora en esta tercera impression corregidas y enmendadas de los errores de las otras ajustadas con los originales griego y latino / por el M. Gonzalo Correas... — En Salamanca : en casa de Antonia Ramirez : a costa de Antonio de Figueroa librero, vendese en su casa..., 1627. — [4], 516 [i.e. 520], [6] p., [2] en bl., ¶², A-Z⁸, 2A-2K⁸ ; 8⁰

Texto paralelo en latín y castellano. — Errores de pag. a partir de p. 457. — Port. a dos tintas. — Texto a dos col.

01-00030784 000

▶ M-BN, 2/16680. — Enc. pasta con hierros dorados. ▶ M-BN, 2/48477. — Enc. perg. —Ex-libris de Fernando José de Velasco. ▶ M-BN, 3/9265. — Enc. pasta. ▶ M-BN, 7/13363. — Enc. pasta. —Restauradas las últimas p. ▶ M-RAE, 25-D-1. — Enc. perg.

4482
Corradus, Jacobus, Cardenal. *Copia, y traducion de la carta de Latin en Romance, que le escriuiò Iacobus Corradus, Cardenal Prodatarius a su Magestad, por mano del Secretario Don Luis de Oyanguren, con Gentilhombre que la entregò.* — [S.l. : s.n., s.a.]. — 2 h. ; Fol.

Texto fechado en Roma, 1665.

01-00090206 000

▶ M-BN, V.E./192-94.

4483
Corral, Gabriel de. *La Cintia de Araniuez : prosas y versos* / por... Gabriel de Corral... — En Madrid : en la Imprenta del Reyno : a costa de Alonso Perez..., 1629. — [8], 208 h., [ ]⁸, A-Z⁸, 2A-2C⁸ ; 8⁰

Port. con esc. calc. del Condestable de Castilla: «I. de Courbes F.».

01-00030786 000

▶ M-BN, R/1073. — Enc. perg. — Deteriorado. — Faltos de h. 97, sustituida por

texto ms. ▶ M-BN, R/11558. — Enc. hol. — Sello de Pascual de Gayangos. — Sello de la Bibliotheca Heberiana. ▶ M-BN, R/13972. — Enc. perg. — Falto de port. ▶ M-BN, R/265. — Enc. pasta. ▶ M-BN, R/3265. — Enc. hol. — Sello de Agustin Durán. — Port. deteriorada. ▶ M-BN, R/9566. — Enc. perg. ▶ M-FLG, Inv. 973. — Enc. hol. con puntas, hierros y cantos dorados. ▶ M-PR, I.C.264. — Enc. pasta con hierros. — Sello de Gregorio Mayans y Siscar. ▶ M-PR, VIII-14861. — Enc. pasta. — Ex-libris del Conde de Mansilla. ▶ M-RAE, 7-A-211. — Enc. perg.

4484
Corral, Gabriel de. *Epistola que refiere las fiestas que al dichoso nacimiento del Principe de España hizo el Excel.ᵐᵒ Conde de Monterey, y de Fuentes...* / Don Gabriel de Corral... — En Roma : por Luys Grignano, 1629. — 32 p., A¹⁶ ; 8⁰

El pie de imp. consta en colofón.

01-00030785 000

▶ M-BN, R/11170. —·Enc. cart. — Sello de Pascual de Gayangos.

4485
Corral, Gabriel de. *Relacion de las victorias que las armas de su Magestad Catolica han tenido, dede de Mayo asta Iunio deste año de 1638, en Flandes, en Alemania, en Milan, y otras partes* / por don Gabriel de Corral... — En Napoles : por Roberto Molo... : a instançia de Iuan de Orlandi..., 1638. — [19] p., A¹⁰ ; 4⁰

Port. con esc. xil. real.

01-00090115 000

▶ M-BN, V.E./48-27.

4486
Corral y Rojas, Antonio de. *Aduertencias de guerra* / por... Antonio de Corral y Roxas. — [S.l. : s.n., s.a.]. — 30 h., A-G⁴, H² ; 4⁰

01-00030787 000

▶ M-BN, 3/45070. — Enc. perg.

4487

Corral y Rojas, Antonio de. *Relacion del rebelion y expulsion de los moriscos del Reyno de Valencia* / por don Antonio de Corral y Rojas... — En Valladolid : por Diego Fernandez de Cordoua y Ouiedo..., [1613]. — [6], 79 [i.e. 80] h., [1] en bl., A^5, B-X^4, Y^2 ; 4^0

Hay estados de esta ed. con variantes en h. de tasa y h. 79. — Fecha tomada de la port. de la segunda obra. — Error de fol., repite la h. 51. — *Tratado de aduertencias de guerra...*, h. 44-79, con port. propia.

01-00030788 000

▶ M-BN, 8/37629. — Enc. perg. con hierros dorados. ▶ M-BN, R/12771. — Enc. perg. con superlibris. — Sello de Pascual de Gayangos. ▶ M-BN, R/17159. — Enc. perg. — Ex-libris ms. de Cerdá. — Port. restaurada. ▶ M-BN, R/5784. — Enc. perg. — Ex-libris ms. de Francisco Xavier de Santiago Palomares. — Falto de tasa y fe de erratas, y de segunda obra. ▶ M-FLG, Inv. 8.113. — Enc. piel con hierros, cortes y cantos dorados. ▶ M-PR, VII-477. — Enc. pasta. — Ex-libris del Conde de Mansilla. — Port. deteriorada.

4488

Corral y Sotomayor, Francisco. *Descripcion del festejoso jubilo, con que la ilustre villa de Madrid solemnizo el tan deseado, quanto feliz nacimiento del Principe... Don Phelipe Prospero de Austria, quinto de este nombre* / escrita por D. Francisco de Corral y Sotomayor... — Impresso en Madrid : en la Imprenta Real, 1658. — [12] p., A^6 ; 4^0

01-00030789 000

▶ M-BN, R/11693-40.

4489

Corral y Sotomayor, Francisco. *Fabula de Piramo y Tisbe : burlesca* / es-criuiola don Francisco de Corral, y Soto Mayor... — Impresso en Cadiz: por Francisco Iuan de Velazco..., 1646. — [8] p. ; 4^0

01-00095084 000

▶ M-BN, V.E./157-6.

4490

Correa, Luiz Alvares. *Execucion de Politicas y brevedad de despachos* / por el Doctor Luis Alvarez Correa Lusitano... — En Madrid : en la imprenta del Reyno : a costa de Alonso Perez..., 1629. — [8], 220, [12] h., ¶^{8}, A-Z^8, 2A-2F^8 ; 8^0

Colofón.

01-00030790 000

▶ M-BN, 2/22086. — Enc. perg. ▶ M-BN, 2/55272. — Enc. perg. — Ex-libris de Fernando José de Velasco. ▶ M-BN, 2/59027. — Enc. perg. ▶ M-BN, 3/29575. — Enc. perg. — Ex-libris ms. de don Diego Antonio de Lugo. ▶ M-BN, R/11121. — Enc. perg. — Ex-libris de Pascual de Gayangos. ▶ M-RAE, 17-X-32. — Enc. perg.

4491

Correa de Araujo, Francisco. *Libro de tientos y discursos de musica practica, y theoríca de organo, intitulado Facultad organica...* / compuesto por Francisco Correa de Arauxo... — Impresso en Alcala : por Antonio Arnao, 1626. — [4], 26, 204 h., ¶^{4}, A-N^2, A-Z^4, 2A-2Z^4, 3A-3E^4 ; Fol.

Port. con esc. calc. — Notaciones musicales.

01-00030791 000

▶ M-BN, R/14069. — Ans. mss. — Sello de Francisco Asenjo Barbieri. ▶ M-BN, R/9279. — Enc. pasta.

4492

Correa Sanabria, Antonio. *La Flor del cielo Azuzena de Santa Maria, y Estrella de la tierra, la V. Maria Clemente, que trocando este nombre en aquel, entrò*

Monja en el Religioso Convento de San Nicolàs Obispo, del Orden de S. Catalina de Sena, de la Villa de la Orotaua, en la Isla de Tenerife... : describese por mayor su marauillosa vida, y prodigiosa muerte, en vn Romance / compuesto por... D. Antonio Correa Sanabria, Clerigo Presbytero... — [S.l. : s.n., s.a.]. — 26 h., A-F^4, F^2 ; 4^0

Port. con orla tip.

01-00090116 000

▶ M-BN, V.E./104-17.

4493

Correas, Gonzalo. *Ortografia kastellana nueva i perfeta... I el Manual de Epikteto i la Tabla de Kebes, filosofos estoikos...* / traduzidos de griego en kastellano por... Gonzalo Korreas... — En Salamanka : en kasa de Xazinto Tabernier..., 1630. — [16], 95, 119 p., [1] h. de grab., [ ]^1, ¶^{8}, A-F^8, A-G^8, H^4 ; 8^0

«El Enkiridion de Epikteto y la Tabla de Kebes...» con port., pag. y sign. propias. — Segunda port. con esc. calc. heráldico del Conde-Duque de Olivares. — Grab. calc.: «Jacint Faber», heráldica.

01-00030792 000

▶ M-BN, R/336. — Enc. hol. — Ex-libris de Fernando José de Velasco o. ▶ M-BN, R/7053. — Enc. piel con hierros, cortes y cantos dorados. — Port. deteriorada en pie de imp. — Sólo tiene El Manual y la Tabla (119 p.). ▶ M-BN, U/6236. — Enc. pasta. — Sello de Luis de Usoz. — Deterioradas p. 85-86 de la 2.ª secuencia. ▶ M-FLG, Inv. 2611. — Enc. hol. ▶ M-PR, VIII-10354. — Enc. pasta. — Ex-libris del Conde de Mansilla «Espinosa f.». — Contiene únicamente la Ortografía. ▶ M-RAE, 23-XI-78. — Enc. hol.

4494

Correas, Gonzalo. *Trilingue de tres artes de las tres lenguas castellana, latina,*

i griega, todas en romanze / por... Gonzalo Correas... — En Salamanca : en la oficina de Antonia Ramirez, 1627 (Vallisoleti : excudebat Joannes Baptista Varesius). — [16], 138 [i.e. 336], 143 p., ¶^{8}, A-X^8, A-S^4 ; 8^0

Colofón en p. 18 de la segunda secuencia de pag. — Port. con esc. xil.

01-00030793 000

▶ M-BN, 2/17116. — Enc. perg. — Falto de p. 239-240 y 335-138 [i.e. 336]. ▶ M-BN, 2/26818. — Enc. pasta. ▶ M-BN, R/12503. — Enc. pasta con hierros dorados. — Sello de Pascual de Gayangos. ▶ M-BN, R/15334. — Enc. perg. — Ex-libris de Fernando José de Velasco y mss. de Romualdo del Rincón y Bernardo del Rincón Salcedo. — Deteriorado. ▶ M-BN, R/6357. — Enc. piel. — Ex-libris mss. de Gabriel Alvarez Pellicer y de Sebastián Vázquez. ▶ M-BN, R/7477. — Enc. perg. — Contiene únicamente el «Arte griego». ▶ M-BN, R/8856. — Enc. perg. — Contiene únicamente el Arte griego. — Port. añadida posteriormente y h. en bl. intercaladas en el texto. ▶ M-BN, U/6235. — Enc. pasta. — Sello de Luis de Usoz. ▶ ME-RB, 104-VIII-45. — Enc. perg. — Contiene únicamente el «Arte griego». ▶ M-RAE, 9-B-141. — Enc. hol. — Deteriorado. ▶ M-UC (FFil), 11730. — Enc. piel. — Super-libris del Duque de Osuna y ex-libris ms. de Isidro Bautista Muñoz.

4495

Correja, Jaume. *Pronostich, per lo any 1643 : calculat per lo meridià de Cathalunya, de las terras del q[...]t Clyma, de latitut de 41 Grau, fins à 43 que si en[...] part del LLenguadoch. De la part del [...]rt...* / compost per Iaume Correja... — En Gerona : per Hieronym Palol... , 1642. — [16] p., A^8 ; 8^0

Port. con grab. xil. — Grab. xil. a toda plana en p. [18].

01-00090315 000

▶ M-BN, V.E./62-103. — Port. deteriorada afectando al tít.

4496

Correo *de España : felizes vitorias, pacificàcion de Reynos, estruendo de armas, grandes embaxadas, juntas de Reynos, liberales servicios, mercedes mayores, armadas navales, desagravios de la Madre de Dios, descubrimientos de islas en el Oceano, cosechas fertiles, y variedad apacible en varios sucessos contiene el Año de 38...* — Imprimiose en Logroño : [s.n.], 1639. — [16] p., A^8 ; 4^0

El lugar y año de impresión constan colofón.

01-00095085 000

▸ M-BN, V/Cª 56-4. — Sello de Pascual de Gayangos.

4497

Correo *de Italia, del año de 638. Pagò Italia a los principios del año, la pension ordinaria de las differencias de los Principes, con guerras por mar y tierra...* — [S.l. : s.n., s.a.]. — [8] p., C^4 ; 4^0

Se ha respetado la puntuación original.

01-00090208 000

▸ M-BN, V.E./45-58.

4498

Correos *de Francia, Flandes, y Alemania, del año de 1638.* — [S.l. : s.n., s.a.]. — [12] p., B^6 ; 4^0

01-00090620 000

▸ M-BN, V.E./45-57.

4499

Corsetto, Pietro. *Tratado de espolios de prelados, y frutos de iglesias sedevacante, del Reyno de Sicilia : como son, De Iure Patronato Regio, y que pertenecen à su Magestad, y sucede por ser absoluto dueño dellos, y ser su Regalia* / compuesto por el Regente Don Pedro Corseto... año de 1634... ; de nueuo sacado a luz, y traducido en lengua Castellana, por el Reuerendo Don Ioseph Escalona Salamon... en Madrid año de M.DC.LXVI. — En Palermo : por Carlos de Adamo, 1673. — 19 p., $A-E^2$; Fol.

01-00090117 000

▸ M-BN, V.E./67-58.

4500

Cortés, Hernán (1485-1547). *Clausulas del mayorazgo de Fernan Cortès primero Marques del Valle, General de la Nueua España.* — [S.l. : s.n., s.a.]. — 3 h., A^3 ; Fol.

01-00090209 000

▸ M-BN, V.E./28-13.

4501

Cortés, Jerónimo. *Arithmetica practica de Geronymo Cortes : muy vtil, y necessaria para todo genero de tratantes y mercaderes : la qual, contiene todo el arte menor y principios del mayor...* / cōpuesto y ordenado por... Geronymo Cortes... — Impressa en Valencia : en casa de Iuan Chrysostomo Garriz... : vendese en casa del mismo autor..., 1604. — [12], 526 p., $\P^6$, $A-Z^8$, $2A-2I^8$, $2K^7$; 4^0

Colofón. — Port. con esc. xil.

01-00030794 000

▸ M-BN, 2/25164. — Enc. perg. — Ex-libris de Fernando José de Velasco. — Deteriorado. — Falto de p. 15-16 y 195-206.
▸ M-BN, 3/50097. — Enc. perg. — Ex-libris ms. de los Carmelitas Descalzos de Madrid.

4502

Cortés, Jerónimo. *Arithmetica practica de Geronymo Cortes : muy vtil y necessaria para todo genero de tratantes y mercaderes : la qual contiene todo el arte menor y principios del mayor...* / compuesto y ordenado por... Geronimo Cortes... — En esta vltima impression añadida y mejorada. — En Va-

lencia : por Iuan Lorenzo Cabrera...:
a costa de Matheo Regil..., 1659.
— [12], 520 [i.e. 524] p., $*^6$, A-G^8,
H^{10}, I-Z^8, 2A-2I^8, 2K^4 ; 4^0
Colofón. — Error de pag., repetidas p. 241-242 (dos veces) y 243. —
Port. con viñeta xil.

01-00030795 000

▶ M-BN, 2/29989. — Enc. perg. — Deteriorado, afectando a p. 181 y 182. — Falto
de p. 381-388, 399-406, 443-512. — P. 141-144 encuadernadas entre p. 136 y p. 137.

4503
Cortés, Jerónimo. *Libro de phisonomia natural y varios efetos de naturaleza : el qual contiene cinco tratados de materias diferentes, no menos curiosas que provechosas* / compuesto por Geronymo Cortes... — Impresso en Alcala de Henares : en casa de Iuan Gracian..., 1607. — 120 h., A-P^8 ; 8^0

01-00030799 000

▶ M-BN, R/1591(1). — Enc. perg. — Ex-libris de F. José de Velasco.

4504
Cortés, Jerónimo. *Phisonomia y varios secretos de naturaleza : contiene cinco tratados de materias diferentes, todos reuistos y mejorados en esta quarta impression, a la qual se han añadido muchas cosas notables y de mucho provecho* / por Geronymo Cortes... — En Barcelona : por Geronymo Margarit : acosta de Miguel Menescal..., 1614. — [4], 115, [1] h., A-P^8 ; 8^0
Colofón. — Port. con grab. xil.

01-00030796 000

▶ M-BN, U/2948. — Enc. perg. — Sello de Luis de Usoz.

4505
Cortés, Jerónimo. *Fisonomia y varios secretos de naturaleza : contiene cinco tratados de materias diferentes, todos reuistos y mejorados en esta ultima impression, à la qual se han añadido muchas cosas notables y de mucho prouecho* / compuesto por Geronimo Cortès... — En Madrid : por Domingo Morras : a costa de Antonio del Ribero Rodriguez..., 1664. — [8], 115 h., [1] en bl., ¶^{4}, A-P^8 ; 8^0

01-00035059 000

▶ M-BN, R/5141(2). — Enc. pasta. — Ex-libris ms. «D.A. Mosti».

4505 bis
Cortés, Jerónimo. *Fisonomia, y varios secretos de naturaleza : contiene cinco tratados... todos revistos y mejorados en esta ultima impression à la qual se han añadido muchas cosas notables y de mucho provecho* / compuesto por Geronimo Cortès... — En Madrid : por Antonio de Zafra... : a costa de Marcos del Ribero..., 1680. — [8], 115 h., [1] en bl., ¶^{4}, A-P^8 ; 8^0

01-00030797 000

▶ M-UC (FFil), 20868(2). — Enc. perg.

4506
Cortés, Jerónimo. *Fisonomia y varios secretos de naturaleza : contiene cinco tratado de materias diferentes, todos revestidos y mejorados en esta vltima impression, à la qual se han añadido muchas cosas notables y de mucho provecho* / compuesto por Geronimo Cortès... — En Valencia : por Vicente Cabrera, impresor y librero..., 1689. — [4], 115, [1] h., A-P^8 ; 8^0
Colofón.

01-00030798 000

▶ M-BN, R/19339. — Enc. perg. — Sello de Pascual de Gayangos. — Deteriorado, afectando a port.

4507
Cortés, Jerónimo. *Lunario y pronostico perpetuo, general y particular para*

cada reynos y prouincias / compuesto por Geronimo Cortes ; corregido y enmendado en muchos lugares conforme el vltimo Expurgatorio. — En Zaragoça : por Diego Dormer, 1665. — 228, [i.e. 244], [4] p., A-P^8, Q^4 : il. ; 8^0

Colofón. — Port. con grab. xil.

01-00030800 000

▶ M-PR, I.C.278. — Enc. pasta con hierros.

4508

Cortés, Jerónimo. *El non plus ultra del lunario y y [sic] pronostico perpetuo general y particular para cada reino y provincia* / compuesto por Geronimo Cortès... ; corregido segun el expurgatorio de la Santa Inquisicion ; va tambien añadido á la postre... unos apuntamientos y reglas para... hazer pronosticos... — En Valencia : en la imprenta de Benito Macè, y a su costa... vendense en su misma casa, 1665. — 236, [4] p., A-P^8 : il. ; 8^0

Marca tip. en port. — Ilustraciones xil. y un grab. a doble página que representa los signos del Zodíaco.

01-00030801 000

▶ M-UC (FFil), 25094. — Enc. perg. — Enc. deteriorada.

4509

Cortés, Jerónimo. *El non plus ultra del lunario y pronostico perpetuo, general y particular para cada reyno y provincia* / compuesto por Geronimo Cortes ; agora de nuevo visto y corregido conforme al Indice vltimo expurgatorio de la santa Inquisicion por el padre Geronimo Vidal... en Barcelona ā 22 de iulio año 1632 ; va tambien añadido a la postre una inven-

cion curiosa ō unos apuntamientos y reglas para que cada uno sepa hazer pronosticos y discursos annuales... — En Barcelona : por Antonio Lacavallería vendese en la mesma emprenta, 1670. — 134, [13], 135-216, [11] p., A-P^8 : il. ; 8^0

Port. con grab. xil. — Ilustraciones xil. y un grabado que representa los signos del Zodíaco.

01-00030802 000

▶ M-BN, R/10425. — Enc. perg. — Sello de Pascual de Gayangos y ex-libris ms. de los frailes Mínimos del Convento Burdigalense. — Deteriorado, afectando a h. D$_1$.

4510

Cortés, Jerónimo. *El non plus ultra del Lunario, y pronostico perpetuo general y particular para cada reyno y provincia* / compuesto por Geronimo Cortès... ; corregido segun el expurgatorio de la Santa Inquisicion ; và tambien añadido à la postre... unos apuntamientos y reglas para... hazer pronosticos... — En Valencia : por Iuan Lorenço Cabrera... : a costa de Francisco Duart..., 1672. — 252, [8] p., A-Q^8, R^2. : il. ; 8^0

Port. con viñeta xil. — Ilustraciones xil. y un grabado a doble página que representa los signos del Zodíaco.

01-00030803 000

▶ M-UC (FFil), 20868(1). — Enc. perg. — Ex-libris ms. del Colegio Imperial de la Compañía de Jesús.

4511

Cortés, Jerónimo. *El non plus ultra del lunario y pronostico perpetuo general y particular para cada reyno y provincia* / compuesto por Geronimo Cortes... ; corregido segun el expurgatorio de la Santa Inquisicion ; và tambien añadido à la postre una invencion curiosa con unos apuntamientos y reglas para que cada uno sepa hazer pronosticos y discursos annuales... — [Madrid] : en la Imprenta Rcal : a costa de los herederos de Gabriel de Leon, 1695. — 248 [i.e. 250], [6] p., A-Q^8 : il. ; 8^0

Errores de pag., repetidas p. 95 y 96. — Port. con grab. xil. — Ilustraciones xil. y un grabado a doble página que representa los signos del Zodíaco.

01-00030804 000

▶ M-BN, 3/21383. — Enc. perg. — Deterioradas p. 5-6.

4512

Cortés, Jerónimo. *Libro y tratado de los animales terrestres y volatiles con la historia y propriedades dellos...* / compuesto por Geronymo Cortes... — Impresso... en Valencia : en casa de Iuan Chrysostomo Garriz : vendense en casa de la viuda de Geronymo Cortes..., 1613 (1605). — [16], 470, [10] p., ¶^{8}, A-Z^8, 2A-2G^8 : il. ; 8^0

Colofón. — Port. con esc. xil. — Ilustràciones xil.

01-00030805 000

▶ M-BN, R/19131. — Enc. perg. (1976). — Deterioradas las 2 últimas p. de tablas.

4513

Cortés, Jerónimo. *Libro y tratado de los animales terrestres y volatiles, con la historia y propriedades dellos...* / compuesto por Geronimo Cortes... — Impresso... en Valencia : en casa de Iuan Chrysostomo Garriz, 1613. — [16], 531, [i.e. 552] p., §^{8}, A-Z^8, 2A-2H^8, 2m^4 : il. ; 8^0

Varios errores de pag., y a partir de la p. 525 pasa a la 505. — Ilustraciones xil.

01-00030806 000

▶ M-RAE, 25-D-39. — Enc. perg.

4514

Cortés, Jerónimo. *Libro y tratado de los animales terrestres y volatiles con la historia y propriedades dellos...* / compuesto por Geronimo Cortes... — Impresso... en Valencia : en casa de Iuan Chrysostomo Garriz, 1615. — [16], 531 [i.e. 551], [4] p., §^{8}, A-Z^8, 2A-2L^8, 2M^4, §^{2} : il. ; 8^0

Numerosos errores de pag. a partir de la p. 464. — Ilustraciones xil.

01-00030807 000

▶ M-BN, R/11097. — Enc. hol. — Sello de Pascual de Gayangos y ex-libris de d'Almeida y Brito. — Falto de h. con sign. K$_8$ y de las Tablas finales. ▶ M-BN, R/20299. — Enc. perg. — Falto de las Tablas finales. ▶ M-BN, R/7805. — Enc. perg.

4515

Cortés, Jerónimo. *Tratado de los animales terrestres, y volatiles, y sus propriedades* / compuesto por Geronimo Cortès... — En Valencia : en la Imprenta de Benito Macè : a costa de Francisco Duart..., 1672. — [4], 542 [i.e. 544], [12] p., A-Z^8, 2A-2M^8 : il. ; 8^0

Existen al menos dos ed. de este año. En ésta comienza el texto: «Parte primera de los animales terrestres». — Marca del ed. Gabriel de León en port. — Error de pag., repetidas p. 235 y 236. — Ilustraciones xil.

01-00030808 000

▶ M-BN, R/19067. — Enc. perg. — Sello de Agustín Durán. ▶ M-BN, R/19303. — Enc. perg. ▶ M-BN, R/7777. — Enc. perg. ▶ M-PR, Pas.Arm.1-54. — Enc. pasta con hierros. — Sello «S.D.S.Y.D.A.». ▶ M-UC (FFil), Res. 369. — Enc. perg. — Ex-libris de la Condesa del Campo de Alange. ▶ M-UC (FM), 59C79j. — Enc. perg. — Ex-libris «Biblioteca historica de Morejón adquirida en 1876» y ex-libris ms. de Francisco Figueroa. — Falto de p. 249-250 y 475-476. ▶ M-UC (FM), 59C79j. — Enc. perg. —

Deteriorado. — Falto de p. 277-278, 347-348, 477-478, 541-542 y la tabla.

4516
Cortés, Jerónimo. *Tratado de los animales terrestres, y volatiles, y sus propriedades* / compuesto por Geronimo Cortès... — En Valencia : en la Imprenta de Benito Macè : acosta de Francisco Duart..., 1672. — [4], 542 [i.e. 544], [12] p., A-Z^8, 2A-2M^8 : il. ; 8^0

Existen al menos dos ed. de este año. En ésta comienza el texto: «Primera parte de los animales terrestres». — Marca del ed. Gabriel de León en port. — Error de pag., repetidas p. 235 y 236. — Ilustraciones xil.

01-00030809 000

▶ M-BN, R/19138. — Enc. pasta. — Sellos de la Biblioteca del Monte y de Pascual de Gayangos.

4517
Cortés, Pedro Luis. *Demonstraciones festivas, con que la noble, antigua, y siempre leal Villa de Almansa celebro la canonizacion de su especial patrono, y abogado S. Pascual Baylon, de los descalzos del S.P.S. Francisco, en su religiosissimo Convento de Santiago...* / escriviolas el Doct. Pedro Luis Cortes... ; y las saca a luz, D. Joseph Lopez de Huesca... — En Madrid : en la Imprenta Real, por Mateo de Llanos, 1693. — [24], 207 p., ¶-3¶^{4}, A-Z^4, 2A-2C^4 ; 4^0

01-00030810 000

▶ M-BN, 2/46318. — Enc. hol. — Sello de Pascual de Gayangos. ▶ M-BN, 3/45051. — Enc. perg. — Ex-libris ms. del Convento de San Francisco de Madrid. ▶ M-BN, 3/7331. — Enc. perg. ▶ ME-RB, 36-II-29. Enc. perg.

4518
Cortés de Monroy, Juan. *Señor. Don Iuan Cortes de Monroy dize, Que es hijo y nieto de conquistadores del Reyno de Chile, y el ha seruido a su Magestad desde q̃ tuuo edad para ello en aquella guerra quinze años... y... siruio a su costa, hasta que se le dio plaça de Capitan de Infanteria Española...* — [S.l. : s.n., s.a.]. — [2] p. ; Fol.

Se ha respetado la puntuación original.

01-00034012 000

▶ M-BN, R/17270(36). — Enc. perg.

4519
Cortés de Monroy, Juan. *Señor. El seruicio de V. Magestad a que esta obligado qualquier vassallo... y el amor que don Iuan Cortes de Mõroy tiene a la Prouincia de Chile... y auer visto... el manifiesto riesgo que corre y correrà en cuanto durare la guerra...* — [S.l. : s.n., s.a.]. — 6 h., A-C^2 ; Fol.

Se ha respetado la puntuación original. — En texto consta 1624.

01-00034006 000

▶ M-BN, R/17270(37). — Enc. perg.

4520
Cortés de Tolosa, Juan. *Discursos morales* / por Iuan Cortes de Tolosa... — En Caragoça : por Iuan de la Naja y Quartanet... y a su costa, 1617. — [11], 203, [3] h., [1] h. de grab., ¶^{12}, A-Z^8, 2A-2B^8, 2C^6 ; 8^0

Colofón. — Port. con esc. xil. de Martín Francés. — Grab. xil., esc. de Martín Francés, en ¶$_{12}$. — Contiene: *Libro de las nouelas: Novela del licenciado Periquin ; Nouela de la comadre ; Nouela del nacimiento de la verdad ; Nouela de vn hombre muy miserable llamado Gonçalo.*

01-00030811 000

▶ M-BN, R/12434. — Enc. hol. — Sello de Pascual de Gayangos. ▶ M-BN, R/5147. — Enc. hol. ▶ M-BN, R/7907. — Enc. pasta.

4521

Cortés de Tolosa, Juan. *Lazarillo de Manzanares : con otras cinco nouelas /* compuesto por Iuan Cortes de Tolosa... — En Madrid : por la viuda de Alonso Martin : a costa de Alonso Perez..., 1620. — [6], 257 h., ¶⁶, A-Z⁸, 2A-2I⁸, 2K¹ ; 8⁰

Contiene: *Novela de la comadre ; Novela del Licenciado Periquin ; Novela del desgraciado ; Novela del nacimiento de la verdad ; Novela del miserable.*

01-00030812 000

▶ M-BN, R/12965. — Enc. perg. — Sello de Pascual de Gayangos. — Falto de port. sustituida por ms. y deteriorado. ▶ M-BN, R/8866. — Enc. pasta. — Ex-libris de la libreria de A. Duran. ▶ M-FLG, Inv. 1057. — Enc. piel con hierros y cortes dorados. ▶ M-RAE, 17-XI-22. — Enc. piel con hierros y cortes dorados.

4522

Cortés de Vargas, Juan. *Discurso apologico y excelencias de la medicina en que se responde a algunas objeciones, que suelen ponderar contra este noble exercicio... /* por don Iuan Cortes... — Impresso en Madrid : por la viuda de Iuan Gonçalez, 1638. — [2], 14 h., A-D⁴ ; 4⁰

01-00090316 000

▶ M-BN, V.E./15-8. ▶ M-UC (FM), 27-4A-52. — Enc. perg. — Ex-libris ms. de la librería de la Casa Profesa de Madrid y de la Biblioteca Histórica de H. Morejón, adquirida en 1876.

4523

Cortés del Rey, Bonifacio (O.S.A.). *Nobiliario genealógico, desde Noe, por la* linea de Dardano, hasta Carlos Segundo Rey de las Españas, y por la de Coribanto, continuada hasta Narnes Cortes, Rey de Lombardia, y Corteses del Reyno de Aragon / por... Fr. Bonifacio Cortes del Rey... de la Orden del Doctor Maximo San Augustin... — En Mexico : por la viuda de Bernardo Calderon 1670. — [10], 25 h., [ ]⁸, A-C⁸, D³ ; 8⁰

Port. con esc. xil.

01-00030813 000

▶ M-BN, R/17670. — Enc. perg.

4524

Cortés del Rey, Bonifacio (O.S.A.). *Primera parte del curioso escaparate de las verdades : en la palestra de dos interlocutores Eteocles, y Polizene, hermanos /* compuesto por... Fr. Bonifacio Cortés del Rey del Orden de N.P.S. Agustin... — En Zaragoça : por Iuan de Ybar, 1668. — [32], 95 p. ; A-H⁸ ; 8⁰

01-00030814 000

▶ M-BN, 5/3602. — Enc. perg. ▶ M-BN, 5/4278. — Enc. perg. — Ex-libris de Fernando Jose de Velasco.

4525

Cortés Ossorio, Juan (S.I.). *Arbitrage politico-militar : sentencia difinitiva del Señor de la Garena, Ingeniero ingenioso de las Maquinas Belicas de España: pronunciada en el fantastico Congreso del Espacio Imaginario...* — En Salamanca : por Lucas Perez, 1683. — 35 p., A-D⁴, E² ; 4⁰

Autor tomado de Uriarte, I, 136. — Port. con orla tip.

01-00120671 000

▶ M-BN, R/12175-10. — Sello de Pascual de Gayangos. ▶ M-BN, V.E./86-32.

4526

Cortés Ossorio, Juan (S.I.). *Arbitrage politico-militar : sentencia difinitiua del señor de la Garena, Ingeniero* *ingenioso de las Maquinas Belicas de España : pronunciada en el fantástico Congreso del Espacio Imaginario...* — [Segunda edicion, añadida la estampa]. — En Salamanca : por Lucas Perez, 1683. — 38 p., [1] h. de grab., A-E^4 ; 4^0

Autor tomado de Uriarte, I, 136. — Los datos de ed. constan al final de texto. — Port. con orla tip. — La h. de grab. xil.

01-00030815 000

▶ M-BN, V.E./139-30. — P. 21-24 encuadernadas a continuación de p. 16. ▶ M-PR, I.C.53(4). — Enc. pasta.

4527

Cortés Ossorio, Juan (S.I.). *Arbitrage político-militar : sentencia definitiua del señor de la Garena, Ingeniero ingenioso de las Maquinas Belicas de España : pronunciada en el fantastico Congresso del Espacio Imaginario.* — [Segunda edicion / añadida la estampa]. — En Salamanca : por Lucas Perez, 1683. — 54 p., [1] h. de grab. A-G^4 ; 4^0

Autor tomado de Uriarte, I, 136. — Los datos de ed. constan al final del texto. — Port. con orla tip. — La h. de grab. xil.

01-00030816 000

▶ M-BN, 2/15526. — Enc. perg. ▶ M-BN, V.E./167-13. ▶ M-BN, V.E./35-79. — Falto de la h. de grab.

4528

Cortés Ossorio, Juan (S.I.). *Conferencia curiosa de la assamblea popular que convocó en la Puerta del Sol Catalina de la Parra : explicada en vna carta que escrive a Americo Tekeli su correspondiente, y contenida en la conversacion de vn forastero con vn cortesano.* — Impresso en Peralta : por Pedro Ximenez, 1687. — [2], 55 p., [ ]^1, A-G^4 ; 4^0

Uriarte, I, 444, atribuye la obra al P. Juan Cortés Ossorio. — Port. con orla tip.

01-00030817 000

▶ M-BN, V/C^a 170-21. — Sello de Pascual de Gayangos.

4529

Cortés Ossorio, Juan (S.I.). *Constancia de la fee, y aliento de la nobleza española* / que escrive... Iuan Cortes Ossorio de la Compañia de Iesus. — En Madrid : en la imprenta de Antonio Roman, 1684. — [32], 490 [i.e. 480], [20] p., [1] h. de grab., a^4, §-2§^{4}, ¶^{4}, A-Z^4, 2A-2Z^4, 3A-3Q^4, 3R^2 ; Fol.

Error de pag., de p. 435 pasa a 446. — Grab. calc.: «Fr. Solis delin. Leonardo f.».

01-00030818 000

▶ M-BN, 3/20363. — Enc. perg. — Deteriorado. — Falto de h. de grab. y 1 h. de prelim. ▶ M-BN, 3/55920. — Enc. perg. — Exlibris ms. de Juan Fernández. — Falto de h. de grab. y 1 h. de prelim. ▶ M-BN, 3/56427. — Enc. perg. verde. — Falto de h. de grab. ▶ M-BN, 3/74293. — Enc. perg. — Ex-libris ms.: «Este libro dio a la Cong^r el P^e D. Jacinto Fran^{co}. de Carrion...». — Falto de 1 h. de prelim. ▶ M-BN, P/7192. — Enc. perg. — Ex-libris ms. de la Librería del Carmen Calzado de Madrid. ▶ M-FLG, Inv. 8383. — Enc. piel. con hierros. ▶ M-PR, III-6849. — Enc. pasta. — Falto de h. de grab. ▶ M-RAE, 19-III-21. — Enc. perg. ▶ M-UC (FFil), 3485. — Enc. perg.

4530

Cortés Ossorio, Juan (S.I.). *Mordaza de Gerga, a blasfemias de paño* / [Fr. Iuan Cortès Ossorio]. — [S.l. : s.n., s.a.]. — 4 h., A^4 ; Fol.

El nombre del autor consta en final de texto. — Según Uriarte, I, 1317, la obra, de carácter antijesuítico, no es de Cortés Ossorio, y apuntaba en escritos posteriores al dominico Fr. Juan Ribas como posible autor.

01-00090623 000

▶ M-BN, V.E./69-68.

4531

Cortés Ossorio, Juan (S.I.). *Reparos historiales apologeticos... propuestos de parte de los missioneros apostolicos del Imperio de la China representando los descuidos que se cometen en vn libro que se ha publicado en Madrid en graue perjuizio de aquella mission : contiene las noticias mas puntuales y hasta aora no publicadas de la vltima persecucion contra la Fè, con vna breue chronologia de aquel Imperio... hasta el año de 1677.* — En Pamplona : por Tomás Baztan, [s.a.]. — 172 h., A-Z⁴, 2A-2V⁴

Uriarte, II, 1933, atribuye la obra a Juan Cortés Osorio, en colaboración con el P. Juan de Palazol. — Según Pérez Goyena, 696, probablemente es una seudo impresión navarra. — Port. con orla tip.

01-00030819 000

▶ M-BN, 3/72206. — Enc. hol. ▶ M-PR, VII-2313. — Enc. pasta. — Ex-libris del conde de Mansilla.

4532

Cortés Ossorio, Juan (S.I.). *Respuesta monopantica, dirigida a Don Frisfris de la Borra, nuevamente confirmado con el nombre de Fiera-Bras, Iudain.* — [S.l. : s.n., s.a]. — 16 h., A-D⁴ ; 4⁰

Autor tomado de Uriarte, II, 1958. — Fierabras Judain es anagrama del dominico Fr. Juan de Ribas. — En h. 8v. consta 1684.

01-00090621 000

▶ M-BN, 2/35739(3). — Enc. cart. ▶ M-BN, V.E./127-54.

4533

Cortés Ossorio, Juan (S.I.). *Respuesta monopantica, dirigida a D. Frisfris de la Borra, nueuamente confirmado con el nombre de Fiera-Bras, Iudain.* — Salamanca : [s.n.], 1686. — 12 h., A-C⁴ ; 4⁰

Autor tomado de Uriarte, II, 1958. — Fierabras Judain es anagrama del dominico Fr. Juan de Ribas. — Preceden a tít. dos líneas de texto en griego. — El pie de imp. consta en colofón.

01-00090622 000

▶ M-BN, 2/34054. — Enc. hol.

4534

Cortiada, Miguel de. *Decisiones reuerendi cancellarii et sacri regii senatus Cathaloniae : pars prima : pro praxi contentionum et competentiarum regnorum inclytae Coronae Aragonum* / auctore don Michaele de Cortiada... — Barcin.[one] : apud Iosephum Forcada..., 1661. — [104], 760 p., [ ]⁶, a-k⁴, l⁶, A-Z⁴, 2A-2Z⁴, 3A-3Z⁴, 4A-4Z⁴, 5A-5C⁴ ; Fol.

Texto a dos col. — Port. con esc. xil. de la Corona de Aragón.

01-00030820 000

▶ M-BN, 5/11338. — Enc. perg.

4535

Cortiada, Miguel de. *Decisiones reverendi cancellarii et sacri regii senatus cathaloniae : pars secunda : pro recto contentionum et competentiarum regnorum inclytae Coronae Aragonum super immunitatẹ ecclesiae...* / auctore Don Michaele de Cortiada... — Barcin. [one] : apud Iosephum Forcada..., 1665. — [50], [2] en bl., 612, p., ¶⁶, a-c⁴, A-Z⁴, 2A-2Z⁴, 3A-3Z⁴, 4A-4F⁴, 4G⁶ ; Fol.

Texto a dos col. — Port. con esc. xil. de la Corona de Aragon.

01-00030821 000

▶ M-BN, 8/2754. — Enc. perg. — Ex-libris ms. «Hyeronimi Verde V.J.A.». ▶ M-UC (FFil), 20563. — Enc. perg. — Sello de la libreria del Colegio Imperial.

4536

Cortiada, Miguel de. *Decisiones reverendi cancelarii et sacri regii senatus Cathaloniae : pars tertia : pro recto contentionum et competentiarum regnorum inclitae Coronae Aragonum super jurisdictione ecclesiastica in clericos & laicos /* auctore D. Michaele de Cortiada... ; cum duplici indice... — Barcinone : ex typ. Raphaelis Figueró... : venundantur in aedibus Ioannis Pauli Marti..., [s.a.]. — [44], [2] en bl., 724, [78] p., ¶⁵, 2¶-4¶⁴, 5¶⁶, A-Z⁴, 2A-2Z⁴, 3A-3Z⁴, 4A-4V⁴, 4X⁶, a-s⁶, t³ ; Fol.

Privilegio fechado en 1686. — Port. con grab. xil. representando a la Virgen María. — Texto a dos col.

01-00030822 000

▶ M-UC (FD), 7416. — Enc. perg. — Ex-libris ms. del Colegio Mayor en port.

4537

Cortiada, Miguel de. *Decisiones reverendi cancellarii et sacri regii senatus Cathaloniae : pars tertia : pro recto contentionum et competentiarum regnorum inclitae Coronae Aragonum super jurisdictione ecclesiastica in clericos & laycos /* auctore D. Michaele de Cortiada... ; cum duplici indice... — Barcinone : ex typographia Rafael Figueró..., 1686. — 44, [2] en bl., 724, [78] p., ¶-4¶⁴, 5¶⁶, A-Z⁴, 2A-2Z⁴, 3A-3Z⁴, 4A-4V⁴, 4X⁶, a-s⁶, t³ ; Fol.

Texto a dos col. — Port. con esc. xil. representando a la Virgen María.

01-00030823 000

▶ M-BN, 8/1636. — Enc. perg. — Ex-libris ms. «Hyeronimi Verde V.J.A.».

4538

Cortiada, Miguel de. *Decisiones reverendi cancelarii et sacri regii senatus Cathaloniae : pars quarta : pro recto contentionum et competentiarum regnorum inclytae Coronae Aragonum, super jurisdictione ecclesiastica in clericos & laicos & super jurisdictione seculari in laicos & clericos /* auctore don Michaele de Cortiada... ; cum duplici indice... — Barcinonae : ex typographia Raphaelis Figuero... ; 1689. — [20], 688, [90] p., §-2§⁴, 3§², A-Z⁴, 2A-2Z⁴, 3A-3Z⁴, 4A-4R⁴, a-k⁴, l⁵ ; Fol.

Texto a dos col. — Port. con grab. xil. representando a la Virgen María.

01-00030824 000

▶ M-UC (FD), 7417. — Enc. perg. — Ex-libris ms. del Colegio Mayor en port.

4539

Cortiada, Sebastián de. *Discurso sobre la iurisdicion del Excelentissimo Señor Virrey, i del Excelentissimo Señor Capitan General del Principado de Cataluña : ilustrado con muchas decisiones de la Real Audiencia de Cataluña, i de otros gravissimos Senados : con dos indices muy distintos, i copiosos... /* por... Sebastian de Cortiada... — En Barcelona : por Iosef Forcada..., 1676. — [24], 440, [48] p., a-c⁴, A-Z⁴, 2A-2Z⁴, 3A-3I⁴, A-F⁴ ; 4⁰

01-00030825 000

▶ M-BN, 2/50397. — Enc. perg. — Ex-libris de Fernando José de Velasco. ▶ M-BN, 2/50607. — Enc. perg.

4540

Cortizos de Villasante, Manuel José. *Don Manuel Ioseph Cortizos de Villasantes, Cauallero del Orden de Calatraua... del Consejo de su Magestad... Hago saber... que el Padre Fray Nicolás* de Alcocer... en nombre del Real Conuento de San Gerónimo, que se intitula de San Lorenço de la Villa del Escurial, presentò ante mi la peticion del tenor siguiente... — [S.l. : s.n., s.a.]. — 6 h. ; Fol.

Se ha respetado la puntuación original. — Texto fechado el 11 de diciembre de 1679.

01-00034017 000

▶ ME-RB, 130-VI-2(33).

4541

Corvera, Bernardino (O.F.M.). *Espejo de perfección, para religiosas, y exercicio de virtudes, para todas almas deuotas, que siguen el camino de la perfeccion...* / compuesto por el Padre Fray Bernardino de Corvera... del Ordè de N. P. S. Frācisco... — En Sevilla : por Nicolas Rodriguez..., 1647. — [6], 376, [14] h., $\P^6$, A-Z^8, 2A-2Z^8, 3A^8, 3B-3D^4, 3E^2 ; 4^0

Port. con grab. xil. que representa a la Virgen María.

01-00030826 000

▶ M-BN, 3/59299. — Ans. mss. en port. — Enc. perg. ▶ M-UC (FFil), 3671. — Enc. perg.

4542

Las **Cosas** *marauillosas de la sancta ciudad de Roma : en donde se trata de las Yglesias, estaciones, reliquias y cuerpos sanctos que ay en ella... : con la guia romana... : los nombres de los Sumos Pontífices, Emperadores y Reyes Christianos : de nueuo corregidos, ampliados, y adornados con bellissimas figuras : con vna añadidura de todas las cosas hechas por Clemente VIII hasta Vrbano VIII : las siete marauillas del mundo... [Antiquedades de la ciudad de Roma / sacadas y recopiladas breuemente... por Andres Paladio...].* — En Roma : por Guillermo Faccioto, 1627. — 184 p., A^{12}, B-L^8 ; il. ; 8^0

Segunda obra con port. propia, p. 133. — Port. a dos tintas, con orla tip. y esc. xil. del Cardenal D. Gaspar de Borja y Velasco. — Ilustraciones xil.

01-00030827 000

▶ M-BN, R/20479. — Enc. perg.

4543

Las **Cosas** *marauillosas della sancta ciudad de Roma : en donde se trata de las Yglesias, estaciones, reliquias y cuerpos sanctos... : con la guia romana... : los nombres de los sumos Pontífices, Emperadores y Reyes Christianos : de nueuo corregidas, ampliadas y adornadas con bellíssimas figuras : con vna añadidura de todas las cosas hechas por Clemente VIII hasta Inocencio X : con las siete marauillas del mundo... [Antiguedades de la ciudad de Roma / sacadas y recopiladas breuemente... por Andres Paladio...].* — En Roma : por Manelfo Manelfi : a istancia de Iuan Antonio Delfini..., 1647. — [2], 184 p., [ ]^1, A^{12}, B-L^8 ; il. ; 8^0

Segunda obra con port. propia, p. 133. — Port. a dos tintas, con orla tip. y esc. xil. heráldico. — Ilustraciones xil.

01-00030828 000

▶ M-BN, 2/43042. — Enc. perg. con hierros dorados.

4544

Las **Cosas** *maravillosas della sancta ciudad [sic] de Roma : en donde se trata delas Yglesias, estaciones, reliquias y cuerpos sanctos, que ay en ella... con la Guia Romana... : los nombres de los Sumos Pontifices, Emperadores, y Reyes Christianos : de nueuo corregidas, ampliadas y adornadas con bellissimas figuras, con las Postas de Roma à Madrid : con una oñdidura [sic] de todas las cosas* hechas por Clemente VIII hasta Alexandr VII : con siete Marauillas del mundo... [Antiguedades de la ciudad de Roma s̄acradas [sic] y recopiladas breuemente... por Andres Paladio...]. — En Roma : por el Mascardi : ad instancia de Ioseph Quintaualle..., 1678. — [2], 177, [3] p., A-L⁸, M² : il. ; Fol.

Segunda obra con port. propia, con fecha 1676, en p. 129. — Ilustraciones xil.

01-00034007 000

▶ M-BN, 2/60007(3). — Enc. hol. — Exlibris de Pascual de Gayangos.

4545
Cosculluela y Salinas, Juan Francisco. *Ilustrissimo Señor. El Licenciado Iuan Francisco Cosculluela y Salinas, Vicario de el Señor San Pedro, Parroquia de Zaragoça, dize: Que Iuan Cosculluela su padre sirviò a la Magestad Catolica de el Señor Rey Don Felipe Quarto el Grande...* — [S.l. : s.n., s.a.]. — [1] h., [1] en bl. ; Fol.

Se ha respetado la puntuación original. — El texto alude a la muerte de Felipe IV. — Hoja impresa por una sola cara.

01-00090210 000

▶ M-BN, V.E./196-55.

4546
Cosío y Celis, Pedro. *Historia, en dedicatoria, grandezas y elogios de la mui valerosa provincia xamas vençida Cantabria : nombrada oy las Montañas Vajas de Burgos y Asturias de Santillana... : dedicasela como a madre, dulzissima patria suya, en el tomo 4 del Historial para todos espiritual y predicable* / su author el lic. D. Pedro Cossio y Celis... — En Madrid : en la Imprenta del Reyno de Lucas Antonio de Bedmar y Baldivia..., 1688. — [8], 170, [2] p., A-Y⁴, Z² ; 4⁰

Texto a dos col. — Port. con orla tip.

01-00030829 000

▶ M-BN, 2/15299. — Enc. perg. ▶ M-BN, 2/25609. — Enc. perg.

4547
Cosío y Celis, Pedro. *Historial para todos, espiritual y predicable...* / compuesto por... Pedro Cosio y Celis... ; van al fin de cada tomo tres tablas...; parte primera. — En Madrid : por Antonio de Zafra : a costa de Gabriel de Leon..., 1676. — [24], 691, [49] p. ; 4⁰

Colofón. — ¶¹², A-Z⁸, 2A-2Z⁸, 3A². — Texto a dos col. — Port. con orla tip. y grab. xil. de la Virgen.

01-00030830 000

▶ M-BN, 6-i/731. — Enc. perg.

4548
Costa, Antonio. *Vida de Numa Pompilio, segundo Rey de los romanos* / escrita por texto de Plutarco ; y ponderada con discursos por Don Antonio Costa... — En Zaragoça : por los herederos de Pedro Lanaja..., 1667. — [16], 131 [i.e. 141] p., [2] en bl., ¶⁸, A-I⁸ ; 8⁰

Error de pag., de p. 133 pasa a 124.

01-00030832 000

▶ M-BN, 2/24513. — Enc. pasta. ▶ M-BN, 2/57025. — Enc. perg. — Sello de Pascual de Gayangos. — Falto de port. y última h. de prelim. ▶ M-BN, 3/34713. — Enc. pasta con hierros dorados.

4549
Costa, Antonio. *Vida de Numa Pompilio, segundo Rey de los romanos* / escrita por texto de Plutarco ; y ponderada con discursos por don Antonio Costa... — En Zaragoça : por los Herederos de Diego Dormer : a

costa de Luys de Lamarca, 1691. —
[16], 141 p., [2] en bl., ¶^{8}, A-I^8 ; 8^0

01-00095086 000

▸ M-BN, 3/24244. — Enc. perg.

4550
Costa, Antonio. *Vida de Numa Pompilio, segundo Rey de los romanos* / escrita por texto de Plutarco ; y ponderada con discursos por Don Antonio
Costa... — En Barcelona : por Ioseph Llopis..., 1693. — [8], 141 p.
[2] en bl., §^{4}, A-I^8 ; 8^0

Marca de imp. en port.

01-00030833 000

▸ M-BN, 2/16675. — Enc. perg. — Ex-
libris ms.: «Christobal Caravaca de la
Torre». ▸ M-PR, III-967. — Enc. pasta.

4551
Costa, Diego Jerónimo. *Contrama-
nifiesto a la S.C.R.M. de la Serenissima
Señora Doña Maria-Anna de Austria,
Reyna de España... : presentale... Diego
Geronymo Costa... en respuesta de un manifiesto publicado por el Abad de Fitero...
junto con el Abad de Valdigna y el M. Fr.
Rafael Trobado en justificacion de los motiuos que solicitaron del catolico zelo del
Rey... Felipe IV... para instar la visita en
el Monasterio de Valdigna... : representa
las razones que persuaden la continuacion
y efecto de la apostolica visita...* — [S.l. :
s.n., s.a.]. — [1], 91 h., [ ]^1, [A]-Z^2,
2A-2Y^2, 2Z^1 ; Fol.

Texto fechado en 1666.

01-00030834 000

▸ M-BN, 2/45872. — Enc. perg. — Ex-
libris de Antonio Álvarez de Abreu.

4552
Costa, Nicolao da. *Breue relacion del
martirio del Padre Francisco Marcelo
Mastrillo de la Compañia de Iesus : mar-
tirizado en Naugasaqui... en 17 de octubre
de 1637* / embiada por el Padre Nico-

las de Acosta... al Padre Francisco
Manso Procurador General... en
Madrid. — [S.l. : s.n., s.a.]. — 8 h.,
A^8 ; 4^0

01-00000276 000

▸ M-PR, IC164(3). — Enc. pasta con
hierros.

4553
Costa, Nuno da. *Tractatus de privile-
giis creditorum resolutione et extinctione
iuris hypothecarum...* / authore Nonio
Acosta... — Gadibus : excudebat
Ferdinandus Rey, 1645. — [6], 286,
[14] h., [ ]^2, §^{4}, A-Z^2, a-z^2, 2a-2z^2,
3a-3z^2, 4a-4z^2, 5a-5z^2, 6a-6z^2, a-g^2 ;
Fol.

Marca tip. en port. — Texto a dos
col.

01-00030835 000

▸ M-UC (FD), 14.549. — Enc. hol.
▸ M-UC (FD), 7637. — Enc. perg. — Ex-
libris del Colegio Mayor en port.

4554
Costa, Raimundo (O.P.). *Biblia
diui Thomae : complectens omnes sacrae
paginae memorabiles, admirabilesvè [sic]
quaestiones, quae in sancti Doctoris
Summa sparsim reconditae inueniuntur,
modo Scholastico in formam redactas :
tomus primus Commentaria in Genesim,
& Exodum...* / per Fr. Raymundum
Costa... Ordinis Praedicatorum...
— Barcinone : ex thipographia
Hyacinthi Andreu... : venundantur
in aedibus eiusdem Hyacinthi Andreu, & in Coenobio S. Catharina,
1676. — [44], 548, [70] p., a-c^6, d^4,
A-D^4, E-Z^6, 2A-2Z^6, 3A-3E^6, 3F^4,
3G^7 ; Fol.

Antep. — Port. a dos tintas. —
Texto a dos col. — Port. con esc.
calc.: «Franciscus Viafecit».

01-00030836 000

▸ M-BN, 3/66950. — Enc. perg. — Falto

del cuaderno 3F. ▶ M-BN, 8/36458. — Enc. perg. deteriorada. — Sello «Lib. D. St° THo. Madrid».

4555
Costa, Raimundo (O.P.). *Conclusiones publicas en hazimiento de gracias por la publicacion de las pazes entre las dos Coronas Catholica y Christianissima* / propugnolas en el theatro de la iglesia Parroquial de la... villa de Cervera... Fr. Raymundo Costa, de la Orden de Predicadores... — En Barcelona : por Iacinto Andreu..., 1679. — [8], 46 p., [2] en bl., [1] h. de grab., [ ]⁴, A-F⁴ ; 4⁰
Port. con viñeta xil. — Grab. calc.: «Fᶜᵒ Via. f.», esc. real.

01-00030837 000

▶ M-BN, 3/58912. — Enc. perg.

4556
Costa, Raimundo (O.P.). *Los incognitos, en tres orbes conocidos, y descubiertos : oracion panegyrica de el precursor de Christo San Iuan Bautista... en la solemnidad festiva de la traslacion del Santo Convento de Alguayre de la Nobilissima Religion Militar, y Hospitalaria de San Iuan de Ierusalen, á esta Excelentissima ciudad de Barcelona...* / dixola... Fr. Raymundo Costa... Provincial de la... Religion de Predicadores... — Barcelona : en la Imprenta de Rafael Figuerò, 1699. — [10], 74 p., §⁴, A-I⁴, K² ; 4⁰

01-00090318 000

▶ M-BN, V.E./1228-2. ▶ M-BN, V.E./83-28. — Falto de dedicatoria.

4557
Costa, Raimundo (O.P.). *Oracion evangelica en hazimiento de gracias... por los felices sucesos, de las Catholicas Armas, contra el inhumano poder Othomano...* / dixola el... maestro Fr. Ray-

mundo Costa de la Orden de Predicadores... en la Santa Iglesia Cathedral de Barcelona en la solemne fiesta que el Domingo quarto de Adviẽto del año 1683 celebrò la Ciudad de Barcelona... — En Barcelona : en casa Cormellas, por Iayme Cays, 1684. — [8], 35 p., A⁴, A-E⁴, F² ; 4⁰
Port. con orla tip.

01-00034010 000

▶ M-BN, V.E./1378-9. — Falto de p. 25 a 35.

4558
Costa, Raimundo (O.P.). *Oracion panegyrica, en accion de gracias a la Santissima Trinidad, de la gloriosa eleccion de la Catolica Magestad de Nuestro Rey Carlos Segundo... en la persona de su hermano el... Principe... Don Iuan de Austria, en primer ministro de su dilatada monarquia* / dixola el M.R.P. maestro Fr. Raymundo Costa, de la Orden de Predicadores... — En Madrid : por Lucas Antonio de Vedmar y Baldiuia..., 1677. — [4], 7+ h., ¶⁴, A⁴, B³ ; 4⁰
Port. con orla tip.

01-00090119 000

▶ M-BN, V.E./71-29. — Incompleto.

4559
Costa, Raimundo (O.P.). *Oracion panegyrica en la declaracion del culto inmemorial con titulo de canonizacion de Santa Maria de Cervellon, ò del Socòs que en la fiesta que consagrò el dia octavo de su celebre Octavario el cariñoso culto del... Señor Don Iuan Claros Alfonso Perez de Guzman el Bueno, Duque de Medina Sidonia... dixo el R.P.M.Fr. Raymundo Costa de la... Orden de Predicadores... en la Real Capilla, de el Primer, y Real Convento del Real, y Militar Orden de*

Nuestra Señora de la Merced, Redemcion de Cautivos. — En Barcelona : por Iayme Surià..., 1693. — 38 p., A-D^4, E^3 ; 4^0

Port. con orla tip.

01-00090211 000

▶ M-BN, V.E./99-23.

4560
Costa, Raimundo (O.P.). *El principe verdadero en su proprio principado, Exaltada la Cruz en el Bombardeo de Barcelona : oracion de hazimiento de gracias a la Santissima Cruz en su Exaltacion Soberana, por aver librado todo el Barrio de la Ribera de San Iuan de las Bombas, que contra Barcelona se dispararon los dias diez, y onze de Iulio de este año de 1691* / dixola el R^{mo}. P M Fr. Raymundo Costa de la Sagrada Orden de Predicadores... En el Illustre Templo de la Encomienda de la Militar Religion de San Iuan, dia de la Exaltacion de la Cruz... — Barcelona : en casa de Rafael Figuerò..., 1691. — [6], 50 p., ✱^{3}, A-E^4 ; 4^0

Port. con orla tip.

01-00090118 000

▶ M-BN, V.E./81-20. — Falto de p. 41-50.

4561
Costa, Raimundo (O.P.). *Quinta essencia de mutacion : en la mudança, y traslacion de casa que han hecho las Mujeres Arrepentidas de la ciudad de Barcelona de la calle de las Egipciacas, à la que se les ha fabricado de nuevo en la calle de San Pablo* /predicòle... Fr. Raymundo Costa... Provincial de la Religion de Predicadores... — Barcelona : en casa de Cormellas, por Thomas Loriente... y a su costa : vendese en

casa Iuan Pablo Marti..., [s.a.]. — [8], 33, [1] en bl., [5] p., A-F^4 ; 4^0

Aprobaciones fechadas en 1699. — *Bula de Leon Papa X sobre la institucion de la Sagrada Orden de las Monjas de Santa Maria Magdalena, dichas comunmente Penitentes, ò Arrepentidas...,* F$_{2-3}$; *Confirmacion de Clemente Papa X...,* F$_{3v-4}$.

01-00090120 000

▶ M-BN, V.E./81-34.

4562
Costa, Raimundo (O.P.). *Torre invicta, fortaleza incontrastable de la monarchia de España : oracion panegyrica a la Virgen Soberana del Pilar de Zaragoça...* / dixola... Fr. Raymundo Costa... Orden de Predicadores, en la Iglesia de los Padres Clerigos Reglares de San Cayetano... — En Barcelona : por Iacinto Andreu..., 1673. — [16], 31 p., †^{4}, A-E^4 ; 4^0

01-00090212 000

▶ M-BN, V.E./73-30. — Enc. con una h. de grab. calc. que no pertenece a la obra.

4563
Costa e Silva, Manuel da. *Tragicomedia El Capitan lusitano* / escrita por Manoel da Costa, e Silua e Ioseph Correa de Brito... — Lisboa : na officina de Ioam da Costa, 1677. — [8], 56 p., ✱^{4}, A-G^4 ; 4^0

Texto a dos col.

01-00030838 000

▶ M-BN, T/6392. — Enc. hol.

4564
Costa Matos, Vicente da. *Discurso contra los iudios* / traducido de lengua portugesa [sic] en castellano por el P. Fr. Diego Gauilan Vela... de la orden de S. Norberto.... — En Salamanca : en casa de Antonia Ramirez: a costa de Dudon Laurel..., 1631.

— 20, 237 [i.e. 239], [40] p., ¶-2¶⁴, 3¶², A-Z⁴; 2A-2G⁴, a-e⁴ ; 4⁰

Barbosa, III, p. 781, atribuye la obra a Vicente da Costa de Matos, y en p. 20 de prelim. consta: «El famoso lusitano Acosta, a su patria dio...». — Error de pag., repite las p. 236 y 237. — Port. con esc. calc., «Jacintus Taberniel», del obispo de Valladolid Juan de Torres y Ossorio.

01-00030839 000

▶ M-BN, R/17150. — Enc. perg. ▶ M-BN, R/20227. — Enc. perg. — Esc. de la port. recortado. ▶ M-BN, R/5212. — Enc. perg. ▶ M-BN, U/11304. — Enc. perg. — Sello de Luis de Usoz. — Port. deteriorada, afectando a pie de imp. ▶ M-PR, X/209. — Enc. pasta. — Ex-libris del Conde de Mansilla. ▶ M-UC (FFil), 5301. — Enc. perg. — Ex-libris ms. de la casa profesa de la Compañía de Jesús de Madrid.

4565

Costa Matos, Vicente da. *Discurso contra los iudios* / traducido de lengua portuguesa en castellano por... fr. Diego Gauilan Vela... de la orden de San Norberto... — En Madrid : por la Viuda de Melchor Alegre, 1680. — [32], 427 [i.e. 431], [60] p., ¶-4¶⁴, A-Z⁴, 2A-2Z⁴, 3A-3P⁴, 3Q² ; 4⁰

El autor consta en prelim.(4¶₃ v.), como «el famoso Lusitano Acosta...». — En la p. 427 aparece marca tip. del impresor Pedro Madrigal, Vindel, 358. — Error de pag., de p. 391 pasa a 388. — Port. con esc. calc. de Iñigo Melchor Fernández de Velasco y Tobar, Condestable de Castilla.

01-00030840 000

▶ M-BN, 2/35922. — Enc. perg. — Ex-libris ms. de la librería de los Capuchinos del Prado de Madrid. — Falto de las dos últimas h. ▶ M-BN, 8/40853. — Enc. perg. —

Ex-libris ms. de la librería de los Trinitarios Descalzos de Madrid. ▶ M-UC (FFil), 8807. — An. ms. en port.: «autor desta obra es Vicente da Costa Matos».

4566

Costa y Lugo, Martín Leandro. *Accion de gracias de Sevilla a la Gloriosissima Virgen Maria por el gran favor que reconoce en su Ss^{mo}. Rosario* / escriviala D. Martin Leandro Costa y Lugo. — En Sevilla : por Juan Francisco de Blas..., 1691. — [16] p., [ ]¹, A⁷ ; 4⁰

Port. con orla tip.

01-00090121 000

▶ M-BN, V.E./102-25.

4567

Coster, François (S.I.). *Libro de la Congregacion de Nuestra Señora : en que se trata, lo que deue hazer el Christiano que dessea saluarse* / compuesto en latin por el P. Francisco Costero de la Compañia de Iesus ; y traduzido por el P. Luys Ferrer de la misma Compañia. — En Madrid : por Iuan de la Cuesta, 1607. — [16], 404 [i.e. 400], [7] h., [1] en bl., ¶-2¶⁸, A-Z⁸, 2A-2Z⁸, 3A-3E⁸ ; 16⁰

Colofón. — Grab. xil. en h. [16] v. de la Virgen y representación alegórica de la letanía. — Errores de fol., de h. 372 pasa a 377. — Port. con viñeta xil. de la Compañía de Jesús.

01-00030843 000

▶ M-BN, 2/54833(1). — Enc. perg.

4568

Coster, François (S.I.). *Meditaciones de la sacratissima passion, y muerte de Christo nuestro Redentor* / compuestas en latin por el P. Francisco Costero, de la Compañia de Iesus ; y traducidas por el P. Luys Ferrer, de la misma Compañia. Con vn Tratado

de oracion, y meditacion / compuesto por el Padre Luys Ferrer... — En
Madrid : por Iuan de la Cuesta,
1608. — [8], 325 [i.e. 365], [3], 145,
[1] h., ¶⁸, A-Z⁸, 2A-2Z⁸, A-S⁸, T² ;
16⁰

Segunda obra con port. y pag.
propias, donde consta el nombre del
autor. — Colofón, al final de la primera obra. — Error de fol., de h.
255 pasa a 216. — Ambas port. con
esc. xil. de la Compañía de Jesús. —
Grab. xil. a toda plana de la Virgen
en v. de última h. de prelim.

01-00030844 000

▶ M-BN, 2/68803. — Enc. perg. ▶ M-
UC (FFil), 2363. — Enc. perg. deteriorada.
— Ex-libris ms. del Noviciado de la Compa-
ñía de Jesús de Madrid.

4569

Coster, François (S.I.). *Meditaciones
de la vida, y alabanças de la Sacratissima
Virgen Maria N. Señora* / compuestas
en latin por el P. Francisco Costero,
de la Compañia de Iesus ; y traduzidas por el P. Luys Ferrer, de la
misma Compañia. Con un breue
Tratado de oracion y meditacion /
por el Padre Luis Ferrer... — Impresso en Barcelona : en casa de Ho-
nofre Anglada, 1608. — [17], 469
[i.e. 369], [1], 133 [i.e. 132], [2] h.,
[ ]¹, ✱⁸, §⁸, A-Z⁸, 2A-2Z⁸, 3A-3R⁸ ;
16⁰

Segunda obra con port. y pag.
propias, donde consta el nombre del
autor, con fecha de impresión 1607.
— Errores de fol., en la primera secuencia, de h. 290 pasa a 391, y en
la segunda, de h. 117 a 119. —
Ambas port. con esc. xil. de la Compañía de Jesús.

01-00030845 000

▶ M-BN, 3/525-30. — Enc. perg. — H.
445-452 encuadernadas entre h. 436 y 437.

▶ M-UC (FFil), 17278. — Enc. perg. - Falto
de la primera obra y de las [2] últimas h.
▶ M-UC (FFil), 2362. — Enc. perg. — Ex-
libris ms. del Noviciado de Madrid de la
Compañía de Jesús.

4570

Coster, François (S.I.). *Meditaciones
de la vida y alabanças de la sacratissima
Virgen Maria nuestra Señora* / compuestas en latin por el P. Francisco
Costero de la Compañia de Iesus ; y
traducidas por el P. Luys Ferrer, de
la misma Compañia... — En Madrid : por Iuan de la Cuesta, 1608.
— [16], 432 h., ¶-2¶⁸, A-Z⁸, 2A-
2Z⁸, 3A-3H⁸ : il., 16⁰

Port. con esc. xil. de la Compañía
de Jesús. — Grab. xil. que representa a la Virgen María en h. 426 v.

01-00030841 000

▶ M-RAE, 11-XI-92. — Enc. perg.

4571

Cotera, Gil de la. *Carta del señor Gil
de la Cotera, al Sargento Palomino, sobre
la Censura Theologica.* — [S.l. : s.n.,
s.a.]. — 4 h., A⁴ ; Fol.

Texto fechado en Madrid, 1699.

01-00090319 000

▶ M-BN, V.E./201-13. ▶ M-BN, V.E./
219-6.

4572

Couplet, Philippe (S.I.). *Historia de
vna gran señora, christiana de la China,
llamada doña Candida Hiù : donde... se
explican los vsos destos pueblos, el establecimiento de la religion,... y otras curiosidades...* / escrita por el R. P. Felipe
Cuplet, de la Compañia de Jesus...
— En Madrid : en la imprenta de
Antonio Roman, 1691. — [16], 246,
[2] p., [2] h. de grab. pleg., ¶⁸, A-
P⁸, Q⁴ ; 8⁰

Port. con orla tip. — Grabs. calc.

01-00030905 000

▶ M-BN, 3/13430. — Enc. perg. — Falto de las 2 h. de grab. ▶ M-BN, 3/16738. — Enc. perg. — Falto de port. y de las h. de grab. ▶ M-BN, R/37275. — Enc. cart. con super-libris. — Ex-libris ms. de Antonio Lomellino de Vasconcellos y super-libris: C. Da Ega. ▶ ME-RB, M-26-II-40. — Enc. perg. — Falto de una h. de grab. ▶ M-UC (FFil), 12720. — Enc. perg.

4573

Coutinho, Ignacio (O.P.). *Promptuario espiritual de elogios de los santos : que contiene algunas festiuidades de los mas ilustres heroes que la Iglesia Catolica celebra por el discurso del año* / predicados los mas en la... ciudad de Seuilla por... Fr. Ignacio Coutiño de la... Orden de Predicadores... ; sacada à luz y dada a la Estampa por... Fray Felipe de Acosta... ; lleua tres Indices... ; con un copioso elenco para los Euangelios de Aduiento y Quaresma, trabajados y dispuestos por el dicho Padre... — En Madrid : en la Imprenta Real : a costa de Iuan Lopez Roman..., 1646. — [12], 422, [210] p., ¶⁶, A-Z⁸, 2A-2N⁸, 2O¹⁰, ✱¹⁰, §⁸ ; Fol.

Texto a dos col.

01-00030847 000

▶ M-BN, 2/36885. — An. ms. del expurgatorio. — Enc. perg. ▶ M-BN, 8/34824. — Enc. perg.

4574

Coutinho, Ignacio (O.P.). *Promptuario espiritual de elogios de los santos : contiene algunas festiuidades de los mas ilustres heroes que la Iglesia Catolica celebra por el discurso del año* / predicados los mas en la... ciudad de Seuilla por... Fr. Ignacio Coutiño del... Orden de Predicadores... ; repitela à la estampa... Fr. Felipe de Acosta...;

lleua tres Indices... ; con un copioso elenco para los Euangelios de Aduiento y Quaresma, trabajado y dispuesto y de nueuo corregido... por el dicho Padre... — Segunda impression. — En Madrid : en la Imprenta Real : a costa de Francisco Serrano..., 1650. — [12], 372, [172] p., ¶⁶, A-Z⁸, 2A-2L⁸ ; Fol.

Texto a dos col. — Esc. calc.: «Iuan de Noort F.», de D. Pedro de Amesqueta, en ¶₂.

01-00030848 000

▶ M-BN, 2/44756. — An. ms. del expurgatorio de 1728. — Enc. perg. deteriorada. — Deteriorado. ▶ M-BN, 3/52077. — An. ms. del expurgatorio de 1707. — Enc. perg. ▶ M-BN, 3/52319. — An. ms. del expurgatorio de 1707. — Enc. perg. ▶ M-BN, 7/15901. — An. ms. del expurgatorio de 1707. — Deteriorado, afectando a texto, a partir de 2I₄. ▶ M-BN, P/58. — Enc. perg. ▶ M-UC (FD), 8506. — Enc. perg. — Ex-libris del Colegio de Santa Catalina, mártir de los Verdes de Alcalá.

4575

Coutinho, Ignacio (O.P.). *Prontuario espiritual para los Euangelios de los tres principales dias de quaresma... y Semana Santa* / compuesto por... Fr. Ignacio Coutiño de la... Orden de Predicadores... ; con vn copioso elenco para los Euangelios... ; y con tres indices... — En Madrid : en la imprenta de Francisco Martinez, 1644. — [20], 496, [72] p., ¶⁴, 2¶⁶, A-Z⁸, 2A-2K⁸, a-b⁸, c⁴ ; Fol.

Existe emisión con pie de imp.: En Madrid: en la imprenta de Francisco Martinez: a costa de Manuel Lopez..., 1644. — Texto a dos col. — Port. con esc. calc.

01-00030849 000

▶ M-BN, 2/41430. — Enc. pasta. — Sello de la Biblioteca de los Capuchinos de Madrid.

4576

Coutinho, Ignacio (O.P.). *Prontuario espiritual para los Euangelios de los tres principales dias de quaresma... y Semana Santa* / compuesto por... Fr. Ignacio Coutiño de la... Orden de Predicadores... ; con vn copioso elenco para los Euangelios... ; y con tres indices... — En Madrid : en la imprenta de Francisco Martinez : a costa de Manuel Lopez..., 1644. — [20], 496, [72] p., $\P^4$-$2\P^6$, A-Z^8, 2A-2K^8, a-b^8, c^4 ; Fol.

Existe emisión con pie de imp.: En Madrid: en la imprenta de Francisco Martinez, 1644. — Texto a dos col. — Port. con esc. calc.

01-00030850 000

▶ M-BN, 2/39061. — Enc. perg. ▶ M-BN, 2/39085. — Enc. perg. — Ex-libris ms. del Carmen Descalzo de San Hermenegildo de Madrid. ▶ M-BN, 2/44574. — Enc. perg. ▶ M-BN, P/4495. — Enc. perg. ▶ M-UC (FFil), 14182. — Enc. perg.

4577

Coutinho, Ignacio (O.P.). *Promptuario espiritual para los Euangelios de los tres principales dias de quaresma... y Semana Santa* / compuesto por... Fr. Ignacio Coutiño de la... Orden de Predicadores... ; con vn copioso elenco para los Euangelios... ; y con tres indices... — En Madrid : por Maria de Quiñones : a costa de Manuel Lopez, 1647. — [20], 496, [72] p., $\P^4$, $2\P^6$, A-Z^8, 2A-2K^8, a-b^8, c^4 ; Fol.

Existe emisión con pie de imp.: En Madrid: por Maria de Quiñones: a costa de Pedro Coello, 1647. — Texto a dos col. — Port. con esc. xil. de la Orden de Predicadores.

01-00030851 000

▶ M-BN, 3/62860. — Enc.perg. ▶ M-BN, 8/14596. — Enc. perg. - Ex-libris ms.

del Real Convento de San Gil de Madrid. ▶ M-UC (FD), 8504. — Enc. perg. — Ex-libris de la Biblioteca del Colegio de Santa Catalina, Mártir de los Verdes de la Universidad de Alcalá.

4578

Coutinho, Ignacio (O.P.). *Prontuario espiritual para los Euangelios de los tres principales dias de quaresma... y Semana Santa* / compuesto por... Fr. Ignacio Coutiño de la... Orden de Predicadores... ; con vn copioso elenco para los Euangelios... y con tres indices... — En Madrid : por Maria de Quiñones : a costa de Pedro Coello..., 1647. — [20], 496, [72] p., $\P^4$, $2\P^6$, A-Z^8, 2A-2K^8, a-b^8, c^4 ; Fol.

Existe emisión con pie de imp.: En Madrid: por María de Quiñones: a costa de Manuel López, 1647. — Texto a dos col. — Port. con esc. xil. de la Orden de Predicadores.

01-00030852 000

▶ M-BN, 3/63947. — Enc. perg.

4579

Coutinho, Ignacio (O.P.). *Promptuario espiritual sobre los Euangelios de las solenidades y fiestas de la reyna de los Santos Maria Madre de Dios...* / compuesto por... Fr. Ignacio Coutiño... de la... Orden de Predicadores... ; traduzido de lengua portuguesa en castellana por... Fr. Francisco Palau... de la Orden de Predicadores... ; con vn copioso elencho para todos los Euangelios de tiempo y fiestas del año. — En Barcelona : por Pedro Lacaualleria..., vendense en la misma Imprenta, 1639. — [12], 372, [140] p., §^{6}, A-Z^6, 2A-2H^6, a-i^6, k^4, †-2†^{6} ; Fol.

Marca tip. en port. — Texto a dos col. — Antep.

01-00030853 000

▶ M-BN, 2/44289. — Enc. perg. ▶ M-BN,

8/16158. — Enc. perg. — Ex-libris ms. de la librería de los Padres Trinitarios Descalzos de Madrid.

4580

Coutinho, Ignacio (O.P.). *Promptuario espiritual sobre los Euangelios de las solenidades y fiestas de la reyna de los Santos Maria Madre de Dios... /* compuesto por... Fr. Ignacio Coutiño... de la... Orden de Predicadores... ; traduzido de lengua portuguesa en castellana por... Fr. Francisco Palau... de la Orden de Predicadores... ; con un copioso elencho para todos los Euangelios... y fiestas del año. — En Madrid : por Francisco Maroto : a costa de Gabriel de Leon..., 1642. — [12], 372, [140] p., §⁶, A-Z⁶, 2A-2H⁶, a-i⁶, k⁴, †-2†⁶ ; Fol.

Texto a dos col. — Antep. — Port. con viñeta xil. de la Virgen.

01-00030854 000

▶ M-BN, 2/44577. — Enc. perg. ▶ M-BN, 3/52336. — Enc. perg. ▶ M-UC (FFil), 1122. — Enc. perg.

4581

Coutinho, Ignacio (O.P.). *Marial o Promptuario espiritual sobre los Evangelios de las fiestas de la reina de los Santos María Madre de Dios... /* compuesto por... F. Ignacio de Coutiño de la... Orden de Predicadores en lengua portuguesa ; traducido en la castellana por... Fr. Franc. Palau de la misma Orden... ; dedicalo a D. Pedro Ruiz de la Escalera... Pedro Coello, a cuia costa se repite su impression. — En Madrid : en la Imprenta Real : a costa de Pedro Coello, 1647. — [14], 355, [126] p., [ ]¹, §⁶, A-Z⁶, 2A-2F⁶, 2G⁴, a-k⁶, l³ ; Fol.

Editor consta en colofón. — Texto a dos col. — Antep. — Port.

calc. alegórica: «Pedro Coello Invenit. Herman Panneels exculpit».

01-00030855 000

▶ M-BN, 2/44561. — Enc. tela deteriorada. — Deteriorado, afectando a port. — Falto de antep. ▶ M-BN, 3/20111. — Enc. perg. — Falto de port. ▶ M-BN, 8/14460. — Enc. perg. — Falto de port. ▶ M-UC (FD), 8503. — Enc. perg. — Ex-libris de la Biblioteca del Colegio de Santa Catalina, Mártir de los Verdes de la Universidad de Alcalá. — Falto de port.

4582

Coutinho, Pascoal Ribeiro. *Jornada de la Reyna de Portugal, hasta llegar a la Corte de Lisboa, y fiestas que en el viage se le hizieron : entrada del embaxador, Conde de Vilar-Mayor, Manuel Tellez de Silva, en la Corte de Heidelbergh, fiestas que se celebraron en Lisboa desde 11 de Agosto hasta 25 de Octubre, grandezas que el Rey don Pedro el Segundo hizo en su desposorio augusto con la Reyna Maria Sofia Isabel de Babiera /* descrivela Pasqual Ribero Coutinho... — Impresso en Madrid : en la Imprenta Real : hallarase en casa de Andres Blanco, Librero..., 1687. — [4], 55 p., [ ]², A-G⁴ ; 4⁰

Port. con orla tip.

01-00090624 000

▶ M-BN, V.E./127-42.

4583

Covarrubias, Francisco Alfonso. *Incipit breuis tractatus pro instructione euangelici praedicatoris : in quo continentur valdè salutiferae aquae ad irrigandum Paradisum Domini, id est Ecclesiam Christi, lignaque pomifera, id est praedicatores euāgelicos... continentur etiam multae margaritae pretiosae ad ornamentum sponsae Christi... /* authore magistro Francisco Alphonso Couarrubias... — Matriti : ex typographia

Dominici Garcia & Morràs, 1650. — [12], 104, [10] h., ¶-3¶^{4}, A-Z^4, 2A-2C^4, §-2§^{4}, 3§^{2} ; 4^0

Port. con orla tip. y grab. xil. de la crucifixión.

01-00030856 000

▶ M-BN, 3/67687. — Enc. perg. ▶ M-BN, 3/70887. — Enc. perg. ▶ M-UC (FFil), 4321. — Enc. perg. — Ex-libris ms. de la librería del Colegio Imperial de la Compañía de Jesús.

4584
Covarrubias, Francisco Alfonso.
Incipit exhortatio valde utilis et salutaris ad omnes episcopos et Sacerdotes ecclesiae directa... / auctore... Francisco Alfonso Couarrubias.... — [Matriti] : ex typographia Dominici Garcia & Morràs, 1650. — [1] en bl., [3], 44 [i.e. 46] h., [ ]^4, A-L^4, M^2 ; 4^0

Port. con orla tip.

01-00030857 000

▶ M-UC (FD), 4321(2). — Enc. perg. — Ex-libris ms. del Colegio Imperial de la Compañía de Jesús.

4585
Covarrubias Orozco, Sebastián de.
Del origen y principio de la lengua castellana, o Romance que oy se vsa en España / compuesto por el Doctor Bernardo Alderete... [*Parte primera (-segunda) del Tesoro de la lengua castellana, o española* / compuesto por el Licenciado Don Sebastian de Covarruvias Orozco... ; añadido por el Padre Benito Remigio Noydens... de los PP. Clerigos Regulares Menores...]. — En Madrid : por Melchor Sanchez : a costa de Gabriel de Leon..., 1674. — [4], 89, [1] ; [6], 274 [i.e. 267], [1], 213, [3] h., [ ]^4, a-k^8, l^{10}, ¶^{6}, A-Z^8, 2A-2K^8, 2L^4, A-Z^8, 2A-2D^8 ; Fol.

Segunda parte con port. propia y fecha 1673. — Colofón. — Marca de ed. en port. — Errores de fol., de h. 249 pasa a 260 y se repiten las h. 189, 190 y 274. — Antep. — Port a dos tintas. — Texto a dos col.

01-00095126 000

▶ M-BN, 1/37726-7. — Enc. hol. — Contiene únicamente la obra de Covarrubias; faltan las h. 4-5 de la Parte primera y la h. 209 de la Parte segunda. ▶ M-BN, Mss./ 6727. — Enc. perg. — Contiene únicamente la obra de Aldrete. ▶ M-BN, R/1684. — Enc. perg. — Deteriorado. ▶ M-BN, R/ 17495. — Enc. guaflex. ▶ M-BN, R/20366. — Enc. hol. — Ex-libris de Cánovas del Castillo. — Contiene únicamente la obra de Aldrete. ▶ M-BN, R/4816. — Enc. hol. — Falto de h. 247-248. ▶ M-BN, R/6447. — Enc. hol. — Sello de Luis de Usoz. ▶ M-BN, U/1617. — Enc. perg. — Sello de Luis de Usoz. ▶ M-BZ, 19/101-102. — Enc. perg. ▶ ME-RB, 74-IX-16. — Enc. pasta. — Falto de 1 h. de prelim. y 1 h. final. ▶ M-PR, IX-9739. — Enc. pasta con hierros dorados. ▶ M-RAE, 23-III-1. — Enc. perg. — Ex-libris ms. del Convento de Carmelitas Descalzos de Burgo de Osma. ▶ M-UC (FFil), 27886. — Enc. perg. — Ex-libris ms. del Noviciado de la Compañía de Jesús de Madrid. ▶ M-UC (FFil), Res. 233. — Enc. perg. — Ex-libris de la Condesa del Campo de Alange.

4586
Covarrubias Orozco, Sebastián de.
Del origen y principio de la lengua castellana, ò Romance, que oy se vsa en España / compuesto por el Doctor Bernardo Alderete... [*Parte primera (-segunda) del Tesoro de la lengua castellana, o española* / compuesto por el licenciado Don Sebastian De Covarrubias Orozco... ; añadido por el Padre Benito Remigio Noydens... de los Padres Clerigos Regulares Menores...]. — En Madrid : por Melchor Sanchez : a costa de Gabriel de Leon..., [s.a.] (1674). — [4], 89, [1] ; [6], 274 [i.e. 276], [1], 213, [3] h., ¶^{4}, a-k^8, l^{10} ; §^{6}, A-Z^8, 2A-2K^8, 2L^4,

A-Z^8, §^{6}, A-Z^8, 2A-2K^8, 2L^4, A-Z^8 ; Fol.

Es emisión de la ed.: En Madrid : por Melchor Sánchez : a costa de Gabriel de Leon..., 1674. — Dedicatoria fechada en 1682. — Segunda parte con port. propia y fecha 1673. — Colofón. — Marca de ed. en port. — Antep. — Errores de fol., de h. 249 pasa a 260 y se repiten las h. 189, 190 y 274. — Port. a dos tintas. — Texto a dos col.

01-00095125 000

▶ M-BN, 2/62218. — Enc. pasta. — Sello del Gabinete de Historia Natural-Biblioteca Izquierdo de Madrid. — Contiene únicamente la obra de Covarrubias; faltan las h. 193 y 196 de la Parte primera y las h. 20 y 21 de la Parte segunda. ▶ M-BN, U/7077. — Enc. pasta. — Sello de Luis de Usoz.

4587

Covarrubias Orozco, Sebastián de.
Emblemas morales / de Don Sebastian de Couarrubias Orozco... — En Madrid : por Luis Sanchez, 1610. — [4], 300, [6] h., ¶^{4}, A^4, B-Z^8, 2A-2B^8, 2C^4, 2D-2P^8, 2Q^4, 2R^6 : il. ; 4^0

Colofón. — Port. con esc. xil. del Duque de Lerma. — Todas las h. orladas y con grab. xil.

01-00030858 000

▶ M-BN, 4/53840. — Enc. hol. — Falto de port. y h. de colofón. ▶ M-BN, E.R./1334. — Enc. perg. — Falto de port. y prelim. ▶ M-BN, R/4068. — Enc. perg. — Falto de la h. 27, 44, 47, 50, 71, 84, 125, 159, 162, [1] h. de índice y h. de colofón. ▶ M-BN, R/7739. — Enc. hol. ▶ M-BN, U/3288. — Enc. perg. — Sello de Luis de Usoz. — Falto de h. 82 y h. de colofón.

4588

Covarrubias Orozco, Sebastián de.
Tesoro de la lengua castellana, o española / compuesto por... Sebastian de Cobarrubias Orozco... — En Madrid :

por Luis Sanchez..., 1611. — [10], 602, 79, [1] h., ¶^{10}, A-Z^8, 2A-2Z^8, 3A-3Z^8, 4A-4E^8, 4F^{10}, a-k^8 ; Fol.

Colofón. — Texto a dos col. — Port. con esc. xil. real.

01-00030859 000

▶ M-BN, P/7688. — Enc. perg. — Ex-libris ms. de Juan Jiménez. ▶ M-BN, R/14431. — Enc. pasta. — Ex-libris mss. de José de Guevara Vasconcelos; de su hijo José; de Tomás Ruiz y de Barbieri y sello de Barbieri. — Falto de colofón. ▶ M-BN, R/17985. — Enc. piel con cortes dorados. — Sello de Pascual de Gayangos y ex-libris ms. de Juan Jiménez. ▶ M-BN, R/30759. — Enc. perg. — Ex-libris de José Mª de Asensio y Toledo y ms. de Juan Jiménez. — ¶$_9$ delante de ¶$_1$. ▶ M-BN, R/3925. — Enc. pasta. ▶ M-BN, R/6388. — Enc. perg. — Ex-libris ms. de Juan Jiménez. ▶ M-BN, R/6716. — Enc. hol. — Ex-libris ms. de Juan Jiménez. — Falto de colofón. ▶ M-BZ, 19-97. — Enc. pasta. — Deteriorado, afectando a port. y últimas h. — Falto de última h. — Port. restaurada. ▶ ME-RB, 35-I-16. — Enc. piel con hierros y cortes dorados. ▶ M-PR, VIII-4923. — Enc. pasta. — Port. deteriorada. — Falto de colofón. ▶ M-RAE, Sal.Comisi.O-73. — Enc. piel, lomo con hierros dorados. — Falto de colofón y las h. 34 y 39 sustituidas por fotocopias. ▶ M-UC (FD), 14749. — Enc. perg. — Ex-libris ms. de Juan Jiménez.

4589

Covarrubias y Guevara, Pedro de.
Veiamen que dio el doctor Pedro de Covarruvias y Guevara, Medico en la Vniversidad de Sevilla: a el grado del Padre M. fray Estevan de los Rios, del Orden de nuestra Señora de las Mercedes, en veynte y cinco de Febrero de 1628... — Impresso... en Antequera : por Manuel de Payva, 1628. — [24] p., [A]-C‡ ; 4^0

Se ha respetado la puntuación original.

01-00090122 000

▶ M-BN, V.E./45-93.

4590
Covarrubias y Leyva, Antonio de. *Carta que el Licencia^{do} Don Antonio de Couarruuias, y Leyua escriuio al Illustrissimo Señor Nuncio De su Santidad. Estando preso en Madrid.* — [S.l. : s.n., s.a.]. — [4] p., ✠^{2} ; Fol.
Se ha respetado la puntuación original. — El texto alude a D. Pedro de Castro y Quiñones, arzobispo de Sevilla en los años 1610-1623.
01-00090213 000
▶ M-BN, V.E./31-46. — Deteriorado.

4591
Cozar, Luis de (O.P.). *Copia de vna carta, que el maestro Fray Luis de Cozar escrivió à su Reverendissimo Padre General.* — [S.l. : s.n., s.a.]. — 30 h., A-P^2 ; Fol.
Del texto se deduce posterior a 1688. — Precede al tít. esc. xil. de los dominicos.
01-00094233 000
▶ M-BN, V.E./67-17.

4592
Cozar, Miguel Jerónimo de. *Discurso, fundado en derecho en alabança del Gloriosissimo San Ignacio de Loyola, fundador de la Compañia de Iesus* / [licenciado Don Miguel Geronimo de Coçar]. — [S.l. : s.n., s.a.]. — [4] p. ; Fol.
Precede al tít. grab. xil. que representa a San Ignacio.
01-00094234 000
▶ M-BN, V.E./191-92.

4593
Crema, Juan Antonio (CC.RR. MM.). *Suma espiritual y camino del alma para Dios* / compuesto por... Iuan Antonio Crema, Preposito de los Clerigos Menores...* — En Valladolid : por Bartolome Portoles..., 1657. — [24], 436, [50] p., [2] en bl., ¶-3¶^{4}, A-Z^4, 2A-2Z^4, 3A-3P^4 ; 4^0
Texto a dos col.
01-00030860 000
▶ M-BN, 2/46169. — Enc. perg.

4594
Crespi de Borja, Luis, Obispo de Plasencia. *Illmo y R.^{mo} Señor. Quando parti de España para Roma por el santo negocio de la Immaculada Concepcion a suplicar, y pedir a su Beatitud en nombre del Rey N. S. que Dios guarde, la declaracion del sentido en que la Iglesia celebra esta fiesta para euitar los escandalos que se originauan...* / [Luis Obispo de Plasencia]. — [S.l. : s.n., s.a.]. — [1] h. ; Fol.
Se ha respetado la puntuación original. — Texto fechado en Roma, 1661.
01-00094237 000
▶ M-BN, V.E./181-57.

4595
Crespi de Borja, Luis, Obispo de Plasencia. *Illustrissimo Señor. Bien sabida es de todos la causa de mi jornada à Roma, que menos que su grauedad, y la obediencia à los Reales ordenes de su Magestad... no me apartara de la residencia de mi Iglesia. Lleuo à mi cargo el negocio de la Immaculada Concepcion...* / [Luis Obispo de Plasencia]. — [S.l. : s.n., s.a.]. — [3] p., A^2 ; Fol.
Se ha respetado la puntuación original. — Texto fechado en Denia, 1659.
01-00094238 000
▶ M-BN, V.E./181-58.

4596
Crespi de Borja, Luis, Obispo de Plasencia. *Origen y progresso de las pa-*

bordrias de la Sancta Metropolitana Iglesia de Valencia / por Silvio Cipres de Pobar... — En Roma : en la Emprenta de la Reuer. Camara Apostolica, 1641. — 119 p., A-P^4 ; 4^0

Silvio Ciprés de Pobar es anagrama del autor. — Port. con esc. xil. — Grab. xil. a toda plana en p. 6, esc. de Valencia.

01-00044025 000

▶ M-BN, 3/65659. — Enc. perg. ▶ M-UC (FFil), 13.016. — Enc. perg. — Exlibris ms.: «De la Libreria del Noviciàdo de la Compañia de Jesús de Madrid».

4597

Crespi de Borja, Luis, Obispo de Plasencia. *Propugnaculum theologicum diffinibilitatis proximae sententiae piae negantis, beatissimam Virginem Mariam in primo suae Conceptionis instanti originali labe fuisse infectam, obiectum Hyacinto Arpalego... defensa Conceptio immaculata* / auctore... Ludovico Crespi à Borgia episcopo Oriolensi.... — Valentiae: per Bernardum Noguès..., 1653. — [16], 317, [34] p., ¶^{8}, A-Y^8 ; 4^0

Colofón. — Texto a dos col. — Front. calc. alegórico de la Inmaculada Concepción.

01-00030865 000

▶ M-BN, 3/53742. — Enc. perg. ▶ M-BN, 7/15986. — Enc. perg. ▶ M-BN, 7/16677. -- Enc. perg. ▶ M-UC (FFil), 239. ▶ ME-RB, 3-XII-21. — Enc. piel.

4598

Crespi de Borja, Luis, Obispo de Plasencia. *Respuesta a vna consulta, sobre si son licitas las comedias que se vsan en España* / dala con vn sermon que predico de la materia... Luis Crespi de Borja... de la Congregacion del Oratorio de San Felipe Neri... — En Valencia : en casa de los herederos

de Chrysostomo Garriz, por Bernardo Noguès..., 1649. — 59 p., [A]-G^4, H^2 ; 4^0

01-00030861 000

▶ M-BN, 2/34062(1). — Enc. perg. — Sello de Pascual de Gayangos.

4599

Crespi de Borja, Luis, Obispo de Plasencia. *Respuesta a vna consulta sobre si son licitas las comedias que se vsan en España* / dala con vn sermon que predico de la materia el Doctor Don Luis Crespi de Borja Presbytero de la Congregacion del Oratorio de San Felipe Neri... Obispo de Orihuela y Plasencia &c. ; iuntamente con la retractacion de su firma, en que se dize auia aprobado las comedias. — En Valencia : al Molino de la Robella, 1683. — [4], 59 p., ¶^{4}, A^2, B-G^4, H^2 ; 4^0

Marca tip. en port.

01-00094106 000

▶ M-BN, V.E./126-2. — Al final del texto lleva 1 h. de grab. calc. que no pertenece a la obra. ▶ M-BN, V.E./131-21. ▶ M-BN, V.E./3-26(1). ▶ M-PR, I.C.53(5). — Enc. pasta.

4600

Crespi de Valdaura, Cristóbal. *Carta que el excelentissimo señor D. Christoval Crespi de Valdaura, Clavero, y Assessor General de la Orden de Montesa... siendo de 27 años escriviò à su Hermano el Señor Don Iuan Crespi, y Brizuela...* — [S.l. : s.n., s.a.]. — [4] p. ; Fol.

Texto fechado en Valencia, 1627.

01-00094240 000

▶ M-BN, V.E./177-19. ▶ M-BN, V.E./210-17.

4601

Crespo, Francisco (O.S.B.). *R.P.M. F^r. Francisci Crespo Benedictini... Tribu-*

nal Thomisticum de Immaculato Deiparae : conceptu candidum Ius ore Angelico dicens doctrinam Angelicam cum virginis albescente origine, pulchra pace concilians : adhortationem pro ipsius causa inferens : pias praeces Regi Catholico pro eiusdem definibilitate memoriali inserto concluden concludens. — Barcinone : ex typographia Antonij Lacaualleria, 1657. — [17], 102 [i.e. 103] h., [1] en bl., 69, [22] p., [1] h. de grab., §₁, [ ]¹, §₂₋₄, 2§-4§⁴, A-N⁴, N⁴, O-Z⁴, 2A-2M⁴, 2N⁶ ; 4⁰

Error de fol., la h. 56 repetida. — Antep. — Front. calc. — *Memorial iusto y piadoso a la Real Magestad... Don Felipe el Grande, quarto en el nombre...*

01-00030862 000

▶ M-BN, 3/10607. — Enc. perg. ▶ M-BN, 8/37774. — Enc. perg.

4602

Crespo, Francisco (S.I.). *Relacion de los martyres que este año passado de 1624 han padecido Martyrio por nuestra S. Fè, en la Corte del Emperador de Iapon* / por el padre Francisco Crespo, Procurador General de la Compañia de Iesus de las Indias ; sacada de las cartas que han embiado el P. Provincial, y otros Religiosos de la misma Compañia, que estan en Mission en aquellos Reynos. — En Madrid : por Andres de Parra, 1625. — 4 h., a⁴ ; Fol.

El pie de imp. consta en colofón.

01-00122280 000

▶ M-BN, Mss./2355. — Enc. pasta. — Forma parte de un vol. facticio foliado ms.: h. 518-521.

4603

Crespo, Francisco (S.I.). *Relacion del glorioso martyrio de los padres Roque Gonçalez, Alonso Rodriguez, y Iuan del Castillo de la Compañia de Iesus que... murieron a manos de los... infieles de la provincia de Vruay... 1628... /* compuesta por el P. Francisco Crespo de la Compañia de Iesus... — En Madrid: por Andres de Parra, 1630. — [4], 16 h., ¶⁴, A-B⁸ ; 8⁰

Port. con orla tip.

01-00030863 000

▶ M-UC (FFil), 36.228(2). — Enc. cart.

4604

Crespo, Sebastián. *Relacion de la tormenta que padeciò la Capitana Real, en que me hallè, como piloto, al tiempo que passò el mismo infortunio lo restante de las Naos de la Real Armada... /* [Sebastian Crespo]. — Impresso en Cadiz : por Juan Vejarano, [s.a.]. — [15] p., A-B⁴ ; 4⁰

El nombre del autor consta en dedicatoria. — Texto fechado en 1672. — Port. con viñeta xil.

01-00030864 000

▶ M-BN, U/10430. — Enc. hol. — Sello de Luis de Usoz.

4605

Crespo Hurtado, Miguel. *Dictamen iuridico en resolucion de las dudas que se han propuesto por el Dean, y Facultad de Artes de esta Vniversidad de Alcala, sobre asientos, y otras concurrencias, y Derechos que pretenden /* [Lic. D. Miguel Crespo Hurtado]. — [S.l. : s.n., s.a.]. — 25 p., A-E², F³ ; Fol.

El nombre del autor consta al final del texto.

01-00094242 000

▶ M-BN, V.E./67-83.

4606

Cresswell, Joseph (S.I.). *Carta escrita al Embaxador de Inglaterra, residēte en la Corte de la Magestad Catolica, en* *que se deshazen las calumnias, inuentadas para dar color à la iniqua y artificiosa persecucion, que padecen, los que en aquel Reyno professan nuestra santa Fè, y la obediencia deuida à la Yglesia Romana /* [Ioseph Cresuelo] ; traduzida en lengua castellana... — [S.l. : s.n., s.a.]. — 47 h., [1] en bl., A-M^4 ; 4^0

El nombre del autor consta en final de texto.

01-00030866 000

▶ M-BN, 3/6463. — Enc. perg. con hierros dorados.

4607

Criado de Cabañas, Juan. *Epicedio a la muerte del Lic. D. Antonio de Leon Pinelo, Oydor de la Contratacion de Seuilla, y Coronista mayor de las Indias* / por Iuan Criado de Cabañas... — En Madrid : por Diego Diaz de la Carrera, 1660. — [8] p., A^4 ; 4^0

El pie de imp. consta en colofón.

01-00094244 000

▶ M-BN, V.E./164-1.

4608

Criales y Arce, Gaspar de, Arzobispo de Reggio-Calabria. *Carta que escribe a V.M. Don Gaspar de Criales y Arce, Arcobispo de Rijoles...* — Rijoles [Reggio-Calabria] : en el Arçobispal Palaçio. Por Iacobo Mattei de Meçina, 1646. — [36] p., 6 h., p. 7-348 [i.e. 346], a-d^4, e^2, A^6, B-Z^4, 2A-2E^4, 2F^5, 2G-2H^4, 2I^5, 2K-2T^4, 2V^6 ; 4^0

Errores de pag., pasa de p. 8 a 11 y van foliadas h. 231-232 y 249-250.

01-00030867 000

▶ M-BN, 2/49443. — Enc. perg. ▶ M-BN, R/6830. — Enc. pasta con hierros dorados.

4609

Crisis *sobre vn sermon de vn orador grande entre los mayores, que la Madre*

Soror Juana llamó Respuesta, por las gallardas soluciones con que responde à la facundia de sus discursos. — [S.l. : s.n., s.a.]. — 34 p., A-B^8, C^1 ; 4^0

01-00094245 000

▶ M-BN, V.E./83-25.

4610

Crisol *de la verdad, de la causa sin causa : dedicada a la fama, consagrada a la suprema justicia.* — Impresso en Zaragoça : [s.n.], 1684. — [2], 141 [i.e.140], [1] h., [ ]^2, A-Z^2, 2A-2Z^2, 3A-3B^2, 3C^1, 3D-3Z^2, 4A-4B^2 ; Fol.

Cotarelo, «Controversias...», p. 333, atribuye la obra a Manuel de Guerra y Ribera. — Port. con orla tip.

01-00030868 000

▶ M-BN, 3/75599. — Ans. mss.: «este papel se hizo por... Manuel Guerra...» y «Defensa del Duq^e de Osuna...». — Enc. perg. ▶ M-BN, V.E./217-51. ▶ ME-RB, 49-V-7. — Enc. perg.

4611

Crisol *de la verdad de la causa sin causa : dedicada a la fama, consagrada a la suprema iustica.* — Impression segunda. — En Zaragoza : [s.n.], 1684. — [6], 116 h., [ ]^2, A^4, A-Z^2, 2A-2Z^2, 3A-3M^2 ; Fol.

Port. a dos tintas y con orla tip.

01-00030869 000

▶ M-BN, 2/50113. — Enc. perg. ▶ M-BN, P/1872. — Enc. pasta. ▶ M-BN, V.E./219-31. — An. ms. en la que atribuyen como autor de la obra a Fr. Manuel Guerra, Trinitario calzado. ▶ ME-RB, 72-IX-23. — Enc. perg. ▶ M-UC (FFil), 20703. — Enc. perg. — Ex-libris ms.: «Es del Coll^o Imp^e de la Comp^a de Jhs». ▶ M-UC (FFil), 21983. — Enc. perg. — Ex-libris de la Condesa del Campo de Alange.

4612

Crisol *en que se purifica la integridad en regular observancia, y exercicios esco-*

lasticos, contra el artificioso zelo, que ha intentado imputar relaxacion, en uno, y otro, à la Prouincia de España, Orden de Predicadores... — [S.l. : s.n., s.a.]. — 9 h., A-C², D³ ; Fol.

Se ha respetado la puntuación original. — En h. 4v. consta 1699.

01-00034033 000

▶ ME-RB, 90-VI-18(5). — Enc. perg.

4613

Crisol *en que se purifica la integridad en regular observancia, y exercicios escolasticos, contra el artificioso zelo, que ha intentado imputar relaxacion, en vno, y otro, à la Prouincia de España, Orden de Predicadores ; y en virtud de essa falsa impostura auassallarla, atropellando sus fueros, regalias, y costumbres inmemoriales.* — [S.l. : s.n., s.a.]. — 9 h., A-C², D³ ; Fol.

Se ha respetado la puntuación original. — En h. [1] v. consta 1699.

01-00094246 000

▶ M-BN, V.E./197-38. ▶ M-BN, V.E./220-58.

4614

Crisóstomo de la Madre de Dios. *Memorial al Rey nuestro Senor, a cerca de la causa lances, y peso de la sentencia pia, y su religiosa obseruancia /* [Fray Chrisostomo de la Madre de Dios]. — [S.l. : s.n., s.a.]. — 6 h., A⁶ ; Fol.

El nombre del autor consta en final de texto, fechado en Zaragoza, 1663.

01-00094247 000

▶ M-BN, R/19810(9). — Enc. pasta con hierros dorados. ▶ M-BN, V/Cª 1014-55. ▶ M-BN, V.E./181-33.

4615

Cristóbal de la Concepción (O. de M.). *Sermon en la fiesta del glorioso pa-*

triarcha San Francisco de Paula : predicado en el Conuento de su Orden, en la villa de Guelua, dia de su sacrosanta Festiuidad / por el Padre Fr. Christoual de la Concepcion, del Orden de los Descalços de nuestra Señora de la Merced Redempcion de Cautiuos... — Impresso en Seuilla : por Andres Grande, 1632. — [4], 10 h., ¶⁴, A-B⁴, C² ; 4⁰

Port. con esc. xil.

01-00094248 000

▶ M-BN, V.E./3-3. — Recortado, afectando al tít.

4616

Cristóbal de los Santos (O.SS.T.). *Tesoro del cielo, imàn del alma, historico, y moral : descubierto en la Santa y Portentosa Imagen del Sagrado Rostro de Nuestro Redemptor Jesu-Christo, que se venera en la muy ilustre villa de la Ossa de la Vega /* su autor... fray Christoval de los Santos, Trinitario Descalço... — En Madrid : en la oficina de Melchor Alvarez, 1695. — [44], 251, 152, [28] p., ¶-3¶⁶, 4¶⁴, A-X⁶, A-P⁶ ; Fol.

Port. con orla tip. y esc. xil. — Grab. calc. del Cristo de Osa de la Vega, en 4¶¹.

01-00030870 000

▶ M-BN, 3/15300. — Enc. perg. ▶ M-BN, 3/68762. — Enc. perg. ▶ M-BN, 8/40517. — Enc. perg. — Repetidas p. 17-20 de la 1.ª secuencia de pag.

4617

Cristóbal de San Antonio y Castro (O.F.M.). *Historia eclesiastica y seglar de la colonia Betis, aora la ciudad de Buxalance : sus primeros obispos, y patronos, inuictissimos martires y gloriosos confessores, varones ilustres en virtud, letras, y armas, hijos de la mesma ciudad /* escriuiola Fr. Christoual de S. Antonio y Castro, de la obseruancia de San Francisco... — Impressa en Granada : en la Imprenta Real, por Baltasar de Bolibar... : a costa de Agustin Matias de Velasco..., 1657 (1655). — [4], 229, [5] h., ★⁴, A-Z⁶, 2A-2P⁶, 2Q⁵ ; Fol.

Colofón. — Port. a dos tintas.

01-00030871 000

▶ M-BN, 2/65941. — Enc. perg. — Falto de prelim. y h. 97-98, 101-102, 104, 107-109, 113-114, 139-140, 143-144. ▶ M-BN, 2/66170. — Enc. perg. ▶ M-BN, 3/64309. — Enc. perg.

4618
Cristóbal de San José (O.SS.T.). *Receptarum opinionum moralium tomus primus... : cum duplici... indice...* / auctore P. Fr. Christophoro a S. Ioseph... Ordinis Discalceatorum Sanctissimae Trinitatis... — Matriti : ex Typographia Regia : sumptibus Francisci Serrano & Figueroa..., 1656. — [28], 496, [52] p., ✱⁸, 2✱⁶, A-Z⁶, 2A-2Y⁶, 2Z⁴ ; Fol.

Colofón. — Texto a dos col. — Port. a dos tintas con esc. xil. — Antep.

01-00030872 000

▶ M-BN, 6-i/1070. — Enc. perg. — Ex-libris ms. del Real Convento de San Gil de Madrid. ▶ M-UC (FFil), 16205. — Enc. perg. — Sello de la Univ. Literaria de Madrid. — Deteriorado, con hojas arrancadas. — Falto de p. 277-78 y 7 p. del final.

4619
Cristóbal del Niño Jesús. *La verdad desnuda* / [Fr. Christoval del Niño Iesus]. — [S.l. : s.n., s.a.]. — 16 h., ¶-8¶² ; Fol.

El nombre del autor consta en fin de texto, fechado en Cádiz, 1684.

01-00094249 000

▶ M-BN, V.E./23-68.

4620
Cron, Fernando. *Señor. El Vniuersal escandalo que ha dado a todo el mundo (donde mi nombre es conocido) la calumnia con que por espacio de diez años fui perseguido, y vexado, y los irreparables daños que della se han seguido à mi hazienda, vida y honra, me obligan à que aora salga à luz este papel con la sumaria relacion de mis seruicios y trabajos...* / [Fernando Cron]. — [S.l. : s.n., s.a.]. — 10 h., A-E² ; Fol.

El nombre del autor consta en fin de texto. — Se ha respetado la puntuación original. — Incluye dos cartas fechadas en 1627.

01-00094250 000

▶ M-BN, V.E./68-83.

4621
Crónica Albeldense. *Cronica de España de Dulcidio Presbitero de Toledo Obispo de Salamanca... al califa de Cordova el año DLXXXIII...* . Con las observaciones de Don Ioseph Pellicer de Ossau i Tovar... — En Barcelona : [s.n.], 1663. — 32+ h., A-H⁴ ; 4⁰

Crónica en latín y Observaciones en castellano.

01-00094251 000

▶ M-BN, V.E./35-9. — Falto del último cuaderno.

4622
Crónica de España. *Las quatro partes enteras de la Coronica de España, que mando componer el... Rey don Alonso llamado el Sabio...* / vista y emendada mucha parte de su impression por... Florian Docampo... — En Valladolid : por Sebastian de Cañas : vendense en casa de Antonio Cuello..., 1604. — [2], 266, 99 [i.e. 101] h., [1] en bl., h. 193-347 [i.e. 401], [1] en bl., [ ]², A-Z⁸, 2A-2K⁸, 2L², A-

D^8, E^{10}, F-M^8, N^4, 3A-$3Z^8$, 4A-$4B^8$, $4C^{10}$; Fol.

Existe emisión con pie de imp.: En Valladolid : por Sebastian de Cañas, 1604. — Texto a dos col. — Port. con esc. xil. real.

01-00030873 000

▶ M-BN, R/30757. — Enc. piel con hierros. — Ex-libris de José María de Asensio y Toledo. — Falto de port., prelim., de h. 281-288 y 339-347, sustituídas por mss.; además de h. 127 de la primera parte, h. 219 y 222 y 370-375 de la cuarta parte. ▶ M-BN, R/36430. — Enc. pasta. — Sello de Pascual de Gayangos. ▶ M-BN, R/52. — Enc. perg. — Falto de h. 68-69 y 148-149. — Defectos de encuadernación, la h. 53 precede a la 52. ▶ M-BZ, 8-111. — Enc. pasta. ▶ M-RAE, 21-I-27. — Enc. hol. — Ex-libris de A. Canovas del Castillo y ms. de don Fernando de Menao Monjanaz.

4623

Crónica de España. *Las quatro partes enteras de la Coronica de España, que mando componer el... Rey don Alonso llamado el Sabio...* / vista y emendada mucha parte de su impression, por... Florian Docampo... — En Valladolid : por Sebastian de Cañas, 1604. — [2], 266, 99 [i.e. 101] h., [1] en bl., h. 193-347 [i.e. 401], [1] en bl., [ ]^2, A-Z^8, 2A-$2K^8$, $2L^2$, A-D^8, E^{10}, F-M^8, N^4, 3A-$3Z^8$, 4A-$4B^8$, $4C^{10}$; Fol.

Existe emisión con pie de imp.: En Valladolid : por Sebastian de Cañas : vendense en casa de Antonio Cuello, 1604. — Texto a dos col. — Port. con esc. xil. real.

01-00030874 000

▶ M-BN, R/15086. — Enc. perg. — Ex-libris de Fernando José de Velasco. ▶ M-BN, R/5617. — Enc. pasta. — Falto de h. 226 y 231 de la cuarta parte. — Recortado. ▶ M-RAE, 13-B-31. — Enc. perg. — Ex-libris ms. de don Fernando Henao Monja-

naz. — Falto de h. 219 y 222 de la cuarta parte.

4624

Crónica del Santo Rey Don Fernando Tercero. *Coronica del Santo Rey Don Fernando tercero deste nombre...* — Impresso en Salamanca : en casa de Antonia Ramirez viuda, 1616. — 32 h. ; Fol.

Precede al tít.: «El Santo Rey Don Fernando». — Colofón. — Port. con grabs. xil. representando a Fernando III. — Texto a dos col.

01-00030876 000

▶ M-BN, R/30589. — Enc. perg.

4625

Crónica del Santo Rey Don Fernando Tercero. *Coronica del Santo Rey dō Fernādo, Tercero de este nombre...* — En Seuilla : por Bartolome Gomez de Pastrana..., 1617. — XXXII h., A-D^8 ; Fol.

Precede al tít.: «El Santo rey don Fernando». — Colofón. — Port. a dos tintas, con grab. xil. y orla tip. — Texto a dos col.

01-00030875 000

▶ M-PR, IX-5829. — Enc. pasta. — Ex-libris del conde de Mansilla: «Espinosa f.».

4626

Cros, Francisco. *Fiestas que en la insigne Vniuersidad de Valencia se celebraron del glorioso Doct. y Euangelista S. Lucas...* / por... Francisco Cros... — En Valencia : en casa de Miguel Sorolla..., 1626. — [30], 149, [1] p., A-K^8, L^{10} ; 8^0

Texto en español y latín. — Grab. xil. en p. 32. — Esc. xil. eclesiástico al v. de port.

01-00030877 000

▶ M-BN, 2/62147. — Enc. perg. — Sello

de Pascual de Gayangos. — Deteriorado, afectando a texto.

4627

Cros, Francisco. *Panegyrico funeral, y epitafio, del celebrado y grande Orador Christiano, que merecio lo que no tuuo, y tuuo lo que merecio en los aplausos de su predicacion el Reuerendissimo Padre Fr. Mauro de Valencia Religioso de la Orden de los Menores Capuchinos del Serafico Padre San Francisco...* / por el licenciado Francisco Cros... — En Valencia: por Iuan Bautista Marçal..., 1637. — 8 h., A^8 ; 4^0

01-00094253 000

▶ M-BN, V.E./163-56. ▶ M-BN, V.E./45-140.

4628

Cruz Vasconcillos, Felipe de la (C.S.B.). *Norte de confessores y penitentes* / conpuesto por Fr. Phelippe de la Cruz... Orden de S. Basilio Magno... — En Valladolid : por Jeronimo Morillo : a costa de Iuan Piñat, 1629. — [24], [1] en bl., 181, [31] h., [1] h. de grab., [ ]^2, ✳-2✳^{8}, ¶^{8}, A-Z^8, 2A-2C^8, 2D^4 ; 8^0

Port. grab. calc. arquitectónica y grab. calc. : «I. de Courbes F.».

01-00030881 000

▶ M-BN, 3/57546. — Enc. perg. ▶ M-BN, 7/11749. — Enc. perg. — Falto de port. y h. de grab. ▶ ME-RB, 20-V-20. — Enc. piel con cortes dorados. — Falta a partir de h. 153.

4629

Cruz Vasconcillos, Felipe de la (C.S.B.). *Tesoro de la Iglesia : en que se trata de indulgencias, iubileos, purgatorio, bula de difuntos, vltimas voluntades i cuarta funeral* / por Fr. Felipe de la Cruz... Orden de Nuestro Padre S. Basilio Magno... — En Madrid :

por Diego Flamenco : a costa de Pedro Garcia de Sodruz..., 1631. — [9], 283, [23] h., [ ]^1, †^{8}, A-Z^8, 2A-2M^8, 2N^4, ¶-2¶^{8}, 3¶^{4}, 4¶^{2} ; 4^0

Hay diferentes estados de esta ed. — Port. grab. calc.: «I de Courbes F.», representando a S. Naucracio y S. Teodosio (monjes basilios).

01-00030882 000

▶ M-BN, 2/69882. — Enc. perg. — Port. recortada. — Falto de h. 20-22, 227-230. ▶ M-BN, 3/54887. — Enc. perg. — Port. recortada. ▶ M-BN, 7/15990. — Enc. perg.

4630

Cruz Vasconcillos, Felipe de la (C.S.B.). *Tratado vnico de diezmos, primicias y oblaciones que deuen pagar los fieles christianos : con otras muy graues dificultades para todos estados* / por Fray Felipe de la Cruz Vasconcillos... del Orden de S. Basilio Magno... — En Madrid : por Iuan Sanchez, 1643. — [8], 109, [11] h., §-2§^{4}, A-Z^4, 2A-2G^4 ; 4^0

Port. con esc. xil. de D. Andres Mangelli. — Grab. xil. en h. 109 v. representando a San Basilio Magno.

01-00030883 000

▶ M-BN, 2/11903. — Enc. perg.

4631

Cruz Vasconcillos, Felipe de la (C.S.B.). *Tratado Vnico de intereses sobre si se puede llevar dinero por prestallo* / autor F. Felipe de la Cruz Vasconçillos... de la Sagrada religion del Gran Basilio... — En Madrid : en casa de Franco Martinez, 1637 (1638). — [9], 27, [5] h., [ ]^1, ¶-2¶^{4}, A-H^4 ; 4^0

Colofón. — Port. grab. calc.: «en casa de Maria de Quiñones de Courbes F.».

01-00094254 000

▶ M-BN, 2/33495. — Enc. perg. ▶ M-BN, 3/19453. — Enc. perg., deteriorada. ▶ M-BN, R/1342.—Enc. perg.▶ M-BN, R/22770. —Enc. perg. — Recortado afectando en port. a la firma del grabador. ▶ M-BN, R/2355. — Enc. piel. ▶ M-BN, R/4939. — Enc. perg. ▶ M-UC (FD), 11197. — Enc. perg.

4632

Cruzado, Juan. *Astronomicum problema novum, ac universale, ad locorum longitudinem, et latitudinem simul inveniendam* / a D. Joanne Cruzado luciferensi detectum, & omnibus Astrophylis ingeniosis, caelestiumque motuum peritis enunciatum. — [S.l. : s.n., s.a.]. — Pliego.

Texto fechado en 1681. — H. con orla tip. — Grab. calc. en cabecera del texto.

01-00094255 000

▶ M-BN, V.E./197-31. — An. ms. completando el texto.

4633

Cruzado y Peralta, Manuel. *Descripcion de la augusta felicissima venida a esta imperial villa de Madrid los catolicos reyes D. Carlos II y Doña Maria Luisa de Borbon su digna consorte* / que ofrece, y dedica... Manuel Cruzado y Peralta... — En Madrid : por Melchor Aluarez, 1679. — 6 h., A⁶ ;4⁰

Port. con orla tip.

01-00094256 000

▶ M-BN, V.E./113-22. — Recortado.

4634

Cruzamont, Louis de. *Atroces hechos de impios tyranos por interuencion de franceses o Atrocidades francesas executadas por impios tyranos : colegidas de autores diuersos... y escritas primero en lengua latina* / traducidas despues en español y aumentadas en esta segunda im-

pression... por Ludouico de Copiaria Carmerineo... — En Valeria : [s.n.], 1635. — [2], 102 p., A-F⁸, G⁴; 8⁰

Autor tomado de la edición latina, impresa en Utrecht, 1632.— Se ha atribuído la obra a Antoine Brun.

01-00030884 000

▶ M-BN, R/9182. — An. ms. en port.: «Por Luis de la Cruzamonte». — Enc. hol. — Falto de p. 15 y 16. ▶ M-UC (FFil), 32748. — Enc. perg. — Sello y ex-libris ms. del Colegio Imperial.

4635

Cruzamont, Louis de. *Atroces hechos de impios tyranos por intervencion de franceses o Atrocidades francesas executadas por impios tyranos : colegidas de autores diuersos... y escritas primero en lengua latina* / traduzidas despues en español y aumentadas en esta segunda impression... por Ludovico de Copiaria Carmerineo... — En Valeria : [s.n.], 1635. — 24 h., A-F⁴ ; 4⁰

01-00094257 000

▶ M-BN, 2/58713(4). — Enc. perg. — Sello de Pascual de Gayangos. ▶ M-BN, 3/16627(4). — Enc. perg. con esc. real dorado. ▶ M-BN, R/24284(7). — Enc. perg. — Port. deteriorada afectando al lugar de imp. ▶ M-BN, V.E./166-39. ▶ M-BN, V.E./97-10. — Ex-libris ms. de Juan Gómez de Blas.

4636

Cuadro, Diego Felipe de. *Ajustamiento de monedas provinciales, con peso talla, ley, y valor, correspondientes, y tablas de sus dinerales* / por Diego Felipe de Quadro... — [S.l. : s.n. , s.a.]. — 22 h., A-E⁴, F² ; 4⁰

Texto fechado en Linares, 1645. — Port. con esc. xil. real.

01-00094258 000

▶ M-BN, V.E./9-17.

4637

Cubero de León, Pedro. *Señor. Don Pedro Cubero, Sacerdote Secular Español, vassallo humilde de V. Magestad, natural del Reyno de Aragon, se presenta a sus Reales pies representando sus trabajos, y peregrinaciones dandole verdadera relacion de lo que ha obrado (D.O.M.I.) en el servicio de ambas Magestades, y propagacion de la Santa Fè Catolica Apostolica Romana...* — [S.l. : s.n., s.a.]. — 10 h., [A]-E² ; Fol.

Se ha respetado la puntuación original. — Memorial a Carlos II. — Precede al texto grab. xil. de la Virgen del Pilar.

01-00094259 000

▶ M-BN, V.E./25-17. — Ex-libris ms. de la librería de San Cayetano de Madrid.

4638

Cubero Sebastián, Pedro. *Breue relacion de la peregrinacion que ha hecho de la mayor parte del mundo don Pedro Cubero Sebastian... / escrita por el mismo don Pedro Cubero Sebastian...* — En Madrid : por Iuan Garcia Infançon, 1680. — [20], 360 p., ¶⁸, 2¶², A-Y⁸, Z⁴ ; 4⁰

Port. con orla tip. — Esc. xil. real en ¶₂.

01-00030885 000

▶ M-BN, B.A./9315. — Enc. pasta. — An. ms.: «libro entregado por Mercedes Castro a la Sección de Bellas Artes el 31 de enero de 1958». ▶ M-BN, R/29337. — Enc. pasta. — Ex-libris de Justo Zaragoza. ▶ ME-RB, 16-II-26. — Enc. perg. ▶ M-PR, VI-272. — Enc. pasta. — Sello «S.D.S.Y.D.A.». ▶ M-UC (FFil), 3324. — Enc. perg.

4639

Cubero Sebastián, Pedro. *Descripcion general del mundo y notables sucessos que han sucedido en el : con la armonia de*

sus tiempos, ritos, ceremonias, costumbres, y trages de sus naciones, y varones ilustres que en él ha avido / *escrita por el dotor don Pedro Cubero Sebastian...* — En Valencia : por Vicente Cabrera, impressor, y librero... Vendense en la misma Imprenta, 1697. — [14], 342 p., [2] en bl., [1] h. de grab., [ ]⁴, 2¶⁴, A-Z⁴, 2A-2V⁴ ; 4⁰

Port. con orla tip. — Grab. xil., de la Virgen de los Desamparados, en [ ]₂.

01-00030887 000

▶ M-BN, 7/17414. — Enc. perg. ▶ M-BN, R/15618. — Enc. perg. — Ex-libris ms. de Sebastián Calderón, sello de Pascual de Gayangos y ex-libris de don Fernando José de Velasco. ▶ M-UC (FFil), 10442. — Enc. perg. — Ex libris ms.: «Biblioteca Complutense Ildefonsina», y dedicatoria a don Manuel Joseph Osorio de Ponce de León, fechada en 1738 en Peñaranda de Bracamonte.

4640

Cubero Sebastián, Pedro. *Epitome de los arduos viages que ha hecho el doctor don Pedro Cubero Sebastian... en las quatro partes del mundo, Asia, Africa, America y Europa : con las cosas mas memorables que ha podido inquirir / escrito por el mismo...* — En Cadiz : en la imprenta de Christoval de Requena, 1700. — [16], 112 p., [ ]², §⁴, ¶², A-O⁴ ; 4⁰

En prelim. consta el tít.: «Tratado de la descripcion de la ciudad de Zeuta». — Port. con orla tip.

01-00030886 000

▶ M-BN, Afr./2289(3). — Enc. perg. — Sello de Pascual de Gayangos. ▶ M-BN, Afr./894. — Enc. perg. — Falto de port., algunas h. de prelim., p. 11-12, p. 71-74, p. 85-86 y de la última h.

4641

Cubero Sebastián, Pedro. *Peregrinacion del mundo / del doctor D. Pedro*

Cubero Sebastian... — En Napoles : por Carlos Porfile, 1682. — [14], 451, [4] p., [2] h. de grab., [ ]^1, a^6, A-Z^4, 2A-2Z^4, 3A-3L^4 ; 4^0

Port. con esc. xil. — Front. calc.: «Ad istanza del S. Gioseppe Griscolo A. 1682». — Grabs. calc.: «Portius sculp.», retratos alegóricos de Fernando Faxardo y del autor.

01-00030888 000

▶ M-BN, G.M./307. — Enc. perg. ▶ M-BN, R/13212. — Enc. pasta. — Ex-libris de Pascual de Gayangos. ▶ M-BN, R/14231. — Enc. perg. — Falto de la h. de dedicatoria. ▶ M-BN, R/147. — Enc. hol. — Falto de h. con sign. a$_4$, 1 h. de grab. y las p. 401-434.

4642

Cubero Sebastián, Pedro. *Peregrinacion que ha hecho de la mayor parte del mundo don Pedro Cubero Sebastian... : con las cosas mas singulares que le han sucedido y visto entre tan barbaras naciones, su religion, ritos, ceremonias... : con el viage por tierra desde España hasta las Indias Orientales* / escrita por el mismo don Pedro Cubero Sebastian... — Segunda impression. — En Zaragoza : por Pasqual Bueno..., 1688. — [16], 288 p., §^{4}, ¶^{4}, A-S^8 ; 4^0

Grab. xil. de Cristo en la Cruz, en §$_2$.

01-00030889 000

▶ M-BN, 7/16689. — Enc. perg. ▶ M-BN, 8/32838. — Enc. perg. — Ex-libris ms.: «D. Seuastian de la Guerra administrador de Usagre» y sello «Biblioteca Carderera adquisicion 1840». ▶ M-BN, G.M./607. — Enc. perg. — Ex-libris mss. de Félix Calderón de la Barca y de Josep Treviño. ▶ M-UC (FFil), 519. — Enc. perg. — Ex-libris de la Condesa del Campo de Alange.

4643

Cubero Sebastián, Pedro. *Porfiado sitio del Mequines adusto sobre la plaza de Ceuta : valor incontrastable con que se han portado las armas catolicas : notables acaecimientos que ha avido en el... /* [D. Pedro Cuberos Sebastian]. — [S.l. : s.n., s.a.]. — [16], 35 p., [1] h. de grab., ¶-2¶^{4}, A-D^4, E^2 ; 4^0

El nombre del autor consta en p. [16]. — Texto en verso y prosa. — Port. y texto con orla tip. — Grab. calc. que representa a la Virgen del del Pilar.

01-00094264 000

▶ M-BN, 3/74388(6). — Enc. perg. — Falto de la h. de grab. ▶ M-BN, V.E./106-5. ▶ M-FLG, Inv. 12020(i). — Enc. hol. — Falto de la h. de grab.

4644

Cubero y Sebastián, Antonio. *Ilustrissimo Señor. Antonio Cuberō y Sebastiā, natural, y domiciliado en el Lugar del Frasno, de la Comunidad de Calatayud, que por el discurso de su vida ha navegado por diferentes Provincias, y Puertos de Mar... suplica sea V.S.I. servido vèr los motivos que este Ilustrissimo Reino, y Imperial Ciudad de Zaragoça pueden tener para obiar el comercio, y contrato con la Nacion Francesa...* — [S.l. : s.n., s.a.]. — 24 p., A^{12} ; Fol.

Se ha respetado la puntuación original. — En p. 11 consta 1673.

01-00094262 000

▶ M-BN, V.E./23-23.

4645

Cubero y Sebastián, Antonio. *Ilustrissimo Señor. Hallandome en esta Imperial Ciudad de Zaragoça, rendido a las plantas de V.S.I.... me atrevo hazer tercero Memorial, donde tratarè de algunas conveniencias en beneficio vniversal de nuestro Ilustrissimo Reino de Aragon... /* [Antonio Cubero y Sebastian]. — [S.l. : s.n., s.a.]. — 12 p., A^6 ; Fol.

Se ha respetado la puntuación original. — El nombre del autor consta en final de texto.

01-00094263 000

▶ M-BN, V.E./25-10.

4646

Cubero y Sebastián, Antonio. *Ilustrissimo Señor. Por hallar experimentada la piedad en V.S.I. me atrevo, rendido a sus pies, hazer segundo Memorial, donde trataré de las conveniencias tan grandes que tendrà el Ilustrissimo Reyno y la Imperial Ciudad de Zaragoça, agregàdo el Puerto, ò Playa de Vinaroz, para la còduccion de las mercadurias de los dos Mares, Occeano, y Mediterraneo...* / [Antonio Cubero y Sebastian]. — [S.l. : s.n., s.a.]. — 28 p., A¹⁴ ; Fol.

Se ha respetado la puntuación original. — El nombre del autor consta en final de texto.

01-00094260 000

▶ M-BN, R/14371-54. — Sello de Pascual de Gayangos. ▶ M-BN, V.E./23-24.

4647

Cubillas Gobantes, Bernardo de. *Bernardo de Cubillas Gobantes, vecino desta Ciudad : Respondiendo à la peticion, presentada, por parte del Gremio de Herederos de Viñas, digo : V.S. se ha de servir desestimar su pretension, y hazer en todo à mi favor, y del Comun de esta Ciudad, como se dirà...* — [S.l. : s.n., s.a.]. — [4] p. ; Fol.

Se ha respetado la puntuación original.

01-00094265 000

▶ M-BN, V/Cª 7-14. — Recortado, afectando al texto.

4648

Cubillo de Aragón, Álvaro. *Curia leonica* / compuesta por Aluaro Cubillo de Aragon... — Impresso... en Granada : por Martin Fernandez, 1625. — 19 h., [1] en bl., A-B⁸, C⁴ ; 8⁰

01-00094266 000

▶ M-BN, R/4253. — Enc. piel deteriorada.

4649

Cubillo de Aragón, Álvaro. *El enano de las musas : comedias, y obras diuersas : con un poema de las cortes del leon, y del aguila, acerca del buo gallego* / su autor Alvaro Cubillo de Aragon... — En Madrid : por Maria de Quiñones : a costa de Iuan de Valdes..., 1654. — [16], 478 p., [2] en bl., ¶⁸, A-B⁸, C⁴, D-Z⁸, 2A-2G⁸, 2H⁴ ; 4⁰

Texto a dos col. — Contiene: *Cortes del leon y del aguila*, p. 1-40 ; *Carta... a vn amigo suyo*, p. 41-46 ; *Comedia famosa La honestidad defendida*, p. 47-89 ; *Comedia famosa Los triunfos de San Miguel*, p. 101-138 ; *Comedia famosa El rayo de Andalucia*, p. 146-212 ; *Comedia famosa Los desagrauios de Christo*, p. 222-256 ; *Comedia famosa El inuisible principe del baul*, p. 259-294 ; *Comedia famosa Las muñecas de Marcela*, p. 299-338 ; *Comedia famosa El señor de noches buenas*, p. 353-388 ; *Comedia famosa El amor como ha de ser*, p. 391-429 ; *Comedia famosa La tragedia del Duque de Verganza*, p. 441-478.

01-00094267 000

▶ M-BN, P/4172. — Enc. perg. — Exlibris ms. de Francisco Eguia. — Port. deteriorada. — Falto de 1 h. de prelim. ▶ M-BN, R/10931. — Enc. perg. — Sello de Pascual de Gayangos. ▶ M-BN, R/14500. — Enc. hol. ▶ M-BN, R/664. — Enc. pasta. ▶ M-BN, R/9401. — Enc. piel. ▶ M-BN, U/10338(8). — Contiene únicamente las comedias: El inuisible principe del baul, El señor de noches buenas. ▶ M-FLG, Inv. 8214. — Enc. perg. ▶ M-PR, VIII-1486. — Enc. pasta. — Ex-libris del conde de Mansilla.

4650

Cubillo de Aragón, Álvaro. *Relacion, breue, de la solemnissima entrada que hizo en la Villa de Madrid... el Excelentissimo Señor Duque de Agramont, Embaxador Extraordinario del Christianissimo Rey de Francia Luis Dezimo Quarto, cerca de los felizes casamientos de aquella Magestad, con la Serenissima Infanta Doña Maria Teresa de Austria y Borbon... /* compuesta, y escrita por Aluaro Cubillo de Aragon. — En Madrid : por Andres Garcia de la Iglesia, 1659. — [4] p. ; Fol.

Existen diferentes estados de esta ed. — El pie de imp. consta en colofón.

01-00094269 000

▶ M-BN, R/28658-8.▶ M-BN, V.E./141-78. ▶ M-BN, V.E./141-82. ▶ M-BN, V.E./59-98.

4651

Cuéllar Jaraba y Medrano, Bernardino de. *La verdad desnuda sin afeites consagrada a la Princesa de los Cielos en manos del rey... Don Philipe IIII el Grande /* por Don Bernardino de Cuellar Xaraua y Medrano... — [S.l. : s.n., s.a.]. — 6 h., A⁶ ; Fol.

01-00094270 000

▶ M-BN, R/19810(5). — Enc. pasta con hierros dorados. ▶ M-BN, V.E./182-7. — Deteriorado. ▶ M-BN, V.E./184-86.

4652

Cuéllar Velázquez, Diego de. *Domini Didaci de Cuellar Velazquez... Tractatus de Manumissionibus ad interpretationem textus in principio institution qui & ex quibus causis manumittere non possint...* — Compluti : ex officina Ioannis Gratiani, 1619. — [8], 170, [14] p., ¶⁴, A-L⁸, M⁴ ; 4⁰

Colofón. — Port. con esc. xil. de la Compañia de Jesús.

01-00030891 000

▶ M-BN, 2/38482. — Enc. perg. ▶ M-UC (FD), 6604. — Enc. perg. — Ex-libris ms. de la librería del Colegio de la Compañía de Jesus de Alcalá, año 1705.

4653

Cuenca. Ciudad. *Nos la Iusticia, y Regimiento, Iuezes, Comissarios de millones de la Ciudad de Cuenca, y su tierra, y partido, y Prouincia. Hazemos saber à V. mds. como oy catorze deste presente mes de Octubre, recibimos dos cartas, la vna del Reyno su fecha à siete deste presente mes, y la otra de la comission del Reyno de la administracion de millones, su fecha à nueue deste dicho mes, que su tenor de ambas, es del tenor siguiente.* — [S.l. : s.n., s.a.]. — [3] p. ; Fol.

Se ha respetado la puntuación original. — Texto fechado en Cuenca, en 1634.

01-00094271 000

▶ M-BN, V.E./200-95.

4654

Cuenca (Diócesis). *Instruccion que han de executar los señores Arciprestes, Curas, y Vicarios à cuyo cargo està al presente el regimen espiritual de las Iglesias Parrochiales de este Obispado, y cada vno respectiue en su Feligresia, para el ajustamiēto de los nueuos valores, que se han de hazer de las rentas dezimales, y subsidiales para la reformacion de el repartimiento antiguo de Subsidio, y Escusado...* — [S.l. : s.n., s.a.]. — [4] p., A² ; Fol.

Texto fechado en Cuenca, 1666.

01-00046079 000

▶ M-BN, V.E./213-32. — Firma ms. de Ignacio Manrique. — Recortado, afectando al texto.

4655

Cuenca (Diócesis). Sínodo (1602). *Constituciones Synodales del Obispado de*

Cuenca hechas, copiladas, y ordenadas por... Andres Pachecho [sic] Obispo de Cuenca... en la Synodo, que celebrò en la ciudad de Cuenca en el mes de Septiembre, de mil y seyscientos y dos años. — Impressas en Cuenca : en casa de Cornelio Bodan, 1603. — [14], [2] en bl., [2], 400 [i.e. 398], [32] p., [1] h. de grab., ¶^{8}, [ ]^1, A-Z^8, 2A-2D^8 ; 4^0

Colofón. — Error de pag., pasa de la p. 224 a 227. — Port. con esc. xil. — H. de grab. xil.

01-00030892 000

▶ M-BN, 3/12163. — Enc. perg. ▶ M-BN, 3/12173. — Enc. perg. — Falto de h. de tasa y erratas. ▶ M-BN, 3/70476. — Ans. ms. en h. de guarda. — Enc. perg. — Falto de h. de tasa y erratas.

4656

Cuenca (Diócesis). Sínodo (1626). Constituciones synodales hechas y promulgadas en la Synodo Diocesana que se celebro en la ciudad y Obispado de Cuenca por... Enrique Pimentel, Obispo del dicho Obispado año de 1626. — Inpreso en Cuenca : por Domingo de la Iglesia, [s.a.]. — [50], 592, [2] en bl., [26] p., [ ]^1, †^{2}, 2†^{8}, 3†^{6}, ¶^{8}, A-S^8, T^9, V-Z^8, 2A-2O^8, ✱^{8}, ✱^{5} ; Fol.

Tasa fechada en 1627. — Port. grab. calc. arquitectónica: «Pablos IV. F. T.».

01-00030893 000

▶ M-BN, 2/15850. — Enc. perg. — Ex-libris de la Biblioteca de Fernando José de Velasco y ms.: «L.^{do} Claudio de Auenzaualegui». ▶ M-BN, 2/691. — Enc. perg. ▶ M-BN, 3/13070. — Enc. perg. — Ex-libris ms.: «L.^{do} Claudio de Auenzaualegui». ▶ ME-RB, 106-II-27. — Enc. perg. — Falto de port., cuaderno †^{2} y 3 h. finales. — Deteriorado. ▶ M-PR, III-3409. — Enc. pasta. ▶ M-UC (FD), 11376. — Enc. perg. — Falto de port. ▶ M-UC (FD), 11480. — Enc. perg. ▶ M-UC (FD), 15173. — Enc. perg. — Ex-libris ms. del Ldo. Claudio de Auenzaualegui.

4657

Cuenta y razon del costo y gasto que tiene el criador en criar la seda en el Reyno de Granada, y su poblacion, y la vtilidad que se sigue a la hazienda Real. — [S.l. : s.n., s.a.]. — [4] p. ; Fol.

En texto consta 1627.

01-00095087 000

▶ M-BN, V.E./184-1.

4658

Cuero y Tapia, Juan de. S.C.R.M. Don Iuan de Cuero y Tapia... por si, y por Don Gregorio de Tapia, su hermano, difunto, molestada su memoria de los accidentes, que referirà, diciendo : Que su padre (siendo el quinto de sus hermanos) compró de sus legitimas, y censos que tomó, la Escrivania de Camara del Orden de Santiago... — [S.l. : s.n., s.a.]. — 30 h., A-P^2 ; Fol.

Se ha respetado la puntuación original. — Del texto se deduce posterior a 1675.

01-00094272 000

▶ M-BN, V.E./27-46.

4659

Cueva, Antonio de la. No ay deuda donde ay agrauio : Comedia famosa / de D. Antonio de la Cueua... — En Napoles : por Egidio Longo..., 1672. — [4], 50 p., [ ]^2, A-E^4, F^5 ; 4^0

Texto a dos col.

01-00030895 000

▶ M-BN, T/13867. — Enc. piel con hierros. — Sello de la «Libreria del Exmo. S.D.G. Duran».

4660

Cueva, Bernardino de la. Buelos de las plumas sagradas defendidos de vna moderna calumnia / por... Bernardino de la Cueva... — Impresso en Barcelona : en la imprenta de Ioseph

Lopez... , 1695. — [12], 461, [23] p., ¶⁴, 2¶², A-Z⁴, 2A-2Z⁴,3A-3M⁴, ¶-2¶⁴, A² ; 4⁰

01-00030896 000

▶ M-BN, 2/24866. — Enc. perg. ▶ M-BN, 2/69153. — Enc. perg. — Falto de índices. ▶ M-BN, 3/71399. — Enc. perg. ▶ M-UC (FD), 11.117. — An. ms.: «prohibido». — Enc. perg. — Ex-libris ms.: «Del archivo Domo P. Lu Marin».

4661

Cueva, Diego de la. *Sermon de la Purissima Concepcion de Nuestra Señora* / predicole... D. Diego de la Cueua. — En Madrid : por Gregorio Rodriguez, [s.a.]. — [6], 18 p., [ ]⁴, A⁴, C⁴ ; 4⁰

Licencia del Ordinario fechada en 1644.

01-00122281 000

▶ M-BN, 2/62292(10). — Enc. perg.

4662

Cueva, Diego de la. *Sermon en las honras de la Reyna nuestra señora, Isabel de Borbon* / predicole... D. Diego de la Cueua... — En Madrid : por Gregorio Rodriguez, 1644. — [4], 22 p., [ ]⁴, A⁴, B⁵ ; 4⁰

01-00030897 000

▶ M-BN, 2/62292(11). — Enc. perg. ▶ M-BN, V/Cª 280-14. — Sello de Pascual de Gayangos.

4663

Cueva, Gaspar Miguel de la. *Historia del diuino mysterio del Santissimo Sacramento de los Corporales de Daroca : que aconteciò en la conquista del Reyno de Valencia, y vino... a la ciudad de Daroca...* / [hecha y recopilada por el muy reuerendo Gaspar Miguel dela Cueua]. — En Zaragoça : por Diego Dormer, 1635. — [8], 83, [2], 25 h., ¶⁸, A-N⁸, O⁶ ; 8⁰

El nombre del autor consta en ¶₅. — Port. a dos tintas y con grab. xil. — Grab. xil. en h. 6 y 83 v. — *Sermon a los Santos corporales de Daroca : predicado dia del Corpus Christi, en esta nobilissima Ciudad, año de 1634* / por el P. Maestro F. Iacinto Vallejo, de la Orden de Predicadores..., L₄ y sigs.

01-00030898 000

▶ M-BN, 3/34478. — Enc. perg. ▶ M-BN, 3/45968. — An. ms.: «Autor deeste libro = Gaspar Migˡ de la Cueba». — Enc. perg.

4664

Cueva, Juan de la. *Conquista de la Betica : poema heroico de Iuan de la Cueua en que se canta la restauracion y libertad de Seuilla por el Santo Rey Don Fernando...* — Impresso en Seuilla : en casa de Francisco Perez, 1603. — [26], 458 [i.e. 442] h., [2] h. de grab., ¶⁸, ✳⁸, †⁸, (?)⁴, A-Z⁸, 2A-2Z⁸, 3A-3I⁸, 3K² ; 8⁰

Colofón. — Errores de fol., de h. 296 pasa a 313. — Port. con esc. xil. — Grab. xil. en h. 458v.

01-00030899 000

▶ M-BN, R/11583. — Enc. perg. — Sello y ex-libris ms. de Pascual de Gayangos. — Deteriorado, afectando a ¶₅ y ¶₈. — Falto de cuaderno 3F⁸. — Las h. 321v., 322r., 323v., 324r., 325v., 326r., 327v., 328r., sin imprimir, llevan el texto ms. ▶ M-PR, I.B.176. — Enc. tafilete con hierros. ▶ M-RAE, 17-XII-33. — Enc. perg.

4665

Cueva, Luis Antonio de la. *Verdadera copia de carta escrita en veinte de Setiembre passado à vn amigo al Reyno de Napoles, dandole cuenta del infeliz suceso de la muerte del señor Don Francisco de Alarcon y Guzman, hijo del señor Marques de Palacios... que sucediò el dia 19 de Iunio por la noche del año proximo passado de 1682* / por... Luis Antonio de la

Cueva... — [S.l. : s.n., s.a.]. — 2 h. ;
Fol.

Texto con orla tip.

01-00094274 000

▶ M-BN, V.E./69-82.

4666

Cueva, Luis de la. *Dialagos [sic] de
las cosas notables de Granada, y lengua
española, y algunas cosas curiosas* / compuestos por... Luys de la Cueua... ;
prueuase que la lengua Latina a tomado mucho de la Española... —
Impresso... en Seuilla : por Fernando
de Lara..., 1603. — [80] p., A-K⁴ ; 4⁰

Hay diferentes estados de esta ed.

01-00094273 000

▶ M-BN, R/13179. — Enc. perg. — Sello
de Pascual de Gayangos. ▶ M-BN, R/
22747(1). — Enc. perg.▶ M-BN, R/2664.
— Enc. perg. ▶ M-BN, V.E./137-26. ▶ ME-
RB, 110-IV-8. — Enc. pasta.

4667

**Cueva y Benavides, Pedro Alfon-
so de la.** *A D. Francisco de Trillo, y Figueroa, vecino de la Ciudad de Granada, y
por mas señas el que escriviò la Napolisea,
y el Panegyrico nataliçio : romance* /
[Don Pedro Alfonso, de la Cuenua,
y venauides]. — [S.l. : s.n., s.a.]. —
[3] p. ; 4⁰

El nombre del autor consta al
final del texto.

01-00094275 000

▶ M-BN, V.E./129-57.

4668

**Cueva y Benavides, Pedro Alfon-
so de la.** *Afectos de vn pecador, hablando
con vn Santo Christo en las agonias de la
muarte [sic]* / escruiòlos don Pedro
Alfonso de la Cueua y Benauides a
instancia de dō Francisco Antonio
Perez de Vargas... que los diò a

la estampa. — [S.l. : s.n., s.a.]. —
[8] p. ; 4⁰

01-00094276 000

▶ M-BN, V.E./219-41.

4669

**Cueva y Benavides, Pedro Alfon-
so de la.** *Afectos de vn pecador, hablando
con vn Santo Christo en las agonias de la
muerte* / escruiòlos don Pedro Alfonso
de la Cueua y Benauides a instancia
de don Francisco Antonio Perez de
Vargas... que los diò a la estampa.
— En Granada : en la Imprenta
Real de Francisco Sanchez..., 1663.
— [4] p. ; 4⁰

El pie de imp. consta en colofón.
— Texto a dos col.

01-00094277 000

▶ M-BN, V.E./155-23.

4670

Cueva y Salazar, Diego de la. *Officina contionatorum : sermon quinto* / que
predicò... Diego de la Cueva y Salazar... — En Madrid : por Bernardo
de Hervada, 1668. — 5, [1] h., A⁶ ;
Fol.

Texto a dos col. — Port. con grab.
calc. de S. Sebastian.

01-00094278 000

▶ M-BN, 3/58161(5). — Enc. perg. ▶ M-
BN, V.E./191-91.

4671

Cueva y Silva, Antonio de la. *Por
las religiones destos Reynos. Sobre que se
suspenda la execucion de la constitucion de
su Santidad de Gregorio XV. De exempto-
rum privilegijs circa animarum curam, &
Sacramentorum administrationem sancti-
monialium monasteria, & praedicationem
Verbi Dei, hasta que se dè cuenta à su
Santidad, y informado del verdadero hecho
mande lo que mas fuere seruido* / [licen-

ciado don Antonio de la Cueua y Silua]. — [S.l. : s.n., s.a.]. — [8] p., A^4 ; Fol.

Se ha respetado la puntuación original. — Texto en latín. — El nombre del autor consta en final de texto.

01-00094279 000

▶ M-BN, V.E./44-9. — Recortado.

4672

Cueva y Silva, Antonio de la. *Pro Domino Nostro Rege Catholico & inuictissimo Fhilippo IIII... Circa Supremam Regaliam eligendi liberè Vicecancellarium S.S.R. Consilij Aragonum, tam exterum, quam oriundum à Regnis Aragonum, Valentiae, Maioricarum, ac Principatus Cathaloniae...* / per Licentiatum D. Antonium de la Cueua, et Silua... et Doctorem Siluerium Bernardi... — [Madriti] : ex Officina Ioannis Sanchez, 1625. — 22 h., A-L^2 ; Fol.

Port. con esc. xil. real.

01-00094280 000

▶ M-BN, V.E./182-82. ▶ M-BN, V.E./34-23. — Enc. perg. ▶ M-BN, V.E./64-5.

4673

Cueva y Silva, Francisco de la. *Informacion en derecho, diuino y humano, por la Purissima Concepcion de la soberana Virgen nuestra Señora* / hecha por Don Francisco de la Cueua y Silua... — En Madrid : por Iuan Gonçalez, 1625. — [4], 24 [i.e. 26] h., ¶^{4}, A^{26} ; Fol.

Existen al menos tres ediciones con igual pie de imp. En h. 1, reclamo: «pe-». — Errores de fol., se repiten las h. 13 y 14. — Port. con grab. xil. de la Inmaculada.

01-00094282 000

▶ M-BN, V.E./185-79. — Repetidas las h. 7 y 17 [i.e. 20].

4674

Cueva y Silva, Francisco de la. *Informacion en derecho, diuino y humano, por la Purissima Concepcion de la Soberana Virgen nuestra Señora* / hecha por Don Francisco de la Cueua y Silua... — En Madrid : por Iuan Gonçalez, 1625. — [3]+, 24 [i.e.26] h., ¶^{3}, A^{26} ; Fol.

Existen al menos tres ediciones con igual pie de imprenta. En h. 1, reclamo: «fe». — Error de fol., se repiten las h. 13 y 14. — Port. con grab. xil. de la Inmaculada.

01-00122282 000

▶ M-BN, 2/27867. — Enc. hol. — Falto de 1 h. prelim. — Defectos de encuadernación: la h. ¶^{2} al final del texto.

4675

Cueva y Silva, Francisco de la. *Informacion en derecho, diuino y humano por la Purissima Concepcion de la soberana Virgen nuestra Señora* / hecha por don Francisco de la Cueua y Silua... — En Madrid : por Iuan Gonçalez, 1625. — [4], 24 [i.e.26] h., ¶^{4}, A^{26} ; Fol.

Existen al menos tres ediciones con igual pie de imp., h. 1, reclamo: «cito». — Port. con grab. xil. de la Inmaculada. — Error de fol.: se repiten las h. 13 y 14.

01-00094281 000

▶ M-BN, V.E./177-37. — Falto de port. — Defectos de encuadernación: Las h. con sign. ¶$_{3-4}$ al final del texto. ▶ M-BN, V.E./181-44. — Las h. con sign. ¶$_{3-4}$ al final del texto. ▶ M-BN, V.E./183-3. — Ex-libris ms. de la librería de Santa Bárbara de Madrid. ▶ M-BN, V.E./31-32. ▶ M-BN, V.E./41-11. ▶ ME-RB, 4-V-8(14). — Enc. piel. — Defectos de encuadernación, 2 h. de prelim. al final. ▶ M-UC (Nov), 494(1). — Enc. perg.

4676

Cueva y Silva, Francisco de la. *Informacion en derecho. Sobre El titulo de*

Patrona destos Reynos, dado a la gloriosa santa Teresa de Iesus, fundando la eleccion que los Procuradores de Cortes hizieron. Y respondiendo a todas las oposiciones contrarias. — [S.l. : s.n., s.a.]. — 13, [1] h., A-G^2 ; Fol.

Se ha respetado la puntuación original. — Las Cortes reunidas en Madrid declaran a Santa Teresa, Patrona de España, el 24 de Octubre de 1617. — Esc. xil. en cabecera de texto.

01-00094283 000

▶ M-BN, V.E./211-45. — Firma del autor.

4677

Cuevas, Pedro de las. *Señor. Pedro De las Cueuas, digo que por auer considerado muchas y diuersas vezes el miserable estado en que oy dia se hallan los pobres soldados, y la necessidad tan grande que padecen en esta Corte en el tiempo que assisten a sus pretensiones, me he determinado poner en manos de V.M. este papel, para que mande se haga en ella vna Real casa de milicia, y obra pia, que aquesta les sirua de hospedage y sustento...* — [S.l. : s.n., s.a.]. — [4] p. ; Fol.

Se ha respetado la puntuación original.

01-00094285 000

▶ M-BN, V.E./198-69.

4678

Cuevas y Conchillos, Juan de las. *Señor. Don Iuan de las Cuevas y Conchillos, dize : Que en virtud de titulo de V. Magestad le toca, y pertenece el Oficio de Tesorero General del papel sellado de Madrid, y su Partido perpetuo por juro de heredad...* — [S.l. : s.n., s.a.]. — 2 h. ; Fol.

Se ha respetado la puntuación

original. — Del texto se deduce posterior a 1686.

01-00094286 000

▶ M-BN, V.E./24-34.

4679

Culpa *contra Don Manuel de Aguiar.* — [S.l. : s.n., s.a.]. — 43, [1] h. en bl., A-Y^2 ; Fol.

Texto fechado en Zaragoza, 1648.

01-00094287 000

▶ M-BN, V.E./40-18.

4680

Culpa, *y pena, conspiracion, y sentencia de los señores de Cinq-Mars y de Thou / traduzido de Frances en Castellano, por el Dotor Iusto de Alas.* — En Barcelona : por Pedro Lacaualleria , 1643. — [36] p., A^{18} ; 4^0

01-00094288 000

▶ M-BN, V.E./170-72. ▶ M-BN, V.E./35-43. — Defectos de encuadernación.

4681

Cumplida *relacion de quanto se ha seguido en Roma despues de la muerte y sede vacante hasta el dia de la entrada al Conclave de los... Cardenales : con todas las ceremonias y funcciones hechas en dicho tiempo y con la declaracion del sumptuossimo Capel ardente erigido en el Vaticano : venida de Roma y traducida de italiano en español en esta ciudad de Barcelona.* — En Barcelona : por Rafael Figuerò, 1689. — [8] p., A^4 ; 4^0

El pie de imp. consta en colofón.

01-00030902 000

▶ M-BN, V.E./1211-26.

4682

Cunha e Silva, Rodrigo da, Arzobispo de Lisboa. *Pro Santissimi D.N. Papae Pauli V Statuto, nuper emisso in confessarios faeminas solicitantes in*

confessione motae, solutae quaestiones ali-
quot / auctore domino Roderico à
Cunha... — Benauente : apud Mat-
thaeum Donatum, 1611. — [6],
128, [8] h., [ ]⁴, ¶², A-Z⁴, 2A-2I⁴, ¶-
2¶⁴ ; 4⁰

Colofón. — Port. con orla tip.

01-00122284 000

▶ M-BN, 3/58164. — Enc. perg.

4683
Cunha e Silva, Rodrigo da, Arzo-
bispo de Lisboa. *Tractatus de confessa-*
riis solicitantibus / authore... Roderico
ā Cunha, Episcopo Portugalensi... ;
cum additionibus... Fr. Seraphin de
Freitas... Mercenarijs minimi. —
Vallisoleti : apud Ioannem de
Rueda, 1620. — [4], 188, [14] h.,
¶⁴, A-Z⁴, 2A-2Z⁴, 3A⁴, a-b⁴, C⁴, D² ;
4⁰

Colofón. — Texto a dos col. —
Port. con esc. xil.

01-00030903 000

▶ M-BN, 2/58481. — Enc. perg. — Ex-
libris de Fernando José de Velasco. ▶ M-
BN, 3/54638. — An. ms.: esta corregida la
errata de la Bula conforme a la expurgo
1640... — Enc. perg. ▶ M-BN, 8/14009. —
Enc. perg. — Sello de la Biblioteca de Uclés.
▶ M-UC (FD), 10333. — Enc. perg. — Ex-
libris ms.: «Libreria del Collegio mayor de
Alcala». ▶ M-UC (FD), 5.484. — Enc.
perg. — Ex-libris del Colegio de Santa Catalina Martir de los Verdes de la Universidad
de Alcala. ▶ M-UC (FFil), 15718. — Enc.
perg. — Ex-libris ms.: «Este libro dio...
Juana de Artajos y Monserrate... a esta casa
profesa de la Compañía de Jesús de Madrid».

4684
Cunha e Silva, Rodrigo da, Arzobis-
po de Lisboa. *Tractatus de confessariis so-*
licitantibus / authore... D. Roderico à
Cunha, y Sylua, Archiepiscopo Bra-
charensi ; cum additionibus doctoris
Fr. Seraphin de Freitas... è Mercena-

rijs minimi. — Tertia editio, & aucta.
— Vallisoleti : apud Ioannem de
Rueda..., 1632. — [4], 195, [17] h.,
¶⁴, A-Z⁴, 2A-2Z⁴, 3A-3G⁴ ; 4⁰

Texto a dos col. — Port. con esc.
xil.

01-00030904 000

▶ M-BN, 2/10742. — Enc. perg. — Defectos de encuadernación, las h. 49 y 50 detrás de h. 52. ▶ M-BN, 3/70823. — Enc.
perg. ▶ M-BN, 3/71587. — An. ms.: corregido y enmendado conforme al expurgatorio
de la Gen. Inquisición en Madrid a 16 de
septiembre de 1641. — Enc. perg. ▶ M-UC
(FD), 11118. — An. ms.: «no está en el expurgo de 1690». — Enc. perg. ▶ M-UC
(FD), 144. — Enc. perg. — Ex-libris ms.:
«Es de la libreria del Colegio de Malaga».
▶ M-UC (FFil), 1309. — Enc. perg. — Ex-
libris ms. «Del Colº Imperial de la Compª de
Jesus de Mᵈ». ▶ M-UC (FFil), 15.315. —
An. ms. «expurgado el año de 1640. do Hermano Pedro». — Enc. perg. — Ex-libris ms.
de la librería del Colegio Imperial de la
Compañía de Jesús de Madrid.

4685
Curcio Rufo, Quinto. *De la vida y*
acciones de Alexandro el Grande / Quinto
Curcio Rufo ; traducido de la lengua
latina en la española por D. Matheo
Ybañez de Segovia y Orellana... —
En Madrid : en la imprenta de los
herederos de Antonio Romàn : a
costa de Antonio Bizarròn..., 1699.
— [32], 238 [i.e. 338], [10] p., 2✻-
3✻⁶, 4✻⁴, A-Z⁶, 2A-2F⁶ ; Fol.

Autor precede al tit. — Error de
pag., en la última p. — Texto a dos
col. — Port. con orla tip. y a dos tintas. — *Suplemento a Quinto Curcio* / por
Juan Freinshemio, p. 1-84.

01-00030906 000

▶ M-BN, 3/75821. — Enc. perg. ▶ M-
BN, R/18441. — Enc. perg. — Ex-libris ms.
de D. A. Mosti. ▶ M-BN, R/20869. — Enc.
perg. ▶ M-RAE, 10-III-15. — Enc. perg.
▶ ME-RB, 69-IX-3. — Enc. perg.

4686

Curcio Rufo, Quinto. *Q. Curtii Rufi Historiarum Magni Alexandri Macedonis libri octo.* — Postrema editio recognita cuiquid acceserit sequens pagella declarat. — Vallisoleti : ex officina Hieronymi Morillo..., 1627. — [8], 412, [10] p., ¶⁴, A-Z⁸, 2A-2C⁸, 2D³ ; 8⁰

Marca tip. en port., que utilizó la viuda de Juan Laso, Vindel, 472. — *Q. Curtii De rebus gestis Alexandri Magni Regis Macedonum liber nonus*, p. 246-278 ; *Q. Curtii De rebus gestis Alexandri Magni... liber decimus*, p. 278-304. *Plutarchi Alexander...*, p. 305-375 ; *Plutarchi De Alexandi [sic] fortuna vel virtute liber prior-posterior...*, p. 376-412. *Gnomologia curtiana...*, las [10] p. finales.

01-00030907 000

▶ M-BN, 3/78472. — Enc. perg.

4687

Cureau de la Chambre, Marin. *Caracteres de las pasiones humanas y arte de conocer el hombre* / de Monsr de la Chambre ; puesto en idioma castellano por D. Seuastian de Ucedo... — En Milan : [por los herederos de F. Grisolsi, s.a.]. — 16, 176 p., †⁴, ✠⁴, A-Y⁴ ; 4⁰

Encabezamiento e impresor tomados de BN París, Catálogo, 34, col. 788. — Censura fechada en 1668.

01-00030908 000

▶ M-BN, 7/12585. — Enc. perg. — Recortado afectando, posiblemente, al dato de impresor.

4688

Curiel, Juan Alfonso. *Controuersiarum sapientiss. M.D.D. Ioannis Alphonsi Curiel... libri duo.* — Salmanticae :

excudebat Franciscus de Cea Tesa, 1611 (Salmanticae : ex officina Didaci à Cussio, 1611). — [32], 291, [1], 382 [i.e. 334], [40] p., ¶⁸, a⁶, b², A-R⁸, S¹⁰, A-Q⁸, R-T⁴, V-X², Y-Z⁸, 2A⁸, A⁸, B⁶, ¶⁶ ; Fol.

Constan tres colofones. — Al fin del primer libro, S₁₀v: Salmanticae : excudebat Franciscus de Cea Tesa, 1610. Al fin del segundo, 2A₈r: Salmanticae : ex officina Didaci à Cussio, 1610, y al fin de Indice, ¶₆: Salmanticae : excudebat Didacus à Cussio, 1611. — Error de pag. en la segunda secuencia, de p. 272 pasa a 289 y de 304 a 337. — Texto a dos col. — Port. orlada con esc. calc.

01-00030909 000

▶ M-BN, 2/42506. — Enc. perg. — Ex-libris mss. de los Carmelitas Descalzos de Madrid y del Convento de San Hermenegildo de Madrid. — Falto de port., prelim., p. 129-130, 143-160, 181-188 y 193-304 del «liber secundus», y los índices. ▶ M-BN, 3/50981. — Enc. perg. — Sellos de A.P. ▶ M-BN, 3/64524. — Enc. perg. ▶ M-BN, P/430. — Enc. perg. deteriorada. ▶ M-UC (FD), 12907. — Enc. perg. — Ex-libris ms. del Colegio Mayor de Alcalá. — Falto de la h. de colofón. ▶ M-UC (FD), 8343. — Enc. perg. — Ex-libris del Colegio de la Concepción de Alcalá y ex-libris ms. del Colegio Teólogo de Alcalá.

4689

Curione, Domenico Maria. *El glorioso triumfo, de la sacrosanta religion militar de los nobles, e inuencibles Caualleros de S. Iuan Gerosolimitano, dichos antes Ospitalarios, y despues de Rodas, y vltimamente de Malta* / cōpuesto por el R.P.F. Domingo Maria Curion de la Orden de Predicadores ; primera parte... ; traduzida de italiano en español, y en muchos lugares acrecentada, por Pablo Clascar del Vallès... — En Barcelona : por Esteuan Liberos, 1619. — [16], 325, [14] h., [1] h. de grab., ¶⁸, ✳⁸, A-Z⁸, 2A-2S⁸, 2T¹² ; 8⁰

Port. con grab. xil. — H. de grab. xil. de la Inmaculada.

01-00030910 000

▶ M-BN, 2/59023. — Enc. perg. con hierros dorados. — Ex-libris ms. de la Orden de San Juan. ▶ M-BN, R/12395. — Enc. piel. — Sello y ex-libris ms. de Pascual de Gayangos. ▶ M-BN, R/19920. — Enc. piel. ▶ M-UC (FFil), 2260. — Enc. perg. — Sello y ex-libris ms. del Colegio Imperial de la Compañía de Jesús de Madrid. — Port. y h. finales deterioradas.

4690
Curiosa *satira nueva, graciosa, y entretenida, en que se dà quenta de los trajes, y vsos nuevos que gastan las Damas en la Corte, juntamente con los lances que suceden en la [sic] idas del Pardo, entre hombres, y mugeres que van à esta Romeria : y en particular, con las señoras gorronas : Trobado en vn Tono nuevo que se canta en la Corte, cosa de mucho gusto, y chanza, como lo verà el Curioso Lector.* — [S.l. : s.n., s.a.]. — [4] p. ; 4⁰

Se ha respetado la puntuación original. — Texto a dos col.

01-00094289 000

▶ M-BN, V.E./98-35.

4691
Curiosa *xacara nueva, que haze relacion de vn pasmoso caso, sucedido en el Reyno de Aragon, cerca de la Villa de Grades, Condado de Ribagorça, en la Venta de Horguena, donde el Ventero Francisco Pablo, y nueve ladrones hazian en los caminos robos diversos...* — En Malaga : por Pedro Castera, 1672. — [4] p. ; 4⁰

El pie de imp. consta en colofón. — Texto a dos col.

01-00094290 000

▶ M-BN, V.E./114-1. — Restaurado.

4692
Curiosa, *y verdadera relacion de vn pescado que cogieron vnos pescadores este verano passado, en el Mar de Liorna, Ciudad de Italia, en la Toscana.* — En Valencia : [s.n.], 1679. — [4] p. ; 4⁰

Texto a dos col. — Port. con grab. xil.

01-00094292 000

▶ M-BN, V.E./113-70.

4693
Curiosa, *y verdadera reladion [sic], de los Milagros portentosos, y admirables, que Dios nuestro Señor ha sido servido de obrar por nuestro... Padre Inocencio Vndezimo... : refierense por estenso las especiales circunstancias de dichos milagros autenticos, y juridicos, que causaràn en el curioso lector grande novedad y admiracion... comprobados, y recibidos por la Santa Congregacion de Ritos.* — En Barcelona : [s.n.], 1691. — [4] p., A² ; 4⁰

Lugar y año de imp. constan en colofón.

01-00030911 000

▶ M-BN, V/Cª 284-13. — Sello de Pascual de Gayangos.

4694
Curioso *romance del caso mas estupendo que se ha visto en estos tiempos: Dase cuenta como marido, y muger, que avia algunos años que estaban casados, no tenian sucession; y muy deseosos de tenerla, hizieron muchos estremos, y casi desesperados, con peticiones injustas irritaron à su Divina Magestad, dandoles vn hijo, el cual en el vientre de su madre rabiaba, y la mordia como perro; y despues de nacer matò à su padre, y otras muchas muertes que hizo, y grandes estragos, como verà el Curioso, sucedió en el Reyno de Aragon. Año de 1697.* — [S.l. : s.n., s.a.]. — [4] p. ; 4⁰

Se ha respetado la puntuación original. — Texto a dos col.

01-00094293 000

▶ M-BN, V.E./126-31.

4695

Curioso *romance, en que haze relacion de vn notable sucesso, que ha sucedido en la ciudad de Argel à 20 de Iulio de este año de 1670 y de el riguroso martirio que padeciò Luis Perez, y vna Mora, que despues se bolvió Christiana, publicando la Fè de Christo.* —[S.l. : s.n., s.a.]. — [4] p. ; 4⁰

Texto a dos col. — Grab. xil. de la Crucifixión precediendo al texto.

01-00094296 000

▶ M-BN, V.E./124-32.

4696

Curioso *romance, en que se da quenta de vn marauilloso sucesso, y caso prodigioso, que sucediò en la ciudad de Viterbo à primero de Enero deste presente año, y fue que vna desalmada muger matò à su marido, y à vna tia suya, y les sacò el coraçon, por gozar de vn mancebo que tenia por galan, con el qual se saliò. Dase quenta como dieron en poder de Moros, donde èl fue muerto, y ella cautiua, y del fin dichoso que tuuo por la deuocion de la Virgen de los Remedios.* — [S.l. : s.n., s.a.]. — [4] p. ; 4⁰

Se ha respetado la puntuación original. — Texto a dos col. — Grab. xil. de Nuestra Señora de los Remedios en la cabecera.

01-00094294 000

▶ M-BN, V.E./113-13.

4697

Curioso *romance, en que se declara, y dà quenta de la vida, enredos, y embustes de Doña Iacinta, cuyo apellido se dexa al silencio; refierense sus muchas maldades,* *y tacañerias que hazia con diferentes hombres, y mugeres desta Corte...: Y del castigo exemplar que se executó en su persona el dia ocho de Febrero de 1687 saliendo con docientos tocinos á las espaldas, y vna coraza muy reverenda...* — [S.l. : s.n., s.a.]. — [3] p. ; 4⁰

Se ha respetado la puntuación original. — Texto a dos col.

01-00094295 000

▶ M-BN, V.E./114-17.

4698

Curioso *romance, que trata de lo sucedido en la Plaça de Buda, desde que se puso el sitio, hasta que fue ganada : Declarase como en el dia de la Batalla se viò vna Aguila Real sobre el Esquadron de los Christianos : Añadese al fin otro Romance muy curioso, en Redondillas, con Titulos de Comedias, a la felìz Nueva de la Toma de Buda en Norabuena a la Magestad de... Mariana de Austria.* — En Lerida : por Iayme Magallon, 1687. — 8 p., A⁴ ; 4⁰

El pie de imp. consta en colofón. — Texto a dos col.

01-00094297 000

▶ M-BN, V.E./106-6.

4699

Curioso *romance verdadero, en que dà quenta, y declara el exemplar castigo que se hizo en esta Corte el Miercoles onze de Diziembre de 1686 cō Manuel Sãchez, que yendole a prender, y à otros dos compañeros suyos, se resistieron à la justicia, al qual mataron en los olivares de Atocha ; Dase quenta como le llevaron à la Carcel, y desde alli a la horca, y como estuvo cinco horas en ella...* — [S.l. : s.n., s.a.]. — [3] p. ; 4⁰

Se ha respetado la puntuación original. — Texto a dos col.

01-00094298 000

▶ M-BN, V.E./129-45.

4700

Curle de Ayala, Diego. *Intentos doctrinales para los domingos de Adviento : con indice copioso que sirue a sermones de Quaresma y algunas principales festiuidades* / por D. Diego Curle de Ayala... — En Madrid : por Diego Diaz de la Carrera, 1643. — [8],159, [17] h., ¶⁸, A-Y⁸ ; 4⁰

Colofón. — Texto a dos col. — Port. con esc. xil.

01-00030912 000

▶ M-BN, 2/49931. — Enc. perg. — Ex-libris mss. de Juan Vázquez de Mendoza y Bernardino de Cabrera. ▶ M-UC (FFil), 4104. — Enc. perg.

4701

Curle de Ayala, Diego. *Sermones para los quatro domingos de Aduiento, Calenda de la Natiuidad, Domingo de su Infraoctaua, con los tres de la Septuagesima, Sesagesima, y Quinquagesima : primera y segunda parte : con indice para los dias de la Quaresma, y algunas fiestas principales del año* / por Don Diego Curle y Ayala... — En Madrid : por Francisco Garcia... : a costa de Manuel Lopez..., 1645. — [4], 159, [1], 62-149, [22] h., ¶⁴, A-T⁸, V⁷, X-Z⁸, 2A-2H⁸, 2i², X⁸, Y⁷, Z⁴, 2A² ; 4⁰

Texto a dos col.

01-00030913 000

▶ M-BN, 3/54548. — Enc. perg. deteriorada. ▶ M-BN, 8/15070. — Enc. perg. ▶ M-UC (FFil), 4.103. — Anotacion ms.: «expurgado conforme al expurgado de 1707 Mauᵉ Xavier». — Enc. perg. — Ex-libris ms. de la Casa profesa de la Compañía de Jesús de Madrid.

4702

Cusano, Luigi, Marchese di Ponte. *Respuesta al capitulo VII Libro I de la pesquisa de Iacome Cassano, que funda las pretensiones de la Corona de Francia al Ducado de Milan...* / por... Luys Cu-sano, Marques de Ponte... — [S.l. : s.n., s.a.]. — [4], 206 p., [2] en bl., [ ]², A-Z⁴, 2A-2C⁴ ; 4⁰

Dedicatoria fechada en Madrid, 1644. — Port. con orla tip.

01-00030914 000

▶ M-BN, 2/36938. — Enc. perg. ▶ M-BN, 3/37115. — Enc. perg. con hierros dorados. ▶ M-BN, 8/32591. — Enc. perg. — Port. deteriorada. ▶ M-UC (FFil), 33140. — Enc. perg. — Ex-libris y sello ms. de la Librería del Colegio Imperial de la Compañía de Jesús de Madrid.

4703

Custurer, Jaime (S.I.). *Disertaciones historicas del culto inmemorial del B. Raymundo Lullio Dr. iluminado y martir y de la inmunidad de censuras que goza su Dotrina : con vn apendiz de su uida* / [Iayme Custurer] ; sacalas a luz la Vniversidad Lulliana del Reyno de Mallorca... — En Mallorca... : en la emprenta de Miguel Capò, 1700. — LXXX, 737 [i.e. 739], [1] p., [1] h. de grab. pleg., ✱⁴, 2✱-5✱⁸, 6✱⁴, A-Z⁸, 2A-2Y⁸, 2Z¹⁰ ; 4⁰

El nombre del autor consta en prelim. — Antep. — Errores de pag., a partir de p. 212. — Port. con orla tip. — Antep. con grab. xil. — La h. de grab. calc.: «Fᶜ Ro... MDCC» representa el sepulcro de Raymundo Lullio, entre p. 14-15. — *Catálogo de las obras del B. Raymundo Lullio según le trae D. Nicolas Antonio...*, p. 598-638.

01-00030915 000

▶ M-BN, 2/14843. — Enc. perg. — Ex-libris ms. de Juan de Sales. ▶ M-BN, 2/16581. — Enc. perg. — Defectos de encuadernación: cuaderno 2A detrás del 2B. ▶ M-BN, 2/49014. — Enc. perg. — Ex-libris ms.: «Ad vss. fr. Joseph Ant. de Hebrera». ▶ M-BN, 3/37643. — Enc. piel con hierros dorados. ▶ M-BN, 3/39854. — Enc. perg. ▶ M-BN, 3/60244. — Enc. perg. ▶ M-BN, 92D63. — Enc. cart.

4704

Cutelli, Mario. *De prisca et recenti immunitate ecclesiae ac ecclesiasticorum libertate generales controuersiae : in duos libros distinctae in quibus... P. D. Antonini Dianae resolutiones in controuersiam vocantur & excutiuntur* / auctore Mario Curtelli, Villaerosatae Comite... ; tomus prior... — Matriti : ex typographia Regia, 1647. — [20], 520 [i.e. 528], [54] p., [2] en bl., ¶⁶, 2¶⁴, A-Z⁶, §-4§⁶, 5§⁴ ; Fol.

Errores de pag., repetidas las p. 235 y 236 y de 315 a 320. — Texto a dos col. — Antep. — Port. a dos tintas.

01-00030916 000

▶ M-BN, 2/18979. — Enc. perg. — Ex-libris de Fernando José de Velasco. — Deteriorado, afectando a port. — Falto de 2 h. de prelim. ▶ M-BN, 6-i/1160. —Enc. perg. — Sustituída la h. de dedicatoria al Papa Inocencio X por otra h. del autor al Rey (en castellano). ▶ M-BN, 6-i/801. — Enc. perg. — Ex-libris ms. del convento de los Carmelitas Descalzos de S. Hermenegildo de Madrid. ▶ M-UC (FD), 7206. — Enc. perg. — Ex-libris ms. del Colegio Mayor.

4705

Cutelli, Mario. *Patrocinium pro regia iurisdictione inquisitoribus siculis concessa* / dictabat don Marius Cutelli... — Matriti : apud Mariam de Quiñones..., 1633. — [20], 207 [i.e. 205] h., [1] en bl., ¶-2¶⁴, ¶-3¶⁴, A-Z⁴, 2A-2Z⁴, 3A-3E⁴, 3F² ; 4⁰

En h. [20] y 207 v. consta la fecha 1634. — Error de fol., de h. 103 pasa a 106. — Port. con orla tip. y esc. xil. real.

01-00030917 000

▶ M-BN, 7/15095. — Enc. perg. — Ex-libris ms.: «de los Carmelitas descalços de Madrid». — Falto de h. [5-8], 21-24, 41-44, 61-64, 81-84, 119-122 sustituidas por otras en bl. ▶ M-UC (FD), 6050. — Enc. perg. — Ex-libris ms. de la Librería del Colegio Mayor. — Falto de h. [9-20]. ▶ M-UC (FFil), 12075. — Ex-libris ms.: «De la libreria del Collegio Imperial de la Compañia de Jesús de Madrid». — Defectos de encuadernación: h. [9-20] enc. entre la h. 84 y 85.

4706

Cutelli, Mario. *Patrocinium iurisdictionis regiae inquisitoribus siculis concessae : de ea quoque speciales controuersiae ac summi italici Senatus definitiones* / don Mario Cutelli siculo authore. — Matriti : apud Mariam de Quiñones, 1635. — [9], 84, [10], h. 85-207 [i.e. 205], 12 h., [ ]¹, ¶-2¶⁴, A-X⁴, ¶2-4, 2¶⁴, 3¶³, Y-Z⁴, 2A-2Z⁴, 3A-3E⁴, 3F¹, A-C⁴ ; 4⁰

Es emisión de la ed. de: Madrid : apud Mariam de Quiñones..., 1633. Difiere la dedicatoria y se añaden 12 h. — Error de fol., de h. 103 pasa a 106. — Port. con orla tip. y esc. xil. real.

01-00030918 000

▶ M-BN, 2/10411. — Enc. perg.

ÍNDICES

ÍNDICE DE AUTORES

Cerdaña, Francisco Tomás de.:
3580
Cerdeña.: 3581, 3582
Cerdeña. Cortes (1626).: 3581
Cerdeño y Monzón, Luis de.: 3583
Cerisiers, René de (1603-1662).:
3584, 3585, 3586
Ceriziers, Renato.: V. Cerisiers,
René de (1603-1662)
Cerna Maza y Tuervas, José.: 3587
Cerone, Pietro (ca.1560-1625).:
3588
Cervantes, Gonzalo (O.S.A.).:
3604, 3605
Cervantes, Manuel Antonio de.:
3606, 3607
Cervantes, Pedro de.: 3607
Cervantes Saavedra, Miguel de.:
3608, 3609, 3610, 3611, 3612,
3613, 3614, 3615, 3616, 3617,
3618, 3619, 3620, 3621, 3622,
3623, 3624, 3625, 3626, 3627,
3628, 3629, 3630, 3631, 3632,
3633, 3634, 3635, 3636, 3637,
3638, 3639, 3640, 3641, 3642,
3643, 3644, 3645, 3646, 3647,
3648, 3649, 3650, 3651, 3652,
3653, 3654, 3655, 3656, 3657,
3658, 3659, 3660, 3661, 3662,
3663, 3664, 3665, 3666, 3667,
3668, 3669, 3670, 3671, 3672,
3673, 3674, 3675, 3676, 3677,
3678, 3679, 3680, 3681, 3682,
3683, 3684
Cervellón y Castellví, Miguel de.:
3685, 3686, 3687
Cervera y de Armengol, Miguel.:
3688
César, Cayo Julio.: 3689
Céspedes, Andrés de.: V. García de
Céspedes, Andrés.
Céspedes, Antonio de (S.I.).: 3690
Céspedes, Baltasar de.: 3691
Céspedes, Diego de (O.Cist.).:
3692, 3693

Céspedes, Francisco de.: V. Céspe-
des y Velasco, Francisco de
Céspedes, Juan de.: 3694
Céspedes, Valentín Antonio de
(S.I.) (1595-1668).: 3695
Céspedes y Meneses, Gonzalo de.:
3696, 3697, 3698, 3699, 3700,
3701, 3702, 3703, 3704, 3705,
3706, 3707, 3708, 3709, 3710,
3711, 3712, 3713, 3714, 3715,
3716, 3717, 3718
Céspedes y Velasco, Francisco de.:
3719, 3720
Cetina, Melchor de (O.F.M.).:
3721, 3722
Ceuta.: 3723
Cevada Avecilla, Sebastián.: 3724
Cevallos.: V. Ceballos
Ceverio de Vera, Juan.: 3725
Cevicos, Juan.: 3726
Chacón Abarca y Tiedra, Jeróni-
mo.: 3727
Chacón Narváez y Salinas, Juan.:
3728
Chafrion, José (1653-1698).: 3729
Chambre, Monsieur de la.: V. Cu-
reau de la Chambre, Marin
Chancillería de Granada.: V. Casti-
lla. Real Chancillería de Grana-
da.
Chancillería de Valladolid.: V. Cas-
tilla. Real Chancillería de Valla-
dolid.
Chanut, Antoine (S.I.).: 3730
Charrán, Fernando.: 3731
Chávarri y Eguía, Pedro Antonio
de.: 3732, 3733, 3734, 3735
Chavarría, Fernando de.: 3736,
3737, 3738
Chavarría, Juan Bautista.: 3739
Chaves de Barreda.: 3740, 3741
Chicateli, Sancho.: V. Cicatelli,
Sanzio (M.I.)
Chifflet, Jean Jacques (1588-1660).:
3742

Convento de la Encarnacion (Boadilla del Monte).: 4301

Convento de la Exaltación del Santísimo Sacramento (Murcia).: 4302

Convento de la Santísima Trinidad (Madrid).: 4136

Convento de Nuestra Señora de la Natividad y San José (Madrid).: 2547, 4303

Convento de Nuestra Señora de las Maravillas (Madrid).: 4304

Convento de Nuestra Señora de los Reyes (Sevilla).: 4305

Convento de Nuestra Señora del Carmen (Madrid).: 4306

Convento de Predicadores (Valencia).: 4307

Convento de San Agustín (Jaén).: 4308

Convento de San Antonio de Padua (Sevilla).: 4309

Convento de San Esteban (Salamanca).: 4321

Convento de San Felipe el Real (Madrid).: 4310

Convento de San Isidro el Real (León).: 4311

Convento de San Juan Bautista (Cienpozuelos).: 3806

Convento de Santa Bárbara (Madrid).: 4145

Convento de Santa Teresa de Jesús (Zaragoza).: 4312

Convento de Santiago (Pamplona).: 4315

Convento de Santiago (Uclés).: 4316

Convento de Santiago de la Espada (Sevilla).: 4313, 4314

Convento de Santo Domingo (Soriano Calabro).: V. Convento di Santo Domenico

Convento de Santo Domingo el Real (Madrid).: 4322

Convento de Santo Tomás (Madrid).: 4239, 4317, 4318, 4319

Convento de Santo Tomás el Real (Ávila).: V. Universidad de Salamanca

Convento del Santísimo Sacramento (Madrid).: 4320

Convento di Santo Domenico (Soriano Calabro).: 4321, 4322

Copiaria Carmerineo, Ludovico.: V. Cruzamont, Louis de

Copons, Francisco de.: 3078, 3079, 3080

Coppola, Nicolás.: 4431, 4432, 4433, 4434, 4435, 4436, 4437, 4438, 4439, 4440, 4441, 4442, 4443

Corachán, Juan Bautista.: 4444, 4445

Corbera, Esteban de.: 4446, 4447

Corchero Carreño, Francisco.: 4448

Cordero, Antonio (O.P.).: 2510

Cordero, Jacinto.: 4014, 4050, 4449

Cordero, Juan Martín.: 4450

Córdoba, Juan de.: 4451

Córdoba, Luis de.: 4452, 4453, 4454

Córdoba, Pedro (O.S.A.).: 4455

Córdoba (Diócesis). Obispo (1633-1649: Domingo Pimentel).: 4456

Córdoba (Diócesis). Sínodo (1662).: 4457

Córdoba y Figueroa, Diego de.: 4061, 4068

Córdoba y Figueroa, José.: 4056

Córdoba Maldonado, Alonso de.: 4458, 4459

Córdoba y Salinas, Diego de (O.F.M.).: 4460, 4461

Corella, Jaime de (O.F.M. Cap.).: V. Jaime de Corella (O.F.M. Cap.)

Coren, Jacques (O.F.M.).: 4462

Coria (Diócesis). Sínodo (1606).: 4463

ÍNDICE DE IMPRESORES Y LIBREROS

---

* Figuran impresas bajo el nombre de Sebastián de Cormellas las obras realizadas en su taller tanto por él como por sus sucesores.

LEÓN.:

Ruiz de Valdivielso, Agustín, Viuda de. (1674).: 2485

LÉRIDA.:

Magallón, Jaime. (1687).: 4698
Menescal, Luis. (1617).: 3993

LIMA.:

Contreras, Jerónimo de. (Entre 1620 y 1632).: 2775, 2776
Contreras Alvarado, José de. (1691).: 3555
López de Herrera, Jorge. (1651).: 4460
Lyra, Luis de. (Entre 1654 y 1680).: 2819, 4451
Sin impresor.: 4335

LISBOA.:

Álvarez, Antonio. (Entre 1617 y 1649).: 2654, 3650, 3658, 3712, 4016
Costa, João da. (1677).: 4563
Craesbeeck, Pablo. (Entre 1647 y 1653).: 4015, 4018
Craesbeeck, Pedro. (Entre 1605 y 1631).: 2811, 3204, 3205, 3206, 3207, 3208, 3611, 3701
Craesbeeckiana, Oficina. (1652).: 4017
Deslandes, Miguel. (1687).: 3819
Estupiñán, Luis. (1609).: 3720
George, Felipe. (1653).: 4018
Oliveira, Henrique Valente de. (1658).: 2779
Pereira, João Leite. (Entre 1647 y 1652).: 4015, 4017
Pinheiro, Mateo. (1630).: 2771
Queirós, Lorenzo de. (1642).: 2763
Rodríguez, Jorge. (Entre 1605 y 1621).: 3610, 3628, 3675, 4449
Rosa, Domingo Lopes. (1642).: 2763

Viña, Geraldo de la. (Entre 1623 y 1626).: 2760, 3696, 4352

LOGRONO.:

Mongastón, Juan de. (1606).: 4225
Sin impresor.: 4496

LYON.:

Anisson, Florián. (Entre 1676 y 1678).: 2944, 2946
Boissat, Horace. (1671).: 3638, 3639

MADRID.:

Alegre, Melchor. (Entre 1666 y 1671).: 3548, 4061, 4245
Alegre, Melchor, Viuda de. (1680).: 4565
Alfay, Tomás. (1636).: 3382, 3384
Álvarez, Melchor. (Entre 1677 y 1695).: 2482, 2483, 2484, 2959, 3040, 3606, 3607, 3732, 3734, 3947, 4071, 4072, 4226, 4616, 4633
Anisson, Florián.: (Entre 1676 y 1678).: 2944, 2946
Armendáriz, Sebastián de. (Entre 1684 y 1693).: 2700, 2707, 2718, 4090, 4125, 4259, 4261, 4262, 4263, 4264, 4265, 4266, 4267, 4268, 4269, 4270, 4271, 4272, 4273, 4274, 4275, 4276, 4277, 4278, 4279, 4281, 4282, 4283, 4284, 4285, 4345
Armenteros, María, Viuda de Juan Antonio Bonet. (1674).: 3642, 3643
Balbuena, Diego de. (1653).: 4026
Barrio y Angulo, Catalina de. (Entre 1642 y 1647).: 2676, 3424, 4327, 4328
Bascones Ayo, José. (1692).: 3003
Bastida, Mateo de la. (Entre 1652 y 1668).: 2665, 3631, 3636, 3637,

ÍNDICE DE ILUSTRADORES